KB137916

한국 교육의 현실과 전망

세계교육의 담론과 운동
그리고 민주시민교육

한국 교육의
현실과 전망

세계교육의 담론과 운동
그리고 민주시민교육

초판 1쇄 인쇄 2018년 9월 9일
초판 1쇄 발행 2018년 9월 15일

지은이 심성보
펴낸이 김승희
펴낸곳 도서출판 살림터

기획 정광일
편집 조현주
북디자인 꼬리별

인쇄·제본 (주)현문
종이 월드페이퍼(주)

주소 서울시 양천구 목동동로 293, 22층 2215-1호
전화 02-3141-6553
팩스 02-3141-6555
출판등록 2008년 3월 18일 제313-1990-12호
이메일 gwang80@hanmail.net
블로그 http://blog.naver.com/dkffk1020

ISBN 979-11-5930-074-5 93370

이 도서의 국립중앙도서관 출판예정도서목록(CIP)은 서지정보유통지원시스템 홈페이지(http://seoji.
nl.go.kr)와 국가자료공동목록시스템(http://www.nl.go.kr/kolisnet)에서 이용하실 수 있습니다.
(CIP제어번호: CIP2018029283)

한국 교육의
현실과 전망

세계교육의 담론과 운동
그리고 민주시민교육

심성보 지음

오늘날 세계는 너무나 급속하게 변하고 있다. 세상의 변화에 따라 학교도 변하지 않을 수 없다. 근대화를 이끈 산업혁명은 정보혁명을 거쳐 이제 지식혁명의 시대에 진입하였다. 21세기에 접어들어 지식과 정보의 양이 폭발적으로 증가하면서 이제 4차 산업혁명 시대의 도래를 거론하는 상황이 되었다. 지식의 양보다 문제해결력, 높은 창의력, 공동체에서 살아갈 시민적 역량을 갖춘 사람이 필요해진 것이다.

그런데 우리 사회는 지금 온갖 형태의 위험에 처해 있다. 오늘날 우리나라는 다른 어느 지역보다 우리가 직면한 딜레마를 더욱 압축해서 보여주었다. 한 세기 동안 파괴적인 전쟁과 식민지 지배를 모두 겪었고, 매우 짧은 기간에 저개발 전통 사회에서 선진경제 국가이자 세계에서 가장 앞선 기술력을 가진 나라 중의 하나로 성장했다. 게다가 오늘날 정보기술과 바이오 기술 분야의 혁명을 선도하는 중이다. 덕분에 우리나라는 첨단기술의 전도유망함과 더불어 위험도 두 배로 많이 떠안았다. GDP와 생활수준이 극적으로 올라가는 동안 자살률도 치솟았다. 그래서 오늘날 우리나라는 선진국 중 가장 높은 수준에 육박하는 자살률을 기록하고 있다. 행복도 조사에서도 멕시코, 콜롬비아, 태국 등 경제적으로 더 어려운 나라보다 뒤쳐져 있다. 이는 가장 널리 통용되는 역사 법칙의 어두운 단면을 보여준다. 말하자면 인간은 권력을 획득하는 데는 매우 능하지만, 권력을 행복으로 전환하는 데는 그리 능하지 못하다는 것이다. 교육 문제도 오랫동안 우리 사회의 고질적인 입시 위주 교육이나 과잉된 사교육, 그리고 공교육 부실 등으로 학생들의 행복 상실은 물론이고 학부모조차 고통의 사슬에서 벗어나지 못하고 있다. 그래서 모두가 불행하다. 이러하기에 아이들의 인간성 상실은 사필귀정이다.

오늘날 학교교육을 포함한 교육은 점점 세계적인 주제가 되어가고 있다. 정책 입안자들은 국가교육과정의 개성, 교육 조항의 변화 및 고등교육에 대한 접근 방식을 다른 지역이나 세계화에 의해 권장된 것과 비교해서 논의하곤 한다. 그 결과 학교와 대학 그리고 여타 교육 환경에서 가르치는 내용이 좀 더 세계적인 전망을 제공하기 위한 것으로 바뀌고 있다. 그 예로 외국어 교육이 확대되고, 지리교육과정과 글로벌 지리의 관련성이 커지는 등 글로벌 교육과정이 증대하고 있다. '세계교육global education'에 관한 광범위한 자료와 학술 논문도 있다. 교사, 학자 및 정책 입안자들은 글로벌 교육에 대해 적어도 세 가지 분야의 연구를 진행하고 있다.

첫째, 점점 더 글로벌화되고 있는 세계에서 교육이 어떻게 이루어져야 하는지에 대한 다양한 담론이 모아지고 있다. 이것은 교육의 어떤 측면이 보편화되어야 하는지에 관한 논의를 포함한다. 둘째, 글로벌 조직이 국가의 교육정책 수립에 영향을 미치는 방식에 대한 연구이다. 셋째, 글로벌 관점이 교육과정에 통합되는 방식에 대한 연구이다.

종종 지리적 의미의 세계와 관련된 내용을 강조하는 학교교육과정에 대한 특별한 접근을 의미하는 세계교육은 학문적 교과, 문화 등 전통적 교육과정의 경계선을 넘어서는 총체적 접근을 취하고, 학교와 교실 분위기를 포함한 교육과정의 정서적 차원에 특별한 관심을 가진다. 그리고 세계교육은 경합적 영역이다. 세계화 과정은 우리의 삶과 교육에서 가능성과 한계와 관련된 세 가지 주요한 관점을 보이는데, 이는 세계교육에 대한 서로 다른 방식으로 이해될 수 있다. 첫째, 회의론자들sceptics은 세계화가 교육에 부정적 영향을 미친다고 보며, 교육이 본질적으로 국가적이고 지역적인 주제라고 믿는다. 둘째, 초세계화론자들hyper-globalizers은 세계화 과정의 촉진이 전 세계적인 교육정책과 실제에 도움을 준다고 주장한다. 셋째, 변혁주의자들transformationists은 세계화는 한편으로 정의 지향적 교육정책과 실제에 변화를 가져올 것이고, 다른 한편으로는 불평등을 확대시킬 것이라고 믿는다. 이 세 가지 담론은 지나치게 이질적이다. 이들 주제에 대해서는 다음과 같은 일곱 가지 담론으로 구체화할 수 있다.^{Davies,} Pashby & Shultz, 2018: 126-131

첫째, 세계교육에 회의적 관점을 보여주는 '신보수주의 담론'이다. 이것은 교육의 주요한 기능의 하나를 국가적 가치에서 본 새로운 세대의 '사회화'에 초점을 둔다. 학교교육의 핵심적 목적이란 '애국심'을 가르치는 것이다. 이런 담론은 세계교육을 오직 국가적 공헌에 대한 논의를 중심으로 파악한다. 예를 들면, 역사의 영역에서 신보수주의자들(Diane Ravitch 등)은 세계 역사 그 자체를 탐구하기보다 세계 역사에 대한 국가의 기여에 초점을 둔 교육과정을 촉진하고자 한다. 사실, 신보수주의 담론은 초기에는 글로벌 담론이라기보다 국가적 담론으로 간주될 수 있다. 하지만 어떤 경우 '국가적' 가치와 '글로벌' 가치 사이에 유사성이 있음은 자명해 보인다. 예를 들어 인권과 국가적 가치의 연계가 서구 사회에서는 강한 편이다. 이 담론에서 글로벌 시민성이란 목적 그 자체가 아니라, 국가적 가치와 시민성이 국가적 가치 형태를 반영하는 방식과 관련하여 볼 수 있다. 이 경우 '부드러운 애국심 교육'이 가능하다.

둘째, '신자유주의 담론'은 경제적 자유주의에서 발견되는 신자유주의적 원리 및 경제철학에 토대를 두고 있다. 밀턴 프리드먼이나 프리드릭 하이에크 같은 신자유주의자들은 '경쟁'이란 경제를 추동하는 힘이라고 이해한다. 여행자와 노동자를 위한 비자, 그리고 수입/수출 관세와 같은 경계의 장애물은 제거되어야 한다. 국가를 위한 어떤 역할이 있다면 경쟁을 촉진해야 한다. 신자유주의 학파에 따르면, 경쟁만이 어떤 경제적 실체— 기업체는 물론이고 국민국가나 학교와 같은—의 번영을 확보할 수 있으며, 경쟁만이 경제 전체를 번영케 할 것이다. 이 관점에서 세계화는 많은 경쟁자와 경쟁의 맥락을 촉진하기 때문에 긍정적으로 간주될 수 있다. 이를 교육에 응용해보면, 신자유주의 이론가들은 학교와 여타 교육기관이 '민영화'되어야 한다고 이해한다. 학교와 대학과 같은 여타 교육기관은 학생들에게 더 매력적이 되도록 시장에서 경쟁해야 한다고 본다. 교육체제는 '최상의' 교육 실천이 더욱 확산되기 위해 서로 경쟁하지 않으면 안 된다. 이 점에서 세계교육은 경제적 글로벌 시민성과 글로벌 시민교육의 '자격화qualification' 기능과 관계가 있다.

셋째, '인간자본 담론'은 인간 자본의 경제적 이론에 토대를 두고 있다. 애덤 스미스의 초기 경제적 자유주의와 야곱 민서Jacob Mincer로부터 도출된 인간 자본론은 인간과 그들의 지식과 능력이 국가의 경제적 생산성을 촉진하는 자원이라고 이해한다. 교육에 대한 투자, 더욱이 인간자본에 대한 투자는 결과적으로 국가경제에 기여한다. 하지만 처음부터 글로벌 시장에서 각 개인을 경쟁하도록 하는 지식 및 기술 교육을 촉진하는 신자유주의 이론과 대조되는 인간자본론은 다른 국가경제와 자국의 국가경제를 경쟁적으로 만드는 지식 및 기술 교육을 강화하도록 노력한다. 교육은 인간자본을 축적하는 데 가장 중요한 요소로서 자신에 대한 투자를 많이 할수록 축적된 자본량은 증가할 것이다.

넷째, '세계문화 담론'은 글로벌 시민성에 대한 인문주의자들humanists과 세계시민교육의 '사회화socialization' 기능과 연결되어 있다. 이 담론의 기초에는 세계문화가 점점 인간의 가치와 규범의 본질을 구체화하는 단일한 문화에 통합된다는 세계문화 이론의 가정이 존재한다. 이 관점에서 세계교육은 인권, 민주적 가치, 문화적 다양성과 지속가능성을 포함한 세계문화를 강조하고 있다. 전 세계에 걸친 특정 형태의 정규교육(주로 학교)을 확장하는 것은 세계문화의 관련성을 입증하고 기여한다. 이 담론은 글로벌 체제 속에서 인류의 공유된 보편적 속성과 상호 의존의 측면에서 '연계성'을 강조한다.

다섯째, 자유주의 정치철학에서 비롯된 '자유주의 담론'은 또한 인문주의적 글로벌 시민성과 연관되어 있다. 세계시민교육의 주체화 subjectification 기능과 연관된 자유주의 이론가들은 세계교육이 자율적이고, 성찰적이고 소양이 있는 개인의 교육에 기여할 수 있다고 이해한다. 이 담론의 지지자들은 세계교육이 학생들에게 문화적 의미를 넘어설 수 있도록 하는 글로벌하고 다중적인 관점을 제공한다고 이해한다. 예를 들어 이러한 전통을 따르는 학자들(Marta Nussbaum 등)은 세계교육의 세 가지 능력—자신의 전통을 비판하는 능력, 전 세계의 시민으로서 생각할 수 있는 능력, 그리고 공감할 수 있는 능력—을 제시한다.

여섯째, '급진적 담론'은 세계화가 국가 간 또는 국가 내에서의 경제적 불평등을 강화한다고 비판한다. 마르크스주의 분석을 따르는 월러스틴 Wallerstein 같은 학자들은 세계체제 이론을 발전시켰다. 이러한 이론의 지지자들은 회의론적 관점에서 세계가 점점 두 가지 불평등한 영역—부유한 국가와 가난한 국가—으로 나뉘고 있다고 비판한다. 부유한 나라들은 자신의 경제적 힘을 유지하기 위해 가난한 나라들에 자본주의적이고 신자유주의적 가치를 주입하고 있다. 일부 급진적 이론가들은 세계교육을 통해 가난한 나라 사람들이 잘사는 나라의 기술과 지식을 교육받는다고 비판한다. 하지만 일부 급진적 이론가들은 더욱 변혁적인 접근을 취하고, 권력 및 지배 구조에 도전하는 세계교육의 대안적 형태가 가능하고 바람직하다고 이해한다. 이러한 관점에서 본 세계교육은 사회정의, 정치적 행동, 그리고 비판적 권한 강화 교육을 강조하면서 잘사는 나라와 못사는 나라의 경제적 불평등을 폭로한다. 그렇게 함으로써 급진적-변혁적 관점은 글로벌 시민성의 비판적 유형과 세계시민교육의 주체화 접근과 연관되어 있다.

일곱째, 탈식민주의자들(Fanon, Bhabha, Mignolo, Said, Spivak 등)로부터 도출된 '탈식민주의 담론'은 세계화가 부유한 국가의 이익에 도움을 주는 문화적, 경제적 그리고 정치적 의제를 주입하는 데 기여하고 있다고 비판한다. 그렇게 함으로써 탈식민주의 이론가들은 세계화가 일부 사람들의 권력의 증대에도 기여하며, 동시에 문화, 삶의 방식 및 환경을 파괴하고 있다고 주장한다. 전 세계에 걸친 학교의 팽창을 포함해 세계교육은 잘사는 나라의 문화적 동질화에 기여한다. 탈식민주의자들은 국가의 역사교육과정이 종종 단일한 형태의 세계 역사—서구의 힘 있는 남성들의 역사—를 제시하고 있다고 비판한다. 급진적 담론과 닮은 일부 학자들(Andreotti, Shultz 등)의 생각은 변혁적 관점을 취하면서 세계교육이 비판적 글로벌 시민을 길러냄으로써 교육의 주체화 기능에 기여하고 있다고 이해한다. 다시 말하면 이들은 세계교육의 탈식민적 유형을 제안한다.

오늘날 공교육의 가장 주요한 주적은 전 세계를 휩쓴 신자유주의 교육정책의 광풍이었다. 1990년대 이후 금융위기를 겪으며 세계 대부분의 나라는 신자유주의라는 거대한 파도에 올라탔다. 제조업 등 기초산업이 생산성이 떨어지면서 효율성 위주의 산업정책을 구사하기 시작하였다. 교육의 비효율을 극복하고자 했던 신자유주의 교육개혁이 '세계교육개혁운동'이라 불렸다. 이 교육개혁의 주요 원칙은 표준화 학습, 문해력과 수리력 과목 집중, 정해둔 학습 목표 달성, 학교 운영과 교육정책의 민영화, 고부담 책무성 시험제도 도입 등이다. 이 원칙을 구체적으로 적용하는 모습은 나라마다 많은 차이가 있지만 큰 흐름은 비슷했다. 우리나라도 김영삼 정부 시절 1995년 5·31교육개혁 이후 김대중·노무현 정부(자사고 정책 등)는 물론 이명박·박근혜 정부(일제고사 실시 등)에 이르기까지 큰 줄기는 일관되게 세계교육개혁 운동과 맥락을 공유했다.

세계교육(global education)의 이상적 유형

담론	기본 이론	세계화에 대한 관점	글로벌 시민성	세계 시민교육	글로벌 지식	글로벌 기술	글로벌 윤리
신보수주의	보수주의	회의론자	–	–	국가에 기여		국가적 가치
신자유주의	경제적 자유주의	초세계화론자	신자유주의적	자격화	지식의 글로벌 관점	유연성과 의사소통 기술	존중
인간자본	인적자본	초세계화론자	신자유주의적	자격화	언어	문제해결, 재정적 문해력	책임
세계문화	세계문화	초세계화론자	인문주의적	사회화	인권, 지속 가능성	갈등 해결	인권
자유주의	정치적 자유주의	초세계화론자 /변혁주의자	인문주의적	주체화	세계문화 의 지식	비판적 사고, 숙의	공감
급진주의	마르크스주의	회의론자 /변혁론자	비판적	주체화	지배의 경제적 구조	비판적 문해력	사회 정의
탈식민주의	탈식민주의	회의론자 /변혁론자	반식민적	주체화	정치적, 경제적, 문화적 지배 구조	비판적 문해력	사회 정의

그런데 시장 원리에 기반을 둔 교육개혁은 일부 긍정적 변화에도 불구하고, 세계 곳곳에서 공교육의 황폐화를 불러일으켰다. 영국과 미국 등 민영화 교육개혁 전략을 구사한 나라는 교육의 질이 형편없이 하락한 반면, 핀란드와 쿠바 등 공적 투자 강화 전략을 구사한 나라들은 교육의 질이 향상되었다. 그러자 2010년 전후로 신자유주의 교육정책에 대한 비판의 목소리가 봇물처럼 쏟아졌다. 사람들은 이 세계교육개혁운동Global Education Reform Movement을 '세균GERM'이라고 불렀다. 핀란드 교육정책 전문가 파시 살베리가 미국·영국·일본 등 세계 여러 나라에서 시행하는 신자유주의 교육개혁을 이렇게 부른 것이 시작이다. 그 뒤 세계적으로 이용어는 빠르게 확산되었다. 지금까지 많은 나라들이 무분별하게 교육개혁의 세계적 유행GERM을 따랐다가 이것이 무서운 세균처럼 교육의 본질이

나 아이들의 인간성을 훼손한 것이다.

위로부터, 바깥으로부터 밀어붙여진 신자유주의 교육개혁 물결은 아래로부터 올라온 서민 및 민중의 교육적 요구를 억눌렀다. 그리하여 학교교육의 왜곡, 아이들의 성장·발달 저해, 교육행정과 일반행정의 협치 부족, 학교자치 및 수평적 리더십의 결여, 아동기와 돌봄의 상실을 초래하였다. 이런 현실의 심각성을 자각하고 경계심을 보이면서 그에 맞서는 새로운 교육운동이 일어났다. 그것은 세계적으로 교육개혁운동, 진보주의 교육운동, 지역사회교육운동, 시민교육운동으로 나타났다. 우리나라의 경우 교육개혁운동은 혁신학교운동으로, 진보주의 교육운동은 아동 중심과 사회 중심의 통합으로, 지역사회교육운동은 마을교육공동체운동으로, 시민교육운동은 민주시민교육운동으로 나타나고 있다.

그런데 새로운 세기의 시작과 함께 등장한 '지식 기반 사회의 도래' 그리고 '제4차 산업혁명 또는 '인공지능의 도래'는 우리 교육에 딜레마를 안겨준다. 교육의 근대성/이성의 계발이나 민주성이 채 완성되기도 전에 인공지능 등 제4차 산업혁명의 물결이 밀려오고 있기 때문이다. 민주주의를 공고화해야 하는 과제와 함께 생산성 향상을 위한 창의성 계발도 동시에 요청받고 있다. 과학기술교육을 하지 않으면 빈곤을 극복할 수 없을 뿐 아니라, 세계 경쟁을 이겨낼 수도 없다. 하지만 우리 역사에서 보았듯 삶의 조건을 박탈시킨 반생태적 개발주의 사업은 자연의 대재앙을 가져왔다. 그 대표적인 사례가 4대강 사업이다. 그러기에 과학기술교육에는 반드시 인문교양교육이 수반되어야 한다. 그러지 않으면 폭력이나 전쟁의 도구가 되고 말 것이다.

이러한 시대 상황 속에서 촛불시민혁명이 발발하였다. 국가권력의 민주주의 실종 때문이었다. 2016년 말과 2017년 초에 걸쳐 진행되었던 대한민국 촛불집회는 국민주권의 신성하고 평화로운 대축제였다. 4개월에 걸친 '촛불시민혁명'은 세계사에 유례가 없는 무혈혁명이었다. 촛불집회를 통한 민주시민의 의식 고양은 폭발적이었다. 촛불집회는 무소불위의 권력을 휘둘렀던 최고 권력자를 몰아낼 힘을 보여줬다. 행정부가 자정 기능을 잃고, 의회는 감시 능력을 상실했을 때, 시민들의 직접민주주의가 최후의 보루가 된 것이다.

그런데 시민정치의 불꽃인 촛불이 무한정 지속될 수는 없다. 불꽃축제가 무기한 계속되기 어려운 것과 같은 이치다. 촛불혁명은 단순히 권력의 교체에 머물러서는 안 된다. 경제발전과 국가안보를 시민정치의 열정으로 해결하는 데는 본질적 한계가 있는 것이다. 그래서 '촛불 그 너머'로 나아가야만 한다. 권력 교체는 이루어졌지만 새로운 시민이 탄생하지 않으면, 반동 국면이 조성될 것이다. 이를 부추기는 권위주의적 유령이 늘 우리를 맴돌 것이다. 그렇기에 국민이 '우중愚衆'으로 전락되기를 바라는 구체제의 유령으로부터 벗어나려면 촛불혁명에 타올랐던 '공중公衆: publics'을 한 단계 앞으로 진전시켜야 한다.

촛불로 탄생한 민주적 정권이 교육개혁의 방향을 잘못 설정하면 학교혁신을 할 절호의 기회를 놓치고 말 것이다. 만약 진정한 교육철학에 충실하지 못하면, 우리의 교육개혁은 국민들을 실망시키고 말 것이다. 대통령의 급작스러운 퇴진으로 급하게 조합된 자유주의적 공약, 신자유주의적 공약, 진보주의적 공약 등을 두서없이 늘어놨는데 짜임새 있게 재구성해야 한다. 골든타임은 놓쳤지만 새로운 모멘텀을 만들어야 한다. 지금이야말로 교육개혁안의 구체적 내용을 새로이 점검하고 개혁의 정의를 다시 내릴 때이다. 만일 본질적인 목표를 무시하고 기존 교육의 구조와 관리체제를 건사하는 데 급급하다면, 학교는 혁신되지 않을 것이다. 대입제도 개편 공론화를 둘러싸고 벌어지는 상황을 보면 문제의 본질로부터 한참 벗어나고 있다. 따라서 교육개혁은 위로부터의 개혁과 아래로부터의 개혁이 동시에 작동하면서 맞물려 추동되어야 한다. 학교는 안으로부터 개혁할 수밖에 없으며 그 안으로부터의 개혁이 밖으로부터 지원을 받지 못하면 지속될 수 없다.

학교혁신운동은 한국 역사와 사회, 문화의 모든 것을 이어받는 어려운 사업이면서, 동시에 이 개혁을 통해서 한국의 미래 사회와 문화를 준비하는 원대한 과업이다. 교육은 갈등하는 가치의 경합이 이루어지는 장이기에 개인의 잠재력 구현, 고용을 위한 일자리 준비, 그리고 사회의 발전과 진보라는 경합된 교육 목적을 잘 조합하여 국가교육정책을 집행해야 한다. 이런 국가의 교육정책을 통해 각자 인간 삶의 3대 영역인 개인적 삶, 직업적 삶, 그리고 시민적 삶을 구현하는 과업이다. 이것은 자격화, 사회화, 주체화의 균형을 통해 가능하다. 자격화qualification는 아이들이 주로 일/직업과 관련하여 무엇을 할 수 있는 적절한 종류의 지식, 기술 및 자질을 갖추도록 하는 것이다. 사회화socialization는 아이들이 현행 교육의 실제 내에서 살아가고 활동할 수 있는 특정 사회적, 문화적 그리고 정치적 질서와 가치와 전통을 배우는 일이다. 탈사회화를 추구하는 주체화subjectification는 아이들이 서로 의존하고, 자신이 살고 있는 정치적, 사회적, 경제적 질서로부터 벗어나 자율성/주체성을 갖는 일이다. 민주적 주체는 인격적 주체여야 하고, 공동체적 주체여야 하고, 정치적 주체여야 한다. 3자의 융합체가 민주적 주체이다. 주체가 튼튼해야 학교의 관료주의를 막을 수 있고, 자기 동네에 특수학교 유치를 반대하는 것도 막을 수 있으며, 반핵운동이나 남북의 마을 교류도 가능하다.

학교의 민주적 주체를 형성하려면 학교를 '민주학교'로 만들어야 한다. 혁신학교운동이 철옹성 같은 학교교육을 변화시킨 것처럼 권위주의적 학교를 민주학교로 만들어야 한다. 민주학교로 성장시키려면 혁신학교의 성공 및 장애 요인을 세심하게 검토해야 할 것이다. 학교 운영의 민주적 협치, 교과를 통한 민주적 수업, 학생의 민주적 자치활동은 민주시민교육의 핵심이다. 민주시민교육은 교육과정curriculum, 학교문화culture, 지역사회community가 잘 융합되어야 효과를 발휘한다. 말하자면 3C가 잘 융합되어야 아이들의 시민성이 자란다. 학생들은 교사의 민주적 삶을 보면서 배울 것이다.

민주시민교육은 단순히 교과교육에 한정하는 것이 아니라, 학교교육 전반의 개혁을 위한 근본적 프로젝트로서 학교를 민주화해야 한다. 교육부와 학교가 민주적으로 운영되어야 한다. 학교가 민주적으로 운영되지 않는 민주시민교육은 삶(실천)이 없는 앎(지식)에 지나지 않을 것이다. 교육부와 교육청이 민주적이지 않은데, 학교가 민주적일 수 없다. 학교장이 민주적이지 않은데, 교사가 민주적일 수 없다. 교사가 민주적이지 않은데, 학생이 민주적일 수 없다. 부모가 민주적이지 않은데, 자녀가 민주적일 수 없다. 그러기에 어른이 먼저 민주시민이 되어야 한다. 민주주의가 민주주의자를 요구하는 이상 민주주의자 양성이 사명인 학교교육의 중요성은 아무리 강조해도 지나치지 않다. 학교에선 오늘의 아이들이 자랄 뿐 아니라 내일의 민주주의가 자란다. 다시 말해서 내일의 민주주의는 오늘의 민주주의가 있어야만 더 꽃을 피운다.

나아가 지역사회의 민주적 주체도 형성되어야 한다. 혁신학교운동은 학교의 민주적 주체 형성에 기여했지만, 지역사회가 변하지 않으면 외딴 섬의 개혁에 머물 우려가 있다. 따라서 학교혁신운동은 지역의 민주적 주체를 형성하는 마을교육공동체운동으로 발전되어야 한다. 민주시민의 탄생은 민주주의를 실험하는 학교 및 교실에 머물지 않고 마을로까지 나아가야 한다. 민주주의는 본래 일상생활 속에서 실현되는 삶의 방식이다. 우리 모두 직장에서, 가정에서, 그리고 지역사회에서 민주주의자가 되어야 한다. 민주시민교육은 이제 이념을 넘어, 영역을 넘어, 지역을 넘어, 연령을 넘어 이뤄져야 한다. 학교교육에서든 평생교육에서든 민주시민교육이 활성화되어야 한다.

'인간적 성숙'을 위한 '인성교육'과 '정치적 성숙'을 통한 '민주시민교육'이 대립되어서는 안 된다. 인성교육이 보수의 전유물일 수 없고, 민주시민교육이 진보의 전유물일 수도 없다. 우리는 사람도 되어야 하고 시민도 되어야 한다. 우리는 정직해야 하고, 정의로워야 한다. 사람은 되었지만 시민이 되어 있지 않거나, 시민은 되었지만 사람이 되어 있지 않다면, 온전한 사람도, 온전한 시민도 아니다. 우리가 민주적 주체로 성장하려면 인간적으로도 정치적으로도 성숙되어야 한다. 그래야 온전한 나라가 탄생될 수 있다.

지금 우리나라에서는 세계관과 가치관의 문화적 내전이나 다름없는 충돌이 벌어지고 있다. 대부분의 사회적 갈등 사안들이 합리적 대화와 토론을 통한 문제해결의 관점이 아니라, 왜곡된 이념적 틀 안에서만 다루어지고 있다. 보수나 진보나 심각한 적대의 언어 및 행태에서 결코 자유롭지 않다. 정치권은 이런 문제들을 해소하고 거기에서 드러나는 이견, 차이, 적대를 민주적 제도의 틀 안에서 조율해야 하는 과제를 지니고 있지만, 이념 대립의 함정에 빠져 오히려 갈등만 증폭시키고 있다. 이런 상황에서는 제대로 된 민주시민교육을 활성화해보려는 어떤 노력도 정치적 편향성에 대한 시비에서 자유롭지 않다. 진영을 막론하고 그렇다. 진보 진영에서 민주시민교육을 활성화하려고 하면 그건 '좌경화' 또는 '의식화'의 시도일 뿐이라는 공격이 곧바로 퍼부어지고, 반대로 보수 진영에서 그러면 그건 '신민화' 또는 '우민화'의 음모일 뿐이라고 거부된다. 우리 사회의 극심한 냉전형 이념 대립을 증폭시키는 악순환마저 낳고 있다. 그뿐 아니라 교육이 정치권력으로부터 독립적이고 자율적이어야 한다는, 헌법에 보장된 교육의 정치적 중립성 원칙을 엉뚱하게도 교육현장을 일종의 정치 진공 상태로 만들어야 한다는 요구로 둔갑시켜 전가의 보도처럼 휘두른다. 또 정말 어처구니없게도 교사들에게는 보편적 인권이자 다른 모든 국민들이 누리는 기본권인 정치적 활동의 자유도 심각하게 제한하고 있다. 교육에서 정치는 원칙적으로 회피되어야 하기에 교사들은 어떤 식이든, 심지어 교육현장에서조차 정치와 관련된 활동을 해서는 안 된다는 것이다. 이런 상황에서 '정치교육'인 민주시민교육이 들어설 자리는 거의 없어 보인다.

　최근 민주시민교육에서 논쟁 수업은 이념 대립의 함정을 에둘러 빠져나갈 수 있는 우회로를 발견하게 했다. 그중에서 사회적으로 논쟁적인 주제를 교실에서도 논쟁적으로 가르치라는 '논쟁 재현Kontroversitätsgebot'의 원칙은 독일의 보이텔스바흐 합의에서 밝힌 것이다. 독일에서 이 원칙이 부각된 것은 좌우의 이념적 대립이 극심했기 때문이었다. 통일 전의 분단 국가 독일에서도 교육 문제를 두고 우리와 비슷한 사회적 갈등이 있었다. 독일은 나치로부터 해방된 직후 새로운 독일연방공화국을 세우자마자 다시는 나치 같은 세력이 집권하는 일이 없도록 만들겠다며 연방정치교육원을 설립하고 시민들을 대상으로 체계적인 민주주의 교육을 시작했다. 독일은 보이텔스바흐 합의에 따라 교육현장에서 심각한 이념 대립을 극복하고 전 국가적인 차원에서 체계적인 정치교육, 우리 식으로는 민주시민교육 시스템을 만들어내는 데 성공했다. 이 합의는 오늘날까지 성공적인 사회통합과 민주주의에 기반을 둔 번영의 토대를 구축하기 위한 바탕이 되었다. 통일 후에도 구동독 지역에서 이 합의에 따른 체계적인 민주주의 교육을 실시함으로써 공산당 지배하의 전체주의 교육에 젖어 있던 주민들이 민주주의의 원리와 가치를 받아들이는 데도 크게 기여했다.

　민주주의는 아무런 갈등이 없는 정치체제가 아니라 갈등을 생산적으로 승화시킨 정치체제다. 어떤 면에서 보면, 민주주의란 시민들이 다양한 사안들에 대해 저마다 고유한, 서로 다른 의견을 가질 수 있다는 차원에서 평등하다는 점을 서로 인정하는 정치체제라 할 수 있다. 민주주의 사회에서 시민들은 효과적으로 소통할 수 있어야 하고, 이런 능력을 학교가 길러내야 한다.

　이런 차원에서 전교조 법외노조를 직권취소하여 교육개혁의 동반자로 삼아야 한다. 그렇지 않으면 학교의 민주주의 소생이 불가능하다. 독일의 보이텔스바흐 합의처럼 우리나라는 전교조와 교총을 동반자로 삼아 보수와 진보의 대타협을 이루어야 한다. 아이들의 교육과 행복을 위해 전교조와 교총이 함께 교육 문제의 갈등적 상황에 대한 보수와 진보의 대타협을 이끌어내야 한다. 어른들의 소모적 싸움을 중단하여 합의를 이루는 것만이 아이들을 불행에서 조금이라도 벗어나게 할 수 있다.

　이런 문제의식에서 1부 '학교교육 담론과 공교육의 재구성'에서는 교육의 본질과 학교교육의 목적, 가르침과 배움의 길항, 그리고 제4차 산업혁명, 아이의 성장·발달과 학교의 공동체적 이상, 사회의 급속한 변화와 지식혁명, 위험사회의 도래와 아동기의 새로운 구성, 돌봄의 교육철학과 학교혁신, 교육체제 및 협치 그리고 학교자치, 학교교육의 위기와 공교육사상의 재구성을 논의한다. 2부 '교육운동의 세계적 동향과 한국적 과제'에서는 교육개혁운동의 세계적 동향, 진보주의 교육의 세계적 동향, 지역사회교육운동의 세계적 동향, 민주시민교육의 세계적 동향을 논의한다. 3부 '시민성의 함양과 민주시민교육'에서는 민주시민교육의 개념, 아이들의 시민성 형성, 인간적 성숙과 정치적 성숙의 융합을 통한 민주시민교육, 시민사회의 발전과 교양교육의 민주성 강화, 정중한 예의와 정치적 예의의 공존을 통한 시민적 예의 교육, 시민적 공화주의 시민교육과 대안적 학교모델, 세계화와 국민국가 그리고 세계시민교육, 한국 민주시민교육의 현황과 과제, 촛불혁명 이후의 민주시민교육의 향방을 논의한다.

　이제 나는 대학의 교직생활을 마감하고 새로운 길로 들어서게 되었다. 대학교수의 3대 역할인 연구 작업, 가르치는 활동, 그리고 교육시민단체 활동을 다시 돌아보게 된다. 그동안 나는 대학교수로 연구 활동을 하면서도 사회에 대한 봉사인 교육운동을 소홀히 하지 않았다. 두 차례의 해직교사를 끝내고 교수가 되었을 때 학문적 실천을 다짐하였다. 교육시민단체 활동에 열심히 참여하면서도 연구 활동과 저술 활동을 게을리하지 않으려고 하였다. 그것은 실천적 교육연구와 이론적 실천이 동시에 요구된다는 파울로 프레이리의 '실천praxis' 철학을 따르려는 나의 신념이기도 하였다. 이론(탐구) 없는 실천은 맹목이며, 실천 없는 연구(탐구)는 공허하다는 칸트의 명제를 따르는 것이기도 하다. 삶의 길은 두 날개를 갖고 있다. 그것은 페스탈로치 연구로 잘 알려진 김정환 은사님의 말씀이기도 하다. 10년을 묵묵히 일하면 밥은 먹을 수 있고, 그다음 하던 일을 10년 계속하면 전문가가 될 수 있고, 끝으로 10년을 더해 30년을 같은 일에 매진하면 대가가 될 수 있다는 말씀을 따르고자 하였다. 한 우물을 깊이 오래 파면 지하수에서 다 만날 수 있다고 하셨다. 고인이 되신 대통령의 국회위원 비례대표 요청에도 응하지 않은 것은 스승님의 가르침을 따르고자 했기 때문이다. 여의도로 가는 것만이 큰 정치가 아니라, 강의실에서 열심히 가르치는 것도 큰 정치라고 여겼다. 선생님은 성실을 유독 강조하셨다. 자신에 대한 성실, 직업에 대한 성실, 역사에 대한 성실, 신에 대한 성실. 이러한 성실은 인성교육의 지향과 시민교육의 지향이 분리되지 않고 만날 수 있는 대안적 개념이라고 할 수 있다. 우리 사회의 보수와 진보가 갈등하는 이유도 이러한 대안적 개념을 창안하지 못했거나 내재화하지 못하고 있기 때문이다.

이제 새로운 삶을 시작하고자 한다. 촛불혁명 이후의 시대라서 할 일도 생겨 복 받은 퇴직을 맞이하고 있다. 이 책은 새로운 시작을 알리는 나의 미래를 예고하는 선언이기도 하다. 그동안 불미한 저를 가까이서 너그러이 지켜보아준 모든 분께 거듭 감사드린다.

2018년 9월
도봉산 기슭에서 심성보 씀

1부

학교교육 담론과
공교육의 재구성

1장
교육의 본질과 학교교육의 목적

1. 교육의 본질

우리는 교육[1]이라고 하면 집, 들판, 난롯가에서 이루어지는 일상적인 관찰이나 작업보다 공식적인 학교 환경을 주로 떠올린다. 교육은 명시적이라기보다 암시적으로 이루어진다. 인간은 다른 대상을 관찰해서 배운다. 교육은 배우는 이들이 사물에 대한 가치감각을 기를 수 있도록 도와주는 일이다. 교육은 학습을 초래하는 활동을 가리킨다. 원시 부족사회에서 보다 안정된 정착 생활이 시작되면서부터 '성인식'[2]이 생겨난 것을 학교의 기원이라고 말하지만, 새로운 형태의 교육은 문자의 발명, 그리고 문자에 의한 기록에 기초를 둔 복잡한 사회제도의 탄생이 주동적인 역할을 하

---

1. 교육의 어원은 educere, edo, educare라는 라틴어에서 비롯되었다. 'educere'는 '이끌어낸다(leading out)의 의미로서 교육은 잠재적 능력과 적성을 끄집어내어 발전시키는 것을 나타낸다. 이 말은 아직 완성되지 않은, 배움을 필요로 하는 미성숙한 인간을 부족해 보이는 자연 그대로의 상태에서 '끄집어낸다'는 뜻을 갖고 있다(Garforth, 1985: 11-12). 오늘날 많이 사용하는 교육(education)의 개념에 가장 가까운 'educatio'는 아직 성숙되지 못한 상태에서 벗어나게 이끌어주는 것으로 이해한다(Scheurel, 1993: 149-151). 'educare'는 '양육'(to bring up)과 '길러냄'(to rear)의 의미를 지니고 있다. 'edo'는 '나는 먹는다'(I eat)의 의미로서 잠재력에 자양분을 주고 살찌우는 과정으로서 스스로 성장하여 자신을 표출하는 것이다. 이런 의미는 환경을 조성함으로써 잠재력을 함양할 수 있는 진리의 요소를 담고 있다(Garforth, 1985: 11-12). Allan Bloom이 말한 바 있듯 교육은 어두움에서 빛으로 나아가는 운동이라고 할 수 있다.

였다. 오늘날과 같은 인간 최초의 모습을 드러낸 후기 구석기시대만 하더라도, 명백히 의도적 형태의 교육이 시행되고 있었다. 교육은 인적·사회적 자본을 개발하는 중요한 열쇠다. 교육은 인간적인 자질과 능력, 특히 지식과 이해에 관심을 갖는 인간적 자질과 능력을 키우는 것이다. 교육은 우리의 경제뿐 아니라 사회적·문화적 삶에도 영향을 끼친다. 시민이 역사, 정부, 경제의 작동 방식에 대해 잘 모르거나 무관심하다면 민주사회는 유지될 수 없다. 또 아이들에게 과학, 기술, 지리, 문학, 예술을 가르치는 데 게으르다면 사회는 번영할 수 없다.

교육은 문자라는 그 어려운 새 기술을 배우는 일, 그리고 그것을 장사와 정치에 적용하며 신전을 중심으로 전개되는 모든 학문에 활용하는 일로 여겨졌다. 이 일은 고도로 전문적인 성격을 띤 것이어서 가정은 도저히 그 일을 제대로 수행할 수 없었다. 이제 가정은 주로 일상생활의 실제적 훈련을 담당하게 되고, 인류 역사상 최초로 학교가 출현하게 되었다.Boyd, 이홍우 외 옮김, 2013: 30 학교는 인간의 배움 실현을 위한 하나의 사회적 발명품이다. 교육은 역사적으로 르네상스와 산업혁명, 민주화, 디지털화를 거치면서 여러 모습으로 바뀌어왔다. 르네상스는 종교가 가지고 있던 교육의 권위를 인간에게 옮겨왔다. 우리 세대가 직면한 가장 큰 도전 과제는 교육의 르네상스를 여는 것이며, 이는 기본적 학습 기술 그 이상을 의미한다. 진정한 르네상스는 모든 학문 분야에서 깊은 사고를 거친 지식과 행동 방식의 정수를 가르치려 할 때 시작된다.Ravitch, 윤재원 옮김, 2011: 330 그러니 교육

---

2. 고대 교육에서 사춘기에 도달한 소년이 부녀자와 아이들의 세계를 떠나서 성인 남자의 세계에 들어갈 때 거치는 성년식은 성인의 관습과 의무에 관한 특수적 훈련을 통하여 젊은이들을 성인의 세계로 이끄는 의식이다. 교육의 기회로서 대단히 중요한 의미를 갖는 성년식은 원시인들에게는 부족 중의 어떤 사람이 부족 전체에 저주를 몰고 올지도 모른다는 공포가 항상 따라다녔으며, 아마 이 때문에 인류의 초창기부터 어른들은 젊은이들에게 부족의 안전을 꾀할 올바른 행동을 가르쳐야 한다고 여겼을 것이다. 성년식은 도덕적 가치와 종교적 가치, 실제 생활에서의 운용 등 한 사회 구성원 중 어른으로서의 생활과 법도와 습관을 익히는 힘, 즉 어른 역할을 할 수 있는 기본 조건들을 숙지하고 실천해야 하는데, 그것은 그 사회를 책임 있게 이끌어가는 지도적 행위이다.

이란 매우 힘들고 고된 과정이 아닐 수 없다. 노동력을 이동시킨 산업혁명은 조직화된 체계로서 학교의 발전을 가능하게 하였으며, 그리고 민주화는 교실 속의 권력관계에 변화를 가져왔다. 나아가 최근에 빠르게 나타나고 있는 스마트 기술과 인공지능 시대의 도래는 사회 및 교육의 엄청난 변화를 가져올 것이다.

교육은 가장 기본적인 인간 행위의 하나이다. 우리는 사람, 특히 젊은 사람을 배우게 하는 특정 목적을 가지고 세워진 교육제도, 혹은 기관을 필요로 하였다. 앞 세대가 뒤 세대로 지식을 전승하여 인류의 발전을 가져왔다. 역사적으로 교육이 없었다면, 교육을 전문적으로 가르치는 교사가 없었다면 인간의 삶은 아마도 정체되고 소멸했을 것이며, 문화·문명이 출현하기 이전의 상태에 머물렀겠다. 교육은 교육자가 모범을 보이는 것이다. 문화·문명의 실질적 의미는 태동, 성장, 함양과 같은 가치이다. 거기에는 '향상'의 의미가 들어 있다.Hansen & Laverty, 이지헌 옮김, 2013: 47 교육을 받는다는 것은 무엇인가? 그것은 삶의 기술을 전달받는 것이자 삶의 도전들에 대응하기 위해, 그리고 자신의 능력을 가능한 한 충실히 실현하기 위해 자신을 끌어올리는 일이다. 교육은 자신의 힘만으로 나아가는 일이 아니다. 물론 자발적 움직임도 자주 나타나겠지만, 교육이란 한 걸음 더 내딛는 것을 기꺼이 도와주는, 경험 많은 사람들의 손을 붙잡는 일이다. 또한 교육이란 안내 서적, 예술 작품, 과학 장비, 기타 자료를 받아들여 개인이 인류의 문화 속으로 들어가고, 또 이를 위해 기여할 수 있게 해주는 일이다.

교육은 현대사회의 직장에서 차지하는 역할이 더 커지면서 사람들의 삶 속에서 그 어느 때보다 큰 자리를 차지하게 되었다. 교육은 또한 갈등하는 가치들이 경합하는 장이 되어갔다. 사람들이 가치를 부여하거나 경멸하는 것, 도덕적으로 생각하고 행동하는 법을 배우기 위해 특정 교육과정curriculum[3]을 거치게 된다. 사실 동서고금을 통하여 교육의 두 가지 목표는 어른의 역할을 모델화하는 것과 문화적 가치를 전달하는 데 있다.

모든 사회는 지도자, 선생님, 부모, 성직자 등 사회에서 중요한 어른들의 역할을 다음 세대의 구성원들이 적절히 이어받아 채우도록 한다. 그 문화가 사냥꾼, 요리사, 선원, 직조공, 성직자, 변호사, 상인 또는 컴퓨터 프로그래머 가운데 누구에게 달려 있든, 일정 비율의 젊은이들이 이와 같은 일을 능숙하게 해내고, 궁극적으로 그다음 세대에 이 역할의 주요한 특징을 전달하는 것이 중요하다. 마찬가지로 모든 사회는 성공적으로 전해져온 그 사회의 가장 핵심적인 가치들, 용기 또는 평화로움, 친절함 또는 강인함, 다원주의 또는 통일성 등을 언젠가는 그 후손들에게 전수해줄 사람들에게 성공적으로 전달한다. 이전 세대의 지식, 경험, 그리고 문화와 가치를 다음 세대에게 전달하는 일이다.

교육이란 다양한 목적을 가진 일임을 인식하는 것이며, 그리고 이런 많은 목적들은 조직구조, 교육과정 그리고 교수법의 선택을 안내할 방법들을 탐구하는 것이기도 하다. 교육은 학교라는 공식적 기관이 생겨나기 훨씬 전부터 이루어졌지만, 오늘날에 이르러서는 방송매체 같은 다른 기관이 교육적 범위와 권한을 두고 학교와 경쟁을 벌이고 있다. 특히 교육은 세상의 젊은이들이 그렇게 되어주길 바라는 인간상을 만드는 것과 관련을 맺고 있다. 일반적으로 교육은 세상을 이해하는 사람, 그 이해를 바탕으로 살아가는 사람, 열렬하고 지속적으로 이해를 개선하려는 사람으로 길러지기를 바란다. 그동안 세상을 세심히 연구하며 깊이 있게 살아왔던

---

3. 'curriculum'의 어원은 'currere'에서 왔다. 'currere'란 '말이 달리는 경주로'를 의미한다. 교육과정에 빗대어 보자면, '경주로'란 학생이 입학해서 졸업할 때까지 정해져 있는 교육 코스를 의미한다. 그래서 교육과정은 무엇(what)을 가르치고 배울 것인가라는 기본적인 질문에서부터 시작한다고 볼 수 있다. 교육과정이 중요한 이유는 교사가 무엇을 가르치고, 학생이 무엇을 배워야 하는지에 대한 로드맵 구실을 하기 때문이다. 로드맵이 없다면 순환식 수업을 계속하다가 그 어디에도 도달하지 못할 것이다. 교육과정이 수립되지 않을 경우 학교는 알맹이는 없고 기본 기술만을 요구하는 권력의 요구에 속수무책으로 휘말릴 위험도 있다. 그리고 교육과정이 없다면 무엇이 중요한가에 대한 결정을 사실상 국가교육과정의 역할을 맡은 흔해 빠진 교과서에 내맡기는 꼴이 될 것이다. 게다가 평가의 기반이 되는 교육과정이 없다면 시험 기반의 책무성, 이해와 지식이 아닌 일반 기술만을 평가하는 시험제도에 힘을 실어주게 될 것이다.

사람들이 묘사한 대로, 학생들이 세상을 이해하는 법을 배워야만 이와 같은 시민들이 존재할 수 있다. 또 인류가 이루어온 지식의 산맥(정상, 계곡, 곧은 길, 구불구불한 길)에 익숙해지고, 이전에는 기대하지 못했던 것을 포함해 인류의 가능성이라는 관점에서 자신의 삶을 관찰하는 것을 배워야 한다.Gardner, 류숙희 옮김, 2016: 22

정규교육은 주로 특정 조건 아래에서 이루어진다. 선박이 난류 속에서 장거리 항해를 하는 일과 같은 과정은 너무 복잡해서 관찰만으로 쉽게 파악하기 어려울 것이다. 발음 규칙, 수 체계, 지리적 위치 등을 나타내는 표기 체계는 상당한 기간에 걸쳐 철저하게 공부해야 한다. 또 종교나 율법에서 볼 수 있는 일련의 구전 지식은 연구되고, 기억되고, 절절할 때 이용되며, 결국에는 다음 세대로 전달되어야 한다. 그리고 마침내 이 지식은 각 문화가 물리적·생물학적·개인적 세계에서 당면한 문제를 해결하는 절차를 반영한 공식적 학문[4]이기도 하다.

교육은 전통(과거)을 단순히 전달받는 보수적 기능에 머물지 않는다. 교육의 기능이 이에 머문다면 발전이 불가능할 것이다. 교육활동은 보수와 진보의 변증이라고 할 수 있다. 현재의 교육은 과거와 미래 사이의 살아 있는 변증적 활동이다. 비판적 교육의 과제는 진보를 추구하거나 과거를 복원하는 것이 아닌, 현재를 발굴하고 현재 속에서 감춰진 에너지를 해방시키는 일이다. 각각의 현재 속에 내재되어 있는 잠재태/가능태는 완전히

---

4. '學問'은 인간의 도전에 대한 대답으로서 첫째, 학문이 제기하는 질문은 언제나 인류에게 중요하고, 둘째 학문은 인간이 된다는 것이 무엇인가에 대한 논쟁에 중점을 두고 있다. 학문을 단순히 기억해야 할 사실, 개념 또는 이론의 나열로만 생각한다면, 학생들은 자신의 잠재력을 알 수 없다. 사실이라는 것 자체는 학문에서 중립적이다. 특정한 방법으로 엮이고 특정한 이론이나 틀 또는 순서를 바탕으로 배치되어야 학문으로서의 색채가 입혀지게 되는 것이다. 학문을 이루는 주된 요소는 교과서의 용어 소개나 색인에서 나오는 구체적인 사실이나 개념도 아니고, 국가 기준의 요약도 아니며, 너무 자주 처러지는 주간시험은 더욱 아니다. 학문은 그 분야에 종사하는 사람들이 스스로 만들어낸 사고방식을 포함하는데, 이를 통해 그들은 구체적이면서도 대체로 직관적이지 않은 방법으로 세계를 이해하게 된다. 실제로 한번 체득하고 내재화하면 이러한 사고체계는 전문가들이 자기 식으로 세계의 현상을 해석하는 방법, 즉 어린 시절의 각인과 비슷한 것이 된다.

망가지고 완전히 더럽혀진 것들의 형태로 깊이 감춰져 있다.^{Eiland & Jennings,} 김정아 옮김, 2018: 64-65 이런 왜곡들 속에서는 그 너머에 존재하는 참모습을 알아볼 수 없다. 그러기에 현재를 깨어 있는 지금 이 시간으로 경험하도록 하는 교육을 필요로 한다. 교육이라는 행위는 창조적 혁신이자 전통의 재발견이어야 한다. 이때의 전통은 모종의 역동적 매체로 작용할 수 있다.

따라서 배우는 이는 연속적 변모를 거쳐 가르치는 이가 되어야 한다. '배우다'라는 뜻의 동사 'lernen'과 '가르치다'라는 뜻의 동사 'lehren'은 '길을 간다'라는 뜻의 동일한 어근을 갖는다.^{Eiland & Jennings, 김정아 옮김, 2018:} ¹³⁵ 가르치는 이가 배우는 이로 홀로 있을 때 비로소 전통을 자기만의 방식으로 아우르고 이로써 전통을 혁신할 수 있다. 전통을 혁신한다는 것은 전승받을 전통에 전승 가능성, 전달 가능성을 부여한다는 뜻인데, 전통을 그렇게 전유하려면 먼저 가르침들의 바다에 몸을 맡겨야 한다. 진정한 교육은 그 부침 속에서 새 생명을 얻어 그 가르침들, 곧 언어를 확장한다. 교육한다는 것은 가르침을 풍요롭게 하는 것일 따름이다. 전통은 과거와 미래, 옛 세대와 새 세대의 대결이 펼쳐지는 곳이다. 교육/수업은 옛 세대와 새 세대가 서로에게 자유롭게 합일할 수 있는 유일한 곳이다. 프랑크푸르트학파의 일원인 벤야민^{Water Benjamin}은 가르침들의 바다와 정신의 바다를 동일시하고, 교육의 질서를 전통의 종교적 질서와 동일시하였다.^{Eiland & Jennings, 김정아 옮김, 2018: 136}

해석학자 가다머^{H. Gadamer}는 물음을 던지는 교육을 '전통과 만나는 것'이라고 하였다. 교육은 질문을 던지는 방법을 배우는 과정이다. 전통과의 만남은 문화이다. 질문의 문화를 만드는 교육이 중요하다. 이것은 교육의 순응주의 모델이 아니다. 오히려 교육이란 전통 속에서 우리에게 도전하고 우리들의 대응과 판단을 유도하는 목소리를 듣는 것이다. 이렇게 '지평의 융합^{fusion of horizons}'이라고 할 학습 과정은 학생과 교과 사이에 '대화'의 형식을 띤다.^{Grondin, 2011: 14}

비판적 교육학critical pedagogy에서 보는 것처럼 대화의 주제는 정치적 지향을 결정적으로 행사하면서 상당한 영향력을 갖는 운동성을 지니고 있다.Fairfield, 2011: 2-3 교육은 한 번에 모든 것을 끝내는 과정도 아니고 학교에 제한된 것도 아니다. 학습은 결코 머물 수 없고, 스스로를 교육하는 것이고, 다른 관점에 여전히 열려 있는 '자기교육Bildung/self-education'[5]이다.Fairfield, 2011: 2-3 자기교육의 전통 안에서는 영혼의 형성 없이 가르치는 일은 이루어질 수 없다. 인격의 형성 없이 훈련은 일어날 수 있지만, 그것은 진정한 가르침이 아니다.Null, 강현석 외 옮김, 2016: 227 자기교육은 이성적 힘과 감성적 힘의 균형을 통해서 이뤄지지 이성 혹은 감정 하나의 힘으로는 실현 불가능하다.박고운·김회용, 2018: 40 자기교육의 완성은 어떤 완전한 상태에 도달하는 것이 아니라, 새로운 경험과 혁신된 자아경험을 향해 열린 자세를 유지하는 데 있다.정영근, 2004: 177 이성과 감성의 갈등하는 조화 속에서 창의적이고 역설적인 사고와 상상이 가능할 것이다. 감성적 측면을 간과한 채 이성만을 강조하는 자기교육은 아도르노의 표현을 빌리자면, 또 다른 '절반의 교양Halbbildung'에 불과하다.

그런데 일부 교사는 유감스럽게도 정해진 수업 시간에 자신이 가르치는 수업 자료—교사가 전달한 것/가르친 것, 또는 학생이 전달받은/배운 것—가 더 큰 목표와 어떻게 연결되는지를 잘 모르는 경우가 많다. 교사는 왜 가르치는가? 무엇을 위해 가르치는가? 사실 교사는 자기가 가르치는 각각의 개념과 교수 기술이 다른 것과 어떻게 조화될 수 있는지, 또 그것

---

5. 'Bildung'은 '형태 짓다(form)' 또는 '형성하다(shape)'는 의미를 가진 'bilden'에서 비롯되었다. 독일어 'Bildung'은 주체적 인간의 자유로운 자기형성의 의미를 지니고 있는 반면, 'Erziehung'은 일반적으로 '교육(education)'에 상응하는 개념으로 개인들의 소질과 잠재력의 발달에서 타율적인 부분에 초점을 두고 있다. 'Erziehung'이 의도적인 앞선 세대의 정당화된 문화유산을 전수하는 것을 의미하는 반면, 'Bildung'은 개인이 세계와 주체적으로 교섭하는 과정을 통한 내적인 성장을 의미한다. 'Bildung'은 '형성하다'라는 수공업적이고 예술적인 단어에서 출발하여 인간의 '자기형성(self-formation)', '자기도야(self-discipline)'를 의미하는 교육학적 개념이 되었다. 주어진 타율성을 비판하는 계몽된 인간의 자세로서 인간의 이성을 통한 자율성을 강조하는 것으로 이해할 수 있다.

들이 더 큰 주제와 어떻게 연결될 수 있는지 알고 있어야 한다. 이것은 궁극적으로 교사의 교육철학과 맞물려 있다. 거대한 포괄적 목적은 대화에 참여하고, 질문을 제기하고, 그리고 필요하다면 이슈를 제기할 것을 알려 준다. 따라서 학습 자료를 심사숙고하여 작성하고, 성찰된 목적들이 상호 보완되고, 학습 목표를 함께 풍부하게 하는 교과들을 넘어설 수 있는 주제와 기법을 찾을 필요가 있다.

교육은 훈련training이나 조건화conditioning와는 다르다. 사람을 교육하는 일이 동물 훈련과 같을 수는 없다. 인간의 교육은 개 훈련 이상의 것이다. 물론 훈련 없는 교육이란 존재할 수 없다. 교육을 훈련으로 대체해서는 안 되지만, 훈련의 방식은 교육에 없어서는 안 되는 중요한 요소이다. 교육은 반복훈련 등 습관화를 필요로 한다. 모방을 토대로 창조나 자율성이 나오기 때문이다. 그리고 교육의 목적이 자율성의 촉진에 있다면 훈련의 과도한 사용은 그 목적에 반하는 것임을 유념할 필요가 있다. 교육은 생애에 걸친 장기간의 준비를 필요로 한다. 반면 훈련은 능력, 태도, 성향을 단기간에 습득할 것을 추구한다. 자극에 대한 반응을 유도하는 데 유연성을 가져야 한다. 외적 힘에 의존하여 결정하는 것은 생각 없는 기계적 반응에 지나지 않는다.Winch, 2000 그러기에 훈련은 다양한 도덕적 경험의 양식에 대한 적절한 반응을 요구하는 교육 형태들에 의해 보완되어야 한다.Winch, 이병승·김우영, 2014: 340 인간에게는 동물 훈련과 달리, 행위 주체의 자율성을 인정하지 않으면 안 될 것이다.

2. 학교교육의 목적

학교교육의 목적을 어디에 둘 것인가? 학교교육이 무엇이냐는 논쟁은 그 끝이 보이지 않는 논쟁이다. 그리고 사회가 변해감에 따라 학교의 목표도 변화하는 것은 분명하다. 학교는 아동이 성장하고 양육되는 장소다. 동시에 학교는 민주주의 체제에 참여하는 것을 배우고 공동체 내에서 평화롭게 살도록 학습하는 장소다. 미국의 진보주의 교육자 카운츠는 "학교는 사회질서를 구축하는 일을 감내해야 하는가?"라는 강연에서 학교는 사회적 민주주의의 비전이 제시되어야 하고, 학교가 스스로 사용할 수 있는 강력한 수단을 통하여 사회질서를 재건하는 일에 착수해야 한다고 주장하였다.[216] 아이들이 학교에 있는 동안에 하나의 목표로서 이러한 과업이 주어지고, 이들이 그것의 실현을 위하여 몰두한다면, 오직 그때에만 새로운 사회질서가 성취될 수 있다고 보았다.

학교의 과업은 일차적으로 학생들이 잘 살 수 있게 준비시키는 일이다. 모든 사람들에게 개인으로서, 또 시민으로서 잘 살 수 있도록 준비시키는 것이야말로 학교의 분명하고 확실한 목적이다. C. 치티[Chitty, 2002: 2-05]는 사회학적으로 학교교육schooling의 목적을 인간의 완성(개인의 완성 및 잠재력 계발)[6], 일[7]의 세계/고용·취업에 대한 준비[8], 그리고 사회의 진보 및 변화(선발 체제의 개혁)의 촉진에 두면서 각 목적들 사이에는 갈등이 일어난다고 보았다. N. 나딩스[Noddings, 심성보 옮김, 2016]는 철학적으로 인간 삶의 3대 영역인 개인적 삶personal life, 직업적 삶occupational life, 그리고 시민적 삶civic life 속에서 성공과 만족을 영위할 수 있도록 성장과 준비를 하는 교육을 설정하고 있다. 교육은 삶의 세 가지 커다란 영역에서 전인적 인간을

---

6. 학교교육에서 개인의 잠재력을 발휘하는 것을 매우 중시한다. 즉 개인의 풍요로운 정신, 활발한 인지, 감수성, 학문, 문화, 훈육 등을 중시한다.

7. '일(work)'은 어떤 최종 산물을 낳기 위해서 하는 활동이다. 일은 좋은 삶의 핵심 요소다. '일'이란 생존하기 위해, 그리고 삶에서 없어서는 안 될, 꼭 있어야 할 필수 불가결한 요소이다. '일'은 인간에게 혹은 인간의 삶에 꼭 있어야 하는 것이다. 물론 '일'은 잘 살기 위해, 또는 행복하기 위해 필요하다(이지헌·임배, 2016: 13-14, 61, 84). 일을 준비하는 것을 직업훈련이나 직업교육이라고 한다. 직업훈련은 기술훈련이 중심을 이룬다. 직업교육이 인문교육/교양교육과 분리되면 직업훈련으로 전락하게 된다.

8. 학교교육은 실생활을 위한 것으로 본다. 그것은 취업 세계다. 이는 생계를 꾸릴 수 있도록 준비시켜준다. 교육받은 사람이란 자신의 분야에서 효율적으로 일할 수 있고, 공적인 일을 동료와 협력해서 할 수 있으며, 신체를 건강하게 유지할 줄 아는 사람이다.

위한 삶의 방식을 충족시키는 일이기도 하다. 그래서 개인적, 직업적, 시민적 삶의 영역은 도덕적, 영성적 발달 등 사람의 인성 및 인격과 연관된 전인교육 및 도덕교육과 연결된다.

교육철학자들Biesta, 2010; 2013b; Sant, Davies & Shultz, 2018은 예측할 수 없고, 통제할 수 없는, 그리고 위험을 감수해야 하는 세 가지 목적(자격화, 사회화, 주체화)의 균형을 요구하고 있다. 첫째 목적인 '자격화qualification'는 학생들이 주로 일/직업과 관련하여 무엇을 할 수 있는 적절한 종류의 지식, 기술 및 자질을 갖추게 하는 것이다. 학교가 현실과 동떨어진 기관이 되지 않으려면, 현실 세계와 연관성을 가져야 한다. 즉, 사람들이 현실 세계를 살아갈 수 있도록 준비시키는 것이다. 이렇게 볼 때 학교는 좋은 직장을 얻게 하는 기관이라고 할 수 있다. 둘째 목적인 사회화socialization[9]란 전문직에 들어가려고 입학한 예비교사들에게 기대하듯이 아이들이 현행 교육의 실제 내에서 잘 살아가도록 특정의 사회적, 문화적 그리고 정치적 질서와 가치와 전통을 잘 알게 하고, 그리고 아이들이 행동하는 방법을 잘 학습하였는지를 확인하는 것이다. 앞서와 다른 목적인 셋째의 주체화 subjectification는 학생들의 상호 의존을 증진하고, 우리가 살고 있는 정치적, 사회적, 경제적 질서로부터 자율성을 갖도록 하는 것이다. 이때 교육은 각 개인에게 어떻게 영향을 미치고 있는지를 확인한다. 교육의 각 목적이 정당성을 띠어야 하지만, 주체화/주체임subject-ness[10]는 교육에서 더 근본적이다. 이것은 해방과 자유와 관련이 있고, 그리고 그 자유와 연관된 책임과 관련이 있다.

국가의 교육 목표를 설정할 때는 위의 세 목적들을 잘 정립하여 구성해

---

9. 아이들은 모방의 기계라고 할 수 있다. '사회화'는 어린 시기에는 모방에서 시작한다. 평생의 과정에서 1차적 사회화는 사회의 성원이 됨으로써 개인이 겪는 최초의 사회화이다. 2차 사회화는 이미 사회화된 개인을 사회의 객관적 세계로 유도되는 잇따른 사회화이다.

10. 로티 같은 자유주의자들은 '주체화'를 사회화와 대치되는 개념으로 '개별화(individuali -zation)'로 전환한다.

야 할 것이다. 학교교육에서 개인 또한 학교의 과업은 학생들이 다른 사람들 즉 친구, 이웃, 직장 동료, 시민의 잘 삶을 도와주도록 준비시키는 일이기도 하다. 우리가 왜 어떤 활동에 참여해야 하며, 우리가 어떤 신념이나 실천에 헌신할지를 물을 때 근원적/궁극적 목적을 요청하지 않을 수 없다. 그런 목적이 없다면, 교육의 방향을 잃고 만다.

그런데 유감스럽게도 지금 우리 사회는 교육 목표와 지표 설정에 "왜?"라는 질문이 결여되어 있다. 중앙정부로부터 일방적 지시만 있을 뿐이다. 이리되면 교사는 지식생산자로서 전문직이라기보다는 권력이 만들어낸 지식을 전달하기만 하는 말단 공무원 신세가 된다. 교수-학습과정에서 학생들은 지식 꾸러미를 소비하는 대상으로 전락한다. 이렇게 되면 정해진 수업 시간에 자신이 가르치는 학습 자료를 더 큰 목표와 어떻게 연결시켜야 할지를 잘 모르게 된다. 이러한 교수-학습 과정에서는 창의적 사고나 비판적 사고가 출현할 리 없다. 그러기에 적어도 교육자들은 교육 목적에 대한 질문을 해야 한다. "왜"냐고 목적aim[11]을 물으며 목표goal[12]와 관련된 실천을 해야 한다.Noodings, 심성보 옮김, 2016: 125-148 전형적으로 교육 목적은 특정 행위 혹은 활동에 대한 원리를 제공하는 실제 행동 지침을 가리킨다.Wringe, 김정래 옮김, 2013: 23 교육은 다양한 목적을 가지고 있으며, 목적은 우리의 생각을 안내한다. '교육 목적'을 사려 깊게 설명하는 까닭은 사람들—학생들을 포함하여—이 저마다 잘 살 수 있도록 도와주는 데 있다. 축구 골을 잘 넣는 것도 중요하지만 '왜' 골을 넣는 행위를 하는지 궁극적 목적에 조응하는 목표를 가져야 한다. 왜라는 질문은 목표 및 지표, 즉 더 낮고 더 세부적인 수준에서의 결과와 관련하여 발생하는 것이다. 목표는 달성될 수 있어야 하고, 우리가 헌신하고 있는 목적에 맞게 협력적으로 정

---

11. '목적'이란 우리가 어떤 일을 왜 하고 있는지를 질문하거나 스스로에게 자문할 때 관심을 기울이는 일반적 진술이다.
12. '목표'는 보통 하나의 수업활동, 특정 교과 또는 교과 전반에 걸쳐, 혹은 보다 장기적인 학습 과업의 끝에 성취된 바를 측정하려고 하는 일련의 학습 결과를 지칭한다.

립되어야 한다.

　교육을 혁신하려면 먼저 좋은 교육에 대한 비전이 있어야 한다. 교육 목적은 첫째, 개인의 이익을 도모하고 개인의 삶의 목적과 발달을 증진하는 교육 목적, 둘째, 바람직한 사회 상태를 유지하고 창출하는 것과 관계되는 교육 목적, 셋째, 진리의 추구, 합리성, 수월성 등과 같이 그 자체로 바람직하거나 내재적으로 가치 있다고 여겨지는 것과 관련된 교육 목적 등의 범주로 크게 분류할 수 있다.^{Wringe, 김정래 옮김, 2013: 41-42} 교육과 관계된 이들은 모두 왜 우리가 교육이라는 것을 제공하는지 자문해야 한다. 제대로 교육받은 사람은 어떤 사람인가? 어떤 지식이 가장 가치가 있는가? 아이들을 학교에 보내면서 우리는 무엇을 바라는가? 아이들이 무엇을 배우고, 학교를 졸업할 때쯤엔 무엇을 성취하기를 바라는가? 데니콜라^{2011: 182-184}는 다음의 네 가지 중심적—사실 서로 얽혀 있지만—교육 목적으로 범주화하여 구분하고 있다.

- 교육의 목적은 세대 간의 문화유산 전승을 위한 것이다(문화 전승 패러다임: Alan Bloom, Robert Hutchins, Mortimer, E. D. Hirsch). 인간은 무력하고 무지한 상태로 태어났다. 부모는 자신의 유전자를 통해 학습해왔던 것을 전달할 수가 없다. 학습은 생존에 필수 불가결하다. 인류의 역사와 업적을 습득하기 위해서다. 인문학을 가르치는 것은 곧 위대한 고전을 보존하고 북돋자는 것이다. 모든 세대는 배워야 한다. 우리 조상은 학습 가능성을 넓힌 두 번의 혁명을 거쳤다. 경험을 기호로 바꾸는 복잡한 상징체계를 발전시켰고, 이들 기호를 영구적 인공물 속에 보존하는 기술을 개발했다. 이렇게 우리는 각 세대와 함께 성장하며 다음 세대에 전승할 수 있는 학습의 유산을 만들어내면서 인간의 경험을 명료하게 표현하고 축적하고, 보존하였다. 문화적 보물, 우리의 지적 유산, 즉 정교한 언어, 지식의 전 교과, 위대한 텍

스트와 예술 작품의 풍성함, 역사적 이야기, 그리고 해결되지 않았지만 호기심을 자극하는 문제들을 보존하고 전승하는 것은 그들을 이해하는 방법과 함께 교육의 중요한 의무가 되었다. 이런 유산, 즉 '정전/고전canon'이라고 부를 수 있는 것들에 가치를 두고 다음 세대들을 동화시키는 것은 좋은 삶을 식별하고 살아가는 목적에 없어서는 안 된다. 이러한 전승transmission 유형의 교육은 여러 가지 잘 알려진 도덕적 차원을 요청한다. 어떤 문화유산의 의미 있는 부분은 명시적이든 암묵적이든 내용에 있어 도덕적이다. 그것은 도덕적 모범을 보여주면서 도덕적 상상력이나 판단과 같은 현명한 도덕적 역량을 고무하고 기여한다. 도덕적 숙고는 이런 유산의 평가, 선택 원리의 사용, 그리고 이런 유산의 사용과 가치를 가장 정교하게 전달하는 의미와 관련이 있다.

- 교육의 목적은 규범적 개체성을 구현하는 것이다(자아실현 패러다임: Plato, Aristotle, Nietzsche, David Norton). 교육에서 규범적 개체성normative individuality의 구현은 곧 자아실현의 완성을 말한다. 이런 견해로 본 교육은 학습자에게 가치를 둔 잠재력의 실현, 즉 역량, 태도 그리고 기술의 자각과 발전에 초점을 둔다. 이런 지향은 자아의 달성이나 완성을 위한 욕구를 중시한다. 좋은 삶이라는 특정의 개념을 가지고 어떤 인간의 본성이나 개인의 인격 함양 및 실천, 그리고 규범적 개체성이라고 할 수 있는 자아의 완성으로 연결시킬 수 있다는 완전주의perfectionism적 사고에 바탕을 두고 있다. 자아실현을 한 인간의 그림은 사회적 규범이나 역할, 잘 삶과 번영이라는 본성적 지표, 그리고 독특한 잠재력과 개별 학생들이 인지한 약속으로부터 나올 수 있다. 과정 그 자체는 서로 다른 형이상학적 사명으로부터 힌트를 얻어 다양하게 자아를 발견하거나 형성하는 것, 즉 자기창조, 자기에

대한 정의, 자아실현이나 자기구현으로 묘사될 수 있다. 그러나 교양 학습은 사람을 개체화하고 인격을 형성하고 완성한다는 것, 그런 교육은 단지 성장하고 늙어감으로써 달성할 수 없는, 자신에 대한 더 나은 비전을 개인들에게 제공한다는 것 등 모든 해석을 열어놓고 있다. 이러한 자아실현은 도덕화moralization를 포함한다.

- 교육의 목적은 인간의 삶을 형성하는 세계를 이해하는 일이다(세계이해 패러다임: Whitehead, Popper). 이 목적은 세계의 현실과 인간의 곤경에 초점이 맞추어진다. 맥락을 파악한다는 것은 물리적 세계뿐 아니라 사회적, 문화적 그리고 심리적 요인을 파악하는 일이다. 교육의 기능이란 아이들에게 단순히 처세술/요령/기법을 가르치는 것이 아니라, 세계가 무엇인지 가르치는 일이다.[Arendt, 2005: 262] 그것은 어른 사회와 아이들 사이에 높은 벽을 쌓는 것이 아니다. 이러한 교육 목적은 세계의 현실과 인간의 곤경을 파악해 이에 대처하는 것이다. 부모와 교사는 교육을 통해 아이의 인생과 성장을, 그리고 세계의 존속을 책임져야 한다.[Arendt, 2005: 259] 사회는 변화 없이 보존되는 것이 아니라, '새로운 인간의 탄생'을 통해 계속해서 갱신되어간다. 인간세계의 새내기인 아이들은 완성된 존재가 아니라 생성 과정의 미완성 존재이다. 여기에서 교육자들의 책무는 오래된 세계(과거)와 새로운 세계(미래) 사이에 다리를 놓는 매개자의 일이다.[Gordon, 2001: 5] 아이들은 앞으로 나아가려는 사람을 뒤에서 잡아당기거나, 아니면 뒤에서는 막 밀지만 앞에서는 막고 있어서 어찌해볼 수 없는, 즉 '과거와 미래 사이에' 끼여서 나아가지도 물러서지도 못하는 상황에 처해 있다. 아이는 과거와 미래의 '중간에 낀in-between' 존재, 탄생과 죽음 사이를 채우는 인간 실존의 조건에 놓여 있다. 그리고 세계에 영향력을 발휘한 현명한 '힘들'의 목록은 시간의 흐름에 따라 변한다. 지지자들은

우리가 살고 있는 '세계world'를 발견하거나 창조하는 것, 세계에 거주하고 있는 것이 무엇인지, 그리고 우리들의 상황에 대한 지식에 무엇이 제한을 가하는지에 대해 어느 정도 논의할 수 있다. 그러나 이런 해석 가운데 사물을 식별하는 목적에 있어, 그리고 경이감이나 호기심에 있어 일치가 보인다. 이해에 도달하는 것은 항상 현상을 의미 있게 하는 것과 연결되어 있다. 우리의 세계를 이해하는 것도 좋은 삶을 사는 데 없어서는 안 된다는 가정이 그 배경에 깔려 있다.

• 교육의 목적은 세계에 참여하고 그것을 변화시키는 것이다(세계 참여 패러다임: Isocrtes, J. S. Mill, William James, Paulo Freire). 교육의 목적은 우리로 하여금 세계에 대처하고, 세계에 품위 있게 봉사하고, 설득력 있게 비판하고, 세계를 개혁하는 것이다. 세계에 대한 다른 해석과 전망 속에서 참여와 변화는 시민참여, 공공봉사, 도덕적 행동, 정책분석(실천의 차원), 사회비판, 심하게는 사회로부터의 퇴각도 포함한다. 사회비판이 종종 이론을 중시하고 실천을 경멸하는 것으로 폭로된 이래 이런 입장을 포함하는 것에 대해 놀랄 수도 있다. 고대 아테네로 돌아가 보면 교양교육 기관의 원형을 세웠던 플라톤의 제자 이소크라테스는 학생들로 하여금 현명하고 적극적인 시민이 되도록 준비시켰으며, 심오한 건전한 도덕적 헌신에 기반을 두고 명확하게 표현하고 설득시키는 힘인 변증법과 수사법을 가르쳤다. 좋은 삶을 사는 것은 실천적 지혜, 건전한 판단, 그리고 반성적 행위를 요구한다. 좋은 공동체는 덕이 있고 유능한 사람들의 계속된 노력을 구성하고 보존하지 않으면 안 된다. 세계의 어지러운 영역으로부터 퇴각을 옹호하는 주변자적 해석조차 교육이란 효과적이고 적절한 도덕적 행위를 위해 학생들을 준비시키는 것으로 해석할 수 있다.

교육의 네 가지 목적—교양교육의 목적도 이렇게 분류할 수 있다—은 교육철학에서 서로 다른 최극단의 목표를 대표하는 것이다. 이 목적들은 교육 담론을 생성하며, 교육과정 및 교수학을 발전시키는 시각을 정립해 낸다. 전자의 두 목적은 흔히 보수주의로 분류되고, 후자의 두 목적은 진보주의로 분류된다. 그런데 영원한 보수도 없고, 영원한 진보도 없다. 그러므로 시대적 상황에 따라, 고대·중세·근대·현대에 따라, 그리고 현대사회에서도 국가권력의 성격에 따라 우선순위가 다를 수 있고, 상호 보완하는 가치로 공존시킬 필요가 있다.

학교교육의 목적이 때로는 너무 광범위하여 좋은 삶의 함양에 보조적으로 관련된 것들을 쉽게 잊어버리게 할 수 있다. 물론 학교교육이 실제로 무엇인지 정의하는 논의는 학문적 개념 정의와는 다르게 구현될 수 있기에 매우 복잡한 이슈들을 동반한다. 학교교육의 목적은 철학적, 사회학적 차원, 그리고 교원교육의 목적에 따라 달라지기에 중첩적 조합을 잘하여 교육의 목표를 잘 설정해야 한다. 국가의 성격이나 시민사회의 발전 정도에 따라 학교교육의 목적은 달리 설정될 수 있다. 국가교육과정을 만드는 사람들은 일관성 있고 옹호될 수 있는 일련의 전반적인 교육 목적을 수립해야 하겠고, 하위목적이나 중간목적, 그리고 종합 목적들이 어떤 논리적 근거, 심리적 근거 및 그 밖의 다른 근거에서 도출되는지 검토해야 하고, 교육 목적을 실현할 포괄적인 다양한 방안들에 유념해야 한다. 그리고 학교, 교육청, 지방정부, 그리고 중앙정부가 수행할 역할의 한계를 설정할 준거도 마련해야 한다.

3. 21세기 교육의 방향

들로르Delors의 유네스코 보고서 『21세기를 위한 새로운 관점과 전망』

1996은 "어떤 교육을 선택하느냐가 곧 어떤 사회에서 살아갈지를 결정한다"라며 '학습의 4개 기둥'을 제시하고 있다. 학교교육 등 공식적인 교육이 흔히 특정한 유형의 지식에만 치중하면서 인간의 발전에 필수적인 다른 것들을 등한시한다고 비판하고, '학습의 4개 기둥'이 모든 교육에서 반드시 중시돼야 한다고 덧붙였다. 학습의 4개 기둥이란 '알기 위한 학습'[13], '행동하기 위한 학습'[14], '존재하기 위한 학습'[15], '더불어 살아가기 위한 학습'[16]이다. 이들 네 기둥은 교육에 대한 통합적 접근이라는 이념을 내포하고 있다.

21세기 교육은 교실, 가정, 지역사회, 문화 등 여러 곳에서 동시에 찾지 않으면 안 된다. 하지만 우리 시대의 개혁자들은 지름길과 빠른 해결책을 찾으려 안간힘을 쓴다. 만약 진정한 교육철학에 충실하지 못하면 우리의 교육개혁은 국민들을 실망시킬 것이므로 치밀한 전략을 필요로 한다. 만약 본질적인 목표나 건전한 교육적 가치를 무시하고 교육의 구조와 관리체제만 계속 조정한다면, 학교는 개선되지 않을 것이다. 구조적 변화만으로는 건전한 교육 프로그램을 고안하거나 우리가 원하는 수준의 교육 서비스를 달성할 수 없다. 만약 좋은 교육의 본질을 이루는 여타 과목을 등한시하고 계속 읽기와 수학에만 치중한다면, 학교는 발전할 수 없다. 기본적인 기술 습득 이상의 것을 기대하지 않는 학교는 학생들에게 현대 직업사회에 진출할 준비를 갖춰줄 수 없다. 또 새로운 기술을 설계하고, 과학적 해결책을 모색하며, 엔지니어링 기술을 발휘할 잠재력이 있는 인재도

---

13. '알기 위한 학습'은 폭넓은 일반적 지식과 함께 몇몇 주제를 깊이 탐구할 기회가 있어야 한다는 의미이다.
14. '행동하기 위한 학습'은 단순히 직업적인 기술만이 아니라 다양한 상황에 대처하고 또한 팀으로 행동할 수 있는 역량을 갖춰야 한다는 의미이다.
15. '존재하기 위한 학습'은 학습자가 자신의 인성을 계발하고 보다 더 독립적으로 행동하며 자신의 판단력을 기반으로 자신의 책임 아래 행동할 수 있어야 한다는 의미이다.
16. '더불어 살아가기 위한 학습'은 다른 사회문화적 배경을 가진 사람들을 이해하고, 사람들 간의 관계는 물론 인간과 자연의 상호 의존성이 지니는 중요성을 더욱 깊이 깨닫는 것을 의미한다.

배출할 수 없다. 졸업자들은 사회의 문화적 성취에 대한 이해를 높이지도 못한다. 포괄적 교양을 배우지 못하면 학생들은 민주 사회에서 책임 있는 시민으로 자랄 수 없다. 그뿐 아니라 지식을 쌓고 식견을 갖춘 토론을 하며 이성에 기초해서 의사결정을 내릴 능력도 갖추지 못할 것이다.[Ravitch, 윤재원 옮김, 2011: 333] 특히 인생에서 새로운 정체성을 형성하는 가장 중요한 시기인 청소년기에 학생들을 온통 학업성취도의 달성에만 집중하라고 닦아세우면 그들의 인생이 온통 뒤틀릴 것이다.

미국의 오바마 대통령은 미국이 세계의 나머지를 더 혁신하고, 더 교육하고, 더 건설해야 한다고 제창한 바 있다. 이에 대해 교육철학자 넬 나딩스는 우리 앞에 아무도 존재해서는 안 된다고 하는 20세기적 일등주의 사고방식의 전형을 보여준다고 비판한다.[Noddings, 심성보 옮김, 2016: 38-39][17] 21세기의 핵심어는 의사소통(진정한 대화), 상호 의존, 창의성, 비판적 열린 마음, 협력이다.[Nopddings, 심성보 옮김, 2016: 38-39] 특히 오늘날 전 세계에 걸쳐 많은 교육자나 정책 입안자들은 경쟁보다 협동을 주창하고 있다. 물론 경쟁을 포기해서는 안 되며, 어떤 경쟁은 효율성을 촉진하기도 한다. 그러나 경쟁하지 않을 자유도 있어야 한다. 진정한 경쟁이란 남과의 경쟁이 아니라 자기 자신과의 경쟁이다. 그러지 않으면 소모적 경쟁이 되어 청소년 자신의 인간성을 파괴하고 말 것이다. 이것은 20세기 시대정신의 반성에서 나온 것이다.

그리고 만약 아이들이 포괄적인 교양을 배우지 못하면, 그들은 민주사회에서 책임 있는 시민으로 자랄 수 없다. 지식을 쌓고 식견을 갖춘 토론을 하며, 이성에 기초해서 의사결정을 내릴 능력도 갖추지 못한다.[Ravitch, 윤재원 옮김: 333] 교육의 목표는 높은 점수를 내는 것이 아니라, 아이들이 심신

---

17. 나딩스는 지배의 습관과 일등을 향한 집착, 그리고 세계를 미국식의 민주주의로 개종하려는 복음주의적 열망, 이 모두는 제국의 시대로 되돌아가려는 것이라고 질타한다. 그는 21세기를 맞이하여 20세기의 성과를 경시하지 않으면서도 세계 권력의 등장을 수반하고 있는 전쟁의 공포를 다시 반복하지 않겠다는 약속을 해야 한다고 역설한다.

을 계발하고 좋은 인성을 지닌 책임 있는 사람이 되도록 이끄는 것이다. 학교는 비즈니스가 아니라 공공재다.^{Ravitch, 윤재원 옮김: 335} 교육을 개선하려면 먼저 좋은 교육이 무엇인지 비전이 있어야 한다. 교육 관계자들은 모두 왜 우리가 교육을 제공하는지 자문해야 한다. 제대로 교육받은 사람이 누구 인가? 어떤 지식이 가치있는가? 아이들을 학교에 보내면서 우리는 무엇을 바라는가? 아이들이 무엇을 배우고, 학교를 졸업할 때쯤엔 무엇을 성취하 기를 바라는가?

분명 우리는 아이들이 읽고 쓰고 계산하는 능력을 배우기를 원한다. 이는 다른 모든 학습의 토대가 된다. 우리는 아이들이 유용한 삶을 살 준비 를 갖추기를 원한다. 세상 밖으로 나가서도 스스로 생각하는 힘을 키우기 를 바란다. 건전한 인성을 함양하고 그들의 삶, 일, 건강에 관해서도 건전 한 결정을 내리기를 원한다. 또 아이들이 삶이 즐거울 때나 힘들 때도 용 기와 유머를 잃지 않기를 바란다. 나아가 다른 사람 관계에서도 친밀과 연 민의 태도를 발휘하기를 희망한다. 우리는 아이들이 정의감과 공명정대함 을 갖추기를 원한다. 나라와 세계, 나아가 우리가 직면한 도전 과제까지 이해할 수 있기를 바란다. 그럼으로써 적극적이고 책임 있는 시민으로 자 라고, 어떤 사안에 대해 주의 깊게 사고하며, 서로 다른 견해를 경청하고, 합리적인 결정을 내릴 준비를 갖출 것이다. 우리는 그들이 과학과 수학을 공부해서 현대 사회의 문제점을 이해하고 해결책을 찾기를 바란다. 나아 가 여타 사회의 풍부한 문화예술 유산을 향유하기를 바란다.

이렇게 학교에서 배우기 바라는 것을 나열하자면 끝이 없다.[18] 하지만 핵심은 분명하다. 만약 이런 것이 목표라면, 오늘날 시험 준비/대학입시

---

18. 학교는 이전에 가정과 교회만의 영역에 속했던 역할을 맡을 수 있다. 그리고 새로이 발생되 는 문제에 대한 대책으로 재활용 프로그램 실행, 환경정화의 모범 장소, 폭력조직 예방 프 로그램 실시, 갈등해결 전략, 방과후학교 프로그램 등 다양한 사회적 국가적 요구가 들어올 수 있다. 따라서 학교와 지역사회가 저마다 할 수 있는 일 사이의 경계와 역할 재정립이 요 구된다.

중심의 체제처럼 협소하고 실용 중심적인 교육 방침으로는 결코 그 목표를 달성할 수 없다는 것이다. 이런 학벌 중심 체제를 고집한다면 아이들은 배움을 힘들고 어려운 것으로만 여길 것이다. 학습을 연습문제지, 시험 준비, 시험 치르기에 지나지 않는다고 여겨 배움에 진절머리를 내게 만들 것이다. 그러니 학교를 개혁할 때는 공교육이 해를 입지 않도록 주의해야 한다. 특히 사회적 불평등과 양극화가 강화될수록 사회구조의 개혁으로 풀어야 할 문제를 교육구조 내에서 찾는 것은 금물이다. 가열된 입시 문제는 대학입시제도의 공정성 차원에 머물지 않고, 노동시장/고용구조, 복지 정책, 부모의 교육열 등이 맞물려 있기에 교육 문제와 사회 문제를 동시에 푸는 종합적 조치가 긴요하다.

2장
가르침과 배움의 길항, 그리고 제4차 산업혁명 시대의 새로운 문해력

1. 근대교육학의 가르침과 배움의 방식

근대 교육학은 더 잘 가르치기 위한 공학적 방법을 발전시켜왔다. 근대의 포문을 연 프랑스혁명기 사상가들은 교육에서 배제당한 민중들이 근대적 학교제도를 통해 무지로부터 해방되기를 기대했다. 이를 위해 근대국가들은 교사의 가르침teaching을 표준화하고 기술화하여 모든 학교의 학생들이 동일한 양과 질의 성취에 도달하게끔 학교교육을 제도화했다. 어느 지역 어느 시간의 교실에서든 정해진 시간과 규칙, 순서를 따라 효과적으로 수업이 진행되도록 설계했다. 교사가 가르친 결과는 곧 학생의 배움과 동일시되고, 배움을 입증하는 방식은 성취를 재는 시험이었다. 그랬기에 표준화된 가르침 중심의 교육은 학교 교실에서부터 한계에 부딪혔다.

한국의 교육 현실 또한 유교의 본질에서 왜곡된 권위주의와 일제치하의 군국주의적 잔재에 휘둘렸다. 최근까지도 가르치는 자는 위에서 일방적으로 훈도하고 배우는 사람은 주체적, 비판적 판단 없이 주어지는 내용을 그대로 흡수하는 식이었다. 학생은 한마디도 하지 않고 교사의 일방적 전달로 시종하는 수업! 교사는 앞에서 말하고 학생은 앉아서 듣기만 한다. 학생의 질문은 종종 수업 내용과 무관하다며 무시당하기 일쑤이다. 가르침을 기획하고 시험을 통해 배움을 관리함으로써 사람들을 무지에서 해방시키고자 했다. 이러한 이념은 여전히 진행형이다. 지난 십여 년 우리 교육계는 학교와 배움을 거부하는 학생들과 교실 붕괴의 전통을 통해 가르침의 기획이 학습자의 배움과 동일시될 수 없음을 경험하고 있다. 졸업장을 얻어서 학생의 사회경제적 지위가 좋아질지는 몰라도, 가르침과 배움 자체는 그의 현재 삶과 멀어졌다. 또 사람들의 가르치는 내용과 행위를 표준화하고 과학화할 수 있을지언정 배우는 사람들의 배움을 표준화할 수는 없었다.이경숙, 2017: 229

그래서 최근 교사의 일방적 가르침보다는 학생의 자주적 배움에 대한 관심이 커졌다. 학습에 대한 암묵적 관심은 사회적 순응을 요구하는 권위주의적 교육에 대한 저항으로 볼 수 있다.Brause, 1992: 4-5 근대 학교 중심의 가르침에 대한 대항적 대안적 행위로서 '배움학'이 제창되고 있다.한준상 외, 2017 삶의 철학으로서의 배움학은 페다고지pedagogy[19]로 대표되는 기존의 학교학學校學에 대한 대안적 패러다임의 성격을 지닌다. 페다고지의 폭압성을 극복함과 동시에, 그 속에 파묻혀 있던 인간의 배움의 본질을 회복시키기 위한 새로운 시도이다.[20] 학교학 패러다임을 배움학의 관점에서 비판적으로 파헤쳐나가는 일은 학교의 폐지나 파괴를 의미하는 것이 아니다. 오히려 그동안 학교에 부과된 과중한 짐을 덜어주는 작업이며, 학교라는 표면적 현상 속에 감춰진 잠재적 가능성을 발굴해내고 이를 재해석해내는 해체 작업이다. 배움학의 관점, 즉 기존의 학교학 중심의 페다고지 시각을 넘어서서 교육이라는 인간의 인생살이를 새롭게 통찰하고 조망할 계

---

19. '페다고지'는 좁은 의미로 이해할 때는 수업을 중심으로 한 '교수학(didactics)'으로 볼 수 있지만, 넓은 의미로 이해할 때는 학생의 배움과 교사의 교육 실천을 포함한 교수·학습과정에 영향을 미치는 복합적 요인을 포괄하는, 교실 이론과 실천의 상호 변증법적인 포개짐으로 간주하기도 한다(박찬영, 2017: 54-65).
20. 배움학을 중시하는 일부 학자들은 페다고지를 학교 패권주의 또는 '스쿨 파시즘'으로 혹평하기도 한다(한준상 외, 2017).

기를 제공할 것이다. 성인교육/평생교육의 영향을 받아 '교육주의'에서 '학습주의'로 패러다임이 전환한 것도 이러한 교육운동을 독려했다. '평생교육'은 아예 '평생학습'으로 불리고 있다.

2. 가르침과 배움의 길항

가르침은 언제 일어나는가? 가르침teaching은 수많은 환경 속에서 일어난다. 예를 들면, 자전거 타기를 배우는 아이를 도와주는 부모, 사설을 쓰는 논설위원, 자기 국민에게 연설하는 대통령, 학생들의 스텝을 지도하는 무용 강사, 낚시하는 방법을 보여주는 친구 등이 있다. 어떤 경우에는 명시적/의도적 가르침의 도움을 받지 않은 채 지식을 획득하는 사람들이 있다. 예를 들어, 모국어를 배우는 사람이나 가족의 죽음을 이겨내는 사람이 있다. 여하튼 가르치는 활동, 즉 설명, 예시, 교정 등은 인간의 삶 곳곳에 스며들어 있다. 더 다가가서 볼 수도 있다. 인류의 교사라고 일컫는 석가모니, 예수, 공자, 소크라테스 등 역사적인 인물들의 활동을 파악하는 것이다. 이들의 활동을 통해 다음과 같은 교훈을 얻을 수 있다. 가르칠 수 있다는 것은 인류의 최고 이상 중 하나다. 교사는 지혜를 찾는 사람이다. 그리하여 자신의 삶을 뛰어넘어 다른 사람들의 삶을 인도한다. 교육 변화의 예리한 경계선에 서 있는 가르침은 기술적, 지적, 정서적, 정치적 차원의 일이기도 하다.Bascia & Hargreaves, 2000

교사라고 일컫는 사람들은 대체로 아동/청소년/성인 교육을 위해 제도화된 기관에서 일한다. 교사는 해마다 교실에 새로 들어오는 학생들을 맞이한다. 마르틴 부버의 말처럼, "학급 학생들이 자신의 삶의 길에서 운명처럼 그/교사를 만나는 세계가 해마다 열린다. 그리고 이 운명 속에 그/교사의 평생 과업의 의미가 들어 있다."Buber, 남정길 옮김, 1979 이런 평생 과업이라는 맥락에서 교사는 교육과정을 결정하고, 계획하며, 모임을 갖고, 학급을 경영하며, 학생을 지도하고, 상이한 학습양식과 난점을 확인하며, 사회적 상호작용을 조정하고, 지도성과 봉사 기회를 학생들에게 제공한다. 따라서 교사가 되는 것은 특정 형태의 사회적 상황, 상호작용, 관심사 등에 참여하는 일을 선택하는 과정이며, 이것이 언제나 교사의 가르치는 삶을 이끌어간다.Hansen & Laverty, 이지헌 옮김, 2013: 45

이렇게 볼 때 가르치는 일은 타인의 삶에 대해 절실하게 느끼면서 같이 지내고 또 끊임없이 영향을 미치는 활동이다. 가르침은 주는 일이자 비판하고 도전하는 일이기도 하다.위의 책: 48 가르침은 여러 세대를 거치면서 이어져 내려온 '책임을 받아들이는' 과업이라 하겠다.위의 책: 60 가르치는 일은 단순히 지식을 전달하거나 학생의 능력을 발달시키는 지적, 인지적 실천만은 아니다. 가르치는 일은 또한 학습에의 몰입, 학생과 성인 간의 관계, 그리고 교육이 얻고자 하는 과제와 목적에 대한 애착을 포함하는 감정적인 실천이다.Hargreaves, 곽덕주 외 옮김, 2011: 205-206 때로는 가르치는 일이 교사들로 하여금 그들을 둘러싼 사람과 최선을 다해서 수행하도록 동기화하는 것을 목적으로 의도된 긍정적인 감정의 실천일 수도 있고, 그게 아니라 교사가 가르치는 일에 몰입할 수 없도록 하고 결과적으로 수업의 질을 떨어뜨리게 방치한다면 부정적인 감정의 실천이 될 수도 있다. 이럴 경우 긍정적인 감정의 실천이 되게 하려면 교사의 숙련된 가르침을 위한 전문적 학습 공동체의 형성은 필수다. 가르침은 다른 교사들과 함께 공동체 안에 들어 있는 자신을 돌아보게 하는 일이기 때문이다.

학교현장에서, 직장에서, 사회에서 배운다는 것은 무엇인가? 교육 관련 용어들이 학교교육과 결부되면 그런 변용들은 손쉽게 일어난다. 그것들은 학교 상황에 적합한 언어로 바뀌어버린다. '가르침'이라는 개념도 그렇고, '배움'이라는 개념도 그렇게 변신되어온 것들이다. 교수와 학습 개념은 학교 특유의 것들로 그 의미가 변질되어버렸다. 교수·학습 활동이란 낱말에는 가르친다는 뜻만이 강조되어 있을 뿐이다. 교수·학습의 과정 그 자체가 교사와 학생 간의 일방적인 거래, 말하자면 교사의 이야기가 오로지 진리라는 일방적인 과정임을 지시한다. 학교에서 일하는 모두는 그것을 그렇게 받아들이며 그런 어법을 자연스러워한다. 모든 교육과정이 그렇게 짜여 있다.

사실 학습/배움이란 모르는 것을 알게 되는 것, 또는 모르는 것에 관하여 지식이나 이해를 가지게 되는 것이다. 학습은 다양한 문화 속에서 이루어지며, 각 문화는 서로 다른 활동들과 지식체계에 그 문화가 부여하는 중요성에서, 그리고 학습에 대한 태도에서 상당히 다른 모습으로 나타난다. 문화는 기본적으로 오직 공통된 이해 및 기술의 기반 위에서 발전해나간다. 또 인간 존재의 개별성individuality은 서로 분리될 수 없는 생물학적 재능과 사회적 관계가 혼합된 결과다. 또한 모든 사회에서, 특히 우리 사회처럼 복잡한 사회에서 가치 있는 것으로 간주되는 활동들은 다양성 및 사회적 맥락 속에서 개성이 발달될 수 있는 가능성이 엄청나다.Winch, 이병승·김우영, 2014: 381-382 개별성은 제재 및 자기 훈육·도야의 부재와 밀접한 연관된 개인주의의 발달이 아니다.[21] 오히려 사회를 반영하고 다시 사회에 반영되는 능력, 관심, 열정의 독특한 조합들로 구성되어 있다.

이렇게 본다면 배움은 분명 첫째, 필연적으로 사회적 속성을 가지고 있는데, 이것은 인간 삶의 사회적 속성이 초래한 결과라 하겠다. 둘째, 배움은 정서적 속성을 지니고 있는데, 이것은 규칙 따르기의 사회적 속성과 밀접히 관련되어 있다. 셋째, 배움에서는 동기가 중요한데, 이것은 순수한 내면적인 힘이 아니라, 개인적인 것이지만 끊임없이 사회가 지닌 가치들을 결정하는 데 영향을 미치는 그 무엇으로 이해되어야 한다.Winch, 이병승·김우영,

---

21. 루소는 개별성을 설명해내는 데 성공한 대표적인 인물이라고 볼 수 있지만, 현존하는 사회에 대한 경멸 때문에 그는 에밀이 세상에서 의미 있는 위치를 차지하는 '사회적 개인'으로 발달하도록 허락하지 않는다.

2014: 380-381

　그런데 그동안 교실현장에서 학습과 지식을 연계적이고 맥락 지향적으로 바라보지 않은 탓에 여러 문제가 생겨났다. 교사가 학생에게 가르쳤다고 주장하는 지식이 학생의 배움과는 아무런 상관없는 특권층의 이야기일 뿐이라서 학생들은 아무것도 배우지 않게 되었다. 이러한 갑론을박의 과정만 존재하는 곳이 '교실'이고, '학교'이니 학생들은 제대로 배우지 못하고 사회로 나간다.

　배움은 일반적으로 지식의 양적 증가와 정보나 많은 지식의 습득, 기억할 수 있고 재생할 수 있는 정보를 저장하는 것, 필요에 따라 보유하고 사용할 수 있는 사실과 기술 및 방법을 습득하는 것으로 정의된다. 그리고 의미를 이해하거나 추상화하는 것으로서 배움은 주제의 일부를 서로 연관시키고 실제 세계와 관련시키는 것이고, 현실을 다른 방식으로 해석하고 이해하는 것으로서 지식을 재해석하여 세계를 파악하는 것과 관련이 있다.Selwyn, 2015: 3-4 이렇게 학습은 정해진 결과물이기보다는 연속적 과정이다. 그저 정보를 잘 처리하는 기술적 작업이 아니다. 무엇을 습득하는 작업이라기보다는 참여하는 과정이다.

　그런데 나는 왜 배우려고 하는가. 배움이 무엇이라 생각하고 있었나. 내가 생각하는 배움은 배움이 맞는가. 어떤 종류의 배움이 내게 필요한가. 진정한 배움이란 무엇이며 그것을 얻기 위해 뭘 할 것인가?

　우리 일상은 훌륭한 배움터다. 곳곳에 교사와 반면교사가 될 만한 사람과 사건이 있다. 젊은이들을 훈련하고 교육하는 일은 인간이 벌인 여러 일들 가운데 가장 오랜 역사를 가지고 있다. 아득히 먼 선사시대, 인간이 극히 보잘것없는 사회적 전통을 쌓아가면서 서서히 동물 상태에서 벗어나기 시작하던 무렵은 어땠을까. '학습/배움'이 대체로 경험과 모방에 의존했겠다. 배움은 학습자가 혼자 도달할 수준과 교사나 친구의 도움으로 달성할 수 있는 수준 사이에서 일어난다. 일상에서 만나는 사람들이 '살아 있는 텍스트'이다. 활자를 읽으며 배울 수 있는 것 이상으로 타인에게서 많은 것을 배운다. 가르침을 주는 사람은 산책길에서 만난 어린아이일 수도 있고, 즐겁게 노래 부르며 일하던 호텔 청소노동자일 수도 있다. 또 교사가 가르치는 학생들이 교사의 선생일 수 있다. 막연히 삶을 이어나가는 것만으로 배움이 얻어지진 않는다. 배움은 당연해 보이는 것들에 의문을 던질 때 시작된다. 또한 삶의 의미를 만들어갈 수 있게 하며, 더 나은 세계를 만드는 데 개입하도록 부추기기도 한다. 그런 진정한 배움의 전제는 비판적 성찰의 일상화이다.

신학자이자 철학자인 강남순은 『배움에 관하여』[2017]에서 배움이란 많이 아는 것이 아니라고 했다. 그가 생각하는 '진정한 배움'은 다양한 차별과 억압적 사회구조를 인지하는 예민함을 길러주고, 자기 인식의 한계를 깨닫게 하며 삶의 의미를 만들어가고 더 나은 세계를 만드는 데 개입하도록 부추기는 것이다. 배움이란 익숙한 세계관을 뒤흔드는 내면의 불편함과 좋은 질문을 수반하는 것이다. 그리고 타인을 응시하는 것 자체가 중요하다. 저마다 다른 모습과 배경의 사람들 하나하나에게 집중하다 보면 성별, 몸매, 나이, 피부색처럼 현실에서 차별과 배제의 근거로 작동하는 여러 경계와 범주들이 허물어지고, 이것은 곧 자기 인식의 한계를 넘어서는 것으로, 진정한 배움이 될 수 있다.[강남순, 2017: 112] 그들이 나와 같은 고귀한 생명이자 함께 살아가는 '동료 인간'임을 알게 되기 때문이다.

그러기에 일상에서 만나는 사람과 장소 및 매체 등을 경유하면서 비판적 성찰을 일상화하며 끊임없이 배울 필요가 있다. 아무리 많은 책을 읽고 많은 강연을 듣는다 해도 비판적 성찰을 작동하지 않는다면, 정보 축적 이상의 사건은 일어나지 않는다. 정보 축적으로서의 배움을 경계하며 무작정 배우기 전에 배움에 관해 곱씹어보아야 한다. 아무런 비판적 성찰 없이 책이나 선생으로부터 받기만 하는 수동적 교육과 배움은, 다양한 차별과 억압적 구조에 대한 예민성을 길러주지 못한다. 진정한 배움이 전혀 일어나지 않는 것이다. 배움이란 비판적 성찰이 동반될 때 비로소 가능하게 되는 '사건'이다.강남순, 2017: 7 인류의 역사에서 새로운 변화는 '답'을 가져오는 사람이 아니라 '새로운 물음'을 묻는 이들에 의해서 가능했고, 그래서 배운다는 것은 '해답'을 배우는 것이 아니라 '올바른, 좋은 물음 묻기'를 배우는 일이다.강남순, 2017: 126 진정한 배움이란 '나' 속에 갇힌 '자기충족적 깨달음'만이 아니다. 나-타자-세계의 상호 연관성에 대한 치열한 성찰이며 깨우침이다. 이러한 의미의 배움이란 나의 인식론적 사각지대에 대한 지속적 인식을 통하여 그것을 넘어서고 확장하는 중요한 기능을 한다.강남순, 2017: 275

배움은 삶의 의미를 만들어가고 저마다 몸담고 살아가는 이 세계가 더 나아지도록 개입하는 것이다. 그렇기에 배움은 특정한 시간과 공간에만 제한될 수 없고, 비판적 성찰은 우리가 살아가는 매일의 삶에서 공기를 마시며 호흡하듯이 작동되어야 한다. 비판적 성찰의 부재는 사물과 타자에 대한 잘못된 편견과 이해를 당연하고 절대적인 것으로 만들어버리기에 비판적 성찰의 일상화가 진정한 배움의 길로 가는 길이다.

물론 가르침과 배움의 과정은 '권위authority'를 필요로 한다. 지식의 발전은 권위에 의존하고 있다. 그리고 결과적으로 교육은 권위에 의존한다. 그러므로 권위의 양도는 교육의 양도로 귀결될 위험이 있다.Kitchen, 2014: 177 교사에게 부과되어 있는 권위란 항상 역설적인 것이라 말할 수 있다. 왜냐하면 교사에게 주어진 권위란 교사가 가지고 있는 힘의 행사에 근거한 것이 아니라, 지식의 정당성에 대한 자발적인 승인에 근거한 것이기 때문이다. 권위와 전통에 대한 입문initiation/훈육discipline 과정 없이 자율성은 탄생할 수 없는 것이다. 학습은 텅 빈 곳에서 일어나지 않는다. 가르침과 배움의 유기적 통합은 다양한 삶의 양식─국가적 번영, 행정적 효율성, 민주적 시민성 등─을 실천하는 과정이기도 하다.Dunne & Hogan, 2004 따라서 아동 중심적 진보주의 교육은 가르침과 배움, 그리고 지식을 묶는 교육의 기본 원리를 잊어서는 안 된다.^{Kitchen, 2014: 182} 또한 교육이 가르침과 동일시될 때, 학습자/학생이 적극적 참여자라는 점을 간과하기 쉽기에 주의를 요한다. 그런데 학교교육의 차원에서나 발달단계상으로 학습자의 욕구와 흥미를 중시하는 '학습주의'가 인류 문화의 유산을 전달하는 '가르침'의 역할을 전제하지 않는다면, 방법주의로 전락될 위험도 있음을 유념해야 한다. 교사의 일이 정보나 지식을 전달하는 것에 그치지 않는다. 교사들은 지식을 특정한 맥락 내에서 문제의 형태로 제시하는 일과, 문제를 어떠한 관점에서 보도록 함으로써 학생이 보다 광범위한 관련 사항들과 해결책을 연결시킬 수 있도록 돕는 일도 하고 있는 것이다.

3. 제4차 산업혁명과 새로운 문해력 요청

우리는 인간 역사에 전례 없는 시대에 들어섰다. 스마트기술, 인공지능, 기계학습, 사물의 인터넷, 생명기술의 발전, 나노기술교육은 사회와 교육의 엄청난 변화를 불러올 것이다. 21세기에 지식과 정보의 양이 폭발적으로 증가하여 정보화 사회를 넘어 제4차 산업혁명 시대가 거론된다. 디지털화와 자동화의 증대는 최근 교육에 중대한 영향을 미쳤다. 내용의 전달은 점점 온라인으로 접촉되고 있다. 따라서 학교 바깥에서 일어나는 제4차 산업혁명에 조응하려면, 다음 세대들이 그에 응전할 힘을 길러야 한다. 인간에 의해 제작되고 조종받던 지능로봇이 정교화를 거듭하면 마침내 스스로 로봇을 제작하고 스스로 조작하고 조종할 가능성도 없지 않다. 초인공지능이 한 번 만들어지고 나면 그 초인공지능에 의한 지능의 진화가 급속도로 진전되어 '지능 폭발'이 일어나 인간의 지능으로서는 전혀 통제할 수 없는 상황이 오지 말라는 법도 없다. 이는 결국 인체 변조를 초래한다.

재래의 과학기술이 인간의 유익함을 명분으로 자연을 대상화하고 재료로 삼아서 개발했다면, 최근의 여러 과학기술은 인간을 대상화하고, 인간마저도 재료로 삼는다. 인간은 과학기술의 개발과 운용의 주체만이 아니라 객체가 되어 있으며, 형태 짓는 자가 아니라 형태 지어지는 자가 된 상황이다. 가장 상상력을 가진 과학적 허구를 현실로 변화시킬 수 있다면, 인간적이라는 것이 무엇을 의미하는지 물어야 한다. 과학기술 앞에 인간은 여타의 사물과 다름없이 하나의 개발 '자원'에 불과하다. 그 결과 급진하는 과학기술의 산물이 되어, 더 이상 '인간'이 아닌 한갓 물체로 격하될 위험에 노출되기 쉬울 것이다.

학교에서 교사는 학생들과 가장 중요한 관계를 나타내며, 인간관계는 배움에 필수적이므로 교육이 온전하지 않고서는 교육체제가 온전히 굴러갈 수 없다. 우수한 교육체제는 우수한 학교로 채워져야 하고, 우수한 학교 또한 우수한 교사로 채워져야 한다. 우리 사회의 미래 중심축은 교육의 가능성이다. 가장 풍요로운 도시로부터 가장 고립된 시골 마을에 이르기까지 전 세계 모든 곳에서 학교는 지역사회의 중심이어야 한다. 사회의 건강성은 우리의 미래 세대에 생존에 필요한 기술을 전수할 능력에 달려 있다. 공동체마다 해결해야 할 교육적 요구와 과제가 다르지만, 모든 사회의 성공은 시간이 지남에 따라 교육받은 대중을 유지하는 능력에 달려 있다.[Soskil, 2018: 9] 우리의 미래는 우리 아이들의 학습과 복지에 달려 있을 것이다.

최근 '트랜스휴먼trans-human' 사회 또는 '포스트휴먼post-human' 사회의 도래를 예견하고 있다. 인체가 생체-물체 하이브리드로 변조되고, 두뇌가 컴퓨터 정보 시스템으로 교환되는 국면에서 인간의 존엄성은 더 이상 존재할 수 없다. 기술적 제작물이 상품화하는 것은 불가피하기 때문이다. 우리가 트랜스휴먼이나 포스트휴먼에 대해 논의하는 것은 우리가 그들과 공존하고 통제할 수 있는 범위 내에서이다. 만약에 트랜스휴먼이나 포스트휴먼이 더 이상 '휴먼'이 아니거나, 휴먼을 지배하거나 대체하거나 파멸시킬 국면이 도래한다면, 그때 우리가 논의할 수 있는 것은 아무것도 없다. 더 이상 인간의 문제를 주체적으로 논의할 처지가 못 된다. 그래서 포스트휴먼 시대의 휴머니즘 문제는 인류와 유사인종이 공존하는 사회에서 인간의 존엄성을 어떻게 더 고양시킬 것인지의 과제를 우리에게 지우고 있다.백종현, 2017: 제10장

하지만 인류 존망은, 더구나 그것이 인간의 행위에 의한 것일 경우에는, 이래도 좋고 저래도 좋은, 닥치면 받아들일 수밖에 없는 일로 치부할 문제가 아니다. 인류 복지와 번영에 좋은 일은 장려할 일이지만, 인류 폐망의 원인이 될 만한 일은 예상되자마자 막아내야 하는 것이 '인간의 일'이다. 기술발전=복지향상이라는 기치를 앞세워 인류 문명을 해체하고 인간에 대한 관점마저 달라질 것을 다그치는 포스트휴먼 사회에 직면해서 우리가 재확인할 일은 무엇보다 '참다운' 인간의 모습이며, 마련해야 할 것은 과학기술의 진보를 인간 문명사회의 진보의 틀 안에서 관리하는 규범이다. 인류 문명사는 '인간' 개념의 외연이 확대되어온 역사다. 노예로 전락한 고대의 수많은 피정복자들, 침략해 들어온 외지인들에 의해 인간이 아니라고 규정되고 짐승처럼 내몰리던 신대륙의 원주민들, 아직은 사람이 아닌 것으로 취급되던 태아들이 누구와도 동등한 '인간'임은 이미 오래전부터 자명하게 밝혀졌다. 죄수나 전쟁 포로들에게도 인권이 있다는 사실 또한 납득된 지 오래이며, 짐승이나 식물 등 생명을 지닌 모든 것에 생명 윤리가 보편적으로 적용되어야 하는 것도 점점 분명해지고 있다.

그런데 인간의 '인간임', 곧 인간의 존엄성은 그의 자율로서 자유의 힘에 의거하는 것이니, 인간의 존엄성이 누구나의 존엄성을 뜻하는 한 만인은 똑같이 의사의 자유를 가진 것으로 간주되어야 한다. 인간의 권리와 의무의 보편성은 상호성을 바탕에 두고 있다. 인간 사회의 윤리 도덕도 솔선수범을 미덕으로 내세우기는 하지만, 상호성을 당연한 것으로 전제하

고 있다. 타자에 대한 의식과 상호성의 원리가 유효하게 작동하기 때문에 인간 사회의 규범들이 그 규범성을 유지하고 있다. 만약 휴먼과 포스트휴먼 사이에서도 이러한 상호성의 원리가 작동한다면, 인간과 탈인간의 윤리 규범도 새롭게 정립되어야 할 것이다. 그렇지 않고 인간과 탈인간 사이에 상호성이 성립하지 않는다면, 인간과 탈인간은 불가불 적대관계에 놓일 것이다. 그렇다면 포스트휴먼 아동post-modern child은 어디에 위치하는가? 이것은 아동기의 재구성과 관련되어 있을 것이다.Murris, 2016[22]

포스트휴먼 사회에서 인간과 탈인간의 공존보다 먼저 구현되어야 할 것은 인간들 간의 아름다운 공존이다. 어느 시대이든 문명과 그 문명의 요소인 사회제도와 산업은 인간의 존엄성을 북돋는 것이어야 한다. 특히, 인체나 인간 생명을 조작하는 데 활용될 가능성이 큰 새로운 과학기술의 산물에 관해서는 지식의 재산권을 제한하고 사유화를 최소로 줄여서 개발 속도를 조절하게끔 과학기술 시민권이 확보되어야 한다. 달리기는 자동차에, 날기는 비행기에, 계산하기는 인공지능에, 산업 노동은 로봇에 맡기고서도 인간에게는 훨씬 중요한 일이 남아 있으니, 자신을 인간으로 교양하고, 주변 기계들을 조종하고 조율하는 일이 그것이다. 이런 판단을 길러줄 맥락적 지능, 감성적 지능, 영성적 지능, 물리적 지능을 키워야 한다.Doucet & Evers, 2018: 140-146 이러한 지능의 요소는 문해력(문자적, 수학적, 과학적, 재정적, 문화적, 시민적 문해력), 역량(비판적 사고, 창의성, 의사소통과 협동), 그리고 인격(끈기, 적응력, 호기심, 주도성, 리더십, 사회적·문화적 각성)으로 구성된다.Doucet, 2018: 59 특히 문해력은 기본으로 돌아가는 문해력back-to-basics literacy뿐만 아니라, 고차적 학습기술인 다중적 문해력multiple literacy의 계발을 포함한다.Christie & Simpson, 2010 순응적 노동력에서 창의적 노동력으로 옮아가야 한다. 여태껏 전통적 문해력은 기능적 문해력을 중시하

---

22. 이 논의는 '5장 위험사회의 도래와 아동기의 새로운 구성'에서 자세하게 논의된다.

였지만, 최근에는 조작적, 문화적, 비판적 문해력, 그리고 정치적 문해력 political literacy을 다중적 문해력의 구성 요소로 삼고 있다.[Pahl & Rowsell, 2012; Lankshear & Knobel, 2011; Christie & Simpson, 2010] 기술적 문해력skill-focused literacy에서 실천적 문해력practice-focused literacy으로 이동하고 있는 것이다.[Hannon, 2000: 36-38] 세계 이해와 참여와 맞물린 실천적 문해력은 주의력, 참여, 협동/협력, 비판적 소비, 네트워크 인지력, 그리고 사회적 책임과 사회적 실천(봉사, 집단적 행동)을 필요로 한다.

　오늘날 다중적 문해력은 후기산업사회의 새로운 혁명, 제4차 산업혁명이 도래할수록 더욱 중요해질 것이다. 매우 빠른 기술 변화에 따라 여러 직업을 거치게 되기에 다중적 문해력의 필요성은 불가피한 요건이 될 것이다. 4차 산업혁명이 활발하게 일어나게 되면 학습혁명은 더욱 첨단화될 것이므로 새로운 무한한 지식 패러다임, 신기술 및 급속하게 확장되는 네트워킹 기능을 습득한 다중적 문해력이 요구될 것이다. 이러한 문해력은 기민한 지능과는 달리 냉철한 머리와 따뜻한 가슴의 화합에서 온다. 이러한 힘을 길러내는 것이 다가올 재앙을 피할 중요한 열쇠가 될 것이다.

3장
아이의 성장·발달과
학교의 공동체적 이상

1. 분리될 수 없는 성장과 발달

　학습의 과정에서 성장growth, 成長[23]과 발달development, 發達[24]은 서로 불가분의 관계에 있고, 엄밀하게 구분하여 사용하기가 어렵다. 발달이 신체나 뇌의 기능적 구조적 변화와 관련하여 사용하는 말이라면, 성장은 모양이나 구조, 신체의 크기가 변하는 것을 말할 때 사용한다. 대체로 '발달'은 인간, 즉 어떤 유기체가 연령의 증가와 함께 겪게 되는 모든 변화를 가리킨다. 이에 반해 '성장'은 식물의 성장, 동물의 성장, 아이들의 성장과 같이 개체가 물리적으로/신체적으로 크는 것, 즉 양적으로 확대되는 것을 뜻하기에 생물학적 기능을 말할 때 주로 사용한다. 그래서 성장은 학습의 사회적 측면을 무시하는 경향을 보일 가능성이 있다. 특히 개인주의의 끊임없는 성장은 이미 그 공통된 문화적 자본을 파괴할 수 있다. 발달은 과정과 변화를 수반하고, 비약적이라기보다는 줄곧 이루어지는 점진적 과정이다. 이전의 단계는 필수적인 조건이면서 다음 단계는 하나 이상의 질적으

---

23. 'growth'의 어원은 라틴어 'maturus/mature(잘 익은, 성숙한, 때에 맞은)'에 기원을 두고 있다.
24. 'development'의 어원은 'un-wrapping(포장되어 있지 않은)'으로서 'de-velop'은 'en-velop'의 반대말로서 프랑스어 'volupare', 'volopare'에 기원하고 있다.

로 다른 수준—피아제와 콜버그의 발달단계처럼—으로 발전하는, 단계를 밟아 발전하는 것을 설정하고 있다.^{Haaften, 1997: 18} 발달은 일정한 계열을 이루는 하나의 완성된 구조를 형성하면서 개체화와 환경 사이의 상호작용의 산물로서 분화와 함께 위계적 통합을 이룬다. 발달은 유기체나 그 기관이 양적으로 증대하고, 구조가 정밀화되고, 기능이 유능화되어가는 과정을 밟는다. 발달은 지적, 신체적, 정서적, 사회적/도덕적, 정신적, 문화적, 미적 발달 등 다양한 요소로 구성된다.^{Eaude, 2006} 따라서 교육에서의 발달은 신체적 영역, 인지적 영역, 그리고 사회-정서적 영역에서 나이를 먹어가며 겪는 다양한 변화를 주로 의미한다. 이 영역은 교육과정에서 교과나 경험으로 조직되는 것이기도 하다. 발달이 교육원리를 제시하여 교육적 관심사가 되려면 반드시 규범적 통제를 지니고 있어야 한다.^{Winch, 이병승·김우영, 2014: 175-176}

효과적인 학습은 수분, 햇볕, 영양분의 수동적인 흡수가 아니라 적극적인 참여를 통해 이루어져야 한다. 학습의 과정은 경험의 끊임없는 재조직화와 변형의 과정이다. 그것은 성장을 통해 의미와 가치를 확장하는 삶을 살려고 하는 욕구로서 해석과 실천의 과정이며, 해체deconstruction와 재구성reconstruction의 과정이다.^{Garrison, Neubert & Reich, 2012: 17-22, 70-75} 먼저 일어난 경험의 결과가 다음에 올 경험에 어떠한 변화를 가져올 수 있고, 이런 식으로 수많은 경험들이 생성되었다가 사라지는 과정을 통해 경험이 끊임없이 재구성되는 것이다. 이러한 경험의 재구성을 통해 결과적으로 성장이 일어나고 이는 인간이 변화하는 환경 속에서 자신의 삶을 유지하고 존속해나갈 수 있는 힘이 된다. 지성적 사고를 기반으로 하여 경험의 끊임없는 재구성이 이루어질 때 인간의 삶이 성장한다. 재구성으로서 교육은 경험의 질에 대한 직접적 변형을 꾀하고 학습자들의 학습된 경험을 토대로 삶의 의미를 풍부하게 만드는 데 초점을 맞춘다. 이러한 점을 도외시하면 성장이 멈춤과 더불어 마음에 새로운 자극이 들어오는 것을 가로막는 수

동적 안주에 머물고 말 것이다.[25]

성장은 하나 또는 그 이상의 노선이나 준거에 따라 차츰 커가는 것이다. 성장은 각 개인의 진정한 자아인 완전한 전형을 향한 하나의 운동이다. 성장은 모든 기본적 필요와 흥미 또는 결손이 충족되었을 때 시작되며, 그 결과로 개인은 자아실현과 자기완성에 이르게 된다. 성장은 삶의 특징이기에 교육은 성장과 완전히 동일하다고 할 수 있다. 성장은 그 본질상 각 개인의 진정한 자아인 완전한 전형을 향한 하나의 운동이다. 교육도 성장과 마찬가지로 줄곧 진행되어야 한다. 교육이 성장이라면, 그것은 개인이 현재의 가능성을 실현해나갈 수 있도록, 따라서 나중에 자신에게 닥칠 문제를 해결할 수 있는 사람이 되도록 해주어야 한다.

정치란 자유로운 행위가 가능한 동등한 성인들 사이의 일이지만, 교육이란 아직 성숙하지 않은 학생과 성숙된 교사 사이의 일이다. 그러므로 성인인 교사는 학생보다 세계에 대해서 더 큰 책임을 져야 한다. 교사가 책임을 지지 않으려고 하는 사회에서는 교육이 가능하지 않다. 교육에서 책임이란 바로 권위의 형태를 가지고 그 근거를 이루는 것이다.[Levinson, 2001] 아렌트가 보기에 교육에서 권위의 위기는 전통의 위기, 즉 과거의 영역에 대한 우리의 태도 위기와 밀접하게 연관되어 있다. 오늘날 다시 교육에서의 권위 위기는 곧 세계의 상실로 이어진다. 아렌트는 진보주의 교육—특히 루소의 '소극교육negative education'—의 위험성을 지적하면서 교육 형식의 보수성/권위에 대한 새로운 생각을 제안하고 있다.

그런 면에서 인간의 조건을 성장, 성숙 그리고 노쇠로 바라보는 루소의

---

25. 타성으로서의 습관은 상대적으로 수동적인 의미를 가지고 있다. 이 경우에 습관이라는 것은 옷이나 신발, 장갑 등과 같은 주위의 사물에, 대체로 일정한 분위기에, 그리고 늘 접촉하는 사람들에 익숙해 있는 것을 뜻한다. 환경에 단순히 동화하는 것, 환경에 변화를 일으키는 것과는 아무 관계가 없이 우리 신체에 변화를 꾀하는 것, 이런 것들이 타성의 두드러진 특징이다. 이러한 종류의 적응 방식은 '안주'라고 말할 수 있다. 개인의 타성으로서 습관이 성장의 표현으로서 습관으로 변화될 수 있는 가능성은 그 습관을 개인이 사회문화적 차원에서 재평가하고 재인식할 때 생겨난다.

발달주의적 유산은 가치가 있는 통찰이지만, 다음 두 가지 주장은 좀 문제가 있어 보인다. 첫째, 동기의 유일하거나 중요한 원천이 되는 사회적 환경의 맥락에 기초하지 않고 인간 개별자에 기초하고 있는 것은 문제다. 둘째, 어린이가 사물을 배울 단계에 이르렀을 때에 한하여 사물을 학습하게 된다는 것은 문제다. '준비'를 이렇게 설명하는 것은 아이들이 삶의 어떤 특정한 단계에서 배우거나 배울 수 없는 것에 관해 지나치게 독단적으로 간주할 위험성이 있기 때문이다.^{Winch, 이병승·김우영, 66} 아이들의 잠재력을 지나치게 과소평가할 수 있다. 또 교육을 식물의 '성장'에 비유하는 논지는 아동의 본성에 따르도록 돕기 위해 무엇을 해야 한다는 당위로 이끄는 '자연주의적 오류'를 범할 위험이 있다.^{Hamm, 김기수 외 옮김, 1995: 57} 그리고 성장의 방향을 지나치게 이상화하여 흐릿하고 모호하다는 비판을 받을 수 있다.^{Peters, 1977: 113}

그러기에 발달과 성장은 서로에게 영향을 미친다. 발달은 대개 신체기관이 성숙해져 주위 환경과 상호작용하여 능력이나 소양을 습득하는 지점까지 이르게 하는 하나의 과정으로 여겨지고 신체기관이 올바른 성숙 단계에 도달해야 한다. 반면 성숙은 발달상 특정 단계에 도달했음을 뜻하기에 그때까지 이루어진 생물학적 구조와 환경이 상호작용해야 하고, 신체기관은 특정 능력이나 소양을 습득하게 해줄 경험에 드러나도록 해야 한다.^{Winch, 이병승·김우영, 2014: 174} 발달은 우연히 벌어지는 사고가 아니다. 발달 이론은 인간 발달에 대한 이론으로서 발달은 정신적으로 올바른 방향으로 이루어져야 한다. 따라서 성장과 발달은 직접적인 생물학적 성숙만도 아니고, 직접적인 학습의 결과만도 아니다. 낭만주의자들의 '발달주의'와 진보주의자들의 '성장주의'가 학생의 삶과 행복을 위한 유일하고 절대적인 교육원리는 아닐 것이다. 이러한 난제의 해결을 위해 교육철학자 디어든은 '발달'의 힘을 일정한 방향으로 이끌어가고, 그것을 성취하기 위한 규범적 안내의 체계로서 특별하게 선택된 '성장'이나 '성숙'의 이상을 설정한다.^{Dearden, 1968: 55} 그중 어떤 대상이 성장하지 못한다면 그 성장에 도달하기 위해서 발달이 필요하다고 할 것이다. 발달 없는 성장도, 성장 없는 발달도 모두 또 하나의 극단으로 내몰리게 한다. 따라서 끊임없이 성장하고 발달하는 삶을 위해 준비해야 한다.

삶은 곧 성장이므로, 살아 있는 인간은 아이 시절이나 어른 시절이나 할 것 없이 똑같이 참되게, 똑같이 적극적으로 살며, 똑같은 정도의 내재적 충만함과 절대적 요구를 움켜쥐어야 한다. 삶은 그 자체의 내재적 의미를 가지고 있다는 것, 그리고 교육이 하는 일은 그 의미를 실현하는 데에 있다는 것을 인정해야 한다. 개인의 성장은 사회 성장의 초석이기에 사회 속의 모든 성원을 개별적으로 성장시키는 일은 민주주의 발전의 핵심적 조건이고, 사회 변화와 기회를 강화시키는 필수 불가결한 전제조건이라고 할 수 있다.^{Garrison, Neubert & Reich, 2012: 18}

2. 아이들의 발달·성장을 위한 관계적 공간인 학교의 공동체적 이상

지금까지 발달과 성장의 미묘한 차이를 설명하였지만, 오늘날 교사들은 맥락과 실천 조건에 따라, 교육을 실천하는 담론 공동체에 따라 성장이나 발달을 다양한 개념으로 사용하고 있다. 그러기에 성장과 발달을 기계적으로 구분할 필요는 없다. 그 대신 선별적인 교육체제와 소모적 경쟁을 위한 학습체제 등에 대한 문제점을 극복할 대안적 개념으로 사용할 필요가 있다. 성장과 발달을 억지로 구분하기보다는 '성장·발달'로 적기로 하자. 모든 학생이 달성할 전인적 교육 목표로서 성장과 발달을 설정하고, 모든 학생들에게 주어지는 권리이자 자아실현을 향해 나아가는 과정으로서 학습자의 교육적 변화를 성장·발달로 이해하고자 한다. 무엇보다 학생의 성장·발달을 구현하려면 삶과 앎을 통합하는 교육적 관점을 세워야 한다. 오로지 미래의 삶을 위해 현재를 희생하는 장소가 아니라, 삶 자체가 전개되는 장소이어야 한다. 학생의 발달과 성장은 분명 학생의 잘 삶/행복을 북돋기 위해 교육자가 어떻게 가르쳐야 하는지, 교실의 학습 환경을 어떻게 조직해야 하는지를 결정짓는 핵심 장소이다. 모든 학교는 하나도 소외됨 없이 모든 학생들의 앎과 삶이 동시에 성장·발달할 수 있도록 도와주는 장소가 되어야 한다. 그 결과 학생들이 바로 오늘 학교에서 행복한 삶을 살게 하고, 학교에서 배우고 익힌 것을 갖고서 미래 사회를 주체적으로 살아가게끔 꿈을 품게 하고, 그럴 역량을 길러주어야 한다.

　교육의 목표는 높은 점수를 내는 것이 아니라, 아이들을 좋은 인성을 지닌 책임 있는 시민, 참여하고 연대하는 시민, 비판적이고 정의로운 시민으로 자라나게 하는 공동체 구현에 있다. 공동체는 친밀감, 소속감, 의미감, 연대감 등을 품게 해주는 장소이다. 공동체는 지리적 영역, 물리적 이웃, 또는 공동의 이익—종교적, 경제적, 문화적 또는 민족적 등—과 관련된 사람들의 집단과 관련이 있다. 총체적으로 우리 사회는 관계의 위기에 직면해 있다. 이러한 관계적 위기를 해결하기 위해서는 학교를 하나의 공동체community로 만들어야 한다. 공동체 이념은 교실에서 공유된 목표를 향해 작동하는 연합적 활동과 함께 대화적 교수법이 중시하는 원리가 실현될 수 있도록 해야 한다. 아이들의 성장과 발달에 있어 전인whole person의 이념은 근접발달영역에서 다른 사람들과 함께하는 활동, 즉 인성의 모든 측면을 반드시 포함하는 상호작용에 참여하는 것이다. 전인학습의 경험을 직접적으로 연계시키는 교육과정이란 개인과 사회적 세계가 서로를 상호 구성하도록 하는 것이기에 학습자의 혁신은 자기가 속한 지역사회의 혁신을 포함한다는 것에 대한 더 많은 사회적 요청에 부응하도록 하지 않으면 안 된다. 이러한 관점을 공동체적 구성주의communitarian constructivism라고 말할 수 있다.[Derry, 2013: 52][26] 공동체적 구성주의는 인간의 참모습을 무엇보다 사회적 조건 속에서 직접 대면하는 대화의 관계를 통해 스스로를 구성하는 사회적 구성주의와 밀접한 관련을 맺고 있다.

아이들의 성장과 발달을 위한 교육은 가르침과 배움을 통한 인간 형성의 과정이다. 사람이 되고자 하는 에너지와 사람을 만들고자 하는 에너지의 조화로운 만남이며, 그 만남communication을 통해 최선의 공존 방식을 모색하는 '공동체 형성communization'의 과정이다.조용환, 2001: 2 학교는 공동체의 일부분으로서 공동체적 책임이 있다.West-Burnham & Farrar, 2007: 77 학습은 학교가 존재하고 있는 연계connection의 공동체, 장소place의 공동체, 실천action의 공동체 속에서 일어난다.Clarke, 2010: 77-84 공동체에서 만남이 이루어진다. 만남은 타인을 비롯한 나와 다른 타자와의 만남을 의미한다. 그 타자는 내가 전에 알지 못하던 존재이고, 더불어 살아가야 하는 존재이다. 따라서 나는 그 타자와 만났다는 사실만으로도 그로부터 반성의 과제를 부여받고, 그는 내게 대화를 건네고 있는 셈이다. 그도 마찬가지다. 결국 서로 다른 타자로서 우리는 서로로 인해서 반성하고, 대화를 나누는 가운데 새로운 자아로 형성되어나간다. 즉 서로의 존재로 인해서 서로가 새롭게 형성되어가고, 그 점에서 서로는 '공동체'이다.서근원, 2013: 304-305 공동체란 여러 사람이 평등한 상태로 무엇인가를 함께하는 집단이다. 서로 다른 사람이 열린 마음으로 서로의 다름을 인정하고 이해하는 가운데 함께 변화해가는 관계이다.서근원, 2013: 324-325 인간은 단순히 '함께 있는竝存, being together' 존재가 아니라, '어울려 함께 나아가는相生, becoming together' 존재라고 할 수 있다.조용환, 2001 그런 면에서 아이들은 어울려 함께 나아가는 교육적 존재이다. 공동체는 서로 다른 사람이 교육적 관계를 맺는 것이고,

---

26. 러시아 심리학자 비고츠키는 아동이 인지할 수 있는 현재의 인지 수준과 근접하는 바로 상위의 발달 수준으로 실제적 발달 수준과 잠재적 능력과의 거리―근접발달영역(ZPD)―을 제안하였다. 그는 개인 내부―피아제 이론―뿐만 아니라 주변사회 환경과의 관계에서 영향을 받고 상호작용을 통해 더 높은 인지발달 수준으로 도달할 수 있다고 주장한다 (Karpov, 2006).

교육적 관계는 기존의 자신을 버리고 반성적으로 사고할 때 형성되며, 반성적 사고는 상황의 압력에 의해서 더 이상 자신을 기준으로 타인을 판단하거나 변화시킬 수 없을 때 드러난다.서근원, 2013: 329

　이렇게 볼 때 공동체는 첫째, 인간관계에 의해 정의된다. 사람들과의 관계의 결과로 인해 '공동체'가 어떻게 변화하느냐는 긴급한 과제이다. 둘째, '공동체'에 교육이라는 딱지를 붙이는 것은 쓸모없는 일을 하는 것과는 좀 성격이 다르다. 교육은 혁신을 통해 변화할 수 있다는 가치를 구현하지 않으면 안 되기 때문이다. 셋째, 공동체교육은 '공동체'에 대한 구체적 비전을 보여주어야 하며, 이것이 실제로 도출한 도덕적 원칙을 추적할 수 있어야 한다.Fletcher, 1987: 35 우리는 실제 도덕적 원칙을 체계적으로 추적해 들어갈 수 있는 기회를 거의 얻지 못하기 때문에 종종 허약해지며, 우리가 원하는 이상으로부터 점점 멀어질 위험이 있다. 따라서 도덕적 원칙들에 도달할 수 있는지 여부는 전문가와 실천가 모두가 져야 할 지성적 책임이다. 이 세 가지 가정은 서로 관련이 있다.

　따라서 학교를 둘러싸고 있는 지역사회는 '관계적 공간relational space'으로서 상호 관계, 다중성, 그리고 개방성 등 세 가지 특징을 지녀야 한다.Gulson, 2015 관계적 공간의 첫 번째 측면은 사람들 사이 그리고 인간 밖의 것들(물리적 세계, 동물적 세계)과의 상호 관계interrelations와 관련이 있다. 공간은 빈 컨테이너가 아니라, 사회적 삶이 일어나고 개체와 과정이 상호작용하는 컨테이너이다. 사회적 공간은 상호 관계에 중요한 물질성과 재현의 조합이 이루어지는 장소이다. 따라서 사회적 공간 관계가 권력을 모색하는 것보다 어떻게 권력의 특별한 양상을 구성하는지와 어떻게 공간적 질서의 독특한 형태를 유지하는지를 이해할 필요가 있다. 사회적 공간은 복잡한 관계의 집합으로 이루어지므로 공간적 견고성이 절대로 필요하고, 어떤 공간적 견고성은 유동성과 불안정성을 마주하며 이루어진다. 이렇게 보면 교실이란 기능의 영속성을 보여주는 것처럼 보이지만, 작업 행위가 항상 이루어지는 장소로서 견고함을 수정해가는 공간이기도 하다. 교실은 물리적 실체이기도 하지만, 학생, 교사, 관리자의 상호 관계를 통해 끊임없이 고쳐지는 공간이라고 할 수 있다. 교실은 학교 차원에서 규율, 안전 및 기타 정책을 통해 줄곧 재구성되는 공간인 것이다.Gulson, 2015: 222-224

관계적 공간의 두 번째 측면은 공간 및 공간 형성을 이해할 때 예외가 아닌 정상으로 받아들이는 다중성multiplicity과 관련이 있다. 관계적 공간의 필수조건으로서 다중성의 전제는 다원성을 받아들이는 것이며, 분명한 이질성의 영역을 동시에 인정하는 것이다. 하나 이상의 것이 동시적으로 공존한다는 의미에서 공간이 입체적으로 존재하지 않으면 다중성이 존재할 수 없다. 마찬가지로 거울 이미지처럼 다중성이 없다면 공간 그 자체가 존재할 수 없다. 이렇게 공간은 다중성을 반영하는 관계의 산물이라고 할 수 있다. 공간과 다중성은 상호 구성적이다. 다중성은 두 가지 핵심적 측면을 포함하는데, 첫 번째 다중성은 다양한 관계의 확산에 중점을 두어야 한다는 후기구조주의적 관점에서 '차이'에 중심을 둔다. 두 번째 측면의 다중성은 권력과 운동의 연계로서 어떻게 다중적 과정이 공간적 형성을 가져오는지, 그리고 어떻게 사회적 집단이 관계 형성에 의해 영향을 받는지를 포함하고 있다. 만나서 관계를 맺고 공간을 만들어가는 권력-결합구조/기하학power-geometry 개념을 사용하여 다중성을 파악한다. 모든 관계는 분명 상황적이다. 그러므로 모든 관계는 명백하게 자리 잡고 있으며, 그러한 다양성은 가까이 둠proximity과 거리 둠distance의 우연성에 달려 있다. 다중성은 공간이 관계적이라서 제한이나 구속을 별로 받지 않는다는 뜻은 아니고 얼마쯤의 한계 의식을 필요로 한다. 우리는 다중성과 관계적 공간의 일부라 할 문화적·정치적 실천 사이의 연관성을 구성할 필요가 있다. 다문화 학교들은 이슬람 혐오증 등과 연결시키고 타자와 국제 테러에 대한 지역적 징후의 개념을 끌어들여 학교 시장에서 정당화되지 않는 차이를 재현한다.Gulson, 2015: 224-226

관계적 공간의 세 번째 측면은 정치를 위한 필요조건으로서 개방성 openness과 관련이 있다. 공간은 '더불어 사는' 문제의 중심에 있다. 우리가 다룰 공간은 어떻게 더불어 살 것인지 등 사회적 정치에서 가장 근본적인 문제이다. 그것은 '타자들'의 존재에 대한 도전, 기쁨, 책임 그리고 타자와 우리의 관계를 제공하는 차원으로서의 공간이다. 공간은 항상 만들어지는 과정 중에 있다. 완전히 연결되어 있는 것도 아니고, 완성된 것은 아니다. 언제나 만들어지다가 안 만들어지다가 다시 만들어진다. 그러므로 공간은 우리가 만들어가는 세계의 산물이다. 그래서 미래에 열려 있다. 공간의 생산은 사회적 정치적 과업이다. 이런 생각이 개념적이라면 공간의 차원은 어김없이 정치적이다. 미래가 열려 있지 않으면 그것을 바꿀 수 없으니 정치도 없다. 이런 방식으로 사물들, 우리들, 정책들은 복잡하게 상호작용을 하는 궤도로서 공간과 시간을 통해 움직인다. 궤도가 상호작용할 때 새로운 이야기가 등장하고, 새로운 궤도가 움직일 것이다. 공간과 시간이 이렇게 작동한다면, 일관성 있는 이야기가 만들어질 수 있다. 공간의 동시성이 실제로 구성된다면, 그것은 절대적 표면이나 지속되고 있는 물질적 풍경이라기보다는 궤도의 순간적 공존이며 만들어지는 과정에서 역사의 다중적 구성이다. 이것은 정치의 시작점으로서 개방성이다.

지금까지 강조한 측면을 하나로 아우르기 위해 상호작용으로서의 관계적 공간이 강조되는 것은 만들어지거나 아직 만들어지지 않은 연결이 있기 때문이다. 또 일부는 완성되지 않은 연결이 있기 때문이다. 그러나 이것들은 앞서 강조한 것처럼 이미 연관되어 있기에 일관된 폐쇄적 체계의 관계가 아니다. 관계적 공간은 이미 구성된 정체성을 담는 컨테이너도 아니고 전체를 담은 완성된 미래라고 할 수도 없다. 아무런 제한을 받지 않는 개방성을 담지한다고도 말할 수 없다. 왜냐하면 구성되는 동안의 공간은 무한적으로 가변적이지는 않기 때문이다. 이러한 동시적 구속 조건을 갖는 제약성과 가능성을 둘러싼 관계적 공간에 대해 비판적 교육학이 관

심을 두는 까닭이기도 하다.Gulson, 2015: 226-227

학교 내에 '공동체'를 형성하는 일이 왜 중요할까? 인류가 공동체인 학교를 만드는 이유는 사회가 지나치게 조직화/구조화되는 것을 막기 위해서다. 학교가 '공동체'라는 말은 바로 '탈구조화'의 장소라는 뜻이다.서근원, 2013: 316 물이 계속 증발해서 썩지 않듯이, 학교라는 공동체가 있어야 사회가 건강을 유지한다. 일상을 살아가는 동안 서로 가르치고 배워서 서로의 품위를 높이고, 마침내 학교 전체가 공동체로 바뀐다. 그리고 이 변화 과정은 그들 스스로 알고 있듯이 '공동체'를 형성해가는 과정이다.서근원, 2013: 305 학교를 공동체로 만드는 운동은 처음부터 완벽할 수 없다. 치열한 실천이 잇따라야 바뀐다. 공동체는 학생과 교사를 특별한 방식, 곧 자신들보다 더 중요한 공유 가치와 이상에 연결하는 끈이다. 공동체는 교사와 학생들이 일상생활에서 직면하는 문제의 범위를 넘어 더 높은 수준의 자기이해, 헌신, 성과를 거두게끔 북돋는다. 공동체는 교사와 학생이 '나'의 집합체로부터 집합적인 '우리'로 바뀌게 돕고, 교사와 학생들에게 독특하고 지속적인 정체감, 소속감, 공간적인 공감대를 제공한다.Sergiovanni, 주철안 옮김, 2004: 15 공동체에 대한 필요는 보편적이다. 소속감, 연속성, 타인과의 연대감, 그리고 우리의 삶을 의미 있고 중요하게 만드는 사상과 가치에 대한 연대감과 같은 이러한 욕구들은 만인이 공유하고 있다.

세르지오반니1999는 공동체를 관계의 공동체, 장소의 공동체, 마음의 공동체, 기억의 공동체, 실천의 공동체로 나눈다. 학교는 학습공동체[27]가 되어야 한다면서 성찰적 공동체, 발달적 공동체, 다양한 공동체, 대화적 공동체, 돌봄 공동체, 책임지는 공동체를 제시하였다. '학교공동체school community'는 공동의 의식, 소통, 포용성 등 공동체의 원리를 학교에 적용

---

27. 진정한 전문가가 되기 위한 학습공동체 혹은 전문가를 위한 학습공동체는 배움/학습에 집중하고, 서로 배우는 협력적 학교문화를 만들고, 공동으로 연구하고, 공동의 약속이나 앎을 실천으로 엮고, 꾸준히 배움에 투자하고, 결과에 집중한다(Fullan, 서동연·정효준 옮김, 21017: 74).

한 것이다. 학교가 공동체로 작용하려면 구성원들이 공유하는 교육 목표가 있어야 하고, 그 목표를 달성할 길을 찾는 소통이 활발해야 한다. 그 가운데 불거지는 가치와 생각의 차이는 충분히 토의한다. 학교가 표방하는 정신과 구성원 개인이 추구하는 가치가 사회적 맥락에서 바르게 구현되는지 늘 성찰과 반성에 힘써야 한다.

아이들의 성장과 발달에 가장 중요한 요소는 배움과 민주성, 그리고 돌봄이다. 이 요소들이 학교공동체에 반영돼야 학교가 배움의 민주적 공동체, 돌봄의 공동체가 된다. 첫째, 학교에 속한 모든 구성원들(학생, 교직원, 학부모) 사이에 상호작용이 일어나고, 이를 통해 배움이 활발해질 때 '배움의 공동체learning community'가 탄생한다. 거기에서는 모든 이가 학습자가 되고 가르치는 자가 된다. 학교의 공동체성을 강조한 세르지오반니는 배움의 공동체에 필수 요소로 구성원들이 함께하는 탐구활동을 든다.Sergionvanni, 주철안 옮김, 2004 탐구는 새로운 생각에 대해 개방성을 북돋는다. 사람은 남들과 함께하는 탐구를 통해 진정한 대화와 반성으로 나아가게 된다.

둘째, 학교공동체는 배움이 활발하게 일어나는 배움의 공동체일 뿐 아니라 의사결정 과정이 공동체 구성원들에게 개방되어 있는 '민주적 공동체democratic community'여야 한다. 대화, 토론은 학교를 민주적으로 만드는 데 필수 요소다. 담론이 개방적이고 누군가에 의해 지배되지 않을 때 그 공동체는 민주적일 수 있다. 학생들은 대화를 통해 인간존재의 충만함을 경험한다. 학교는 사람을 사람답게 만드는 대화의 존재론적 개념이 실현되는 곳이다.Sidorkin, 1999: 141

셋째, 최근 교육현장에서는 공동체적 목적으로서 '사회정의'를 중시한다.Portelli & Menashy, 2010: 369 교육자들[28]은 지역공동체 교육을 통해 사회정의를 구현하고자 했다. 그들은 경제적 교육 목적의 배타성을 호되게 비판하였다. 학교의 경제적 목적에 의해 압도되고 만다는 것이다. 비판적 교육학은 사회정의에 기반을 둔 공동체적 교육 목적 또는 교육에서의 공동체 목적을 강조한다. 사회정의를 위한 학교교육은 교육을 공동체적 비전과 긴밀하게 연결시킨다. 학교는 그 자체가 공동체일 뿐만 아니라, 학생들 자신도 일반 공동체를 변혁시킬 방향으로 교육받아야 한다. 비판적 교육자들은 '혁신적transformative' 교육 목적을 사회정의와 연결시킨다. 사회정의의 개념을 넓혀 다문화적 의미, 정체성, 차별적 권력/특권 등을 아우른다. 그런 개념적 확장은 타인들에게 정의와 부정의에 관해 어떻게 가르칠지에 대해서도 영향을 미친다. 단순한 지식의 주입이 아니라 학생들로 하여금 자신들의 삶과 공동체를 비판적으로 성찰하도록 장려한다. 교육은 사회적 영향을 크게 받기 때문에, 만일 학생들로 하여금 인종적, 성적, 동성애 등 혐오적 가정들에 대해 성찰하도록 가르치지 않는다면, 학교교육은 부정의를 재생산하고 말 것이다.

넷째, 공동체로서 학교는 존중, 돌봄, 포용, 신뢰, 자력화, 헌신, 동료애 등의 가치를 공동체의 중요한 덕목으로 삼고 있다. 돌봄은 효율과 생산성, 경쟁이 강조되는 근대 산업사회 이후 우리 사회에 많은 문제점들이 나타나면서 소환됐다. 돌봄의 궁극적인 목적은 인간의 발달과 성장이다. 그런 면에서 돌봄을 말하는 까닭은 오늘날 교육의 주된 논리가 된 경쟁의 윤리가 갖는 한계를 넘어서자는 것이다. 물론 돌봄의 윤리가 정의의 윤리를 배척해서는 안 된다. '정의 없는 돌봄'은 성실한 무골호인만 양성하는 것이며, '돌봄 없는 정의'는 인간미 없는 원칙적인 사람을 양산한다.심성보, 2011: 523 학교는 정의와 돌봄이 두루 작동되는 조화로운 평화 공동체로 성숙해 가야 한다. 극단적인 돌봄이나 극단적 정의의 대안으로서 '정의로운 돌봄'과 '돌보는 정의'가 동시에 요청된다. 이렇게 교육공동체는 구성원들의 자

---

28. 이런 입장을 옹호하는 교육철학자나 교육이론가로는 존 듀이, 조지 카운츠, 파울로 프레이리, 새뮤얼 보울즈와 허버트 진티스 등이 있다. 맥신 그린, 안토니오 다더, 헨리 지루, 마이클 애플, 피터 맥러런, 로저 데일, 피터 메이요, 카멜 보그와 같은 비판적 교육학자들도 있다.

율성과 자발성을 기초로 하고, 평등한 참여 기회를 보장하는 민주성을 중요한 가치로 삼는다. 여기에 연대의식, 책임감, 전문성 신장 같은 가치가 뒤따른다.

학교와 지역사회를 연결하고 학교와 지역사회의 협력을 이끌어내는데 있어 학교를 다시 공동체화하려는 다음과 같은 세 가지 운동이 가능하다.

첫 번째 유형은 '지역공동체학교Gemeinshaftsschule'로서 독일의 나토르프Natorf, 1854~1924가 강조하는 노작학교Arbeitsschule다. 학교를 아예 하나의 사회로 만들려고 한다. 학교를 단순히 문화·지식 전달의 장소가 아니라 하나의 공동체사회로 본 것이다. 올슨1953은 학교가 학생들의 삶이 이루어지는 지역사회와 분리되는 것에 매우 비판적이었다. 그는 학교가 지역사회를 살아 있는 실험실 혹은 시민적 삶과 개인적 삶을 위한 교과서로 활용하는 법을 배워야 한다고 주장한다. 그가 바라는 이상적 사회는 자유로운 개인의 자유로운 공동체사회였다. 교육과정에서 '노작'을 중시했다. 학교가 국가의 간섭에서 벗어난 자유로운 공동체가 되기를 바랐다. 정신이 국가에 명령을 해야지, 정신이 국가의 명령 아래에 있으면 안 된다는 것이다. 나아가 학교의 국가에 대한 독립성을 주장하였다. 학교가 국가에 대해 지배적 지위를 차지하는 것이 당연하다고 했다. 일부 특권층에 봉사하는 학교제도를 통렬하게 꾸짖고 7년의 통일기초학교를 세우고자 했다. 그리고 이상적 사회란 노동하는 동료 공동체가 되어야 하고, 학교는 언어학교가 아닌 실물학교, 노작학교가 되어야 한다고 했다. 학교를 철저한 생활공동체로 개조하자는 것이며, 학교의 자치성/자율성을 확립하려고 하였다. 학생회, 토론에 의한 학습, 집단 활동, 학부모회, 협동조합, 학교신문의 발간을 장려하였다. 이를테면 전통 주지주의 교육을 반성하고, 학교에서 이루어지는 공동 집단생활의 교육적 가치를 소중하게 여겼다. 공동체 정신이 왕성한 시민을 기르는 데 교육 목표를 두었다. 우리나라 풀무학교가 이와 유사하다.

둘째, 학교를 공동체화하려는 제2의 방식은 학교를 지역사회의 축소된 모델로 만드는 것이다. 듀이가 강조하는 지역사회의 모형으로서 '실험학교laboratory school'가 그것이다. 미국의 진보주의 교육자들이 세력을 확대할 무렵인 1920년대에 널리 보급된 실험학교이다. 청소년들이 학교생활에서 일반 사회생활에 관해 학습해서 성인의 삶을 미리 실천하게 했다. 학교는 삶에서 분리될 수 없다. 특정 상황과 상호작용하고 경험에서 연속성을 인식하도록 가르쳐서 지식과 그것의 실제 적용을 통합한다.Dewey, 1963; Giles & Eyler, 1994 이 운동은 학생의 시민 만들기로부터 지역민의 시민 만들기 곧 지역사회의 시민교육으로 옮아갔다. 지역공동체교육은 지역성, 곧 독특한 장소의 특별한 역사, 환경, 문화, 경제, 문학, 예술 등에 기반을 둔다. 건강한 공동체를 통해 우리는 평화, 번영, 자유, 그리고 정의의 가치를 보여주는 좋은 사회를 건설할 것이다.Hass, 1993: 10 참여자들의 학습 동기와 목적은 시간이 지남에 따라 바뀔 것이지만, 교육이 지역사회에 뿌리를 둔다면 진정으로 대안적이고 민주적인 의제가 지역 차원에서 나타난다. 이는 현실 사회를 그대로 학교에 투영하는 것이 아니라 '걸러진' 지역사회를 학교에 옮겨오는 것이다.

듀이John Dewey는 학교를 사회적 환경으로 만들어야 한다고 했다. 사회를 축소하여 학교에 도입하는 데 다음 세 가지 조건, 곧 단순화된 환경, 순화된 매체, 균형화된 환경이 필요하다고 하였다. 첫째, 환경을 단순화한다는 것은 복잡하고 난해한 사회생활 중에서 아동이 반응할 정도의 것을 선택하고, 아동이 이해할 수 있게끔 단순한 모습으로 질서를 잡는 것이다. 둘째, 매체의 순화는 현실 생활에 있는 사악한 요소와 교육적으로 가치가 없는 측면을 제거하고 이상화하는 것이다. 셋째, 환경의 균형화는 일부 사회에서 보이는 불균형적인 것을 제거하고, 더 넓은 관점에서 광범한 사회 환경에서 생활하게끔 균형을 잡는 것이다.이규환, 1984: 109)

학교를 공동체화하는 세 번째 방식은 지역사회를 장소로 삼아 학교가 지역을 돕는 것과 아울러 지역사회가 학교 발전을 돕는 길이다. 학교는 지역사회의 일부로서 마을교육의 허브가 될 수 있고, 촉진자가 될 수 있다. 이것은 지역공동체학교community school 또는 마을학교village school[29] 모형이다. 지역사회에 교육적 책임을 지는 핵심적 사회적 센터 기능이다. 다시 말하면, 관료적 학교체제의 붕괴, 가족해체, 그리고 지역사회의 파편화를 극복하기 위한 방파제로 기능하도록 한다.West-Burnham, Farrar & Otero, 2007: 6-7 이것은 지역사회를 교육의 마당으로 바라보고, 학교를 돕는 공간으로 지역사회를 만들어가는 모형이다. 이 모형은 현재 경기도 교육청이 추구하고 있는 '마을교육공동체' 정책과 가장 가깝다.김영철 외, 2016: 20

물론 지역사회 주도 모형이라고 해서 학교가 수동적인 태도를 취하는 것이 아니라, 양자가 함께 노력하되 지역사회가 적극적인 경우를 일컫는다. 지역사회라 할 때 그 주체는 지역의 공공단체가 될 수도 있고, 지역주민들이 될 수도 있다. 공공기관이 시작한 사업이지만 주민들의 적극적인 참여로 주민 중심 활동으로 자리 잡을 수도 있다. 학부모와 지역사회는 강력한 학습 관계로 결속하는 것이 필수다. 마을학교는 교육의 청소년 및 성인들을 위한 지역사회의 중심지가 되고, 지역민들의 복지에 관심을 갖고 있는 기관들과 적극적으로 협조한다. 더욱 복잡해지고 상호 의존적인 세계를 언제나 의식하면서 삶을 위한 교육을 일으키고자 지역사회 자원을 활용한다. 지역사회가 학교의 교육활동을 돕기 위해 지역사회가 보유한 인적·물적 자원을 주도적으로 학교에 제공하는 모형이다. 학교교육은 그 학교가 있는 지역을 탐구하는 것을 중요한 교육과정으로 삼는다. 이를 '교육과정의 지역화'라고 할 수 있다. 지역사회는 그곳에서 살아갈 학생들에게 지역에 대한 이해뿐 아니라 지역에 대한 자긍심을 갖도록 교육한다. 이러

---

29. 요즘 우리나라에서 많이 유행하는 혁신교육지구 사업에서 관심을 두는 '마을학교'라고 할 수 있다. 자연에서 배우고 마을에서 키우는 사람 중심의 학교를 말한다.

한 지역화 교육과정은 궁극적으로 학생들이 미래에 자기 마을에서 살아갈 삶의 계획을 수립하도록 이끈다. 이러한 교육과정의 지역화는 지역사회가 주도할 수도 있고, 학교가 주도할 수도 있다.

그런데 학교와 지역사회의 협력이 가져오는 긍정적인 효과가 있는데도 협력에 미적지근한 태도를 보일 수도 있다. 협력이 도구화되어 학교와 지역사회가 서로 겉돌 수 있기 때문이다. 그래서는 소외된 이들에게도 큰 도움이 안 되고 학교 안팎에 존재하는 불평등을 해소하는 데도 무익하다. 따라서 학교와 지역사회가 더 긴밀한 협력을 이루어내야 한다. 학생과 학부모, 지역주민들은 학교와 지역이 당면한 문제를 바르게 인식하고 그 해결 역량을 길러야 한다. 이러한 역량을 토대로 장차 학교가 마을의 사회적, 경제적, 문화적 변화를 가져오는 사회운동의 중심 역할을 떠맡아야 한다.

4장
학습사회의 출현과 지식혁명,
그리고 미래교육의 방향

1. 학습사회의 출현

세계화의 한 양상으로서 우리는 정보사회, 지식경제, 학습사회의 출현을 목격하고 있다.Jarvis, 2010: 18-37 사람들 사이에 정보를 운반하는 과정은 언어—처음에는 몸, 나중에는 말로—를 갖고 시작한다. 이것은 문해력literacy이 발달함으로써 향상된다. 오늘날 컴퓨터와 전자의 전달수단 발달은 네트워크 사회를 만들어내었다. 그러나 세계화 과정에서 다국적 기업은 저렴한 상품 제조를 추구하고 있고, 서구에서부터 저개발국가에 이르기까지 제조의 대량 전달이 일어나고 있다. 양쪽 사이에는 지식의 불평등한 배분이 일어나고 있다. 일반적으로 지식은 사실, 데이터, 정보, 지식 네 가지 유형으로 나뉜다. 앞의 세 가지는 객관적이고 사람 밖에 존재하는 데 비해, 지식은 학습된 것이다. 사실은 아무른 의미가 없을 수 있으나 의미 형성에 기여할 데이터가 된다. 반면 정보는 수용자가 자기 지식으로 만들려고 배운다면, 딴 사람(수용자)의 지식이 된다. 지식이 급속하게 변하면 변할수록 수용자는 점점 배우지 않으면 안 되고, 사회는 점점 학습의 필요성을 강조하고 있다. 학습사회learning society는 정보와 지식에 초점을 둔 사회의 필연적 결과이다.

글로벌 사회와 지식경제는 급속한 사회 변화를 보여주는 세계를 만들어냈다. 사람들이 살고 있는 환경은 급속하게 변화하고 있고, 개인과 집단 더러 뒤처지지 않으려면 학습하라고 요구하고 있다.[Jarvis, 2010: 37] '지식사회knowledge society'는 '학습사회'란 학교에서는 물론 다양한 경제적·사회적·문화적 삶에서도 보다 많고 다양한 학습의 기회를 제공하는 사회를 말한다. 경제적 성공과 개혁을 밀어붙이는 문화는 근로자들이 스스로 학습하고 서로에게서 배우는 능력에 좌우된다. '지식경제knowledge economy'는 '지식사회'의 하위범주로서 기계의 힘이 아니라 두뇌의 힘, 즉 생각하고 배우고 개혁하는 힘으로 운영된다. 산업경제는 기계 노동자들을 요구했지만, 지식경제는 지식 노동자를 필요로 한다. 지식 노동자들은 새로 출현하는 지식사회에 자신들의 특징과 리더십 및 프로파일을 부여한다. 지식 노동자들은 지식사회의 지배계층은 아닐지라도 이미 지도층으로 자리 잡았다. 교육은 노동력의 핵심 자질이다.

우리는 교육 영역에 신자유주의가 확산됨에 따라 예상되는 위기를 탐구하는 데 여전히 게으르다. 1960년대 이후 발전교육론이 경제 개발을 다그치는 강성 국가에 의하여 불가피하게 채택된 것처럼 신자유주의도 경제 위기 극복과 국가 및 개인의 생존에 불가피한 선택으로 간주되는 경향이 있다. 그러나 더 부유한 자, 더 능력 있는 자가 더 가난한 자, 덜 능력이 있는 자의 희생 위에서 발전을 이루게 되더라도 개인의 성장을 중시하는 신자유주의[30]는 새로운 문제의 원인으로 작용할 것임에 틀림없다. 따라서 시장의 편파성과 폭력성에 주목하고 시장의 부정적 기능을 견제하고 조정하는 국가의 '새로운' 교육적 역할을 모색할 필요가 있다. 시장의 견제 장치로서 국가 역할이 부정되고, 왜곡되거나 전적으로 배제된다면 시장의

---

30. '신자유주의'는 시장을 옹호하지만 보수주의와 유착되어 보수적 가치 보존을 지향하는 내적 모순을 안고 있다. 그리고 보수주의는 과거와 집단을 중시하면서 과거의 전통을 보존하되 전통적 방식으로 보존하려 한다.

폭력성은 더욱 심각한 지경에 이르게 된다.

'지식사회'는 우리의 현대 세계에서 증대하는 지식의 중요성을 반영하는 개념이다. 지식과 권력의 관계—조직, 행위자, 구조, 지식 생산의 맥락에서 국가의 역할, 전문화의 과정에서 지식 파편화의 영향, 보편성과 정체성, 언어와 가치, 지식인의 역할, 이념과 사상 그리고 비판적 분석, 지식 규범의 헤게모니—를 논의하는 지식경제론과 지식사회론이 말한 것처럼, 일상의 일과 생활의 핵심인 지식이 사회적 힘의 원천일 정도로 강력하다면 우리는 분명 지식이 어떻게 사회를 만들어가는지 탐구를 시작해야 한다.Sörlin & Vessuri, 2007: 1-3

지식사회의 도래는 번영과 선택의 세계를 가져왔을 뿐만 아니라 커다란 위험과 부작용도 불러온다. 지식공장, 학문적 자본주의, 시장 속의 대학, 소비되는 상품으로서의 평생학습 등 다양한 비판이 제기되고 있다.Jarvis, 2011: 13 교육을 수입과 연결시키는 지식경제론의 가장 심대한 문제는 가족의 해체, 공동체의 분열, 그리고 인간 존엄성의 파괴이다.Hargreaves, 곽덕주 외 옮김, 2011: 97 영혼이 없는 지식경제를 기반으로 한 교육은 누군가 다른 사람이 미리 만들어놓은 교육과정과 표준화된 시험 점수를 이수하라고 다그친다. 하지만 온전한 지식교육은 단순한 정보 전달이 아니라, 지성적 판단을 필요로 한다.[31] 그래서 교수와 학습에 대한 새로운 접근이 필요하다.[32]

오늘날 부모 자신이 자녀의 교육을 책임지던 봉건시대를 넘어 국가가 가정을 대신하여 교육을 책임지는 공교육 시대를 열었다. 하지만 국가의 경직성으로 말미암아 새로운 위기에 봉착해 있다. 세계화[33]의 흐름과 함께 밀어닥친 신자유주의 논리가 공교육을 더욱 경쟁과 불신의 대상으로 몰아넣고 있다. 그리하여 민주국가의 국민 형성, 평등사상의 구현, 그리고 근대화를 위한 인력 양성 등을 기치로 내걸고 탄생한 근대적 공교육사

---

31. '인격'은 충성심과 상호 헌신, 혹은 장기적인 목표의 추구나 미래의 목표를 위한 지연된 만족의 실행에 의해 표현되는 것이다.

상은 신자유주의의 도래와 함께 지금 중대한 선택의 기로에 내몰리고 있다. 세계화가 동반한 신자유주의 교육정책은 영혼이 없는 표준화의 위험성을 갖고 있기 때문에 전체 사회의 분열과 소속의 상실을 야기하고 있다.Hargreaves, 곽덕주 외 옮김, 2011: 89

지식경제 및 지식사회는 현대세계에서 늘어나는 지식의 중요성을 반영하는 개념이다. 사회적 힘의 잠재적 원천인 지식은 지식경제의 개념이냐 지식사회의 개념이냐에 따라 사회를 형성하는 작동 방식이나 그 역할에 대해 서로 다른 접근을 하고 있다.Sorlin & Vessuri, 2007: 1 지식경제는 기계의 힘이 아니라 두뇌의 힘, 곧 생각하고 배우고 개혁하는 힘으로 운영되기에 창의력과 발명력을 동력으로 삼는다. 그에 따라 지식경제를 위한 교육은 창의력, 융통성, 문제해결력, 정교성, 집단지성, 전문성 신뢰, 위험 감수, 지

---

32. 새로운 교수 방법이란 광범위한 평가기법을 적용하고 학생이 남의 도움 없이 정보에 접근하게 하는 컴퓨터나 다른 정보기술을 활용하면서 고등사고기술과 상위인지, 학습과 이해에 대한 구성주의 접근, 두뇌 기반 학습, 협동학습 전략, 다중지능, 상이한 정신 습관 등을 강조하는 것을 포함한다. 새로운 학습과학의 발전이 주는 충격이란 많은 교사들에게 그들이 학생 때 배웠던 방식과는 가르칠 수 있도록 배우는 것을 의미한다. 과거의 교사들은 자기를 가르쳐 준 교사들을 관찰함으로써 기본적인 교수 방법을 배웠다. 오늘날 지식사회에서는 과거 그 어느 때의 교수에 비하여 기술적으로 복잡하고 광범위한 교수 방법을 요구하며, 항상 변화하고 확장하는 효과적인 방법에 대한 연구와 경험의 근거에 의존한다. 따라서 오늘날의 교사는 자신의 전문성 학습을 발전시키고, 면대면의 전문적인 학습 네트워크에 참여하는 데 전념할 필요가 있다. 지식사회를 위한 교육은 고도의 인지학습, 연구를 기반으로 교육 실천을 확장하고 변화시키는 레퍼토리, 지속적인 전문성 학습과 자기감독, 학부모와의 학습협력 관계, 집단지성의 발달과 활용, 문제해결과 위험 감수, 전문적 신뢰, 변화에 대한 대처와 지속적 발전에의 헌신을 가치 있게 여기는 전문성의 개발과 관련이 있다. 요컨대 지식경제를 위한 교육은 창의력, 융통성, 문제해결력, 정교성, 집단지성, 전문적 신뢰, 위험 감수, 지속적인 발전 등을 기르는 것이다.

33. '세계화(globalization)'는 본래 우리가 살고 있는 이 세계가 하나의 '구체(globe)'라는 사실에서 파생된 개념으로서 지구는 하나이며, 그 위에 존재하는 만물이 운명을 같이하는 하나의 줄로 이어져 있다는 의미를 갖고 있다. 이런 세계화 현상은 민족적, 문화적, 지리적, 역사적 차이와 제한성에도 불구하고 지방들 상호 간의 사회적 관계가 세계적으로 확대·심화되어 어느 한 지방에서 벌어진 일이 다른 한 지방에서 일어나는 일을 형성하고 형성을 받는 현상의 보편화라고 볼 수 있다. 세계화는 경제적 또는 정치적, 문화적 또는 도덕적, 기술적 혹은 환경적 차원의 문제로서 정치적 시민성, 경제적 시민성, 문화적 시민성, 도덕적 시민성, 환경적 시민성 등으로 나타난다. 그렇지만 신자유주의와 밀접하게 결합된 세계화는 파시즘의 재(再)대두, 고립주의의 출현, 문명 충돌의 심화, 양극화 현상 등을 불러왔다.

속적인 발전 등에 맞추어져 있다. 지식경제를 위한 교육은 교사를 지식경제의 희생자로 설정하고 있다.Hargreaves, 곽덕주 외 옮김, 2011: 147

- 교사는 아이들이 표준화된 학습을 기억하도록 지도한다.
- 교사 자신이 들은 대로 가르치는 것을 학습한다.
- 교사는 정부 주도의 연수를 받는다.
- 교사는 더 열심히 혼자 학습한다.
- 교사는 부모를 소비자 및 불평하는 자로 대한다.
- 교사는 정서적 노동을 감수한다.
- 교사는 두려움을 가지고 부과된 변화에 반응한다.
- 교사는 아무도 신뢰하지 않는다.

그런데 이러한 지식경제는 성장과 번영을 고무하지만, 수익과 자기이익의 무자비한 추구로 사회질서에 균열을 가하고 사회를 파편화할 위험이 있다. 지식 기반 경제는 우리 주변에서 성장하고 있지만, 과학 및 과학 기관의 민주적, 윤리적, 규범적 차원을 항상 인정하지 않는다. 지식경제는 사람의 관계를 도구적이고 경제적인 것으로 제한하기 때문이다. 그리하여 국가주의로의 회귀, 모든 것의 민영화, 그리고 무자비한 시장근본주의에 바탕을 둔 지식경제는 교직이 진정으로 학습하는 일로 자리 잡는 것을 어렵게 하며, 교사를 대중의 공격에 취약하게 만들며, 교사 판단의 자율성에 상처를 주기 쉽다.

그래서 '지식경제'를 넘어서는 '지식사회'라는 말이 새로 등장했다. 지식사회는 신자유주의적 지식경제보다 지식의 공동체적이고 민주적인 측면과 공적 개입을 더 강조한다.Sörlin & Vessuri, 2007: 11-12 우리가 살고 있는 지식경제는 민주의 결핍으로 고통을 받고 있기에 모든 지식은 공공재가 되어야 한다는 것이다. 물론 지식경제는 시장 주도적이기에 시장 이데올로기에 따라 수행되기는 하지만, 지식사회의 규범/이상과 반드시 상충되는 것은 아닐 것이다. 사람이 지식경제를 위해 준비하지 않으면, 공동체의 생존과 계승에 기본으로 요구되는 필요조건이 결핍되어 지식경제로부터 배척당하게 될 것이다. 그러기에 민주적인 결핍을 인식하면서 교육의 경제적 목적과 사회적 목적을 동시에 추구하는, 지식경제 기반 교육을 넘어서는 지식사회 기반 교육을 필요로 한다. 하그리브스[2003: 17]는 지식사회를 다음과 같이 파악한다.

- 과학, 기술 및 교육 분야를 확장하는 것.
- 서비스 기반 경제에서 지식을 처리하고 순환시키는 방법을 모으는 것.
- 상호 간 및 자발적 학습을 위한 기회를 최대화하는 시스템, 팀 및 문화를 창출함으로써 제품 및 서비스의 지속적인 향상을 위한 조직의 기능에 대한 기본적인 변화.

지식사회는 21세기의 문화적 공통분모가 되었다. 이에 따라 지식사회에 기반을 둔 교육을 한다는 것은 젊은이나 사회가 경제적으로 번성하게끔 준비하는 것이다. 교육은 지식사회의 잠재력을 구현하는 데 중요한 역할을 한다. 지식사회 기반 교육은 공동체와 민주주의, 인도주의와 세계시민적 정체성을 촉진하는 교육을 지향한다. 하그리브스는 지식사회의 도래에 대응하는 교사의 새로운 역할을 다음과 같이 제시한다.[Hargreaves, 곽덕주 외 옮김, 2011: 115]

- 교사는 사회적이고 정서적인 학습과 헌신, 그리고 인격을 증진시킨다.
- 교사는 타인과 다양한 방식으로 관계 맺는 법을 배우고, 다양한 상호작용을 지속적인 유대와 관계로 대체한다.
- 교사는 세계시민적 정체성을 개발한다.

- 교사는 끊임없이 전문적, 개인적 발전에 전념한다.
- 교사는 협동적 집단 활동과 학습을 한다.
- 교사는 학부모 및 지역사회와의 관계를 강화한다.
- 교사는 정서적인 이해를 형성한다.
- 교사는 일관성과 안전성을 유지한다.
- 교사는 사람에 대한 기본 신뢰를 확립한다.

경제사회적 전환기에 교육은 미래의 복지에 핵심이지만 그것이 취해야 할 형태는 여전히 논쟁의 여지가 있다. 세계화의 심화, 새로운 정보기술로의 대체, 노동집약적 산업의 저임금 경제로의 재배치, 제조업에서 서비스로의 이동, 그리고 유연한 시간제 노동시장의 성장은 새로운 자본주의를 창출하였다. 변화가 가속화되면 배제된 사람은 물론이고 안정을 누려왔던 사람조차 불안정해진다. 일의 구조조정과 문화적 재정립은 많은 사람들에게 일터를 통해 사회에 공헌하는 시민으로서 자기 역할을 어떻게 경험했는지 물음을 제기한다. 사회적 문화적 변화는 혁신의 경험을 강화한다. 시간의 지평이 바뀌었고, 동시에 세대를 위한 세계 최대의 이주는 복수의 문화적, 민족적, 언어적 세계를 창조하고 있다. 이러한 변화는 신기술이 경제성장의 중심에 있는 지능과 지식뿐만 아니라 인간의 활동과 사회 전반의 핵심을 차지하는 제3차, 그리고 제4차 산업혁명으로 들어서게 한다.

오늘날 지식사회의 출현은 어떤 기술과 지식이 우리에게 필요한지 새로운 질문을 제기하고 있다. 지식을 창출하고 확장할 수 있는 능력은 네트워크를 만들고 유지할 능력을 필요로 한다. 네트워크 내에서 대화하고 경계를 넘어 관계를 유지할 수 있는 능력을!Lingard, Nixon & Ranson, 2011: 21

2. 지식혁명을 통한 학교혁명

오늘날 정보사회를 넘어 네트워크사회network society, 경청사회audit society가 대안으로 제시되고 있다.Lingard, Nixon & Ranson, 2011: 21 급변하는 세상에서 경쟁하려면 사회가 미래 시민들에게 양질의 교육을 제공해야 한다. 교육은 다음 여러 흐름에 반응해야 한다.Gardner, 2000: 43-58; 류숙희 옮김, 2015: 62-85

• **과학기술의 획기적인 발전**   가장 중요한 기술혁명은 컴퓨터의 지배력이 확장된 것이다. 컴퓨터는 교통, 통신에서부터 개인 가계부나 오락에 이르기까지 이미 우리 생활의 많은 영역을 도맡고 있다. 이에 부응하느라 많은 학교들이 네트워크컴퓨터를 갖추고 있다. 이러한 기술적 장치들이 학교생활에 상당히 많이 스며들었지만, 오래전부터 내려온 종전의 수업 내용을 그저 좀 더 편리하고 효과적인 형태로 전달할 뿐이다. 그러나 미래의 교육은 주로 컴퓨터로 이루어질 뿐만 아니라, 컴퓨터와의 상호작용으로 형성된 사고방식이 강조한다. 우리는 컴퓨터 기술 덕분에 이 세상 모든 정보를 손끝으로 얻는다. 만인이 수백만 건의 자료에 곧장 접근하는 상황은 전례가 없는 일이다. 그렇지만 컴퓨터에서 식별하지 못하는 것들을 놓칠 수 있다. 예를 들면 컴퓨터 기술의 발달로 정밀하고 명쾌하고 단계적인 사고는 강화될 것이지만, 섬세한 미적·도덕적 판단은 배제될 것이다. 인공지능과 가상현실이라는 두 가지 컴퓨터 기술은 교육에 커다란 그림자를 드리울 수 있다. 과학기술은 축복이면서 저주다. 학교 계획 중 많은 부분은 사람을 통해서가 아니라 사람이 만든 프로그램으로 실행될 것이다. 최근 생물학과 의학에서 이루어진 비약적인 발전도 교육을 획기적으로 변화시킬 수 있다. 만약 사람들이 유전공학을 통해 자녀를 '계획'하거나 어

떤 사람의 타고난 자질을 바꾸려고 한다면, 또는 인간복제가 가능하거나 실현된다면, 인간이 된다는 것의 의미는 무엇이며 인류 사회의 일원이 된다는 것의 의미는 무엇인지 우리의 정의가 바뀔 것이다. 과학과 기술이 단순히 진리의 개념만을 바꾸는 것은 아니다. 새로운 역할이 생겨나고 전통적 가치들은 도전받는다. 도덕에 대한 관점이 바뀌고, 미적 감수성도 흔들린다.

- **정치적 추세** 냉전의 종식과 함께 20세기의 국제관계를 구성해온 가정들이 약화되고 있다. 강력한 군대로 무장한 적과 끝없이 싸워야 한다는 것이 더 이상 교육이나 훈련의 동기가 되지 못한다. 대신 민주적 정부 형태가 늘어나 개인 간이나 국가 간의 소통이 손쉬워졌다. 그에 따라 언론의 자유, 손쉬운 이민과 같은 방식의 인간적 상호작용은 더욱 사람들의 주목을 받고 있고, 검열이나 인권침해 등은 지지받기가 더 어려워졌다. 공산주의의 붕괴와 사회주의의 쇠퇴는 그 대가를 치르게 되었다. 개인이 의존하던 안전망이 사라지고 약화되었으며, 정치권력의 공백으로 생긴 틈을 비집고 다양한 범죄 집단이 들어왔다. 또 전제정치 아래 숨어 있거나 억눌려 있었던 민족적·인종적 근본주의가 예측할 수 없는 힘을 가지고 되살아나고 있다. 대규모 전쟁은 더 줄어들었을지 모르지만, 국지적 충동, 악랄한 고문, 심지어는 종족을 말살하려는 시도들이 끝없이 자행되고 있다. 정치생태학에서 일어난 이러한 급속한 변화들은 가치체계와 밀접한 관련을 가진 교육에 어김없이 긴장을 불러온다. 교재나 수업계획서, 심지어 세계관까지도 수정되어야 한다. 교사들은 다양한 이데올로기와 인종 및 민족집단, 과거와 현재의 정치적·사회적 가치의 한복판에서 방향을 잘 잡아야 한다.

• **경제적 힘** 민주적 제도와 가치에 별로 동조하지 않는 나라들조차 이제는 시장과 시장 원리의 영향력을 인식하고 있다. 한때 제3세계였던 나라들도 이제는 새로운 기술혁명, 강력한 기업들의 발전, 생산성 추구 같은 것들과 불가피하게 관련을 맺게 된 탓에, 좀 더 세계적인 시장에서 끊임없이 상품 및 서비스 경쟁을 하게 되었다. 따라서 학생들은 그 치열한 생존경쟁 속에서 살아남기 위해 교육을 받지 않을 수 없다. 이런 종류의 교육은 사회의 공식적인 정책에서든, 혹은 길거리에서든 자본주의가 오랫동안 지배해왔던 사회에서 더욱 수월하다. 정치적 경제적으로 불가피한 새로운 환경은 글로벌화다. 이전에는 대부분의 경제가 하나의 지역 안에서 아무 문제없이 운영되었고, 그와 같은 고립된 경제체제는 오랜 기간 지속되었다. 이제는 다국적 기업, 지역적 무역연합체와 무역경로, 국제적 투자와 금융이 새로운 현실이 되었다. 이제 국가는 자신의 경쟁력 우위를 찾아내서 추진해나가야 한다. 통제하기 벅찬 급변하는 경제 환경에서 공격과 수비를 오가야 해서 늘 경계해야 한다. 조지 소로 말처럼 시장은 요동치고 있다. 글로벌화는 경제뿐만 아니라 생태학에도 영향을 미쳤다. 정치적 경계가 없는 환경오염 문제와 관련해서는 공기, 물, 우주 공간을 깨끗하게 하거나 보호하려는 국제 공조와 노력이 필요하다. 하지만 시장경제는 이러한 노력에 '모르쇠'다. 장기적 전략이나 필요보다 단기적 압력이나 이익에 반응하기 때문이다. 또한 개발도상국은 불공정한 경쟁의 장에서 살아남을 비장의 무기의 하나로 생태적 주도권을 인식하게 되었다. 이러한 문제들이 저절로 해결되지는 않을 것이기에 환경에 대한 인식을 교육과정에 포함시킬 필요가 있다. 어떤 기술을 가르칠지를 결정하는 것은 교육이 경제와 만나는 또 다른 지점이다. 학급에 배정을 받고 진학, 졸업, 취업과 연결되는 과정이다. 교육과정이 경제적 고려사항을 얼마나 중시하고 또는 무시하는지는 중요 변수로

작용한다. 학교공동체의 암묵적인 메시지에서도 경제적 고려를 하지 않을 수 없다. 학교 환경이 경쟁적인가 협조적인가, 아니면 둘이 섞여 있는지, 학교 환경이 경쟁적이라면 제로섬이나 윈윈의 사고방식 중 어느 것이 우세한지 등을 생각해보지 않을 수 없다. 학교는 경쟁의 장이 될 수도 있고, 어떤 삶을 추구할지 대안적 모델을 제공할 수도 있다. 시장을 선호하거나 역행하도록 가르칠 수도 있다. 사실 학교가 어떤 과정을 추구해야 하는지에 대한 결정 자체가 선함을 좌우하는 도덕적 결정이다.

- **근대사회의 사회적·문화적·개인적 추세** 앞날의 경제 전망이 희망적이지 않을 것이라는 점은 분명하지만, 다가오는 시대의 사회적·문화적·개인적 추세가 무엇인지 파악하는 것은 더욱 어려워 보인다. 우리는 이전보다 더 안락하고, 더 안전하고, 자신의 희망을 추구할 수 있고, 자신이 좋아하는 사람들과 어울리며 더욱 다양한 여가와 문화적 기회들을 누릴 유토피아를 마음속에 그려볼 수 있다. 희망적인 일은 아니지만 디스토피아를 상상하는 것도 어렵지 않다. 일부 서구문명, 특히 유럽이나 북미에서는 모더니즘적 실천, 기준, 가치들이 점진적으로 발전해왔다. 최근에는 세계 다른 지역의 사람들도 미디어를 통해 개인이 자신의 직업, 배우자, 주거지, 심지어 가치체계까지 직접 선택하는 생활방식을 접하게 되었다. 모더니즘의 맥락에서 개인의 표현, 스포츠, 오락, 패션 등은 더욱 중요해진 반면 정치, 종교, 이념적 관심들은 다소 약해졌다. 또 이제까지 개인적 요소들이 일반적으로 파트너, 거주지, 일, 생활방식을 선택하는 데 영향을 미쳤다. 이러한 사회적 고려 사항들은 전 세계 사람들에게 여전히 중요하다. 그러나 마찬가지로 중요할 개인적 생활의 또 다른 특성은 아직 크게 주목받고 있지 못하다. 이제는 마음의 작용을 더 깊이 안다면 제 삶을 채울 진

실, 아름다움, 선함을 결정할 때 큰 도움을 받을 것이다.

• **변화하는 지식 지형** 과거에는 지식의 확장이 점진적이고 통제 가능해 보였다. 그런데 지금은 모든 학문 분야에서 지식 분량이 기하급수로 성장했다. 최근 일부 주장에 따르면 세계의 정보량이 8일마다 두 배가 된다고 한다. 이 수치가 별 의미가 없다 하더라도 정보가 수량으로 표현됨으로써 어떤 진실이 연구할 만한 가치가 있으며 무엇이 살아가는 데 가치 있는지를 결정하기가 더욱 어려워졌다. 미래에는 지식체계를 검증할 수 있고 알아야 할 가치가 있는 것을 분별할 개인/지적 행위자가 막대한 가치를 얻을 것이다. 또한 기하급수적으로 늘어나는 지식을 종합하여 그중 핵심 정보를 일반 시민들이나 일반적인 정책 입안자들에게 이용 가능한 형태로 만들어주는 사람browser이 존경받을 것이다. 지식의 최전선에 일하는 작업은 10년마다 바뀐다고 한다. 실제로 분자생물학 분야에 있는 학자들은 전문 학술지나 온라인 서비스를 3개월 이상 읽지 않으면 안 된다고 한다. 인문학에서도 예술이나 문학에 대한 관점이 한 세대 이전과는 상당히 달라졌다. 그러나 세계 도전의 학교에서는 현재 학생들의 부모나 조부모가 배웠던 것과 같은 과목을 거의 동일한 방법으로 가르친다. 그렇게 길러진 학생들은 각 분야의 첨단작업이 실제로 어떻게 이루어지는지를 보고 매우 놀란다. 이제는 학제 간 연구에 관한 물음이 필요한 시대이다. 실제 현장에서는 대부분의 문제들이 잘 짜인 학문 분야와 쉽게 맞아떨어지지 않는다. 따라서 팀을 이루어 둘 이상의 학제 간 작업을 하는 것이 힘들기는 하지만 앞으로 일반화될 것이다. 학문은 이 세상에 대해 체계적으로 사고하기 위한 최선의 노력이며, 학제 간 작업을 능숙하게 하기 위한 전제가 된다. 미래의 전문가들은 학문을 기반으로 길러지지만, 실제로 첨단학문은 학제 간 연구의 성격을 띤다. 그

러나 동시에 이러한 실천은 교육 방식과 현실 간에 반갑지 않은 괴리를 낳는다. 과거에는 연구 결과를 읽으려면 오랜 시간을 기다려야 했지만, 이제는 인터넷의 도움으로 중요한 연구 결과가 단 며칠 내에 전 세계에 알려진다. 인쇄 출판은 점점 형식적인 것이 되었고, 몇몇 혁신적인 분야에서는 이마저도 생략된다. 이러한 학문적 긴장관계를 인정하면, 읽고 쓰기에 대한 개념이 바뀌게 된다. 고전적 3R(읽기, 쓰기, 셈하기) 교육에 다양한 컴퓨터와 프로그램 언어를 추가해야 한다. 문해교육에서도 이전과는 다른 혼합된 형태가 나타나고 있다. 지식 지형의 변화는 생각의 혼란을 가져올 수 있다. 지식 지형의 변화는 어떤 문화에서 진실이 무엇인지를 판단하는 데 큰 영향을 주었다. 그 영향력은 여기서 그치지 않는다. 하나의 발견이 어떤 결과를 가져올지는 예측하기가 어렵다. 사람들은 인터넷으로 자신의 초상화를 직접 만들 수도 있고 마음대로 바꾸기도 한다. 새로운 형태의 통신과 예술은 아름다움과 선함에 대한 우리의 감각을 발달시킬 뿐 아니라, 그 전파를 규제해야 할지 말지를 놓고 논란이 벌어진다.

• **모더니즘 이후(걷잡을 수 없는 포스트모던)** 대중에게는 잘 알려져 있지 않지만, 지난 세대 동안 서구, 특히 프랑스에서 지식에 대한 새로운 시각이 발전해왔다. 포스트모더니즘, 상대론, 후기구조주의, 해체주의 등 다양하게 불리는 접근 방법들은 이전 시대에 확실하다고 여기던 것들에 이의를 제기한다. 상대적으로 온건한 형태의 '포스트모던적 관점'은 특정 견해에 특권을 부여하는 것을 경계한다. 대신 이전에는 억압되었던 다양한 '목소리'를 인정하도록 요구하고, 모든 지식의 '구성적 본질'을 강조한다. 좀 더 급진적 경향에서는 지식과 진리가 진보하는 것이 가능할지 의문을 제기한다. '순수 포스트모더니스트들'은 지식은 본질적으로 권력에 대한 것이어서 힘을 지닌 자들이 진리와

비진리의 기준을 결정한다고 주장하며 헤게모니(지배하고 있는 정치적 권위)가 바뀌면 그 기준도 바뀌게 된다고 한다. 그들에 따르면 텍스트는 진리를 담아낼 수 없다. 진리란 본질적으로 자기모순적이라서다. 독서는 필연적으로 오독이다. 따라서 학자의 임무는 이러한 텍스트를 '해체'함으로써 기존에 만연한 폐단과 내부 모순을 밝혀내는 것이다. 그런데 포스트모던적 입장을 그대로 받아들이면 진리, 아름다움, 선함에 초점을 둔 교육이 수포로 돌아갈 수 있다. 사실 포스트모더니즘의 관점에서는 이 같은 교육의 소명을 실현하는 것은 불가능하다. 진실에 관한 다른 사람들의 견해에 더욱 민감해지려고 노력해도 소용없을 것이다. 그것이 정치적으로 더 올바를지라도 말이다. 성숙한 학생이나 학자들에게는 포스트모던적 관점이 어떻게든 도움이 될지 모르지만, 아직 예리한 지성을 갖추지 못한 어린 학생들에게는 혼란만 가져다준다. 일단 진리, 아름다움, 선함에 대해 견고한 생각을 갖춘 뒤, 이에 대한 비판과 도전의 기회를 부여하는 것이 적절할 것이다. 진리를 향한 노력이 뿌리를 내리기도 전에 이를 약화시키는 생각을 부추기는 것은 성장하고 있는 마음에 바람직하지 않으며 심지어는 심각하게 방해 요인으로 작용할 것이다. 물론 아름다움과 도덕성의 개념은 반드시 변하고, 앞으로도 바뀌어갈 것이다. 그러기에 전통적 진리에 기반을 둔 교육과정을 확정적이라고 주장해서는 안 된다. 그 대신 현재의 진실, 아름다움, 선함의 문화적 개념을 밝히도록 노력해야 한다.

- **다문화주의적 견해** 포스트모더니즘은 때때로 다문화주의와 혼동되는데, 이는 아마도 둘 다 인간성의 문제를 다루며 발전되었고, 종종 같은 사람들이 주장했기 때문이다. 사실 양쪽 진영은 모두 표준적인 서구적 관점에서 실행된 인간성 연구를 비판하면서 출발했고, 나중

에는 의견이 서로 나뉘게 되었다. 포스트모더니스트들은 규범의 인식론에 초점을 두는 반면, 다문화주의자들은 규범의 구조를 공격한다. 다문화주의는 단일한 규범을 설정하는 것은 잘못이며 더욱이 더 많은 작업과 개념들이 어떤 규범에 포함되어 있는 것보다 서로 다른 역사적·문화적·이념적 자원 등 다원적 규범에 의도적으로 의존하기를 강조한다. 사실 인구 구성 자체가 다양한 국가에서는 절충주의가 필요하기도 하고, 바람직하기도 하다. 결국 문제가 되는 교육공동체에 맞게 규범이 합리적으로 변화될 수 있는가이다.

지금까지 다가올 미래 환경을 지배하리라고 여겨지는 변수뿐 아니라 수 세기에 걸친 교육을 특징짓는 상수들을 훑어보았다. 우리는 인간의 경험에서 상수들, 즉 변하지 않는 것들을, 그것들이 변할 수 없기 때문이든 그것이 변하는 것을 우리가 원치 않기 때문이든 항상 의지하지 않으면 안된다. 많은 진실들이 변화하지만, 어떤 진실은 바뀌지 않기 때문이다.

각 입장의 이율배반적 측면에 관한 가드너의 입장은 넓이보다는 깊이를, 축적보다는 구성을, 지식의 유용성보다는 지식 자체의 추구를, 획일적인 교육보다는 개별화 교육을, 사적 목적보다는 공적인 목적을 갖는 교육을 선호한다. 교사 중심의 교육보다 학생 중심의 교육을 선호하고 발달의 차이와 개별 차이를 배려하는 것을 선호한다. 자유주의적이고 진보주의progressive 교육관을 갖고 있다고 할 수 있다. 그렇지만 가드너는 학문에 뿌리를 둔 교육도 선호하고 있다. 그런 교육에서 학생들을 정기적으로 평가하고 학생들의 학업 수준이 높은 기준에 도달하도록 해야 한다. 전통적이고 보수적인 관점도 갖고 있다.Gardner, 2000: 39

가드너는 과학기술에 관해서는 '중도적' 입장에 서 있다. 신기술은 놀라운 가능성을 약속하지만 목적 아닌 수단으로 다루는 한에서다. 연필은 아름다운 음악을 작곡하는 데도 사용하지만 다른 사람의 눈을 찌르는 데도 사용된다. 컴퓨터는 과학적 수수께끼에 대해 흥미를 북돋을 수도 있지만, 반복훈련을 하여 질리게 할 수도 있다. 교육이나 계몽을 할 수도 있고 즐거움이나 가르침을 줄 수도 있으나 감각을 무디게 할 수도, 소비지상주의와 인종적 고정관념을 강화할 수도 있다. 인터넷은 활기차고 건설적인 공동체를 만들어내는 데 도움을 줄 수 있지만, 개인을 동료에게서 고립시켜 둔감하게 만들 수도 있다. 심지어 증오를 선동하기도 한다.

그렇다면 우리는 이런 대립하는 관점이 존재할 때 어떤 입장을 취할 것인가? 맥락에 따라 다른 관점이 적용되어어겠지만, 조정된 시각을 가지고 다양한 교육자와 학부모들과 공론의 장을 통해 소통하고 연대해야 할 것이다. 논란이 더욱 격렬해져 소통이 멈추는 순간이 오면 모든 분노가 나에게 향할까 걱정이 되기도 하지만 그렇다고 하더라도 그것은 우리가 감내해야 할 몫일 것이다. 시간을 거슬러 과거를 돌아보고 광대한 공간을 가로질러 조망해보면, 우리는 교육의 중요하고 보편적인 목적을 이해할 수 있다. 그것은 가치를 전달하는 것, 역할을 모델화하는 것, 표기법과 학과목에 통달하는 것이다. 이러한 목표를 인지하는 것이 중요하다. 이것을 무시하는 것은 새로운 시대와 세계를 내다볼 때 어리석은 일이다. 또한 이미 명백하고 진행되고 있는 큰 변화와 교육 및 학교수업에 앞으로 틀림없이 영향을 끼치게 될 많은 커다란 변화들을 무시하는 것도 근시안적인 생각이다.

학교의 발전은 형식적인 문자 체계의 존재, 또 지식의 발달과 밀접한 연관을 맺고 있다. 지식은 언제나 확대되어왔고, 과거에는 지식의 확장이 점진적이고 통제 가능해 보였다. 인간에 대한 지식이 확장될수록 또 다른 시각을 가질 수 있을 것이다. 지금 모든 학문 분야에서 지식의 양은 기하급수로 성장하였다. 지식 지형의 변화는 진선미가 무엇인지를 판단하는 데 큰 영향을 준다. 지식의 양의 증대와 지형의 변화는 학교의 역할 변화를 요구한다. 인공지능의 등장을 포함한 지식의 발전은 학교교육을 담당하고 있는 교육자들에게 상당한 도전으로 작용하고 있다. 지식의 변화에 대처할 대안적 경로를 가드너는 다음과 같이 제시한다.Gardner, 2000: 223-226; 류숙희 옮김, 2015: 346-353

- **고전작품을 통한 경로** 전통적인 서양의 역사적·예술적 가치를 습득하기를 바라는 사람들을 위한 것이다. 학생들은 위대한 고전을 읽으면서 헌법적·역사적 쟁점들에 대해 이야기할 수 있겠다.
- **진보주의 교육을 통한 경로** 개인차와 성장 패턴이 존중되는 시스템이다. 이 경로는 민주적 가치가 그저 학습되는 것이 아니라, 살아 있는 시스템을 지향하는 것이라고 믿는 이들을 위한 것이다.
- **기술을 통한 경로** 기술을 숙달하는 것이 경쟁력 우위를 유지하기 위해 잘 훈련되고 유연한 인력을 보증하는 최고의 방법이라고 생각한다. 학생들은 미디어 제품을 창조하고 비판하는 기술을 사용하는 것을 배우게 될 것이다.
- **사회적 책임의 경로** 세계의 거대한 사회적·경제적 문제들을 자각하고 세상을 개선하는 데 적극적으로 참여할 사람들을 키우고 싶은 이들을 위한 것이다. 이 학교들의 교육과정은 해법이 필요한 국가적·세계적 쟁점들에 집중하게 된다.
- **이해의 경로** 존재에 대한 가장 근본적인 질문들을 이해하고 탐험하려는 욕구가 우리 모두에게 있다고 생각하는 이들, 이런 인식론적 관심사들(우리에게 익숙한 진실, 아름다움, 선함)을 고려하여 교육과정을 짜야 한다고 생각하는 이들을 위한 것이다.
- **다문화의 경로** 주요 인종 집단과 민족집단들의 본질적 특성과 정체성을 특징으로 하는 시스템을 희망하는 이들을 위한 것이다. 학생들은 자신의 문화를 공부하고, 그것을 다른 문화, 특히 여태껏 다수 집단으로부터 부당한 취급을 당한 집단의 문화와 비교할 수 있다.

아이들은 국내외적 시사 문제, 여러 나라의 정부구조, 경제 원칙, 과학적 원리, 각 문화권의 주요한 문학작품, 예술 활동과 감상, 자국과 세계에 영향을 끼친 주요 사건과 사상을 충분히 인식해야 한다. 하지만 시험 점수를 높이는 공부에 몰입하면 지식에 대한 깊이와 이해를 더하려는 열망이 사라질 수도 있고, 자신의 깨달음과 기쁨을 위해 무언가를 읽는 것에 대한 흥미를 느끼지 못할 수도 있다. 이렇게 되면 우리는 역설적이면서도 끔찍한 결과를 얻었음을 알게 된다. 따라서 좋은 교육을 위해서는 교육적 비전을 바로 세워야 한다. 그 비전을 달성하기 위해서는 교육과정의 질, 곧 무엇을 가르칠지에 주의를 기울여야 한다. 모든 학교는 심사숙고해서 일관성 있고 순차적인 교육과정을 마련하지 않으면 안 된다.

3. 미래교육의 방향:
지식교육에서 지성교육/지혜교육으로의 전환

근대 역사는 가히 학교교육 혁명이다. 산업혁명에서 정보혁명을 거쳐 이제 지식혁명의 시대에 진입하였다. 특히 이세돌 9단과 알파고의 바둑 대결에서 인간대표 격인 이세돌 9단의 패배는 바둑뿐 아니라 인공지능이 앞으로 침투하게 될 인간 삶의 온갖 영역에 대한 걱정과 불안을 야기하고 있다. 지능정보사회의 도래로 일컬어지는 인공지능 관련 미래 사회 논의는 '미래교육futures education' 논의를 촉진했다.류성창, 2016

그런데 오늘날 압축적 근대화를 달성한 우리나라의 경제적 성공은 교육에 대한 국민들의 기대와 신뢰를 바탕으로 가능하였지만, 과거의 성공에 도취되어 미래 사회가 요구하는 교육 패러다임을 만들어내지 못하고 있다. 계층상승을 위한 입시 중심의 학교지식은 1차원적 도구적 이성의 개발에 머물고 있다. 지식의 발달로 통한 새로운 정보통신기술은 불평등을 줄일 수도 있지만, 실제로는 새로운 불평등을 만들어내고 있다. 게다가 경제적 효율성을 중시하는 신자유주의 교육정책은 아이들의 인간성을 질식시키고 있는 처지다. 특히 신자유주의적 세계화 사조는 교육의 공적 역할이나 공공성을 경시할 뿐 아니라, '영혼이 없는 표준화'[Hargreaves, 2011: 343-346] 또는 '영혼이 없는 탁월성'[Lewis, 2007] 교육으로 치닫게 하고 있다. 소수 엘리트만이 나라를 좌우하는 일부 사람들의 탁월성으로 전락해버렸다.

이러한 상황에서 인공지능이 인간 삶의 많은 영역을 감당하게 될 지능정보사회가 온다면, 교육은 어디에 중점을 두어야 하는가? 사이버 공간이 물리적 공간과 연계되고 그 과정에서 인공지능의 역할이 많아진다면, 미래의 제4차 산업혁명 혹은 산업 4.0이 도래한다면, 과연 인간의 삶은 무엇에 집중해야 하는가? 인공지능이 대체할 직업의 영역이 많아진다면, 결국 인간은 인간만이 할 수 있는 직업이나 삶의 영역에 집중할 수밖에 없다. 앞으로 산업은 반복적이고 노동집약적인 기계에 맡기고 인간은 인간을 위한 직업과 활동을 하며 살 수밖에 없다. 미래의 지능정보사회에서의 산업은 단순 노동에 가까운 영역일수록 기계가 도맡을 가능성이 높아지므로, 인문과 예술 활동을 중심으로 인간의 삶과 산업의 형태가 변화될 것임은 상당히 개연성이 높은 예측이다. 인간 중심 사회의 도래에 대한 미래 예측은 학교교육부터 평생교육에 이르기까지 미래교육이 지향해야 할 바에 대해 중요한 시사점을 제공해준다.

이렇게 예견되는 지금 우리는 소크라테스와 아리스토텔레스의 지성교육론을 복원할 필요가 있다. 소크라테스는 일찍이 우리에게 생각하는 법, 우리와 우리를 둘러싼 세상에 관해 캐묻는 법, 성찰하는 법을 전해주었다. 무엇보다 "성찰하지 않는 삶은 살 가치가 없다"는 경구를 남겼다. 그냥 사는 것이 아니라, 올바른 삶이 무엇인지 고민해야 한댔다.[Huges, 강경이 옮김, 2012] 아리스토텔레스는 행복eudamonia/goodness/human flourishing/well-being

을 '실천적 삶'에서 찾았다. 행복을 추구하는 삶이란 '이론적 삶theoria/ seeing'[34]이나 '생산적 삶poiesis: making'[35]보다 '실천적 삶praxis: doing/acting' 에 더 가깝다.조무남, 2013: 333; Biesta, 2013: 443-445 실천적 삶을 추구하는 지식 인 실천적 지혜phronesis/practical wisdom는 도구적 지식—특정한 경우에 일 반적 법칙, 규칙이나 교훈을 적용하는 기술적 이성의 형태나 과정—이 아 니라 공동선의 이해를 필요로 하는 윤리적 이성의 형태를 취한다.Nixon, 2016: 111[36] 방법적 지식으로 환원될 수 없는 실천적 지혜는 가르침을 통해 소 유되는having 영역이 아니라, 실천을 통해 지혜로운 사람이 되는 존재being 의 영역이다.Biesta, 2015 앎은 곧바로 덕이 되는 것이 아니라, 실천적 습관화 를 거쳐야 완성된다. 아리스토텔레스는 '덕arete/virtue'[37] 있는 삶을 궁극 목 적telos으로 추구했다.

실천practice의 어원이 되는 'praxis(이론적 실천)'는 이론을 실제화하려 는 노력이다. 인간이 만들어내는 훌륭한 작품은 오랜 연습과 수련을 거쳐

---

34. 인간을 관조하는 삶(contemplatio)이 추구하는 지식, 보편적 진리를 알려주는 앎 (episteme/theory/science)이다. 이러한 명제적 지식은 우리의 경우 대학입시를 위한 계 층상승의 도구적 지식으로 전락하고 있다.

35. 생산에 종사하는 삶(poiesis)을 추구하는 지식, 사물/대상을 만드는 기술(techne/ art/practical knowledge: 기술적 방법적 지식)을 말한다. 창작을 의미하는 poiesis는 poetry(시): et(시인)라는 말을 탄생시켰다. 기술(technique)의 어원이 되는 techne는 인 도-유럽어 'teks'에서 유래했다. 이 단어의 의미는 '선별해서 엮다'이다. 이런 의미를 갖는다 면 '혁신적인 기술'은 보통 사람들이 보기에는 서로 상관없는 이질적인 것들을 하나로 엮 어 자신이 상상하는 용도로 사용하는 과정이라고 할 수 있다. '예술'에 해당하는 고대 그 리스어는 'techne(연결하다)'다. '예술'이라는 뜻의 영어 'art' 혹은 'ars'는 오래된 인도-유 럽어다. 이 단어의 원래 의미는 '우주의 원칙에 맞춰 연결하다'라는 뜻이다. '예술'이란 다 른 사람은 볼 수 없고 연결할 수 없는 것을 하나로 엮는 혜안이자 실천하는 의지다. 'homo sapiens'는 예술을 고안해내고 창작하는 동물이다. 사피엔스는 지혜를 뜻하는 'sapientia' 에서 파생되었다. 이 단어의 의미는 원래 '맛보다/경험하다/알다/지혜롭게 되다'이다.

36. 기술적 방법적 지식과 이론적 지식은 융합되어야 된다. 가다머가 강조하듯 지식의 지평 융 합이 이루어져야 한다. 지평 융합은 이동 중에 있는 것이다. 우리의 편견(pre-judice)/전- 판단(pre-judgement/das Vorurteil)은 끊임없이 검토를 받아야 한다. 편견은 우리의 판단 이 성장하는 토양이다. 무엇에 대한 질문/의문이 열려 있는, 대화적 행위가 이루어지는 해 석의 과정이다. 이러한 대화의 과정을 통해 이해를 하게 되는 것이다.

37. 'arete'는 말의 탁월성은 잘 달리는(best functioning) 데 있듯 인간의 탁월한 능력/탁월 성(excellence) 또는 인격(character)으로 번역되는 'arete'를 잘 구현하는 것이다.

탄생한다. 실천이란 하늘에만 있는 이데아를 지상의 유용한 기능을 가진 물건으로 만들기 위한 영적이며 정신적인 훈련이다. 이것은 지상에 이미 존재하는 물건들을 변용해 인위적으로 만들려는 반복된 작업이다. 실천적 삶을 추구하는 지식, 비판적 사고에 인격과 시민성이 결합된 지식이 실천적 지혜이다. 그것은 관념적 지식의 단순 암기에 매몰된 입시교육체제를 넘어서는 것이다. 우리 사회가 '관조적/이론적 삶contemplative/sophia/bios theoretikos'[38]에 지나치게 초점을 두다 보면 인간의 삶에 대해 숙고할 역량인 '실천적 삶techne/bios praktikos'을 소홀히 할 가능성이 있다.Lewin, 2016 아렌트는 서양철학이 '관조적/이론적 삶'에 지나치게 초점을 두다 보면 '실천적 삶'을 소홀히 할 가능성이 있다고 걱정하였다. 그랬기에 앎이 곧 덕이 되는 소크라테스의 관점이 아니라, 아리스토텔레스가 강조하듯 실천적 습관화를 통해 완성되는 궁극적 목적telos을 지향하는 '덕arete/virtue' 있는 삶을 중시하였다. 빈곤 타파를 위한 과학기술교육도 중요하지만, 이것이 다른 나라를 지배하는 폭력이나 전쟁의 도구가 되지 않게 하려면 실천적 지혜를 함양하는 지성교육 또는 지혜교육[39]이 더 중요해진다.

따라서 상품된 지식을 지성화하는 실천적 지혜를 가르치는 교육을 해야 한다. 최고의 지성적 덕으로 간주되는 실천적 지혜phronesis[40]를 지닌 삶이 능동적 삶에서 가장 높은 단계의 것이며, 그것이야말로 인간다운 삶이다. 인간 형성을 위한 교육의 진정한 목적은 수단과 목적이 분리되지 않는 실천적 지혜에 두어야 한다. 교사의 임무가 아이들을 가정이라는 사적 영역으로부터 세계라는 공적 영역으로 인도하는 일이라면 이론적 삶과 실천적 삶의 매개자가 되지 않으면 안 된다.Arendt, 서유경 옮김, 2005: 254

우리의 앎은 행동으로 이어지며, 행동의 성격은 앎의 성격과 일치한다.

---

38. 인간을 관조하는 삶(contemplatio)이 추구하는 지식으로서 이론(episteme/theory/science): 명제적 지식.

39. 산청의 간디학교는 학문적 지혜, 기술적 지혜, 예술적 지혜 등 지혜교육을 매우 강조하고 있다.

앎이란 제 언어를 말하는 것으로, 성찰과 행동 모두를 함의하는 행동이다. 자신의 언어를 말하는 것은 자기표현과 세계표현에 참여하는 것이며, 궁극적으로 사회의 역사적 과정에 참가하는 것이다. 사고하고 행동하는 이론/이론적 지식과 실천/실천적 지식의 매개적 과정은 교육 내용, 교수법, 일터의 계속적 맥락화, 다시 말하면 전문적 교육과정의 구성(내용의 맥락화), 가르침과 배움의 접근(교수적 맥락화), 일의 조직과 관여(일터의 맥락화), 이론적 전문적 이성의 개발(학습자의 맥락화)를 통해 이루어진다.^{Guile,} ^{2014: 89-90} 교사가 할 일은 자신이 가르치는 교과나 자료와의 관계(인류 문화의 전승), 가르치는 학생과의 관계(상호작용), 동료와 학부모와 당국 및 거대한 타자/지역사회와의 관계(사회적 실천), 그리고 자기 자신과의 관계 능력(자기이해)을 포함하고 있다.^{Hogan, 2015} 그러려면 인문학과 자연과학의 통섭이 이루어져야 하고, 그래서 교사의 전문적 학습 공동체의 구성이 불가결하다.

아무리 절망스러운 세상이라도, 또 벼랑에 서 있는 학교라도 교육을 통한 희망을 포기해서는 안 된다. 이것은 빅 데이터, 인공지능 등 제4차 혁명의 도래를 역설한 클라우스 슈바브가 역설한 말이다. 그는 맥락적 지성(머리), 정서적 지성(가슴), 영감적 지성(영혼), 물리적 지성(몸)을 요청한

---

40. 실천적 삶을 추구하는 지식으로서 실천적 지혜(deliberation: actical wisdom/reasoning)는 일반적인 잘 삶, 혹은 선과 관련해서 자신에게 좋은 것과 유익한 것을 숙고하고 판단하는 사유의 덕이며, 항상 실천적인 것, 즉 개별적인 행위와 구체적인 경험을 통해 자신을 발견하는 실천적 앎이다. '실천적 지혜'는 '기술'(techne)과 구분된다. '기술'은 보편적인 규칙을 개별적인 경우에 기계적으로 적용해 제작하는 능력인 반면, '실천적 지혜'는 인간의 실천적 행위를 주도하는 규범으로서 상을 제공하며, 구체적 상황마다 적용하기 위해서는 늘 반성적 성찰을 필요로 한다. 따라서 실천적 앎은 규범에 대한 일반적 이해와 구체적 상황 간의 차이점에 대한 민감성을 요구한다. 이러한 실천적 지혜는 인간의 지속적인 숙고 과정을 요구하기 때문에 단순한 수단 선택의 능력이 아니라, 행위자 스스로 도덕적 존재로 정립되는 도덕적 품성 상태로서 삶 전체의 관점에서 최선과 관계하여 선한 삶을 촉진하고 인간에게 좋고 나쁜 것이 무엇인지를 살필 수 있는 능력이다. 가다머는 이러한 실천적 지혜가 발휘되는 것이 해석학적 경험의 본질에 속하며, 지혜로운 사람이 지니는 특성이라고 말했다. 진정한 이해의 과정에는 자기 해석의 과정을 지속적으로 거치는 판단 형식으로서 합리적 숙고와 도덕적 상상력이 중요한 것이다.

다.Doucet & Evers(eds.), 2018: 4 우리의 사고를 지배하는 기본 개념들은 우리가 신체를 가지고 태어나듯이 선천적으로 유전되는 것이 아니라, 사회적 세계에서 배우는 것이다. 사회는 변화 없이 보존되는 것이 아니라, '새로운 인간의 탄생'을 통해 계속 갱신되는 것이다. 단순한 의견이 진정한 지식이 되려면 오직 세계에서 작업하고 변혁시키는 노력이 뒤따라야 한다. 지식이 일구어지는 지점은 인간 존재와 세계가 관계하는 지점, 그 변화와 관련된 지점이다.Elias, 심성보 외 옮김, 2014: 130 참다운 지식은 이러한 관계에 대하여 비판적으로 문제제기를 하는 과정에서 지식 그 자체를 완벽하게 만든다. 이제 우리는 경쟁을 넘어 협력으로, 차별이 아니라 지원으로, 배제가 아닌 배려로, 탐욕이 아니라 이타심으로, 죽임의 교육을 넘어 살림의 교육으로, 기만의 교육을 넘어 진실과 정의의 교육으로, 물화/물신화/자본 중심의 교육을 넘어 사람의 가치를 중시하는 인간성 회복/인간화 교육의 시대로 나아가야 한다.

5장
위험사회의 도래와 아동기의 새로운 구성

1. 위험사회의 도래와 아동기의 실종

1986년에 독일의 울리히 벡은 산업화와 세계화의 절대적 영향 아래 놓인 현대사회를 위험사회risk society[41]로 규정했다.Beck, 홍성태 옮김. 1996 근대성의 중심에는 위험이 자리하고 있으며, 인류 문명은 이를 감당할 수 없을 것이라고 예견한다. 현대사회가 지닌 위험은 인류가 여태껏의 경험을 통해 축적한 지식과 정보로는 도저히 예측할 수 없는 양상으로 드러난다. 인간의 통상적인 지각 능력을 벗어나기 때문이다. 위험사회는 위험의 개인화를 낳는다. 사회구조 자체가 끊임없이 우리 전체의 삶을 위험하게 만든다. 대한민국, 어떻게 안전한 사회로 나아갈 것인가? 2014년 세월호 사건, 2016년 경주 지진, 최순실 게이트까지 위험이 사라지기 전에 반복되어 일어나는 일련의 사건사고에 대한민국 국민은 '위험 트라우마'에 감염되었다. 대한민국은 위험 공화국이라고 말해도 지나치지 않다.

오늘날 우리 아이들도 위험으로 내몰리고 있다. 우리 아이들은 학교가

---

41. '위험사회'는 위험이 중심적 현상이 되는 사회를 말한다. 공동체의 전통적 개념이 개별화의 증대, 다양성과 다원성의 강조, 그리고 사회복지의 새로운 이해에 의해 도전받는 것을 말한다.

정한 복장을 하고 규율을 지켜야 했고, 국가의 요구나 학교가 가르치는 것을 그대로 받아들여야 했다. 사회 문제에 관심을 두지 말고 오직 '공부'에만 열중하라는 이야기를 듣고 자랐다. 사회 구성원으로 아이들의 존재를 무시한 것이다. 아이들 자신도 이를 당연하게 받아들였다. 아동기는 유치원과 취학 연령대의 아이들을 가리키는 말로 정착됐지만, 여전히 세계의 어린이들 다수는 학교교육의 혜택을 받지 못하는 '비정상' 상태에 놓여 있다. 학교교육을 많이 받는 아이들도 지나친 공부의 압박으로 정상적 아동기를 향유하지 못하고 있다. 우리나라는 오랫동안 권위주의 정치체제에서 '어린이'를 점점 더 어린 나이로 끌어내려 규정하는 동시에 아동·청소년이라는 말을 확장했다. '어린이'라는 말을 축소하거나 제거했다.

최근 아동기 연구가 급증했다. 아동기의 본질과 철학 및 비판, 그리고 아동기의 재개념화를 따진다. 아동기는 계속되는 일상생활의 투쟁과 맞물려 발달적, 문화적, 정치적 개념으로 발전되고 있다. 아동기는 사회 속의 아이들이 갖는 사회적 지위 그리고 정치적, 경제적, 공민적, 문화적 역할에 대한 경합적 담론의 주제로 등장하고 있다. 그동안 철학, 사회학, 심리학, 인류학, 교육학, 정치학, 법학 등에서 아동기 연구가 활발했다. 학계는 이를 종합적으로 연구하거나 아동기의 재구성을 논의하지는 못했다. 따라서 아동기의 새로운 구성을 위한 논의가 필요하다.

2. 아동기의 어원적 이해

'아동기'를 지칭하는 단어는 원래 세분화돼있지 않았다. 동물과도 구분되지 않는 '어미의 새끼'라는 의미에 불과했다. 아동을 지칭하는 'pais'는 '아들' 또는 '젊은 소년'을 말하는 'puer'에서 파생했는데, 친자 관계를 나타내는 말이었다. 성인기 전의 아동기뿐 아니라 소년소녀 모두를 포괄하는 의미로 사용되었다. 'child'는 '자궁'을 뜻하는 'cild', 'kilpam'에서 유래하였다. 아동기의 어원은 '자궁에서 나오지 않은', '자궁의 열매'라는 뜻이다. 이것이 중세어 'childre', 'childer'를 거쳐 오늘날 'children'이 되었다. 중세사회의 장인에 반대되는, 모든 '의존'을 필요로 하는 사람들, 즉 종복, 직공, 군인 등이 모두 '어린이'로 불리기도 했다. 최전방의 위험에 노출된 부대가 '잃어버린 아이들'로 불렸다. 큰 사람이 아닌 '작은 사람little people'에 지나지 않았다. 이러한 어원적 의미에서 볼 때 아동기란 청년기가 시작되기 전까지를 두루 포괄했다.[42]

아동기는 연령별로 특정한 학제로 편성되어 '어린이' 또는 사춘기의 '청소년'(청년+소년)으로 분류되며, 일단 성립된 학제는 실제 성장의 개인차와 무관하게 개인의 성장 단계를 결정한다. 'childhood'는 아이, 어린이, 아동 등을 가리키는 'child'에 자격이나 기간 따위를 뜻하는 'hood'가 붙은 용어이다. 'child'는 우리가 흔히 생각하는 어린이뿐 아니라 유아, 초·중·고

아동기의 전통적 관점Burnett, 2010: 12

담론	아동기	성인기	노년기
사적 영역	원가족	출산가족	빈 둥지
공적 영역	교육	일	퇴직
관계	의존	독립	의존
능력	미숙	성숙	미숙

---

42. '아동기'란 '어린 시절'로서 일반적으로 출생에서 만 18세까지(신생아기, 영아기, 유아기, 학동기, 청소년기)를 말한다. 비성인기의 의미에서 아동기는 나이가 출생 이후 18세 미만, 신체적 용어로는 보통 연령에 맞는 아이들의 신체적 능력, 그리고 정신적 용어로는 보통 연령에 맞는 아이들의 정신적 능력을 일컫는다. 아동기에서 청년기를 제외하기도 하지만 필자는 이를 포함하는 입장을 취한다. 아동기는 시대별 지역별로 변화해왔다. 아동기는 태어나면서부터 생물학적으로 결정된 것이라기보다는 사회적이고 문화적인 요인들에 의해 구성된 개념으로서 '특별한 성장기간'을 뜻한다. 아동기를 성인기와의 관계 속에서 독립적으로 보느냐, 연속적으로 보느냐에 따라 관점이 갈린다. 과거에는 결혼 여부가 아동과 성인을 구분하는 기준이었지만, 아동기는 넓은 뜻으로 청소년기를 포함하기도 하는데, 유엔의 아동권리선언이 그러하다. 일반적으로 아동기는 출생에서부터 청년기(12~13세경)에 들어가기 직전까지를 말한다. 좁은 뜻의 아동기는 학동기(6-7세~12-13세)를 말하기도 한다.

학생, 때로는 청년까지 포괄하는 개념으로 쓰인다. 'childhood'는 아이나 어린이, 아동의 지위 그리고 아동기 등 아동에 대한 사회의 인식과 맥락에 따라 다양한 의미를 갖고 있다.

우리말 '어린이'의 어원은 17세기부터 써온 말이다. 중세 국어 '어리다'의 의미는 '어리석다愚'에서 '나이가 적다幼'로 변화하면서 '어리다'의 형용사 '어린'에 명사 '이(사람)'가 결합되어 형성되었다. '어린이'는 '어린 사람'이라는 뜻이다. '어린이'를 '늙은이', '젊은이'와 같이 아이들을 하나의 인격체로 대접하는 뜻이 담겨 있다. '어린이'란 나이가 '어린 아이'를 높여서 부르는 말이다. 그러니까 어린이를 하나의 인격체로 인정하고, 더 나아가 존중하며 부르는 호칭인 것이다. 그래서 이 어린이라는 명칭은 이미 어린이를 인격체요, 소중한 존재로 재발견하고자 했다는 뜻을 담고 있다.

인간발달에서 아동기는 인간 진화의 시원적primitive 단계로서 독특한 발달단계를 갖고 있다.Zhao, 2010: 248 '시원'으로서 어린이 개념은 그들의 죄에서 구원을 받는 해방의 시기로서 어린 시절의 구성물이라고 할 수 있다. 합리성이 결여되어 있으나 계발될 수 있는 잠재력을 가진 적극적 성장의 시기이기도 하다.Zhao, 2010: 245-252 아동기란 원시성에서 문명화로 발전해가는 성인의 길에 이르는 발달단계를 갖고 있다. 인지와 정서 등에서 독특한 생물학적 심리적 특성을 갖고 발전하는 '내생성endogeneity'을 갖고 끊임없이 발전되어가는 독창적 존재로 인식됐다. 성장의 단계에는 몇 개의 마디마디가 있어서 그 앞뒤에 질적으로 서로 다른 발달단계와 고유한 구조가 있다.

'아동기' 정의는 유치원과 초·중등교육이 보편화되면서 이 시기의 아이들을 성인들의 사회와 명백히 분리·보호하는 교육제도에 의해 더욱 확고해졌다. 역사적으로 학교는 아이들과 어른들의 세계 사이에 선을 긋는 최초의 기관이 되었고, 오늘날 아동기는 학교제도를 통해 포섭되어 아동의 삶에 큰 영향을 미치고 있다. 특히 아동기가 제도화되어 학교 기관이 아이들의 공간으로 변화됨으로써 자녀, 가족 그리고 지역사회를 위한 새로운 가능성을 제공할 수 있게 되었다.

아동기에 대한 전통적 이해는 아이들이 이성, 성숙, 독립성, 책임성을 갖지 못한 불완전한 존재라고 본다. 그래서 전통적으로 '아이들children'은 '애들pupil'로 간주되었다. 아이들은 교사에게 종속된 사회적 관계로서 '미성숙한immature' 존재였다.[43] 아이들은 타인의 도움 없이는 자신의 생각을 정교화하거나 자기만의 개념을 만들 수 없다. 이들은 과업을 해낼 능력이 서툴고, 사회적 기술이 부족하고, 도덕적으로 의심쩍은, 능력이 없는 '결함deficit'을 가진 존재였다. 아이들은 가장 높은 인지 능력을 가진 성인보다 지적으로 열등하다고 간주됐다. 아동기는 인간의 완전한 상태를 나타내는 성인기의 불충분한 전조로 간주됐다. 아이들을 지적으로 미성숙하고 무능한 이미지로 보는 것이다.Lam, 2013: 125 어른보다 하위의 수준에 있다고 간주되었고, 그들의 기여는 중요하지 않은 것으로 치부됐다. 다른 동물과 달리 인간의 아기는 훨씬 오랜 기간 무력한 상태에서 부모에게 의존하는 존재로 태어난다. 어린이는 순진하고 나약하므로 사회의 보호를 받아야 할 존재이다. 어린이가 보호 받아야 한다는 생각은 어른의 지도를 받아서 행동해야 한다는 논리로 이어진다.

하지만 어린이는 자기 스스로 합리적으로 생각하고 능동적으로 행동하기에는 미숙한 존재이면서도 아끼고 보호를 해야 할 소중한 존재이기도 하다. 어린이다움은 '아직 어른이 아닌 것'이다. 이 말은 어린이다움이 열등한 단계에 있다는 것이 아니라, '아직 달성되지 않은 목표'로 이해하는

---

43. 아이들은 임시로 어른 세계와 떨어져 있어야 한다는 것, 아이들은 순결하고 불완전하며, 그러기에 부모와 국가에 의존할 수밖에 없는 취약성을 지니고 있다. 아이들은 미성숙하고 약자의 처지에 있으며 상처받기 쉬운 취약성(vulnerability)을 갖고 있기 때문에 더욱 조심스럽게 다루어야 한다. 새로운 관점에서 보면 어린이들은 심리적으로 연약한 존재이고, 그래서 세심하게 돌보아야 한다. 훈육의 일부로 어린이를 놀라게 해서는 안 될 뿐 아니라 죄책감을 느끼게 해서도 안 된다. 왜냐하면 어린이의 자존감에 상처를 입히고 나중에 문제로 이어질 수 있어서다.

것이다. 아직 어른이 아님은 어른의 기능적 자질이 완전히 자립하고 성숙해 있지 않은 '미숙함'으로 이해하는 것이다. 철이 들어 어른이 된다는 것이 성인의 가치관을 본받아 전수받음으로써 가능한 것이 아니라, 아동의 잠재 능력을 발휘함으로써 능동적으로 이루어지는 것이라고 하겠다. 이러한 관점은 아동이 어른의 복사판이 아니라, 어른과 상대적으로 구별되는 아이 나름의 흥미와 관심, 그리고 가치가 존재해야 함을 전제하고 있다. 아동은 어른과의 관계 속에서 존재하는 '애'가 아니라, 현재는 불완전하지만 완전한 상태로 변화해나갈 하나의 가능태의 존재, 곧 '변화되어가고 있는 존재'다. 아동기가 하나의 단계라면 그것은 어른이 되는 도정의 단계겠다. 완전한 존재(beings: 완전한 상태)라고 할 수 있는 어른과 달리, 아이들은 '되어가는 존재(becomings: 불완전한 상태)'와 구분이 된다.[Hendrick, 1997: 3-4; Blundell, 2012: 161-163] 아이들의 '되어감'이란 변하기 쉬운, 불완전한, 냉정과 자기통제가 부족한 대상으로, 어른들의 '존재함'은 안정된, 완전한, 침착한, 자제력을 가진, 존중받을 만한 독립적 사고와 행동을 할 수 있는 상태로 묘사되고 있다.[Lee, 2001] 그런데 아동을 '되어감'으로만 묘사하는 것은 그들의 존재being을 부정하는 것이고, 아이들을 미성숙하고 능력 없는 대상으로 바라보는 것으로 보인다.[Arneil, 2002] 이것은 '어른다움adulthood'을 위해 아이들의 원초적 동물성/야생성의 자기도야self-cultivation를 계속해야 하는 것으로 간주하는 것이다.[Valentine, 2007: 2] '어린이다움'의 상대적 개념인 '어른다움'은 성숙이 목적인 동시에 완성되지 않은 과정의 상태로서 '계속 형성되어가는 존재'로 생각되나. 아동의 어림과 미성숙은 계몽되어야 할 어떤 것이 아니고, 크게 자라야 할 '어림', 새로운 큰 것을 지어낼 어림인 '잠재가능성', '성장가능성'을 가진 '싹'으로 이해할 필요가 있다. 이 말은 나이가 먹어가는 단순한 연령적 성장만을 말하는 것도 아니며, 어린이다움과 어른다움을 이분법적으로 나누는 것도 아니다. 그러기에 상실된 아동기의 복원은 '어린이다움childhood'을 찾는 것으로 개념화된다.

3. 아동기에 대한 역사적 접근

사회적으로 구성된 아동기의 본질, 아동기의 사회적 의미, 아동기와 사회구조, 아동기와 성인기의 관계, 아동기의 여성화, 어린이를 위한 시간과 어른을 위한 시간에 대한 논의가 활발했다. 이런 관심은 역사적 접근과 사회문화적 접근으로 나타난다. 고대 그리스나 로마 사회에서 아이들은 잔인하게 대우받았다. 중세의 아이들은 어른의 축소판이나 다름없었으며, 계몽주의 시기가 도래하면서 그들은 개혁을 위한 필요한 존재로 간주됐다. 12세기 무렵까지 중세기의 예술은 아동기의 존재에 대해 무지했거나 혹은 인지하였더라도 묘사할 생각이 없었던 것으로 보인다.^{Ariès, 문지영 옮김, 2003: 89} 중세에는 아동기에 대한 의식이 없었다. 처음에 아이들은 어른의 모습으로, 곧 축소된 어른으로 그려질 정도였다. 당시 사람들은 아이가 이미 어른과 같은 인격체라고 생각하지 않았다. 아이들이 마치 성인 형상으로 미리 만들어져 있는 것으로 여겼다. 화가들은 심지어 신생아를 그릴 때조차 성인의 축소판으로 묘사했다. 이를 미루어보면 중세에는 아동기의 본질에 부합하는 이미지를 갖춘 아동기 개념 자체가 없었던 것 같다. 중세에는 아동이 성인과 구분되지 않았으므로 경제적 의존성만 제외하고는 성인과 별다른 점이 없었다. 그랬기에 사회생활에서 성인과 똑같이 취급되었다. 일하는 곳이든 즐기는 곳이든, 심지어 소문이 나쁜 선술집에서조차 아이들은 성인들과 섞여 있었다. 아이들의 의복도 어른과 차이가 없었다. 중세의 아이들은 부패한 본성과 악한 성향을 지닌 죄 많은 타락한 창조물로 여겨졌다. 중세의 아이들은 에덴의 동산에서 타락한 원죄를 안고 태어났고, 그러기에 신의 구원을 받아야 한다.

그런데 16세기에 이르러 직업세계에 변화가 일어나면서 전성설^{前成說: pre-formationism}[44]이 쇠퇴하였다.^{Crain, 송길연·유봉현 옮김, 2011: 4} 인쇄기술의 발달, 상업과 시장경제의 성장, 신흥도시와 국가의 출현 등과 함께 직업세계도 이른바 화이트칼라 양상을 띠게 되었다. 상인, 법률가, 은행가, 언론인, 공무원 등의 새로운 직업들—읽기, 쓰기, 셈하기를 필요로 하는—이 나타났다. 중산층 사람들은 이 새로운 직업들이 필요로 하는 것들을 자기 자녀에게 가르침으로써 더 부유해질 수 있음을 알게 되었다. 새로운 교육에 대한 요구는 16세기와 17세기의 유럽이 급격히 성장하는 데 지대한 영향을 미쳤다. 그 결과 점점 더 많은 부모가 특히 중산층에서 6~7세의 자기 자녀들을 일터에 내보내는 대신 먼저 학교에 보내기를 원했다. 부모들은 자녀들이 적어도 12세가 될 때까지 또는 10대가 끝날 때까지 학교에 다니도록 하였다. 학교가 많아지자 아이들이 새로운 지위를 얻게 되었다. 아이들은 더 이상 성인세계에 들어와 있는 존재가 아니라, 성인과 별도로 집중적인 교육을 받아야 하는 존재가 되었다. 아이들은 더 이상 축소된 성인이 아니라 미래의 성인으로 간주됐다. 이러한 사회 변화에 따라 17세기 말에 들어서면 아동 개념이 재평가된다. 아이들은 원래 착한데 사회적 세계에 의해 타락되었다고 보는 관점이 나타났다.Sommerville, 1982: 121 이 관점은 세례를 받은 아이들의 순결성 개념을 넘어서는 것이다. 아이들의 '놀이'[45]는 '어

---

44. 전성설은 개체발생에서 완성되어야 할 개체 각각의 형태, 구조가 발생 출발 시에 어떤 형태로 미리 존재하고 있어 그것이 발생에 즈음하여 전개돼 분명한 형태를 갖게 된다는 학설이다. 그런데 태생학에서 전성설이 무너진 것은 현미경을 이용한 연구가 태아가 일련의 단계를 거쳐 발생하고 있음을 입증한 18세기부터였다. 이리하여 등장한 후성설(後成說)은 생물 개체의 조직이나 기관 등은 수정란의 발생 과정 중에 결정되어 형성된다는 학설로서 어버이의 형태는 알 또는 정자 속에 미리 존재하고 있다는 전성설을 부정한다.

45. 놀이는 아이들 세계의 주요한 특징을 이루고 있다. 따라서 놀이는 어린이들 세계의 주요 특징이 되고, 그들의 세계는 양육하고 보호하는 지배적 의무를 통해 성인 세계로부터 격리된다. 이런 면에서 아동기는 문화적 역사적 의미는 물론이고 정치적 의미를 갖고 있다. 정치적 차원에서 볼 때 아이들은 사회적이고 개인적 자율성이 부재한 상황에서 권리가 거의 없다. 아동기는 '놀이'와 결합하고 어른기의 특징인 '일'과 대조를 이룬다. 아동기=놀이, 성인기=일이 성립한다. 아동기의 '놀이하는 어린이(playing-child)' 이미지를 전제로 하는 가정은 아이들이 인지적, 정서적, 사회적으로 미성숙하여 아이들은 가족 성원으로서 경제적 책임과 시민의 사회적 책임을 지지 않기 때문에 '무능력하다'는 것이다(Wyness, 2006: 8-11). 이것은 아이들의 생물학적 미숙과 연관되어 있다. 이러한 책임 결여는 적어도 수입을 올리거나 소득세를 내야 한다는 면에서 보면 어린이들은 일하지 않는다는 뜻이다. 일을 할 만큼 나이가 들지 않았다.

린이다운childish' 것으로서 '순결함innocence: purity'의 순간으로 이미지화되고 있다. 순결함은 아이들의 도덕적 사회적 허약성, 그리고 그들의 취약성은 책임감으로부터 배제된다는 점에서 '책임과 무관함irresponsibility'을 함의한다.Wyness, 2006: 11 '순결함'은 적극적으로 나쁜 것도 좋은 것도 아닌 중립적 상태에 지나지 않을 수 있다.

신의 아이로서 원죄를 지은 아동/아동기는 '천사'와 '악마'의 대치되는 담론으로 이해되었다. 사악하고 타락한 디오니소스적 아이(17세기 청교도주의) 이후에 아폴로적 아동기 개념(루소의 계몽주의)이 등장했지만, 악마의 담론을 대신하지는 못했고, 오히려 아동기의 모순된 설명만이 공존하고 줄곧 동원되었다. 서로 다른 순간에 하나 혹은 그 이상의 단순화된 아동기 이야기들만이 대중적 상상력을 지배하는 것 같았다.Rogers & Rogers, 1992 하지만 아동기의 서로 대치되는 두 재현—항상 아이들의 복잡하고 다양한 경험에 드러나는 것이지만—은 주기적으로 나타나며 재발견되었다.

18세기에 들어서면 다양한 견해들이 주로 종교적 규범을 통해 표명되었다. 부모는 자녀들이 '악'을 근절하도록 훈육시켜 신의 뜻을 따르게 해야 한다고 믿었던 감리교 신자 존 웨슬리부터, 아동기를 순수함과 선량함의 장소(자연적 아이)로 제시하고, 아동기를 성인 세계와 분리된 그 자체의 장소로 삼았던 루소에 이르기까지 다양한 견해가 거론됐다. 중세 말기에 등장한 '아동기의 발명'은 일종의 '발견'으로서 그것은 단순히 '축소된 어른'이 아니라, 아동 자신의 필요와 발달을 지닌, 삶의 독특한 단계라고 볼 수 있다.Aries, 문지영 옮김, 2003

19세기 중반에 들어 아동기가 발달의 '한 단계a stage'로 설정되고, 아동에 대한 과학적 탐구가 본격화됐다. 사람은 저마다 서로 다른 생활의 경험을 하면서 외적·내적 동기를 품은 존재로 구별되고 싶은 욕구를 가지고 있다. 이런 개별화 욕구는 개개인의 독특한 자질을 알고 이해하는 일이며, 더 나은 적응을 위한 지원을 받으면서 개개인마다 상이한 원리나 방법을 활용하는 것이라고 할 수 있다. 아이들이 그저 사회 환경과 어른의 요구를 수동적으로 받아들이기만 했던 것은 아니다.

20세기가 되자 영국의 청소년들은 14세에서 16세로 학교 졸업 연령이 연장되었다. 부모에게 의존하는 나이도 그만큼 늘어났다. 최근에는 복지제공의 연령이 16세에서 18세로 올라갔다. 가족, 특히 어머니의 역할이 아이들의 발달과 복지에 중요해졌다. 우선 어머니는 자녀가 법을 잘 준수하고, 성숙한 시민으로 바르게 자라도록 책임지는 존재였다.[Hardyment, 1990; Phoenix & Woollett, 1991; Walkerdine & Lucy, 1989] '어머니'는 제 자녀들을 스스로 자기-규제를 할 시민으로 길러내는 자유민주주의의 수호자로 고대되었다.[Phoenix & Woollett, 1991: 18] '좋은' 어머니로 기대되는 백인 중산층의 이런 이념적 구성은 일상의 담론은 물론이고, 특히 아동 돌봄과 부모 되기 매뉴얼에서 두드러졌다.[Marshall, 1991] 노동계층 어머니, 소수민족집단 출신의 홀-부모와 어머님들은 이런 백인 중산층 규범으로부터 이탈되었다.[Phoenix & Woollett, 1991] 또 아이들의 삶의 질이 떨어지는 것에 대한 우려는 위험과 위기에 처한 것으로 묘사되어온 근대적 아동기의 공포감으로 변모하고 있다. 성인들의 반응은 도덕적 공포와 히스테리에서 과잉 규제에 이르기까지 다양하다.

18세기 말 산업혁명 시기에 들어서면 빈민의 자녀가 산업노동의 거친 세상에 참여함으로써 아동기가 부정된 것으로 인식되었다. 1세기 후 국가의 개입과 복지는 모든 어린이, 특히 빈곤층 자녀의 삶의 질을 향상시키는 데 필수적인 것으로 여겨졌다. 18세기에 이르면 아동기의 본질에 대한 디오니소스적 이해와 아폴로적 이해 사이에 큰 논란이 일어났다. 블레이크, 코울리지, 워즈워스[46]와 같은 소설가와 시인들 사이에 원초적 순결성에 대한 강한 '낭만주의적romantic'[47] 견해가 등장하였다. 아동기의 낭만주의적 개념은 복지체제, 대중교육, 산업화, 세계화 및 기술의 출현 같은 정치적·

---

46. 워즈워스는 아이들을 '빛나는 영광의 구름', '어른의 아버지'로 표현하였다.

역사적 변화의 맥락에서 논의되고 있다. 아동기의 근대성/탈근대성은 크게 법적, 사회적, 의료적, 심리적, 교육적, 그리고 정치적으로 제도화된 것으로 이해할 수 있다. 근대적 모델은 아동기와 성인기 사이를 농업사회에서 나타났던 것보다 더 크게 분리했다. 어린이는 더 이상 부모 곁에서 일하지 않았다. 산업화와 함께 부모는 일하러 집 밖에 나가야 했고, 어린이는 학교에 다녔다.

예를 들어 루소의 『에밀』[1762]은 현명한 가정교사의 지도 아래, 태어날 때부터 자연스럽게 발달되는 소년의 성장 이야기를 탐색하였다.[48] 그는 아동이 비어 있는 그릇이나 백지 상태가 아니라 그들 특유의 감정과 사고양식을 갖고 있다고 주장하였다. 이는 상이한 단계마다 상이한 역량과 양식을 발달시키도록 촉구하는 자연의 계획에 따라 아동이 성장하기 때문이다.[49] 아동기는 그 나름대로 보고 생각하고 느끼는 고유한 방식들을 갖고 있다. 그는 인간이 원시인으로 있을 때가 좀 더 행복했고, 독립적이었다고 주장했으며, 아동기는 자연과 더불어 조화를 이루며 사는 매우 행복하고 순수한 시기라고 보았다. 루소는 이렇게 과거를 낭만화하였다. 영아기의 풍부한 감각적 경험과 아동기의 개방된 호기심은 성인들의 고정관념화된 인습적 사고와 대비된다. 루소에게 좋은 사회란 아이들의 선한 본성을 보

---

47. 아동발달에 대한 낭만주의적 견해는 자연의 순리를 신봉하고, 인간 본성에 대한 깊은 이해를 갖고 있다. 내면의 자유를 중요시하는 아동중심주의와 자연주의적이고 성숙주의적 (maturational) 접근을 따르고 있다. 낭만주의는 전통적/고전적 교육이론, 곧 교과 중심적, 교사 중심적 교육 접근에 반발하며, 아이들의 자발성, 순수함, 자연성 등을 중시한다. 자유롭게 태어난 자연적 인간인 아동은 착하고, 세상이 타락하였다고 생각한다.

48. 루소는 사회계약론에서 "어린이는 인간으로, 자유인으로 태어난다"라고 주장하였다. "아동기를 경이로운 마음을 가지고 보아라. 그러나 선하다, 악하다 하는 성급한 판단은 하지 말라. 자연스럽게 되어져 나가는 것을 방해하지 않도록 본성에 시간을 주어 자연의 방식을 따르도록 하자. 자연은 아이들이 성인이 되기 전까지는 아이들로 있게 한다. 우리가 일부러 자연의 질서를 무너뜨릴 때는 맛도 들지 않고 쉽게 부패하는 설익은 과일을 얻게 될 것이다. 아이들은 그들대로 보고, 느끼고, 생각하는 방식이 있다. 그들에게 우리 어른의 방식대로 생각하라고 하는 것만큼 어리석은 짓은 없다"(『에밀』).

49. 루소는 발달단계를 영아기(출생~약 2세), 아동기(약 2~12세), 아동후기(12~15세), 청소년기(15세~)로 나누었다.

존시켜줄 수 있는 사회이다. 그는 아이들의 타고난 선한 본성을 인간의 왜곡되지 않는 본성으로 조화로운 사회적 유대 가능성의 핵심으로 여겼다. 아이들은 선하게 태어났지만 사회가 사악하여 아이들이 그 족쇄로부터 해방되어야 한다는 주장을 폈다.

이와 달리 아동-친화적 로비를 거부하는 반발도 일어났다. 유럽 혁명과 불안정에 의해 동요된 18세기 후반 아동의 권리 개념은 질서정연한 사회의 건설을 꿈꾸는 보수적 사상가들에 의해 도전을 받았다. 아이들의 허약하고 타락한 본성과 사악한 성질을 교정하는 것이 교육의 위대한 목적이어야 한다는 것이다. 그러나 점차 아동기의 순결성과 타고난 착함은 사악한 사회에 의해 침해되었다는 자각이 일어났다. 19세기에 이르러 영국의 자본가들이 아이들의 노동을 잔인하게 착취하자 뜻있는 사람들이 분노했다. 19세기 빅토리아 시대의 사람들은 급격한 사회문화적 변화를 겪었다. 과학이 발달하고 전문화됐다. 여기에는 기술 체계의 급진적 발전의 기여가 있었다. 생산방식 및 운송수단의 기계화와 함께 광범위한 노동자 계층이 형성되었다. 부유층과 빈곤층의 격차가 더욱 커졌다. 중산층 및 상위 소득 계층의 재화는 그들의 만족 수준에 부합하는 삶을 영위할 수 있을 만큼 충분했다. 반면에 노동자 계층의 삶은 열악한 환경에 처해 있었다. 노동자 계층 가정은 재력의 한계로 그들이 원하는 방식으로 아이들을 교육시킬 수 없었고, 아이들의 교육에 큰 신경을 쓸 수도 없었다. 그들 중 일부는 아이들의 양육을 포기하기도 했다. 그 결과 길거리를 배회하고 구걸하는 고아들이 늘어났다. 고아들은 심지어 범죄에 이용되기도 했다.

빅토리아 시대의 산업혁명은 아이들에게 명령에 순종하기를 강요하였다. 종종 순응적 복종을 강요하는 어른들의 태도는 아이들에 대한 체벌의 형태를 띠곤 했다. 이러한 상황은 아동 노동 규제에 대한 새로운 형태를 원했던 영국 중산층 개혁자들의 관심을 증폭시켰다. 이런 관심은 아동기를 양육되어야 할 보존되어야 하는 자연적 원천으로 보는 개념에 기초한 것이다. 실용적으로는 노동계급 아동의 참혹성이 또한 사회계급의 비인 간화를 가져올 것이라는 두려움에서 출발한 것이다. 그리고 이것은 도덕 적 사회적 불안정으로부터 비롯된 것이다. 이에 따라 교육은 훈육과 질서 의 존중 그리고 시간 엄수를 위한 방안으로 교육이 요구되기도 했다.

학교는 '도덕적 병원'처럼 움직였고, 교정 훈련을 위한 장소로 간주됐 다.May, 1973: 72 이런 교육은 노동 대중에게 중산층의 가치를 강요하는 것 일 뿐 아니라, 중산층이 제 자녀들을 통제하는 데 도움을 주기도 하였 다.Schnell, 1979: 17

오늘날 자주 등장하는 청소년 비행은 이데올로기적으로 보편교육의 출 현과 관련이 있다. 19세기 초엔 청소년을 위한 분리된 법적 체제가 없었으 며, 감옥은 점점 아이들로 가득 찼다. 이런 제도의 출현은 오히려 청소년 들을 타락시켰으며, 비행의 우려가 점점 증대되어 그들을 '사회로 다시 토 해내는 것'이라는 시각이 제기되었다.Valentine, 2004: 3 누더기를 걸친 방치된 아이들은 거리로 떼를 지어 배회하였으며, 때로는 상점의 창문을 깨트리 고 도둑질하는 것으로 묘사되었다.Takanishi, 1978: 7 중산층은 당시의 노동계 층 아동들을 '주인 없는 개떼'로 비유하고 도덕적 물리적 해악을 끼치고 있다고 묘사했다.May, 1973: 7 특히 이런 묘사는 아동기가 없는 아이들이 아 동기를 가진 아이들에게 위협을 주는 두려움을 반영하고 있다.Schnell, 1979: 23 이런 물리적 도덕적 돌봄을 제공하지 못했을 때 국가에 의해 법령이 정 해지고 부모를 대신하여 행동할 권리를 갖는 것이다. 이런 문제를 해결하 도록 소년원 학교가 비행 청소년들을 재再도덕화하는 방안으로서 도시의 타락한 환경의 반명제로서 농촌에 설립되었다. 이 학교들이 행동에 영향 을 미치는 물리적 사회적 환경의 잠재적 힘을 현대적으로 신뢰할 수 있는 구현물이 되어갔다.Ploszajska, 1994: 413

주로 아동 노동을 통해 사회에 깊이 관여하고, 18세기와 19세기 동안 제한적 보호를 받는 것에서부터 20세기 아동 보호에 중점을 둔 한정된 사회참여에 이르기까지 19세기 후반과 20세기 초반은 법령을 통해, 그리고 더욱 중요하게는 대중적 학교교육을 통해, 이후에는 국민의료보험 제도를 통해 아동기의 상상적 환경이 대중화되었으며, 점차 보편적 개념으로 확대되었다. 그런데 근대교육의 대중적 발전은 아동의 실존적 현실과 그들의 인생계획을 통합시키지 못하는 결과를 낳아 성인기의 삶을 위해 아동기의 삶을 소외시켰다.

1870~1930년 사이에 일어난 변화는 아이들의 경제적 감정적 가치의 중대한 변혁이라고 할 수 있다.^{Steedman, 1990: 63} 아이들은 노동자인 아동에서 의존적인 아동으로 전락했다. 가족생활의 변화와 함께 아동기의 새로운 표현(문학, 예술, 사진 등)이 싹텄다. 20세기와 21세기의 복지적 보호주의의 발전은 여러 가지로 아이들의 교육적, 법적, 환경적, 물리적 환경과 삶의 기회, 그리고 부모들의 자녀 투자(예를 들어 아동 중심의 장난감, 패션, 음식, 오락 등)를 증진시켰으며, 아이들이 어른 세계로부터 보호 받게 되자 아이들의 순결함과 취약성은 더욱 두드러졌다.^{Rogers & Rogers, 1992} 아동기에 대한 이런 묘사는 다수의 아동들의 경험에서 비롯됐다기보다 이미지에 의한 것이다. 아이들의 경험은 결코 보편적일 수 없다. 오히려 빈곤, 장애, 취약한 건강, 살 집이 없는 등 서로 다른 돌봄으로 특정한 나이에 다른 정체성을 경험한다. 이런 경험을 하는 아이들에게는 아동기의 순결함과 의존성의 개념을 적용할 수가 없다. 또 이른 나이에 성숙을 보이고 책임을 져야 하는 아이들의 경우, 자식이 오히려 해석자로 행동하는 것이 현실이다.

오늘날 아동기에 대한 역사적 연구는 아동 노동, 서구와 비서구 간의 아동기의 경험 차이, 그리고 새로운 미디어 환경에 노출된 아이들에 대한 불안을 반영하고 있다. 19세기 후반과 제1차 세계대전 무렵에 영국은 아동기를 재개념화하였다. 아이들의 빈곤과 빈약한 건강은 아이들의 경제적 정서적 가치에 대한 중대한 전환을 가져왔다. 노동계급 아이들이 가계 소득을 보충하는 자리에서 밀려나 성인의 일과 곤경의 세계로부터 보호를 받게 됐다. 가족에 대한 아이들의 기여가 경제적으로는 가치가 없을 수 있지만, 정서적으로는 가치가 있다.[Zelitzer, 1985] 자녀의 가치는 부모의 삶에 의미와 성취를 부여하는 능력에 달려 있다. 아동기에 대한 진전된 역사적 연구는 자아에 대하여 생각하고, 자기됨의 위치를 찾는 장—인간의 내면을 파악하고 개발하는 방법—을 제공한다. 이런 관점은 아이들이 성숙된 자아의 확장—과거와 현재 사이의 심적 역동성을 불러일으키는 자신의 어린 시절과의 상징적 연결고리—을 재현하고 있다.

아동기는 진화의 역사에 강력한 인종학적 뿌리를 가지고 있다. 아동기는 장소와 시간에 내장되어 생물학, 사회학/문화 그리고 그들의 상호작용에 의해 형성된다. 현대사회에서는 부모를 생물학적으로 결속된 경향이나 젊은이를 보호하고 생존을 극대화하는 본능은 억압과 사회통제의 메커니즘으로 탈바꿈해왔다. 이를 이해하기 위해서는 생물학적으로 뿌리를 둔 반응으로서 보호된 공간의 개념과 사회적 구성으로서 보호된 공간을 구별할 필요가 있다. 전자는 아이들의 진화하는 능력이 번성할 수 있는 공간을 제공한다는 점에서 자력을 갖게 할 수 있는 반면, 후자는 취약성, 억제 및 배제를 강화함으로써 아동과 청소년을 종속시켜왔다.

역사적인 연구들은 아이들이 적어도 근대의 대중적 마케팅이 시작된 이래 주요한 관심사가 되어왔음을 보여준다. 아동 의류 산업의 역사를 들춰보면 1917년 무역 저널 광고 아동복 판매와 더불어 처음 상품화됐다고 한다. 1960년대에는 아이들을 자신의 필요와 희망에 따라 행동하는 정당한 아동 소비자로 떠받들었다. 경제적으로 빈곤한 어린이들의 일상 현실은 후기산업화의 영향과 신자유주의 이데올로기의 부상에 의해 규정되었다.[Smidt, 2006] 아동 보호 공간의 규제는 공동체의 파편화, 성인의 오랜 근무 시간 그리고 빈곤을 야기한 신자유주의 이데올로기 및 실행에 의해 강화되었다. 신자유주의적 시장 이데올로기는 민주적 과정을 훼손했을 뿐만 아니라, 무엇보다도 사람들의 관계와 사회적 신뢰를 훼손시켜 의무, 돌봄 및 책임이 기술적 합리성에서 자리를 잡지 못하는 분열된 공동체와 사회를 만들었다. 기술적 합리성은 사회적 위기, 빈곤 및 불평등 격차를 개인화하고, 개인 및 지역사회의 결함에 대한 가정을 강화하고 있다.

20세기 초 대중교육의 도래와 아동노동의 규제는 성인 세계에서 아이들의 위치를 재구성하도록 하였다. 시장화에 토대를 둔 지식사회의 출현과 함께 아동기의 생태환경ecology of childhood은 급속하게 변화하고 있다. 시장 중심의 경제는 개인에게 선택과 자유를 제공하면서 복지국가[50]로의 발전을 제약하고 있다. 세계화의 결과, 시민의 이탈 및 공동체의 쇠퇴, 시장 중심의 사회적 가치의 숭배로 하여 아이들의 사회적, 경제적, 공간적 현실은 더욱 궁핍해졌다. 게다가 점점 더 주거의 이동과 이웃의 붕괴, 빈민가의 고급 주택화gentrification,[51] 제한된 사회적 결속을 경험하면서 아이들은 유동적인 이웃에서 자라고 있다. 가족과 아이들이 어울릴 몇 안 되는 비상업적 공간 및 자연환경의 파괴는 사람들의 상호작용과 공간적 통합을 손상시켰다. 사회 안에서, 사회를 위해서가 아니라, 시장 안에서, 시장을 위해 사람들이 살아줘야 했다. 게다가 글로벌 무역과 사업은 경쟁과 개별화의 시장 가치에 따라 운영된다. 사라지고 있는 민주주의의 모습, 즉 비민주적 세력의 부상은 권리와 시민권을 재구성했다. 국민국가가 점차 국가 간의 경제적 경계를 변화시키는 세계화와 국경을 넘는 무역에 의해 추진되는 다국적 구조로 대체됨으로써 새로운 경제적, 사회적 질서가 생겨

---

50. '복지국가'는 기본적으로 위험을 전체가 나누고 공유하는 계획이라고 할 수 있다.

51. 1964년 영국의 사회학자 루스 글래스가 처음 사용한 개념이다. 젠트리피케이션은 신사 계급을 뜻하는 '젠트리'에서 파생된 말로 구도심이 번성해 중산층 이상의 사람들이 몰리는 현상이다. 이 과정에서 임대료가 오르고 원주민이 내몰리는 현상까지 지칭한다. 과거 조용한 한옥마을이었던 경복궁 인근의 삼청동·북촌·서촌은 2010년 이후 젊은 예술가들의 활동지로 주목받으며 새로운 상권이 자리 잡았다. 고급 주택화는 값싼 작업공간을 찾아 예술가들이 어떤 장소에 정착하고 그들의 활동을 통해 지역의 문화 가치가 상승하면, 개발자들이 들어와 이윤을 획득하는 방식으로 발전하고 있다.

난다.

아이들이 폭력과 강제의 희생물이 되는 것을 막기 위해 아동 노동이 엄격하게 금지되었고, 이때부터 아동의 인권 개념이 자리를 잡았다. 아동 복지 문제가 사회적으로 진지하게 다뤄지는 것도 이때부터이다. 아동을 위한 장난감이 생겼으며, 아동복이 따라 만들어졌고, 행복한 유년기에 대한 기억이 인기 있는 문학적 주제로 떠올랐다. 동시에 아동을 연구하고 관리하기 위한 새로운 교육학적, 의학적 담론이 생겨났다. 이렇게 우리가 알고 있는 천진난만하고 교화를 필요로 하는 아동의 이미지가 탄생하였고, 아이들은 학교라는 공간에 따로 분리하여 육성하게 되었다. 미래를 짊어지고 갈 예비 국민으로서 훈련을 받게 된 것이다.

4. 아동기에 대한 사회문화적 접근

사회학과 심리학의 발달이 아동기의 현대적 이해에 크게 기여했다. 대체로 심리학적 연구는 개별 아동에 초점을 맞추는 반면, 사회학 연구는 사회집단에 맞춘다. 아동기에 대한 심리학의 전통적 견해는 최고의 인지 능력을 성취한 성인보다 지적으로 열등하고, 아동기가 인간의 완전한 상태를 대표하는 성인기보다 부적절한 선도자라는 것이다. 하지만 20세기 초 발달심리학이 아동연구에 지배적 패러다임으로 자리 잡았다. 발달심리학 developmental psychology은 아동기의 단계와 변천을 공식화했다. 이러한 틀 속에서 아동기는 나이, 신체 발달 및 인지 능력과 관련된 단계들을 통해 도표화될 수 있는 어른을 위한 견습생 과정으로 이해되었다. 아이에서 어른으로의 진전은 발달 과정에서 합리적 주체성을 갖는 것으로 나아가는 길을 찾는 발달 과정에 아동을 참여시킨다. 지적 발달의 가장 포괄적이고 영향력 있는 이론의 하나를 고안한 장 피아제 Jean Piaget는 '무능력자'로서의 아동기 구성에 기여한 인물이다. 그는 인지발달을 지식이나 기술의 점진적 성장이 아닌 일련의 변형으로 보면서 아이들의 사고는 네 가지 주요 단계―감각동작기, 전조작기, 구체적 조작기, 형식적 조작기―를 통해 발달된다고 주장한다. 이러한 단계를 통과하는 어린이의 인지 단계의 순서가 가변적이며, 앞 단계의 인지 구조가 후속 단계에 종속적으로 통합된다는 피아제의 믿음은 그가 초기 단계의 인지발달을 후기 단계의 인지발달을 위한 준비로 보았음을 말해준다.

전통적 사회학은 아동기를 문화적으로 보편적인 생물학적 사실보다는 사회적 행동 과정에서 보여지는 사회적 구성물로 생각했다.Lam, 2013: 122-127 20세기 후반 사회과학과 문화연구는 아동기에 대해 사회문화적 접근을 꾀했다. 이 연구는 성찰reflection의 형태에 맞추어져 있다. 아동기에 대한 현대적 연구의 중심에는 아동기가 세계적으로 보편적이라고 주장하는 것이 아니다. 오히려 아동기는 문화의 산물이기에 시간과 장소에 따라 다양할 것이다.

많은 사회적 구성주의자들이 볼 때 아이들은 일반적으로 어른들에게 종속돼 있어 아동기가 그들이 생각하고 행동하는 것의 부산물로 보였다. 아동기는 어른들이 만든 지배적 담론―관념, 지식, 그리고 사회적 관행과 제도를 구성하는 언어 방식을 포함하여―을 통해 형성되고 있었다. 이렇게 사회구성주의자들은 '아동기의 새로운 사회학new sociology of childhood'을 위한 매개 변수를 설명하는 학문적 실천을 드러내었다. 이러한 사회학적 접근은 사회화[52]―아이들이 자신이 살아가는 사회의 구성원이 되는지를 배우는지를 탐구하는 방법―가 안고 있는 쟁점에 관심을 쏟는다.

---

52. 전통적으로 아동기는 사회화(socialization)의 관점에서 사회적 문화/규범 체제를 재생산하고, 생산력 향상의 수단이 되는 등 사회적·문화적 재생산의 기제로 다루어져왔다. 사회화 관점은 아동 발달에 대한 행동주의적 접근을 반영하고 있다. 이 접근은 아동기의 이미지가 가장 저하되어 있어 백지 상태인 아동을 통제하고 조종하여 효과적으로 훈육시킬 수 있다는 청사진을 제시한다. 아이들은 어른들의 뜻에 따라 길들여질 수 있는 사회화의 대상이며, '좋은 어른'이란 아이들의 타고난 순수하며 선한 본성을 보존시켜주는 존재이다.

- 아동기는 사회적 구성물로서 이해된다. 이것은 인간 생활의 초기 맥락을 파악하기 위한 해석적 틀을 제공한다. 아동기는 생물학적인 미숙과 별개로 인간 집단의 자연적이거나 보편적인 특성은 아니지만, 많은 사회의 특정한 구조적 및 문화적 요소로 나타난다.
- 아동기는 사회적 분석의 변수이다. 이것은 계급, 성, 그리고 인종과 완전히 분리될 수 없다. 비교 문화적 분석은 단일하거나 보편적 현상이라기보다 다양한 아동기를 보여준다.
- 인류학적 연구ethnography는 아동기를 연구하는 유용한 방법이다. 이것은 실험이나 조사 연구 방식을 통한 가능성보다 더 직접적인 목소리를 내고, 사회학적 자료를 생산하는 데 참여하도록 해준다.
- 아동기는 사회과학의 이중적 해석이 예리하게 나타나는 것과 관련된 현상이다. 말하자면, '아동기 사회학childhood sociology'의 새로운 패러다임을 선포하는 것은 아동기를 재구성하는 과정에 관여하고 그에 대응하는 것이다.Jenks, 2009: 93-94

관계적 발달론을 제시하는 비고츠키[53]는 개인의 자아와 사회의 세계 사이의 교류를 꾀했다. 전통 심리학 및 사회학 모델과 아동 발달 이론(피아제, 비고츠키, 촘스키)은 연구 초점이 서구 사회 내의 개인과 집단에 맞춰져 있지만, 아무튼 아이들의 공통점과 차이점을 설명하는 데 크게 기여했다. 발달의 틈새developmental niche라는 개념은 아동의 언어, 사고 및 기타 사회적-인지적 능력의 변화와 발전을 명확히 하기 위해 제공되었으며, 이는 순차적으로 아동의 주변 환경에 의해 형성된다. 발달의 틈새는 아이들

---

53. 아동발달에 대한 비고츠키의 근접발달영역 접근은 흔히 사회적 구성주의(social constructivism)로 분류된다. 비고츠키는 아동이 인지할 수 있는 현재의 인지 수준과 근접하는 바로 위의 발달 수준으로 실제적인 발달 수준과 잠재적 능력과의 틈새(근접발달 이론)를 제안하였다. 개인 내부(피아제 이론)뿐만 아니라 주변사회 환경과의 관계에서 영향을 받고 상호작용을 통해 더 높은 인지발달 수준으로 도달할 수 있다고 주장하였다(Karpov, 2006).

이 거주하는 환경 차원보다 그들의 환경 패턴과 생물학적 성향의 중요성을 부정하지 않는 것이 더 적절하다. 발달의 틈새는 아이들의 성숙 유형과 생물학적 성향의 중요성을 부정하지 않아서 그들이 사는 환경 차원보다 더 적절한 개념이다.Hartas, 2008: 17 이것은 자연적인/본래적인 것과 사회적인/문화적인 것의 연합을 통해 이루어질 것이다. 아동기는 인간이 아이로 간주되는 삶의 시기일 수 있으며, 그 시기의 문화적, 사회적, 경제적 특성일 수 있다. 사회적 구성주의자들social constructionists은 발달심리학자들처럼 일련의 불가피한, 연령과 관련된 문화적으로 보편적인 단계를 통해 발달하는 생물학적으로 결정된 존재로 보는 것과는 달리, 아동기를 단순히 주어진 명확한 사회적 사실(사회적 행동의 과정에서 해석되어지고 논의되고 정의된) 또는 사회적 가공물social artefact이 아니라 '사회적 구성물social construction'로 본다. 다시 말하면, 사회적 구성주의 인식 속에는 아동기에 대한 절대적 개념이 아니라, 문화와 사회에 따라 다양한 상대적이고 변화 가능한 개념이 들어 있다.Lam, 2013: 126

아동기에 관한 대부분의 연구는 네 가지 주요 범주—세대 간의 관계[54], 아이들 간의 관계[55], 연령집단으로서의 관계[56], 아이들과 관련된 제도적 장치 및 그들의 양육 및 교육[57] — 중의 하나를 다룬다.Frones, 1994: 148 현대의 아이들은 사랑과 안전의 필요, 새로운 경험, 칭찬과 인정, 책임 등 기본적 필요를 갖고 있다.Pringle, 1998 아이들이 건강하고 안전하게 머물고, 즐기고

---

54. '세대 간 관계'에 대한 분석은 세대 간 문화적 및 사회적 관계에 초점을 맞추고 있다. 그들은 가족 내에서 세대 간의 관계 또는 우리가 역사적 세대라고 부르는 관계에 관심을 가진다. 아동기의 역사와 구성에 관한 연구는 흔히 이 차원에 집중되고 있다.
55. '아이들 사이의 관계'에 대한 연구는 또래 관계, 아이들 문화, 또는 그들의 활동과 시간 사용에 초점을 두고 있다. 이 차원은 아동발달 이론과 아동문화에 관한 인류학적, 민족지학적 연구에 뿌리를 둔 연구의 일부를 다루고 있다.
56. '연령집단으로서의 아동기'에 대한 연구는 권력구조와 부의 분배의 맥락에서 사회집단으로서 아이들의 지위를 확인하는 것과 마찬가지로 사회계급과 세대의 개념에 기반을 두고 있다. 이러한 관점을 취하는 현대의 연구는 어린 자녀를 둔 가정에 초점을 맞춘 복지 분배 연구에 의해 주도되고 있다. 사회 전체와 관련하여 아동의 지위를 분석하는 데 필요한 복잡한 개념적 틀은 지금까지 일부만 개발되었으며 경험적 연구는 거의 없다.

성취하고, 적극적으로 공헌하고, 경제적 복리를 달성하도록 돕는다

구舊교육은 아동이 스스로 행동할 권리가 있는데도 '아동기'를 단지 '성인기'를 준비하는 시기라고 치부했다. 교사에게 아이들로 하여금 성인기를 준비하게 하고 재촉할 완전한 권리가 있다고 봤다. 성인기는 발달 development[58]의 최종 단계라 했다. 아이들은 미숙하거나 완성되지 않은 어른으로 간주된다. 하지만 열등하다고 간주된 아동기에 대해 인식론적 전환이 일어났다. 이상적 성인이 낭만주의의 예술가로 표현된 것처럼, 아이들은 감각이 참신하다. 어른이 된다 함은 성숙의 완결이 아니다. 어른도 마찬가지로 성숙해 간다면 아동기를 꼭 열등한 것으로 폄하할 이유가 없다. 성숙한 어른은 겸손함과 객관성, 공감을 품고서 대접할 것이다.[Lam, 2013: 130]

이렇듯이 신교육운동은 구교육의 엄격성, 교조주의, 강압, 처벌, 훈육 등을 거부한다. 아동은 성인으로서 자질이 결여된 것이 아니라, 그 나름의 자질을 갖고 있다고 본다. 신교육운동은 아동기를 자발적 성장기로 이해한다. 독특한 삶의 단계를 갖고 있다는 루소의 생각을 따르고 있다. 아이는 부모와 같을 수 없다. 아이도 독립적 인격체이다. 아이는 존재 그 자체로서 이해되며, 개인으로서 아이를 존중하고 그들 간의 차이를 존중해야 한다. 아이는 물리적 대상이 아니라 개개인 모두 독특한 차이를 가진 존재라는 것이다. 아이들이 행동을 통해 자신의 마음을 형성한다면, 그들은 처음부터 온전히 발달한 전인으로 간주되어 다른 사람과 마찬가지

---

57. '아동기의 제도적 장치'에 관한 연구는 아동과 관련된 기관 및 제도를 다룬다. 제도적 구성과 그 내용, 형태 및 개발에 대한 분석은 개별 기관에 대한 연구에서부터 제도 개발의 일반적인 틀에 이르는 연구에 이르기까지 연구 영역을 구성한다. 제도적 틀은 아동기의 전반적 구조에 영향을 미치고, 그에 따라 아이들 생활의 모든 측면에 영향을 미친다.

58. '발달'이란 유기체나 그 기관이 양이 증대하고, 구조가 정밀화되고, 기능이 유능화되어가는 과정이다. 첫째, 발달은 개체화와 환경 사이의 상호작용의 산물이다. 둘째, 발달은 분화의 과정이고 통합의 과정이다. 셋째, 발달은 비약적이라기보다는 계속적, 점진적 과정이다. 발달의 내용은 지적, 신체적, 정서적, 사회적/도덕적/소통적, 미적 발달 등 다양한 요소로 구성된다.

로 완전한 인권이 부여된다. 아동을 배움에 대해 뿌리 깊은 갈망을 지닌 호기심 많고 내재적 흥미를 품은 자연적 존재로 본다. 교육은 얼마쯤 미래 직업의 준비—성인의 삶—도 포함하지만, 지금의 삶을 다루는 것이다. 아이를 개체적 존엄성, 가치 그리고 온전함을 지닌 전인적 인간으로 본다. 아이는 온전한 개인으로서 도야하는 존재이며, 단순히 미래를 준비하는 것이 아니라, 현재 아동의 실존적 삶을 존중하는 인본주의를 중요시한다. 이러한 생각은 아동 중심 진보주의 교육사상가들이 옹호하고 있다.심성보, 2018

아동기의 의미와 어린이의 경험에서 가장 심오한 변화가 1960년대 이래로 일어났다. 이 변화는 어린이의 지위에 대한 두 가지 상반된 평가에서 비롯된다. 한쪽에는 아동기가 사라지고 있다는 주장, 곧 어린 시기에 어른과 같이 취급된다는 주장이 있다. 그 근거의 하나는 성인용 제품 광고를 위한 아동 모델의 사용과 성인용 패션을 닮은 아동복의 경향 등 아동기의 성적 성취 및 상업화다. TV의 영향과 증대하는 청소년 범죄의 폭력성도 그 근거다.

그러나 20세기 후반 아이들의 사회적 위치에 대한 대안적 생각이 제기됐다. 이 주장은 특히 1970년대와 1980년대에 광범위하게 발달한 아동 권리 운동에 의해 영향을 받았다. 어른이 누리는 권리(예: 정치적, 경제적, 사회적 권리)를 아이라고 누려선 안 될 이유가 없다는 것이다. 아동 권리의 개념 범위와 본질을 놓고 다양한 의견이 나타났다. 이런 주장이 제기되면서 어린이에 대한 관심의 초점이 옮아갔다. 이는 아이들을 권리의 보유자로 인식해야 하며, 가족생활의 적극적 참여자로 대해야 한다는 것 등이다.

이 변화하는 관점은 본질적으로 아이들에 대한 연구에 큰 관심을 갖게 했다. 그러나 아동기의 성격을 두고 현대 젊은이들의 상반되는 현대적 이미지를 둘러싼 치열한 논쟁이 계속되었다. 아이들은 '작은 천사'라거나 '작은 악마'라는 다양한 주장들이 아동기의 본질에 대한 토론을 복잡하게 한다. 아동기에 대한 객관적 진리는 없다. 아이들의 발달은 수많은 요인들이 어우러진 결과다. 크게는 생물학적 요인(유기체 내적 조건화와 생물학적 규칙성)과 사회적 요인(사회적 환경이 만들어서 아동 발달 과정에 이런저런 식으로 반영되는 조건의 무리)이 결합된 것이다.

5. 근대교육의 탄생 및 대중적 확산과 아동기의 형성

아동기 개념이 어떻게 형성돼왔는지 살펴보았다. 고대의 광범위한 '잔인성'에서 시작하여 중세의 '성인 축소판', 그리고 산업사회 아동노동자들의 질곡의 삶을 거쳐 아동기 개념이 변모해왔다. 아동기에 대한 독립성, 발달의 한 단계, 어린이다움, 순결성에 대한 근대적 개념은 근대적 문명화의 서막을 열었다. 근대적 아동기 개념이 형성된 데는 루소의 업적이 크다. 근대사회로 옮아오는 데에 학교교육은 큰 역할을 하였다. 근대 이전의 아동은 어린 나이에 성인사회에 들어가서 사회 속에서 어른과 함께 노동하며 학습했다. 그러나 근대사회에 들어와서 핵가족과 학교교육의 출현으로 근대적 아동기가 출현하게 되었고, 아동의 사회적 위치 또한 달라졌다. 특히 학교는 전체 아이들의 아동기를 지배한다고 해도 과언이 아닐 만큼 아동기를 구조화하는 핵심적인 제도로서 자리 잡았다. 학교의 존재는 아동은 성인세계와 분리되어 특수한 공간 내에서 가능한 한 비슷한 연령끼리 있지 않으면 안 된다는 신념, 그리고 아동은 미성숙하고 불완전한 존재이며 성인에 의해 교육받고 훈련되지 않으면 안 된다는 관념을 생산·강화하는 데 기여했다.^{배경내, 2009: 80-81} 이렇게 아동기의 근대적 개념은 근대적 주체 형성의 논리적 출발이 된다. 그 토대 위에서 학교가 아이들을 오래 붙잡아둘 수 있었다. 이제 사회로부터 소외된 아동은 학교라는 공간 내에서 현재를 반납한 채 오직 미래만을 위해 '제도화된' 아동기를 보내야 한다. 이러한 장기간의 구속, 즉 학교교육의 발달은 아이들을 도덕적으로 보호하고 바르게 자라도록 해야 한다는 부모들의 새로운 인식의 결과다.Ariès, 문지영 옮김. 2003 가족과 학교는 모두 어른들의 사회로부터 아이들을 떼어냈다. 근대적 주체로서 어린이의 형성 과정은 아동 인권의 해방의 문을 열어주었지만, 그것은 부분적 해방으로서 한계가 뚜렷했다.

근대교육은 대중화 과정을 거치면서 아동의 삶을 분절화하고 유예화시키고 훈육화의 강화와 함께 점점 계층화, 성별화를 더욱 강화하는 상황을 초래하였다. 이러한 아동기의 굴절과 왜곡으로 인하여 아동기 자체를 아예 파기하자는 여성해방론도 나타났다. 아동기라는 허구는 후기 봉건제도에서 부르주아의 경제적 성취에 그 근원을 두고 고안된 관념이다. 현대 자본주의사회에서는 억압적 기능을 하고 있기에 그것을 아예 파기하자는 주장이 나오기도 한다.Suransky, 윤종희·이재연 옮김, 1994: 30-31 왜냐하면 아동기가 설정됨으로써 가정과 학교가 지옥이나 다름없는 또 다른 근대적 족쇄를 채우는 구실을 하기 때문이다. 아동기의 설정은 실제로 왜곡된 근대적 주체를 형성하는 감시와 처벌이라는 새로운 통제 기제의 시작이기도 하였다.

아동의 발견과 함께 출현한 근대교육은 교육 기회 균등의 개념을 불러왔지만, 대중적 학교교육은 또 다른 새로운 억압 기제로 변하기 시작하였다. 처음에는 근대적 아동기의 해방적 기능을 하였지만, 차츰 국가의 팽창과 함께 억압적 기능이 확대되었다. 아동기의 개념은 권위주의 정치체제의 사회일수록, 산업화가 극단적으로 발달한 사회일수록 더욱 변질되어 아동을 얽어맸고, 그 결과 오랜 세월에 걸쳐 새로운 모순을 부풀렸다. 르네상스의 산물로 등장한 아동기는 사회적 공간이 따로 만들어지는 근대적 진보를 가져왔지만, 현대 산업혁명의 진전과 학교교육의 발달로 아동이 점점 생산공동체와 직업세계에서 분리됐다. 아이들은 공부하는 기간이 길어지고, 산업화된 학교교육으로 묶여진 아동의 삶은 사회적 삶과 분리되고, 놀이와 일도 분리되어 자기소외의 세계를 만들어내었다. 특히 오늘날 전파

영상 매체가 급속하게 발달하면서 아동들은 문화를 스스로 창조하기보다 구경하는 문화로 더 빠져들었다. 현실세계와 끊임없이 접촉해 저 나름의 세계를 스스로 창조하지 못한다.

근대교육은 아동의 자율성 신장을 으뜸으로 치면서도 청소년 문제가 터지면 아이들을 보호의 대상으로 울타리에 가두어둔다. 근대 민족국가들은 하나의 국민을 형성한답시고 아동들을 일정한 틀에 짜 맞추는 길들이는 교육을 더욱 강제하였다. 현대교육의 억압 기능이 더 커졌다. 즉 아동청소년기의 발달과업 설정은 국가사회 발전을 종속하고 객체화되는 상황을 만들어내었다. 엄격한 훈육과 규율 방식에 의해 학생들은 종전과 다름없이 권위주의적 사회조직 속에 고정 배치되었다. 어린이의 응석을 지나치게 용인해서는 안 되지만, 어릴 때부터 지나치게 엄격한 규율에 묶어둬서는 안 된다. 복종을 하는 자유, 규율을 바탕으로 자유로운 자발성을 가진다는 것이 쉬운 일이 아니다. 명목상 자율성을 강조하였지만, 현실에서

20세기 아이의 이미지와 국제 정치 Holzscheiter, 2010: 137

	다루기 힘든 /비합리적 아이 (전통적 관점)	내재적 아이	순결한 아이	발전하는 아이
담론적 요소	아이는 미성숙, 무책임, 비합리성, 부모 및 개인의 대상인 아이	미래로서의 아이들, 사회에 대한 가치 있는 기여, 개인의 발전을 위한 수단으로서의 교육, 미성숙에서 성숙으로, 성인기로 가는 과도적 국면의 아동기, 목적론적, 진보, 아이들의 표준화, 통일적 발달단계	취약성, 비참/고통, 행복, 놀이성, 희생자, 비정치적-중립적 영역, 미성숙, 평온한 구역으로서의 아동기	개별적, 정치적, 아이들의 자율성, 말할 권리, 사회적 행위자로서의 아이
언어 코드	보호적, 교육적	발달적, 심리적, 경제적	정서적, 보호적	법률적, 정치적
국제 정치적 성찰	온정적 개입: 아이의 최상의 이익을 위한 원리	발달: 개인적·집단적 발달, 교육, 양육	평화와 문명: 평화의 영역인 아이들, 문명의 척도로서 아이들 대우	해방/인권: 아이의 권리(특히 공민적·정치적), 자력화/권한 부여

는 관리와 통제가 여전하여 잘못된 어린이다움으로 변질되었다. 근대화도 근대적 주체로서 등장한 아동기를 부여하고 있지만, 역사적으로 신민 형성의 가치관을 고수하면서 자율적 인간을 표방한 탓에 이율배반적 중층적 모순을 안게 되었다. 이러한 양상은 파시즘화 경향을 보이는 국가에서 더욱 뚜렷했다. 근대적 과제를 완결하지 않은 국민국가일수록 새로운 시대적 과제의 부하가 걸리면서 근대적 아동관은 굴절된 미완성 상태로 굴러갈 수밖에 없다. 아동은 교육제도 속에 갇혀 실제 사회에서 일할 기회를 놓치고 있다.

오늘날 아동기의 개념은 중산층의 독점으로 귀결되었나. 아동기는 모든 국민이 누려야 할 권리인데도 결과적으로 교육열이 높은 중상류층의 전유물이 되어갔다. 아동기가 특권층 부모의 성취 열망에 부합하는 시기로 자리 잡았다. 결국 중상류층 자녀가 인류 최초의 아동이 된 셈이다. 이것은 아동기의 개념이 '있는' 사람의 권리로 계층화되었음을 말해준다. 또 아동의 발견은 '소년의 발견'에 머물렀을 뿐 '소녀의 발견'으로 나아가지 못하게 하여 가부장적 구조로 고착됐다. 남성다움과 여성다움으로 분화된 왜곡된 어린이다움으로 그쳤다. '사내아이가 눈물을 보여', '여자가 말이 많아' 등 소년과 소녀를 분리시키고 이질화하고 나아가 성인다움을 왜곡시켰다. 이러한 비판은 근대적 아동기가 갖고 있는 개념의 문제를 새로이 보고자 하는 인식의 출발임에는 틀림없으나, 어느 한 측면의 문제만 바라보는 이분법적이고 대립적 태도를 갖는 것은 바람직하지 않다. 소년과 소녀를 양성적 존재성을 가진 아동으로 이해하여 소년과 소녀의 성차가 소녀에게 불리한 것이 아니라 오히려 다름의 독특성을 가진 존재로 이해하고 결핍된 품성을 상호 보완해가는 입장을 갖는 것이 현실적이다.

6. 아동기의 실종과 위기 확산

1) 학교교육의 확장과 청소년기의 출현

학교교육의 발달로 인해 청소년기가 출현하면서 아동기가 더욱 복잡해졌다. 오늘날 노동하는 어린이보다 중등학교에 다니는 어린이가 늘어났다. 아동기가 연장됨에 따라 아동은 점점 더 성인세계에서 오랫동안 효과적으로 분리되어 능력을 과소평가받게 되었으며, 나이에 따른 엄격한 분리와 구별이 생겨남에 따라 더 현명한 아동으로부터는 더 이상 배울 수 없게 되었다. 학교교육의 대중적 확산에 따라 재학 기간이 길어지자 아동기도 길어졌다. 아동 후기인 청소년기adolescence[59]가 새로이 등장했다. 청소년기라는 관념은 18세기에 들어서면서 싹텄다. 19세기 중반 이래 학교제도가 급속히 발전하면서 청년기가 더 연장되고 독립적 시기로 인정되었다. '아동기'라는 말은 일반적으로 영유아기와 사춘기 사이의, 유치원과 초등학교에 다니는 아이들을 가리킨다.

청소년기는 아동기를 마쳤으나 성인기에 도달하지 않은 연령의 사람이나 집단을 가리킨다. 청소년은 아동의 상태를 벗어나 고통스럽게 성인이 되어가는 소년과 소녀들이다.나지오, 임말희 옮김, 2015 청소년기란 아동기와 작별하는 시기다. 청소년은 유아적 감각과 감수성을 간직한 채 성인기에 들어간다. 아동기까지 삶을 유지시켜주던 자아는 성인기로 전환하면서 새롭게 자아 정체성을 세우는 과업에 봉착하게 된다. 청소년들은 과업을 수행하기 위해 취약한 자아를 과장하기도 하고(히스테리), 방어하기도 하는(나르시시즘) 형태를 보인다.

근대화가 진행돼 소비 자본주의 단계에 들어서면 아동도 아니고 성인도 아닌 중간 지점에 청소년들이 생겨난다. 기성세대와 큰 세대차를 느껴

---

59. 청소년기를 뜻하는 영어의 'adolescence'는 라틴어로 '성장하다'는 뜻을 갖고 있다.

서 자신들만의 시간과 공간을 원하기도 한다.^{조한혜정, 2002: 101} 이 경우 청소년기는 청년기youthhood를 포함하는데, 아동기의 특별한 부분을 의미하는 것으로서 범주화된다. 10대를 살아가는 모든 아이들은 사실상 '사춘기'를 겪으면서 자식을 낳을 능력을 얻는다. 같은 이유로 기성세대는 아이들의 사춘기를 인식해야 하며, 사춘기 이후의 행동에 대해 어떤 안내나 통제를 해야 한다. 이러한 안내는 사춘기 이전부터 할 수 있지만, 사춘기 이후의 아동은 사춘기 이전의 아동과 달리 대해야 한다. '중등학생'이라는 독립된 지위가 사춘기를 그전의 아동기나 완숙된 청소년기와 구별해주는 하나의 방식이라고 할 수 있다. 청소년기는 권장할 만한 발산 수단을 가지지 못한 성적으로 성숙해가는 시절이라고 볼 수 있다. 영양 상태 상태가 나아지고 도시 생활의 접촉이나 유혹이 늘어나는 가운데, 사회의 어린이는 점점 더 어린 나이에 사춘기를 겪기 시작했다. 신체적 성장과 성적 성숙은 매우 빨라져 사춘기가 학교교육과 겹쳐 더욱 연장됨으로써 사회적으로 성인이 되는 것을 유예시키고 아이들의 미성숙을 더욱 연장시키고 있다. 신체적 성적 성숙이 매우 빨라지고 있는데 아동청소년기의 사회적 활용이 늦춰져 '성적 예비군'을 대량 양산하고 있다.

청소년기는 아동기와 성인기 사이에 어설프게 놓여 10대와 성인 사이의 구분을 높여주고 있다. 청소년기는 생화학적 불안정, 대인관계 실험의 위기와 사회문화적 순응 사이에서 오락가락한다. 정치적 급진주의와 종교적 보수주의 사이를 오가는 질풍노도의 시기를 겪고 있다. 청소년기는 많은 어린이에게 정서적 혼란의 시기를 말해주는데, 이는 애정 어린 양육에도 불구하고 오늘날 부모/자식 관계가 점점 어려워지고 있음을 보여주고 있다. 사회가 급격하게 분화되고 변화의 속도가 빨라지면서 아동과 어른의 생활권은 점점 더 분리되어갔고, 이에 따라 '미성년'으로 범주화된 십대 아이들은 자기들 또래의 세상을 만들어갔다. 성인이 되어가는 과도기에 처한 '큰 아이들'은 자본주의 발달의 한 시점에서 자신들이 기성세대의 엄격한 보호, 관리, 선도의 대상인 것에 대해 불만을 터뜨리기 시작하였다. 부모에게 경제적으로 의존해 있거나, 학교에 다니는 사람은 모두 일방적으로 미성년자로 간주돼 관리되었는데, 그들의 보호와 통제가 합리적이지 않다고 생각하는 아이들이 생겨나고 있다. 때로는 성인들의 성 정체성, 폭력 상업적 착취에서 보호될 필요가 있는 '순결한 아이들'로 구성되고 재현된다. 또 다른 때에는 술, 마약, 그리고 폭력과 같은 성인의 사악함을 표현하는 것으로 재현된다.^{Valentine, 2007: 6} 순결성이 상실된 것과 더불어 의복에서 소비 생활에까지 성인생활의 덫에 걸려 있다. 아이들은 점점 아이들답지 않은 아이들로 바뀌어가고 있고, 어른들의 통제를 넘어섰다. 많은 아이들은 불평등한 사회 속에서 자신의 근본적 권리가 거부당하면서 '2등 시민second-class citizen'으로 취급되면서^{Hartas, 2008: xii}, 사회 전체의 '청소년화' 현상이 일어나고 있다. 이것은 전 세계가 후기산업사회로 갈수록 취업이 어려워지고 일상생활에서도 자립보다는 공존이 강조되면서 청소년기가 연장되고 있는 추세와 맞물려 있다. 고등학교만 졸업하면 아르바이트를 하면서 자립하는 것이 정상으로 되어 있던 서구의 분위기도 많이 변해서 지금은 스물 살이 훨씬 넘어도 부모 집에 얹혀서 사는 청소년들이 많다. 한국 사회에서 다수의 청소년들도 오로지 입시생으로 살아온 편이고, 부모로부터 독립하는 시기가 아주 늦어졌다. 10대에서 20대에 이르는 긴 시기를 성인이 아닌 '중간 시절'로 살아간다. 전적으로 부모에게 의존했던 아동기가 한 사람의 독립적인 성인으로 이어지는 중간 단계다. 성인이 되기 전에 잠시 거쳐 가는 과도기로서, '연장된' 청소년기로 재규정된 청소년들의 적극적 사회활동을 제도화할 필요가 있다.

물론 청소년기는 성인기와는 다르고, 아동기도 대체로 청년기가 시작되기 전까지의 포괄적인 시기를 일컫지만, 아동기를 이상화해 어린이의 순수성을 회복하려는 희망이 아직 끈질기다. 따라서 아동기 이념은 청소년기를 포함하는 양면성을 띤 개념으로 설정할 필요가 있다. 특히 새로운 인간인 '청년'은 새로운 비전을 위한 투쟁의 선봉에 서도록 해야 한다.[Eiland & Jennings, 김정아 옮김, 2018: 59] 청년은 근대적 주체다. 어떤 청년이냐는 질문은 어떤 근대를 추구했는가라는 의문과 같다.[이기훈, 2004, 2017] 근대의 기획이란 근대적 관계로서 인간을 만들어가는 것이기 때문이다. 청년기는 도래할 다음 사회의 요구에 부응할 준비를 하지 않으면 안 된다.

2) 소비문화의 범람과 아동기의 상품화

오늘날 세계화의 구호와 함께 등장한 신자유주의는 새로운 양극화와 불평등을 초래하여 상실된 아동기의 복원을 어렵게 하고 있다.[Wyness, 2006: 66-70] 신자유주의 기업문화는 아동기의 경제인 투자로서 아이, 곧 인간 자본으로 옮겨가고 있다. 아이들은 어른들의 목적을 위해 사회적으로 이용되었다. 농업사회에서는 중요한 노동력이 되었고, 원거리 교역이나 대륙 간의 교류가 확대되면서 노예로 팔려 나갔으며, 산업혁명 이후 저임금으로 장시간 노동에 시달리기도 했다. 세계 곳곳에서 사회적 불평등, 아이들의 장소에 대한 불안, 그리고 사회적 신뢰와 존경의 결핍은 반사회적 행동을 자극하는 근거가 되고 있다. 오늘날 시장의 요구를 충족시키는 '기업적 아이entreprenuerial child'[Hartas, 2008: 26-33]가 출현하면서, 아이들의 권리, 행복, 사회적 위치가 쪼그라들었다. 근대의 완성물인 아동기의 발견 이래 후기 근대 시대에 접어든 오늘날 시장의 상업적 소비문화와 결합하여 아동기는 점점 상품화commoditification 되어가고 있다.[Cook, 2002; Cook, 2004][60] 아이들의 상품화와 학교에서의 상업적 활동은 세 가지 기본 형태를 취하고 있다. 곧, 학교로 가는 판매(연필, 종이, 컴퓨터 등 자동판매기), 학교에서 판매(광고 및 홍보), 학교의 판매(사기업에 의한 공교육의 민영화)가 그것이다.[Molnar, 2005: 1-13] 아동기의 탄생과 함께 출현한 아동기의 상업화/상품화는 어린이

---

60. 아동기의 상업화, 상품화를 아동기의 '맥도날드화'라고 부르기도 한다.

를 대상으로 한 소비재의 증가, 육아 산업/제약 산업과 같은 어린이 대상의 새로운 상업 기회 창출로 나타났다.Timimi, 2010 오늘날 의복, 신발, 가방, 성형, 몸매, 놀이 등에서 벌어지는 상품화 현상은 날로 심화되고 있다. 장난감, 아동복, 우량아 등의 상업적 마케팅은 모든 부모들을 대상으로 한 기업 전략으로 자리 잡아갔다.

신자유주의의 시장 중심적 담론을 통해 기업권력은 새로운 종류의 공교육을 장악하려고 한다. 이는 자신의 물질적, 이데올로기적 이익을 위해 다투는 경쟁적이고 이기적인 개인을 길러내고자 하는 이념적, 제도적 영향력이 강력하게 결합하고 있음을 말해준다. 대체로 기업주의적 공교육 문화는 민주적 동력과 시민사회의 실천을 협소한 경제 관계 안으로 흡수함으로써 기본 질서의 성, 계급 및 인종에 따른 부정의를 고착시키고 있다.Giroux, 변종현 옮김, 2009: 202-203

그리하여 오늘날 아이들은 자신의 발달단계를 찾지 못한 채 주변부로 밀려나 아동기의 새로운 사회적 구성을 더욱 어렵게 하고 있다.Wyness, 2006: 70-71 아이들은 직접 더 어린 나이에 시장의 과녁이 되고 있다. 종종 새로운 상업적 환경에서 아이들이 '권한을 부여 받았다'고 주장하지만, 시장은 어른들의 사회적 지배 때문에 적어도 지금까지 크게 무시되거나 소외된 어린이의 필요와 욕구에 반응하는 것으로 보인다.Buckingham & Tingstad, 2010: 1 오늘날 어린이들은 점점 더 많은 성인용품에 노출되고 '어린이는 순진하다'는 관념이 조금씩 약해짐에 따라 마침내 아동 지위의 종착점을 향해 달려가고 있다. 어린이를 대상으로 한 소비 지상주의의 확산은 저항도 불러오고 있다.Stearns, 김한종 옮김, 2017: 25, 307 전 세계적인 소비 지상주의는 세계화의 마지막 주요 측면으로 가치와 행동에 똑같이 영향을 주었으며, 많은 아이들이 여기에 급속히 빠져들었다. 소비를 최대로 자극하는 시장 이데올로기는 어떤 다른 가치보다도 우선하며, 그것의 파괴적 힘은 토착 사회와 사회적 질서에서 환경, 전통 그리고 삶의 양식에 영향을 미친다. 그 영향은 아이와 성인의 삶에 보이지 않게 스며든다.

청소년기의 상업화/상품화는 점점 아동기까지 침범하고 있다. 그들을 대규모 광고에 노출시켜 상품문화에 익숙해지게 만든다. 그들의 으뜸 정체성이 소비자로 고착된다. 게다가 자기 자신을 상품으로 취급하여 젊은이 스스로 시장의 힘에 종속되고 착취당한다.Giroux, 심성보·윤석규 옮김, 2016: 154 아동기의 쇠퇴는 가족과 권위의 쇠퇴와 동시에 진행된다. 어른이나, 어린이나 자기를 '소비자'로 여기니 둘 사이의 경계도 허물어진다. 묵시적이고 명시적으로 작동하고 있는 상품화는 아름다움, 여성성/남성성 그리고 받아들일 수 있는 행동의 규범적 이상(매력 등)을 설정하기 때문에 아동기를 동질화하고 있다.Hartas, 2008: 12 아동기는 종종 소비주의가 빚어낸 고정관념에 따라 형성되며, 아이들이 제품과 이미지를 통해 또래 문화에 접근할 수 있다는 점에서 사회적 포용을 위한 수단으로 기능한다. 다른 한편으로 경제적으로 취약한 집안의 아이들은 잘사는 사람이 향유하는 제품(문화적 자본)을 부러워하며 배제와 소외를 경험하게 한다. 아동기의 제도화는 어른들로부터 아이들을 분리시켰지만, 어른들 세계의 특징인 난폭한 소비주의의 형태에 획일적으로 빠지게 하였다. 소비주의는 또한 아이와 성인의 분리를 희미하게 한다. 아이들을 제품, 이미지, 생활방식의 소비를 통해 성인 세계에 접근하도록 하여 여러 면에서 스스로 상품이 되도록 한다. 소비주의를 통해 아이들은 점점 제품과 서비스의 소비자로서 제 정체성을 형성하도록 한다. 어린 시절의 명백한 상업화에 대한 대중적 홍보, 언론 보도, 그리고 캠페인을 통한 상업적인 힘은 어린이들의 신체적, 정신적 건강에 해로운 영향을 끼친다. 그렇다면 아이들이 소비 지상주의의 노예가 아니라, 합리적 소비를 할 수 있는 아이로서 비판적 문해력을 갖는 아동기의 개념을 설정해야 할 것이다.

3) 아동기의 군사화와 평화적 마음의 훼손

앞에서 논의한 신자유주의적 기업문화로 인한 아동기의 상품화와 함께 군사문화의 세계화는 아동기의 실종을 초래했다. 군사화로 인한 최악의 폭력은 아동기와 직접적으로 겹쳐 있다. 전쟁의 고통은 특히 아이들에게 광범위하고 극심하게 다가간다. 전염병이 유행할 때도 아이들이 가장 극심한 피해를 입는다. 또 아이들은 항상 집단 만행의 희생물이었다. 소년십자군에 참여했다가 노예로 팔려간 수많은 어린이들의 운명, 아프리카 곳곳에서 벌어지는 내전으로 어린이들이 받는 피해는 이루 말할 수 없다. 전쟁으로 황폐화된 지역이나 난민수용소의 어린이들의 운명은 정말 처참하다. 가난한 사회에서는 먹을 것을 덜려고 유아를 죽이거나 죽도록 방치하기도 했다. 심지어 현대사회에서는 소년병으로 동원되기도 한다. 아이들이 겪는 폭력은 국가조직, 전쟁, 분쟁과 이주, 그리고 가족과 아이들의 삶에 대한 과도한 규제에 의해 지속되는 구조적 폭력이다. 구조적으로 조장하는 차별 문화는 무관심을 불러와 서로를 점점 더 멀어지게 하고 분리시키면서 살아가도록 하게 하므로 성인과 어린이 모두를 인간이라는 감각조차 무디게 할 위험이 있는 것이다.

아동기의 군사화militarization of childhood는 아이들에게 군대 문화 및 정서를 많이 닮은 삶을 살게 한다.Marshall, 2011 교육의 군사화는 보이든, 안 보이든 아이들의 일상생활의 모든 측면에 영향을 미친다.Beier, 2011: 109 아동기의 구성은 국가주의 이념/프로젝트와 얽혀 있으며, 구조적 폭력은 정치적 범주로 부과된 성인기를 아동기에 각인시키고 있다.Agathangelou & Killian, 2011: 31 이러한 폭력을 조장하는 이데올로기가 군사화militarization다. 이는 군대의 존재와 힘의 부여를 정당화하는 이데올로기다. 군사화는 군사적 영역이 민간 영역에 침투하는 현상, 혹은 국가이익이란 명분 아래 폭력의 효율성을 인정하고 한 사회에서 군사기구가 더 커져가는 과정으로 정의할 수 있다.서보혁, 2016: 69 다른 기관을 군사적 목적에 맞게 만드는 것을 포함해서 군사적 목적에 할당된 노동력과 재원을 집약하는 것이 군사화다. 동시에 군사화는 물리력의 사용, 대규모 지상군의 편성과 지휘체제, 이를 충당하기 위한 세수의 확대 등을 정당화하는 방향으로 통상적인 사회적 신념과 가치를 전환시키는 과정이기도 하다.[Giroux, 변종현 옮김, 2009: 82] 말하자면 군사화는 이념 또는 가치 체계로서의 군사주의militarism[61]가 사회에 침투하는 물질적·이데올로기적 과정과 그것이 사회화, 일상화, 내면화된 결과와 그 영향을 뜻한다. 군사주의의 칭송 속에는 군사적 지식, 가치, 정체성, 관행 및 전쟁[62]에 대한 애정 이상의 그 무엇이 작동하고 있다. 거기에는 폭력, 야만성, 잔혹성 및 비인간화를 종종 정당화하는 망상적인 맹목적 애국심, 인종차별주의, 그리고 근본주의가 내재되어 있다. 그러기에 군사주의는 사실과 허구, 옳은 것과 그른 것, 정당한 것과 부당한 것이 무엇인지를 규정하는 새로운 인식론/진리체제를 작동시킨다.[Giroux, 변종현 옮김, 2009: 79] 쉽게 말하면 군사주의는 한 사회에서 군사적인 것의 중요성이 증대되는 것, 그리고 이에 대한 반대와 불만을 억압하고 억누르는 경향의 증대를 뜻한다. 세계의 군사화 과정은 오랜 역사를 갖고 있으며, 역사적 상황에 따라 다양하게 부침했다.

한국의 군사주의는 1960년대 이후 반공 이념과 같이 대중적인 동의 속

---

61. 군사화는 전쟁이 일어나지 않은 상황에서 군사주의의 영향에 관심을 갖고 설명하기 위해서 새롭게 만들어진 개념이다. '군사주의'는 일종의 국가 중심적 사고다. 군사주의는 사람들이 의도적으로 믿고 내면화하고 따르는, 조직적으로 연결된 신념의 한 집합을 의미한다. 한 사회의 운영에서 국가를 최우선으로 하는 사상이며, 개인 삶의 의의를 국가 이익의 차원에서 찾는 이념 체제다. 군사주의의 특징은 군의 사회에 대한 무제한의 침투성과 지배성, 그리고 군대가 본연의 목표를 초월하는 경향이 있다. 군사주의는 국가주의, 가부장제, 성차별과 연관되어 있다. 군사주의에서 연역되어 나온 '국민'은 국가의 생존과 번영을 위한 수단으로 인식된다.
62. 전쟁은 조직화된 살인이며, 그것이 신화적 현실로 해석될 때는 용납할 수 없고 상상할 수 없을 정도로 끔찍한 결과를 가져올 것이다. 신화적 전쟁에서 우리가 악마라고 규정하는 적은 더 이상 인간이 아니다. 우리는 우리 자신과 우리 국민이 절대적 선을 구현하고 있다고 생각한다. 우리의 적은 그들의 잔인성을 정당화하기 위해 우리의 세계관을 뒤바꾼다. 각자는 상대방을 물건처럼, 결과적으로는 시체 덩어리로 취급한다.

에 정치, 사회, 경제, 교육의 모든 부문에서 진행되었다. 이는 사회 내 구성원의 이념에서부터 정체성이나 역할 규정, 일상문화에까지 영향을 미칠 만큼 전면적인 진행이었다.[권인숙, 2011: 150] 군사주의의 특징은 군의 정치적 과대성장, 군의 비국방 분야로의 진출, 군사문화의 사회화, 체제의 군사적 성격의 제도화 등을 꼽을 수 있다. 군이 군의 영역을 넘어 사회와 경제, 그리고 교육에 침투해 영향력을 행사하는 것은 군 본연의 임무를 넘어서는 일이다. 따라서 군사화된다는 것은 군사적 가치들(예컨대 위계질서와 복종, 무력 사용에 대한 신념)을 택해서 그 자체를 더 중요하게 여기고, 군사적인 해결 방식을 각별히 효율적이라고 생각하며, 군사적 태도로 접근하는 것을 최선으로 여겨 세상을 위험한 곳으로 보게 되는 것이다.[Enloe, 김엘리·오미영 옮김, 2015: 25] 군사화 효과는 한 사회가 안보 문제에 대응할 능력을 약화시키고 민주주의를 후퇴시키고 만다. 특히 공공 영역의 군사화는 공동체를 축소시키며, 민주주의의 기반을 위협하는 정치권력의 집중을 가속화시킬 수 있다.

오늘날 학교는 군사문화와 군사적 가치의 영향을 받고 있는 공공 영역 중의 하나다. 그런데 세계의 많은 국가들은 학생들을 병사로 충원한다. 아이들은 통제와 감시, 군사적 관행에 따르도록 교육받고 있다. 전쟁문화의 근간을 이루는 공포와 불안감의 결합은 아이들에게 커다란 고통을 안겨준다. 아이들은 권리를 박탈당한 채 전쟁 상황에서나 통용될 법한 모욕을 당하며 죄인이나 전쟁포로같이 취급되고 있다. 제복을 입은 아이들과 이들의 군사적 정치적 통일성은 현존하거나 상상된 지배적 제도와 규범을 보장한다. 타인을 적으로 간주하고 기꺼이 순교자가 되게 교육한다. 그들 가운데서 자살 폭탄 테러범이 나온다.

한반도 분단 폭력[63]의 문제도 근본적으로 남북한 체제의 군사화에서 비롯되었다.[김병로, 2016: 60] 학교는 1차적 군사화/병영화의 도구(통일·안보교육, 학도호국단, 교련, 반공웅변대회, 군대와 결합된 나라사랑교육, 병영체험 등)

로 쓰였다. 많은 부분 병영화되었다. 이러한 동원과 훈육, 감시와 통제를 통해 분단사회의 학생들은 북한에 대한 경계와 경쟁의식, 두려움과 적대감을 내면화한다.김정수, 2016: 198-199 특히 폭력적 훈육문화(체벌 등)가 인간성을 망가뜨려 학생들은 자존감이 상처받고 트라우마가 형성된다. 고통받는 것에 대한 지각과 반성이 약해진다.

따라서 분쟁 지역이나 병영화된 환경에서 살고 있는 다수의 아이들은 내면에 깊숙이 스며든 군사주의 구조, 그들의 의식과 생활방식을 탈군사화해야 한다. 폭력적 인간과 경쟁적인 세상에 둘러싸인 아이들의 마음속에 소극적 평화 유지(peace-keeping: 강제적 힘을 통한 평화)를 넘어 평화 조성(peace-making: 공감과 화해를 위한 의사소통, 설득, 대화를 통한 평화) 그리고 평화 구축(peace-building: 지속가능한 정의로운 미래 건설과 비폭력에 대한 헌신을 통한 적극적 평화 문화 및 제도의 창출)으로 나아갈 마음을 움 틔워야 한다.Harris & Morrison, 2013: 18-19[64] 아동기의 군사화가 지닌 복합적 연관성을 군사주의의 헤게모니적 영향력을 이해하고 제도적 폭력기구인 국가의 힘을 비판적으로 파악할 필요가 있다. 적대와 갈등의 관계를 협력과 포용의 관계로 발전시켜 평화로운 아동기로 재구성해야 한다. 아이들이 민주적 생활을 통해 새로운 시민이 되도록 학교가 도와야 한다.

---

63. 분단폭력은 분단과 폭력의 조합이다. 분단이 빚어낸 물리적·구조적·문화적 폭력의 총체를 '분단폭력'이라고 볼 수 있다. 분단을 폭력과 연결시켜 보는 것은 분단이 하나의 거대한 체제로서 이 체제가 만들어내는 물리적 강제력과 적대적 구조 및 담론이 폭력적 성격을 지니고 있음을 드러내려는 것이다. 한반도를 불안하고 평화롭지 못하게 만드는 주된 요소가 분단폭력이고, 분단구조에서 성장한 군사주의와 군사화가 그러한 분단폭력을 지속시키고 강화하고 있다. 우리의 삶과 일상에 스며들어 있는 분단폭력의 현상이 '분단폭력의 일상화'로 나타난다.
64. '평화롭다'라는 것은 갈등과 긴장을 전쟁이나 무력행사 등 폭력적인 방법으로 해소하려 하지 않는다는 것을 말한다. 적개심이나 분노가 혹시 오해나 편견, 불안이나 공포 때문에 가장된 것은 아닌지, 이해관계가 대립하고 있다면 무력충돌보다는 양보와 타협을 하거나 다른 대안은 없는지 등을 모색함으로써 갈등과 긴장을 해결하거나 관리할 것을 강조한다.

7. 아동기의 재구성을 위한 논의

학교교육이 확장되면서 등장한 청소년기/사춘기의 출현에 주목하고, 신자유주의의 강풍에 따른 소비문화의 범람으로 아동기가 상품화되는 것을 막고, 아동기의 군사화 흐름에 맞서자고 주장했다. 아이들이 지금의 위기에서 벗어나게끔 새로운 아동기가 설정되어야 한다.

우선 사회적 구성으로서 아동기가 새롭게 설정되어야 한다. 삶의 단계로서 아동기는 사회적 구성물social construction이다. '사회적 구성물'이라는 용어는 아동기를 역사적, 사회적, 문화적 현상으로 이해해야 함을 말해준다. 사회적 구성물로서 아동기는 정치, 사회, 문화 등 체제와의 관계 속에 있다. 아동기는 사회적 구조와 사회적 고정관념이기 때문에 경제적 착취와 물리적인 힘뿐만 아니라, 더 넓은 문화적인 힘의 측면에서도 아동기는 권력 역학의 영향을 받는다.Watson, 2011: 44 인간 진화의 원초적 단계로서 아동기는 아이들을 형성하는 집단성의 표현으로서 시민의 형성과 관련된 여러 가지 생각과 이데올로기가 중첩된 구조적 장이다. 아동기는 근본적으로 다른 특별한 사회적 집단 또는 범주로서 다른 범주, 곧 성인기와 관련하여 정의될 뿐만 아니라, 다른 삶의 단계를 살고 있는 사람들과 상호작용하는 시기라고 할 수 있다. 또한 아동기는 자연적인—본래적인 것과 사회적인—문화적인 것의 연합 과정으로 형성된다. 근대적 발명품인 아동기에 대한 접근은 과거와 현재에 있어 아동기에 대한 풍부한 지식을 제공한다. 아동기에 대한 관점은 시대의 변화에 따라 바뀌었다. 시간과 장소에 따라 서로 다르게 이해되고 있다. 갓난아기, 걸음마 단계, 그리고 아주 어린 아이들이 점점 더 제도화된 세계에 살아간다. 아동기는 타고난 시간적 공간이면서 세대적 공간이고, 사회적 주체이면서 동시에 사회적 학교 제도와 같은 조직화된 배열이 아이들의 삶에 영향을 끼치고, 그들의 생활을 조직한다.Frønes, 1994: 150 아동기와 성인기의 관계 재정립이 필요하다. 또 아동기

아동기의 상징 지도^{Murris, 2016: 109}

아이들의 상징	이론적 영향	아이의 본성에서 무엇이 결여되어 있는가?	아이들에게 준비시키는 데 어떤 문화가 필요한가?
발달하는 아이	아리스토텔레스, 피아제, 비고츠키	원숙함	성숙화, 지도
무지한 아이	플라톤, 아리스토텔레스, 로크	합리성, 경험	수업, 훈련
사악한 아이	기독교, 특히 개신교	진실, 자연적 선함	통제, 훈육, 교화, 회수
순결한 아이	낭만주의(루소)	책임	보호 조성
허약한 아이	심리-의학적 과학적 모델	회복력	예방, 약물치료, 진단, 구제
공동체적 아이	아프리카 철학, Ubuntu(상호관계성)	사회적 관계, 규범과 가치	연장자에 의한 사회화, 교화

의 개별성과 제도화가 적절하게 접목되어야 한다.

아동기는 복잡한 특성을 띤다. 분리의 과정으로서 아동기의 개별화는 수렴의 과정으로서 '제도화institutionalization'되는 성인기와 긴장 관계에 놓인다. 아동기는 사회적 현상으로서 개별화와 제도화 간의 상호작용하는 사회적 구성물이라서다. 아동들이 사회와 관계되어 있고, 그 제도에 참여할 수 있다면, 자신의 진화 능력에 따라 사회의 많은 구성원들처럼 소속을 필요로 한다. '작은 어른'이었던 아이들을 '아동'이라는 독자적인 범주로 묶어내고 미성년인 '아동'의 세상과 성인인 '어른'의 세상을 분리시키게 된 것은 자본주의적 경제체제와 근대국가의 출현 이후다.^{조한혜정,} ^{2000: 137} 특히 근대적 가족제도와 교육제도가 확립되면서부터, 한 인간이 나고 자라서 어른이 되기까지의 과정은 이전보다 세분화된 단계를 거치게 되었다. 성장 단계가 세분화되면서 그 단계에 요구되는 사회적 기대도 달라진다.

아동기는 단 하나의 개념이 아니라 복수적이다.[65] 제도나 기관은 역사적으로 보면 이질적 토양에 뿌리를 두고 있다. '이질적heterogenized' 아이들의 개념에 요약된 아동기가 수반하는 다면성, 다양성, 차이성을 강조하면서 아동기의 구성과 아이들의 위치가 탐구된다. 아동기는 단일한 실체가 아니기에 이질적 아동기는 아이들의 서로 다른 경험이 권력의 불평등 및 빈곤에 의해 형성된다는 점을 인식해야 한다. 특히 다양한 형태의 불이익을 경험한 아이들은 주변화와 사회적 배제를 강화하면서 '타자other'가 되어갈 것이다.Hartas, 2008: xv 따라서 아동기의 다양성을 부인하는 것은 연령, 젠더뿐 아니라 사회적, 경제적, 문화적 배경의 차원에서 아동의 지배적이고 종종 이상화된 이미지에 적합하지 않다. 경험이 낙인찍히거나 평가 절하되는 많은 아이들에게 이는 매우 부정적인 결과를 초래할 수 있다.Invernizzi & Williams, 2012: 79

오늘날 '보호받는 공간protected space'으로서 아동기는 새로운 사회적 통제의 기능을 하고 있다. 보호된 공간으로서 아동기는 아동을 주변화시키는 수단으로서 어린이와 어른들 세계 사이의 분리를 강화한다는 점에서 사회적 통제의 도구가 되고 있다. 보호라는 이름 아래 아동기의 구성은 아이 및 어른 세계의 분리를 강화하여 결과적으로 아동기를 제도화하고, 때로는 그들을 주변화한다. 그들의 경험을 파편화하고 관계를 일시적인 것으로 만든다. 아동기는 성인기로 이행하는 징표로서 성취해야 할 기본적 과정이 되었지만, 다른 한편으로 성인기의 보호와 책임으로부터 '분리되는' 특별한 시기의 징표로도 간주됐다.Archard, 1993 보호된 공간, 순수성과 경이의 시간, 조건 없이 사랑받는 시간으로서 아동기는 '소중한 아이precious child'를 떠받드는 풍요로운 사회의 결과물이지만, 성인기로부터 분리라는 아동기의 설정은 권리의 제한 및 정치적 참여권을 가진 소수 집단의 전유물이 되기도 하였다.

그 결과 아동기는 양순한 몸으로 길들여지는 일종의 순치 과정이 되어

---

65. 근대주의적/이원론적(본성/아동-문화/어른) 사회이론에 도전하는 후기-구조주의적 관점은 아동기의 복수성을 강조한다.

갔다. 아이들은 거쳐야 할 초기 발달과 체험 대신에 성인이 짜놓은 현실을 따르도록 강요됐다. 더욱이 근대에 탄생한 아동기의 다양한 개념—순결성, 수동성, 취약성, 동물성Blundell, 2012: 163—은 아동기의 새로운 구성을 요구하였다.Wyness, 2006: 50-71; Lam, 2013: 127-164 아동기의 제도화는 아이들의 이질성을 포용하지 않으면 전체주의화할 수 있다. 따라서 제도화가 전체주의로 발전되지 않으려면 개별화(개성화, 독특성, 다양화, 해방)를 필요로 한다. 억압적 사회화의 대행자 노릇을 하는 학교에 대해 적대감을 보이는 '탈학교론(de-schooling)'은 억압적 아동기 현상이 심할수록 탈사회화나 주체화를 향한 요구는 더욱 커질 수 있다. 사회의 탈학교화는 아동기의 제도화(규범화, 순치)를 거부하므로, 이 생각은 오늘날 해체주의deconstruction 사고로 이어지고 있다.Lam, 2013: 121-134; Stables, 2011: 127-135; Wyness, 2006: 95-98, 141-144 20세기 중반에 나타난 생활양식의 개별화individualization는 근대의 새로운 발명품이지만, 개별화의 아이디어를 덮어놓고 수용하면 '개인주의의 오류'[66]를 범할 수 있다.Hargreaves, 1982: 93 개인주의화는 삶의 모든 차원이 시장에 종속됨을 의미하기 때문이다. 개인의 필요에 배타적으로 관심을 갖는 것은 사회의 필요를 위험스럽게 만든다. 개인주의가 지나치게 팽배하면 학교 및 사회의 '공동체community'를 소멸시킬 수 있다.Chitty, 2002: 3

요컨대 성인기의 도래와 아동기의 종료는 비교적 빠른 연령에서 일어나지만, 사회의 구조나 노동의 형태가 복잡하고 고도화되면 성인이 될 자격이 복잡해지므로 그 습득이나 훈련을 위한 특별한 기간이나 제도가 필요하며, 성인이 되기 위한 기간도 상대적으로 길어진다. 어린이는 천천히 어른이 되어야 한다. 어린이는 걸음마를 떼고부터 어서 어른이 되라고 채근당한다. 어린이 자신도 어른들이 바라는 대로 닮아가려고 애쓰는 가운데

---

66. 신자유주의는 개인주의의 중요성에 더 많은 비중을 둔다. 이것은 이미 신뢰를 잃은 사회주의 이론의 집단주의와 대비된다. 그런데 신자유주의자들은 개인주의를 시장의 이윤 극대화하고 자기이익을 추구하는 행위로 이해한다(Giddens, 김현옥, 1998: 25).

성장·발달한다.슈우지, 박선영·노명희 옮김, 1997: 163 그런 면에서 '어른다움'은 단계가 아닌 발달의 목표나 정점으로 이해되어야 한다. 어린이가 성장하여 성인이 되려면 위험을 감수할 수밖에 없다. 어린이는 조금씩 어른의 세계를 이해하게 된다. '어린이child'란 '어른adult'의 대립 개념으로서 아이들이며, 말하자면 아직 완전히 자립하고 성숙해 있지 않은, 어른에게 본질적으로 의존하는 존재다.슈우지, 박선영·노명희 옮김, 1997: 161-162 "어린이란 무엇인가"라는 물음은 언제나 "어른이란 무엇인가?"라는 물음과 맞물려 있으며, 어린이의 상은 어른의 상에 의해 바뀐다.

따라서 아이들과 어른을 지나치게 단순화하여 아동기와 성인기를 과도하게 구별하면 성인과 아이들 사이의 시간적, 공간적 차이로 인한 사회적 통제의 한 형태로 '절연insularisation'의 현상이 생길 수 있음을 유념해야 한다.Hartas, 2008: 4 그렇지 않으면 경험과 성숙의 차원에서 아동과 어른 사이에 중요한 단절이 생긴다. 아이가 나이를 먹어감에 따라 사회성과 독립성 발달의 기회와 더불어 공통된 반응, 기술, 문화적 지식과 이해는 가장 어린 시절에 이루어지는 훈련과 수업을 통해 가장 잘 계발될 것이다.Winch, 이병승·김우영, 2014: 383 개별성은 일종의 독립성에서부터 발달한다.

아동기childhood도 이중적 현실을 반영하고 있지만, 성인기adulthood도 마찬가지로 자신의 현실을 보여준다. 아동기/어린이다움childhood이 성인기/어른다움adulthood에 복속되거나 또는 성인기 없는 아동기의 독립성만을 주장하는 것은 또 다른 문제를 빚는다. 또 아동기와 성인기의 구분이 모호하게 되면, 인생의 한 국면으로 있는 아동기가 사회 변화를 따르지 못해 새로운 공백기를 맞게 될 것이다. 어른의 세계가 없으면 어린이의 세계도 있을 수 없다.

'어른 중심주의'에서 벗어나고 싶다 해서 꼭 극단적인 '아동중심주의' 또는 청소년 중심주의를 취할 필요는 없다. 아동기와 성인기는 우리 인간 경험에서 대립되기도 하나, 근본적으로 조화를 이루어야 한다. 어린이라는 주체와 그의 정체성을 지나치게 강조하는 것은 아동기와 성인기의 분리를 초래한다. 현재의 고용 구조와 아동기의 제도화가 지속되면 성인과 아동의 분리가 강화된다. 따라서 어린이와 어른을 둘러싼 시간 및 공간에 대한 논의가 적절히 접목돼야 한다. 아이들은 아동기의 독자성을 유지하면서 성장함에 따라 공공 영역으로 차츰 옮겨가야 할 것이다. 그러기에 아이들은 부모와 다른 멤버들과 함께 개인적인 사회적 네트워크를 형성하도록 해야 한다.[Nasman, 1994: 185] 아동기는 어린 시절의 관심사로서 공적 개입의 대상으로서, 미래의 투자 프로젝트로서의 아동기가 설정되고, 아동의 권리로 존재해야 하는 사회적 집단으로 개별화(분리)되면서 동시에 제도화(수렴)되는 유기적 역동성을 발휘하여야 한다. 아동 양육의 실제가 공공 영역으로 옮겨가면서 아동기의 공간적, 사회적/비판적 틀이 크게 바뀜에 따라 제도화된 실체로서 아동기가 재구성되어야 할 것이다.

8. 새로운 아동기 구성을 위한 사회정책

최근 아동기는 사회적 구성물로서 발달적, 문화적, 정치적 개념으로 발전하고 있다. 아동기는 단일한 실체가 아니라 다차원적이고 다면적인 존재로 변화하고 있다. 다양하고 유동적인 아동기의 개념은 사회적 가공물이 아니라 사회적 구성물이다. 아동기는 개별화와 제도화 사이에 이루어지는 사회적 구성물이다. 개인화 과정으로서 개별화와, 사회화의 과정으로서 제도화는 긴장 관계에 놓일 수밖에 없다. 아동기는 계속되는 일상생활의 투쟁과 맞물려 정치적 개념으로 발전하고 있다. 그것은 생물과 사회·문화의 상호작용의 결과이며 장소와 시간에 내장되어 있다. 현재와 미래의 아동기에 대한 다면성이 강조되고 있다. 아동기는 시간과 장소에 따라 다르게 이해되었다. 그것은 정치, 사회, 문화 등 체제와의 관계 속에 놓여 있기 때문이다. 요동치는 아동기, 위험과 곤경에 빠진 아동기(청년기 포함)는 성인 및 가족문화의 불안정과도 연관되어 있다. 아동기는 가족 및 학교체제의 변화 속에서 이해되어야 한다. 제도화된 아동기는 주로 학교제도가 아동의 삶에 영향을 미치는 과정이다. 아동기는 아이들을 공적 개입의 대상으로, 미래의 투자대상으로, 사회적 집단으로 해석하는 경합적 담론에 의해 구성되어 개별화되고 제도화되었다. 아동기의 다양성과 위치성은 '보호된 공간'이라는 개념의 상반되는 성격과 어른과 아이들 세계의 분리와 수렴을 탐구함으로써 논의된다. 아동기의 제도화는 아이들의 이질성을 포용하지 않으면 전체주의화하기 마련이다. 한편으로 아이들은 개인화/개체화의 한계에 빠지지 않으면서 민주적이고 공동체적 존재로 성장해야 한다.

오늘날 위험사회의 도래를 맞아 사회적 구성으로서 아동기가 새로이 설정될 필요가 있다. 아동기와 성인기가 지나치게 분리되지 않고 수렴되어야 한다. 아동기의 실종은 가족 및 학교체제의 불안정과 연관되어 있다. 아동기는 전체로서 어린이뿐 아니라 주변 환경과의 상호작용을 통한 화학적 결합을 통해 결정되어야 한다. 아동기는 본성과 양육의 상호작용을 통해 구성되는 다차원적이고 다면적인 특성을 띤다.

오늘날 아동기 개념은 '필요'[67] 담론의 보편주의와 함께 아이들의 '권리'[68] 담론 및 '삶의 질'[69] 담론을 포함하는 것으로 발전하고 있다.Rogers, 2009: 143-158 우리가 '아이'라고 부르는 어린이나 청소년은 '어른'과 대비되는 '아이'가 아니며, 한 사람의 사회 구성원으로서 어리고 미성숙한 존재

---

67. '필요(needs)'의 담론은 아동의 기본적 필요를 파악하고, 이러한 필요가 충족되도록 조치를 취하고자 한다.
68. '권리(rights)' 담론은 아동의 권리와 자격을 확립하고, 이러한 권리를 증진하기 위한 조치를 취하고자 한다.
69. '삶의 질(quality of life)' 담론은 아이들의 삶의 질을 향상시키는 요소를 결정하고, 그것의 질을 증진하는 조취를 취하고자 한다.

아동의 전통적 관점과 신생적 관점Jones, 2015: 16

아동의 전통적 관점과 신생적 관점[Jones, 2015: 16]

아동의 전통적 지위	아동의 신생적 지위
능력이 없는	능력이 있는
가치 있는 결정을 할 수 없는	중요한 의견과 가치 있는 의사결정을 하는 적극적 의사 결정자
불완전한 어른	성인이 설정한 결과에 기초한 미래나 규범 및 목표로서 기능하는 결함의 관점이 아닌, 스스로의 역량의 관점에서 보았을 때

가 아니라 자신의 생각을 가지고 행동하는 시민이라는 인식이 넓어지고 있다. 아이들은 인지적 학습, 사회성의 발달, 신체적 능력 등 모든 측면에서 전인적 능력을 갖추어야 한다. 상실된 아동기를 회복하여 아이들의 목소리를 찾아주면서 적극적으로 활동하는 아동기로 재설정되어야 한다. 어린이가 듬직한 어른으로 커서 더 믿음직한 사회를 만들어내야 한다. 이런 의미에서 아동기는 역사적 과거로부터 글로벌 시대인 오늘에 이르기까지 더 큰 인간 경험을 알 수 있는 특별한 열쇠이기도 하다.

아동기는 성별, 계층별, 가족구조별로 상반되는 견해의 이데올로기에 그 근원을 두고 있기에 아동 양육 방식의 변화, 학교체제의 재구성, 아동 복지정책의 혁신이 이루어져야 한다. 아이들의 발달단계와 아동기의 회복을 위해 위기에 처한 아동의 물리적, 정서적, 정신적 복리를 찾아주고, 나아가 이를 위한 정치경제적 생태계를 마련해주어야 한다. 국가기관은 좋은 학부모가 될 수 있는 능력에 영향을 미치는 실제 요인을 비판적으로 분석하여 거기 바탕을 둔 목표를 설정해야 한다. 있는 집 아이들이나 없는 집 아이들이나 모두 국가 복지 서비스를 베풀어 행복한 아동기를 누리게 해야 한다. 부모의 양육 문화를 북돋울 국가의 종합적 보육 정책을 필요가 있다.

이런 종합적 논의를 통해 아동기의 재구성을 제안하였다. 다음과 같은 점을 주목할 필요가 있다.

첫째, 아동기의 범주화는 사회와 시대에 따라 큰 차이가 있다. 아동기의 기본 특징이 무엇인지 판단하는 주된 요소도 다양하다. 아직 어른이 되지 못한 '아이들'은 유아인지 어린이인지 10대의 사춘기인지에 따라 다른 행동양식이 요구되고, 각 단계에 따라 서로 다른 사회적 조건에 처하게 된다. 이처럼 성장 단계에 대한 인식과 제도는 한 사회가 스스로를 재생산하는 구조의 핵심적인 틀이다. 유아기에서 사춘기까지 아우르는 아동기의 핵심 특징에는 육체적 성숙과 같은 인간 경험의 기초적 생물학적 측면과 함께 여러 사회가 이를 다양하게 다룬다는 사실들 간의 복잡한 상호작용이 있다. 아이들은 비교적 바뀌지 않는 삶의 사실이지만, 아동기는 끊임없이 바뀌는 개념이다. 아이가 청소년이 되고, 청소년이 성인이 되는 나이는 성별, 계급, 종교, 민족, 장소, 경제적 필요에 따라 달라졌다. 아동기의 경험은 교실과 공장 바닥, 가정과 고아원, 전쟁터와 텔레비전 앞에서 형성되어 왔다. 어린이의 역사는 어린이, 어린이를 다루는 어른, 광범위한 사회제도와 관련된 옛 경험으로 들어가는 중요한 창을 열어준다. 어린이의 역할과 기능, 훈련, 성별 차이, 건강, 물질문화, 가족구조와의 관계, 정서생활의 몇몇 측면까지도 탐구 대상이 되어야 한다. 따라서 인간의 본성에서 나온 공통 요소를 농업 및 이후의 산업화가 이끈 널리 공유된 변화들, 즉 서로 엇갈리는 차이와 결합시켜 아동기의 위상과 지위를 재설정해야 한다.

둘째, 인류사를 끊임없는 인간해방 운동이라는 관점에서 본다면 21세기가 힘을 쏟아야 할 가장 중요한 핵심 과제는 어린이 해방일 것이다. 우선 어른들은 아동을 '어린이'로 보아야 한다. 어린이 해방은 곧 세대 간 평등과 평화 또 자유로운 삶을 마련할 길이기 때문이다. 인간해방의 출발점이면서 그 도달점이 어린이 해방이다. 위험과 곤경에 빠진 아동기의 위기는 어른의 권위 쇠퇴와 가족문화의 불안정과도 연관되어 있다. 아동기의 위기는 가족과 학교의 해체의 관점에서 보아야 한다. 위기의 아동기, 요동치는 아동기, 아동기의 실종은 성인 및 가족문화의 불안정과도 연관되어 있다. 학교폭력은 정상적인 아동기와 청소년기를 찾아주지 못해 벌어진 불일치에서 빚어진 현상이라 하겠다. 아동기 형성의 어려움은 청년기의 부재로 이어지고, 나아가 성인기의 형성(결혼생활의 곤란 등)을 가로막고 있다. 이렇게 발달단계마다 과업 실패 결과는 이후의 삶을 망가뜨린다.

셋째, 아동기 정책은 경직된 구조가 아니라, 다양한 해석과 구현에 열린 유연한 태도를 취해야 한다. 아이들 간의 구조적 유사성과 개인차를 모두 고려하지 않으면 안 된다. 이런 역동적인 관점은 특정 사회 내의 특수한 정책이 어떻게, 그리고 왜 아주 다른 종류의 아동기를 가지고 있는지 이해하는 것을 돕는다. 아동기를 하나의 단계나 범주가 아니라 여러 차이가 결합된 복합성으로 이해할 필요가 있다. 아동기를 성인의 축소판으로 여기는 사회화 접근이 아니라, 인간화와 민주화의 관점, 자율적·참여적 행위 주체의 관점, 구성주의 관점이 필요하다. 시민권으로부터 배제된 아이들, 아동 노동의 착취 문제를 놓고 아동해방과 아동권리 운동이 일어났다. 이런 운동의 성과가 반영된 유엔 아동권리협약^{UNCRC, 1989}은 아이들의 '최상의 이익'을 꾀하는 사회정책을 반영하고 있다. 아동권리협약은 아이들의 권리를 인권의 맥락 속에 놓았고, 모든 아이들을 위한 권리의 중요성을 강조했다. 더 나아가 불평등한 사회에서 많은 여성과 아이들은 그들의 근본적 권리가 거부당하면서 제2부류의 시민으로 취급되고 있는 상황이다.^{Hartas, 2008: xii} 최근에 들어서는 인터넷과 같은 정보 기술의 사용을 통해 아이들은 어른의 권위로부터 상당히 자유로운 가상의 세계를 구축하는 흐름이 나타나고 있다.

넷째, 아동기 정책은 아동의 비합리성에서 성인의 합리성으로의 진행이라는, 생물학적으로 결정되고 문화적으로 보편적인 단계로 자연스럽게 이루어지는 아동 발달의 피아제적 모델처럼 당연히 받아들여지는 아이디어가 아니라, 새로운 사회적 구성을 위한 아이디어로 이해할 필요가 있다. 따라서 아동기가 불완전하고, 인식론적으로 열등하고, 비합리적 단계에 있다는 자연주의 관점을 넘어서고, 수동적인 미성년자, 매우 공격받기 쉬운 취약한 존재, 놀이의 존재이며 본질적으로 독특하다는 제도화 관점을 넘어 정의를 향한 방안으로서 행위 주체로서 아이들의 참여권을 강화시키고, 어른들이 아이들 목소리를 경청하여 아동기의 개념을 재설정할 필요가 있다. 그렇지 않으면 역효과의 위험이 초래된다.

다섯째, 아동기는 아이들의 삶을 협상하고 조직하며 적절한 아동기 및 아동의 방식에 대한 규범을 해석하고 정의하여 모든 아동의 삶에 침투하는 기관의 역할을 반영하여야 한다. 어린이가 홀로 있도록 방치돼서는 안 되지만, 그렇다고 CCTV를 통해 밀착 감시를 일삼아서도 안 된다. 아동의 경험과 지성 존재 상태를 끊임없이 계량화하고 효율화하려는 근대적 학교 경영 체제는 아이들의 삶을 더욱 황폐화하게 만들 것이다. 오늘날 돌봄 기관의 등장은 비교적 새로운 현상이다. 역사적으로 학교는 아이들과 어른들의 세계 사이에 선을 긋는 최초의 기관이었다. 특히 아동기의 제도화는 기관을 아이들의 공간으로 여길 때 자녀, 가족, 지역사회를 위한 새로운 가능성을 제공할 수 있다. 아동기 정책들은 구조와 행위자의 관계에 터한 관계론, 성인과 아동 간의 힘 관계에 터한 탈권력 모델, 시민성 개념에 터한 사회적으로 상호 의존하는 이론, 숙의민주주의에 터한 의사소통적 행위 이론과 같이 사회에서 아이들이 하는 역할을 공정하게 반영하는 이론적 틀에 기초하여 만들어져야 한다.

여섯째, 학교는 아이들을 시민 또는 준시민으로 대우하는 장소가 되어야 한다. 학교는 아이들의 경험과 민주적 참여를 활성화하는 실험적 장소가 되어야 한다. 하지만 사실 대다수 나라의 아이들은 시민으로서의 역할이 무엇인지를 제대로 알지 못하고 있다. 아이들은 현실로부터 멀리 떨어져 있다. 종종 권위주의적이고 비민주적인 학교에서 폭력으로 대항하거나 무례하게 맞서기도 한다. 이를 덮어놓고 윽박질러서는 안 된다. 따라서 권위와 순응으로 가득 찬 잠재적 학교교육과정을 아이들과 교사의 권리를 보장하고, 교사와 학생이라는 두 주체가 동등하게 존중받는 정의와 평등의 교육과정으로 바꿔내야 한다. 일차적 사회화 기관인 가정 또한 자녀를 인간 또는 시민으로 대하지 않으면 성인으로 성장하기 어렵다.

일곱째, 사회적 가치를 갖는 아동기는 아이들뿐 아니라 어른들도 삶의 질에 근본적으로 영향을 미치는 거대한 이슈에 개입하는 비판의 시공간이 되어야 한다. 아동기의 활동, 행위주체, 권리에 대한 새로운 생각과 그것의 한계를 자각해야 한다. 아이들은 교육 환경의 위계적 구조 속에서 권력 관계를 재생산할 가능성이 높기 때문이다. 어떤 사람은 어른들에게 순종을 하겠지만, 또 어떤 사람은 돌봄을 수동적으로 받아들이지 않고 경계를 협상하고 그것에 도전한다. 아이들은 환경에 설정된 자발적 행동에 의해 비형식적 영향을 받지만, 형식적으로는 아동의 의사결정 참여를 격려하는 아동을 돌보는 사람과 상호작용한다. 그러기에 양심과 사회적 행동의 기초를 형성했던 연민과 자비의 원리를 바탕으로 아동기를 구성할 필요가 있다.

여덟째, 아동기의 새로운 위상 설정은 민주적 사회로의 이행 과정에서 부적응을 극복하는 과제를 안고 있다. 아이들은 지금의 권력 지형 속에서 주체들이 감당해낼 의제를 제기할 필요가 있다. 아이들의 시민성은 어른들(부모, 교사)과의 관계 속에서 형성되므로 학생들의 시민교육 못지않게 어른의 민주시민교육이 긴요하다. 스스로 결정하는 능력을 갖도록 해야 자율적, 공동체적 시민이 된다. 아이들은 학교 및 사회에 참여할 민주시민으로 커가야 한다. 아동기의 재구성이 시민성의 재정립과 열린사회의 이상 구현에 기여할 것이다. 아동 양육의 관점(가치관, 교육관 등)을 재정립할 부모교육과 교사교육도 절실하다.

아홉째, 아이들이 정상적으로 발달하려면 조건 없이 사랑을 주는 어른의 돌봄을 필요로 한다. 우리는 아이들이 그들의 일차 돌봄 제공자와 부모가 친밀한 관계를 형성하는 데 영향을 미칠 가능성이 적다는 사실로 인해 빚어지는 위험과 도전에 대처해야 한다. 이를 감안한다면 제도의 물리적, 사회적 그리고 심리적 특성을 탐구하고, 그것이 어떻게 아이들의 일상적 경험을 형성하는지 이해하는 것이 중요하다. 아이들이 즐기는 것에 대한 어른들의 시각이나 특정한 교육학적 이해에 근거하여 어느 정도 구획되고 계획된 것이기에 아동 돌봄의 제도 공간이 자연스럽게 유입되지 않는다는 비판이 있다. 아동 돌봄 제도는 아이들의 운동, 대화 및 사회화 유형을 좌우하는 위계 구조를 특징으로 한다. 아이들은 자기 활동을 선택하고, 그에 따라 공간적, 시간적 배열을 바꿀 제한된 기회를 가지고 있다. 조기 보육과 방과 후 클럽은 이러한 분리를 재조정하고 있다. 학교, 특히 방과 후 공간은 아동과 성인 사이의 형식적, 위계적 관계를 촉진하고 재생산하는 방식으로 점차 통제되고 구조화되었다. 몇몇 방과 후 공간은 아이들에게 돌봄 노동자들이 설정한 대안들 사이에 인위적인 선택을 제공해서 사회적 통제를 행사한다. 공공정책은 부모 역할을 수행할 수 있는 시간을 낼 수 있게끔 뒷받침해주어야 한다. 수많은 여성이 가난 속에 살고 있으며, 빈곤한 가족은 자녀들의 복지에 직접 영향을 미친다. 아동기는 삶의 현실과 충돌할 때 갈등과 모순의 순간을 만들어낸다. 사회정책은 아이들 관심에 의해 동기화된다. 결핍과 불리의 문제와 이를 완화시키는 방법은 아이들에 대한 복지정책이 중심이 된다. 빈곤 아동에 대한 관심은 아이들을 제도적으로 돌보도록 자극한다. 사회적 행동이 뒤따르는 필요의 확인은 정책 기반 접근법의 특징이다. 일반적으로 사회정책은 사람들의 삶에 긍정적 개입을 시도한다. 아이들의 행복에 기여하고, 아이들의 역량을 강화시켜야 한다.

마지막으로, 아이들의 발달단계를 찾아주고, 아동기의 회복을 위해 위기에 처한 아동의 물리적, 정서적, 정신적 복리를 찾아주고, 나아가 이를 위한 정치경제적 생태계를 마련해주어야 한다. 부모가 좋은 학부모가 될 수 있는 능력에 영향을 미치는 진정한 요인, 곧 빈곤, 불이익, 업무상의 압박감과 같은 실제 요인을 목표로 삼아야 한다. 아이들 장래를 위해 어른이 되어 그들 스스로 행복해질 준비를 해야 한다. 좋은 양육은 어떤 특정 환경의 허용을 필요로 한다. 필요한 삶의 기회와 시설이 뒤따라야 한다. 이러한 것들이 부족한 곳에서는 최상의 부모들도 자녀들을 온전히 돌보기 어렵다. 따라서 양육 문화의 변화는 국가의 보육 정책에 반영되어야 한다.

6장
돌봄의 교육철학과 학교혁신

1. 서론

교육에서 돌봄care의 상실은 심대한 사회적 질병의 신호다. 돌봄의 행동을 받아들임으로써 우리는 우리 자신과 집단적 세계의 치유를 시작할 수 있다. 돌봄은 말로 잘 표현할 수 없으며, 그 의미도 문자적으로나 과학적으로나 확실성을 벗어나 있다. 하지만 돌봄은 우리의 몸과 마음속에서 느껴지고 경험되고 있다. 돌봄을 개념화하고 측정하고 양화하기는 어렵지만, 우리 삶에서 돌봄의 존재는 심오하고도 영속적인 의미를 띤다. 또 돌봄의 실천이 측정 가능한 다른 교육행위보다 덜 가시적이기 때문에, 특히 공포의 스트레스를 받을 때 쉽게 무시될 수 있다. 따라서 매우 어려운 시기에 우리가 간직하고 있는 인간적 가치와 통찰력과 다시 연결할 필요가 있으며, 우리가 학생들, 우리의 교육계, 그리고 우리가 함께 살고 있는 더 큰 세상과의 윤리적 연관성을 되새기게 하고 있다.Wilde, 2017: 1 나 자신도 무시해버렸던 모성애를 다시금 환기해준다.

페미니스트들은 그동안 어머니의 특별한 자질에 대한 담론에 침묵하였다. 가부장적 역사도 자기희생하는 어머니에 대한 낭만적인 이상화로 시종하였다. 물론 사회 일각에서는 이기적이고 편파적인 어머니들의 모습을 꾸짖기도 했다. 그러나 이러한 관점들은 어머니들에 대한 진정한 담론을 좌절시켰다. 이런 현실에서 어머니들이 그동안 형성해온 모성적 사유와 페미니스트 정치학을 통해서 사회를 바꾸는 주역이 될 수 있음을 제시한다. 그동안 우리 사회의 부조리한 현실을 극복하기 위해, 민주주의의 발전을 위해 정의가 절실하게 요청되었다. 그러나 다른 한편으로 정의에 대한 지나친 요구는 돌봄의 윤리 형성에 걸림돌이 됐다. 그래서 신페미니스트들이 제창한 돌봄 윤리는 매우 큰 의미가 있다. 특히 어머니들이 우리에게 베풀어주신 따뜻한 돌봄은 보살핌의 이상적인 모델로서 우리의 삶을 유지시켜주는 필수적인 자양분임에 틀림없다.

여성주의는 하나의 학파라기보다는 공통된 개념적/실존적/실용적 출발점이 특징적으로 나타나는 사고방식이자 운동이다. 여성주의는 인간을 성별에 따라 위계를 나누어 차별과 억압을 행사하고, 여성에게 종속을 강요하는 제도와 일상화된 폭력에 저항하는 실천적 움직임이자 이론적 시도라 하겠다. 여성주의가 얼마나 주류 남성 인식론에 의해 배제되었고 부인되었는가를 깨닫도록 만든 것은 바로 교육과 일의 수행, 정체성의 탐색, 자기표현의 실행에 대한 경험적, 실존적인 접근이었으며, 여성들 개개인의 발견과 노력의 산물이었다. 여성주의자들은 만인을 위한 교육사상을 펼치기 위해 분석적, 해석학적, 실용주의적, 탈구조주의적 도구를 끌어들였다. 여성주의자들은 세계 속에서 살아가는 여성들의 앎과 존재방식이 철학적/교육적 구도의 일부분이 되도록 애썼다. 또 일부 여성주의자들은 우리가 공유하는 현실에 형태를 부여하도록 부여해준 바로 그 범주들에 대해 다중적이고 복합적 비판을 시도하였다. 여성주의 교육이론은 열악한 교육현장에서 지금도 새로운 이슈를 발견하면서 계속 재구성되어가고 있는 중이다.

도덕 이론에 대한 여성주의자들의 저작은 여성의 도덕적 경험을 무시하는, 남성적으로 보이는 전통적 윤리적 전범과 여성의 종속적 역할에 도전한다. 여성주의 윤리학자들은 여성의 종속/억압을 영구화하는 행동과 실천에 대한 도덕적 비판을 명료화했다. 그러한 행동과 실천에 저항하는 도덕적으로 정당화하는 방식을 규정하고, 여성의 해방을 촉진하는 도덕적으로 바람직한 대안을 제시했다.

여성주의 철학에서 '상황/맥락을 고려한 철학하기'는 중요하다. 남성이나 여성이나 철학을 하는 데에 경험과 주체성 및 구체적이고 실제적인 사례의 중요성을 강조하는 것이 필수다. 분명히 현실 상황은 여성들이 더 현격히 느낄 것이고, 이것은 여성들의 철학 행위에 영향을 미친다. 여성들은 활동하는 사람이 될 수가 없었고, 장소를 넘어 순수하게 객관적인 관점을 취할 수도 없었다. 그러기에 여성들의 사고 자체는 삶의 구체적 경험으로부터 나올 수밖에 없고, 그 삶의 경험에 밀착되어 있어야 한다. 그렇게 해야 '상황/맥락을 고려한 철학하기'가 가능하다. 여성주의가 얼마나 주류 남성 인식론에 의해 배제되었고 부인되었는지를 깨닫도록 만든 것은 가르침, 과제의 수행, 정체성의 탐색, 자기표현의 수행에 대한 경험적이고 실존적인 접근이었다. 그것은 또한 여성들 개개인의 발견과 노력 또 지난한 싸움의 결과에 달려 있다.

돌봄의 윤리를 중시하는 '여성주의' 관점은 주류의 윤리가 사회문화적으로 성별화된 가족 구조를 고착시키고 있다면서 그것의 변화를 시도한다. 그리고 플라톤과 루소 등이 여성은 사랑을 받기 위해 태어난 존재라며 소녀들에 대한 교육 불필요성을 주창했다면서 문제해결에서 남성적 편향을 보이고 있는 것을 비판한다. 기존의 주류 윤리는 사회문화적으로 성별화된 가족 구조를 제거하고자 하였다. 이러한 남성 중심주의에 대한 문제를 인식하고 소외 계층(여성, 장애인, 노인, 빈민, 외국인 노동자, 난민 등)의 문제 중, 특히 여성 소외에 대한 본격적인 관심이 이루어지게 된 것은 페미니즘의 최근의 성과다.

여성주의와 이를 토대로 한 여성주의 교육이론은 사회적·시대적 배경에 따라 다양하게 전개되어왔다. 사회문화적 성gender에 대한 교육·사회·정치 운동은 노예폐지 운동과 더불어 시작되었으며, 미국과 유럽에서 참정권 운동으로 확대되었다. 거기서는 교육적 배제와 정치적 평등의 연관성 문제가 제기되었다. 미국의 경우 모든 사람들의 학습 권리를 주장했던 초기 활동가들에서부터 여성들의 취업, 여성 및 정치 참여의 권리(흑인권리운동, 게이 해방, 멕시코계 미국인 운동에서 여성들의 역할 등)를 보호해줄 연방헌법을 요구했던 1960년대 여성들의 조직적 운동에 이르기까지 교육과 성차별적 관심사는 서로 밀접하게 연관되어 나타났다.

프랑스의 68혁명의 출현은 여성운동의 전기를 마련했다. 서구 학생운동과 더불어 흑인의 민권운동, 학생운동, 반전운동, 좌파운동, 반문화운동 같은 시민단체 중심의 사회운동이 활발히 일어나게 되면서 의식이 깨어 있는 여성들을 중심으로 여성운동이 일어났다. 이는 지식-권력을 통한 학교의 훈육 질서에 의문을 품고 아이를 수동적 존재가 아니라 활동, 놀이의 존재로 보는 진보적 교육학progressive pedagogy 운동도 낳았다.Walkerdine, 1992

기존의 전통적 철학과는 다른 여성주의 철학의 개인적 목소리, 관점, 입장, 위치, 사회적 관계는 그 자체로 여성주의 교육이론을 주창하는 방식의 일부다. 자유주의 여성주의자들은 평등한 교육 기회에 관심을 보였으며, 사회주의 여성주의자들은 계급, 인종, 그리고 성별과 연동된 구조와 이데올로기에, 그리고 포스터모던 여성주의자들은 성차별 지식권력과 남성주의적 가부장제 윤리에 비판적 관심을 보였다. 생태적 여성주의자들은 최근 지구환경 위기를 맞아 인간과 자연의 관계를 새롭게 정립할 것을 요청하면서 생태여성주의 교육을 선보였다. 여성주의 교육이론은 계급주의, 인종주의, 이성애주의heterosexism 등과 맞물려 있다.Laird, 2004

여성주의 사고는 포스트모더니즘, 포스트식민주의, 포스트구조주의 관점들과도 연동되어 있다. 특히 자유주의적 여성주의와 사회주의적 여성주의가 철학적으로 모더니즘과 연동되어 있는 데 반해, 포스트모던 여성주의와 생태여성주의는 포스트모더니즘이나 후기구조주의와 연동되어 있다. 여성주의와 교육을 연계시킨 여성주의 교육이론의 발전은 정치적, 비판적, 실천적 차원으로 전개되었다. 정치적 차원은 소녀와 여성을 위한 조건과 삶의 기회를 증진시키는 운동으로, 비판적 차원은 앎과 행위의 지배적/남성적 형식에 대한 비판으로, 실천적 차원은 전문적 개인적 실천의 윤리적인 형식에 대한 관심을 보였다.Kohli & Burbules, 2013 여성주의 철학과 교육과의 관계를 제1의 물결(자유주의와 개혁), 제2의 물결(사회적 성과 권력), 그리고 제3의 물결(포스트모던 관점)로 이해하기도 한다.Gale, 2015

그런데 여성차별과 불평등에 대한 다양한 접근을 어느 하나의 주의ism에 귀속시키는 것은 전체주의적인 접근이라고 할 수 있다. 현상에 대한 접근 또는 관점이 어느 하나의 주의나 이론으로 설명될 수 없기도 하다. 이런 점을 고려해볼 때 여성주의 교육 연구의 양과 질 그리고 다양성을 포착하는 것이 중요하다.

국내의 돌봄 연구는 주로 윤리적 접근에서 이루어졌다. 특히 돌봄의 윤리는 여성주의 철학, 사회적·정치적 시각에 따른 사회적 돌봄의 윤리와 동양의 유가와 철학, 노자의 철학 등 다양한 시각에서 연구되어왔으며, 사회적, 정치학, 교육학, 여성학, 간호학, 유아교육학, 사회복지학, 예술치료 등 다양한 실천 학문의 목적에 맞게 그 응용이 확산되어왔다. 그뿐만 아니라 철학적 돌봄이라는 사유 방식을 철학교육의 방향이나 여성주의 철학적 상담방법의 모델로서 제안한 연구물도 있다. 특히 자본주의와 성과주의, 기술적·전략적 사고 일변도로 치닫고 있는 오늘날, 자기와 타자에 대한 돌봄, 공동체적 돌봄의 사회적 실천을 향한 사유 방식과 태도가 필요하다.

2. 돌봄의 교육철학

1) 돌봄의 철학 및 복합한 과정

진정한 돌봄이란 무엇인가? 돌봄의 행위가 어떻게 아름다울 수 있는가? 아름다움의 경험이 건강과 치유에 어떠한 영향을 주는가? 과연 돌봄은 치유로서 실천예술이 될 수 있는가? 돌봄은 학교를 혁신할 수 있는가?

돌봄은 인간관계가 이루어지는 삶의 도처에서 좋은 삶을 기획하고 증진할 삶의 기본 방식이며, 삶의 올바른 방향을 제시해주는 기술이다. 돌봄은 전문적 직업 행위를 위한 사회적 실천 현장에서 의학, 간호학, 사회사업, 상담학, 교육학 등의 인간관계 속에서 돌봄을 탐구하는 실천 학문의 핵심 주제이며 과제이기도 하다.

하이데거는 『존재와 시간』에서 돌봄을 인간을 인간답게 하는 실존적 근거라고 해석하였다.공병혜, 2017: 12 하이데거는 돌봄Sorge, Cura[70]이란 이 세상을 살아가는 인간 현존재의 특징이자 본래의 자기를 이해하는 인간 실존의 가능성이라고 하였다. 인간은 '세계 내 존재'로서 이 세상에서 몸을 지니고 시간에 지배되는 인간 존재 방식의 특징인 것이다. 인간은 한편으로는 세계 내 존재로서 '근심으로 가득 차' 있지만, 동시에 이 세계에 대해 숙고Sorgfalt하고 헌신Hingabe하며 자신의 삶을 기획하는 자유를 지니고 있다. 인간 현존재란 근원적으로 이 세상에 내던져진披投 유한한/시간적 존재로서 자신의 삶을 염려하지만, 동시에 시간 속에서 자신의 삶을 기획企投할 수 있는 자유의 가능성을 지닌 인간이라는 실존적 존재 구조를 갖고 있다. 삶을 염려하고 그것에 몰두할 수 있는 인간 현존재의 조건이야말로 근원적 돌봄의 존재론적 특성이다.

그러기에 첫째로 이 세계에 던져진 유한한 존재는 자신의 삶을 기획할

---

70. '염려', '보살핌'으로 번역하기도 한다.

수 있는 자유를 지니며, 인간 본성을 완성하는 '자기 돌봄'의 과제를 지니고 있다.^{공병혜, 2017: 1} 인간 현존재는 주위 세계와 맺는 도구적 관계에 둘러싸여 타자와 '함께 있음Mit-sein'으로써 타자를 배려Fürsorge하는 공동의 세계 속에서 살아간다. 공동의 세계 속에서 타자와 함께 있음이란 타자를 돌보는 관계로 표현된다. 인간은 죽을 수밖에 없는 유한한 존재이지만, 시간 속에서 자기와 타자, 사물을 돌보며 이 세상에서 자신의 삶을 기획할 실존의 가능성을 지니고 있다. 이러한 인간 실존의 가능성으로서 돌봄은 이 세상과 관계 맺으며 거주하는 몸에 대한 이해를 전제로 한다. 인간 실존의 자기 진실성에 '거주함'이라는 돌봄의 사유를 통해 드러난다. 인간 존재의 '거주함'이란 '거기 있음Da-sein'의 근본적 돌봄의 특징이다. '거주함'이란 일상적으로 통용되는 의미가 아니라, 존재 안에 숨어 있어 망각된 존재의 진리가 그때그때마다 생기는 열린 터전에 '있음'을 의미한다.^{공병혜, 2017: 22-23}

결국 실존적 삶의 위기에 처해 있는 인간에게 자기를 이해하여 자기 진실성에 머물게 하는 '거주함'에 대한 사유는 돌봄의 태도와 실천의 방향을 제시해준다. 인간은 신체적 생명체로서 탄생과 성장, 노화의 과정을 거쳐 결국에는 죽음에 이른다. 인간은 오로지 자신의 몸을 통해 이 세상에 거주하지만, 자신의 의지에 따라 삶을 기획하여 실천할 수 있는 상황 속에서의 자유를 지닌다. 따라서 돌봄은 인간의 한계적 상황 속에서 실존적 자유를 실현하는 몸의 능력에 대한 현상학적 이해를 바탕으로 각각의 상황에 적합한 실천을 필요로 한다^{공병혜, 2017: 1-2}

둘째, 인간의 실존적 자유를 획득하도록 도와주는 돌봄은 서로 다른 인간이 언어적 소통을 통해 상호 이해에 이르는 '대화적 차원'⁷¹을 지니고 있다.^{공병혜, 2017: 89} 인간의 자기 체험을 타인에게 말하고 전달하는 대화는

---

71. '대화'에는 일상적 대화, 전문적 대화, 철학적 대화 등이 있다.

근원적으로 다른 사람을 통해 자기를 발견하고 이해하는 상호 돌봄의 과정이다. 대화는 인간관계 속에서 공통의 주제에 대해 서로 관점을 교환하며, 참된 앎을 추구함과 동시에 인간관계의 연대성이 구축되는 실천적 공간이기도 하다. 자기 해석이 서로 교환되는 대화의 과정을 통해서 대화자들은 곧 '나는 누구인가'라는 자기 정체성을 형성하는 이야기를 함께 만들어나간다. 이렇듯 대화를 통해 이야기를 만들어나가는 과정은 자기 관심에서 비롯한 자기 존중이 서로 교류하고 영향을 주는 '상호 돌봄'의 과정이다. 그래서 대화는 자기 발견과 자기 성찰의 과정으로서 그 대화자들 서로에게 영향을 미치며, 구체적 상황에서 어떻게 할 것인지 실천적 지혜가 발휘되는 지식의 획득 과정으로 기능한다.

따라서 대화는 인간관계 속에서의 새로운 자기 이해의 과정이며, 동시에 좋은 삶을 추구하는 '실천적 해석학'의 관점에서 이해된다. 또 자기 해석이 서로 교환되는 대화는 '나는 누구인가'라는 자기 정체성을 형성하는 이야기를 함께 만들어가는 과정이기도 하다. 곧 이야기로서 대화는 '나는 누구인가'라는 자기 관심에서 비롯된 존중 능력을 북돋고 타자에 대한 이해의 지형을 넓혀준다. 역사적으로 대화의 인식론적 토대는 참된 앎을 추구하는 소크라테스의 변증법적 대화법에서, 그리고 대화의 실천적 토대는 아리스토텔레스의 실천적 지혜phronesis에서 찾아진다. 가다머의 해석학에 의하면, 대화란 구체적으로 무엇을 어떻게 할 것인지에 대한 실천적 앎의 구현이며, 사회적 선을 꾀하는 도덕적 현상이다.공병혜, 2017: 91 그래서 대화자의 해석학적 능력이란 실천적 이성이 지닌 덕의 능력이다. 대화 참여자들 사이에 형성되는 우정philia은 서로 좋은 삶을 바라며 함께하는 삶 속에서 구축되는 사회적 연대성의 실행이다. 돌봄의 대화적 관계는 우정의 관계다. 우정의 관계는 진정한 대화 파트너로의 나-너라는 인격적 관계 속에서 성립된다. 또 대화를 통해서 서로 다른 삶의 선택 방안과 새로운 양식으로 자기를 서술하는 도야Bildung 관점을 지니고 있다.공병혜, 2017: 100 대화의 과정으로서 돌봄의 실천이란 대화자 스스로 자신을 발견하고 도야하는 자기 돌봄과 서로 좋은 삶을 바라며 함께하는 사회적 선을 향한 실천적 지혜를 실천하는 과정이겠다.

가다머의 변증법적 해석에서 대화가 지닌 이해의 경험은 구체적인 생활세계에서 인간 상호 간에 이루어지는 '상호 돌봄'의 이론적 기초가 된다. 왜냐하면 대화자들 사이의 변증법적 대화 과정은 자기 이해의 과정이며 동시에 좋은 삶을 위해 실천적 지혜가 발휘되는 상호 돌봄의 과정이기 때문이다. 대화는 돌봄의 실천 현장에서 돌봄을 주는 사람과 돌봄을 받는 사람 사이에서 수행된다. 대화는 변증법적 이해의 경험을 통해 돌봄의 상호성을 성립시켜주며, 그 이해의 과정은 좋은 삶을 향해 각각의 구체적 상황마다 어떻게 할 것인지 실천적 지혜가 발휘되는 과정이다.

셋째, 돌봄은 타자와의 관계에서 좋은 삶을 기획하고 영위하기 위한 인간의 자연적 본성에서 나온 기본적인 삶의 양식이며, 인간 상호 간의 '윤리적 특성'을 지닌다.^{공병혜, 2017: 155} 인간 실존과 몸의 자유, 그리고 대화적 이야기의 차원을 지닌 돌봄은 그 자체로 도덕적·정서적 차원을 함축한다. 돌봄은 대화적 관계를 지닌 상호성의 윤리와 더불어 인간의 존엄성을 보호할 윤리를 요구한다. 돌봄의 실천은 특히 인간 존엄성의 훼손 위협에 노출된 취약한 상황에 처한 개인의 인격을 보호할 윤리적 차원을 지니고 있다. 여성적 돌봄의 윤리학자들은 모성애적, 자연적 본성에 뿌리를 두고, 공감이나 연민 등의 정서적 참여를 통해 인간관계 속에서 실현되는 돌봄의 윤리를 중요시한다. 돌보는 사람은 돌봄의 요구를 지닌 타자와의 만남을 통해 돌봄을 실천한다. 타자와의 만남에서 가장 중요한 것은 바로 그의 돌봄의 요구가 무엇인지에 대한 이해이다.

돌보는 사람은 인간이 항상 상처에 노출되어 있고 고통을 느끼며 그것을 표현하는 존재임을 이해한다. 돌봄을 필요로 하는 사람은 자신의 고통을 드러내고 표현할 신체를 가진 인간이다. 특히 아픈 사람을 돌보는 교육자나 상담자는 고통을 경험하는 아이들 각자의 요구와 그 표현에 대해 공감적 과정을 통하여 응답할 도덕적 책임을 지니고 있다. 레비나스E. Levinas에 따르면 고통은 순수하게 당하는 것, 어떠한 도피처도 없이 굴복당하는 경험이며, 견딜 수 없이 낯선 것, 수용 불가능한 감성이다.공병혜, 2017: 167-168 고통의 현상이란 한편으로는 극도의 수동성, 무력, 포기, 극도의 고독한 상황이고, 다른 한편으로는 수용할 수 없는 것, 통합 불가능한 것, 낯선 것, 내 것으로 환원되지 않는 치유 불가능한 것이다. 이렇게 내가 어찌할 수 없는 것, 내 밖으로 밀어내야만 하는 고통의 타자성 때문에 우리는 타자에게 나아가 도움의 요청을 담은 한탄, 외침, 신음, 한숨을 건넨다. 바로 고통을 내 안에서 수용할 수 없다는 그 점 때문에 나의 고통은 타자에게로 열릴 수 있다. 이렇게 레비나스는 인간이 자아 중심적인 경향에서 벗어나 타자에게 열리는 계기를 인간 몸의 수용성과 민감성에서 찾고 있다. 그의 윤리적 관점은 직접 얼굴을 마주하는 인간관계의 친밀성과 책임감을 강조하는 돌봄의 실천을 위한 윤리적 태도를 드러낸다.

이러한 맥락에서 길리건과 나딩스의 여성적 윤리의 이론은 특히 공감적 이해와 도덕적 책임이라는 관점에서 전문적 돌봄을 실천하는 교육자들의 돌봄 윤리에 의해 지지를 얻고 있다. 탁월한 전문적 돌봄의 실천을 성취하기 위한 자질을 '덕'이라 일컫는다. 타자를 위한 '전문적 돌봄'의 실천은 타자를 돕고자 하는 의도적인 행위이지만, 타자에 대한 동정심이나 연민이나 헌신 등의 정서를 동반한 책임을 우선시해야 한다.공병혜, 2017: 162-163 여성적 윤리의 핵심인 감성적인 수용성으로서 공감, 연민, 특히 상호성, 친밀성 같은 돌봄의 가치는 구체적인 인간관계가 성립될 돌봄의 실천 현장에서 중요하다.공병혜, 2017: 164

고통받는 타자에 대한 책임을 중요시하는 돌봄의 관점은 특히 취약한 상황에 처한 아이들에 대해서 절실함을 보인다. 그것은 돌보는 개인의 삶의 정체성이라는 맥락에서뿐만 아니라, 사회적 제도와 공동체 속에서 실현시켜온 돌봄의 도덕적 전통이라는 맥락 속에서 통합적으로 고찰되어야 한다. 따라서 돌보는 사람의 덕이란 탁월한 돌봄의 실천을 성취하기 위한 자질이고, 동시에 그의 총체적 삶 속에서 인격의 정체성을 구성해주는 것이며, 그 실천이 속해 있는 공동체의 도덕적 전통을 보존하고 계승해나갈 수 있는 능력이다.^{공병혜, 2017: 137}

돌봄의 윤리는 인간관계의 차원을 넘어 정의로운 제도 내에서 우리가 모르는 익명의 타자들을 위한 돌봄과도 관계한다. 탁월한 돌봄을 실천하는 덕스러운 태도는 돌보는 사람 자신의 총체적 삶에서 인격의 한 부분이 된다. 돌보는 사람 개인의 '좋은 삶'에 기여해야 하기 때문이다. 돌봄의 실천을 위해 습득한 내재적 선, 곧 지식과 기술, 덕스러운 태도 등을 자신의 좋은 삶의 목적을 위해 통일적으로 배열하고, 그것들을 이해하고 평가할 수 있으며, 자신의 인격의 정체성으로 구성될 수 있다.^{공병혜, 2017: 136-137} 이렇듯 덕은 탁월한 돌봄을 실천하는 자질일 뿐만 아니라, 돌보는 사람 개인의 총체적 삶의 목적 속으로 들어와 자기 정체성의 중요한 요소로 자리 잡게 된다. 덕은 또 공동체 속에서 실천되어 온 돌봄의 도덕적 전통이라는 맥락 속에서 이해되어야 한다. 곧, '나는 과연 어떤 돌보는 사람이 되길 원하는가?', '나는 과연 어떤 삶을 살고 그러려면 어떠한 덕을 지녀야 하는가?' 탁월한 돌봄을 실천한 간호사와 교육자의 이야기를 숙고해서 도덕적 통찰을 얻어낼 수 있다.

넷째, 돌봄의 미학적 실천은 감성적 인식과 도덕적 차원을 아울러 지니는 치유예술이다.^{공병혜, 2017: 3} 돌봄 학자들은 돌봄 실천과정에서 이루어지는 돌봄의 상황에 대한 감성적 인식의 차원과 그것이 실천적 행위로서 표현되는 예술의 차원을 강조한다. 돌봄의 감성적·도덕적 능력 육성을 통한 미적 성품을 지닌 돌봄 예술가는 치유의 힘을 발휘하는 돌봄이라는 실천 예술을 선보인다. 돌봄 예술은 인간 자연의 치유력을 스스로 회복하게 하여 생명력을 발휘할 수 있도록 도와줄 뿐만 아니라, 도덕적 지위를 지닌 인간으로서 인격적 가치를 존중하고 보호하는 도덕·실천 예술로 기능한다. 예술이 삶에서 어떻게 자기 돌봄과 총체적 인간성 회복을 돕는 치유력을 발휘할지에 대해서도 탐구해야 한다.

돌보는 사람은 호의적 관계를 이룰 수 없는 고통과 절망에 처한 사람들과 대면한다. 이때 숭고의 체험은 생명감이 짓눌리는 상황에서조차 환자에 대한 존중감이 일어나는 심미적 체험이다. 궁극적으로 인간관계 속에서 공감에 의한 미적 감정이나, 대립과 모순, 그리고 차이로 인한 고통의 경험에 대한 극복으로서 숭고의 감정은 모두 도덕적 이념을 수용하는 주체로서의 돌보는 사람의 도덕적 감수성과 취미 능력이 계발되었을 때 생겨나는 감정이다.

쇼펜하우어는 예술의 역할에서 특히 주목해야 할 것은 고통의 본질을 통찰하는 가운데 타자의 고통에 동참하는 동정심과 타자를 위한 돌봄이라는 적극적인 덕행의 실천을 통해 타자를 향해 열리는 마음의 변화라고 보았다.^{공병혜, 2017: 261} 고통의 본질에 대한 통찰을 니체의 삶의 예술은 쇼펜하우어처럼 고통의 통찰을 통해 그 원인인 의욕 자체를 부정하거나 체념하는 금욕의 과정이나 동정심을 계발하는 과정으로 이끄는 것이 아니다. 니체에게 고통은 오히려 창조적인 것이다. 삶의 의지를 북돋는 새로운 건강을 향한 주체와 그 삶의 새로운 변형에 기여한다.^{공병혜, 2017: 261-262} 니체의 삶의 예술은 부조리한 고통을 견뎌내야 하는 이 세계에서 삶의 조건들을 적극적으로 받아들여 스스로를 변형하는 '자기 돌봄'의 기술이다.

다섯째, 타인의 고통을 외면하지 않는 돌봄으로 민주주의가 채워지고, 민주주의가 돌봄을 중심으로 불평등을 줄여나가는 유능함을 보일 때 돌봄과 민주주의는 동반자로서 시민의 진정한 가치이자 우군이 될 것이다.^{Tronto, 김희강·나상원 옮김, 2014: 13, 264} 돌봄의 핵심에 '민주주의'를, 민주주의의 핵심에 '돌봄'을 놓아서 돌봄과 민주주의를 그 중심 개념으로 맞잡고 있으며, 동전의 양면처럼 결합시킨다. 트론토는 『돌봄 민주주의』²⁰¹⁴에서 민주주의의 본질은 우리 모두를 사회 구성원으로서 평등하게 대우하는 것이라고 역설한다. 서로를 평등하게 대우함은 누구도 차별받거나 배제되지 않고 의사결정 과정에 참여하는 것이 전제조건이다. 곧 차별과 배제의 문제를 다루는 것이 바로 민주주의다. 실제로 민주주의는 시민권을 넓혀 차별과 배제를 철폐하는 방향으로 발전하였다.

『돌봄 민주주의』는 필수적인 몇 가지 조건을 제시한다. 첫째, 모든 사람은 평생 동안 충분한 돌봄을 받을 자격이 있음을 전제한다. 둘째, 모든 사람은 그들의 삶에 유의미한 돌봄 관계에 참여할 자격이 있음을 전제해야 한다. 셋째, 모든 사람은 사회가 앞선 두 가지 전제조건을 얼마나 보장하고 있는지를 판단할 공적 과정에 참여할 자격이 있음을 전제 한다.[Tronto, 김희강·나상원 옮김, 2014: 11] 이를 통해서만이 돌봄은 모든 시민이 항상 함께하는 활동이자 책임이 된다.

돌봄의 과정은 관심 돌봄, 안심 돌봄, 돌봄 제공, 돌봄 수혜라는 복잡한 과정을 통해 이루어지며, 또한 이에 상응하는 도덕적 자질을 요구한다. (1) 관심 돌봄caring about: 돌봄의 첫 번째 단계로 개인이나 집단이 충족되지 않은 돌봄의 필요를 감지한다. 일시적이라 할지라도 자신의 이해관계를 앞세우지 않고, 진정으로 돌봄이 필요한 사람의 처지에서 바라보는 능력과 '관심attentiveness'이라는 도덕적 자질이 요구된다. (2) 안심 돌봄caring for: 필요가 확인된 이상 개인이나 집단은 이러한 필요가 충족될 것이라는 확신을 주게끔 책임을 져야 한다. 이것이 '책임성responsibility'이며, 두 번째 단계의 핵심 도덕 자질이다. (3) 돌봄 제공care-giving: 돌봄의 세 번째 단계에서는 실질적인 돌봄을 제공하는 활동이 있어야 한다. 돌봄을 실시하는 것이 돌봄의 세 번째 단계이며, 돌봄의 '수행competence'이라는 도덕적 자질이 필요하다. 일단 책임이 주어지면 돌봄을 수행하는 것은 단순한 기술적인 사안이 아니라 도덕적인 사안이다. (4) 돌봄 수혜care-receiving: 돌봄 노동이 시작되면 안심 돌봄을 받아온 개인, 사물, 집단, 동물, 식물 또는 환경의 반응이 생긴다. 반응이나 반응을 통한 판단을 관찰하는 것이 돌봄의 네 번째 단계다. 돌봄 제공이 충분한지, 성공적인지, 종결해도 되는지를 판단할 때는 '응답성responsiveness'이라는 도덕적 자질이 필요하다. (5) 함께 돌봄caring with: 돌봄의 마지막 단계는 사회 전체에 속하는 돌봄이다. 충족되는 돌봄 필요와 방식이 모든 사람을 위한 정의, 평등, 자유에 대한 민주적 기여와 일치해야 한다. 함께 돌보는 윤리는 복수성, 의사소통, 신뢰, 존경, 연대성을 요구한다.Tronto, 김희강·나성원 옮김, 2014: 72-73, 92-94, 266, 278

으뜸이 돼야 할 것은 이들 과정이 민주적으로 진행돼야 한다는 것이다. 트론토의 정의는 언제 어떻게 돌봄을 하는지 분석 방법을 제공한다는 것과 그 평가를 가능하게 한다는 면에서 의미가 있다. 그런데 트론토는 민주주의가 진보했는데도 현재의 민주주의는 남에게 의존하는 개인이나 그를 돌보는 이들을 시민으로서 동등하게 대우하지 않는다고 지적한다. 이러한 차별과 배제는 돌봄 책임을 민주주의의 과제로 중시하지 않는 이상 해결할 수 없다. 그러기에 민주주의의 본질은 돌봄 책임을 분배하는 것이며, 이러한 돌봄 책임을 민주주 과제로 인식하지 못하는 한 민주주의는 제 임무를 다하지 못한 것이다.Tronto, 김희강·나상원 옮김, 2014: 7

인간은 취약하고 의존적인 존재라서, 필연적으로 돌봄이 필요하다. 모든 인간은 평생 동안 돌봄을 주고받지만, 현재의 시장, 사회, 정치는 이를 인정하지 않는다. 돌봄을 사적 개인의 책임 문제로 치부하거나 누군가의 자연스러운 몫으로 간주한다. 돌봄의 사각지대를 놔두고서 독립적인 인간을 상정하는 기존 제도는 도무지 허공에 떠 있는 셈이다. 우리가 시장과 경쟁을 부르짖을수록 불평등과 부정의는 고착된다. 일상화되고 정상화되는 시장과 경쟁은 누군가가 돌봄을 제공하고 있으며, 이들이 희생하고 있다는 사실을 감춘다. 신자유주의 시장과 개인 책임의 이데올로기는 인간의 의존성을 부인하고 돌봄의 필요를 경시한다. 그 결과 사회구조가 불평등을 생산하고 영구화한다.

돌봄은 인종적·계급적 편견뿐만 아니라, 성별화된 여성에 기초하여 진행된다. 공적인 것과 사적인 것을 분리해서 여성에게 '자연스럽게' 돌봄의 의무가 부과되거나 인종적·민족적·계급적 위계를 가정해서 특정 부류의 이들에게 '부담 없이' 돌봄의 의무가 부과된다. 그러나 이러한 편견과 가정은 모든 인간이 취약하고 허약한 존재이며, 결국 우리 모두는 돌봄의 수혜자이자 제공자라는 사실을 간과하고 있다. 인간의 삶을 이해하려면 관계적 시각이 필요하다. 세상은 지적 작업의 출발점인 개인으로 구성된 것이 아니라, 언제나 다른 사람과의 관계 속에 있는 인간으로 구성된다.Tronto, 김희강·나상원 옮김, 2014: 96 돌봄은 손길이 직접 닿아 매일 돌보는 판에 박은 일만이 아니다. 돌봄은 어떤 제도, 사람, 실천이 구체적이고 실질적인 돌봄 임무를 해낼 수 있는지에 관한 큰 틀의 구조적인 문제와도 관련이 있다.Tronto, 김희강·나상원 옮김, 2014: 264 돌봄을 잘하려면 돌봄이 관계적임을 인식해야 한다. 무엇이 좋은 돌봄인지도 특정한 하나의 관점에서 판단될 것이 아니다. 비민주적인 돌봄을 두둔하는 이야기도 많다. 민주적 기준이 중요하다.Tronto, 김희강·나상원 옮김, 2014: 264 민주적 돌봄이란 돌봄 의무에 전제된 한계와 허구를 바르게 인식하고, 돌봄 책임에 대해 더 넓은 관점에서 다시 생각하며, 우리 모두가 자신과 타인을 돌보는 직접적이고 친밀한 도우미 역할을 맡을 준비가 되어 있어야 한다는 뜻이다.Tronto, 김희강·나상원 옮김, 2014: 8

돌봄 윤리는 오래도록 비폭력 및 평화의 가치와 연관되어 있다. 따라서 민주적 돌봄이라는 윤리적 관점에서 폭력에 대해 주목할 필요가 있다. 폭력은 다양한 형태로 표출되는 돌봄의 대척점이기도 하고, 또 실제로 은밀하고 친밀한 상황에서 무수히 많은 폭력이 생겨나기 때문이다.Tronto, 김희강·나상원 옮김, 2014: 161-162 사실 우리는 돌봄을 기대하는 장소에서 종종 폭력을 발견하며, 때때로 폭력과 돌봄이 섞여 있음을 보게 된다. 폭력의 특별한 종류, 즉 친밀한 관계에서 발생하는 가정 폭력도 돌봄 윤리의 왜곡에서 비롯되었음을 유념할 필요가 있다. 체벌의 사용도 일종의 친밀한 폭력이니 말이다.

요컨대 진정한 돌봄의 실천은 인간의 존재론적 차원과 몸의 현상학적 차원, 대화적 이야기가 담고 있는 실천적·해석학적 차원, 돌봄의 도덕적 차원이 내포하고 있는 돌봄 및 보호와 책임의 윤리, 민주 시민으로서 서로를 돌보는 돌봄의 민주주의를 모두 포괄할 철학적 토대 위에서 고찰되어야 한다. 결국 이 문제는 돌봄의 이론이 윤리학과 정치학과 접점을 마련하는 문제다. 남성과 여성, 부유한 사람과 가난한 사람, 독립적인 사람부터 의존적인 사람까지 모든 사람은 민주주의 테이블을 마주하고 앉아서 돌봄 책임을 정치적 의제로 협상해야 한다.

2) 관계적 존재론으로서 돌봄의 윤리

돌봄에 대한 페미니스트들의 연구는 일찍이 도덕이론에 의미 있는 공헌을 해왔다. 기존의 자유주의/개인주의 윤리에서는 행위를 도덕적 규칙 또는 원리와의 일치 여부나 행위가 산출한 결과의 유용성에 의해 판단하는 경향이 있다. 이와 달리 관계 윤리에서는 행위가 관계를 통해 판단된다. 관계를 맺고 있는 다른 사람의 반응이 행위의 도덕성을 판단하는 중요한 기준이 된다. 나딩스의 관계 윤리는 기존의 정의 윤리학에서 강조했던 도덕적 의무를 중시하지 않는다. 칸트가 도덕원리에 일치하려는 '의무감'[72]에서 나온 행위/냉정한 이성적 의무만을 도덕적 행위로 보았던 것에 비해, 관계 윤리에서는 사랑과 자연적 성향에서 나온 행위를 도덕적 행위로 보고 보았다.

길리건은 정의의 도덕성이 인간이 상황 속에 관련을 맺는 인지적 차원

---

72. 의무란 우리가 어떤 종류의 책임이나 도덕률 아래에 있음을 의미한다. 칸트는 이성적 존재로서 우리가 이러한 의무를 하나의 명령 형식으로 다가오는 것으로 인지한다고 한다. 기술적이고 신중한/사려 깊은 명령은 본질적으로 가언적이었으나, 이와는 달리 진정으로 도덕적인 명령은 '정언명령'이다. 이 정언명령은 모든 인간에게 적용된다. 그것은 어떤 행위를 어떤 다른 목적을 조건을 하지 않고 즉각적으로 명령한다.

의 역할채택 모델과 일치하고 있다고 논박하고 이와 상반된 상호 의존적 '관계적 도덕성relationship morality'을 제창한다. 그녀는 심리적인 독립성을 의미하는 칸트와 콜버그의 자율성 개념을 '상호 의존' 혹은 '관계 맺음'과 상반되는 것으로 해석했다. 정의론적 도덕성은 잠재적 갈등을 갖고 있으면서도 내적으로 다른 자아와 분리된 '독립적 자아관'을 갖고, 모든 당사자들의 이해를 어느 쪽으로 쏠리지 않는 원초적인 중립적 위치에서 균형잡는 저울의 시각에 기초하고 있기 때문에 친밀한 관계를 어렵게 하며, 계약과 규칙의 구조에 의존하여 정의로운 해결을 모색하므로 상호 돌봄과 보살핌 책임의 윤리를 다하지 못하여 진정한 만남을 이루지 못한다는 것이다.Gilligan, 1993 신페미니스트들은 사람들을 '상호 연관된 존재'로 개념화하여 상처난 독립성 주장의 교량을 고친다. 서로 공존하면서 평화와 조화를 이루는 상호 의존과 관계성을 중시한다. 도덕성 자체는 두 사람 사이의 관계성에서 빚어지는 문제로서 홀로 결정할 것이 아니라 서로 연계되는 공동체적 결정에 의해 구성되는 문제라고 하겠다.

돌봄 윤리care ethics는 인간이 관계 속에서 정의된다는 '관계 존재론relation ontology'에 기초를 둔다. 돌봄이라는 용어는 개인적인 특성이나 덕이 아니라 '관계적 과정'으로 정의할 수 있다. 인간은 끊임없이 관계 속으로 들어가려는 존재이다. 돌봄의 윤리는 '관계'를 이중으로 강조한다. 돌봄의 윤리는 사람의 도덕적 지위에 관심을 두거나 부분적으로 도덕적 중재를 타인을 보살피는 관계와 충돌하거나 딴 데로 돌리는 것으로서 보기 때문에 도덕적 원리의 중재가 없이 '사람'에게 초점을 두고, 사람들에게 적극 '반응하는' 도덕적 중요성에 강조점을 둔다.

개인은 하나의 개체로서가 아니라 자아가 놓여 있는 관계들에 의해 정의된다―이 점에서 공동체주의와 비슷하다. 이런 돌봄적 만남을 이상으로 하는 관계 윤리는 여성이 남성보다 더 자주 실행하므로 여성적 특징이라고 하겠다. 실제로 여성들은 수 세기 동안 돌봄을 자신들의 삶에서 중심적 문제로 여겼고, 이를테면 누구의 엄마, 누구의 아내, 누구의 딸로 정의되어왔다.

'원칙'의 윤리를 중시하는 칸트와 콜버그의 입장을 비판하면서 등장한 길리건Gilligan, 나딩스Noddings 등 신페미니스트들은 인지적 차원의 역할 채택 모델과 일치한다는 '정의'의 도덕성을 논박하면서 모든 인간이 상황 속에 관련을 맺는다는 상호 의존적 '관계적 도덕성relationship morality'을 제창한다. 돌봄 윤리의 토대가 되고 있는 '관계'란 서로를 정서적으로 인식하는 개인들의 연결이나 결합 또는 관계를 맺고 있는 사람들이 서로에 대해 무엇인가를 느끼는 일련의 만남으로 정의할 수 있다. 도덕적 탐색의 장소로서 우리의 어머니와 아버지와의 관계, 배우자와 형제들과의 관계, 가정 등 주로 우리들의 개인적 삶에서 맺어지는 사적 영역의 윤리에 해당된다.

그러나 도덕적 원리로 나타나는 남성주의는 '관계'에 앞서 '분리'를 전제한다. 대개 도덕적 원리와 관련지어 타인과 관계하는 사람이 자기의 복지에 대한 관심을 곧장 보이거나 사랑과 우정의 감정에 의해 곧바로 행동으로 엮이는 사람보다 타인과 관계 맺기에 적극적이지가 않다. 윌리엄스[1976]가 제시한 유명한 예가 있다. 물에 빠진 아내를 구하는 것과 물에 빠진 낯선 사람을 구하는 것 사이에서 갈등하는 남자는 누군가 자기 아내를 구하는 것을 도덕적으로 허용한다고(책임이 있다고) 결정하면 자기 아내를 먼저 구하는 것이 인지상정이다. 많은 사람은 그렇게 한다. 낯선 사람과 자기 아내를 구조하는 행동에 타당한 도덕원리가 개입하거나 양심적으로 관심을 보이는 것이 부자연스럽고 아름답지 않다고 여길 수 있다. 아내가 희망하는 것보다 아내와의 관계가 덜 친밀하다고 느껴지기 때문이다. 돌봄 윤리학자들은 그럴 경우 우리 모두가 의존하는 돌봄의 망을 손상시키는 칸트철학이나 공리주의철학에 따른 결정을 문제 삼는다. 그러한 접근은 도덕체계가 목표로 삼는 생활의 질을 파괴할 수도 있어서다.

3) 돌봄 윤리와 정의 윤리의 갈등

메이로프Mayeroff, 1971는 돌봄care을 개인적 성장과 자아실현의 수단 중 하나로 묘사했다. 그는 '돌봄'을 바람이나 좋아함, 편안함 또는 관심을 갖는 것과 구별하는 데 초점을 둔다. 그에게 돌봄은 발달을 포함한 하나의 과정이며 관계 방식이다. 돌봄은 타인에 대한 정당한 평가와 존경을 포함하는 것이지 타인에게 부담을 주는 어떤 것이 아니다. 타인에 대한 헌신이 돌봄의 핵심 요소다. 다른 누군가를 돌보려면 그 대상을 직간접으로, 그리고 명시적·암묵적으로 알고 있어야 한다. 단지 습관적으로 돌볼 수는 없다. 돌보려면 인내와 정직, 신뢰, 용기, 연민, 희망 등의 덕목과 가치가 필요하다. 나는 타인과 함께할 수 있어야 하고 타인을 위해 존재할 수 있어야 한다. 과정이 결과보다 우선이다. 돌봄을 지향하는 내 삶을 통해 세상 속에서 내 위치를 발견한다. 다시 말해 타인을 돌보는 가운데 나 자신을 발견하고 창조한다. 돌봄을 지향하는 삶을 사는 일은 내 삶의 의미를 살려내는 일이다.Thayer-Bacon, 2013: 151-152

이 개념은 메이로프에 의해 학문적으로 정착된 '자아실현' 개념에 가깝다. 메이로프가 개인에 초점을 맞추고 있지만 돌봄이 특별한 타자와 관계 맺는 것으로 묘사되는 점에 주목할 필요가 있다. 다른 사람과 함께하면서 그 사람을 위한다는 것이다.

그렇지만 길리건과 나딩스는 돌봄을 메이로프와 마찬가지로 개별 관계에 초점을 두고 있지만, 정의 윤리와 달리 '돌봄 윤리'를 제창한 점은 새로운 접근이다. 길리건과 나딩스는 개인주의적이고 합리주의적 도덕 이론에 도전하여 도덕적 지향으로서 '돌봄 윤리'에 집중한다. 학교윤리로서 또 하나의 목소리인 '돌봄의 목소리'는 '정의의 목소리'와의 공존을 통해 기여할 수 있다. 특히 돌봄 윤리는 여성적 도덕성의 두드러진 특징인 관계 중심의 돌봄 윤리를 강조한다.

모성적 돌봄 윤리를 제창한 신페미니스트들은 근대적 정언명령/황금률의 공정성/정의 윤리에 대조되는 '다른 목소리'[73]를 제시하면서 '사랑 없는 의무'로 나아가는 칸트의 정의 윤리가 매우 공허하다고 주장한다.[Adam, 2005] 신페미니스트 나딩스는 돌봄을 윤리적으로 강조하는 것이 오히려 '덕 윤리'에 더 부합한다고 보았다. 돌보는 태도 자체는 용기와 절제 같은 다른 덕들과 유사하게 인간이 계발해야 할 중요한 습관이라 하겠다. 더욱이 돌보는 덕은 칸트의 엄격한 규칙 윤리와 비교된다.

돌봄 윤리에 대한 첫 번째 해석은 도덕적 지향에서 특수한 성 차이를 보여주는 것이다. 두 번째 해석은 돌봄 윤리가 여성과 남성 모두에게 발견되는 덕목임을 암시한다. 길리건은 돌봄/책임의 윤리를 또 하나의 도덕적 목소리로 복원하고 정의/규칙/권리의 윤리와 함께 공존시키고자 하였다.[Gilligan, 1994] 돌봄과 정의의 윤리는 도덕성 발달과 도덕교육 차원에서 '사회문화적 성'의 맥락에서 볼 때 대조되는 윤리다. 길리건은 양자의 윤리를 반대하거나 순차적으로 보기보다는 '보완적' 윤리로 보았다. 사람들을 '상호 연관된 존재'로 개념화하면서 고립된 독립성/자율성 윤리 담론, 곧 개인주의적이고 원자화된 윤리의 교량을 수정하고 공존시키며 평화와 조화를 이루는 상호 의존과 관계성 윤리를 제창하였다. 그녀는 정의 윤리가 남성만의 윤리이고, 돌봄 윤리는 여성만의 윤리라는 성별 이분법은 바람직하지 않다고 본다. 돌봄 윤리가 지나치게 타인에 대한 동일시를 통해 자기 자신을 희생하는 방식이어서는 안 된다. 도덕성 자체는 두 사람 사이의 관계 속에서 생기는 문제라서 홀로 결정하는 행위가 아니라 서로 연계되는 공동의 결정에 의해 구성되는 도덕적 행위라 하겠다.

만인에게 해당되는 보편 윤리를 제창한 칸트 윤리를 따르는 콜버그의 인지발달적 비판적 사고는 여성들의 경험과 돌봄 윤리의 중요성을 부정한다. 길리건[Gilligan, 1994]은 자신의 돌봄에서 시작하여 가족, 친구, 낯선 사람,

---

73. 길리건의 '다른 목소리'는 종종 '여성의' 목소리로 불렀다.

그리고 궁극적으로 아이들로 하여금 비폭력에 대한 보편화된 돌봄적 헌신으로 나아가도록 사람들을 도덕적으로 성숙시켜야 한다고 보았다. 그녀는 콜버그처럼 모든 사람이 가장 완전한 경지의 도덕적 성숙에 도달한다고 보지 않았다. 이라크, 아프가니스탄 등 전쟁 지대나 도시나 농촌에서 사는 많은 사람의 경우 현실적으로 불평등과 억압이 낳은 엄청난 고통으로 인해 고차원적 도덕성을 추구하는 단계로 나아갈 수가 없다. 길리건이 강조하는 돌봄 관계는 고립된 개인이 아닌, 관계적 용어로 이해되기 때문에 보편적으로 짊어져야 하는 공동의 책임이다.

길리건은 돌봄 지향적 덕이 남성보다 여성의 전통적인 경험에서 더 잘 생겨난다고 주장하였다. 전통적으로 소녀에게만 제시되었던 돌봄 윤리를 소년들도 받아들여야 한다는 주장으로 이어졌다. 그래서 오늘날 돌봄 윤리는 정의 윤리와 공존하면서 국가 정책이나 학교공동체의 운영 원리로 채택되고 있다. 도덕적 추리와 판단에 대해 보완적, 통합적 접근을 취하는 중도주의 입장의 길리건과는 달리, 나딩스는 정의라는 원칙 윤리가 아버지의 목소리로서 부적합하다고 보고, 이런 윤리를 모호하고 불안정한 것으로 판단한다. 정의의 원칙 윤리에 대한 '대안'으로 어머니의 목소리인 '돌봄'의 윤리 이론의 우선성을 주창하는 극단주의 입장에 서 있다.

길리건^{Gilligan, 1982}과 나딩스^{Noddings, 1984}는 모두 돌봄을 개인적이고 관계적인 관점에서 묘사했을 뿐만 아니라 돌봄 윤리를 정의 윤리와 분명하게 대비시키고자 했다. 두 페미니스트는 도덕교육의 영역 안에서 함께 여성주의자의 관점을 취했지만, 길리건이 심리학자로서 도덕발달에 초점을 맞추고 있는 반면에, 나딩스는 교육철학자로서 도덕적 지향에 초점을 맞춘다. 길리건은 여성이 남성과 동일하다는 잘못된 가정에서 출발한 과거의 도덕성 발달 판단을 뒤집고 새로운 대안을 제시했다.

길리건은 여성들의 도덕성 발달이 남성들처럼 권리와 규칙이라는 원칙이 아니라, 책임과 돌봄이라는 원칙에 따라 조직된다는 사실을 발견했다.

그녀는 도덕성에 서로 다른 두 관점이 있다고 주장했는데, 이 둘은 어떤 계열성을 가지거나 상반되는 것은 아니라고 덧붙였다. 그녀는 정의와 돌봄 모두가 필요하다는 사실을 인정하고 도덕적 추론과 도덕적 판단에 대한 좀 더 통합적인 접근을 하고자 노력했다. 권리의 도덕(성)은 평등equality에 입각하고 공정에 대한 이해를 그 중심에 둔다. 반면 책임 윤리는 필요의 차이에 대한 인식하에 공평equity 개념에 의지한다. 권리의 도덕(성)은 나와 타인의 주장에 대한 동등한 균형 잡힌 존중의 태도를 표명하고, 책임의 윤리는 동정과 돌봄을 낳는 이해에 의지한다. 그러므로 아동기와 성년기 사이에 나타나는 정체감과 친밀감의 대조는 상호 보완 관계를 맺는 두 도덕성을 통해 명확히 표현된다.Gilligan, 1982: 165

도덕적 추론과 판단에 대해 길리건은 상호 보완적이고 통합적인 태도를 취했다. 하지만 이와는 달리 나딩스는 원리화된 윤리가 적절하지 못하다고 주장한다. "…모호하고 불안정하다. 원리가 있는 곳 어디에나 너무 자주 예외가 암시되고, 우리를 서로에게서 분리시키는 그런 원리에 근거한"Noddings, 1984: 5 접근 방법을 나딩스는 거부한다. 길리건은 서구의 개인적이고 분리된 자아 개념의 보완을 위해 관계적 자아를 다듬은 반면에, 나딩스는 모든 사람에게 보편적인 자아에 대한 관계적 관점을 주장했다. 나딩스의 돌봄 윤리가 기초하고 있는 보편성은 돌봄적 태도다. 그것은 돌봄을 받았던 유년기의 기억들, 성장 과정에서 우리가 돌보고 돌봄을 받았던 기억들의 축적에서 배어나오는 태도를 말한다.Noddings, 1984: 5 돌봄적 태도는 여성에게만 있는 것이 아니라 모든 사람의 삶과 그들의 자아 개념에 핵심이 된다. 모든 사람은 돌보는 것을 배워야 한다. 돌봄 윤리는 우리가 서로의 도덕발달에 책임이 있음을 환기해준다.Noddings, 1990: 123 나딩스는 '자아'를 다음과 같이 묘사한다.

나는 혼자 태어나지 않았다. 오늘의 내가 있게 된 것은 양육과 지도덕분이므로 나는 관계 속에 있다. 나 스스로 분리를 원했건, 주변 환경이 마음대로 나를 고립시켰건 나는 혼자가 되었을 때 가장 먼저 관계성을 회복하고 그것을 재건할 방법을 찾는다. 내 개성은 일련의 관계들 속에서 규정된다.^{Noddings, 1990: 51}

그리고 나딩스는 원리화된 윤리를 '아빠의 목소리'로, 돌봄 윤리는 '엄마의 목소리'로 묘사한다. 나딩스는 원리화된 윤리의 대안으로 돌봄 윤리 care ethics 이론을 제안하는 것이다. 그녀는 돌봄 관계 속에 돌보는 사람과 돌봄을 받는 사람이라는 두 요소를 포함시켜서 돌봄에 관한 관계적 정의를 다듬었다. 나딩스에 따르면, 내가 어떤 사람과 돌봄적 관계를 설정해서 그 사람이 내 돌봄을 받아들여야만 자신을 돌봄 제공자로 묘사할 수 있다. 이 돌봄적 관계 설정은 돌봄을 받는 사람이 그 돌봄을 인정하는 것과 호혜성에 의지한다. 나딩스에게 돌봄은 수용적 합리성을 갖춘 타인과 '함께 느끼는 것'을 의미한다. 관대한 태도와 사고를 바탕으로 타인을 기꺼이 받아들이거나 타인과 '친숙해지는 것'이며, 돌봄 관계의 지속을 위해 다른 사람에게 자신을 온전히 드러내는 것이기도 하다.^{Thayer-Bacon, 2013: 152-153}

도덕성 자체는 두 사람 사이의 관계 속에서 생기는 문제라서 홀로 결정할 문제가 아니라 서로 연계되는 공동의 결정에 의해 구성되는 문제이다. 나딩스는 길리건의 도덕적 추리와 판단에 대한 보완적, 통합적 접근과는 달리, 원칙적 윤리가 아버지의 목소리로서 부적합하다고 보고, 이런 윤리를 모호하고 불안정한 것으로 거부하였다. 대신 나딩스는 원칙 윤리에 대한 '대안'으로 어머니의 목소리인 '돌봄'의 윤리 이론을 제시하였다. 그리고 정의의 공동체에 대한 대안으로 돌봄의 공동체를 제시하였다.

하지만 나딩스 모델의 문제는 불평등을 돌봄의 본질적인 특징으로 인정한다는 점에 있다. 민주사회의 관점에서 본다면, 그러한 불평등은 지속적인 배제를 정당화할 수 있으며, 돌봄 수혜자와 그들과 밀접한 돌봄 제공자를 온전하게 참여하는 시민으로 생각하지 않는다. 요약하자면 민주적 돌봄의 중요한 부분은 위계적인 관계를 깨는 것이다. 이를 위한 출발점은 양자의 관계로 돌봄을 바라보는 논리에 도전하는 것이다. 두 사람 사이에 서만 나타나지 않는다. 그리고 돌봄을 '삼각화triangulate'하는 기회로 만드 는 것은 무자비한 권력의 위계 조직을 깰 수 있는 기회를 만드는 것이기도 하다.Tronto, 김희강·나상원 옮김, 2014: 285-286, 292

3. 돌봄 교육철학의 양면성

여성의 도덕을 재평가하는 것은 남성 중심주의 도덕을 비판하고 성평등 의 진전을 가져오는 데 얼마나 도움이 될까? 우선 전통 윤리학이 관계에 토대를 둔 여성의 도덕관을 열등한 것으로 보고 이런 도덕관이 담고 있 는 긍정적 함축을 무시했다는 점에서 많은 페미니스트들은 돌봄의 윤리 가 기존 철학의 남성 중심주의를 잘 드러냈다고 평가한다. 돌봄은 지지자 와 비판자의 역할을 동시에 수행하여 페미니즘에 기여하였다. 돌봄 윤리 옹호자들은 먼저 아리스토텔레스주의자 혹은 공동체주의자로 불리는 이 들과 근대 도덕철학을 비판한다는 점에서 의견을 같이한다. 이들에 따르 면 근대 자유주의 도덕철학은 도덕적 문제에 혼자 고립되어 매달린 개별 적 도덕 주체를 지나치게 강조했다고 본다. 그렇지만 돌봄 윤리 옹호자들 은 아리스토텔레스주의자들이 사회적 역할이나 기능을 강조하는 것에 대 해서는 우려를 나타낸다. 사회적 역할이나 기능이 덕목의 위계화나 교회 혹은 국가에 대한 흔들리지 않는 충성의 요구로 나아갈 수 있기 때문이 다.Noddings, 2010: 303 그래서 돌봄 윤리 옹호자들은 특정 가치나 덕목에 관 하여 공동체가 합의에 도달할 수 있다고 가정하는 경향에 대하여 경계심 을 품는다.

돌봄 윤리는 최소한 두 가지 문제에서 인지발달론과 다르다. 첫째, 세상의 모든 사람이 이성적으로 사고해야 하거나 동일한 방식으로 남을 돌봐야 한다고 믿을 이유가 없다고 본다. 둘째, 우리가 지성적 행위를 강조한다고 하더라도, 이성 자체에 대하여 편협하게 몰두하지 않는다.Noddings, 2010: 303 도덕적으로 성숙된 사람은 이성적 사고 능력과 수준에 있어 뛰어날 뿐만 아니라, 자신의 행위가 자신이 맺고 있는 관계에 실제로 미치는 영향을 생각하는 데도 뛰어나다. 더구나 돌봄 윤리학자들의 관심은 단지 개체로서 도덕적 주체의 성장이라기보다는 도덕적 관계의 유지와 성장이다. 교육에서 돌봄 윤리가 함축하고 있는 바는 첫째, 돌봄을 지속하고 확대해가는 일이다. 돌보는 사람으로서 교사는 학생들을 돌봄을 받는 객체/대상이 아니라 돌보는 '주체'로 대우해야 한다. 학생을 교과보다 중시해야 하며, 그들을 수용(포용)하고, 그들과 협력적인 태도를 지녀야 한다. 그들을 대화에 끌어들이려고 애써야 한다. 학생들의 관점을 관대하게 이해해야 한다. 대화와 실천 긍정/인정을 통해 학생과 교사는 돌봄적 관계를 유지하고 확대해갈 수 있다. 학교에서는 실험적인 태도를 취해야 하고, 교사들에게 교육 행위는 더불어 살기 위함이라는 소중한 목표를 늘 간직해야 한다.

둘째, 돌봄은 관계적 존재론과 함께 우리가 서로에게 얼마나 많은 영향을 주는지 강조한다. 관계적 인식론과 더불어 돌봄적 추론에서의 돌봄도 우리가 서로에게서 얼마나 많은 것을 배우는지 알게 해준다. 우리 스스로 돌봄적 추론 능력들을 고양시키며, 스스로에 관심의 초점을 맞추어야 한다. 교사와 학생들은 그들 스스로를 위해 말하는 그러한 타자가 필요하고, 그래야 타자의 관점과 경험을 배운다. 돌봄적 추론을 위해서는 교사와 학생 간 공통 언어가 마련되어야 한다. 학생들에게는 의사소통과 대인관계 기능들을 고양시켜줄 대화의 시간이 많이 필요하다.

셋째, 교사와 학생 사이의 관계 증진은 매우 중요하다. 교실은 학생들이 부담 없이 말하고, 또 지지받을 안전한 곳이 되어야 한다. 자신의 목소리를 스스로 계발할 수 있는 기회를 보장해주기 위해서다. 타자의 말에 주목할 뜻이 있고, 수용적 자세를 견지할 의지가 있으며, 타자의 생각에 관대함을 보여줄 필요가 있다. 학생들이 교실에서 서로의 맥락을 이해하려고 노력할 때 그들은 돌봄적 추론을 사용한다. 우리는 타인의 이야기를 들을 기회와 타인의 관점에서 배울 기회가 필요하다. 우리는 타문화와 다양성에 노출되고 그것들을 읽어볼 기회가 필요하며, 친구관계의 확장이 유익한 것임을 단언할 기회를 누려야 한다. 그래야 학생들의 돌봄 능력이 고양되고 모든 사람들의 가치도 인정된다.

그렇지만 돌봄 윤리 연구는 입방아에 자주 올랐다. 관계 중심의 도덕적 입장을 여성의 도덕과 동일시하는 태도와 그런 태도가 성평등의 진전에 미칠 영향에 대해 염려하는 소리가 많았다.

1) 돌봄 윤리는 '여성' 혹은 '여성스러움'의 범주에서 도출됐다는 비판을 받아왔다. 대체로 남성보다 여성이 돌봄을 삶의 중심에 두고 타인과 '돌봄적' 관계를 맺는 것은 사실이다. 그렇다고 여성이 본질적으로 남성과 다른 도덕적 접근 방식을 갖는다고 추정할 근거는 보이지 않는다. 여성들이 이러한 능력의 발달을 위해 배우고 또 보상을 받기 때문에 타인을 더 잘 이해할 뿐이다. 그와 같은 '필요'와 '이유'는 대부분 힘의 관계에서 나타난다. 곧 여성이나 다른 소수자들은 처벌과 고통을 피하기 위해 힘을 가진 자의 감정을 읽어내는 능력을 발달시켜온 것이다.Thayer-Bacon, 2013: 155 돌봄과 같은 여성과 특별히 관련된 개념들은 과거에 그랬던 것처럼 여성을 억압하는 데 사용될 수 있다. 돌보는 사람이 심하게 혹사되는 것과 같은 관계를 정착시킬 수 있는 위험, 돌보는 사람에 대한 일방향적 분석은 억압적인 제도를 강화할 가능성이 있다. 돌보는 사람은 자신의 도덕적 가치를 다른 사람을 위한 돌봄 능력에 전적으로 의지하거나 혹은 관계 속에서 부수적으로 일어나는 것으로 자신의 도덕적 가치를 인식한다면 그녀

는 자기 스스로를 옭아매는 것이다. 이는 그동안 페미니즘이 문제 삼았던 여성의 전통적 성역할을 더욱 굳힐 위험이 높다. 돌봄의 윤리가 희생자의 윤리나 노예의 윤리라는 비난을 받았다.

2) 타인의 필요에 자연스럽게 응하고 수용하는 돌봄의 윤리가 타인과의 지나친 동일시로 치달아서는 안 된다. 타인의 필요에 대한 수용성은 도덕적으로 '자기말살'의 위험을 내포할 수 있다. 자신의 필요와 의견은 없고, 상대방이 필요로 하는 것으로 자신의 역할을 규정해서 자신의 자아를 지워버리는 것이다. 마치 전통적으로 우리나라 여성들이 자녀를 자신과 동일시하여 자녀를 위해 제 모든 것을 희생하는 것과 같다. 물론 갓 태어난 신생아의 경우 보살핌/돌봄의 관계가 상호적이 되기는 힘들 것이다. 그렇지만 일반적으로 돌봄의 관계가 지속적으로 불평등한 관계를 유지하게 된다면, 이는 돌보는 자에게 도덕적 피해를 주게 된다. 따라서 돌봄의 실천이 여성을 억압하거나 착취하는 것으로 작용하지 않으려면 여성들이 스스로 자신을 소중한 존재로 간주할 수 있어야 한다.

3) 돌봄 윤리는 개인주의를 타자와의 관계보다는 개인의 독립과 자율을 강조하는 남성의 경험을 투영한 것이며, 그런 점에서 남성 중심주의라고 비판한다. 사실 모든 인간은 관계의 기초 위에서 탄생하고 성장·발전하기 때문에, 그런 관계적 측면과 분리된 채 홀로 서 있는 독립적이고 자율적 개인을 이론적 전제로 삼게 되면 타자의 필요에 세심하게 귀를 기울이는 도덕적 태도가 뒷전에 놓이게 된다. 그런데 일부 페미니스트들은 개인주의적 관점이 지닌 한계를 부분적으로 인정하면서도 자율성이나 개인주의 등에 대한 강조를 반드시 여성에게 부정적인 것으로 간주할 것은 없다고 한다. 이런 가치나 관점이 성불평등을 시정하는 데 기여할 측면을 과소평가하지 말자는 것이다. 예컨대 누스바움에 의하면 기존 정의론은 단지

개인주의적이어서 문제제기라기보다는 개인주의가 일관적이고 철저하게 관철되지 못해 문제일 수도 있다는 것이다. 가족에서 일어나는 여러 가지 부정의(성역할 고정화, 가사노동 착취, 성폭력, 학대 등)는 여성들이 단지 가족의 구성원이 아니라 독립적인 한 개인으로서 다양한 권리를 누릴 수 있고 폭력과 학대로부터 보호받아야 할 존재라는 점을 충분히 인식할 때 시정될 수 있다고 본다.Nussbaum, 1999: 61-67 또 자율성과 관련해서도 누스바움은 여성들이 단지 타자와의 관계를 중시하고 타자와의 조화를 지향한다는 점을 뛰어넘어 자유롭게 제 삶을 결정하고 자율적으로 도덕적 판단을 내리는 존재임을 부각시킬 때 성차별과 억압의 문제도 해결될 수 있다고 한다.하주영, 2013: 327-328 이런 지적은 돌봄의 윤리가 보여준 주장이 전적으로 그르다는 말이 아니라, 개인주의나 자율성 같은 범주를 남성의 전유물로 여길 때 빚어질 이론적 오류와 위협을 짚는 것이다. 따라서 개인주의, 자율성, 정의 등의 윤리를 남성적인 것으로 배척하기보다는 성별에 관계없이 보편적이고 일관적으로 적용해야 한다. 그래야만 여성들은 가족이나 공동체의 가부장적이고 전체적인 요구와 강제로부터 자유로울 수 있고, 자신의 삶과 관련하여 중요하고 도덕적인 결정들을 자율적으로 내릴 수 있다.

4) 돌봄 윤리를 포함하여 페미니즘 윤리학은 이성 중심의 도덕관에 대해 부정적인 태도를 보인다. 감성/감정과 이성/합리성을 대립시키고 남성에게는 이성, 여성에게는 감성과 감정을 본성에 적합한 것으로 보는 경향이 있다. 나딩스는 여성을 감성적 존재로 긍정하고 있으며, 돌봄의 태도에서 드러나는 감정은 합리성과 대립할 뿐 아니라, 그런 합리성과 상관이 없다는 점에서 높게 평가한다. 예컨대 나딩스는 아이 돌보는 어머니의 경험에 주목하고 판단과 평가, 반성이 전혀 포함되지 않은 순전히 자발적인 기쁨과 사랑의 감정이야말로 타자와의 연관을 강조하는 도덕성의 핵심이며 사회적 애착의 모범이라고 주장한다. 그러나 이런 관점은 대부분의 페

미니스트들에게 설득력이 없다. 누스바움은 보살핌의 태도에는 분명 타자에 대한 사랑과 연민, 공감의 감정 등이 깔려 있지만, 그 어떤 합리성도 연관되지 않은 보살핌은 부주의할 수 있고, 때때로 위험하다고 주장한다.Nussbaum, 1999: 174-75, 하주영, 2013: 327-328 돌보는 감정은 결코 합리성과 무관한 것이 아니라 비판적인 성찰과 연결돼 있으며, 또 그래야만 신중하고 사려 깊은 돌봄이 가능하다. 타자의 필요와 요구에 민감하게 반응하고 타자를 충실히 보살피는 과정에서도 감정은 합리성과 결합할 수 있다.

5) 돌봄 윤리의 기원을 가정에서 여성의 역할, 곧 모성적 돌봄에 둠으로써 돌봄 윤리를 '여성적 특성/특이성'으로 규정하기 쉬우나, 나딩스의 주장처럼 꼭 여성적 특성으로 보기는 어렵다. 나딩스는 돌봄 윤리를 성과 관련하여 '사적 차원'에 국한해 규정짓고 있지만, 사회적·문화적·정치적 요인에 의해서도 영향을 받으므로 복합적으로 결정되는 것으로 봐야 한다. 돌봄은 혼자서 할 수 있는 것이 아니다. 개체적 관점을 견지하려는 돌봄 윤리학자의 태도는 구체적인 사회적 맥락을 흐리게 할 수 있다. 세계의 정치적인 현실이나 물리적인 조건들, 그리고 사회구조를 무시할 수 없다. 페미니스트들이 중시하는 돌봄의 윤리가 여성의 자연적 본성으로 간주돼 여성의 착취와 억압에 기여할 가능성이 있고, 사회에서 여성의 전통적 역할(종속적 지위)에 한정할 가능성을 유념해야 한다는 사회주의 페미니스트들의 주장을 경청할 필요가 있다. 돌봄이라는 이름으로 행해졌던 해악과 그것이 남용된 사례는 너무도 많다. 심지어 후세에 도덕적 잘못으로 판명되는 것을 당시 사회에서는 돌봄 수혜자가 기꺼이 받아들이기도 했다(음핵제거수술, 근친상간, 학대, 무시, 지나친 관대함, 과잉보호 등). 따라서 그것들이 사회정책에 대한 어떠한 재평가를 이끌어내기 전에 그 개념이 변형될 필요가 있다.

6) 돌봄 윤리는 아이들의 양육을 위해 필요한 어른들 간의 협력에 초점을 맞추지 않고 오히려 어머니와 아이들, 교사와 학생, 의사와 환자 간의 관계에 초점을 맞추고 있는 것이 문제다. 돌봄을 받는 아이나 학생은 돌봄을 하는 부모나 교사들이 자기들에게 원하는 것이 무엇인지를 인식하거나 이해하지 못하기 때문에 양자 간의 관계는 불평등한 관계가 된다. 따라서 불평등 관계를 전제로 한 나딩스의 관점은 돌보는 사람에게만 부담을 지우고, 돌봄을 받는 사람의 능력이나 자율성을 침해해서 돌봄 관계를 왜곡시킬 위험성이 있다. 돌보는 사람이 돌봄을 받는 사람을 지배하고, 돌봄을 받는 사람이 돌보는 사람을 무턱대고 신뢰하게 한다. 이로 인해 돌보는 사람은 지배자로서 자신의 권력과 힘을 남용해서 돌봄을 받는 사람을 학대하거나 억압할 수 있다. 예를 들어 부모들에 의한 아동학대, 남성에 의한 여성의 지배 등. 그렇다면 돌봄 윤리는 돌보는 사람과 돌봄받는 사람 간의 관계에만 초점을 맞추는 일상적 삶에서의 미시적 도덕성[74]을 넘어 사회구조적 차원에 초점을 둔 거시적 도덕성[75]으로 확장돼야 한다. 미시적 도덕성과 거시적 도덕성 모두 협력과 인간관계를 풍요롭게 하기 위해 개인 간에 상호 의존의 망을 형성하자는 것이다. 사회적 구조를 강조하는 입장과 개인적인 인간적 만남을 강조하는 입장은 공유와 긴장의 많은 영역을

---

74. 미시적 도덕성은 일상적 삶에서 타인들과의 관계를 형성하는 측면에 중심을 둔다. 미시적 도덕성의 중요한 예로는 일상적으로 상호작용하는 사람에게 도움을 주거나 예의를 갖추는 것, 친숙한 관계에서 돌보는 것, 약속을 잘 이행하는 것, 일상적 상호 관계에서 겸손하고 책임을 다하며 공감적 태도를 갖추는 것 등을 들 수 있다.

75. 거시적 도덕성은 사회적 수준에서 협동이 가능하도록 하는 공식적 사회구조, 곧 사회체제에 관한 것이다. 혈족, 친구 및 친숙한 사람들과의 상호 관계가 아니라, 잘 모르는 사람, 경쟁자, 다양한 민족 및 종교들 간의 상호 관계에 초점을 맞춘다. 대표적 예로서는 자유언론의 권리 및 책임, 종교의 자유 그리고 경제적이고 교육적인 기회의 균등 등을 들 수 있다. 사회적 차원의 협력체제, 특히 친구 사이가 아니라 낯선 사람간의 협력을 구축하기 위한 조건은 친구와 혈족을 위해 행동하는 것이 아니라, 불편부당성과 공유된 이상에 따라 행동할 것을 요구한다. 예를 들어 판사는 혈족과 친구에게 유리한 판결을 내려서는 안 되고 공정하게 행동해야 한다. 국세에 의해 운영하는 교육체계는 자신이 좋아하는 학생이 아니라, 모든 학생들에게 교육적 혜택을 제공해야 한다. 의료보호체제에서 장기기증의 수혜를 받는 사람에 대한 결정은 정실이 아니라 공정성의 원리에 바탕을 두고 이뤄져야 한다.

갖고 있으나, 긴밀한 상호 연결이 가능하다.

7) 사회문화적 성gender의 주창이 남성을 단순히 공격하는 이데올로기로만 작동해서는 안 된다. 왜냐하면 남성도 그 연원을 파악하기 어려울 만큼 또 하나의 피해자일 수 있기 때문이다. 남성의 모든 것을 악의 실체로 보는 것은 평화적인 여성운동이라고 볼 수 없다. 따라서 남성이 지닌 가부장 문제 등의 해결은 폭력적 방식이 아니라 평화적으로 해결하는 실천적 지혜를 필요로 한다. 물론 남성들은 여성주의자들의 주장을 경청하고 수용하는 개방적 자세를 취해야 한다. 특히 자녀 양육으로 인해 취업 기회가 박탈된 양육 체제의 문제를 근본적으로 해결해야 한다. 아동 양육과 돌봄 체제(직장 탁아소 설치 등)와 같은 보편적 복지 체제의 구축이 없다면 여성의 노동력 문제는 영원히 해결되지 않는다. 그것을 개별 엄마에게 맡기는 것은 국가의 보육 기능을 포기하는 것이나 다름없다.

8) 돌봄의 대상 및 범위, 의무를 지나치게 협소하게 규정해서 낯선 사람에 대한 돌봄을 간과하고 있다. 돌봄 윤리는 윤리적 돌봄의 범위를 돌봄이 완성될 수 있는 영역에 한정하고 낯선 타인에 대한 돌봄의 의무를 배제한다. 우리는 개인적 잠재적 만남에 의해 연결되어 있는 사람들과의 관계만이 아니라, 인과관계에 의해 연결되어 있는 사람들과의 관계에도 적용되는 윤리를 필요로 한다. "부모를 존중하라!"와 같은 원리는 세대 간 격차를 줄이는 데 도움이 되고, "네 이웃을 네 몸같이 사랑하라!"와 같은 원리는 사람들을 분리시키기보다는 결속시키는 데 도움이 된다.Sichel, 1988: 215 우리에게 더욱 절실하게 요구되는 것은 가까운 사람에 대한 돌봄보다는 낯선 사람에 대한 돌봄이다. 가까운 타인으로서 한 번도 얼굴을 마주할 수 없는 사람(아프리카의 굶주린 아이, 북한의 굶주린 아이 등)에게까지 반드시 확대되어야 한다.

9) 돌봄 윤리 접근이 공동체주의적 도덕교육 접근에 동반될 수밖에 없는 전근대적 가치에 대한 복고주의적 도덕교육 접근을 정확히 짚어내고는 있지만, 돌봄 윤리의 '관계 지향성'이 지니는 위험, 즉 돌봄의 형식화나 정치화의 가능성에 대해서는 언급을 피하고 있다. 아마도 돌봄적인 개인은 개별적 상황 속에서 보편적 가치를 훼손하지 않는 방식으로 문제를 해결하는 방법을 찾아갈 수 있다는 인간에 대한 막연한 신념, 곧 보편적 신념을 전제로 하는 것처럼 보인다. 그렇지만 가치교육의 핵심 문제인 '누구의 가치를 가르칠 것인가?'라는 질문에 대하여 돌봄 윤리 이론가들은 '모든 사람의 가치로!' 하고 응답할 것이라고 주장한 점을 보면, 보편성의 결여를 약점으로 간주하지 않고 오히려 문화적 오만으로 간주한다. 이러한 입장은 모든 가치를 신중하고 비판적으로 검토하고자 하는, '왜'라는 질문을 동반한 합리주의자들의 도덕교육 견해와 마찰을 초래한다.

10) 이후 나딩스는 다른 사람의 비판적 충고를 진심으로 수용하고 역사적인 맥락과 사회적 전통에 훨씬 더 많은 관심을 쏟아야 한다는 점을 자각했다. 모든 도덕 이론을 돌봄으로 환원시키고자 하는 것은 아니라는 입장의 변화를 보였다. 그렇지만 나딩스의 이야기는 여전히 정의와 돌봄이 어떻게 결합될지가 뚜렷하지 않다. 도덕교육이 지향할 바는 정의 윤리와 돌봄 윤리의 통합이다. 도덕적 인간의 모습은 각 개인의 행복에 대한 특수한 맥락에 의한 돌봄적 관심(우정 등)을 유지하면서도 정의와 같은 보편적인 도덕적 원리에 의한 의무, 규칙 등에 부합되는지에 관한 합리적이고 사려 깊은 판단을 통해 도덕적 선택을 하는 사람으로 볼 필요가 있다. 정의의 원칙에 입각한 이성적이고 사려 깊은 판단과 더불어, 타인의 복리에 대한 열정적 관심과 따뜻한 돌봄을 베푸는 인간상이야말로 우리가 추구하는 이상적인 도덕적 인간의 모습이다. 도덕교육에서 인지/정의 윤리를 배제하면 활기를 잃어 병적 감상에 빠지게 되고, 정서적 요소/돌봄 윤

리의 윤리를 배제하면 이기적으로 되거나 무감각한 합리주의에 빠지기 쉽다. 요컨대 '정의로운 돌봄just caring'과 '돌보는 정의caring justice'가 필요하다. 돌봄이 강조되는 가정에서도 남녀차별, 부부간의 불평등한 관계 등을 시정하기 위해 정의가 요청되고, 정의가 강조되는 국가 안에서 빈민, 약자 등을 위한 복지정책을 실시할 때에도 정의와 함께 돌봄이 요청된다. 그러니 정의와 돌봄을 공적 영역과 사적 영역으로 이분화하는 것은 바람직하지 않다. 둘은 상보적 공존과 양립의 관계로 볼 필요가 있다.

11) 우리 사회에 합리주의적 도덕이 충분히 성숙되기도 전에 관계 중심의 돌봄 윤리를 성급하게 수용할 경우 고질적인 사회 문제인 연고주의의 극복을 늦출 위험이 있다. 끈끈한 인간관계(가족이기주의, 지연, 학연)에 의존하여 살고 그것을 미덕으로 생각하는 한국 사회에서 자칫 돌봄 윤리가 전근대적인, 가부장적인 사회의 윤리와 동일한 것으로 오해될 수 있다. 그래서 돌봄의 윤리는 민주주의를 심화시키는 정의의 윤리와의 융합/통섭이 절실하다. 또 돌봄 윤리는 시민의 권리를 소홀히 할 위험이 있으므로 개인주의와 시장의 대안적 개념으로 '공동체'와 '시민권'을 동시에 강조하는 '민주적 시민권democratic citizenship'을 함양하는 시민교육citizenship education'이 필요하다.Demaine, 1996: 20-22

4. 돌봄 교육학의 위상과 학교혁신에 주는 함의

오늘날 여성주의 교육이론은 여성주의 교육학으로 발전하고 있다.곽삼근, 2008 여성주의 교육학은 다른 여성주의 학자와 운동가들과의 끊임없는 대화를 통해 발전해가고 있는 지적 운동이고 전략이다.Coffey & Delamont, 2000: 5 여성주의 교육학은 교육현장 속에서 끊임없이 자기 모습을 재구성하고 있다. 사회문화적 성gender을 하나의 분석 렌즈로 조심스럽게 사용하다 보면 젠더 범주를 지지해주는 시스템의 제약에 부딪히게 된다. 지배적인 사상/행위 시스템에 부딪히다 보면, 젠더와 그 비형평성을 확인할 수 있게 해주는 개념적/논리적 도구를 의문시하지 않을 수 없다. 기존의 익숙한 것을 다른 위치에서 새롭게 바라봄으로써 주류 인식의 부분성과 한계를 성찰하고 세계에 대해 더욱 확장된 인식을 할 수 있다. 단순히 성차별을 해결하자는 차원에 머물지 않고 세계에 대해 새로운 질문 방법을 던진다. 여성주의 교육학은 여성들의 더 나은 삶, 사회문화적 성을 넘어 만인을 위한 사회역사적 운동의 실용적/정치적 차원들에까지 사유의 지평을 넓혀가고 있다.

여성주의 교육학은 기존의 교육이론과 교육 실천이 여전히 젠더적 사고를 간과하고 있다고 지적하고 있다. 여성주의 교육학은 1980년대의 제3의 물결운동의 흐름을 타고 평등, 해방, 희망, 자력화 등을 강조하는 '비판적 교육학critical pedagogy'의 범주에 속해 있지만, 그것이 가부장적·남성주의적 시각을 보인다고 비판해왔다.Gore, 1993; Luke & Gore(eds.), 1992 여성들의 삶은 여전히 '남성적 관점으로 흡수될 수 없는' 철학을 위해 출발점을 제공해주고 있다.Mayo & Stengel, 이지헌 옮김, 2013: 266-267 여성주의자들은 새로운 방식으로 이슈를 만들어낸다. 여성주의자들은 자신들의 이론화를 촉발시켰던 관심사, 다시 말해서 젠더와 관계없이 모든 사람을 위해서 더 나은 삶을 확보하는 일에 전념하는 연구에 몰두하고 있다.

오늘날 여성주의 교육학은 여성성, 남성성, 권력의 관점을 통해 학교교육을 비판적으로 조망하고 있다. 교사와 학부모로서 여성에 대한 특별한 관심 영역인 교육의 장과 중첩된 비판적 성찰과 의식의 고양을 촉진한 여성주의적 관심을 반영하고 있다. 대체로 교육 접근에서의 공정성, 철학적 접근 방식들과 지적/도덕적/교육적 시사점, 일부 여성은 허용하고 다른 여성은 배척하는 인종과 계급의 특권, 성별 분석을 한다는 것이 오히려 문제가 많은 성별 규범을 더욱 현실화할 가능성이 있다는 문제제기가 대두되고 있다. 여성들이 타자로서 겪는 경험들은 식민지 지배를 겪고 배척을 받았던 사람들의 경험을 반영하고 있다. 여성주의자들은 이런 특별한 실천적 이상을 거울삼아 내적 비판과 대화를 활발하게 나눈다. 여성주의 교육학에서 중시하는 학습자의 경험은 주제 중심적이고 교사 중심적 교육을 바꿔낼 중요한 고리로 상정돼 왔다. 여성주의 교육학에서 경험은 더 학습자 중심적으로 다루어진다. 이때의 경험이란 경험에 대한 자기고찰을 불러일으키는 경험이라고 할 수 있다. 학습자들은 여성으로서 독특한 혹은 억울한 경험을 고백하는 방식으로서가 아니라 그런 일과 성향까지 포함해 자신의 존재조건에 대해 어떻게 생각하고 있는지 드러내는 과정을 통해 성장한다. 학습자에게 힘을 실어주는 것empowerment은 진정한 의미에서 개별 학습자로부터 시작되는 일이기도 하다. 여성주의 교육학이 만들어야 할 구체적인 실천과제와 연관되는 핵심 주제는 교사의 역할과 권위, 지식과 권리의 근원으로서 개인경험을 위해 필요한 공간, 그리고 다름/차이의 문제이다.Weiler, 1996 여성주의 교육학에서 강조하는 교사의 역할과 권위는 제도적으로나 내용의 전문성으로부터 비롯된 권위가 아니라 학습자와의 감정적 교류를 전제로 하는 해방적 권위다. 지금까지의 폐쇄적이고 격리된 교육자·학습자의 관계가 아니라, 학습자들이 교사의 삶을 신뢰하고 자신을 개방하는 과정에서 생겨나는 관계를 중심에 놓는다는 것이다.

여성주의 교육학은 지식과 진리의 근원으로서 개인의 경험을 위해 필요한 공간 찾기를 중시한다. 개인이 '성적인 존재'로 살아오면서 겪은 경험은 중요한 진리의 기반이 된다. 이런 경험을 어떻게 활용하느냐에 따라 침묵 아래 묻힐 수도, 의식화의 자원이 될 수도 있다. 이런 점에서 당연히 여성주의자들은 개인적 경험이 소통되고, 그것이 재조명·이론화되는 공간을 찾는다. 여성주의 교육학은 그런 변화와 실천의 과정을 이론화하는 학문이다. 또 여성주의 교육학은 차이difference를 중시한다. 같은 여자라도 그 사람이 어떤 조건에서, 어떤 상황에서 살아가고 있느냐에 따라 여성이 느끼는 모순은 전혀 다르다. 그렇다고 해서 이런 '다름'이 여성의 연대를 해치고 여성을 파편화하는 방식으로 작용해서는 안 된다. 중요한 것은 노동계급 여성과 지식인 여성과 일상의 삶을 살아가는 주부의 여러 위상을 검토해보고, 그 차이가 어떻게 연결될 수 있는지 다뤄야 된다는 것이다. 여성주의 교육학은 교육현장에서 그런 '차이와 연대'를 이뤄내야 한다. 학습자들이 차이의 감수성을 갖되, 동시에 타인의 처지를 고려해 연대할 수 있도록 장을 마련하는 것이 중요하다.

특히 돌봄/돌봄여성주의로 분류되기도 하고 신페미니즘으로도 분류되는 돌봄의 윤리caring ethics는 학교혁신의 담론으로 새로운 관심을 끌고 있다. 학교를 좀 더 배려할 수 있는 곳으로 만들기 위해 교육에 '양육nurture'이라는 페미니즘의 개념을 적용하는 데 관심을 가졌던 나딩스Noddings, 1992, 2007는 교육의 영역에서 무시하고 있는 '돌봄의 윤리'가 도덕교육뿐 아니라 학교 문화/교직 문화의 변화, 나아가 시민사회의 사회적 자본 형성에 새로운 전기를 제공해준다고 일깨운다. 시민사회의 기본 축은 시민성과 공공성이다.Barber, 이선향 옮김, 2006: 228 그러기에 학교는 가정이 제 구실을 못하는 집에서 자란 아동들에게 특별히 도덕적 행동을 학습할 기회를 세심하게 마련해주어야 한다. 넬 나딩스의 '돌봄의 윤리'는 여성의 특수한 처지/정체성을 구체적으로 다루는 것이 아니라, 여성들이 돌봄의 제공자로서 수행하는 역할의 강점이 윤리학과 교육에 어떤 의미가 있는지를 중시한다.Noddings, 1984 가부장적 체제의 해체보다는 여성다움의 특별한 품성, 곧 돌봄에 의미를 부여하고자 하는 나딩스는 여성에게만 있는 고유한 품성인 돌봄 윤리가 남성적 윤리인 정의 윤리에 의해 짓눌려 낮게 평가됨으로써 부각되지 못했다는 문제의식을 가지고 있다. 그리고 많은 여성주의자들이 돌봄 윤리에 대한 관심을 보여주고 있다. 길리건과 나딩스의 문헌이 가장 많이 거론되고 있으며, 그들의 생각을 발전시킨 교육이론들이 많이 보인다. 돌봄의 관점을 학교운영과 리더십[Blackmore, 1999], 교수법[Noddings, 1989, 1992] 등에 적용시키고 있다. 돌봄의 관점을 우정에 적용시키기도 하고[Thompson, 1990], 돌봄에 대한 여성주의자들의 연구는 이미 학교개혁과 도덕 이론에 의미 있는 공헌을 해왔다. 학교운영에 있어 정의론적 접근이 갖기 쉬운 엄격주의의 허약성을 지적하며 돌봄적 운영원리의 강점을 제시하였다. 돌봄의 윤리는 '의무감'에서 나온 행위나 냉정한 이성적 의무에서 도출된 도덕적 행위보다는, 사랑과 자연적 성향에서 나온 도덕적 행위를 더 중시하였다.[Thayer-Bacon, 1998]

돌봄의 윤리는 우리의 '혁신학교운동'에서 학교혁신을 위한 공동체 윤리로 많이 거론되고 있다. 돌봄을 상실한 학교문화의 갱신을 위한 대안적 윤리라고 하겠다. 이를 '돌봄의 교육학'이라고 일컫는다. 물론 돌봄의 윤리[76]는 정의의 윤리가 함께 공존해야 한다. 특히 합리주의적 도덕이 충분히 성숙되지 않은 우리 사회, 특히 학교교육에 관계 중심의 돌봄 윤리를 성급하게 받아들이는 것은 우리 사회의 고질적 연고주의와 온정주의 문화를 극복하는 데 걸림돌이 될 수도 있다. 끈끈한 인간관계(가족이기주의, 지연, 학연)에 의존하도록 하며 그것을 미덕으로 여기는 한국 사회에서 자칫 돌봄/돌봄 윤리가 전근대적인, 가부장적인 사회의 윤리와 동일하게 여겨진다면, 불의한 사회를 용인하는 미덕으로 치장될 수도 있다. 따라서 돌봄의 윤리는 정의의 윤리와 서로 적대적 관계나 순서적 발달단계로 두기보다는 공존 또는 연합을 통해 '보완적' 관계로 위치시킬 필요가 있다. 따라서 '정의로운 돌봄just caring'이나 '돌봄적 정의caring justice'가 학교문화로 자리 잡을 필요가 있다.

'돌봄의 교육학'은 여성의식의 성장을 위해 학생 간의 권력관계, 교사와

---

76. 돌봄의 윤리는 자율적이고 독립적인 타인 존중, 진정한 관심 기울이기를 통해 타자에게 가치 부여하기, 그리고 수용, 신뢰, 포용, 열린 마음과 같은 자세 갖추기가 필요하다. 그리고 공감의지, 공정한 듣기, 의혹의 일시 정지, 관용의 자세를 동반해야 한다.

학생 간의 권력 관계가 재생산되는 과정을 들여다 보자고 한다. 학습자들이 자기 상황을 비판적으로 인식할 눈을 틔워야 한다. 무의식적 행동이 불평등한 권력관계를 재생산하는 방식도 깨닫게 해야 한다. 이를 위해 학교는 경험을 통한 관여, 집단적 성찰, 열정과 감정이 교차하는 교육자·학습자 및 학습자 간 관계를 중시할 필요가 있다. 그동안 학교교육은 이론적 지식을 지나치게 강조하였지만, 이제 이론적 지식과 감정적·경험적 지식을 통합해야 한다. 학습자에게 감성과 이론을 함께 사용할 수 있도록 돕는 것이 중요하다. 의미와 실천의 결합체로서 새롭게 형성된 문화는 학습자 자신을 변화시킬 가능성을 높여야 한다. 대안적 교실문화는 기존의 학문적 경계뿐 아니라, 몸·마음의 경계, 교사·학생의 경계를 흐리는 실천 과정 속에서 새로운 교육을 모색해야 한다. 그러려면 학습자들이 목소리를 내게 해야 한다. 어떤 집단이 '목소리를 잃는다'는 것은 그 집단이 갖고 있는 이해관계와 힘을 잃는다는 뜻이다. 학습자의 목소리를 찾고 그것을 개발해가는 과정, 세력화의 시도를 해야 한다. 특히 여학생들을 어떻게 주체로 키울지 고려해야 한다. 그들에게 힘을 실어주는 것이 중요하다. 주체의 목소리 강화는 곧 민주주의의 기반을 공고화하는 일이기도 하다. 학교민주주의가 위기를 맞이하고 있는 이때, 민주적 주체의 양성이 시급해졌다.

7장
교육체제, 협치, 그리고 학교자치

1. 교육체제의 변화

세상의 여러 질문 가운데 으뜸 질문은 최고의 체제가 무엇인가이다. 체제regime라는 개념은 아주 오래되었으면서도 친숙한 말이다. 우리는 지금도 체제 형성이니 체제 변화니 하는 말을 종종 듣지만, 정확히 체제란 무엇일까? 무엇이 체제를 하나로 묶고 또 분열하게 만들까? 유일무이한 최고의 체제가 있기는 한 것일까? 체제라는 말의 기원은 플라톤, 심지어 그이전까지 거슬러 올라간다. 우리가 플라톤의 『국가』로 알고 있는 책 제목도 사실은 국가구조 또는 체제를 뜻하는 '폴리테이아politeia'를 옮긴 것이다. 무엇보다 체제를 정치학 연구의 중심 테마로 만든 이는 아리스토텔레스였다. 폭넓게 말하면 체제는 어떤 정부형태를 가리킨다. 한 사람이나 소수나 다수가 지배하는 정부든, 아니면 이 세 지배 요소가 혼합·조합된 정부든 상관없다. 체제는 우선 어떤 방식으로 사람들을 통치하는가, 공직은 어떻게(선거, 출생, 탁월한 개인적 자질에 의해) 분배되는가, 사람들의 권리와 책임은 무엇인가에 따라 규정된다. 무엇보다 체제는 정부 형태와 관련이 있다. 정치의 세계는 무한히 다양하게 나타나지 않는다. 그것은 몇 가지 체제 유형, 곧 왕정, 귀족정, 민주정 등으로 구성되고 정리된다.

그러나 한 체제는 일군의 공식적인 정치구조 이상이다. 그것은 사람들을 지금의 모습으로 만드는 전체적인 생활방식(도덕적이고 종교적인 관행, 습관, 관습, 정서)으로 이루어진다. 체제는 아리스토텔레스가 에토스ethos라 부른 것, 다시 말해 독특한 인간 유형을 키워내는 독특한 특성을 구성한다. 모든 체제는 독특한 인간적 특질과 자질을 지닌 독특한 인간적 특성을 빚어낸다. 그러므로 체제 연구는 부분적으로 시민집합체를 구성하는 독특한 성격 유형에 대한 연구이기도 하다. 헌법에 열거된 공식 정치제도, 곧 권력 분립, 주와 연방의 권한 구분부터 시작되지만, 민주주의에 대한 독특한 방어적 성향은 물론, 예절과 도덕 같은 비공식적 관행들, 소규모 시민연합체를 결정하는 경향, 물질주의와 진득하지 못한 성격까지 포함된다. 이런 관점에서 보면 체제는 한 사회의 성격이나 분위기, 그 사회가 가장 칭송할 가치가 있다고 여기며 존중하는 것 등을 설명해준다.[Smith, 오숙은 옮김, 2018: 24-25]

이런 통찰은 당연한 추론으로 이어진다. 체제는 항상 특정한 무엇이다. 그것은 다른 체제 유형과는 대립관계에 있다. 그로 인한 갈등, 긴장, 전쟁의 가능성이 그 정치 구조 자체 안에 내장되어 있다. 체제는 불가피하게 당파적이다. 사람들이 스카이대에 당파심을 느끼는 것과 똑같이 사람들에게 특정한 충성심이나 열정을 불어넣는다. 이런 열정적 애착은 단순히 서로 다른 체제 사이에서만 일어나지는 않는다. 그런 애착은 체제 내에서만 일어나는데, 서로 다른 정당, 파벌, 집단이 서로 다른 충성심과 애착을 가지고 인간 행동의 세 가지 주요 동기인 권력, 명예, 이익을 두고 경쟁하기 때문이다. 정치는 오직 체제라는 구조 내에서만 가능하다.

그러면 교육체제는 어떻게 세워질까? 무엇이 교육체제를 등장시키고 시간이 지나도 존속하게끔 만드는 걸까? 토크빌 같은 사상가는 인류 역사가 오랜 세월 진화해오면서 정치제도와 그에 대한 우리의 사고방식을 결정지어왔던 깊은 구조 안에 체제가 끼워 넣어졌다고 생각한다. 그러나 다른 목소리들(플라톤, 마키아벨리, 루소)은 체제가 위대한 정치가들의 의도적인 행동을 통해 자의식적으로 세워질 수 있다고 믿는다. 이런 정치가들이 바로 그 국민과 제도를 만드는 장본인이라는 말이다.

그런데 교육체제는 계속 변화하고 있다. 교육체제의 변화에 대한 압력은 종종 경제적, 인구 통계적, 그리고 기술적 환경의 변화로부터 비롯된다. 교육체제의 변화를 위한 압력은 또한 흔히 사회의 규범적인 가치, 신념, 기대의 변화로부터 비롯된다. 오늘날 규범적, 환경적 요인은 아주 빠르게 바뀌는 반면, 교육제도와 규제체제는 이보다 더 느리게 바뀌고 있다. 이들 요인들은 아래 표로 요약할 수 있다.

교육체제에 영향을 미치는 요인Wilkins, 2010: 88

규범적 요인	신념, 가치, 규범, 기대, 열망
제도적 요인	법, 계획, 재정체제, 교육과정, 평가, 장학을 포함한 학교체제 및 그것의 규제체제
환경적 요인	인구통계, 경제적·기술적 환경을 포함한 학교체제의 맥락

학교가 가르치는 교과과정과 이것을 지배하는 법을 비롯한 교육기관의 현재 유형은 종종 이전 시기의 환경과 가치를 반영하면서 어제의 문제에 대한 해답을 나타낸다. 교육체제의 변화 자체는 교육행정가와 정책 결정자의 문제가 아니다. 왜냐하면 문제들이 관련된 요인들이 서로 다른 속도로 변화하기 때문이다. 교육 문제의 본질을 이해하는 개념적 틀은 과학적 방법과 교육체제의 연구의 느슨한 적용에 기초하고 있다. 교육 시스템의 변화가 '해법'을 제공하고자 하는 '문제'는 다음 표와 같이 6개의 가능한 조합으로 규범적, 제도적 요인들 사이의 긴장에서 생겨난다.

교육정책의 역사는 일반적으로 유형 2와 유형 5에 의해 지배되어왔다. 증대되는 인구를 위한 교육을 보편적인 서비스로 만들기에 충분한 학교 및 교사를 제공하는 것에 대한 도전은 기간이 경과함에 따라 유형 5의 주

	교육적 이슈의 원인
유형 1	규범적 요인 ↔ 규범적 요인: 갈등하는 신념, 목적이나 가치. 예) '수월성'과 '포용'의 욕망, '협력'과 '시장의 힘', 사회에 진보적 태도와 어떤 공동체의 전통적 신념 등과 같이 서로 다른 흐름을 지닌 정부정책 사이의 긴장
유형 2	규범적 요인 ↔ 제도적 요인: 현재의 목적과 열망은 현재의 제도와 체제에 의해 충족될 수 없다. 예) 학생들이 더 광범위하고 더 이른 직업교육의 경험을 갖기를 바라는 정부의 열망이 있는 반면, 학교는 아직 이를 제공할 충분한 시설을 갖추고 있지 않을 경우.
유형 3	규범적 요인 ↔ 환경적 요인: 기대는 맥락 요인과 갈등한다. 예) 정부는 학교의 시험 성적에 높은 가치를 부여하지만, 학생의 높은 이직률과 함께 극심한 사회경제적 박탈 지역을 제공하고 있다.
유형 4	제도적 요인 ↔ 제도적 요인: 제도 및 규제체제의 일부분은 서로 갈등한다. 예) 정부는 16세 이상의 학생들을 위한 교육 계획 및 재정 지원을 16세 이전의 교육으로부터 분리시키는 변화를 도입했지만, 14-19 교육을 '일관성 있는' 단계로 제공하기 위해 학교와 대학을 설립했다.
유형 5	제도적 요인 ↔ 환경적 요인: 제도적 시스템은 그것이 기여하는 지역사회의 변화하는 경제적, 기술적, 인구통계적 특성과 긴장 관계에 있다. 예) 인구는 증가하였지만, 학교 공간이나 교과과정이 충분하지 않아 고용/취업 시장의 변화를 반영하지 못하고 있다.
유형 6	환경적 요인 ↔ 환경적 요인: 이 요인의 조합은 단지 완전성을 위해 포함된다. 실제 이것은 항상 유형 5보다 더 복잡한 버전으로 영향을 미칠 것이다. 예) 학교가 봉사하는 지역은 고용 전망이 낮아지는 것과 동시에 사회적 결속이 줄어드는 어려움을 겪을 것이다.

Wilkins, 2010: 89

요 이슈로 대두하였다. 최근 수십 년 동안 가치관의 변화와 경제에 더 적합하게 만들기 위한 교육 근대화/현대화의 도전은 유형 2의 주요한 쟁점이다. 이들 이슈와 관련된 정부의 역할은 변화되었다. 일시적으로 정부는 주로 환경에서 생겨나는 문제들을 해결하는 사업에 몰두하기도 한다. 최근 들어 정부가 좀 더 집중적인 형태를 채택하고 있는데, 이는 정부가 실제로 1-5 유형의 이슈를 창안하는 주요 주체 중의 하나가 되어 그것의 영향을 완화하기 위해 더 많은 정책 이니셔티브를 취하고 있음을 말해준다.

세계화와 연관된 변화는 주로 환경적·규범적 영역에 속하며, 제도적 시스템은 이에 조응하기 위해 새로운 요구에 대응하는 요소들을 부가시킨다. 이 개념적 틀을 도입하는 요체는 세계화로 인해 학교 관리자들에게서 벌어지는 문제가 아무리 크게 보인다 해도 그들이 다루고 있는 여러 다른 문제와 근본적으로 다르지 않다는 점이다. 사실 세계화의 요인은 가치, 테크놀로지, 인구학적 그리고 경제적 상황의 변화로 인해 생기는 문제와 불가분의 관계에 있다. 왜냐하면 이러한 변화는 종종 이들 원인들 사이에 글로벌 요소를 많이 갖고 있기 때문이다.

위에서 요약한 서로 다른 속도로 변하는 관련 요인들로부터 생기는 이슈들은 중앙 정부가 업무를 수행하는 데에 복잡한 맥락을 제공한다. 교육정책에 대한 교육자들 간의 대화는 정치적 삶의 현실을 충분하게 설명하지 못할 수 있다. 정책과 정치를 구분하는 것이 중요하다. 다시 말해, 정부가 추구하는 목표와 전략을, 그것이 채택되어 실행에 영향을 미치는 동기와 과정을 구분해야 한다. 실용적인 정치적 압력은 정부가 통치해야 한다는 것을 의미하며, 교육정책의 공적 표현이 경제적인 의제에서 벗어나거나 정치를 교육에서 제외하는 것은 현실적이지 않다. 반면, 어떤 민주적 정부가 급진적 교육 혁신의 투사가 될 위치에 있기를 기대하는 것도 마찬가지로 비현실적이다.

그리고 교육의 '하향식'과 '상향식' 개념 사이에 엄청난 격차가 있다. 국가정치의 관점에서 보았을 때 교육체제/제도는 실제로 하나의 '시스템'이다. 학교 시스템이 다국적 기업처럼 명령 및 통제 구조를 가진 조종되고 관리되는 거대한 연합적 복합 조직의 '지점'이나 '아울렛' 같다.^{Wilkins, 2010:} ⁹² 학부모의 관점에서 보면, 교육은 본질적으로 개인적인 문제로서 학교의 서비스를 이용하는 것을 포함해 그들 자녀의 발달, 양육 복지에 초점을 맞춘다. 반면 정부는 산업의 글로벌 경쟁력을 위해 학교가 경제에 기여할 것을 강조하는 경향이 있다. 이들의 일차적 관심과 동기는 더욱 개별적이고 즉물적이다. 어쩌면 아이의 잠재력을 성취할 정도를 극대화하는 것이 결국 학교의 궁극적 의제일 수도 있다. 세계화와 같은 더 넓은 개념은 아이들의 잠재성을 재정의하는 만큼 의미가 있으며, 그것이 구현될 방법에 새로운 빛을 던져 준다.

2. 협치란 무엇인가?

탐구 대상을 선정하는 것은 프로젝트 내에서 장기간에 걸쳐 종종 경합적 과제이며, 또한 관련 분야의 기여가 대상을 선정하고 해석하는 방식에 영향을 미친다. 거버넌스에 대한 연구는 학제적 탐구 대상 선정에서 불안정한 경향을 보이고 있다. 1970년대에는 공공 서비스의 구조와 책임에 대한 공공 행정의 관심, 1990년대에는 공공 영역 내의 체제를 지지하는 권력과 사회적 자본 및 정당성의 네트워크 연구로 나아갔다. 현재 많은 주요한 이슈들이 거버넌스 목적의 재집중 및 재구성을 심화시킬 필요성을 제기하고 있지만, 이것은 여전히 지배적인 패러다임으로 자리하고 있다. 거버넌스의 적절한 이론은 공적 행정, 정치학 그리고 사회문화적 분석의 장점을 포함한 학제 간 연구를 필요로 한다. 교육의 거버넌스, 그것의 실천, 분류화의 구조와 규범은 2차 대전 이후 줄곧 재구성되어왔다. 1945년부터 그동안 거버넌스의 두 가지 독특한 구성을 분명히 해왔다. 사회민주주의와 전문성을 기반으로 한 거버넌스는 1970년 후반과 신자유주의 시대를 넘어 1980년대 이래 줄곧 발전되었고, 정책 형성과 규제 및 매우 다른 실천을 만들어냈다.

거버넌스의 형성과 재형성을 이해한다면, 변화의 구성적이고 매개적 실천을 다룰 이론적 연구가 필요하다. 거버넌스는 사회 안에서 다양한 경쟁적인 사회적 이익과 관련하여 규칙 및 권력의 체제를 구성할 필요가 있다. 이러한 실천을 하는 데에서 권력의 배분과 집행을 위한 거버넌스의 독특한 과제는 집단적으로 함께 행사하는 활동을 위한 공적 영역을 구성하는 것이어야 한다. 그 과제는 세 가지 종류로 이루어진다.Ranson, 2011: 186

첫째, 공공재와 서비스는 모든 사람을 위해 마련해야 한다(방어나 인프라 구조와 가로등 등). 둘째, 집단적 효율성을 정립해야 한다(교통 혼잡, 토양 침식, 탄소 배출 등 집단적 행동에 대한 딜레마를 관리할 규제). 셋째, 집단적 규칙과 목적을 가장 의미 있게 구성하여야 한다.Ranson, 2011: 186 이렇게 해야 공적 영역의 깊은 목적의 실현을 위한 거버넌스 활동은 롤스[1971]가 말한 대로 자유 및 기회의 '기본 틀'을 구성하고, 사회생활을 처리할 협약이라 할, 정의를 위한 사회적·정치적 전제 조건을 수립할 수 있다.

3. 협치와 시민사회의 관계

1980년대에 등장하여 'government'라는 용어를 대체하고 있는 'governance'는 아직도 합의된 정의가 없다. 하지만 인터넷 백과사전 위키피디아에서는 피터스Peters의 견해를 빌려 'governance'를 정의하기를 "정책 결정에서 정부 주도의 통제와 관리에서 벗어나 다양한 이해 당사자가 주체적인 행위자로 협의와 합의 과정을 통하여 정책을 결정하고 집행해나가는 사회적 통치 시스템"이라 했다. 김규정[1999: 11-12]은 governance를 "정부·준정부를 비롯하여 반관반민半官半民·비영리·자원봉사 등의 조직이 수행하는 공공 활동, 곧 공공 서비스의 공급체계를 구성하는 다원적 조직체계 내지 조직 네트워크network의 상호작용 패턴으로서 인간의 집단적 활동"으로 정의하고 있다.

'거버넌스'에 대한 위의 정의를 준거로 할 때, 거버넌스는 government와 세 가지 점에서 다르다. 첫째, government는 권력을 가진 공적 기관이나 기구라는 의미가 강조되는 용어라면, governance는 government라는

통치(government)와 협치(governance) 비교

구분	거버먼트(government)[77]	거버넌스(governance)
행위자의 다양성	정부, 의회 등의 통치기구로서 제도에 포함되어 있는 것	정당, 관료, 지자체, NGO, 민간기업 등 다양한 행위자
계층제적 기구 존재 여부	구속력, 강제력을 가지는 특정 제도와 기구를 전제로 함	다양한 형태의 자발적이고 주체적인 참여를 허용하는 네트워크 구조
공적 영역과 사적 영역 구분	공적 영역의 공적인 문제를 공적 행위자인 정부가 해결	공적 영역의 공적인 문제를 사적 행위자(NGO 또는 민간기업 등)가 관여
권력 집중과 분산	막강한 국가권력	독점적·절대적 국가권력 부정, 국가도 하나의 행위자로 간주
문제의 수준	한 국민국가 내에 존재하는 문제	국가의 경계를 벗어나는 공통의 관심사

출처: 오승은(2006): 51-52를 토대로 재정리. 박남기(2017)에서 재인용

기관·기구의 '운영', '작동'이라는 의미가 강조되는 용어이다. governance는 기관·기구의 운영, 작동이라는 소프트웨어적 요소가 중시되는 용어다.

둘째, government는 공적 기관·기구의 배타성이 강조되는 용어라면, governance는 기관·기구가 가지는 여타 기관이나 조직과의 관계성이 강조되는 용어이다. 공적 기관·기구가 갖는 여타 공공기관, 준공공기관 특히 민간조직과의 관계 맺음의 의미까지 띤 개념이 governance인 것이다.

셋째, government가 수직적으로 지배하고 통치하는 권력을 가진 기관·기구라는 의미가 강조되는 용어라면, governance는 공적 기관·기구와 여타 기관·기구와의 협력 관계가 강조되는 용어이다. 공적 권력에 기반을 둔 '통치'보다는 여타 기관의 협력적 관계를 형성하기 위해 공적 권력을 나누어 사용하는 '협치'의 의미가 강조되는 용어가 governance이다.

'거버넌스governance'의 현대적 이론화는 '네트워크network'에 대한 정치학 패러다임이 중심을 이룬다. 네트워크는 공공 행정에서 거버넌스 개념의 분석적 핵심이다. 국가의 재구조화는 거버넌스의 새로운 이론을 필요로

77. 표에서는 오승은의 표현(거버먼트와 거버넌스)을 그대로 사용함.

하였다. 권력이 집중돼있는 국가의 기능은 '속이 비어 있으며', 점점 더 자율적인 독립적 공공기관, 대행 기관 및 당국에 분산됐다. 거버넌스는 '게임의 규칙'에 의해 규제되고, 국가로부터 상당히 자율적인 교차 영역의 상호 의존과 자원 및 목적의 교환을 특징으로 하는 자기 조직적인 것이고 조직 간의 네트워크라고 하겠다.[Ranson, 2011: 185] 정부는 멀리서만 조종할 수 있었다. 네트워크로서의 거버넌스 모델은 이론적 경합이 아니라, 그것이 취하는 형태적 경합을 하면서 서로 다른 전통을 가진 중심적 패러다임이 되어갔다.

협치는 상호 신뢰를 바탕으로 하는 공동체가 형성되어 있을 때 효과를 발휘한다. 협치는 권위적으로 자원을 배분하고 통제하며 조정하던 정부구조와 그동안 소외되었던 시장이 상호 보완적으로 작용하는 조직간 자발적 네트워크이다.[Rhodes, 1996: 652] 협치가 효과를 발휘하려면 이미 조직화된 네트워크(이해관계자 및 시장과 시민단체를 포함한 민간조직)가 구성되어 있어야 한다. 이러한 네트워크가 비효율적·비효과적으로 보이는 정부보다 정보와 정책 집행에 필요한 더 효과적인 기반까지 갖추고 있을 때 협치는 의도한 결과를 만들어낼 수 있다.[Peters and Pierre, 1998: 224] 잘 설계된 제도는 정부와 시장, 시민공동체를 대체물substitutes이 아닌 상호 보완물complements이게 이끌지만, 서투르게 설계된 제도에서는 정부와 시장이 시민공동체를 지배구조 밖으로 몰아낼 수 있다.[Bowels & Gintis, 2002: 421. 최성욱, 2011: 26에서 재인용] 이렇게 해서 다시 정부가 정책결정을 독점하는 통치구조로 이행하면 과거의 비효율성과 비효과성이 높아질 것이다. 그러면 다시 협치로 가야 한다는 주장이 대두되어 시민을 참여시키는 지배구조가 만들어지는 시계추 현상이 반복된다.

그런데 협치가 비효율적이거나 비효과적인 경우도 많다. 협치가 가정하는 공동체는 '일반적으로 시민의 덕성을 갖춘 동질적인 실체'를 의미하지만 현실은 그러하지 않기 때문이다. 최성욱[2011]은 공동체를 공통의 가치와 행위를 공유하는 동질적인 실체라는 가정 아래 협치를 논하고 시도한다면 이는 우리 현실에 맞지 않아 오히려 역효과만 커질 수 있으므로 '이질적인 공동체'라고 전제하고 접근할 필요가 있다고 주장한다. 협치에 참여하는 다양한 집단은 집단 사이뿐만 아니라 집단 내에서도 문화적 편향성, 관계의 질, 서로의 이익 등에서 이질적인 특성을 가진 하위조직과 구성원들로 이루어져 있다. 그래서 최성욱[2011: 2]은 협치 참여 주체를 마이크로소프트윈도우와 리눅스에 기반을 둔 PC와 애플사의 매킨토시 컴퓨터들을 연결한 LAN과 같은 이기종異機種 네트워크heterogeneous network에 비유한다.

협치가 효율성과 효과성을 담보하도록 만들 또 다른 전제 조건은 공동체 간, 공동체 내 구성원 간 상호 신뢰이다. 협치를 사회적 네트워크라고 할 경우 '사회적 네트워크에 배태되어 있는 신뢰관계' 곧, 사회적 자본이 축적되어야 협치가 원하는 결과를 가져올 수 있다.[Light, 2004] 협치 성공의 또 다른 조건은 구성원들의 적극적인 참여이다. 시민의 덕성을 갖춘 구성원들이 상호 신뢰를 바탕으로 합리적 결정을 내릴 여건이 갖추어져 있는 상황일 때 적극적인 참여가 협치 성공의 조건이 된다. 전제 조건이 충족되지 않은 상황에서 협치 시도는 오히려 다양한 집단 간의 충돌과 공동체 파괴 행위로까지 이어진다.

물론 거버넌스에 대한 네트워크 모델은 신자유주의 정치체제의 본질에서 많은 변화를 파악하는 데 의미가 있지만, 그것의 설명력은 약해서 거버넌스의 부분적 이론으로만 남아 있다. 창발적 변화를 기술하면서 선택과 경쟁의 준準시장으로서 신자유주의 정책 차별화 기능, 권력의 탈규제, 공적 공간의 구성을 재구조화하는 국가의 적극적 활동에 대한 인과적 분석을 회피하였던 것이다. 근원을 설명하기보다는 결과를 기술하고 시스템틀의 지속적 힘과 자원의 규제를 무시하는 경향을 보였다. 지배적 패러다임은 당연하게 받아들이고, 네트워크가 작동할 조건을 제공하기 위해 거버넌스를 위한 사전의 구조조정을 이론화하는 데는 실패하였다. 그리하여 네트워크의 실천들을 없애버릴 것이 아니라, 그것을 축적하고 지양sublate/aufheben 함으로써 더 포괄적인 해석적 분석으로 나아가는 이론화를 시도하고 있다.Ranson, 2011: 186

정부와 기관 및 대중 간의 권력 분배를 구조화하는 매우 다른 양식의 치열한 형성과 규제를 형성하는 반면, 다양한 형태의 거버넌스는 그것이 시민이 되는 것을 규율하는 다양한 규제를 매개한다. 이러한 형태의 거버넌스는 오직 그것을 형성하는 역사적 정치적 맥락 속에서만 이해될 수 있다. 오늘날 '거버넌스'는 신자유주의적 세계화를 넘어 세계시민사회cosmopolitan society의 형성을 위해 요구되는 새로운 개념이다.Ranson, 2011: 184-206 새로운 형태의 거버넌스는 이전의 지배방식에 대한 오래된 모순을 해결하는 과정에서 탄생했다. 구성과 매개의 과정으로서 거버넌스는 사회 내에서 경합하는 다양한 사회적 이익과 관련된 규칙과 권한을 구성한다. 그것은 또한 개인적인 것과 집단적인 것 사이에 벌어지는 세계관과 이데올로기 갈등을 조절하는 과정이기도 하다.Baxter, 2016: 5-9 이러한 갈등 조절 과정은 자국 정부에 한정하지 않고 국가를 넘어서는 초국가적 기구에도 나타나고 있다.

거버넌스에서 공적 영역을 구성하는 것은 또한 개인과 집단 간의 관계, 그리하여 시민성의 본질과 이원성—한 사람의 인간이 되는 동시에 정치적 공동체로서의 일원이 됨—을 확립하는 것이다. 다시 말하면 거버넌스란 무엇이 시민이 되게 하며, 누가 성원이며, 무엇이 서로에게 제 권리와 의무가 되는지를 정립하게 하는 것이다. 이 문제에 대한 의사결정은 개별적 정체성의 토대, 복지 그리고 그들의 사회적 연대의 본질을 결정한다.

다수의 공동체에 내재한 공적 삶이란 제한 없는 구성 과정 속에서 상호 연관된 매우 다양하고 중첩된 공동체들의 복잡한 네트워크로 이루어져 있다.Abowitz, 2013: 54 이렇게 참여/숙의 민주주의 이념을 구현하고자 하는 협치는 공론화의 과정을 반드시 요구한다. 관과 민의 협치가 잘 이루어지려면 공론의 장public sphere/space이 필요하다. 공론의 장이란 개인과 사회가 함께 시민의 삶을 지속해나갈 구조를 만들어가는 과정이자 가치이다. 공론의 장이 활성화되려면 논쟁, 토론, 설득 등의 방법과 조건을 개선하는 일이 반드시 필요하다. 공공성을 찾아내고 공중의 지위를 발견해내는 민주주의 실천이 필요하다. 공론장의 활성화는 결국 참여와 심의로서의 민주주의가 활성화되었을 때 가능하다.Abowitz, 2013: 65-86 공론의 장에서 중요한 것은 시민들이 공적 사안에 관심을 가지고 문제를 해결하기 위해 함께 노력해야 한다는 점이다. 다수의 사람과 두루 연관된 문제라면 개인에게만 맡기지 말고 사회가 나서서 해결해야 한다는 게 공공성의 기본 이념이다.

거버넌스는 권한을 이양하는 분권화 과정에서 관과 민이 공동으로 결정하는 협치/공치 민주주의다.Peskett, 2000 '관'의 권한을 '민'의 참여로 돌려주어 '관'과 '민'의 협치를 필요로 한다. 관의 일방적 결정이 아니라 관과 민이 공동으로 결정하는 일이다. 그 공동결정 과정은 관의 강제가 아닌 민의 자발적 동의를 통해 이루어진다. 이러한 전략은 관료화를 넘어서는 것이기도 하다. '공'의 관료화를 넘어서기 위해 '정치'를 필요로 한다. 관官 또는 '공public, 公'이라는 말은 국가와 관련된 '공식적/공무적/정부적인official' 것을 의미한다. '정부적'이란 중앙정부, 지방정부, 공기업 등 '관'의 통제를 받는다는 뜻이다. 정부적인 또는 공적인 것의 강조는 강제, 권력, 의무의 의미를 드러내는 것이다. 사적인 일로 맡겨졌던 교육이 국가의 적극적 조성과 책임으로 변한다는 것은 교육의 내용과 형식, 그리고 실제적 활동 방향에 대해 '공권력'이 작용한다는 의미이다.

그런데 중앙집권적 상의하달식 행정을 펴게 되면 공교육은 국가/정부에 의해 전횡적으로 운영될 가능성이 높다. 그러기에 관의 관료주의를 방지하려면 공교육의 '공'을 국가 관장의 교육으로 협소화하지 않고, 국민 모두의 공동선 개념으로 확장할 필요가 있다. 사실 정부의 주도성이 강하면 공무원들의 전횡과 독점이 발생할 가능성이 있다. 이를 제어하지 못하면 관료주의나 전체주의로 변질될 위험이 크다. 우리의 역사에서 보았듯, 근대화의 주력으로서 정부의 공무원에 의해 유지된 공교육은 전문적 관료에 의해 일정한 성과도 거두었지만, 그것의 역기능도 만만치 않음을 우리는 잘안다.

그러기에 '관'의 공적 책임을 강화하여 정치 과정으로서 협치 가능성을 높이지 않으면 안 된다. '정부적인' 것은 '정치적' 과정을 필요로 한다.^{백완기, 2008: 24} 왜냐하면 '공'은 정부적인 것을 넘어 '정치적political' 또는 '정치성'의 의미를 다분히 내포하고 있기 때문이다. 보통 '관' 또는 '정부적'이라고 하면 제도적이고 공식적이고 법적 측면이 강하지만, '정치적'이라고 하면 자연발생적이고 비공식적이고 과정적이고 타협과 협상의 성격이 강하다.

따라서 학교에서의 정치 활동이란 학교의 목적과 정책을 형성하는 과정에 시민이 개입하는 방식을 포함하며, 정치적이란 토의, 숙의, 이견, 투표, 로비, 저항, 연대 등의 활동을 포함한다.^{Abowitz, 2013: 46-47} 정치란 다양한 견해와 이익들 사이에 이루어지는 타협과 협상의 과정이고 이질성이 큰 복잡한 현대사회에서 폭력을 해소하는 대안적 활동이기도 하다. 정치권력이나 정부가 국민의 교육권을 제압하고 불법적인 행위를 자행할 경우, 그것을 '공공적'이라 말할 수는 없다.

이렇게 공교육 체제는 동의와 설득에 바탕을 두고 참여 민주주의 이념이 구현되는 협치governance 구조를 마련하여야 한다. 여기에서 강조하는 협치는 자치自治, self-government/self-rule가 이루어질 때 가능하다. 참여적 협치는 참여와 숙의 민주주의적 운영을 통해 학교를 자주적으로 운영하는 원리이다. 민·관·학 협치의 출현은 바로 정치성의 구현을 위한 중요한 시도다. 협치는 누가 내게 무언가를 보장해준다는 시혜적 관점이 아니라, 우리의 삶에 영향을 미치는 일에 대해 우리 스스로 논의하고 결정하게 한다. 그것은 참여적 협치를 할 수 있는 민주적 약속이다.^{Abowitz,} [Abowitz, 2013: 13-14]

그러기에 정부의 공적 결정이 정당성을 가지려면 공공성의 조건인 '공개성Publizität'이 필요하다. 공개성은 어떤 물리적인 현상이 눈에 보일 수 있도록 조치하는 물리적 가시성뿐 아니라 사고와 의식의 개방성까지 포함한다. 곧, 접근 가능성과 정보의 공개성을 넘어 민주적 시민의식 속에서 합리적 추리 과정이 일어나는 의식의 개방성으로까지 나아가야 한다. 공개적으로 논의하고 집단적 행위가 이루어지는 공론 장의 마련은 공식적 제도와 정부 형태의 의사소통을 활성화한다. 정부 또는 지방자치체가 한 장소를 공개한다는 것은 사적 욕구를 공적 필요로 전환시키는 일을 말한다. 이것이 가능하려면 시민사회의 공적 영역에서 합리적 의사소통, 상호비판, 그리고 이상적 담론 상황이 생겨나지 않으면 안 된다.[Habermas, 1989]

교육의 공공성이란 공적으로 재창출하는 공론의 장, 곧 '대항적 공공영역counter-public sphere'을 통해 확보된다.[Gerrard, 2015; Giroux, 2005] 공적이고 지성적 실천의 한 형태인 가르치는 행위는 국가나 정책을 집행하는 강제력/공권력을 통해 정당성이 확보될 수 없다. 그것의 정당성은 동의와 설득의 과정을 통한 비판적 지식과 담론의 형성으로 사회적 자유와 공공적 변혁에 대한 논의를 창출함으로써 가능해지는 것이다. 교육에서의 민주적 공론장의 형성은 교양을 갖춘 사람들이 이성과 합리성, 법에 의한 지배, 그리고 여론의 힘을 모아서 대항해야 하는 것이다.

교육에서의 거버넌스는 시민이 되는 데 필요한 지식에 대한 규제적 원리와 기호 질서를 매개한다. 교육과정은 텍스트와 기록 가운데 하나의 특별한 지식 형태인 의사소통을 기호화하고 드러내며, 그것을 평가한다. 이러한 과정은 가정 및 학교 문화 사이의 관계이기도 하다. 이러한 '문법'은 행위 주체자의 사회적 위치, 언어 교환의 관습 및 등록, 장르에서 기호화된 언어의 확립된 형태와의 관계, 그리고 사회적 정체성이 사회 분야에서 행위 주체자를 위치 지우는 방법을 탐구하는 형식적 특성을 뛰어넘는다. 우리가 말하는 방식—우리가 접근하고 배포할 수 있는 유형과 코드—은 교육의 사회적 세계에서 인정받을 우리의 역량을 결정한다. 학교는 교육과정에서 특별한 방식으로 지식을 기호화하면서, 다른 한편으로 다른 부문의 사회적으로 의미 있는 시스템에 대해 긍정적인 인식을 방해할 수도 있다. 지식의 전달 유형은 또한 사회적으로 생산된 다양한 문화적 정체성을 배제하기도 한다. 이것은 지식 형태 및 제도의 규범에 '저절로' 접근하지 못하게 하는 사회집단에게는 효과적으로 비난하는 언어의 차원으로 작동한다.

시민성의 유형을 구성하는 데서 거버넌스는 사회적 차이difference의 관계를 매개하고, 그래서 문화적 계층화의 관계를 매개한다. 따라서 다른 세계에 있는 것은 사회적 계층화의 가장 깊은 규범을 경험하는 것이다. 권력 관계, 그 상위 및 하위 배열이 정치적 질서를 구성하는 반면에, 누가 하나의 성원으로 포함되는지, 누가 외부인으로 배제되는지, 누가 사회질서와 자아 및 타자의 정체성, 세속과 신성의 경계를 설정하는지는 도덕적 질서 속에서 규정된다. 그래서 사회적 계층화를 구성하는 체제는 아웃사이더로 몰린 타자로 간주되는 공동체들 간의 관계를 구체화한다. 불경—존엄성을 부정하는 것, 따라서 공유된 권리와 책임을 진 동료 시민으로 인정 받는 행위 주체 의식을 부정하는 것—은 최대의 불이익을 경험하는 것이다.

교육에 대한 공적 합의는 다양한 과정을 거치는 일의 민주적 과정을 필요로 하므로 국가나 정부만이 공공성을 담보하는 유일한 주체일 수가 없다. 교육 문제에 대한 공적 합의란 조직이나 사회적 단위, 제도, 정책이 한 개인에게 이익이 되는 것이 아니라, 모두에게 이익이 되고, 그 효과가 공유된다는 의미를 갖고 있다. 공공성의 뜻에 따른다면 정부/관公이 나서서 해결해야 할 과제도 있지만, 시민들이 함께共 해결해야 할 책임도 있다. 이를 위해 아래로부터 공共의 힘을 통해 위에서 내려오는 공公의 힘에 대결하여 민주적 공론의 광장을 구축할 필요가 있다. 민주적 거버넌스를 통해 아래로부터 올라가는 함께하는 '공共'의 힘으로 위로부터의 일방적으로 내려오는 '공公: public, official'을 탈환하여 공교육의 민주적 공공성을 복원해야 한다.

진정한 학업성취는 양화된 목표의 외재적 강요보다는 인정과 목적의 상호적 숙고에 수반된 동기의 내적 가치로부터 나와야 한다. 공적 신뢰 또한 모든 사람을 위한 공교육에 참여하고, 그것의 공동선을 숙고할 수 있는 참여의 가능성을 가진 더 광대한 시민 공동체가 준비될 때에만 출현할 것이다. 그러므로 공적 신뢰란 교육의 기회를 이익의 위계질서로 전환시키는 신자유주의적 경쟁의 힘으로부터는 나올 수가 없다.Lingard, Nixon & Ranson, 2011: 26 이 체제를 통해서는 우리가 누구이며, 무엇이 되고 싶은지 등 그동안 비주류에 속한 교육 목적의 개념을 배제할 것임은 뻔하다. 그렇다면 새로운 공동체 기반의 민주적 시민성 및 교육을 위한 민주적 조건을 다시 분명히 해야 한다.

혁신은 학교가 내부적 관계만큼이나 거버넌스 관행을 검토하지 않으면 안 된다. 이것은 학습이 불가피하게 일터와 시민사회에 참여하는, 공적 언어를 보유해야 하는 세계시민사회의 건설을 위해 암묵적으로 통용되고 있는 규범을 지닌 특정의 지역성으로부터 도출된 세계들 사이를 여행하지 않을 수 없기 때문이다. 탁월한 교사는 교실 내의 활동을 아이들의 이익에 연관시킨다. 그러나 다양한 공통체가 갖고 있는 특정의 문화를 가지고 학교의 공적 문화를 구성한다는 것은 리더십, 문화, 학습 기획, 교육과정, 또 동반자 관계 형성에서 학교 협치를 위한 전략적이고 시스템적 과제다. 학습과 삶을 매개한다는 것은 학교에 공적 영역의 규범은 물론이고 서비스, 학부모, 그들의 공동체를 수용하는 상호 인정의 더 광범위한 학습공동체를 창조하고 구성할 것을 요구한다.

학습공동체는 문화적 차이를 매개한다. 그것들은 대표, 모든 지역사회의 참여와 목소리를 보장하여 문화적 차이를 매개하고, 그리하여 학교 발전과 학업성취에 변화를 만들어간다. 민주적 참여, 문화적 인정, 학습자의 자율성 개념들은 중앙집권적 정부로부터 권한이 이양된 지배구조, 또 전문직 주도의 변화로부터 공동체 기반 변화로 전환하는 데 매우 중요하다. 그 변화가 어떻게 이해되고 중재되고 운영되는 것인지가 창발적인 정책 안건의 성공에 결정적이다. 지도력은 오래된 제도적 경계를 넘어 학습하고, 시민 참여가 의미하는 바를 새롭게 이해하는 문제이다.

그런 민주적 공동체는 신자유주의적 정치체제와는 매우 다른 원칙들에 의해 이루어진 공적인 시민적 공간을 전제로 한다. 이것은 공적 목적의 차이와 논쟁을 인정하는 공민적 영역이며, 정의와 복지의 가치에 관한 이해를 공유해야 한다. 이렇게 우리 경험을 상호 주관적으로, 상호 문화적으로 파악하는 것은 신자유주의적 개인주의보다는 서로 다른 이해로부터 나오는 것이며, 우리의 존재가 공유된 세계에 사회적, 문화적, 역사적으로 뿌리박고 있다고 본다. 우리가 다른 사람들과 경험한 것은 그들과의 개인적 의사소통의 맥락보다 앞서고, 이 맥락을 제공하는 발언의 실천과 형식을 포함한다. 이러한 활동과 성취의 패턴은 역사적으로 전개되어왔고, 그것은 우리의 의식과 경험을 해석하는 방식을 이뤄내는 집합적 기억과 공통된 전통을 구현한다. 따라서 한 주체는 타인과 그들이 공유한 세계와 독립하여 스스로를 알 수 없는 것이다.

4. 학교의 분산적 리더십

학교는 더욱 복잡한 장소가 되고 있다. 학교는 주요한 조직적 특징이 밀접하게 상호 연관되어 있는 복잡한 사회적 조직이고 시스템이다. 따라서 학교혁명은 학생과 교사들에게서부터 시작하여 교장과 교육감, 그리고 교육부장관에 이르기까지 모든 이해관계자가 깊이 개입하여야 한다. 또 학교는 급변하는 환경과 상황에 잘 대응해야 한다. 변화하는 요구와 우선순위에 유연하게 대응할 수 있는 적응력이 뛰어난 구조가 필요하다. 현대사회의 모든 형식적인 조직체와 마찬가지로 학교는 관료주의가 지배해왔다. 학교는 교사로부터 교장, 학교 감독자 그리고 교육청 및 교육부에 이르기까지 위계적 권위체제를 갖고 있다. 학생들을 조직화하고 통제하며, 수동성과 순종을 닦달하는 곳으로 되어가고 있다. 학교가 상상력과 독립심을 키우기는커녕, 단조로운 복종심을 기르고 학생들을 두렵게 만든다.

이렇듯 학교의 리더십 구조는 더 이상 21세기 학교교육의 요구에 맞지 않는다. 리더십 역량을 키우는 능력 함양, 곧 코칭, 우수한 교육과정, 교수자료에 대한 투자 등이 긍정적 측면으로 꼽히고 있다. 리더십은 똑똑한 결정을 내리는 일이 아니라, 타인이 좋은 결정을 내리고 더 나은 행동을 하도록 에너지를 불어넣는 것이다. 효과적인 리더십은 권한을 넘기고 능력을 키워주는 것을 넘어 자신감과 열정을 고취시킨다. 통제하기보다는 연결하고, 결정하기보다 시범을 보여준다. 이 모든 것을 자신과 타인의 참여를 통해 행한다.

따라서 민주적 문화 형성을 위해서는 '분산적 리더십distributed leadership' 이 필요하다. 분산적 리더십을 발휘하려면 '시스템적 사고systematic thinking'[78]를 해야 한다. 시스템적 사고는 부분과 전체가 어떻게 상호 연계되어 있고, 한 영역에서의 행동이 다른 영역에서 어떤 결과를 초래하는지 이해하는 것이다. 그리고 조직적 학습과 시스템적 사고가 교장의 활동에 스며들어야 한다. 이렇게 되려면 학교 시스템의 혁명이 필요하다. 왜냐하

---

78. 애덤 스미스는 'system(체계)'이란 여러 면에서 기계와 비슷하다고 하였다. 기계는 하나의 작은 체계다. 그것은 기술공에게서나 가능한, 다양한 운동과 효능들을 실제로 함께 연결할 뿐 아니라 그것들을 실현하기 위해 만들어진 것이다. 체계란 상상의 기계다. 그것은 현실에서 이미 작동하고 있는 다양한 운동과 영향을 머릿속에서 함께 연결하려고 고안한 것이다 (이영석, 2014: 320).

면 학교가 구조, 역할 및 책임을 변화시키고 있다는 증거가 늘어나고 있지만, 여전히 특정 작업 방식을 부과하는 형식화된 리더십 구조에 의해 제약을 받고 있기 때문이다. 학교는 주요한 조직의 특징이 밀접하게 상호 연관되어 있는 복잡한 사회적 조직이고 시스템이다. 학교는 개인과 환경의 상호 의존을 통해 인간 활동이 행위자, 학습 자료, 그리고 상황이 상호작용하는 망 속에서 배분하는 활동을 해야 한다. 따라서 한계를 갖기는 하지만, 학교를 혁신할 수 있는 또 다른 접근법을 위한 기회를 생각하지 않을 수 없다.

이러한 분산적 리더십은 '효과적 시스템적 학습effective system learning'과 동일하다.[Harris, 2010: 72] 시스템 학습은 시스템이 작동하도록 하는 리더십을 필요로 한다. 모든 구성원은 그 조직의 '큰 그림'을 볼 수 있어야 한다. 학교에서 구성원은 변화와 성공의 핵심인 자신의 개인적 학습과 조직의 집단적 학습 간의 관계를 볼 수 있어야 한다.[Hargreaves, 곽덕주 외 옮김, 2011: 222] 시스템적 사고를 형성하려면 전문적 학습 공동체를 육성해야 한다. 학교의 전문적 학습 공동체는 첫째, 협력적 작업과 학교 내 전문가들 간의 토론이 있어야 하고, 둘째 그 협력적 작업에서 강력하고 일관된 방식으로 교수와 학습에 초점을 둬야 하고, 셋째 시간에 따른 진전과 문제를 탐색, 평가하기 위해 평가 결과와 다른 관련 자료를 모아야 한다.[Hargreaves, 곽덕주 외 옮김, 2011: 222] 표면적 학습보다는 깊은 내면적 학습 기회의 촉진, 학교 전체의 의사소통 활성화, 학생 중심의 협동 가치를 중시하는 전문적 학습 공동체는 학생의 학습을 뚜렷하게 개선한다. 이것은 학교의 발전을 유지시키는 전문 기술과 능력을 축적하기 때문에 표면적 변화처럼 손쉽고 재빠른 교정보다는 지속적인 개선을 만들어내고 지원한다.

시스템적 리더십systemic leadership의 동인은 학습의 개별화, 전문적 가르침의 전문화, 지성적 책무성, 네트워크와 협력 등 네 가지 역량을 필요로 한다.[Hopkins, 2010: 62] 따라서 학교혁명은 학생과 교사들로부터 시작하여 교장과 교육감, 그리고 교육부장관에 이르기까지 모든 이해관계자가 깊이 개입하여야 한다. 또 학교가 급변하는 환경과 상황에 잘 대응해야 한다. 변화하는 요구와 우선순위에 유연하게 대응할 수 있는 적응력이 뛰어난 구조가 필요하다. 민주화의 요구가 점점 커져가고 있다. 이는 교실 속의 권력관계까지 바꾸어놓을 것이다.

따라서 리더십의 실천은 변화에 제대로 적응하고 유연해야 하며, 내·외부의 긴급한 요구에 매구 민감하게 반응해야 한다. 리더십이란 현명하게 판단하거나 큰일을 하는 것이 아니며 개인적인 이득을 챙기는 것은 더욱 아니다. 같이 근무하고 사람들의 열정을 일깨워서 더 좋은 판단을 내리게 돕고, 더 나은 일을 하게 북돋는 것이다. 다시 말해서 사람들의 내면에 깔린 긍정적인 에너지를 이끌어 내는 것이다. 효과적인 리더십이란, 권한 위임된 것보다 더 큰 영감을 사람들에게 주고, 통제하는 것보다 더 깊게 모든 일에 참여하게 하며, 결정된 것보다 더 많은 것을 몸소 행동으로 보여주는 것이다. 리더십은 구성원들을 끌어들여서 이 모든 것을 가능하게 하고, 다른 사람들도 그렇게 하도록 동기부여를 하는 것이다.Fullan, 서동연·정효준 옮김, 2017: 68

그런데 현재 우리나라 학교의 리더십 구조[79]는 더 이상 21세기 학교교육의 요구에 맞지 않는다. 학교가 구조, 역할 및 책임을 변화시키고 있다는 증거가 늘어나고 있지만, 여전히 특정의 작업 방식을 부과하는 형식화된 리더십 구조에 의해 제약을 받고 있다. 현재의 학교는 실천보다 역할과 직책으로 리더십을 강화하고 있다. 두 가지 리더십을 간추려보자.

여기서 우리는 리더십을 선과 악으로 양극화할 것이 아니라, 리더십이 21세기 학교의 요구에 더 부응할 길을 찾아볼 필요가 있다. 새로운 교육체제는 새로운 형태의 파트너십과 학교교육으로 재정의되어야 한다. 그것

---

79. 캐나다 온타리오주는 학교 및 학군의 효율성 체계, 리더십 개발 체계, 학군에 대한 리더십을 발전시키는 전면적 지원체제를 갖고 있다(www.education-leadership-ontario.ca).

리더십 비교^{Harris, 2010: 71}

현재의 리더십	미래의 리더십
위계적, 고정적	측면적, 호환적
역할과 직책	재능과 역량
한 학교에 위치한	학교를 둘러싼 운동
문제에 기반을 둔	해결에 초점을 둔
기법	실천
통제와 효율성	역량 형성과 관계적 자본
조직에 초점	수업에 초점
수당과 연계된	전문성 성장에 연계된

은 학교와 시스템 전체에 대한 더 큰 자유와 자율성에 근거한다. 이러한 새로운 학교교육의 모델은 불가피하게 학교 내에서, 학교 사이에, 또 파트너 조직에 '널리 분산된' 새로운 형태의 리더십과 의사결정 과정을 필요로 한다. 그것은 가장 넓고 다양한 의미에서 지역사회 전체에 분산되는 다음과 같은 리더십을 요구할 것이다.

- 구조적, 문화적, 개인적 장벽을 뛰어넘는 리더십
- 학교, 지역사회 및 시스템 내의 역량을 쌓는 리더십
- 관계적·사회적 자본을 창출하는 리더십
- 학업성취를 보존할 리더십
- 재설계 및 자발적 갱신을 지원하는 리더십^{Harris, 2010: 71}

하지만 우리의 선로는 이미 고장이 났다. 새로운 모델의 리더십이 필요함을 알고 있는데도 여전히 기존 모델을 고집하고 있다. 계속해서 복잡한 리더십 문제에 대한 전통적 리더십 해법을 제시하고 있다. 한계가 있기는 하지만, 왜 학교를 혁신할 수 있는 다른 접근법을 위한 기회로 생각하

지 않고, 왜 성급하게 텅 빈 학교를 채우려 하는가? 현재의 리더십 역할은 여전히 목적에 부합한가? 현재 학교에서 다른 전문적 종사자와 함께 일하고 있는 학교장의 역할은 여전히 의미가 있는가? 우리가 학교 혁신에 대해 진지하게 생각하고 있다면, 이것은 이전의 관행을 버리고, 적극적으로 학교를 다시 설계함으로써만 확보될 수 있다. 그것은 거대한 복잡한 조직, 이를테면 함선 속에서 함께 효과적으로 소통하면서 학습하는 것이다. 함선은 공유된 전문성과 지식을 통해 집단적으로 문제를 해결하는 학습공동체로서 기능하도록 해야 한다. 개인과 환경의 상호 의존은 인간 활동이 행위자, 인공물artifacts, 상황이 상호작용하는 망 속에서 배분된다. 이러한 분산적 리더십은 '효과적 시스템적 학습effective system learning'과 동일하다.Harris, 2010: 72 시스템 학습은 시스템적 리더십을 필요로 한다. 시스템적 리더십[80]의 동인은 학습의 개별화, 전문적 가르침의 전문화, 지성적 책무성, 네트워크와 협력 등 네 가지 역량을 필요로 한다.Hopkins, 2010: 62

21세기 학교에서 분산적 리더십distributed leadership이 효과적으로 기능하려면 고도로 복잡한 사회 시스템이 필요하다.

- 분산적 리더십은 주로 역량 강화에 관심을 둔다.
- 분산적 리더십은 촉진될 뿐이지 강제될 수는 없다.
- 분산적 리더십은 포용적이며 리더십의 실행에 광범위하게 참여하는 것을 의미한다.
- 분산적 리더십은 매일 이끌어가는 것이 아니라, 오히려 모든 사람이 이따금 이끌어가는 잠재력을 갖고 있다는 뜻이다.
- 분산적 리더십은 다양한 유형으로 나타나지만 청사진은 없다.
- 분산적 리더십은 깊은 신뢰와 상호 지원을 요구한다.

---

80. '시스템적 리더십'은 '크러스트 리더십'으로 부르기도 한다.

- 분산적 리더십은 학교 안팎에서 사람들의 재능과 역량을 활용할 것을 전제로 한다.
- 분산적 리더십은 두 가지에 관심을 두고 있다.
  - 리더십의 과정: 리더십이 조직 속에서 어떻게 일어나는가?
  - 리더십의 활동: 리더십이 어떻게 향상되고 발전하는가?[Harris, 2010: 72-73]

실천 면에서 분산적 리더십은 숙의를 하면서 조율이 된다. 숙의는 복잡하고 힘든 작업이다. 우선 양측에 관하여 어떠한 사실이 관련되어 있는지 알려고 애써야 한다. 구체적인 상황에서 관련된 사실을 알아내도록 애쓴다. 그 상황에서 필요한 것으로 정의되도록 시도 한다. 숙의는 대안적 해결책을 만들어내야 한다. 그런 후, 숙의는 대안에 대한 비용과 결과에 중점을 두어 서로를 비교하여 선택한다. 올바른 대안이란 없으며, 대안은 오직 최선의 것일 뿐이다. 이는 목표와 수단 모두를 다루어야 하며, 그 둘이 서로를 상호적으로 결정하는 것으로서 다루어야만 한다. 숙의는 우리가 원하는 방향 안에서 문제 상황을 움직이는 대안을 상상하기 위해 사유 능력을 이용하는 것을 의미한다.[Null, 강현석 외 옮김, 2016: 233-234]

학교장과 여타 리더들은 분산된 리더십이 번성할 수 있는 내부 조직의 조건을 적극 조율한다. 서로 다른 교직원이 만나 계획하고 반성할 수 있는 시간, 공간, 기회를 제공해서 리더십의 대안적 원천이 만들어진다. 교직원에게 리더십을 발휘할 기회를 제공하고, 학교와 학교 사이에서 대화와 토의를 위한 창의적 공간을 제공할 때 리더십 역량이 만들어진다. 새로운 학교교육의 유형은 새로운 리더십의 실천을 필요로 하며, 새로운 리더십의 실천은 분산적 리더십이다. 분산적 리더십은 집단적 지식과 이해의 중요성을 강조하며 리더십은 배분되고 공유되는 복잡한 시스템일 때 가장 효과적이다. 리더십의 배분은 지식의 전이와 창출을 위한 정교한 수단이다. 영향력과 방향의 힘이 어떤 조직 내의 다른 수준에서 느껴지기 때문에 이는 분산적 리더십으로 보일 수 있다. 하지만 이런 단순한 개념을 넘어 분산적 리더십을 이해하려면 여러 가지를 강조해야 한다. 리더십이 배분되어 있다는 것은 그것의 실천이 학교 내, 학교 간, 또 광범위하게 확장되는 것을 의미한다. 분산적 리더십은 위로부터의 리더십에 의존하지 않고 모든 수준에서 동원된 유동적 리더십과 관련이 있다. 공식적 리더십의 역할이나 책임자와 관련된 행동에 의존하기보다 상호작용과 실천에 더 중점이 놓인다.

캐나다 온타리오주의 교육개혁 전략을 자문한 하그리브스 팀은 10개 학군(72곳 중)을 조사하여 조사 대상의 학군들이 대성공을 거둔 비결을 '중간 리더십leadership from the middle/LftM'에서 찾았다. '중간 리더십'은 주 정부와 지역 학교 사이의 중간층인 학구 교육청, 곧 주 차원에서는 학구 리더가, 그리고 학구 차원에서는 학교 리더가 중간 역할을 하는 리더십이다. '중간 리더십'의 핵심은 해결책을 모색하는 동료 관계자들에 의해 더 큰 일관성과 역량이 개발될 수 있다는 것이다. 잘 풀린 사례를 보면 상위 단위(학구 또는 주)에게 이들이 훌륭한 파트너가 된다. 더 좋은 점은 중앙의 리더들이 중간 리더십을 시스템 변화의 가치 있는 방식으로 생각한다는 점이다. 이런 리더들이 볼 때 이는 잘못된 동인을 올바른 동인으로 전환하여 더 많은 것을 이룰 수 있다는 말이다. 요컨대 우리는 통제의 중심을 중간 지자체와 지역 단위로 여기고 싶은 것이다. 이것은 다른 분야에서 우리가 이미 사용하고 있는 전략이다. 중간 리더십은 역량의 배양과 몰두를 위한 또 다른 힘의 원천이다.

서로 다른 수준에서 표현된 관심과 언어 사이의 차이는 지역 차원에서 학교 리더십에 공백을 초래한다. 학교 리더들, 특히 지원적 지역 체제 안에서 행동하는 교장들은 이 공백을 메울 주요한 사람들이다. 학교 리더들이 국가정책의 요구 사항, 그들의 전문 지식, 지역사회의 열망을 조화시키는 방식은 학교 리더십의 주요한 구성 요소다. 지구적 의제와 지역적 의제의 조화는 이러한 요소들의 의식적 평가를 통해 지역 차원에서 잘 일어날 수 있다. 여기서 우리가 유념할 문제는 분석의 특정 시점에서 세계화 globalization를 종속변수로 취급할 것인지 독립변수로 취급할 것인지다. 세계화라고 명명되는 현상이 종속변수라면 광범위한 영향을 미치는 지역성과 개별 국가에서 일어나는 개발의 결과일 수 있다. 이것은 국가, 지역 및 개별 행동의 산물로서의 세계화다. 상향식 세계화라 하겠다. 이와 대조되는 세계화가 독립변수라면 국가, 지역 및 개인에게 불가피하게 영향을 미칠 자기 추진력을 지닌 힘으로 볼 수 있다. 이것은 '하향식' 세계화다.Wilkins, 2010: 93 사실 이들 두 힘들은 동시에 일어나므로 역동적 관계에 있다. 이 말은 지역 주민들과 그 지역의 학교 리더들이 단지 세계화의 영향을 어쩔 수 없이 받는 무기력한 수용자가 아니라, 그들 자신의 미래 모습을 형성하기 위해 적극적으로 참여할 수 있음을 의미한다. 따라서 학교가 제공하는 지역사회의 특성과 그에 따른 교육적 요구는 세계화라는 개념에 포함된 요소의 일부를 나타낸다. 예를 들면 고용 방식, 민족 구성, 특정 유형의 문화와 오락에 대한 기호는 바뀔 수 있다. 동시에 경제 활동, 여행 그리고 의사소통 방식을 통해 한 지역사회는 다른 지역사회에 대한 영향을 세계적인 것으로 만든다.

5. 협치 수준과 학교자치의 과제

우리의 거버넌스 상태가 어떠한가? 아직 초보적 수준이다. 관은 교육정책을 결정하는 주도적 권한을 놓지 않으려는 관료주의 경향이 여전하다. 협치에 참여하는 민의 급속한 성장에 상당한 우려와 경계심을 갖고 있다. 민은 교육정책에 대해 불만과 분노가 크지만 전문 능력이 미약하다. 그래서 다음과 같이 제언하고자 한다.

첫째, 교육 거버넌스의 발전은 아이들의 시민성citizenship/civility이 성장해야 더불어 이뤄진다. 아이들의 시민성은 또래들 사이, 어른들과의 상호작용 속에서 이루어지는 학습과정의 결과이기도 하다. 아이들의 시민성은 아이와 어른이 서로 '주고-받는' 상호 의존의 결과다.Liebel, 2012: 37 학교 운영에 아이들을 참여시키는 것은 그들을 미래의 시민으로 키울 뿐 아니라 '현재의 시민'으로 대우하는 것이다.Piper, 2012: 148-152 시민으로서 아이child as citizen/citizen child는 아이들을 '지금-이곳의 시민'으로 대우하는 것이다.James, Curtis & Birth, 2012 따라서 학교 거버넌스는 3C(curriculum, culture, community)가 조화를 이뤄져야 한다. 학교 거버넌스 발전에는 교사의 협력은 물론이고 학생들의 자치·참여활동 확대가 필수이다. 학교와 지역사회의 동반자 관계를 형성하는 학교운영위원회를 자문과 심의를 넘어 의결기구로 발전시켜야 한다. 또 교장내부공모제 등 학교장의 리더십을 확대하여 학교교육력을 높여야 한다. 간선제로 전락한 대학총장선출제도를 직선제로 돌려놓자. 국민투표에 폐단이 있다고 하여 대통령 직선제를 폐지할수는 없다. 한국의 교육정책은 교육 주체들, 특히 교육을 직접 맡는 교직원이나 교수의 의견 수렴 없이 상명하달식으로 추진되어왔기 때문에 교육주체들의 참여와 의견수렴이 가능한 민주적 정책결정구조의 창출이 필요하다.

둘째, 협력적 거버넌스를 제약하는 관료제의 폐쇄성을 덜어내려면 '국가교육위원회(가칭)'를 설립할 필요가 있다. 교육부의 권한독점과 이로 인한 경직된 관료체제, 일방적 상명하달의 교육행정으로 학교현장의 자율성과 교육 주체의 자치가 약화되고 있다. 한국의 교육은 교육부의 권한 집중으로 교육자치와 학교자치가 제약되고 있으며, 교육 주체의 자율성이 극도로 박탈되고 있다. 자율성 상실은 곧 탈전문화를 초래하여 교사의 의욕상실과 무기력을 불러낸다. 그것은 결국 학습의 질 하락으로 이어진다. 이렇게 중병을 앓고 있으니 부분 치료가 아니라 대수술이 필요하다. 여태껏 교육정책을 주도해온 기존의 기구/교육부는 이런 대수술을 엄두내지 못한다. 강력한 개혁기구가 필요하다. 기존의 교육부는 정치권력의 눈치 보기에 급급해서 백년지대계로서 교육정책의 안정성과 정치적 중립성을 확보하기가 벅차다. 한국사 국정화 사태에서 볼 수 있듯이 권력자의 부당한 정치적 개입을 막을 수가 없다. 더군다나 지금의 교육부 관료는 교육현장의 경험도 거의 부재하고 교육전문성도 떨어지기에 교육개혁을 주도할 수도 없다. 현재의 교육부 체제로는 미래를 준비하는 중장기적 교육 계획을 수립할 수 없다. 그러기에 이제 교육부의 적폐를 해결하고, 새로운 교육체제 개편을 위한 개혁추진 기구로서 '국가교육위원회'를 설치할 필요가 있다. 학제, 교육과정, 교원양성, 평생교육 등 중장기적 교육의 사안을 숙의민주주의deliberative democracy, 또는 사회적 합의를 통해 갈등을 조정하는 거버넌스 장치로서 국가교육위원회의 설치가 절실하다. 물론 국가교육위원회는 교육의 자치 역량을 갖춘 시민사회의 성장을 전제하여야 한다. 국가교육위원회의 설치는 현장의 교육자치, 학교자치, 대학자치, 시도교육감과의 거버넌스 체제가 동시에 구축되어야 한다. 그러지 않으면 일선 학교교육의 공공성과 자율성을 후퇴시키는 걸림돌이 될 수도 있다.

셋째, 아이들의 세계 이해를 도와주는 교사들의 학습공동체가 활성화되려면 공론의 장이 활성화되어야 한다. 반공익적 권력 남용을 제재하는 논의의 장을 만들고, 교실 공간은 사적 공간에서 공론의 장으로 바꿔내야 한다.정용주, 2012: 22-25 봉건시대의 귀족·전제 정치에 맞서 새로운 정치 주체로 등장한 시민이 만든 곳이 바로 공론의 장이다. 공론장의 제도화는 단체행동과 협약의 합법화 과정이다. 다시 말해 공론장을 통해 교사들의 개별적 관계가 집단적 관계로 전환됨으로써 교사는 자신의 의사에 반하는 행동에 대해 상대적 자율성을 획득할 수 있다. 그런데 현재 우리의 학교는 대부분 공론의 장이 거의 없다. 공공 영역이란 여론이 형성되는 사회적 생활의 장이다. 다시 말해 사적 개인들로 하여금 공적인 문제에 대해 그들의 이성을 사용하게 만드는 기제와 더불어 나타난 제도가 공론의 장이다. 교사들은 공론의 장을 통해 발언을 하고 여론의 압박으로 학교의 정책 결정을 통제해 사회적 권력자, 국가 관리들의 반공익적 권력 남용을 제재할 수 있다. 사실 현재 우리의 일반 학교에는 이러한 사회적 장이 거의 존재하지 않는다. 근대 정치의 핵심 공간인 공론의 장이 부재하면 교사들은 공동의 이익을 인식하고 이를 위해 집단행동에 나서기보다 우선 자신을 보호하고 살아남기 위해 개별적이고 사적인 교환 관계만을 마련한다. 학교에 잘못된 문화가 있어도 스스로 바꾸려 하기보다 좋은 교상이 오기를 기다리는 수동적이며 소극적 자세를 취한다. 교사들은 점점 교실에서 혼자 제 문제를 해결하게 되고, 학교 내의 회의에는 지식, 전달, 명령만 남는다.

넷째, 오늘날 우리의 많은 학교 제도는 군주제와 유사하다. 최고 결정권은 학교장에게 있다. 특히나 학생들은 '미성숙한 존재'라는 이유로 민주주의의 외부, 곧 비시민적 위치로 밀려나 있다. 교육자치의 핵심은 '학교자치 Schulautonomie/school-government'다. 학교 리더십의 핵심도 학교자치에 있다. 이를 위해 자치의 정치적 의미를 교사의 자유를 강조하는 것에서 학교 공동체의 자율성 보장으로 확대하지 않으면 안 된다. 학교 자치를 학교 구성원들의 자율적 의사결정과 책임성의 관점에서 파악한다는 생각은 학교자치를 학교공동체를 전제로 하여 학교교육의 목표, 교육과정, 학교교원 인사, 학교재정 등에 대해 학교 구성원들이 자주적으로 결정할 수 있는 정치적 자율의 영역으로 이해해야 한다.

다섯째, 성숙된 협치 체제를 구축하려면 시민사회의 주체인 '민'이 성장해야 한다. 촛불시민혁명 이후 새로운 교육질서/체제를 요청하는 시대에 그 질서/체제를 만들어가는 민주적 주체로서 교양시민이 탄생하지 않으면 안 된다. 관을 견제할 교양시민이 탄생해 시민적 결사체로 발전해야 국가와 경제를 감시·견제할 자율적인 제3의 영역이 공고해진다. 듀이가 강조한 바 있듯 민주주의는 제도의 차원을 넘어 민주적 삶의 양식을 내면화한 교양시민인 공중publics을 배출해야 실현된다.Dewey, 1927 협치를 위한 중요한 행위자로서도 '공중'이 필요한 것이다.Benson, Harkavy, & Puckett, 2007: 10-11, 51-61 이리저리 끌려다니는 대중을 교양 있는 공공성을 담지한 '공중'으로 성장·발전·확장시켜야 한다.Nixon, 2012 적극적으로 민주주의를 구현하는 '민주적 공중'이 출현하여 공교육의 관료화, 시장화의 위험성을 차단해야 한다. 민주적 주체인 공중이 정치적 실체로서 나서야 한다. 공적 영역에서 집단적 네트워크와 결사체가 형성되어 민주적 공중이 탄생되어야 민주적 시민사회가 탄생한다. 따라서 시민사회 결사체는 정부와 시장 영역 모두에 공적인 대안을 마련하는 협치 구조를 구축해야 한다. 다중의 정치적 사회적 결사체로 구성된 시민사회의 에너지가 국가의 권력에 영향을 미치려면, 곧 정치적 의사결정에 민주적 힘을 발휘하려면 다양한 공중이 참여할 협치 기회가 많아져야 한다.

여섯째, 공교육을 추진하는 민주적 주체로서 공중이 공고하게 구축되어야 한다. 공교육 제도를 떠받치고 있는 비판적 교양시민인 공중의 존재가 중요한 이유가 여기에 있다. 사실 공론을 형성하는 공중이 부재한 공교육은 공의 가치를 구현하기가 어렵다. 그러기에 교육 공공성을 구현할 주체인 교사, 학생, 학부모가 공적 대중으로 탄생해야 한다. 공중이 탄생되지 않으면 공교육 제도는 쉽게 허물어지고 만다. 또다시 반동 국면으로 돌아갈 수도 있다. 그러기에 구체제가 사라진 빈자리가 교양시민인 공중으로 가득 채워져야 한다. 새 술은 새 부대에! 마을의 지역주민이 주체로 나설 일이다. 물론 지역 주민의 뿌리의식은 글로벌 의식으로 발전해야 한다. 그렇지 않으면 지역주의에 함몰되고 만다. 우선 동네에 다양한 회합과 학습 동아리가 만들어져야 한다. 그래야 국가의 헤게모니에 맞설 문화적 진지가 구축될 것이다.

8장
학교교육의 위기와 공교육사상의 재구성

1. 현대 학교교육의 위기

현대사회는 19세기 봉건사회가 지녔던 전근대성을 해체시켰고, 현대의 근대성은 산업사회를 해체했으며, 그 결과로 또 다른 근대성이 만들어졌다.[Beck, 홍성태 옮김, 1996] 근대성은 자본주의, 민주주의, 국민국가, 과학의 발달 등과 연결되어 있는 일련의 사회적 현상들 전체의 특성을 말하는데[장은주, 2017: 58], 성찰적인 것이 되어 비판과 대안을 추구하는 성찰적 근대성 reflective modernity을 열어주었다.[Giddens, Beck & Lash, 임현진·정일준 옮김, 1998] 근대교육의 주된 특징 중 하나는 '교육의 학교화'였다.[손준종, 2014: 44] 근대교육은 교육이 가능한 곳과 그렇지 않은 곳이라는 새로운 경계를 만들어냈다. 학교는 전적으로 교육이 가능한 곳으로 간주되었고, 자연스럽게 교육적 실천을 독점하게 되었다. 학생은 학교에 다니는 아동을 지칭하는 획득된 제도적 신분이었고, 공순이와 공돌이는 교육제도로부터 배재된 타자를 의미하였다. 그들은 학교가 아니라 공장이라는 제도에 속한 아동들이었다. 학교가 가르치는 곳이라면, 공장은 생산을 위해 노동하는 곳이었다. 학교와 공장이라는 새로운 근대적 공간이 출현한 것이다. 사회적으로 분리된 공간들은 독자성을 강조하기 위해 다른 공간과 구별되는 명확한 경계를 설정하고 엄격한 규칙을 만들었다. 이렇게 보면 근대교육은 기회(해방)와 함께 위험(식민화)의 과정을 동시에 밟았다고 할 수 있다. 근대교육은 자아실현에 대한 열망을 충족시킴으로써 개인들에게 자유와 해방을 가져다주었지만, 동시에 자신보다 상대적으로 무지하고 무력한 타자에 대한 억압과 지배를 정당화할 가능성이 농후하였다. 『탈학교론』의 저자 일반 일리치 Ivan Illich는 중세의 종교가 시대적 사명을 다했듯, 학교의 종말을 예언하였다. 그는 학교가 민주적 사회관을 억압하고 있기 때문에 단지 학교교육을 개혁할 것이 아니라, 아예 학교를 폐지할 것을 요구했다.Illich, 심성보 옮김, 2004[81] 그런데 그의 요구와는 달리 오늘날 학교교육은 폐지되지 않고 승승장구하는 중이다. 현실적으로 학교를 수리·보수하여 재건설하자는 학교의 리모델링re-schooling 요구도 만만히 않게 제기되고 있다.Porter, 1999 우리 사회에서 강하게 일어나고 있는 '작은 학교운동'이나 '혁신학교 운동'도 이와 무관치 않다.

이러한 운동의 등장은 학교교육, 더 넓게는 공교육의 위기를 말해준다. 오늘날 공교육은 분명히 위기에 처했다. 그람시에 따르면 위기는 옛것이 기능을 다하여 사라지고, 새로운 것이 아직 나타나지 않은 공백기에 나타난다. 대중들이 예전에 믿었던 것을 더 이상 믿지 않으며, 전통적 이데올로기로부터 멀어지는, 그러나 아직 새로운 것이 출현하지 않은 공백기에 다양한 혼란과 갈등이 발생한다는 것이다. 기존 제도의 죽음과 새로운 제도의 탄생은 자연 생태계에서 흔히 발견할 수 있는 현상이다. 교육제도가 위기라는 말은 비교적 안정적으로 반복되어 유지되던 교육적 실천이나 규칙들의 의미가 약화되거나 적실성을 상실한 경우를 말한다. 그런데 지금까지 학교교육을 개혁하려는 시도는 역설적으로 공교육의 질을 떨

---

81. 일리치는 학교들이 규율과 통제를 통해서 그 안에 내재한 '수동적 소비', 곧 사회질서에 대한 몰비판적인 수용을 학생들에게 다그치는 경향이 있었다고 말한다. 잠재적 교육과정은 아이들더러 제 분수와 위치를 알고 거기에 머무르라고 가르친다.

어뜨리고 존속 자체를 위협하였다. 따라서 이 연구의 목적은 '공교육public education'에서 'public'의 개념적 의미 확장을 통해, 곧 '더불어'와 '함께'의 개념이 확장된 '공통성', '공평성', '정치성', '공론화', '공중'의 의미 확장을 통해 공교육사상을 재구성하는 데 있다.

2. 공교육의 이념사

공교육을 대표하는 공립 학교교육은 국가의 시민을 교육하는 데 가장 중요한 도구이자 필수적 수단이다. 근대교육은 국가와 분리될 수 없었다. 국가는 가장 주된 교육 공급자였으며, 교육을 '국가화'하였다. 근대교육은 국가적으로 필요한 인력을 양성하고 분류하며 그들을 적재적소에 공급하는 기능을 하였다.손준종, 2014: 45 근대 공교육은 국가적 정체성을 확립하고, 국가의 나아가야 할 길을 기획하며, 국가의 살 길을 마련하기 위한 제도로 등장했다. 오늘날 공교육은 인적 자본, 사회 복지 및 국가의 경제적 번영에 결정적으로 중요하다. 그것은 권력과 특수 이익에 의해 크게 좌우되는 공공 정책의 강렬한 정치적 영역이기도 하다.

오늘날 학교교육에 영향을 미치고 있는 공적 제도의 하나인 공교육 public education은 국민교육 체제의 산물로서 교육을 국가행정의 영역으로 설정한 국가조직화 계획으로 등장하였다. 공교육이란 현대국가가 국민의 교육받을 권리를 적극 보장하기 위하여 원리적으로 조건 정비를 담당하는 교육이다.쇼유고, 김용 옮김, 2013: 31 국가 간의 경쟁에서 승리하기 위해 국가는 새로운 교육제도를 만들고 개입했다.Green, 1990

절대주의 국가체제로부터 근대국가로 이행하는 과정에서 교육의 사사성私事性 개념이 쇠퇴했다. 차츰 공공성 개념으로 대체되었다. 국가가 일관된 방침에 따라 통제하는 통일된 공교육 체제가 필요했다. 국가가 관리하는 공교육제도는 통일성과 보편성을 강조하는 19세기 시대정신을 반영한 것이다. 공교육의 발달은 근대국가의 발달과 맞물려 진행되어왔다. 그러니 근대 국가 발달의 역사적 과정을 함께 들여다보지 않으면 안 된다.

오늘의 공교육사상은 ① 교육의 대중화와 보편화를 이룰 정도로 모든 국민이 교육 받을 권리를 기본권으로 누릴 수 있도록 이념적 기초를 제공했고, ② 교육의 단일성, 초종파성, 공립성, 무상성 이념을 제시했고, ③ 사회계층 이동을 통해 차별적 구획 장벽을 무너뜨리는 물질적 평등화의 기제 노릇을 했으며, ④ 다음 세대에게 공통된 이념적 노선과 문화적 중핵을 효율적으로 전승할 기반을 마련해 근대적 국가 형성의 기초를 다졌다.

문제는 국가가 다 똑같은 국가가 아니고 국가가 개인 간, 사회집단 간 차이를 다 아우를 수 없는 상황에서 공교육제도가 '보편 지식을 평등한 기회를 누리며 자유롭게 공부할 수 있는 체제'가 되지 못했다는 점이다. 어떠한 수사적 표현으로 공교육의 구현체로서 공립학교 교육체제를 포장하더라도, 이제껏 애초 주장되었던 공교육의 이상은 제대로 실현된 적이 한 번도 없었다. 오늘날 공교육의 근간이 된 보통·공립학교common/public school[82]는 손쉽게 합의하여 집행한 것이 아니다. 토론과 투쟁을 통해 설립됐다. 공교육 개혁의 역사는 민주적 시민국가로서 국가의 정체성에 적합한 공교육을 만들려는 사람들의 도전과 투쟁의 역사였다. 공립학교를 운영하는 관료와 이를 후원하는 시민들의 정치적 타협의 산물이다. 하나의 축은 공교육을 통하여 특정 권력 집단의 이해관계를 관철하려 했던 억압적 시도이고, 다른 하나의 축은 사회적 권리로서 사회적 이동을 가능하게 하는 평등 교육을 추구했던 투쟁적 시도이다. 전자가 국가로 얽히는 권력

---

82. 관이 설립한 공립학교, 모든 사람을 위한 보통학교는 지역, 국가, 연방정부 등 복잡한 층위에 책임을 지고 있다. 이러한 층위는 현재 공립학교 영역의 일부분을 이루고 있는 규칙, 규제, 검증 그리고 내용 규준으로 구성돼 있다. 'public school'은 보통학교(common school)를 말하는데 라틴어 'schola publica'에서 나왔다. 영국의 명문사립학교 이튼스쿨은 원래 개인의 저택에서 특별한 자제에 대한 한정된 사적 교육이 아니라 '공중(publics)'의 편의를 위하여 '공개된(open)' 학교를 의미하였다.

의 보존과 국가의 정체성을 유지·재생산·보전하는 데 관심을 두었다면, 후자는 개별적 삶을 죄고 있는 틀을 깨거나 무시되어온, 혹은 억압되었던 사회문화적 특성을 드러내려는 저항적 시도라 하겠다.Mondale & Patton, 유성상 옮김, 2014: 191-192 공교육 개혁의 커다란 한 축은 그것을 통하여 특정 권력 집단의 이해관계를 관철하려 했던 억압적/반동적 시도이며, 또 하나의 축은 사회적 권리로서 사회적 이동을 가능하게 하는 평등교육을 실현하고자 했던 투쟁적/급진적 시도다.

특히 오늘날 공교육제도가 산업화, 도시화, 사회개혁 등 만인의 기회균등 이념과 대중교육의 확산을 가져오기는 했지만, 거대한 중앙 집중적/관료주의적 학교체제를 초래하여 교육체제의 다양성과 효율성을 가로막았다는 비판을 받고 있다. 특히 1990년대 접어들어 영미 국가를 중심으로 확산된 신자유주의Neo-liberalism 논리(규제완화, 선택, 민영화, 반노동, 시장, 책무성 등)는 '관'에서 '민'으로라는 구호 아래 학교교육을 사적 재화로 파악하는 것이다.쇼유고, 김용 옮김, 2013: 34 이런 논의로 공교육 체제에 대한 근본적 구조조정을 시도하였다. 이 시도는 학교가 공공재가 아니라 비즈니스라는 관점을 반영하고 있다.Ravich, 윤재원 옮김, 2011: 335 2006년의 한 연구 결과에 의하면 칠레, 쿠바, 스웨덴, 미국, 핀란드, 캐나다의 경우 사적 투자를 통한 민영화 전략을 구사한 나라는 학습결과가 더욱 열악해진 반면, 공적 투자를 통한 공공성 강화 전략을 구사한 나라는 학습결과가 매우 향상되었다는 것을 실증적으로 보여주고 있다.Adamson, Astrand, & Darling-Hammond, 2016

공적인 성질을 띠는 공교육의 '공公: public'은 서로 다른 역사적 문화적 맥락을 거치면서 그 크기나 특성이 달라졌다. 모든 국가의 교육이 '공적公的'이라고 하여 교육제도가 동일한 발전 형태를 띠고 있는 것은 아니다. 역사적으로 공교육사상은 줄곧 발달했지만 현실에서 다 실현된 것은 아니다. 공립학교를 운영하고자 하는 관료와 이를 후원하는 시민들 간의 정치적 타협의 산물이다. 또 민주 시민국가로서 국가의 정체성에 적합한 공교육을 만들려고 하는 사람들의 도전과 투쟁의 산물이기도 하다.

3. 'public'의 개념적 발전

공원, 공중목욕탕, 공중변소, 공설시장, 공문서, 공무, 공안, 공인, 공영방송, 공휴일, 공무원, 공개토론회, 공론, 공공선/공동선, 공공정신, 공적 영역, 공립학교, 공교육 등에서 '공'이라는 말을 쓴다. 오늘날 초점이 된 '공'은 공공성이라는 뜻으로 국가 운영, 여론, 매스미디어, 공론의 장, 교육의 영역에서 많이 사용하고 있다. 원래 '공public'은 더불어 사는 삶 속에서 자연적으로 출현하였다. 혼자 살 때는 공적인 것이 존재할 수 없다. 더불어 사는 이웃생활, 공동체생활, 국가생활 속에서 공적 영역이 출현하였다. 더불어 살면서 이웃이 생기고 공동체가 생기고 국가가 생긴다. '공'은 일차적으로 서로 잘 모르는 사람들이 함께 모여 즐기던 공개적 만남의 장소인 공원과 광장과 같은 의미를 갖고 있었다.

일찍이 고대 사회에 광장, 시장, 공원, 그리고 모든 사람에게 열려 있는 그리스의 '아고라agora'와 로마의 '포럼forum' 공간이 존재하였다. 이들 공간에서 보여주는 공공성öffentlichkeit/publicity은 '열려 있다open'는 뜻이다. 17세기 이래 '공동의gemein'라는 뜻을 의미하게 되면서 라틴어 'publicus'와 연관을 맺었다. 공적 공간에서 누구에게나 '열려 있다'는 것은 외부에 논의 과정이나 정보가 열려 있다는 것이고 타인의 접근을 거부하지 않는다는 말이다. 이렇게 하여 비밀스럽고 은밀한 것이 아닌 개방적이고 투명하다는 뜻은 '공공성'이라는 개념으로 모아졌다.

공公과 사私에 대응하는 개념은 각각 'koinon'과 'idion'이다. 전자는 어떤 특징을 '공유하는 것sharing'이고, 후자는 다른 것으로부터 '구분되는 것distinctiveness'이다. 공=koinon은 모두에게 공통된 일, 공동체와 관련된 사안을 지칭하고, 사=idion는 공동체 내의 다른 주체와 구별되는 개체와 관련된 일을 지칭한다.소영진, 2008: 48 '사인私人'의 어원인 라틴어 'idios'는 원래 '박탈된privatus/deprived'의 뜻을 갖고 있었다.[83] 곧, 진정한 인간적 삶을 누리는 데에서 본질적인 것이 박탈된 것privatio/deprivation을 뜻했다.Arendt, 이진우·태정호 옮김, 1996: 112; Hannay, 2005: 71 'private'가 특정한 사람의 가족과 친구로 이루어진 보호 대상의 생활 영역을 의미한 반면, 'public'은 '어느 누구나 볼 수 있는 상태'를 의미하였다.이종수, 2016: 71 코이노스(koinos, 공적)는 이디오스(idios, 사적)와 대조를 이루는 말이며, 공공성이 사라진 삶은 박탈된 고통스러운 '사적idios/private 삶'이다. '공적公的'의 뜻을 갖는 라틴어 'publicus'는 그리스어 'koinos'에 뿌리를 두고 있다. 그리스인들의 삶은 코이노스(공적 삶)와 이디오스(사적 삶)의 이원적 체제로 이루어졌다. 고대 사회는 국가공동체와 사적 공동체가 분리되지 않았다.

그리스인의 공적 삶은 다시 로마사회로 넘어가면서 '국가 전체에 관련된 일'을 지칭하는 'publicus'와 '개인적인 일'을 담당하는 'privatus'로 구분되었다. 'publicus'는 성인집단 혹은 강건한 인간들의 집합체, 동원 가능한 인력, 뜻을 같이 하는 집단이라는 뜻이다. 'publicus'의 어원은 'pauper(극빈자)'인데 '민중'의 의미도 있다.Katz & Rose, 2013: 231 'public'의

---

83. 하버마스는 '공공성(öffentlichkeit)'의 근원을 폴리스에서 찾았다. 그리스 도시국가에서 개인은 자신에게 고유한 가정(oikos) 영역과 자유인에게 공통 영역을 함께 보유하고 있었다. 가정, 곧 'oikos'는 'economy'의 어원으로서 생산 활동과 생명 재생산이 이루어지는 영역이었다. 여기서는 가부장적 권위를 갖는 남자와 불평등한 자격을 보유하는 여성, 노예가 존재하였다. 사적 영역으로서 가정은 불평등한 곳이기 때문에 '사적인 것(the private)'은 '박탈'을 의미하는 라틴어 'privatus'에서 유래하였다. 이는 다른 사람의 시선에서 배제되는 것을 의미했다. 타인의 시선이 허락되지 않든지, 배재되는 공간이 사적인 것이다. 그런데 서구에서는 17세기 말 새로운 세력으로 부르주아 계층이 대두하면서 이들이 주도하는 독자적 공론의 장이 공공성의 개념에 편입되었다. 이때를 기점으로 'public'은 'private'와 대비되는 영역으로 등장하게 된다. 'private'가 특정한 사람의 가족과 친구로 이루어진 보호 대상의 생활 영역을 의미한 반면, 'public'은 '어느 누구나 볼 수 있는 상태'를 의미하였다. 19세기 이후 현대사회에 들어와서는 시민사회의 확대와 더불어 시민사회의 가치와 활동을 지칭하는 경우가 많다.

라틴어 어원인 'pubes'는 본래 타인에 대한 배려와 성숙을 의미했다.[이종수, 2016: 70] 말하자면, 나의 행동이 타인에게 미치는 영향을 이해할 수 있는 능력이나 자신의 입장에서 벗어나 전체를 볼 수 있는 능력을 의미했다.

'res publica(public things)'는 'populus'에서 유추되며, 여기서 'publicus'(공적인 것)가 유래되었다. 'populus'는 영어 'people'의 어원이 되는 개념이지만, 로마 시대에는 보통 사람들이 아니라 국가 공동체의 운영에 참여할 수 있는 정치적 권리를 가진 자유민을 의미하였다. 고대 그리스나 로마 사회는 여자나 아이, 노예와 이방인들을 배제하고 성인남자 시

공과 사의 관계

공	사
모든 사람에게 열려 있는	일부 사람에게 한정된
지불 능력이 있는	지불할 능력이 있는 사람에게 한정된
국가와 관련된; 지금은 종종 공적 영역으로 불리는	국가와 무관한, 시민사회에 속한; 지금은 종종 사적 영역으로 불리는
정치적인	정치적인 것과 무관한
공식적/정부적/공무적	공식적인 것과 무관한
공통적	특별한
비개인적	개별적
국가적이거나 대중적인	집단, 계급, 혹은 지역
국제적 또는 보편적	특정의 혹은 한정적인
물리적 거리에서 타인을 볼 수 있는	감추어진
가정 이외의	가정에서
인쇄물이나 전자 미디어에서 유통되는	구어 또는 육필로 유통되는
광범위하게 알려진	전수자에게 알려진
인지된, 명시적	암묵적/묵시적
세계 그 자체, 모든 사람에게 공통적인, 사적으로 소유한 장소와는 구별되는 공통세계	상응하는 공적 인식을 갖고 있지 않은, 여러 가지 사적 인식으로 더욱 복잡해진 대상
신중하고 적절하게 처신하는-무례와 반대되는 예의(pudeur/civility)	개별적, 특히 내면적인 것과 관련된, 주관적 경험과 관련된, 남에게 말할 수 없는, 성적인

출처: Warner, 2014: 29-30

민들이 모여서 공동체의 주요 사안을 결정하는 직접민주주의를 통한 공적 삶이었다. 이들은 상담, 토론 또는 철학적 대화를 의미하는 '코이놀로지아koinologia'—그리스어 'koinos(공적인)' 것에서 유래된—라는 지적 활동을 하였고, 생각(지적 활동)과 행동(대인관계)이 결합된 자유로운 정치적 삶을 향유하였다.Shorris, 2006: 65 개인의 개체성도 공동체로부터 분명하게 구분되지 않았기에 공과 사의 개념은 원리적으로 뚜렷이 분화되지 못한 채 혼재되어 있었으며, 개체로서 사적 삶의 인정은 근대의 탄생과 함께 시작되었다.

'res publica'는 처음에는 군대에 관한 일을 의미하였지만, 차츰 관심 있는 공동의 일이나 공동선으로 옮아갔다.Hannay, 2005: 1-25 키케로는 '공public'의 의미를 '공공의 일res publica/public affairs' 또는 '인민의 일res populi'로 부각시켰다. 이렇게 보면 공교육(국가가 관할하는 학교) 또는 공립학교(공공재원으로 운영되는 학교)에 포함된 '공public'은 공공성의 어원이기도 한 공화국republic의 어원과 그 맥락을 같이 한다. 'republic'의 라틴어 어원은 'res publica', 곧 공적인 일을 하는 국가, 다시 말하면 사적인 이익을 추구하는 것이 아니라 공동선을 위한 민주정부를 필요로 한다.Covaleskie, 2011: 169-171 공공 이익의 보호를 전제로 발전한 정치체제가 공화국이다. 공화국은 공동 이익을 구현하기 위해 어떤 법체계에 동의한 다수 인민의 결속체라는 뜻을 담고 있다.Cicero, 김창선 옮김, 2007: 130-131 그러기에 국가의 공교육이 공공의 이익을 보호하지 못한다면, 그 국가는 더 이상 공화국이라고 할 수 없다. 공화국의 '공'은 공동체의 복리, 곧 '공공복리salus publica'의 구현을 표상한 것이다. 공화국은 자신의 일보다 공동의 일을 더 우선시하는, 적어도 공동의 일이 중요하다고 보는 인간들을 그 구성원으로 하고 있다. 공공 철학public philosophy을 제창하는 존 듀이는 공적인 것을 개인들 간의 행위 결과가 당사자들의 범위를 넘어 제3자에게까지 간접적으로 영향을 미치는 것이라고 규정하고, 그것을 인식하고 규제하는 것을 '인민의 일res populis'이라고 간주하였다.^{Dewey, 1927: 12-16}

이렇게 'public' 개념의 진화 과정은 오늘날 옆의 표에서 보듯 다양한 의미를 띤다. 첫째, 국가에 관계된 '공식적/정부의/공무적official'이라는 의미, 둘째 모든 사람들과 관계된 '공통적인/공동의common' 것이라는 의미, 셋째 누구에게나 '열려 있는/개방적인open'의 의미, 넷째 공중publics이나 민중pauper/poor의 뜻을 갖고 있다.^{Warner, 2014: 29-30} 'public'은 국가권력의 의미와 함께 공정성(절차적 평등)과 공평성(결과적 평등)의 의미, 다수의 이익과 의견을 반영하는 '共'(common)의 의미를 갖는 '公'(public)으로 발전하고 있다.^{이승환, 2004} 이렇게 '공'은 공동성의 개념과 함께共 구성하는 공공성을 요구하는 개념으로 의미적 확장을 보이고 있다.

4. '공'의 의미 확장을 통한 공교육사상의 재구성

앞서 보았듯 '공公'은 지배 권력의 의미를 넘어 '더불어', '함께', '공동의', 그리고 '공공성'의 의미로 개념적 발전을 해갔다. '공교육'에서 '공'을 한문으로는 '公'으로 사용하지만 '共'의 의미를 포함하고 있는 것으로 발전하였다. 그리고 '公'+'共'의 의미를 갖는 '공public'은 '정치성', '공통성', '공론장', '공평성', '공중' 등의 뜻을 모두 포괄하는 개념적 의미 확장을 보이고 있다. 이러한 개념적 의미 확장을 바탕으로 공교육사상을 재구성할 필요가 있다.

1) '정치성'의 확장

'공public, 公'은 태어날 때부터 당위성, 규제성, 강제성을 갖고 있다.^{백완기,} ^{2008: 17} '공적公的'이라는 말은 국가와 관련된 '공식적/공무적/정부적인 official'⁸⁴ 것을 의미한다. '정부적'이란 중앙정부, 지방정부, 공기업 등 '관'의 통제를 받는다는 것을 말한다. 정부적인 또는 공적인 것의 강조는 강제, 권력, 의무의 의미를 드러내는 것이다. 정부가 관리하는 공교육은 정치공동체에 살고 있는 공중의 의지와 목적을 수행하는 제도적 장치다.[Abowitz, 2013: 2] 공립학교는 민주적이기를 요청하는 국가·국민 또는 시민에 의해 그리고 그 시민을 위해 다스리는 국가—와 결합된 독특한 제도다. 공교육은 국가가 지원하고 통제하는 의무교육으로서 국가와 지방자치단체 등 공적 권력기구가 관리하는, 국민 전체를 대상으로 하여 운영되는 교육제도이다. 교육에서 '공公'의 의미는 국가가 공적 관리를 한다는 말이다. 공립학교public school[85]의 '공public'이 지닌 의미는 국가에 의해 운영되는, 국민의 세금에 의해 지원을 받는 모든 아이들을 위한 강제적 학교다. '공公: public'으로서 납세자는 이웃, 시, 읍, 군 또는 권역 등 통학권에 속한 법적 미성년자를 교육시킬 책임을 져야 한다. 한비자는 '공公'이란 군주나 제후를 뜻하는 것으로 공사公事를 조정의 일朝廷之事 또는 공공 영역을 다스리는 자의 일이라고 하였다.[하승우, 2014: 64-65]

공공성은 공공의 이익을 위해 행동하는 공무원들을 통해 구성된다. 국가 주도의 교육은 공교육이 제공하는 하나의 방식이다. 사적인 일로 맡겨졌던 교육이 국가의 적극적 조성과 책임으로 변한다는 것은 교육의 내용과 형식, 그리고 실제적 활동 방향에 대해 '공권력'이 작용한다는 의미이다. 중앙집권적 상부하향식 행정을 펴게 되면 공교육은 국가/정부에 의해 전횡적으로 운영될 수 있다.

그러므로 관의 관료주의를 방지하려면 공교육의 '공'을 국가 관장의 교

---

84. 듀이는 'officer'가 공무원이라는 의미도 갖고 있는데, 이들은 타인의 이해에 관련된 결과들을 보호, 방지하는 일을 대리하는 공적 주체라고 하였다. 이와 관련된 '公人'은 공직에 있는 사람이라는 뜻이다.

85. 관이 설립한 공립학교, 모든 사람을 위한 보통학교(common school)는 지역, 국가 그리고 연방정부 등 복잡한 층위에 책임을 지고 있다. 이러한 층위는 현재 공립학교 영역의 일부분을 이루고 있는 규칙, 규제, 검증 그리고 내용 규준으로 구성되고 있다.

육으로 협소화하지 말고, 국민 모두의 공동선 개념으로 확장할 필요가 있다.堀尾輝久, 1990 사실 정부의 주도성이 강하면 공무원들의 전횡과 독점이 발생할 가능성이 있다. 그렇게 하지 못하면 관료주의나 전체주의로 변질될 가능성이 크다. 우리의 역사에서 보았듯, 근대화의 주력으로서 정부의 공무원에 의해 유지된 공교육은 전문적 관료에 의해 일정한 성과도 거두었지만, 그것의 역기능도 만만치 않다.

그렇다면 '관'의 공적 책임을 강화하여 정치적 과정으로서 협치 가능성을 높이지 않으면 안 된다. '정부적인' 것은 '정치적' 과정을 필요로 한다.백완기, 2008: 24 왜냐하면 '공'은 정부적인 것을 넘어 '정치적political' 또는 '정치성'의 의미를 다분히 내포하고 있기 때문이다.[86] 학교에서의 정치 활동이란 학교의 목적과 정책을 형성하는 과정에 시민이 개입하는 방식을 포함하며, 정치적이란 토의, 숙의, 이견, 투표, 로비, 저항, 연대 등의 활동을 포함한다.Abowitz, 2013: 46-47 정치란 다양한 견해와 이익들 사이에 이루어지는 타협과 협상의 과정이고 이질성이 큰 복잡한 현대사회에서 폭력을 해소하는 대안적 활동이기도 하다.위의 책: 47 정치권력이나 정부가 국민의 교육권을 제압하고 불법적인 행위를 자행하는 것을 공공성이라 말할 수는 없다. 그러기에 민주국가에서 공적 기관이라면 헌법의 범위 내에서 그것의 지배를 받는 공중의 관점과 소망에 책임을 지는 합법정부에 의해 조직되고 관리되지 않으면 안 된다.Abowitz, 2013: 2 '공'의 주요한 주체인 관료/공무원을 인정하면서도 그들의 권력에 휘둘리지 말아야 한다. 따라서 공교육의 공적 의미를 찾는 일은 곧 공립학교의 정치적 도덕적 의미를 찾는 일이기도 하다.

공교육체제는 동의와 설득에 바탕을 두고 참여민주주의 이념이 구현되는 협치 구조를 마련하여야 한다. '관'의 권한을 '민'의 참여로 돌려

---

86. 보통 '정부적'이라고 하면 제도적이고 공식적이고 법적 측면이 강하지만, '정치적'이라고 하면 자연발생적이고 비공식적이고 과정적이고 타협과 협상적인 성격이 강하다.

줘서 '관'과 '민'의 협치governance를 이뤄내야 한다. 협치는 자치自治, self-government/self-rule가 이루어질 때 가능하기에 그것은 누가 내게 무언가를 보장해준다는 시혜적 관점이 아니라, 우리 삶에 영향을 미치는 일을 우리 스스로 결정하게 해야 한다. 그것은 참여적 협치를 하겠다는 민주적 약속의 일부라고 할 수 있다.Abowitz, 2013: 13-14 참여적 자치는 참여와 숙의 민주주의 운영을 통해 학교를 자주적으로 다스리는 원리다. 최근 관심을 끌고 있는 민·관·학 협치의 출현은 정치성의 구현을 위한 중요한 시도다.

2) '공통성'의 확장

아무리 개별화된 사회, 개체성이 강조되는 포스트모던 사회라고 하더라도 그 개체성은 공통성에 바탕을 두지 않으면 안 된다. 공통성을 전제하지 않으면 원자적 사회로 전락하고 만다. 코메니우스는 일찍이 『대교수학』에서 서민 또는 민중의 공통의 관심사로 '일반적', '공통적'인 뜻을 가진 교육을 공교육이라고 하였다.堀尾輝久, 1991: 202-217 우리는 자신과 같지 않은 타인과 더불어 살지 않으면 안 된다. 공통적이란 현실의 공간과 다른 차원의 공통세계를 가리킨다. 공통성은 특정 이해에 치우치지 않는다는 긍정적인 함의를 갖는 동시에, 권리의 제한이나 인내를 요구하는 집합적 힘, 그리고 개성의 신장을 억누르는 불특정 다수의 압력이라는 의미를 포함하고 있다. 듀이에게 있어 민주주의는 자유로운 개인의 존재, 타인과의 연대, 그리고 서로 다른 방식의 참여에 뿌리를 둔다.Ross, 2004: xiii 마음은 이미 만들어진 대의보다 연합, 상호 교류, 전승 그리고 축적의 삶을 통해 구성되는 것이다.

여기서 듀이는 차이를 넘어서는 대화를 요청한다.Kesson, 2004: xviii 민주주의는 단순히 정치 형태만이 아니라, 근본적으로는 공동생활의 형식이요, 경험을 전달하고 공유하는 방식이기 때문이다.Dewey, 이홍우 옮김, 1993: 137 사람들이 공동체community에서 살아간다는 것은 그들이 무엇인가를 '공통'으로 가지고 있기 때문이며, 그리고 그 공통의common 것을 갖게 되는 과정이 바로 '의사소통communication'이다.Dewey, 이홍우 옮김, 1993: 14 듀이가 강조하는 의사소통은 '교육'과 '공동체'를 위한 전략적 매개자다.Benson, Harkavy, & Puckett, 2007: 49 동양철학에서도 '公'은 '共', 곧 공통의 의미를 갖고 있었다.이승환, 2004

물론 공통성은 다양성의 공존 속에서 발전하지 않으면 안 된다. '공 public'의 개념은 타자성을 인정한 '공통적인common'을 의미하기 때문이다. 공통성의 조건은 사람들이 생각하는 가치가 서로 '이질적'이라는 사실이다. 공통성은 복수의 가치·이견 '사이'에서 생성되는 공간이기에 그러한 '사이'가 상실되는 데서 공통성은 성립되지 않는다. 따라서 타자성otherness을 동일성sameness으로 축소하는 것은 타자의 희생을 요구하는 전체주의를 강요하는 셈이다. 듀이에게 공통적인 것은 동일한 것이 아니다. 공통성은 구성과 해체, 재구성을 통해 만들어진다.Garrison, Neubert, & Reich, 2012: 18-22 그리고 재구성 과정으로서 교육을 통한 공통성의 형성은 경험의 끊임없는 교섭 과정이다. 교육은 경험의 재구성으로서 경험의 의미를 더해주고, 다음 경험의 방향을 결정할 능력을 높인다. 경험의 재구성은 개인적인 것이자 사회적인 것이다.

공동체는 세계에 대한 관점의 다양성 속에서만 실존할 수 있다. 다원주의와 타자성이 민주주의의 핵심이다. 민주주의란 모든 사람이 주체가 될 수 있는 기회를 갖는 상황, 곧 다양성과 차이의 세계에 들어가지 않으면 안 된다.Biesta, 2006: 135 다원성은 서로 다른 개인들을 필요로 한다. 다르게 태어나서 다르게 말하고, 다르게 행동하는 사람들을 전제로 삼는다. 한나 아렌트는 공공 영역의 현실성은 수많은 측면과 관점이 공존한다는 사실에 바탕을 둔다고 했다.Arendt, 이진우·태정호 옮김, 1996: 110-111 공통세계는 자신을 드러내지만, 이것들에 적용되는 공통 척도나 공통분모는 있을 수 없다. 공통세계가 모두에게 공통의 집합장소를 제공할지라도, 거기 모이는 사람들의 위치는 저마다 다르다. 두 대상의 위치가 다르듯이 한 사람의 위치와 다른 사람의 위치는 일치할 수 없다.

요컨대 공립학교의 '공公'이란 다양성과 다원성을 뜻한다.[Barber, 1997: 29] 공교육의 '공'은 공동의 정체성을 통해 구성되는 것을 넘어 오히려 근본적 다원성과 다름으로 존재하는 세계의 공간을 지향한다고 할 수 있다. 공통 세계가 성립할 조건은 세계에 대해 다양한 관점을 잃지 않는 것과 사람 들이 그 사이에 있는inter-esse 것에 대해 관심을 잃지 않는 것이다. 따라 서 공교육의 공통성은 인간의 다원성이 실현되는 공간이어야 한다. 다름 의 공존 과정을 통해 공통성을 구현하는 것으로 나아가는 것이 개방적인 공교육사상이다. 이렇게 공교육의 교육 이념이나 교육과정을 이루는 문 화적 내용에서 공통을 추구하는 것은 다양성을 전제하고 있으며, 공통의 요소를 추구하되 그 속에서 다양성을 인정할 때 공교육사상이 균형을 잡 는다.

3) 공평성의 확장

사私와 달리 공公은 평분平分, 공평公平의 의미를 띤다. '공' 개념은 지배 권력이 공정/공평하게 행사되어야 하며, 또한 자격을 갖춘 모든 사람이 더 불어 참가할 수 있어야 한다는 뜻이다.[이승환, 2004: 178] 서양의 'public'의 어 원인 'publicus'는 'pauper(극빈자)'라는 뜻이다.[Katz & Rose, 2013: 231] 그러 므로 '공'은 불평등을 극복하는 뜻이 있다. 이를 미루어 생각하면 공교육 이 교육의 불평등과 황폐함을 덜어내는 복지국가의 재분배 역할을 해야 한다.[Katz, 2013] 공적 가치는 공공적public 또는 공동common의 선을 지향하 고 '정의justice/the right'를 실현하는 적극적 목표라 하겠다.[이윤미, 2012: 26] 이 는 교육이 사적 이익의 도구로 변질되는 것을 제어하려는 것이다. 공립 학교public school의 '공public'도 공공재 또는 공공복리의 의미를 담고 있 다.[Barber, 1997: 26] 근대 공교육제도의 맥락에서 교육의 공공성 요구는 주로 교육이 평등, 사회통합, 경제발전 등 국가사회의 이익과 필요의 실현에 부합하는지를 따지는 것이다.김영화, 2010: 67-68 그러므로 공교육의 공평성 주장은 국가교육정책의 기획과 집행에 공정하자는 말이다. 교육 기회가 공평해야 한다. 어떤 학교든 접근이 제한받지 않는다는 뜻이다.Sizer, 1997: 33 영국의 사립학교인 'public school'은 라틴어 'schola publica'에서 나온 말인데, 원래는 개인의 저택에서 베푸는 특정한 자제에 대한 한정된 교육이 아니라 공중의 편의를 위해 '개방된 학교'를 의미하였다.

공교육은 학생들의 학업성취를 통해 그들 부모의 경제적 위치를 이동시키기도 하지만, 동시에 기존 권력관계에 균열을 내는 기회의 장소가 되기도 한다. 공교육 개혁의 큰 축은 공교육을 통하여 특정 권력 집단의 이해관계를 관철하려 했던 억압적 시도이며, 또 하나의 축은 사회적 권리로서 사회적 이동을 가능하게 하는 평등교육을 통해 사회적 이동을 실현하고자 했던 급진적 시도다. 전자가 국가로 얽히는 권력의 보존과 이미 형성된 국가의 정체성을 유지·재생산·보전하는 시도를 하였다면, 후자는 개별적 삶을 옥죄는 틀을 깨려 하거나 무시되어온, 혹은 억압되었던 사회문화적 특성을 드러내려는 저항적 시도다.Mondale & Patton, 유성상 옮김, 2014: 191-192 양자의 갈등은 교육의 공평성을 둘러싼 투쟁이다. 긴 안목으로 보면 교육의 역사란 공평을 향한 역사다. 공교육의 '공'은 불평등과 불공정한 교육을 혁파하려는 것이다. 공적 영역의 시장화는 민주적 시민성의 공동화空洞化를 초래할 수 있기 때문에 점점 평평해지는 세계를 위해 불평등한 교육 기회를 극복하는 이념이 공교육사상이라 하겠다.

4) '공론장'의 확장

민주적 숙의가 이루어지는 민주적 공론장은 시민적 주권이 실현되는 핵심 장소라고 할 수 있다. 그곳은 시민들이 사회의 여러 문제를 두고 토론하고, 논쟁하며 성찰하는 가운데 가장 설득력 있는 해법을 찾아내어 사회의 정치적 결정 과정을 그 해법의 틀 안에 묶어두는 역할을 하는 민주주의의 공간이다.^{장은주, 2017: 135-136} 공론장은 사회 구성원들이 서로 의견을 교환하고 공론을 형성하는 공동의 토론 공간을 가리키며, 특정한 물리적 장소에 구속받지 않는 공간이다.^{Taylor, 이상길, 2010} 시민들은 이 공간을 통해 단순한 투표권의 행사를 넘어서는 자기-지배적인 주권을 실질적으로 행사할 수 있다. 민주적 공론장은 공중으로 결집한 사적 개인들의 영역으로서 성숙한 시민사회의 필수조건이다. 이들은 곧 당국으로부터 규제받는 공론 영역을 공권력 자체에 맞서 활용하고, 그 결과 사적인 것으로 되었지만, 공적으로 중요한 상품교환과 사회적 노동의 영역에서 교류의 일반적 규칙을 놓고 공권력과 다툰다. 이 정치 대결의 매체는 특유하며 역사상 유례가 없는 것, 바로 공적 논의다. 공론의 장public sphere/space은 개인과 사회가 함께 시민의 삶을 지속해나갈 구조를 만들어가는 과정이자 가치이다. 공론의 장이 활성화되려면 논쟁, 토론, 설득의 방법과 조건을 개선하는 일이 반드시 필요하다. 공공성을 찾아내고 공중의 지위를 발견해내는 민주주의적 실천이 필요하다. 공론장의 활성화는 결국 참여와 심의로서 민주주의가 활성화될 때 가능하다.^{Abowitz, 2013: 65-86} 공론의 장에서 중요한 것은 시민들이 공적인 사안에 관심을 가지고 문제를 해결하기 위해 함께 애쓰는 일이다. 다수의 사람과 두루 연관된 문제라면 개인에게만 맡기지 말고 사회가 나서서 해결하라는 게 공공성의 기본 이념이다.

그러기에 정부의 공적 결정이 정당성을 가지려면 공공성의 조건인 '공개성Publizität'을 필요로 한다. 공적인 시민들이 기존의 지배적 원칙에 대항하여 새롭게 내세운 원칙은 공개성이며, 이를 토대로 한 지배 권력의 정당화는 민주주의를 통해 이루어진다. 공개성은 어떤 물리적인 현상이 눈에 보이게끔 조치하는 물리적 가시성뿐 아니라 사고와 의식의 개방성까지 포함한다. 곧, 접근 가능성과 정보의 공개성을 넘어 민주적 시민의식 속에서 합리적 추리 과정이 일어나는 의식의 개방성으로까지 나아가야 한다. 공개적으로 논의하고 집단적 행위가 이루어지는 공론의 장의 마련은 공식적 제도와 정부 형태의 의사소통을 활성화한다. 정부 또는 지방자치체가 한 장소를 공개한다는 것은 사적 욕구를 공적 필요로 전환시키는 일이다. 이것이 가능하려면 시민사회의 공적 영역에서 합리적 의사소통, 상호비판, 이상적 담론이 일어나야 한다.^{Habermas, 1987}

이에 따른다면 교육에서 공론화란 교육정책의 권한 행사 조직이나 사회적 단위가 한 개인이나 특정 권력자를 위해서가 아니라, 구성원 전체를 위해 이상적 담론이 작동하는 공개적 논의의 장이 활성화되었다는 것을 뜻한다. 교육의 공공성이란 바로 주변부에 저항하며 공적으로 재창출하는 공론의 장, 즉 '대항적 공공 영역counter-public sphere'에서 확보된다.^{Gerrard,} ^{2015; Giroux, 2005} 가르치는 행위는 공적이고 지성적 실천의 한 형태로서 국가나 정책을 집행하는 강제력을 통해 정당성을 획득하는 것이 아니라, 동의와 설득의 과정을 통한 비판적 지식과 담론의 형성을 통해 사회적 자유와 공공적 변혁에 대한 논의를 창출할 때 비로소 정당화된다. 교육의 공론장이란 교양을 갖춘 사람들이 이성과 합리성, 법에 의한 지배를 주장하며 여론의 힘을 모아 공권력에 대항하는 장이다. 교육에 대한 공적 합의는 다양한 과정을 거치므로 국가나 정부가 공공성을 담보하는 유일한 주체일 수 없다. 조직이나 사회적 단위, 제도, 정책이 한 개인에게 이익이 되는 것이 아니라, 모두에게 공통으로 이익이 되고 그 효과가 공유될 때 공공성을 얻는다. 공공성의 뜻에 따른다면 정부/관公이 나서서 해결해야 할 과제도 안고 있지만, 시민들이 함께共 해결해야 할 책임도 있다. 이를 위해 아래로부터 공共의 힘을 통해 위로부터 내려오는 공公의 힘에 대결하여 민주적 공론의 광장을 구축할 필요가 있다. 다양한 교육의 장에서 아래로부터 올라가는, 함께하는 '공共'의 힘으로 위로부터 일방적으로 내려오는 '공公: public, official'을 탈환해야 한다. 그렇게 해야 공교육의 관료화나 시장화를 제어할 수 있다. 다수의 공동체에 내재한 공적 삶이란 제한 없는 구성과정 속에서 상호 연관된 매우 다양하고 중첩된 공동체들의 복잡한 네트워크로 이루어져 있다.Abowitz, 2013: 54 더욱이 참여/숙의 민주주의 이념을 구현하는 공교육사상은 공론화의 과정이 필수 불가결하다.

5) '공중'의 탄생

관의 주도를 넘어 공통성, 공론화, 공평성의 가치를 누가 구현할 것인가? 그 가치를 구현하는 공교육을 누가 건설할 것인가? 민주적 공론장에서 토론과 논쟁과 성찰의 과정에 함께 참여하여 '공적인 일res publica'을 어떻게 다루어야 할지에 대해 다른 성원들의 광범위한 동의를 얻을 수 있는 의견, 곧 공론을 형성해내는 주체가 '공중'이라 할 수 있다.장은주, 2017: 136 이 공중은 사적 삶에 뿌리를 두는 개인들이 공론장을 통해 사회의 기본 방향과 정치적 의사결정 전반을 일정하게 통제할 수 있는 무정형의 집합적 주체로 변모함으로써 비로소 형성된다. 시민의 권리는 국가권력과의 투쟁에서 성장한다. 시민들은 자기의 힘을 사적인 이익을 추구하는 데만 사용하는 것이 아니라, 권리 확대라는 공적 관심사를 위해서도 사용한다. 칸트가 말한 것처럼 자신의 이성을 공적으로 사용하는 사람은 단순한 시민을 넘어선 '公衆'이다. 독일어로 공중을 뜻하는 말, 'Publikim'은 공적인 관심을 가진 시민들의 집합으로서 '공적 시민' 또는 '公民'을 의미한다.이진우, 2018: 84 '공민'은 정치적 공동체의 구성원으로서 일정한 자격 요건을 구비하고 자치단체의 공무에 참여할 권리와 의무를 지닌 사람이다. 시민사회를 구성하는 기본단위는 사적인 개인이지만, 이 개인들은 동시에 정치공동체에 관여한다는 점에서 공적인 성격을 갖고 있다. 시민사회가 기형적으로 발전하고 사회병리적으로 왜곡되었다는 것은 개인의 공적 측면은 축소되고, 사적 측면만 비대해졌다는 뜻이다. 이에 반해 시민사회가 성숙한다는 것은 개인의 사적 욕구의 증가에 비례하여 공익의 관점에서 이를 견제할 수 있는 공적 능력이 발전하였다는 것을 의미한다.

자신의 권리와 공적 역할에 대해 눈을 뜬 사람들은 국가가 지시하는 것을 그저 수행하지 않고, 공적인 관심사에 관하여 의견을 내고 토의한다. 전통 사회에서 신분계급은 군주들과의 갈등과 계약을 통해 제 권리를 확보하고, 또 그렇게 신분계급의 자유권과 군주의 통치권의 경계를 확정해왔다. 권력이 군주와 신분계급으로 이원화된 상태에서는 국가의 대표권을 둘러싸고 경쟁이 이루어질 수밖에 없었다. 그 결과는 의회에 의한 왕권의 상대화이거나 왕권에 의한 신분계급의 예속화였다. 여기서 개인의 이익과 권리에 눈을 뜬 공중의 출현은 권력관계를 근본적으로 바꿔놓는다. 시민적 공중이 기존의 지배적 원칙에 대항해 내세운 감독의 원칙, 즉 공개성은 지배 자체를 변화시키려 한다.

듀이는 공교육의 책임을 정부에게만 맡겨두지 않았다. 공교육의 새로운 주체로서 '공중the public, publics'의 탄생을 추구했다. 그런데 오늘날 공교육은 실제 '공중'의 통제를 받지 않기보다 정부의 주도권에 의해 통제되는 신관료주의의 폐해를 안고 있다. 더욱이 최근에는 기업과 유착된 신자유주의 교육 현상을 보이고 있다. 대중사회는 인간을 떼어놓고 모래알로 만든다. 공적 세계로부터 분리시켜 인간의 행위 능력을 더욱 축소시킨다. 자신의 먹고 사는 일에만 몰두하는 획일적이고 균질적인 삶을 만들어내서 공적 공간이 사라졌다. 공중이 대중화[87]되면 개인적 삶에 매몰된 사람들, 곧 '우중愚衆'으로 변질되므로 이런 대중은 낱개의 군중이나 다름없다. 이런 군중의 출현으로 개인주의화는 더욱 팽배해져서 공적 행위와 언행을 사라지게 하였으며, 더욱 근본적으로는 공중의 탄생을 가로막기까지 한다.

대중사회의 문제점을 극복하는 방안을 듀이는 '공중'의 탄생에서 찾았다. 듀이는 이익사회에서 공동체사회로 전환을 추구했고, 참여민주주의를

---

87. 듀이는 대중들이 우중화되는 대중사회(mass society)를 다음과 같이 서술했다. 어리둥절하게 하는 복잡성, 원자주의, 소외, 무감동, 무지, 흥분, 감각 추구, 선동에 휘둘려 잘 속아 넘어가는 냉소적 조작……(Benson, Harkavy & Puckett, 2007: 52).

구현할 행위주체로 공중의 탄생을 기획하였다.Benson, Harkavy, & Puckett, 2007: 10-11, 51-61[88] 공중은 무정형의 대중도 아니고 군중도 아닌 '공적 대중public mass'이다. 익명의 단위이긴 하지만 수많은 개인을 칭하는 집합명사인 공중은 우리 행동을 지도하는 규범적, 윤리적, 정치적 '이상'으로서의 공중과, 현존하는 사실적 '현실'로서의 공중이다. 공중은 가정 영역에도, 기업 영역에도, 정부 영역에도 있지 않다. 정치적·사회적 연대체인 국가공동체 속에서 적극적으로 행동하는 삶을 사는 사람들이다.

공중은 교양의 가치를 인정하고 그 가치대로 살아가려는 의지를 가진 대중이다. 이러한 공적 대중은 공적 영역에 참여하는 실천과 언행일치를 보이는 탁월성, 그리고 적절하게 처신하는 시민적 예의civility를 갖춘 대중이다. 공중이란 교양교육의 가치를 인정하고 그 가치대로 살아가려는 의지를 가진 공적 대중이라고 할 수 있다.신득렬, 2016: 136 공동체주의자 매킨타이어도 '교양 있는 공중educated publics'의 개념을 제창했다.MacIntyre, 1987: 18-29 그는 교양 있는 공중이라는 개념이 현대 사회에서 살아남을 길이 없다며 기껏해야 교육체제에 붙어 다니는 유령에 불과하다고 걱정하면서 오늘날 공동체 이념이 부활하듯 교양 있는 공중의 출현을 기대하였다. 교양 있는 공중이란 전문성을 넘어 공동의 교재를 함께 읽고 독해하는 해석적 이해를 공유하고 이성적 토론과 논변을 하며 공론의 광장에 몸소 참여해 있는 소-공동체의 형성을 시도하는 양식 있는 시민공동체라고 하겠다. 또한 공중은 공적 영역에 참여하는 실천과 언행일치를 보이는 탁월성, 적절하게 처신하는 시민적 예의를 갖춘 대중이다. 공중은 온전한 시민이 될 수 있는 잠재적 존재로서Hannay, 2005: 48, 비판적 문제의식을 가지고 공공영역에 개입하려는 사람들의 무리 또는 집단라고도 하겠다.하승우, 2014: 63 한

---

88. 듀이는 실제 참여민주주의를 구현하는 공중의 탄생을 위해 실험학교로서 '지역사회학교 (community school)'를 세웠다. 지역사회의 공동체성(협동적, 상호적 부조 등) 확보를 통해 세계적 공동체를 구현하고자 하였다. 권리 중심적이고 경제 중심적 시민 형성을 넘어서고자 하였다.

마디로 공중은 민주주의 실천을 통해 탄생되어야 하는 민주적 주체이다. 공중은 민주적 이상으로서 '공공성'의 의미도 갖고 있으며, 완전하지는 않지만 살아 움직이는 공적 대중이다. 넓게 보면 공중은 민주적 규범과 절차를 통해 다스려지는 민주적 체제에 속한 사회의 사람들이다.Abowitz, 2013: 2, 5-6, 14-15 구성적 측면에서 보면 정부가 집행하는 정책/조치의 의지/의도를 구성하는 활동을 하는 민주적 정치사회에서 영향을 미치는 인민 demos/the people의 구성체라고 할 수 있다.Abowitz, 2013: 58-59 공중은 공유된 삶과 문화의 영역, 방향, 실체를 결정하는 데 집단적으로 참여를 하는 민주 시민이다.Abowitz, 2013: 15 민주주의 국가는 힘 있는 집단에서 배제되었던 비시민권자의 수동적 역할을 넘어 권한과 능력이 부여된 공중을 필요로 한다.

그러기에 이리저리 끌려다니는 대중에서 교양 있는 공공성을 담지한 '공중'으로 성장·발전·확장시켜야 한다.Nixon, 2012 민주적 공중이 출현하여 공교육의 관료화와 시장화의 위험성을 차단해야 한다. 공교육public education의 '공public'은 형용사적 의미뿐 아니라 명사적 의미 또는 주체의 의미로 받아들여야 한다. 공중이 참여하여 만들어가는 공교육이어야 한다. 공교육이 국가 주도로 이루어지는 하나의 방식이지만, 공동의 동의와 참여를 필요로 한다. 공중은 시민사회 네트워크를 통해 시민의 안목과 방식을 가지고 공립 학교교육에 집단적으로 참여하는 주체다.

공교육의 공무에 종사하는 교육자는 공중에 반응해야 할 책임과 의무가 있으므로 공교육은 불가피하게 정치적이게 된다. 권력과 영향력의 행사를 넘어 더 넓은 영역에서 집단적 결정을 하는 비강압적인 정치적 결정과정과 연관되어 있어서다.Abowitz, 2013: 46 따라서 정치적 시민사회 영역에 있는 공중은 공교육의 구현자로서 정당한 정치적 힘을 획득해야 한다.Abowitz, 2013: 55 민주적 주체인 공중은 공공성을 지향하는 현존하는 정치적 실체로서 등장해야 한다. 공적 영역에서 집단적 네트워크와 결사체가 형성되어 공중이 탄생되어야 민주적 시민사회의 형성이 가능하다.[Abowitz, 2013: 56] 따라서 시민사회 결사체는 정부와 시장 영역 모두에 공적인 대안을 마련해야 한다. 다중의 정치적 사회적 결사체로 구성된 시민사회의 에너지가 국가 권력에 영향을 미치려면, 곧 정치적 의사결정에 힘을 발휘하려면 다양한 공중이 참여할 기회가 많아야 하고, 공교육을 추진하는 민주적 주체로서 '공중'이 공고하게 구축되어야 한다. 공교육 제도를 떠받치는 비판적 교양시민인 '공중'이 그래서 요청된다. 공론을 형성하는 공중이 부재한 공교육은 공의 가치를 구현하기가 어렵다. 교육 공공성을 구현할 주체인 교사, 학생, 학부모가 '공중'으로 탄생되어야 한다. 공중이 다수로 존재하지 않으면 공교육 제도는 쉽게 허물어진다.

5. 공교육의 민주적 복원을 위하여

지금까지 '공'은 지배 권력이나 지배 영역을 뜻하던 '公' 개념이 점점 공정성·공평성과 같은 의미로 확장되고, 나아가 '함께', '더불어', '공동의', '공공성'의 의미로 진화하였음을 살펴보았다. '公'과 '共'이 결합된 '더불어', '공동의', '공공성'을 가진 개념을 기반으로 정치성, 공통성, 공론의 장, 공평성을 확보하고, 공중의 출현 등의 개념적 의미 확장을 하여 공교육public education 사상을 재구성할 필요가 있다고 주장하였다. 우리는 그동안 21세기 들어 신자유주의적 개혁은 학생의 성적에 대한 일선 학교의 책무성 강화, 표준화 시험(일제고사) 그리고 학교 선택제(특목고, 자사고 등)가 골자였다. 따라서 이제 공교육사상을 재구성할 때 다음 사항을 유의해야 한다.

첫째, 교육을 공적으로 돌리는 것은 교육의 정치성, 공통성, 공론화, 공평성을 확보하고, 공중의 출현을 요구하는 것이다. 오늘날 공교육이 지나치게 민영화 경향을 보이는 것은 세계체제에 약육강식의 신자유주의 흐름이 범람하는 것이 가장 큰 원인이지만 사적 이익에 매몰된 소유 지향적 개인주의적 삶이 팽배한 것도 한몫하고 있다. 대중이 우중화되면 공중의 탄생은 더욱 어렵게 된다. 세계적 현상인 신자유주의 공세를 제어하려면 공교육의 운영 주체로서 공중의 출현이 시급하다. 공교육 제도는 민주사회의 근본 요소다. 우리가 공교육을 강화하는 만큼 민주주의도 강해질 것이다. 오늘날 공교육은 분명히 위기에 처해 있다. 그러나 공교육을 개혁하려는 시도가 역설적이게도 공교육의 질을 떨어뜨리고 존속 자체를 위협하고 있다. 우리는 학교를 혁신하고, 그 학교에 진정한 배움의 요소를 불어넣으며, 그 배움을 가능하게 할 여건을 회복하는 데 생각을 집중해야 한다.

둘째, 공교육의 정상화나 공공성 회복이 '국가주의 교육'으로 변질되어서는 안 된다. 국가주의는 곧 전체주의화로 변질된다. '共'이 결여된 '公'은 '국가' 또는 '관'의 의미로 협소화되어 교육의 관료화나 전체주의화 그리고 시장화로 치닫는다. 그동안 공교육의 '공'이 국가의 책임으로 제한되게 해석됐다. 지배 권력이나 지배 영역을 뜻하던 '公' 개념에 한정된 것이다. 그래서는 공교육의 '공'이 갖는 다양한 의미를 구현할 수 없다. 교육의 의무성, 보편성, 무상성이라는 이념을 국가를 통해 구현한 것이 오히려 교육의 관료화와 시장화를 초래하였기 때문이다. '共'이 없는 '公'은 '국가' 또는 '관'의 의미로 협소화되어 국가주의 교육이나 전체주의 교육으로 치닫게 된다. 公公과 공共은 다르다. 공공公共이라는 말로 찰떡처럼 붙어 있는 두 한자 단어는 구분될 필요가 있다. 공公에 기대지 않고 공共을 추구하는 움직임이 있을 때 공公, 이른바 '공권력公權力'은 도와주지 못할망정 사私의 편을 들어 방해하지 말아야 한다. '공터'란 비어 있는 땅이니 이때의 '공'은 '空'이 분명하지만, 공유지의 공은 '公'일까, '共'일까. 전자라면 '나라(국가)가 소유한 땅'이라는 뜻이고, 후자라면 '여럿이 함께 누리는 땅'이라는 뜻이다. 이곳을 일군 주역들은 초기에 'public land'라는 영어 단어를 사용하면서 공유지公有地라고 인식했다. 그러다가 공유지共有地라는 표현이 더 적절할 수 있다. '모든 성원이 자유롭게 접근할 수 있는 자원'이라는 의미에서 영어 단어 'the common'을 제안할 수 있다. 'common'이라는 단어는 '공동(의 것)'이라는 기본 의미 외에 다양한 의미를 갖는다. 예를 들어 'common people'은 '평민'이고, 'common sense'는 '상식'이고, 'commonplace'는 '진부하다'로 해석된다. 곧, 이 단어에는 '평범하고, 상식적이고, 진부하다'는 뉘앙스가 깔려 있다. 즉, 함께共 같이同 누린다는 것은 그 대상이 '별것 아니다'라는 판단에서 출발한다. 이렇게 별것 아닌 것이 특별하고 예외적으로 보이는 이유는 무엇일까. 거두절미하고 말한다면, 자본주의의 신성한 법칙인 사유재산 때문이다. 이른바 신자유주의 시대에는 한술 더 떠서 공유公有였던 자원을 사유私有로 만드는 것이 상습이 되었다. 경의선 공유지도 나라 땅을 사기업에 실질적으로 팔아먹으려고 했기 때문에 문제가 발생했다. 다짜고짜 '사유재산 철폐'를 주장하는 것이 공허하기 짝이 없는 시대지만, 함께 같이 누릴 수 있던 것이 속절없이 사라지는 것도 그만큼 공허하다. 이른바 '공유지의 비극'[89]이다. 따라서 '공터'처럼 비어 있으니 함께 같이 채울 수 있는 '공교육' 사상으로 재정립되어야 한다. 'sharing'은 중국말로 '分享', 즉 '나눠서 누리기'이다. 공교육도 나눠서 누려야 한다. '공유도시'처럼 '도시란 나라가 갖는 것公有이 아니라 시민이 함께 갖는 것共有이어야 하듯 공교육도 그러해야 하겠다.

셋째, '共'은 재산이나 소유를 넘어서는 것이라고 볼 때, '空'을 지향하지

---

89. '공유지의 비극(The tragedy of the commons)'이란 개인과 공공의 이익이 서로 맞지 않을 때 개인의 이익만을 극대화한 결과 경제 주체 모두가 파국에 이르게 된다는 이론으로, 1968년 『사이언스』지에 게재된 미국 생물학자 G. J. 하딘의 논문에 나오는 개념이다. 하딘은 이 논문에서 개인주의적 사리사욕이 결국 공동체 전체를 파국으로 몰고 간다고 주장하였다. 예를 들어, 주인이 없는 한 목초지가 있을 경우(외부 효과) 비용을 들이지 않기 위해 마을 사람들 모두 이곳에 소를 방목하여 풀을 먹게 되고, 결과적으로 이 목초지는 황폐화될 것이라는 것이다. 이처럼 소유권 구분 없이 자원을 공유할 경우 나타나는 사회적 비효율의 결과를 '공유지의 비극'이라고 한다. 이를 해결하기 위한 방안으로 국가가 경제 활동에 개입해 통제하거나 개인에게 소유권을 줘 개인이 관리하도록(사유화) 해야 한다는 것이다.

않으면 안 된다. 이것은 '채움'이 아니라 '비움'을 지향하는 교육철학이다. 그리고 공교육의 '공'이 형용사적 의미만 강조돼서 주체의 뜻을 갖는 '공중'의 의미가 부각되지 못했기에 국가의 책임뿐 아니라 '주체'의 책임을 묻는 것으로 나아가야 한다. 근대 공교육이 국가권력이 주도하는 교육이라면, 21세기의 공교육은 관과 민의 '협치'를 통해 새롭게 구성되어야 한다. 공공성 개념은 시대나 사회에 따라 다르지만 현대사회에서는 한층 새롭게 전개되고 있다. '새로운 공공성' 개념이 등장하였고, 공공을 독점했던 국가에 대신하여 시민의 상호성으로서 공동성을 확립하는 운동이 일어나야 한다.[90]

넷째, 공교육의 형식적 제도의 문제나 그 제도를 관할하고 있는 관료주의나 시장주의 문제를 해결하려면 그 제도 속에 살고 있는 사람들의 삶의 가치와 태도 변화가 수반되어야 한다. 넓게 말하면 문화적 변화가 없는 제도만의 변화는 주체의 변화가 없는 겉치레의 형식적 변화에 지나지 않을 것이다. 교육의 민영화를 막아내는 일도 공교육의 민주적 주체성을 확보하는 일로서 시장적 가치에 중독된 대중을 대신해 공적 투자의 가치로 무장한 새로운 공중이 출현해야 가능하다. 특히 오늘날 공중은 점점 축소되고 원자화되고 있기에 그러하다. 위기에 처한 공교육에 생명력을 불어넣으려면 주체인 '公衆(public)'을 불러내야 한다. 공교육체제가 관료화나 전체주의화로 전락되지 않으려면 민주 시민사회가 출현해야 한다. 공교육public education에서 말하는 교육의 공공성뿐 아니라 그것을 만들어가는 민주적 주체인 '공중'을 세워야 한다. 공공성이 침식되고 민주적 주체가 힘을 발휘하지 못하는 신자유주의 시대를 맞이하여 제2의 공교육 시대를 열어갈 주체인 '공중'의 탄생이 매우 시급하다. 학교를 혁신할 때는 공교육이 해를 입지 않도록 주의해야 한다. 우리는 학교를 개선하고, 그 학교에 진정한 배

---

90. 이 생각은 신현준 교수의 아이디어에서 빌려왔다. (『한겨레』 2018년 6월 22일, 8월 4일 자 '공(公), 공(共), 공(空)').

움의 요소를 불어넣으며, 그 배움을 가능하게 할 여건을 회복하는 데 정신을 집중해야 한다.

다섯째, 공교육의 '공적public'이라는 의미는 단순히 지배적인 재정 지원 체계를 의미하는 것만이 아니라, 더 중요하게는, 대중의 교육적 수요, 경제적 수요, 사회적 일관성, 민주화를 동시다발로 지원하는 방식으로 한 교육체제와 이 체제 안에서 일하는 사람들 사이의 높은 기대와 신뢰, 협동을 기반으로 한 새로워진 협력 관계를 의미한다.Fullan & Rincon-Gallardo, 심성보 외 옮김, 2017: 333-334 우리가 더 나은 삶의 기회로 통하는 공교육을 강화하는 만큼 민주주의도 강해질 것이다. 공교육 강화론자들은 신자유주의 교육정책의 강화가 공교육을 소비 자본주의로 변화시키는 기업화 전략을 통해 교육을 황폐화시켰다는 논리를 편다.Farahmandpur, 2010 신자유주의 교육정책이 민주주의를 근본적으로 허물었다며 공교육의 민주적 복원을 외친다.Gabbard & Ross, 2004; Ross, 2004: xiii

다섯째, 공교육사상을 새롭게 구현하려면 시장화된/민영화된 공교육을 다시 공적으로 돌려 공공성을 더욱 강화하여야 한다.Fabricant, 2010 공교육을 보편교육, 열린교육, 무상교육으로 만드는 새로운 질서 창출 운동을 벌여야 하며, 공교육 안에 대안학교alternative school나 혁신학교innovative school를 만드는 운동에서 새로운 가능성을 찾아야 한다.Schniedewind & Sapon-Shevin, 2012; Watkins, 2012 공교육public education이나 공립학교public school는 교육과 학교를 '공적公的'으로 만들고자 하는 새로운 실험이다.Fabricant & Fine, 2012: 1-2

여섯째, 공교육은 권력이 전통적 담론과 문화 영역 안팎에서 행사되고 있기에 이에 도전하려면 비판적 교육이 지역적 수준과 세계적 수준에서 더 정교한 전략을 구사할 필요가 있다.Giroux, 안찬성 옮김, 2013: 42-43 그래야 더 광범위한 의미에서 비판적 공교육을 구성해낼 수 있다. 공교육이 비판적 기능을 발휘해야 새로운 지식의 생산을 가능하게 할 것이다. 경제적·문화적 불평등을 확대 재생산하고 있는 공교육의 역기능을 방지하려면, 이에 대해 비판적 해석 및 개입을 할 수 있는 시민사회의 역량을 키워야 한다. 기술적 근대화를 반성하는 성찰적 근대화는 근대성[91] 및 근대교육에 대한 비판과 대안을 검토하도록 하고 있다. '탈근대Post-Modern'가 아니라 '탈서구적 근대Post-Western Modern'가 열리고 있다. 서구를 여럿 중 하나로 담아 안는 '지구적 근대Global Modern'에 진입하면서 '토착적 근대'가 대안으로 제시되고 있다.[이병한, 2018: 34: 조성환, 2018] '서구적 근대'의 개념과 그로부터 야기되는 한계에 대한 대안으로 '토착적 근대' 개념이 나오고 있다. 토착적 근대는 비서구 지역에서 토착문화가 현대의 과제에 도전하고, 현실을 극복하려고 노력하는 데서 생겨나는 '새로운 근대'이다. 따라서 새로운 근대의 공교육은 마침내 무르익어 만개full modern하지 않으면 안 된다.[92]

---

91. '근대성(modernity)'은 근대의 산물로서 근대성의 의미 부여는 근대에 대한 성찰과 밀접하게 관련된다. 어원상으로 영어권에서 '근대(modern)'라는 말이 처음 나타난 것은 1580년대였다. 라틴어 'modernus'에서 비롯한 이 말은 원래 '오늘날' 또는 '현재'라는 뜻으로 사용되었다. 셰익스피어는 가끔 '널리 퍼진'이라는 뜻으로 쓰기도 했다. 그러다가 점차 의미가 변해 '새로운(new)'이라는 뜻을 갖게 되었다. 17세기에는 '새로운 시대', '새로운 사회', '새로운 역사' 같은 용례가 등장한다. 스코틀랜드 계몽운동가들 또한 이러한 표현을 즐겨 사용한다. 여기에서 '근대성'이란 근대라는 시대를 가리킨다기보다 그 시대에 형성된 삶의 양식, 문화 형태 전반을 뜻하는 용어다. 근대성은 자율적, 주체적 인간(개인)과 세계에 대한 기술적 지배 욕망을 기반으로 형성된다. 이러한 조건에서 개인주의와 기술주의 또는 산업주의 가치관이 자라났다. 또한 근대성은 기적과 불가사의와 신화의 세계를 제거하고 확실하고 실증적이며 경험적인 사실을 중시한다. 한편으로는 탈신화 또는 신비주의로부터 해방을 뜻하고, 다른 한편으로는 합리성/합리주의의 지배를 의미한다. 근대성은 시간과 공간의 관계를 통해서도 새로운 의미를 갖는다(이영석, 2014: 311-312).
92. 그동안 전통에 매달리는 '척사파'와 서구적 근대에 입각한 '개화파'의 대립만을 봤다면, 이제는 '서구적 근대'와 전혀 다른 '토착적 근대'를 사유하고 실천한 '개벽파'를 주목해야 한다는 것이다(이병한, 2018). 동아시아의 근대는 영성 중심의 '개벽의 근대'(1860년대의 동학)와 이성 중심의 '개화의 근대'(일본의 근대화를 추종한 개화파)에 주목할 필요가 있다. '개벽의 근대'는 동아시아의 전통적인 도덕문명을 민중으로 이루려 했다는 점에서 '개화의 근대'와 다르다. 서구적 근대가 위기에 처한 오늘날 다시금 되살려야 하는 사상적 전통을 복원하고자 하는 운동이 일어나고 있다. 지구적 근대의 위기를 생태와 종교 등 초월적 세계와의 연결망 회복에서 찾고 있다. 경제적 이성(산업화)과 정치적 이성(민주화) 이후, 탈세속화 시대의 정치적 영성화를 주장하는 사람들이 있다. 개화좌파(진보), 개화우파(보수)와는 다른, 만인의 성인(聖人) 되기를 추구하는 개벽화가 오늘날 시대정신에 부합한다고 주장한다(조성환, 2018).

2부

교육운동의 세계적 동향과
한국적 과제

9장
교육개혁운동의 세계적 동향

1. 국가체제와 교육개혁의 관계

전통적으로 '국가'는 교육과 관련하여 가장 강력한 영향력을 행사하는 행위자다. 근대성의 가장 중요한 현상 중의 하나는 국민국가nation-state의 성장이었으며, 국민국가가 근대교육을 주로 떠맡았다. 또 근대국가의 형성 과정에서 교육이 중추적 역할을 담당하였다. 국가 주도의 의무교육은 근대의 대표적이고 합법적인 대중동원의 한 형태였으며, 교육은 군대와 더불어 국가 정체성을 형성하고 촉진하는 데 가장 중요한 방법적 전략이었다.[Green, 1997] 이처럼 근대교육이 국민국가 형성과 밀접하게 관련되어 있다는 점, 다시 말해 교육이 기본적으로 그 성격상 '국가적' 사업이라는 사실은 교육이 국가의 성격 및 기능의 변화와 불가분의 관계에 있음을 의미한다. 국가의 모델들은 시스템의 변화 방식에 대한 모델을 개발하는 것으로 나아간다.

교육정책에 대한 국가의 개입 방식은 광범위한 범주의 정치체제 내에 자리하고 있다. 교육개혁의 방향은 국가 체제의 유형에 따라 달라진다. 교육체제를 개혁하는 모델은 학교가 어떻게 기능하고 교육개혁의 개입이 어떻게 작동하는지를 설명하는 개념적 틀에 의해 구성된다. '교육체제

educational regime/system'는 교육과정, 정책 흐름, 제도/기관, 관료주의, 장학, 거버넌스, 중앙정부 통제, 기관 운영의 작동 방식 등을 의미한다. 국가체제의 유형에 따라 보호주의 체제, 발전주의 체제, 자유방임 체제, 기업적 고객 중심 체제, 사회민주주의 체제로 나뉜다.^{Scott, Posner, Martin & Guzman,} 2015: 2-3, 21-42

첫째의 교육개혁 모델은 보호주의 체제protectionist regime다. 이 체제는 저개발의 개념과 서구의 영향력에 반대되는 토착적 국가 발전의 유형을 따르고 있다. 많은 경우 최소한 개발 도상의 국가 형성은 미국과 유럽 국가들과 같은 강대국들로부터 자신들의 주권을 방어하면서 정치적·문화적 보호주의를 동반한 경제적 보호주의, 종종 외적 영향에 대한 강한 저항, 그리고 재발견되거나 새로이 발견된 공동의 역사와 문화를 지키고자 한다. 보호주의적 체제 아래서 교육정책 개발은 민족국가가 교육과정과 행정을 통해 다양한 인구집단을 하나로 결속시키고자 하고, 어떤 경우에는 기업주의 체제처럼 구체적 행동을 위한 교육적 조건을 마련하기 위해 중앙집권화 정책을 편다.

둘째의 교육개혁 모델은 발전주의 체제developmental regime다. 모든 산업주의자들에게 국가는 개발의 촉진에 중심 역할을 하고 있다. 발전주의 국가에서 교육정책 개발은 민족국가가 다양한 인구 집단을 함께 묶으려고 하기 때문에 부분적으로는 중앙집권적이기도 하다. 중앙집권화되는 주된 이유는 개발도상국에서 국가의 광범위한 경제적 목표와 관련하여 교육이 명확히 규정되는 강력한 계획을 수립하는 것에 기인한다. 이 체제는 정부의 보호와 사업에 의해 보조금을 통해 관리되고 있다. 기업 세계와의 집중적인 파트너십을 통해 경제발전을 촉진하는 국가의 주된 역할은 교육정책에 있어 중요한 요소이다. 최근 아시아 호랑이로 등장한 일본, 대만, 싱가포르 등은 국가 개입에 초점이 맞추어져 있다. 발전주의 체제는 변화를 위한 중앙통제/하향식 모델을 선호한다. 전통적 교육개혁 접근은 중앙통제의 하향식 모델이 지배적이었다. 교육제도는 국가가 규정하는 소관 사항인 서비스를 제공하는 정부에 대해 책임을 진다. 정부는 대체로 성공적인 전달(평가적 차원)과 이를 어떻게 달성할 것인지(교수적 차원)에 대해 어떤 판단을 내려야 하는지 규정하고 있다.

셋째의 교육개혁 모형은 자유방임주의 체제laissez-faire regime다. 이 체제는 정부가 법질서만 확립하고 사회간접자본의 건설, 최소한의 공공복지와 교육만 담당하며 경제에는 개입하지 않는 자유지상주의적libertarian 입장을 취한다. 국가의 정당성의 원천을 시장의 보이지 않는 손에 둔다. 지난 30년 동안 앵글로 색슨 국가는 경제뿐만 아니라 사회 부문까지 질서를 유지하고 소비자 선택의 아이디어를 강조하면서 여러 측면에서 이 길을 따랐다. 이 정책은 교육정책에 심대한 영향을 미쳤다. 자유방임주의 체제 아래서 교육정책은 학교 선택을 통해 교육 규정에 시장 원리를 적용하였다. 자유방임 체제는 오늘날 준시장 모델quasi-market model로 나타나고 있다. 준시장주의 접근은 신자유주의자들이 선호하는 모형이다. 준시장 모델은 기업적 고객 중심 체제를 선호한다. 물론 시장은 준시장이고, 적어도 일부 소비자 그룹은 더 큰 문화적 자본을 보유하고 있으며, 다른 사람들보다 효과적으로 표현하고 사용할 수 있기 때문에 참여/항의/목소리내기voice/resistance하거나 탈출/탈주/빠져나가기exit/flight하는 권한을 행사할 수 있는 능력이 더 뛰어나다. 신자유주의 정부는 정책의 형성과 시행에서 손을 떼겠다며 소비자에게 권력을 부여하는 준시장 체제를 구축하여 운동이나 결의를 통해 교육 시스템에 목소리내기/참여/항의, 아니면 빠져나가기/탈출의 권한을 행사하도록 압력을 가한다. 그러기에 '탈학교론de-schooling'과 '학교 리모델링re-schooling'의 대치가 벌어진다. 최상의 결과를 얻으려면 학교 탈출과 학교 참여가 동시에 요구된다. 학교로부터 탈출과 학교 참여의 상호 관계는 복잡하다. 학교 참여는 만약 학교 탈출의 위협이 존재할 때 더 효과를 발휘할 수 있다. 어떤 사회든 잘못된 방향으로 나아갈 수 있지만, 사회는 이런 역기능을 올바른 방향으로 바꾸도록 작동해야 된다. 그러기 위해서는 사회 내의 회복 메커니즘이 필요하다.

다섯째의 교육개혁 모형은 사회민주주의 체제social democratic regime이다. 이 체제는 포용성, 광범위한 참여(전자정부, 국민투표 등), 그리고 광범위한 사회적 제공에 대한 요청으로부터 그 권위를 이끌어내는 더욱 평등적이고 참여적인 시민을 관할하고 있다. 국가와 정치 그리고 시민사회 사이의 서로 다른 흐름은 매우 잘 조직되어 있고, 어느 누구의 목소리라도 경청할 수 있는 효과적이고 효율적인 이해관심을 제공할 기회를 제공한다. 이 체제는 자유방임주의 사회와 달리 시장이 신뢰할 수 없고, 부적절하며, 심지어 교육의 제공에 부정적으로 조응하고 있다고 보면서 애덤 스미스의 용어로 교육을 공공재로 간주하고 있다. 공공재로서 교육은 시장에 의존하는 소비재 및 자본재의 공급으로부터 분리되기 쉽다. 사회민주주의 체제는 변화를 위한 사회적 참여/협력 모델을 선호한다. 이 모델을 뒷받침하는 원칙은 특정의 가치 집합의 정확성을 결정하는 결정적 방법이 없기 때문에 교육 시스템 내에서의 결정은 다양한 이해 당사자들 사이의 협상을 통해 이루어져야 한다. 또한 사회민주주의 체제는 변화를 위한 전문성 개발 모델을 선호한다. 이 모델은 시스템 내에서 여러 유형의 의사결정이 다른 사람들에 의해 만들어져야 한다고 본다. 왜냐하면 그들이 운영하는 수준에서 의사결정을 내리는 데 필요한 전문적 지식을 가지고 있을 가능성이 더 크기 때문이다. 발전과 경쟁을 추구하는 국가와 시장으로부터 상대적 자율성을 가진 전문가인 교사는 사회의 양심과 진리를 증언하는 비판자가 되어야 한다.Grace, 2014: 24-25

2. 세계교육개혁의 정치경제학

1980년대에 들어서면서 영국과 미국 등 선진 자본주의 국가를 중심으로 종래의 교육이 재편될 필요성이 있다는 주장이 거세게 일어났다. 이들 국가들은 교육개혁을 추진하면서 교육에 대한 공적 지원의 감축, 학습자 선택권의 강화, 교육 평가 강화, 각종 규제 철폐, 공교육의 민영화 등을 추진했다. 경제 정책이라는 거시적 틀 속에서 경제적 역할을 효율적으로 떠맡게 교육을 재편하고자 하였으며, 이러한 교육개혁의 이면에는 신자유주의가 자리하고 있었다. 왜 그 길로 갔는가?

당시 선진 자본주의 국가들은 심각한 재정 적자와 경기 침체를 겪고 있었다. 이들은 자국 경제 침체의 원인을 일본의 경제 대국화와 한국, 대만, 싱가포르를 비롯한 신흥국의 대두, 공적 지출의 과도한 증가라는 내부적 요인으로 파악하였다. 즉, 경제적 경쟁 국가의 출현으로 인해 국내외 시장이 잠식됨으로써 국내 경기가 침체되었으며, 이에 더하여 관료화된 정부에 의한 비효율적인 국가 운영이 문제의 원인으로 지목되었다. 따라서 경제적 경쟁 국가와 과대 정부의 비효율에 대한 대응 전략을 필요로 하였으며, 그 방안으로 선택된 것이 바로 국가를 위해 봉사할 유능하고 경쟁력이 있는 인간 자본의 육성이었고, 이를 위해 교육개혁 수술을 단행한 것이다.손준종, 2017: 369

세계 여러 국가들에서 실시한 교육의 민영화privatization 실험은 교육의 재정, 공급 및 규제에서 실제 국가의 역할을 변화시킨 야심찬 교육개혁의 가장 가시적인 결과를 보였다. 민영화 과정은 법적, 정치적, 그리고 담론적 용어에서 교육정책의 급격한 재구성을 가져왔다. 그것의 구조적 성격의 결과로서 민영화는 미래의 교육정책 및 개혁의 발전을 강하게 규정지었다.

선진 자본주의 국가들이 중심인 여러 국제적 정부기구IGO와 비정부NGO도 신자유주의neo-liberalism 질서를 적극적으로 대변하고 있다. 세계은행, 경제개발협력기구, 국제통화기금, 세계무역기구 등은 경제적 가치에 따른 교육 변화를 주도하는 국제기구들이다. 이 기구들의 구조조정 프로그램은 대체로 자율, 경쟁, 민영화 등을 중시하는 신자유주의 기조와 유사한 모양새를 보인다. 이들 기구는 개별 국가의 교육적 배경이나 문화적 특성 그리고 학문 수준 등을 고려하기보다는 그렇게 해야 좋다는 식의 계몽적 냄새까지 풍기면서 변화를 요청하기도 하였다. 그 결과, 신자유주의에 입각한 교육개혁이 선진 자본주의 국가들은 물론이고 보편적 국제 경제 질서에서도 우위를 점하기 위해 세계적으로 치열하게 경쟁하게 되었으며, 국가 지도자들은 새로운 사회에 걸맞은 인력 양성이 가능한 방향으로 교육을 재편하는 것이 필요하다고 생각하게 되었고, 그 전략으로 신자유주의를 선택한 것이다. 그러나 선진 자본주의 국가들이 신자유주의를 세계 지배권 유지와 새로운 이윤 창출의 차원에서 '자발적'으로 선택하고 추진하는 것에 견주어, 후발 국가들은 그러한 선진국 공세에 대처하여 살아남기 위한 '방어적'이고 '수동적' 입장에서 신자유주의를 선택하였다.^{손준종, 2017: 371}

오늘날 선진 자본주의 국가들은 새로운 경제적 곤란에 직면하면서 과도한 신자유주의 정책으로 인해 새로운 문제에 봉착하였다. 그리하여 세계질서의 흐름은 1980년대 후반 사회주의가 종말을 고하면서 자유주의가 승리하는 듯 보였지만, 국제 금융위기에서 보듯 오늘날 다시 자본주의의 쇠퇴 조짐이 나타나고 있다.^{Hobsbawm, Wallerstein 등} 월가 점령 등 금융위기에서 세계의 구조적 변화의 조짐을 보여주고 있다. 이것은 신자유주의의 최대 위기이다. 그래서 후기복지사회_{post-welfare society}의 교육이 대안으로 대두되고 있다.^{Tomlinson, 2005}

3. 국가개혁으로서 교육 민영화

영국과 칠레는 우리가 국가개혁의 하나로서 '민영화'라고 부르는 교육의 민영화 경로와 관련하여 가장 전형적인 두 사례이다. 두 나라는 철저한 구조적, 법적 개혁에 기초한 민영화 과정을 거쳤다. 이 개혁들은 공급과 재정의 형태로 과거 방식의 국가 중심적이었던 교육체제 내에서 중요한 변화를 도입했다. 학교 간 경쟁 기제의 도입은 교육에 있어서 민간 부문의 참여 증가를 이해하는 데 근본적인 요소가 되었다. 게다가 영국과 칠레에서의 민영화는 광범위한 정치적 스펙트럼에 의해 수용되고 지지되는 정책 해결책이 되었다. 구조적 민영화 개혁은 두 나라 모두 우파 정부에 의해 시도되었다. 그러나 뒤이어 집권한 중도좌파 정부도 민영화 정책에 제동을 걸지 않았다. 영국과 칠레에서 중도좌파 정치세력이 권력을 잡은 후에도 교육의 민영화는 더욱 심화되었다.

민영화 유형은 신자유주의 원칙의 부상하는 헤게모니에 의해 강하게 특징지어진 구체적 역사적, 정치적, 경제적 맥락에서 나타났다. 1980년대에 민영화 개혁이 칠레와 영국에 소개되었다는 사실은 우연이 아니다. 이 시기에 자유시장 옹호자인 밀턴 프리드먼의 지적·이념적 영향은 이 두 나라에서 일어난 정책 변화를 이해하는 기초가 된다. 당시 교육의 민영화는 단순히 정책 옵션이 아니고 오히려 강력한 이념적 확신에 의해 추동된 분명한 정치적 선택이었다. 밀턴 프리드먼의 시카고 경제학파에서 주창한 신자유주의는 1950년대 학계에서 개발되었으나, 1970년대 후반과 1980년대 초반에 들어서야 공공 정책에 반영됐다. 신자유주의 독트린은 부와 경제적 효율성을 높일 가장 좋은 방법으로서 시장 경제 및 시장에 의한 개혁을 옹호하고 있다. 이러한 원리의 적용은 국가, 시장, 그리고 시민사회 사이의 관계를 재구성하는 것을 필요로 한다. 신자유주의에 따르면 국가는 경제에 되도록 개입하지 않고, 개인의 강력한 사유 재산권, 법의 규칙, 그리고 자유롭게 기능하는 시장과 자유로운 무역과 같은 제도를 선호하는 것에 초점을 맞춘다. 이러한 독트린의 정책 개발은 두 가지 핵심 기제, 곧 전통적인 공적 재산의 민영화와 공공 서비스를 위한 운영 원칙으로서 선택과 경쟁의 설정에 기초하고 있다.Verger, Fontdevila & Zancajo, 2016: 36

영국의 교육 민영화는 이 나라에서 신자유주의 혁명이 시작된 1979년 마가렛 대처의 선거 승리로 특징지어지는 정치적 맥락에서 일어났다. 대처의 권력 장악은 프리드먼의 명제에 고무된 통화주의 운동의 승리를 보여주었고, 또 다른 영역의 지배구조와 함께 교육에 대한 직접적 함의를 띠었다. 칠레의 경우 1973년에 시작된 아우구스토 피노체트Augusto Pinochet의 군사정권이 칠레 교육체제의 급격한 변화를 가져왔다. 1980년대 피노체트 정부는 대부분의 정책 부문에서 신자유주의를 옹립했다. 교육에서 신자유주의는 바우처 시스템voucher system, 학교 간의 경쟁적 기제의 도입 그리고 교육 시스템의 지방자치화municipalization[1]를 비롯하여 다양한 개혁을 수립했다.

역사적, 정치적 관점에서 볼 때 영국과 칠레는 분명 유사한 점이 있다. 두 나라는 다른 나라가 실용주의적 이행을 하는 것과는 달리 신자유주의로 가는 이념적 경로를 보였다. 칠레와 영국의 경우 신자유주의로 가는 길은 분명한 정치적 원천, 신속한 개발 및 조기 도입을 특징으로 하였다. 세계화와 외부 아이디어의 역할은 신자유주의를 둘러싼 정치적 논의를 이해하는 데 중요하지만, 두 나라에서 신자유주의가 팽창한 것은 크게 국내 정치와 여타 내적 요인에 의해 설명될 수 있다. 신자유주의 프로젝트 개발에 있어 두 나라의 다음과 같은 공통된 특징은 교육을 포함하여 서로 다른 영역에서 1980년대 이행된 개혁의 특별한 성격을 이해하는 데 중요하다. 첫째, 두 나라 모두 통화주의 원리를 옹립하면서 수행하였고, 둘째 두

1. 민영화 전략의 일환으로 기획된 '지방자치화'는 한 도시에서의 자산 소유권, 비용, 책임을 지방자치단체 소유로 양도하는 것으로서 국유화(nationalization)와는 구별된다.

나라 모두 신자유주의 프로젝트 개발에 저항한 어떤 형태, 특히 노동조합에 대해 정부가 억압적 태도를 보였다.Verger, Fontdevila & Zancajo, 2016: 37

이런 변화는 신자유주의와 이와 관련된 정책의 개발을 선호하는 특별한 사회경제적 맥락에서 일어났다. 1960년대와 1970년대에 경제성장의 하락에 직면한 영국과 칠레는 국가, 노동조합, 기업 부문 간에 이루어진 전후의 타협이 무너졌다. 계속 치솟는 인플레로 말미암아 사회적 불안도 커졌다. 이러한 사회경제적 맥락은 대안적 경제 정책의 채택을 정당화하였다. 요컨대 영국과 칠레에서 특정한 이데올로기적 환경 내에서 정치적 사건과 경제적 상황의 다양한 결합은 1980년대 초 국가의 신자유주의 구조조정을 이해하는 데 결정적 요인이 되었다. 그럼에도 불구하고 영국과 칠레가 수행한 교육 민영화 정책의 선택과 유지 과정에는 몇 가지 중요한 차이점이 있다.

4. 칠레의 교육 민영화 실험

1970년 대통령선거에서 남미 최초로 민주선거를 통해 사회주의 정당이 집권했다. 아옌데는 1971년 '교육민주화의 원년'을 선포했다. 아옌데 대통령 시절 최고 수준의 교육에 도달했고 양질의 교육을 위해 교육 시스템을 점진적으로 발전시켜갔다. 당시 초등교육의 입학률은 실질적인 보편화 수준으로 발전했으며, 학생들의 사회적 이동을 포함하여 중등교육과 고등교육 입학률도 획기적으로 증가했다.Castro-Hidalgo & Gomez-Alvarez, 심성보 외 옮김, 2017: 95 하지만 남미의 사회주의 확산을 우려했던 미국은 1973년 피노체트를 조종하여 민주적으로 선출된 아옌데Salvador Allende 대통령을 쿠데타로 쫓아냈다. 피노체트 군사정권은 미국 시카고대학의 밀턴 프리드먼 교수와 그의 제자의 자문을 받아 경제 자유화, 규제 해제, 민영화 등 신자유주의 정책을 추진하였다. 프리드먼을 직접 만났던 피노체트는 은행에서부터 교육에 이르기까지 사회적 영역과 공기업을 민영화하면서 시장주의 정책을 폈다. 칠레는 신자유주의 교육정책의 원조 국가가 되었다.

1) 독재의 시대: 민영화의 강요

1973년 피노체트 장군이 사회주의 정부의 아옌데 대통령을 군사 쿠데타로 몰아내고 칠레의 권력을 장악한 뒤 독재는 1990년까지 지속되었다. 군사독재 정부 초기에 사회주의 이상에 빠져 있는 것처럼 보이는 교사를 모두 해고했다. 그중 많은 이들이 사망하거나 감옥에 갇혔고 쫓겨났다. 교사양성 교육기관이나 대학이 문을 닫거나 군에 의해 접수됐다.

피노체트 정권은 여러 정책 분야에서 구조적인 친시장 개혁으로 귀결된 신자유주의에 개방적 태도를 취했다. 1981년에는 학교 간의 학교 선택과 경쟁과 같은 시장 이념에 기초한 야심찬 국가적 교육개혁이 승인되었다. 시스템 전반의 개혁은 교육 부문에서 신자유주의의 적용을 효과적으로 나타냈으며, 칠레의 교육 시스템을 라틴 아메리카뿐만 아니라 전 세계적으로도 가장 큰 준시장으로 변모시켰다.

군사정권은 주요한 교육 이해 관계자들의 억압과 정치적 압력을 통해 이러한 야심찬 개혁 과제를 추진할 수 있었다. 억압적인 정치적 배경은 논란이 많은 교육의 시장화 개혁에 대한 조직적 저항을 약화시킬 수 있었다. 칠레의 신자유주의 개혁의 수행은 점진적 과정으로 보였다. 신자유주의 의제는 군사 쿠데타가 일어난 지 2년이 지난 1975년까지 공개적으로 채택되지 않았다. 이러한 간격은 군사 정부의 통제를 둘러싼 피노체트 장군과 구스타보 레이그 장군 간의 권력 투쟁 때문이라고 설명될 수 있다. 이러한 권력 싸움은 어느 정도 한편으로는 레이그에 의해 옹호된 케인스 및 개발주의 경제 정책 프로그램, 다른 한편으로는 결국 대통령이 된 피노체트에 의해 옹호된 신자유주의 사이의 대치를 보여준 것으로 볼 수 있다. 결국 피노체트가 권력을 쥐자, 1975년 경제적 위기와 함께 칠레 정치의 시카고 보이들[2]이 전면에 나섰다. 교육의 경우 새로운 시장 계획이 1979년 도입되자 교육부장관은 사임하고 교육개혁의 책임이 재정부장관에게로 넘어갔다.

따라서 칠레의 교육 민영화 과정은 1973년과 1990년 사이의 군사정권에 수행된 신자유주의적 개혁에 뿌리를 두고 있다. 이러한 접근은 밀턴 프리드먼이 주도한 시카고대학의 경제학에 직접적 영향을 받았다. 이 시기에 칠레 정부는 교육체제를 민영화하는 강도 높은 개혁을 수행하였다. 이 개혁의 주요한 특징은 공립이든 사립이든 수요에 따라 국가 자원을 학교로 이전시키는 바우처 시스템에 기반을 두고 있다. 이 개혁은 학교 간 경쟁을 자극하는 것은 물론이고 가정에 학교를 선택할 완전한 자유를 제공하는 것을 추구했다. 이렇게 경쟁은 교육의 질과 효율성을 촉진하는 핵심적 기제라고 할 수 있다.

교육체제에서 신자유주의 개혁은 크게 네 가지로 압축되었다. 효율성 증진, 민간 영역의 교육 참여 촉진, 국가 권력의 지방분권화, 교원노조의 권한 축소. 첫째, 신자유주의 독트린에 의해 고무된 교육의 시장화 정책, 경쟁의 증대와 민간 부문의 참여는 효율성 향상으로 이끌었다. 둘째, 바우처 체제의 채택과 보조금을 받는 사립학교의 기금 증대는 민간 부문의 교육 참여를 북돋는 주요한 기제가 된다. 이 조치는 국가 부문보다는 민간 부문이 내재적으로 더욱 효율적이고 사회적 요구에 잘 대응한다는 신념에 의해 작동되고 있다. 사립학교와 공립학교 간에 이루어지는 경쟁적 분위기는 교육의 전체적 질과 체제의 효율성을 증대시킬 것이다. 셋째, 공립학교의 관리를 시정부가 맡는 것은 학교의 지역 관리가 가정의 요구와 관

---

2. '시카고 보이'는 피노체트 군사 정권 아래 시카고대학에서 훈련받은 칠레의 경제학자를 일컫는 별칭이다. 미국 정부는 1950년대 칠레의 가톨릭대학과 시카고대학의 협력 프로그램을 운영하였다. 이것은 남미에 마르크스주의가 확산되는 것을 방지하기 위해 밀턴 프리드먼의 신자유주의 사상으로 무장시키는 일을 하였다.

심에 더욱 잘 부응한다는 신념에 기초하고 있다. 특히 서비스 이용자는 지방분권 교육체제에서 자신의 목소리를 관철하기가 쉽다. 넷째, 개혁의 정치적 목적은 교육정책에서 교원노조의 영향력을 줄이는 것이다. 이러한 목표를 염두에 두고 군사정권은 교원의 집단적 교섭 능력을 변경하는 방법으로 공립학교 관리의 지방분권화를 추구하였다. 게다가 교육개혁은 시민으로서 교사의 노동조건과 공적 부문 노동자로서의 지위를 강등했다. 다시 말해 민간 노동자와 똑같이 취급하였다.Verger, Fontdevila & Zancajo, 2016: 40-41 그 결과 수많은 민간 제공자의 엄청난 증대를 초래했다. 교육개혁의 추진에 재정적 인센티브를 수반하였다. 사실 개혁 이후 학교에 지불한 학생당 보조금은 이전에 사립 보조금을 지급한 금액보다 61% 더 높았다. 1979년과 2009년 사이의 학생 등록률도 분명히 민영화 추세를 보여주었다.

결국, 군사위원회가 단행한 마지막 중요한 법적 변화는 교육의 주요 시장 정책에 대한 재확인을 의미한다. 교육의 시장 모델이 피노체트에게 가장 큰 법적 구제 수단 중 하나였던 것이다. 교육에 관한 유기적 헌법은 피노체트 임기 마지막 날인 1990년 3월 10일에 승인되었다. 이 법은 칠레에서 유기적 지위를 가진 법을 바꾸기 위해 필요한 정치적 합의 때문에 국가 교육에 있어 신자유주의 패러다임의 지속에 중요하게 기여했다. 새로운 민주 정부는 피노체트의 교육 시장화 개혁을 뒤집기를 원했지만, 독재 정권에 의해 부과된 법적이고 정치적인 제한이 교육체제의 심층적 변화를 강화시켰다.

그런데 1990년에 선출된 최초의 민주정부는 피노체트 시대에 이행된 시장 규칙과 메커니즘을 역전시키지 않았다. 그것은 이미 교육체제의 핵심이 되어 있었고, 교육이 어떻게 조직되고 제정되고 제공되어야 하는지에 대한 새로운 상식을 만들어내었기 때문이다. 결과적으로 높은 수준의 민영화는 1990년대에 공고화되어 더욱 확대되었다. 교육에 대한 시장적 접근은 독재 시기에는 이념적 이유로, 민주화 시기에는 실용적 이유로 시도되었다. 민주화 시기에는 독재 정권 시대의 패러다임에서 벗어나고자 하였다. 민주화 시기는 교육정책의 새로운 정치 패러다임으로 특징짓고 있으며, 이 정책은 변화와 함께 지속성을 부여하고 있다. 두 시기의 교육은 두 가지 다른 패러다임, 즉 군사정권하에서의 시장과 선택 패러다임, 그리고 민주정부 시기의 국가와 통합적 접근의 지배를 받았다. 군사독재 정권 때 시행된 바우처 등 민영화 과정과 시장적 조치는 필연적으로 이후의 교육정책에 영향을 미쳤다.

2) 민주주의로의 회귀: 민영화의 강화

민주주의로 회귀하자 여러 교육 관련자들, 특히 교원노조는 독재시대에 이행된 개혁을 뒤집을 기대에 부풀었다. 1991년 독재 정권에 의해 상실된 교원의 노동자적 지위가 복원되었다. 교사들은 1990년대 지속된 교육의 시장화 모델에 비판을 가하기 시작하였다. 새로운 민주정부는 교육정책의 갈등을 중화시키기 위해 핵심적 이해 당사자인 교원노조Colegio de Professores를 파트너로 삼았다. 1992년 세계은행은 칠레의 높은 교육 불평등을 시정할 것을 권고하였다. 하지만 첫 번째 민주적 선거에서 권력을 잡은 중도좌파연합Concertario'n de Partidos por la Democracia은 교원노조나 세계은행의 권고를 받아들이지 않았다. 1993년 교육의 시장화 시스템을 도입하는 〈교육 비용 공유에 대한 법률Ley de Financiamiento Compartido〉이 통과돼 이미 생성하고 있는 불평등을 더 키웠다. 이 정책은 국가로부터 보조금을 받는 사립학교인데도, 학교의 비용을 가정이 부담하게 하여 교육체제에서 수요와 공급의 역동성을 변화시켰다. 그리고 사립학교와 공립학교 사이의 기금 차이뿐 아니라 칠레 교육체제를 양극화시키고 말았다. 민주정권이 들어섰는데도 가난한 사람들의 교육 평등과 기회는 더욱 박탈되었다. 그래서 학업성취평가, 표준화, 그리고 학교 등급은 그렇게 높아지지 않았다. 그렇게 된 가장 큰 이유는 1980년대에 확립된 학교체제의 성격을

1990~2010년대에도 그대로 따랐기 때문이다. 피노체트 정권 아래 수행된 교육개혁은 장기적으로 칠레 교육체제의 구조적 요인을 형성하고 말았다. 피노체트 교육개혁의 핵심 요소였던 공립학교 관리의 지방자치화를 통한 경쟁을 공공성 강화로 돌리기는 그렇게 쉽지 않았다.

3) 계속된 주도권 다툼

최근 칠레는 1990년 민주주의로 회귀하기 전에 일어난 것과 비슷한 사회적 격동으로 인해 불안정하다. 최근 칠레 민중은 이미 군사정권에 항거하고 싸우면서 쟁취한 권리들, 즉 형평성, 권한의 분권화, 교육의 질 향상 등을 다시 요구하는 역설적인 상황을 보였다. 군사정부로부터 민주정부로 권력 이동이 일어났는데 민주주의를 구현하지 못하였다. 가령 2005년부터 시작된 국가보증 학자금 대출 프로그램은 학생들에게 더 높은 등록금을 부과함으로써 졸업 후에도 학생들의 빚으로 이어졌다. 기본적으로 대학교육은 수익자 부담 원칙에 따랐다. 그리하여 학생들의 불만이 가득하여 대통령궁으로까지 진입하는 시위가 벌어졌다.

'펭귄혁명'(중등학생들이 입은 흑백 유니폼)으로 불린 2011년 8월 칠레의 수많은 학생들은 수일간 노래를 부르며 가두행진을 하고 경찰의 최루탄과 물대포에 맞서 돌과 몽둥이를 던졌다. 페인트칠과 대규모 시위를 벌일 정도로 교육에 대한 불만이 극에 달했다. 이런 대규모의 격렬한 시위가 일어났던 근본적인 원인은 놀랍게도 교육 문제였다. 중등학생들은 무상교육, 공교육의 옹호, 이윤을 추구하는 제공자의 폐지, 그리고 학교의 차별적 관행의 소멸 등을 주장하며 시위를 벌였다. 학생들의 시위가 끊이지 않은 것은 교원들의 고용불안과 교육 불평등도 심각했기 때문이다. 칠레의 신자유주의 정책은 교직의 전문성을 침해하는 요인의 하나였으며, 다양한 측면에서 교사들에게 지속적이고 장기간 영향을 끼치고 있다. 또한 대학의 비싼 등록금 정책은 대학생들의 거센 반발을 초래하였다. 이렇게 칠레의 학교가 파탄에 이르게 된 것은 칠레가 바우처 시스템을 만들어 사적 영역을 확장하고, 초·중등 교육을 민영화한 1980년대의 시장 기반 교육개혁에서 찾아야 한다.^{Adamson & Astrand, 심성보 외 옮김, 2017: 17}

칠레의 신자유주의 실험은 영국과 미국 그리고 스웨덴 등을 거쳐 지난 30여 년간 전 세계로 퍼져갔다. 칠레는 신자유주의, 민영화, 그리고 세계교육개혁운동 모델 만들기를 위한 실험용 배양 접시였다.^{Adamson & Astrand, 심성보 외 옮김, 2017: 37} 오늘날 칠레는 좌우 권력의 교체가 빈번하고 있다. 2014년 미첼 바첼레트 대통령(여성)의 사회주의 정권으로 교체됐지만 2017년 12월 17일 치러진 선거에서 우파 전직 대통령 세바스티안 피녜라가 당선되었다. 좌파 정권에서 우파 정권으로 권력이 이동된 것이다. 권력 교체의 가장 큰 이유는 경제 및 교육 정책의 실패에 있다고 한다. 학교 민영화(바우처 제도) 이후 다수를 차지하는 사립학교는 융성한데 반해, 공립학교는 더욱 황폐화되었기 때문이다. 앞으로 우파 정권이 어떤 정책을 구사할지는 아직 미지수다.

5. 영국의 교육 민영화 실험

1980년대와 1990년대 영국에서 수행된 교육개혁은 칠레의 경우와 유사하다. 교육 민영화 정책은 보수당에서 노동당으로 이어졌다. 아니, 노동당이 보수당보다 한 발 더 나아갔다. 1980년대와 1990년대는 정책의 연속성 차원에서 하나의 신자유주의 시기가 아니라, 여러 신자유주의 시기로 분석되어야 한다. 1979년 대처의 선거 승리는 영국의 경제 및 사회 정책 패러다임의 이동을 말해준다. 이 이동의 이념적 토대는 경제문제연구소IEA, 정책연구센터CPS, 애덤스미스연구소와 같은 보수적이고 신자유주의적인 영향력을 가진 싱크탱크에 의해 1960년대에 만들어졌다.

1) 보수적 개혁

1979년에 대처 수상의 보수당 정권[3]이 출현하면서 영국은 교육정책을 결정하는 최우선 조건이 경제와 고용 문제임을 선언하였다. 대처 정권의 교육정책은 국가교육과정,[4] 지배구조와 학교의 재정 지원 방식,[5] 운영위원회,[6] 교부금지원학교,[7] 의무경쟁입찰제CCT[8] 등으로 나타났다. 물론 대처 정부에 의해 수행된 민영화 개혁이 모든 영역에서 균일한 것은 아니었다. 정부는 가스, 물, 또는 텔레콤 등의 영역에서 공공 서비스를 민간 영역에 팔았다. 이런 급격한 형태는 두 가지 주된 이유로 정치 전략의 일환이었다. 첫째, 그것은 2차 대전 이후 주류가 된 집단주의 원리가 지도하는 시스템에서 경쟁적·경제적 개인주의 신조가 지도하는 체제로 지배구조 패러다임의 전환을 상징했다. 둘째, 그것은 영국의 보수당 정부에 의해 이전의 수십 년 동안 정부가 지녔던 주요 기능들을 일부 포기하는 것을 암시했다.Verger, Fontdevila & Zancajo, 2016: 46

그렇기는 해도, 교육의 민영화와 여타 사회적 서비스는 덜 엄격하였

---

3. 미국이 의회와 자본가가 중심이 되어 신자유주의 교육개혁을 추진한 반면에, 영국의 경우는 미국에 비해 정부가 주도적인 역할을 담당하였다.

4. 교육체제와 노동시장의 필요 사이의 조응을 위해 국가교육과정을 디자인하는 과정에 기업체 대표가 참여하였다.

5. 지역 당국의 통제를 벗어나 학교의 자율성을 높이려고 재정을 학교당 배분이 아니라 학생 일인당 배분 방식으로 변경하였다. 학생들을 위해 학교 간의 경쟁을 촉구하고, 그들을 끌어들이는 능력이 없는 학교에 대해서는 폐쇄 조치를 하는 것으로 기획되었다.

6. 학교이사회나 다름없는 학교운영위원회에 기업체가 참여하는 개혁을 시도하였다.

7. 중등교육의 새로운 유형을 보여주는 영국의 교부금지원학교(Grant-Maintained School)는 공립학교인데도, 일반 공립학교와는 달리 중앙정부의 교육 및 고용부로부터 직접 재정 지원을 받고, 지역교육청의 감독과 규제는 받지 않는다. 교부금지원학교가 되면 학교 운영의 책임은 학교운영위원회가 지게 된다. 교부금지원학교는 중앙정부의 직접적 재정 투자를 통해 지역 당국의 통제를 벗어나게 하는 교육제도이다. 그렇게 하여 학교가 높은 수준의 자율성을 향유하도록 한다. 이들 학교의 일부는 대학입학에서 선발의 우위를 누리고 있다. 이들 학교의 일부는 아카데미(Academy)와 자유학교(Free school)의 뿌리가 되고 있다. 현재의 미국의 차터스쿨과 같다.

8. CCT/Compulsive Competitive Tendering는 지역 교육당국(LEAs)으로 하여금 모든 서비스(교육기관 등)를 제공하는 데 새로운 계약을 적용하도록 강제하였다. 더 값싼 선택을 할 수 있도록 어떤 서비스를 제공하는 데 경쟁적 입찰 방식을 도입한 것이다.

다. 사회적 영역에서 민영화 과정은 그 이후에 시작되었고(엄밀하게 말하면 1980년대까지는 이행되지 않았다), 공적 영역에서 민간 영역으로 소유권을 급격하게 이동하는 것은 아니었다. 대조적으로 선택, 경쟁 그리고 시장의 원리는 공적 영역 내에서 도입되었다. 교육에서 가장 중요한 정책 프로그램은 저소득층 학생들에게 수업료를 받는 사립학교에 등록할 기회를 주는 일종의 바우처 프로그램인 사립학교경비충당지원정책APS/Assisted Places Scheme[9]이다. 물론 보수당 안에서의 비판, 유료 사립학교 부문의 낮은 이윤, 그리고 이행의 실용적 도전이 바우처 프로그램의 범위를 제한했다. 그것의 영향은 한정되었지만, APS는 교육정책과 관련하여 보수당 정부의 핵심 원칙—국가교육의 질에 대한 비판, 학부모를 위한 선택의 폭 확대, 그리고 공공 서비스를 제공하기 위해 민간단체에 돈을 지불할 의지—을 구체화했다.

교육개혁법ERA[10]이 승인된 1988년까지 보수당 정부의 영국 교육체제에서 구조적 변화는 컸다. 이 개혁은 두 가지 정치적 담론으로 정당화되었다. 그 첫 번째 '위기의 공교육' 담론은 기본적으로 공적 시스템이 경제의 필요와 노동시장의 요구에 부응하지 않았다는 것을 의미한다. 이 담론에

---

9. APS/Assisted Places Scheme은 1980년 보수당 정부에 의해 설립되었다. 자격을 갖춘 어린이에게는 유료 독립학교에 무료 또는 보조금을 지급하는 장소가 제공되었다. 1980년 교육법을 개정하여 1981년부터는 학생 개인에 대해 직접 국고보조를 하며 독립학교(independent school) 교육의 수혜 범위를 넓혀나갔다. 즉, 사립학교에 재학하는 학생 중 저소득층의 자녀로서 학업 성적이 우수한 일정수의 학생들에게 등록금을 면제해주는 대신에, 연방 교육과학성이 해당 경비를 학교에 충당해주는 APS 제도를 시행하였다. 1980년 영국의 경제가 IMF의 지원을 받을 정도로 타격을 입었을 때는 APS라는 교육부 특별 사업 시책을 만들어 수업료를 지불할 수 없는 독립학교 학생을 정부가 지원했으며, 그 대상은 1986년 당시, 약 6000여 명이었다. 정부 입장에서는 만약 독립학교가 경영 악화로 폐교되면 학비를 지불하더라도 그 학교에 다니고 싶었던 학생까지 주변의 공립학교들이 모두 떠안아야 된다. 그럴 바에는 정부가 독립학교의 경영 손실분 중에 일부를 지원해서 그 학교의 운영을 지속하게 하는 것이 정부의 교육예산 집행의 측면에서 예산이 적게 든다. 불경기로 인한 사립학교의 영향은 여기에 그치지 않고, 일반 우수 공립학교의 입학 경쟁을 한층 가열시켰다. 블레어 노동당 정부는 공적 자금의 낭비를 줄이기 위해 1997년 선거 당시 APS를 폐지했다.

부응해 대처 정부는 교육과정의 직업화를 촉진하였고, 직업 프로그램을 개발하기 위해 중등학교에 추가 기금을 제공하는 기술 및 직업개혁안TVI을 만들었다. 두 번째 담론은 공공 기관의 교육 '독점'은 교육 공급의 질과 효율성을 높이는 데 장애가 되었으며, 이러한 문제를 극복하기 위해 시장 원리와 규칙이 도입되어야 한다고 말한다.

교육개혁법ERA은 교육 민영화를 향한 교육정책의 패러다임 전환을 보여주었다. 이 개혁법은 민영화와 시장의 원리를 교육체제의 실질적인 정책 옵션으로 전환시켰다는 면에서 본질적 개혁이라기보다는 전략적 개혁이었다. ERA는 시장과 경쟁을 체제의 중심에 놓았고, 이런 규범적 변화는 그 것의 맥락 내에서 이행된 특정의 조치보다 더 중대한 결과를 낳았다. 전반적으로 ERA는 민영화를 영국의 교육체제를 위한 실현 가능한 정책 옵션으로 전환하였고, 교육 서비스 제공에 민간단체가 진출할 수 있는 기회의 창구를 열어주었다. 의무경쟁입찰제 및 교부금지원학교와 같은 정책 및 프로그램은 교육 서비스 제공에서 민간 부문 참여에 크게 도움이 되는 규제의 틀을 만들었다.

교육개혁법의 채택은 교육체제의 지배구조에 일종의 '세분화된 중앙집권화'를 도입하였다. 선택, 경쟁 그리고 학교 자율성이라는 새로운 규제 틀은 교육체제에 대한 지방교육청의 통제를 축소시켰고, 교육과정과 평가방법과 같은 일부 측면에 대한 국가 통제 수준이 증가한 독립 실행형 단위

10. ERA에서는 대학이 더 효과적으로 경제에 봉사할 수 있도록 대학의 목적과 구조를 개편하는 것을 목표로 하고 있었으며, 이어 1992년에 제정된 〈계속 및 고등교육법(The Further and Higher Education Act)〉에서 그러한 의도가 더욱 구체화되었다. 새로운 교육 관련법들이 제정된 가장 주된 이유는 전통적인 지식과 인문 중심의 교육을 탈피하고, 대신에 철저하게 경제적 합리성에 따라 운영되고 관리되는 새로운 교육 시스템을 구축하기 위한 것이었다. 이를 위하여 교육부도 고용부와 통합되어 '교육과 고용부'(DFEE)로 재편되기도 하였다. 이러한 변화들은 순수한 지식 탐구와 인문학적 전통에 기초한 대학교육을 경제적 가치가 있는 응용 연구와 직업기술교육을 중시하는 대학으로 변화시키려는 대처리즘의 결과였다. 영국의 대학교육 방향을 종합적으로 제시하였던 디어링 보고서(Dearing Report)(1996)에서는 대학이 학습자와 고객의 요구 중시, 국가적 수준의 교육 표준화, 기업체와의 파트너십 등을 추구하였다.

가 되었다. 이것은 교육체제의 세분화를 포함한 역설적인 상황을 더 작은 단위로 만들어냈다. 이는 더 자율적 방식으로 운영될 것으로 예상되며, 동시에 국가는 지방당국의 중재 없이 학교에 대한 권한과 통제를 강화한다. 세분화된 중앙 집중화 접근법은 교육 시장에서의 학교 격리가 민간기관에 의한 폐쇄 또는 인수에 취약하게 만들었기 때문에 교육 서비스 제공에 민간 부문의 참여를 촉진시켰다.

요컨대 세분화된 중앙집권화는 진보되었지만, 교육개혁법은 의무경쟁 입찰제나 APS 바우처 시스템과 같은 다른 프로그램과 함께 1980년대와 1990년대 보수당 정부의 교육 민영화에 크게 기여했다. 보수 정부에 의해 시행된 개혁과 정책은 교육체제에 실질적인 영향을 미치지 않았지만, 적어도 부분적으로는, 신 노동당 정부가 집권한 시절에 교육 민영화의 발전과 확대를 설명해주는 톱니바퀴 효과를 가져왔다.

2) 신노동당: 민영화의 확장

18년간 계속된 보수당 정부의 집권이 마감되고 1997년 선거에서 노동당이 승리하여 토니 블레어[11]가 수상이 되었다. '소수 엘리트를 위한 수월성 교육이 아닌 다수의 학생들을 위한 수준 높은 교육'이라는 신노동당의 슬로건이 1997년 선거 공약이었다. 그런데 이런 정치적 전환이 기존 교육 정책의 실제적 변화를 의미하는 것은 아니었다. 사실 그것은 통합뿐만 아니라, 오히려 보수당 정부 아래서 시작된 교육 민영화 추세의 확대를 보여주었다. 실제로 신노동당의 변화는 겉치레에 불과하였다. 신노동당의 소위 제3의 길은 유사시장과 매우 비슷해 보였다. '제3의 길' 정책의 핵심은 노동당의 전통적 접근보다 보수당의 핵심 의제에 더 가까운 것이었다.Whitty,

---

11. 블레어 수상은 "최선의 경제 정책은 교육이다"라는 기치를 들고 대영제국의 옛 영화를 회복하기 위하여 강력한 교육정책을 입안하고 추진하였다. 그것은 신자유주의와 경제주의에 기초한 교육정책이었다.

김달효 옮김, 2012: 239 신노동당의 담론은 친민간 영역 접근을 교육정책에 통합시켰다. 이러한 담론은 두 가지 주요한 기둥, 즉 사회의 현대화와 국가적 갱신의 필요로 구조화되었다. 첫째, 사회의 현대화와 양질의 인간자본을 만들어낼 필요는 경제적 세계화에 의해 창출된 도전에 대한 신노동당의 대응이었다. 둘째, 국가적 갱신의 관점은 변화의 원동력, 조정자 그리고 촉진자로서 국가의 역할을 재개념화할 것을 함의하였다.Verger, Fontdevila & Zancajo, 2016: 49 교육의 경우 국가는 서비스의 직접적 공급자가 아니라 민간 공급자와의 계약을 도와주는 협상자 및 조정자로 간주되어야 한다는 뜻이다. 요컨대 공공 서비스의 민영화는 공적 영역의 현대화를 이루고자 하는 신노동당 정부가 채택한 중심 전략이었다. 결과적으로 계약을 따내는 것이 교육 기업의 새로운 핵심적 활동이 되었다.

물론 교육 민영화에 대한 신노동당 담론은 보수당 정부의 담론과는 일정한 차이를 보였다. 이 차이는 시장에 대한 특유의 접근 방식으로, 특히 주요 공공 서비스를 제공하는 민간 부문의 역할을 장려하는 정책에 대한 동기를 말할 때 특히 그렇다. 노동당과 이들의 접근 방식은 공공, 민간 및 자발적 부문에서 가장 효율적인 서비스를 제공하는 데 초점을 맞추었다.

3) 제3의 길에 대한 찬반 논란

이데올로기적 이유 외에 노동당은 공공 서비스의 질을 갱신하고, 현대화하고, 증진시키는 방법으로서 민간 부문이 교육에 참여할 것을 촉진하였다. '제3의 길'[12]로 알려진 공공 서비스에 대한 노동당의 이러한 새로운 접근은 1990년대 유럽의 전통적 사회당이 또한 추진했던 더 넓은 정치적 이데올로기적 운동의 일부분이다. '제3의 길'은 국제시장의 힘을 받아들이면서 이를 만인의 개인적 자유에 대한 신념 및 책임과 결합한다는 것이다.Brandal, Bratberg & Thorsen, 홍기빈 옮김, 2015: 152 신노동당 운동은 비관료적 수단에 의한 공공 서비스의 질을 보장할 필요성은 물론이고, 그 효용성 및 공공 서비스의 갱신을 보장하는 것만이 민간인들의 교육 참여를 촉진할 것으로 강력하게 확신했다. 민간 부문이 변화와 혁신을 유일하게 관리할 수 있었다고 생각했다. 토니 블레어 이후 수상이 된 고든 브라운은 공공 부문이 경영에 서투르고 오직 민간 부문만이 효율적이라고 단언하면서 민간 부문의 우수성에 대한 일반적 믿음을 표명하였다. 노동당 정부는 또한 높은 수준의 교육 시장화를 정당화하기 위해 공평성equity 구조를 명확히 했다. 공평성 관점에서 보면 선택과 경쟁이야말로 불우한 가정이 그들의 이웃에 있는 나쁜 학교를 피하게 해줄 것이다. 이것은 선택에 대해 전통적으로 반대해왔던 노동당의 변화를 말해주는 것으로서 공공 서비스에 대한 중산층의 관심을 처리하기 위해 블레어가 재발명한 것이다. 경쟁과 다양성의 원리, 그리고 선택의 일부 측면에 대한 1990년대 중반 상당히 중첩된 위치('대처주의의 사생아')를 향한 노동당 교육정책의 전환은 영국 중산층 유권자들의 관심에 호소한 블레어의 재발명이기도 하다. 교육의 시장화를 옹호한 신노동당의 논거가 보수당의 것과 다르다고 하였지만, 정책의 틀에서 별로 차별성을 보여주지 못했다. 1998년 〈학교 표준 및 체제 법령School Standards and Frameworks Act〉이 그러했다. 특성화 학교Specialist Schools[13] 프로그램과 아카데미[14]의 출현을 통해 학교체제의 다양성이 늘어났다. 즉, 가난한 지역의 '실패한' 공립학교들을 대체해야 했던 민간 후원자들로 이루

---

12. 좌파와 우파의 이념(Adams, 2014: 12)

이념	우파		좌파	
	신보수주의	신자유주의	사회민주주의	사회주의
	보수당		노동당	
주요 신념	더 건강하고 더 안정적인 사회로 이어지는 전통적 가치	더 큰 경제적 효율성으로 이어지는 시장의 힘과 개인의 자유	모든 사람을 위한 기회와 책임	모든 사람을 위한 사회적 평등, 주요한 시설과 산업의 국가 소유
교육 정책	훈육, 교복, 적절한 교과, 전통적 평가	제공자들 사이의 경쟁으로 이어지는 부모의 선택, 성적일람표	강한 국가기구 내에서의 학교 선택과 다양성	무상교육 제공, 사립학교의 폐지, 모든 사람을 위한 종합학교체제

어진 독립적인 공립학교들independent state schools이다. 아카데미 프로그램은 이전의 보수당 정부가 시행한 도시기술학교City Technology Colleges[15]의 확장과 보조금유지학교 프로그램의 연속이고 그 확장이다. 노동당 정부는 새로운 행위자(주로 민간 영역)의 참여를 통해 교육체제의 지배구조 혁신을 크게 촉진했고 전통적 교육 행위자들을 교체하였다. 교사와 지역 당국은 새로운 행위자, 즉 교육평가원OFSTED와 교사개발기관TDA, 자격 및 교육과정청QCA, 특성화 학교, 아카데미, 민간회사 등에 의해 대체되었다.

결론적으로 신노동당 정부의 교육 민영화 정책은 교육 지배구조의 대변화—더 나은 공공 서비스의 질과 높은 학업성취도를 추구하는 학교—를 촉구했다. 이 정책은 보수당의 정책을 이어받은 것으로서 교육에 대한 민간 영역의 참여 확대를 추구하는 것이지만, 영국 공교육의 변화를 달성했는지에 대해서는 여전히 논란거리다. 블레어 수상이 제창한 제3의 길은 사회주의와 자본주의를 조화시키고자 하는 정치적 이데올로기적 개념 틀, 즉 평등주의 정책과 개인주의 정책을 결합시키고자 한 것이다. 사실 제3의 길은 1980년대 후반과 1990년대의 많은 사회민주주의 정당에 의해 추구된 시대적 조류이기도 하다. 이런 사상적 기조에 학문적 기초를 제공한 기든스Giddens[1998]는 고전적 원리로부터 이탈한 두 가지 요인을 제시하였다. 첫째, 대처주의의 맥락 속에서 만들어진 개별적 자유와 개인의 선택

---

13. 특성화 학교는 국가교육과정을 기반으로 교육을 하면서 기술, 언어, 스포츠 예술과 같은 특정 영역에서 전문화한 중등학교이다. 특성화 학교에는 과목의 장점을 살리기 위해 추가 재정이 제공되고 지역산업의 후원도 이루어진다. 장인학급(master classes)이 운영되기도 한다.

14. 아카데미는 교육 서비스의 제공에 있어 민간이 참여하여 운영하는 공립학교이다. 아카데미는 PFI/Private Finance Initiative 기준에 근거하여 설립된다. 효율성과 책무성을 기반으로 한 아카데미이지만, 그 교육적 효과는 여전히 논란이 많다. PFI 아닌 학교에 비해 비용이 많이 들고, 공공 수익이 임대소득 자금을 위한 민간 부문으로 전환되고, 시설이나 서비스에서 질이 떨어지고 있다는 평가를 받고 있다.

15. 과학과 기술을 강조하는 도시기술학교는 11세~18세의 아이들이 다니는 등록금이 없는 공립형 중등 자율학교이다. 지역 당국의 통제를 받지 않으며 일부 산업 후원과 함께 교육부로부터 직접 재정 지원을 받는다. 지금 전국에 14개 정도가 있다.

에 기초한 신자유주의 담론의 헤게모니이다. 둘째, 국가에 기초하여 경제적·사회적 발전을 추구하였던 전통적 케인스주의 접근을 넘어서고, 그리하여 공적 영역과 사적 영역 사이의 균형을 이루고자 하는 것이다. 기든스는 노르웨이, 독일, 이탈리아의 사회민주당이 이와 비슷한 과정을 밟고 있다고 보았다. 제3의 길은 1997년과 2007년 사이에 개발된 정책에 중요한 영향을 주었지만, 좌우 정책이 잘 조합된 것인지, 공공 서비스의 현대화를 이루고자 한 시장의 해법에서 나온 공과 사의 파트너십은 잘 이루어졌는지, 그리고 실제 성과를 거두었는지 여전히 논란이 계속되고 있다. '제3의 길'이 과연 사회민주주의의 전통을 잃지 않으면서도 쇄신을 끌어낼 수 있는가는 당시에도 심각한 논쟁의 대상이었지만, 오늘날에도 회의적 시각을 촉발시키고 있다.^{Brandal, Bratberg & Thorsen, 홍기빈 옮김, 2015: 154} 영국에서 신노동당은 근원적인 여러 사회적 불평등을 바로잡는 과제에서 무능했을 뿐만 아니라, 기후변화와 같은 전 지구적 도전들은 도저히 감당할 수가 없었다. 또 '제3의 길'은 시장의 역동성이 든든하게 받쳐주는 평온한 시절에나 통할 수 있는 신앙이었고, 이 점에서는 전후의 케인스식 패러다임과 마찬가지였다. 따라서 경제 상황이 나빠지면, 무수한 지적·정치적 난점들에 직면할 수밖에 없었다. 그래서 아래 표에서 보듯 제4의 길이 제창되었다.

6. 미국의 민영화 확대 정책

1) 기로에 선 미국 교육

미국의 교육제도는 지금 기로에 서 있다. 미국 교육을 둘러싸고 상충하는 힘이 있다. 그것은 형평성을 위한 노력과 부와 권력에 집중하려는 경향 사이에 놓인 긴장이다. 교육을 포함하여 사회 부문에서 형평성을 향한 노력은 미국 역사상 불평등이 극에 달했던 시기와 맞물려 되풀이되었다. 지

교육 변화의 길 Hargreaves & Shirley, 2009: Hargreaves & Shirley, 2012

	제1의 길	제2의 길	제3의 길	제4의 길
통제	전문성, 정부의 강력한 지원	관료주의(정부의 중앙집권적 통제), 시장	관료주의, 시장, 전문성 정부 지원과 시장 경쟁의 장점을 살림	민주주의, 전문성
목적	혁신, 영감	시장, 표준화	성과, 파트너십	영감적/혁신적/포용적 사명
신뢰	수동적 신뢰	적극적 불신	공적 신뢰	적극적 신뢰
지역사회 참여	매우 결여	학부모의 선택	지역사회에 봉사	공적 참여, 지역사회 발전
교육과정	단절적 혁신	상세하게 규정된 표준화	코치와 지원을 증대하는 다양한 규정	조정, 발달
가르침과 배움	절충, 불균등	표준화와 테스트 요건에 직접 지시	주문에 맞추어진 전체 자료에 여전히 의존함	증거 제시, 마음을 기울인 가르침과 배움
전문성	자율적	탈전문화된	재再 전문화된	양질의 교사가 변화의 주체 능동적이고 전문적 교사단체
전문적 학습 공동체	자율재량	부자연스러운 동료성	자료에 근거, 활성화된 전문성	증거 정보에 근거 살아 있는 학습공동체
평가와 책무성	국부적 표본	고부담 목표, 인구조사에 의한 테스트	증대된 목표, 자기-감시, 작위적, 부여된 인구 조사에 테스트	표본에 의한 우선적 책임, 뜻을 가진, 공유된 자율성과 책임성의 균형
수평적 관계	자발적 학습자 중심의 혁신 시작	경쟁적	네트워크화	네트워크와 함께 지역 기반 협동
사례	제2차 세계대전 말에서 1970년대 중반까지 복지국가	1980년대 후반부터 레이건과 대처로 대표됨	1990년대 후 영국의 블레어 노동당 정부 미국의 클린턴/오바마 민주당 정부 독일의 슈뢰더 사민당 정부의 교육	현재의 핀란드 교육 제4의 길로 근접하고 있는 국가(싱가포르, 캐나다 온타리오주, 미국 캘리포니아주)

난 두 세기 동안 미국은 두 가지 경제학 이론을 적용했다. 하나는 자유주의 경제학—자유주의의 왜곡된 신자유주의를 포함하여—, 다른 하나는 케인스 경제학이다.

시장 중심 방안을 옹호하는 자들은 학교 선택권을 강조한다. 이들의 주요 골자는 바우처와 차터 등을 통해 각 가정에 학교 선택권을 부여하는 것이다. 이와 같은 경쟁을 통해 학교는 양질의 교육을 모색하거나 그렇지 않으면 시장에서 사장될 것이다. 미국의 학교 선택과 시장 지향적 정책은 국가교육 논쟁의 중심에 자리하고 있다. 강력한 지원책이 제공됐는데도, 친시장 이념은 불균등하게 추진되었고, 국가 수준에서 구조적 변화를 가져오지 못했다. 어떤 것은 연방법에 의해 촉구되었지만, 미국 민영화 정책의 가시적 변화는 주로 주와 지역 수준에서 드러났다. 미국의 교육 민영화는 대체로 점진적이고, 한정적이고, 불균등하게 시행되었다.

그렇기는 해도 지난 수십 년간 국가의 주요한 공적 교육체제에 있어 장기적 모델은 민영화 쪽으로 뚜렷하게 옮겨왔다. 차터스쿨Charter school과 같은 가장 상징적인 미국의 민영화 정책은 선진국과 후진국 모두가 본받고자 하는 국제적 모델이 되었다. 미국의 차터스쿨과 바우처 시스템은 언제나 자유, 선택 그리고 질의 이름으로 추진되었다. 공적 관리 영역 너머 사적 이익을 추구하는 신자유주의는 기회 불평등과 결탁하여 교육 부문에서 다음과 같이 실현된다.

- 바우처, 차터스쿨 등을 통해 공적 자본에 대한 개인의 선택을 지지한다. 학교가 학생을 선발하고 유치하는 것이 허용된다.
- 평등한 교육 기회를 좀 더 보장하는 공립학교의 균등한 재정 분배를 지양한다.
- 시험 기반 책무성을 학교 평가 방법으로 활용한다. 이를 통해 각 학교는 서로 경쟁하며 시험 결과는 학교 존폐 결정에 활동된다.

- 교사를 대상으로 규제되지 않은 시장을 조성하여 교사 전문성을 대체한다. 이로 인해 저소득층 지역구에서는 교육 수준과 교원 임금이 감소할 수 있다.Adamson & Darling-Hammond, 심성보 옮김, 2017: 244

미국의 친민간 부문 개혁의 채택은 국가 하위의 수준에서 주로 공교육 체제의 지배구조의 변경을 통해 이루어졌다. 미국의 민영화 확대로 가는 방식은 다음 두 이유에서 이루어졌다. 첫째, 바우처 시스템과 차터스쿨과 같은 주요한 민영화 수단에 대한 이론화와 그 실험에서 미국은 개척자적 역할을 하였다. 둘째, 미국 사례는 광범위한 범위와 비중을 보여주고 있다.

2) 학교 선택

미국은 50개 주와 연방 지역, 그리고 수천의 지방정부로 구성되어 있는데, 이들 모두 교육을 규제하는 역할을 맡고 있다. 이러한 교육의 지방분권 체제는 전국에 걸친 교육체제의 높은 파편화 및 학교개혁의 심화된 다양화를 유도하고 있다. 미국의 민영화 발전은 일반 대중들 사이에서 '학교 선택의 자유'에 대한 생각이 점점 커지고 있는 것과 긴밀하게 연관되어 있다. 사실 바우처 프로그램과 특히 차터스쿨 법은 모두 학교 선택 정책의 범주에 속하기 때문에 전국에 걸쳐 현저하게 확장되었다. 그런데도 학교 선택 개념의 인기는 최근에 더 높아졌다. 학교 선택은 여전히 우파의 함의를 갖는 주변적 교육정책의 원리로 여겨지고 있다.

선택의 이념은 50여 년 전 경제학자 밀턴 프리드먼에 의해 개발된 시장 지향적인 접근 방식에서 비롯됐다. 그는 교육 제공자들 간의 경쟁을 증진시키는 수단으로 바우처 시스템을 옹호했다. 그는 관료주의가 양질의 교육에 대한 불평등한 접근을 초래한다고 비난하였고, 교육 시장의 중심에서 선택과 소비자 만족에 의한 독점적 공교육 체제의 교체를 고려했다. 그러나 그 당시 프리드먼의 제안은 영향력이 제한적이었고, 핵심 정책 입안자와 여론의 공감을 얻지 못했다.

1980년 초 프리드먼의 교육에 대한 생각은 로널드 레이건 대통령 행정부 내에서 많은 견인력을 얻고 있는 정치 슬로건—자유의 이념—과 병행하여 개발되었다. 교육의 장에서 선택의 자유라는 이 새로운 언어는 공교육이 심각한 위기에 처해 있다는 사회적 인식과 함께 더욱 강력하게 침투했다. 1980년대 미국의 공립학교는 학자, 연방 공무원 및 기업 이익으로부터 비난을 불러왔다. 1990년대 초 많은 미국 학부모들은 자녀들이 교육을 제대로 받지 못했다는 사실에 익숙해졌다.

레이건 시대의 대표적인 교육 관련 보고서인 1983년 발간한 〈위기의 국가〉의 다음 구절은 매우 의미심장하다.

> 우리나라는 위기에 처해 있다. 지금까지 상업, 산업, 과학 그리고 기술 혁신에 있어서 아무도 넘볼 수 없었던 우리의 위상이 전 세계의 경쟁자들에 의하여 위협받고 있다.The National Commission on Excellence in Education, 1983

레이건 행정부의 출범과 함께 교육개혁을 위한 보고서들이 잇따라 발표되었다. 이 보고서들은 국가 경쟁력 향상을 위한 교육제도의 개혁과 질 향상에 공통된 초점을 맞추고 있었다. 미국 교육이 더욱 평범해지는 것에 대한 경고는 공교육이 위기에 처해 있다는 믿음을 형성하는 데 상당한 영향을 미쳤다. 미국은 경제적 경쟁 국가의 출현으로 인하여 세계 주도권이 위협받는 것을 매우 염려하였고, 세계 지배권을 유지하기 위한 전략이라는 거시적 틀 속에서 교육개혁을 추진하였다. 이처럼 미국은 세계 주도권 유지에 필요한 국가적 경쟁력을 키우기 위해 인적 자원의 육성에 힘을 쏟게 되었고, 이 과정에서 교육을 동원한 것이다.

친학교 선택 이념은 레이건 행정부의 이데올로기에 크게 도움이 되었다. 레이거노믹스는 강력한 비정부 구호와 민간 부문에 의지해 모든 종류의 공공 기관을 제공해야 한다는 거듭된 주장으로 잘 알려져 있다. 정치적이고 종교적인 보수주의자들—레이건 대통령 자신을 포함하여—의 강력한 지지에도 불구하고, 바우처 아이디어는 중산층이나 빈곤층 가정에 어필하지 못했고, 구체적인 정책으로 변환되지 않았다.

그럼에도 불구하고 1990년 세미나 출판물인『정치, 시장, 그리고 미국의 학교』Chubb & Moe, 1990는 학교 선택 논쟁의 진전에 전환점을 가져왔다. 저자들은 경험적 토대를 기반으로 프리드먼의 시장 모델을 제공했으며, 학교 선택을 선호하면서 효율성과 공평 논쟁을 일으켰다. 그들은 독점적 관료주의 시스템과 공공 부문의 효율성을 저해하는 정치적 역학을 비난했고, 이러한 역학 관계가 저소득층 가정에 특히 해롭다고 생각했다. 그들의 책은 학문 세계 안에서나 바깥에서 상당한 논란을 일으켰다. 이 책은 많은 학자들에 의해 크게 비판을 받았지만, 부시 대통령을 포함한 정치권에서는 큰 지지를 확보했다.

1990년대 학교 선택의 개념은 다양한 방향으로 진화하면서 본연의 생기를 찾았다. 학교 선택은 주로 자유와 교육의 탁월성에 관한 것이었지만, 형평성과 연계되거나 형평성에 기반을 둔 논증과 연계되어 있다. 저소득층과 소수민족의 가정이 자신의 학교—사실상 잘사는 가족을 위한 선택이었던—를 선택할 기회를 향유해야 한다는 생각은 인기가 높았다. 결론적으로, 초기에는 급진적인 시장의 제안으로 여겨졌지만, 학교 선택의 자유는 다양하고 적절하게 경쟁하는 논쟁들이 합해진 일종의 중심 프레임이 되었는데, 그것은 이른바 국가의 부당한 침해를 줄이고, 전통적 가족 가치를 장려하고, 경쟁을 조장하는 것이며, 열악한 지역사회에 권한을 부여하는 것이었다.

3) 차터학교의 초당적 추진

미국 정치에서 의사결정을 위한 제도적 규칙 체계는 미국의 민영화를 향한 특별하고도 불균등한 경로를 이해하는 핵심이다. 그러한 규칙으로 인해 수많은 연방정부의 과감한 민영화 정책 선호를 복잡한 법안으로 변환하는 것이 더욱 어려워졌다. 특히 이들 규칙은 연방 차원에서 바우처 정책 틀의 열악한 발전을 설명한다. 이 점은 미국 의회가 레이건 대통령이 재임 중에 제출한 바우처 법안을 거부한 것을 잘 보여준다.

1980년대에 급격한 민영화 개혁을 추진하면서 연방정부가 줄곧 어려움을 겪었는데도, 최근의 연방 법안에는 주정부에 의한 민영화 개혁 추진을 장려하고 유인하는 조치가 포함되어 있다. 학교개혁 입법의 진전은 특히 바우처 제안이 아닌, 차터스쿨[16]의 홍보와 관련하여 빌 클린턴 대통령의 집권으로 탄력을 받게 되었다. 사실 클린턴 행정부(1993~2001) 이래 의회에서 민주당은 바우처 개념을 공개적으로 거부했고 반발했다. 클린턴이 1993년 대통령이 되었을 때는 차터스쿨이 1개만 있었으나, 21세기의 전환기까지는 3000개의 차터스쿨이 설립되는 것을 보고 싶다고 말했다. 민주당과 공화당은 차터스쿨 아이디어에서 교육의 선택, 경쟁 및 효율성의 원칙을 촉진하는 접점을 발견했다.

연방정부에서 차터스쿨의 급성장은 부분적으로 학교 바우처에 대한 지나친 논란을 초래하였다. 학교 바우처는 정당 정책에 영향력을 행사할 수 있는 중요한 로비 단체 중 하나의 본거지를 찾지 못했다. 의회의 민주당은 바우처와 관련하여 한계선을 그었고 클린턴도 이 저항에 가세했다. 1996년 읽고 쓰는 능력과 차터스쿨 법안을 둘러싼 의회의 논쟁이 벌어질 동안

---

16. 미국의 차터스쿨(Charter school)은 교육적 신념이 같은 교사, 학부모, 지역인사들이 모여 학교헌장(Charter)을 만들고 관할 교육당국에 승인을 받은 다음, 그 헌장에 따라 학교를 경영하고 결과를 책임지는 공립학교의 자율책임경영체제이다. 차터스쿨이 처음 설립된 것은 91년 미네소타주였는데, 현재는 거의 모든 주가 계약학교법을 만들어 차터스쿨을 운영하고 있다.

바우처는 교회와 국가의 분리를 위반하고, 긍정적인 학업성취를 보장하지 못해 거듭 공격을 받았다. 결국 대부분의 공화당 위원들은 대통령이 차터스쿨을 공개적으로 지지했기 때문에 바우처를 위해 싸우지 않기로 동의했다. 학교 바우처가 열렬한 이데올로기 논쟁에 휘말리면서 공립 차터스쿨은 더 실용적이고 정치적으로 실행 가능한 선택으로 나타났다.

민주당과 공화당은 모두 차터스쿨을 연방의 교육개혁 노력에서 중요한 위치에 놓았으며, 전국적으로 학교 설립에 수백만 달러를 승인했다. 1997년 백악관에 빌 클린턴이 있을 때 차터스쿨을 장려하는 연방 법안이 초당적 지지를 받아 통과되었고, 그 후 몇 년 동안 차터스쿨 설립을 지원하는 상당한 자금이 제공되었다. 연방정부 차원의 민영화 의제 발전에 있어, 또 하나의 중요한 이정표는 조지 W. 부시 대통령(2001~2009; 조지 H. W. 부시 전 대통령의 아들)이 제안하고 초당적 지원을 받아 2001년 의회를 통과한 〈아동낙오방지법NCLB〉이었다. 이 법은 학생의 학업성취 결과에 초점을 맞추고, 매년 필요한 사항과 표준화된 평가를 통해 학교에 상당한 압력을 행사하며, 차터스쿨의 발전에 큰 도움이 된다고 여겨진다. 이것은 두 가지 이유 때문이다. 첫째, NCLB(학교 선택 옹호자들의 주요 요청 중의 하나임)는 시험 제도를 통해 학교의 질에 대한 정보의 공개를 장려하고 있다. 둘째, 특히 학교의 자율성과 실패한 학교의 아웃소싱(예를 들어, 차터스쿨 양식을 통해)을 장려하고 있다.

2009년 출범한 오바마 행정부는 〈미국의 회복과 재투자법American Recovery and Reinvestment Act, 2009〉에 근거한 '최상을 향한 경주Race to the Top'를 통해 차터스쿨의 확장을 장려했다. '정상을 향한 경주'는 4개 교육 분야(성취 수준 및 평가, 데이터의 수집과 이용, 교사의 효능, 그리고 '어려움에 처한' 학교의 분포와 재편성)에서 개혁을 실행하기 위해 연방정부의 자원을 받는 경쟁 보조금 프로그램이다. 공적 차터스쿨법의 부재(아니면 차터 설립에 대한 제한적 상한선의 존재)는 주 정부의 기금 신청 기회에 부정적 영향을 미치기 때문에 이 프로그램은 차터스쿨의 확대를 촉진시키는 것으로 간주된다.

4) 학교 선택 개혁의 옹호와 반대

미국의 교육 민영화 연구는 이러한 개혁의 채택과 거부를 지지하는 방법으로 친시장 개혁의 지지자와 반대자 간의 폭넓은 균형에 특별한 주의를 기울였다. 차터스쿨 옹호 연맹은 특정 신념 체계―주된 현안에 대한 인식과 주요 해결책에 관한 것―를 공유하고 시간이 지남에 따라 일정한 양의 조정된 활동에 착수하는 다양한 입장의 사람들을 참여시킨다. 옹호 연맹의 구성원들은 사소한 문제에 동의하지 않을지라도 특정 정책 문제와 관련하여 핵심 신념을 공유한다. 미국의 교육 민영화 개혁에 있어 차터스쿨을 옹호하는 개념의 광범위한 채택은 이 현상이 전통적인 정치 제도의 행동들을 살펴보는 것만으로 분석될 수 없다는 것을 반영한다. 시민사회조직CSOs을 포함한 비국가 행위자들, 사회운동과 자선단체는 교육 민영화 개혁에 참여하는 과정에서 점점 중심 역할을 한다.

학교 선택 개혁에 초점을 둔 옹호 단체의 수와 광범위한 연맹에서의 그들의 결합은 1990년대 중반 이후 증가했다. 동시에 이념적 구성의 면에서 이들 연맹의 복잡성은 증대하였고, 전통적 좌우 분할과 일치하지 않는다. 모든 교육 이해 관계자들이 같은 학교 선택 정책에 따라 동등하게 배정되고 있고, 연맹의 결합 및 구성은 개별 주와 지역에 따라 크게 달라질 수 있다는 점을 고려해야 한다. 바우처 및 차터스쿨을 옹호하는 연맹은 교육 정치에서 훨씬 더 강력한 초점이 되어 교육 논쟁에서 강조점과 중심성의 수준이 다르다.

차터스쿨 운동은 일련의 국가 수준의 싱크탱크와 공공 시스템 내에서 옵션을 창출하는 진보적 개혁에서 활동하는 시장 지향적인 신자유주의자들의 결합을 보여주었다. 차터스쿨 옹호 연합에서 많이 행해지는 이러한 다양성은 많은 주에서 친공교육 사상에 도전할 수 있었다. 사실 친차터스쿨 연맹의 출현은 차터스쿨 법안의 확대를 제한하는 것을 목표로 한 반차터스쿨 연맹의 창설 및 결정을 이끌어냈다. 경쟁하는 두 연맹의 출현은 안정성의 순간과 뚜렷한 갈등의 순간을 바꾸는 정책의 역동을 만들어냈다. 이러한 과정에서 반차터 입법의 존재가 승인되었고, 차터스쿨의 운영에 대한 규제가 강화되었으며, 차터 관리기관의 이윤 창출이 허용되지 않았다. 반대로, 바우처 프로그램 지지자들은 공공 시스템을 변경하지 않은 상태로 유지하는 것과 외부 시장의 역동성을 옹호하는 잘 조직된 그룹들과 균형을 유지할 수 있는 광범위한 연맹을 조직하는 데 어려움을 겪었다. 이는 이질적인 유권자 집단이 강력한 친차터 연맹을 조직하기 위한 인센티브가 약하기 때문이다.

5) 미국 교육의 민영화에 대한 평가

미국 교육은 기업의 차터스쿨 운동을 강화하고 바우처 시스템을 확대하는 민영화 정책을 택할 것인지, 아니면 공공선을 유지할 수 있는 공교육 강화의 방향으로 교육개혁을 추구할 것인지에 대한 근본적인 질문을 두고 진퇴양난이다. 지난 40여 년간 미국 교육제도는 경쟁적 교육개혁안과 신자유주의 경제학 논리가 지배해왔다. 미국의 교육 민영화는 소규모 정책 변경을 통해 발전했으며, 국가와 특정 정책에 따라 영향력 수준이 다른 장기적이고 점진적인 과정이다. 이 과정은 1980년대 초 〈위기의 국가〉와 같은 영향력 있는 정책 보고서가 나오면서 시작됐다. 신보수주의 세력은 학교 선택의 자유 및 경쟁의 혜택을 찬양하여 교육을 능숙하게 재再형식화했으며, 서로 다른 수준에서 작동하는 일반 국민과 정책 결정자 모두에게 큰 영향을 미쳤다. 하지만, 연방정부에 의한 바우처의 촉진에도 불구하고 이 정책 아이디어는 확립되지 않았고, 심지어 역전도 일어났다. 반대로, 나중에 등장한 차터스쿨의 개념은 훨씬 더 대중화되고, 광범위하게 제정되었다. 1990년대 이래 차터스쿨은 정치적 의제의 중심에 있었고 초당적 지지를 누렸다.

이상적 요소와 정치적 요소의 결합은 미국의 교육개혁에서 바우처 프로그램을 밀어내는 데 기여했다. 바우처 프로그램이 급진적인 시장 정책 해결책으로 간주되었던 것이다. 이와 달리 차터스쿨 개념의 모호함과 가변성은 이데올로기적 정치적 스펙트럼 전반에 걸쳐 더 많은 횡단적 지지를 끌어냈다. 이러한 차이에도 불구하고, 차터스쿨의 편의성에 대한 초당적 합의는 바우처에 대한 합의가 이루어지지 않는 것과 대조된다. 사실 바우처 계획은 심지어 공화당 지지층을 포함하여 이데올로기적 이유로 이 제안에 우호적일 것으로 예상했던 단체들로부터 필요한 지지를 받지 못했다. 따라서 이로부터 도출될 첫 번째 결론은 논란이 덜하거나 정치적으로 부담이 적은 정책이 좋겠다는 것이다. 규모의 개념과 관련하여 정치적 생존 가능성에 대한 아이디어는 또한 학교 선택 개혁의 선택적 채택에 대해 몇 가지 통찰력을 제공한다. 차터스쿨은 정치적 생존 가능성과 어느 정도는 행정적 타당성의 측면에서 일종의 공통된 근거가 된 것 같다. 차터스쿨의 입법은 바우처에 합격하는 것이 어려운 환경이거나 바우처를 향한 잠재적 디딤돌에 대한 차선책으로 생각하는 바우처 계획 지지자들이 선호하는 것으로 보인다. 동시에 아주 다른 관점이지만, 차터스쿨의 일부 지지자들은 그 이유를 더 이상의 민영화를 피하는 수단으로 본다.

미국 전역에서 바우처 정책의 확산이 제한된 것을 설명하는 또 다른 메커니즘은 미국의 제도적 구조와 관련이 있다. 지배적 정치권력의 분할과 법원을 포함한 정책 입안 과정의 거부권 수는 바우처 반대자들에게 혜택을 주었으며, 특히 연방정부 차원에서 바우처 계획이 무산되는 것으로 이끌었다. 게다가 차터학교 법안의 채택뿐만 아니라, 도시 바우처 프로그램의 시행은 제한적이고 비구조적 변화를 수반하는 소규모 정책에 대한 반복적인 선호도를 나타낸다. 하지만 시스템 전반과 대규모 개혁이 상당한 저항을 마주치기 쉽다는 맥락에서 볼 때 이러한 작은 변화의 총합은 점진적이고 실질적인 교육 민영화의 과정으로 귀결되었다.

미국의 교육 민영화 과정에서 두드러지는 마지막 요소는 국내 및 내부 변화의 원동력이 되는 분명한 확산이다. 이것은 미국이 교육을 포함한 많은 정책 분야와 관련하여 글로벌 정치 속에서 상당한 정치적 자율성을 누리고 있고 재정적 의존을 하고 있지 않기 때문이다. 그렇다고 이 나라의 교육정책이 다차원의 역동성에 영향을 받지 않는다는 의미는 아니다. 오히려 그것은 정책 홍보, 모방 및 시행 등 다차원적 역동성이 주로 미국의 연방 조직의 맥락에서 발생한다는 것을 의미한다. 사실, 여러 주에 만연한 다양한 정치문화와 함께, 미국 교육에서 거버넌스 구조의 복잡성은 미국 전역에 걸친 민영화 개혁의 다양성과 일반적이고, 선형적이고, 일관된 민영화 경향을 식별하기가 어려움을 분명히 설명하고 있다.

미국의 일부 바우처와 차터스쿨은 공립학교의 학업성취를 능가하기도 했으나, 대다수는 공립학교 수준에 그치거나 혹은 그에 못 미쳤다. 성과가 우수한 차터스쿨도 분명히 존재하고, 그리고 이 중에는 학생 수 골라 선발하기, 혹은 부풀리기 없이도 우수한 성적을 얻은 학교도 있겠지만, 대체로 시장 중심 교육개혁은 계층화 및 차별화를 심화시켰다는 평가를 받고 있다.Adamson & Darling-Hammond, 심성보 옮김, 2017: 237-238, 286

7. 사회민주주의 국가의 교육 민영화

1) 복지국가의 전통과 현대화

복지국가의 이념은 사회민주주의의 산물로서 시민권, 다시 말해 집단적 책임이라는 사회적 환경 안에서 보건과 교육, 고용 기회에 대한 권리를 위한 투쟁이 제도적으로 구현된 것이다. 반면 신자유주의는 기업과 경쟁이라는 사회적 환경 안에서 재산 소유와 법적 보호, 시장 자유에 대한 개인의 권리를 강조한다.Olssen, Codd & O'neill, 김용 옮김, 2015: 386 민영화 개혁운동은 복지국가의 전통이 강한 나라들에게까지 침투했다. 스웨덴, 덴마크, 노르웨이. 핀란드 등 일부 북유럽 국가는 교육체제의 재구조화를 꾀하고 있다. 일부 북유럽 국가는 민영화 조치를 채택했는데, 이는 민간 규정이 공공 규정보다 본질적으로 바람직하거나 우수하기 때문이 아니라, 시민들에게 더 많은 교육 옵션을 제공하기 위한 방법으로 간주돼서다. 일부 민영화 정책은 반드시 북유럽의 사회민주주의 복지국가 정책(특히 내부-민영화 정책)과 불일치된다고 볼 수 없고, 복지국가 자체를 현대화하는 방식이라고 할 수 있다.Verger, Fontdevila & Zancajo, 2016: 55 사실 일치하지는 않지만, 사회민주당은 북유럽 지역의 민영화 개혁을 열광적으로 추진할 때 핵심적 역할을 해왔다.

1980년대 말까지 북유럽 모델은 사회주의 세계와 자본주의 세계의 중간에 속한다. 그런데 베를린 장벽(1989)의 붕괴는 스칸디나비아 공공 정책에서 신자유주의적 전환을 하게 된 주요한 원인의 하나가 되었다.Verger, Fontdevila & Zancajo, 2016: 56 두 체제 사이의 경쟁은 1989년에 대부분 종식되었기 때문에 사회민주주의 모델은 새로운 자유시장 헤게모니와 거리를 두는 것이 더 어려워졌다.

2) 복지국가에 신자유주의 아이디어 확산

북유럽 사회는 많은 부문에서 전통적으로 정치적 안정과 정책의 연속성을 다져왔다. 그 모델에서 높은 세금은 관대한 혜택과 많은 공공 부문이 다양한 경제 및 사회 문제의 탈상품화에 개입하는 것으로 해석된다. 사회정책은 시장에 반하는 정치로 생각되었다. 따라서 사회 문제에 대한 시장적·민간적 해결을 거부하는 경향이 있다. 대부분 북유럽 국가는 전통적으로 사회민주당, 거대 노동조합, 그리고 중산층에 의해 지지받은 이 모델에 대해 광범위한 사회적 합의가 있었다.

북유럽 지역의 이러한 복지 전통은 교육 부문에서 모든 학생을 위한 공동의 구조와 공평한 기회를 갖는 종합적이고 보편적인 교육체제의 발전에 기여했다. 이 체제는 공교육의 제공에서 국가의 직접적 참여, 즉 매우 낮은 수준의 사교육 제공에 근거하고 있다. 이 원리는 1960년대 이래 북유럽 국가의 교육체제의 핵심이다. 그러나 북유럽 교육 모델은 1990년대 이래 크게 변화되었다. 이 지역에서의 교육체제는 더 광범위한 사회민주주의 복지 정치를 혁신하는 일환으로서 교육의 다양성과 선택에 대한 강한 압력에 영향을 받지 않을 수 없었다. 예를 들면 이러한 압력으로 인해 교육의 제공에서 민간 부문의 확대로 이끄는 야심찬 바우처 체제의 채택이 촉진됐고, 영리를 목적으로 하는 사업자가 공공 자금으로 이익을 얻는 것이 허용됐다. 이 지역에서 신자유주의 정책 담론은 교육체제 재구조화의 주요한 동인이다.

규칙과 규범의 체제로서 신자유주의는 많은 수준에서 북유럽 사회의 중요한 변화를 가져왔다. 신자유주의는 사회의 개별화를 촉진한다. 그렇게 함으로써 신자유주의는 공평과 보편주의와 같은 사회민주주의 토대가 되는 이념에 도전하고, 공적 서비스에 사회적 차별화를 정당화한다. 핀란드와 스웨덴과 같은 국가에 강하게 불어닥친 1990년대 초반 세계 경제의 침체는 복지정책의 또 다른 중요한 변화 원인이 되었다. 이들 나라의 보수당과 보수 단체들은 북유럽 복지 모델이 지나치게 비용이 많이 들고, 국가 재정의 파탄에 책임이 있다는 메시지를 전달할 기회로 이 위기를 효과적으로 활용했다. 이 위기는 결국 긴축 정책과 교육을 포함한 사회 부문의 적지 않은 예산 삭감으로 해결되었다. 이러한 유형의 정책들은 어느 정도 공공 부문 개혁에서 민영화 및 시장 아이디어 도입의 문호를 열었다.

북유럽 정부는 시장 기제를 유럽연합과 OECD와 같은 국제적 조직의 구성원과 관련된 직간접적 압력의 결과로 옹립하였다. 예를 들어 핀란드와 같은 국가는 유럽연합의 '좋은 학생'이 되기 위해 교육에서 관리주의 managerialism 아이디어를 채택했다. 노르웨이가 국제학업성취 프로그램 PISA에서 낮은 점수를 받은 것과 국제수학, 과학연구TIMSS의 추세는 정부가 교육개혁을 도입하도록, 특히 새로운 공공 관리 아이디어를 채택하도록 압력을 가했다. 그렇기는 해도 세계화가 북유럽 국가의 교육정책에 영향을 미치는 중요한 방식은 복지국가—공중의 관점에서 너무 관대하고, 비용이 많이 들고, 관료적이라는 식으로—의 정당성 위기를 자극하는 것이다. 이러한 정당성 위기는 핵심적 이해 관련자들이 교육, 건강, 또는 연금 체제와 같은 복지의 개혁을 받아들이도록 하였다. 복지국가의 전통적 옹호자와 수호자조차 이러한 사고방식에 합류하였다. 복지국가의 개혁은 정쟁의 대상이었고, 또한 사회민주당 안에서도 심도 있는 논쟁과 방향의 전환을 가져왔다.

3) 북유럽의 정치제도와 다당제 정치

북유럽 국가들은 강력한 진보적 사회정책 정책을 발전시키고, 이른바 사회민주주의 복지국가 모델을 향유하는 것으로 잘 알려져 있다. 이러한 정책을 펴게 된 이유는 첫째, 교육개혁과 관련된 중요한 결정이 항상 높은 수준의 합의를 얻기 때문이다. 가장 중심적 위치에 있는 정당은 새로운 교육의 발전으로 이끄는 숙의에 구성적으로 참여하고, 그러한 개혁을 만들어내는 유대감은 정치적 스펙트럼 전반에 걸쳐 상당히 광범위하다. 둘째, 정당의 영역이 너무 세분화되어 있다는 사실은 대부분의 북유럽 정부가 일반적으로 정당의 다자간 연립에 의해 형성될 필요가 있음을 의미한다. 연정은 이념적으로 다양하고, 그들이 그러기 쉽기 때문에 교육 민영화와 같은 급격한 변화의 도입에 동의하기가 어려울 수 있는데, 이러한 경향은 연속성의 요인으로 여겨질 수 있다. 달리 말하면 양당제보다 다당제 체제가 제도적 안정에 크게 이바지하고 있다.

스칸디나비아 지역의 이러한 현저한 정치적 평온에도 불구하고, 지난 수십 년간 정당 정치는 특히 논쟁적이다. 이 지역에서 보수주의 정당과 사회민주주의 정당간의 긴장은 복지 체제의 개혁을 이해하는 데 특히 중요하다. 1980년대와 1990년대 소련 블록의 패배는 물론이고 영국의 대처 수장과 미국 레이건 대통령의 신우파 운동의 영향을 받은 스칸디나비아 보수주의 정당은 바람직한 모델로서 관대하고 비용이 많이 드는 복지국가의 이념에 도전했다. 공공 부문이 서비스를 선택하는 데에서 재정 적자, 높은 세금, 비효율성 및 자유의 결여를 초래했다는 비판은 신자유주의적 정치 교의에 의거한 것이다. 따라서 그 해결책은 경쟁적 재원 배분과 민간 영역과의 파트너십, 그리고 선택을 강조하는 현대적 민영화 의제를 받아들이는 데 두었다.

북유럽 지역에서 보수당은 민영화의 주요한 옹호자였고, 그들이 집권했을 때는 교육 부문에서 민영화 의제가 집행됐다. 하지만, 사회민주당은 또한 민영화의 옹호자가 되었고, 노르웨이와 스웨덴 같은 나라는 심지어 이런 유형의 개혁 주도자가 되었다. 그동안 덴마크의 사회민주당은 친학교 선택 입법을 직접 지지했다. 사회민주당은 보수당이 권력을 행사할 때 일어날 필연적인 공교육의 구조 조정을 예상해서 민영화 아이디어에 관여해 왔다고 주장한다. 그들은 첫 번째 단계로 자신들의 정치적 반대자들보다 더 많은 사회적 민감성을 가진 개혁을 도입할 수 있을 것이며, 우파 세력이 더 이상 민영화를 요구하게 하지 못할 것이라고 생각했다. 핀란드 같은 나라에서 사회의 개별화는 교육 그 자체의 개념을 대폭 변경시켰다. 즉 과거의 개인은 사회를 위한 시민으로 교육을 받았지만, 지금의 교육은 시민에게 봉사하기 위해 존재하는 것으로 간주되고 있다. 1999년 새로운 교육법에 나타난 최근의 국가교육 담론은 교육과 관련된 다양한 개인의 권리형태로 사회와 관련된 시민의 위치를 확인하고 있다.

4) 스웨덴

스웨덴은 오랫동안 민주주의의 발전과 확립의 수단으로서 교육의 중요성을 인식해왔다. 하지만 최근 스웨덴은 사회민주적인 접근을 촉진시켰던 교육 모델을 시장 기반 모델로 대체했다. 학교 선택이 시작되고 학교 시장이 확립되면서 개인과 자유의 필요성에 초점을 맞추는 소비자 담론으로 이동하였다.[Astrand, 심성보 외 옮김, 2017: 187]

스웨덴은 사회민주당이 1986~1991년에 집권했을 때 국공립학교의 행정을 시정부에 넘겼고, 지방정부에 교육을 포함한 다양한 유형의 서비스를 외주로 허용하는 입법을 단행했다. 지방분권화 개혁은 한편으로 교육의 지역적·민주적 통제의 촉진을 꾀하고 있고, 다른 한편으로 학교에서 전문가가 의사결정을 할 수 있는 더 많은 공간을 제공한다. 그럼에도 불구하고 지방자치화 과정은 바로 뒤따르는 민영화 개혁의 필요한 단계가 되었다. 특히 지방자치화는 보수당(1991~1994)이 이끄는 정부가 학생의 요구에 따라 공적 기금을 받는 사립학교, 말하자면 '자유학교Free School'를 허용하는 야심찬 바우처 시스템의 이행을 승인하는 법적 기반(1992)을 마련하였다.

학교 유형의 다양화를 꾀해 학교 선택의 효과를 높이는 것을 목표로 하였던 바우처 개혁은 교육 부문의 자유화 그리고 공공 부문과 민간 부문 간의 경쟁을 강조했다. 바우처가 공공 부문에서 사용할 학생당 평균 비용의 85%를 대표해왔는데, 이를 사립학교에도 사용할 수 있도록 상당한 지원을 하였다. 영리를 목적으로 한 사기업에게도 공공 보조금을 이용할 수 있도록 하였다. 심지어 사회민주당은 이미 학교 선택 정책에 대해 긍정적 입장을 표명했기에 개혁에 반대하기가 어려운 처지에 놓였다. 보수당보다는 덜 사악하였던 사회민주당은 대부분의 새로운 사기업도 지역사회, 교사단체 또는 학부모협회에서 지원할 것이기에 영리가 아닌 사회정신을 갖게 될 것이라고 예상했다. 그렇기는 해도 학교 설립에 관심이 있는 학부모와 지역사회단체가 부족한 상태에서 그것을 국가에 남겨두는 것을 선호했기 때문에 사기업이 자신의 이익을 확대하는 것을 쉽게 해주었다. 이렇게 바우처 시스템의 맥락에서 영리를 추구하는 학교 회사는 급증했으며, 대다수의 자유학교가 영리 목적의 제공자에 의해 운영되기 시작했다. 특히 사립학교수가 1993년 사립학교 60개에서 2009년 709개로 기하급수로 증가했다. 같은 시기에 사립학교 학생 등록률은 1%에서 11%로 증가했으며, 중등학교에서 상당히 높았다. 스웨덴은 북유럽 지역에서 지난 10년간 공립학교 입학률이 크게 감소한 유일한 국가이다.

교육은 스웨덴의 바우처 시스템에서 가장 영리를 추구하는 부문이 되었다. 사실 2000년대 초반 10년 동안 자유학교 회사는 다른 분야의 회사보다 수익률이 더 좋았으며, 이들 회사들 중 일부는 해외로 진출하여 몇 년 안에 주주들에게 이익을 창출하는 동기를 부여하는 주식회사의 매력적인 목표가 되었다. 이러한 민간 부문 개혁 과정의 맥락에서 바우처 시스템의 실행은 처음부터 계획되지 않았다는 점을 강조할 필요가 있다. 사회민주당에 의해 도입된 앞서 언급한 지방분권화 과정에 의해 시작된 일련의 작은 변화들의 결과라고 할 수 있다. 이러한 의미에서 스웨덴에서 바우처 시스템의 채택은 급격하거나 파괴적 혁신보다는 단속적인 평형 모델의 변화 유형과 더 유사하다.

복지 서비스 분야에서 '선택 혁명'을 약속한 이전의 야당들—1991년 한때 권력을 잡았던—은 개혁에 박차를 가하고 사회민주당보다 사적 제공을 더 강력하게 권장했지만, 기본적으로 동일한 개혁 노선을 따라갔다. 처음에는 스웨덴 사회민주당 정부는 신자유주의 옹호론자들이 흔히 하는 바와 같이, 민영화가 끝이라고 생각하지 않았으며, 학교 경쟁을 찬성하거나 사립학교가 공립학교보다 내재적으로 우월하다는 주장을 분명히 하지 않았다. 하지만 어떤 시점에서 교육의 자유화 조치와 바우처 시스템은 학교의 다양화와 교육적 선택을 바라는 중산층의 중요한 파당적 욕망으로 이해되었다. 사회민주당은 이 조치의 도입을 통해 앞으로 잠재적 유권자가 될 사람들, 즉 학생들이 장래의 요구에 잘 대응할 수 있을 것이라고 생각했다.

교육제도의 구조조정이 사회민주당에 의해 시작된 탓에 개혁에 대한 저항이 덜했다. 이것은 사회민주당이 복지정책을 바꾸는 것에 관해서라면 보수 세력보다 더 신뢰할 만한 세력으로 인식된다는 사실에 의해 설명될 수 있다. 인기 없는 사회정책 긴축을 펴려는 사회민주당 정부는 우파적 시장 개혁자들보다 더 많은 신뢰를 받기 때문에 유권자들이 더 잘 받아들일 수 있다. 하지만, 제도적 요인들은 또한 왜 스웨덴이 이렇게 대규모의 교육 민영화 개혁을 추진하는 데 효과적이었는지 설명해주는데, 이것은 영리를 목적으로 하는 제공자가 공공 부문의 교육 영역을 운영하는 것을 허용하였기 때문이다. 그런데도 스웨덴과 같은 나라에서 사회민주당은 아마도 보수당과 같은 생각을 가진 싱크탱크들로부터 효과적인 압력을 받지 않았다면, 이러한 개혁을 시작하지도 않았을 것이다. 1990년대 중반 복지국가에 대한 우파의 비난이 더욱 거세지자 정부가 조치를 취하기 시작했다.

사립학교 단체인 JB 에듀케이션이 2013년 파산한 것은 일반 국민에게 놀라운 사건일 수 있다. 그것은 수익성 추구와 같은 쟁점과 비즈니스 지향적 접근이 어린이의 양육 및 교육과 관련하여 유익할지에 대한 대중적 논란을 일으켰다.Astrand, 심성보 외 옮김, 2017: 184-185; Darlind-Hammond & Adamson, 심성보 외 옮김, 2017: 360-361 벤처 사업가, 매각 전문회사, 그리고 다른 영리 기업이 사립학교 사이에 중요한 행위자가 되었다는 사실은 스웨덴이 시장 모델을 채택했기 때문이다. 시장주의는 경쟁 기반 체제를 포함하며, 이 체제에서는 학교를 선택하는 자유가 교육적 평등보다 더 강조된다. 공공성에서 민영화로의 궤도 전환은 스웨덴 내 학교교육의 불평등 증대와 국제적인 학업성취도의 하락을 수반하였다. 게다가 이러한 전환은 지배적인 공·사립학교교육의 혼합 패러다임, 그리고 사회민주적 복지국가가 성취하였던 다소 짧은 교육적 성공 이전에 존재했던 불평등으로의 회귀를 재현하고 있다는 평가를 받았다.^{Astrand, 심성보 외 옮김, 2017: 155}

5) 덴마크

덴마크의 사회민주당은 스웨덴보다 복지국가 개혁에 대한 친시장적이고 다층적인 접근 방식을 채택하는 데 더 많은 시간이 걸렸다. 하지만 그들도 결국 교육 민영화 의제의 중요한 요소를 채택하는 데 중요한 역할을 하였다. 이 나라에서 우파 정당은 여러 해 동안 통치해왔으며, 특히 두 주요 기간(1982~1993, 2001~2011)에 걸쳐 통치했다. 1982~1993년 동안 우파 정부는 "사회민주주의 유모 국가에 종지부를 찍는다"라는 구호를 외쳤지만 교육의 '신자유주의 혁명'이라는 급격한 정치 개혁을 벌일 정치 역량이 없었다. 보수당의 계속된 시도에도 불구하고, 기존 공공 보조금 프로그램의 적용 범위는 학교 인구 중 약 10퍼센트에 해당되는 사립학교로만 확대되었을 뿐이다. 이 단계에서 민영화 개혁이 진전되지 않은 이유는 첫째, 우파 진영 내의 분열, 특히 자유주의와 보수당 사이의 분열은 정부 연정 내부의 응집력 문제로 변환되었다. 둘째, 교원노조의 힘이 예외적으로 강력했고, 민영화 개혁이 형성되는 것을 방어하는 사회민주당과 연합하여 결정적 역할을 하였기 때문이다. 셋째 사회민주당이 반대했기 때문이다.^{Verger, Fontdevila & Zancajo, 2016: 62}

역설적으로 1990년대 중반 다시 집권했을 때, 이른바 제3의 길에 영감을 받은 덴마크 사회민주당의 일부 정파는 시장 메커니즘을 비롯한 중요한 복지 개혁을 교육 시스템에 도입하기를 원했다. 하지만 그들은 자신들의 정치 담론—그들은 물러가는 보수당 정부에 의해 제기된 개혁에 반대할 때, 아주 효과적으로 명료화하였던 담론—을 봉쇄당했기 때문에 그렇게 할 수 없었다. 그들은 복지 국가에 반대하는 이데올로기적 투쟁으로서 시장 유형의 개혁을 성공적으로 정의했기 때문에, 그러한 개혁이 이제는 비용이 적게 들고 더 나은 서비스를 제공할 수 있는 수단이라는 것을 정당의 나머지 사람들 그리고 일반 국민들에게 설득하는 것은 불가능했다. 결과적으로 사회민주당 연정이 1993년과 2001년 사이 통치했을 때, 복지 서비스의 제공은 공적 책임으로 남아 있었다.

그럼에도 불구하고, 덴마크가 자유당이 주도하는 우익 연정에 의해 통치되는 21세기 초 10년 동안 민영화 개혁에 대한 사회민주당의 반대는 더욱 희석되어갔다. 2005년 우파 정부는 학군을 넘어 학부모 선택을 허용할 수 있는 학교 선택을 촉진하는 법을 통과시켰고, 모든 학교가 가족들에게 자기의 교육 전략과 국가시험의 결과를 알려주는 웹 사이트를 만들도록 요구했다. 이 새로운 규정에 이르는 협상을 하는 동안 사회자유당, 사회당, 그리고 기독교민주당은 자신들의 유보를 표명하고 이에 따라 민영화 개혁에 반대하는 투표를 했다. 그런데 사회민주당은 처음의 개혁안에는 반대했지만, 정부의 새로운 개혁안은 지지했다. 사회민주당은 학업 표준의 증대가 공립학교에서의 중산층 이탈을 막고, 그렇게 하여 덴마크 사회의 사회적 응집력을 증진시키는 데 도움이 될 것이라고 주장하면서 사회민주주의 방식으로 그들의 지지 행동을 옹호했다.

6) 노르웨이

노르웨이의 민영화는 덴마크와 스웨덴만큼 강력하지는 않았다. 사회민주당이 친시장 개혁을 주도하는 역할을 했는데, 1990년대 노르웨이 복지 체제는 이 지역의 다른 국가들과 비슷한 비판을 받아야 했다. 사회민주당이 1990년대 집권한 이후 교육을 포함한 다양한 복지 영역의 개혁에 착수하기 시작했다. 그중에서도 특히 1992년 9월 지방분권을 촉진하고 학교 행정에 탈중앙과 지방자치의 자유를 증진시키는 것을 승인했다. 이것은 나중에 일어날 수 있는 새로운 공공 관리 아이디어와 관련된 정책 수단을 구현할 수 있는 길을 열었다.

노르웨이 중도우파 연합이 집권했을 때, 당시 보수당의 크리스틴 클레매트 교육부장관은 사회민주당이 추진하는 지방분권과 학교자율화 과정을 강화시켰다. 이러한 수준의 분권화는 새로운 결과에 따른 관리 시스템, 표준화 시험, 그리고 '기본으로 돌아가기' 교육과정 변경에 의해 보완되었다. 2003년 〈자유학교법Free School Act〉이 통과되어 민간 사업자가 총 운영비의 85%를 지원받는 공공보조금을 갖춘 학교를 설립할 수 있도록 허용했다. 하지만 이 법은 2005년 사회민주당에 의해 폐지되었다. 보수당과 사회민주당은 교육에서 더 명시적인 외적 민영화 그리고 경쟁 의제와 관련하여 커다란 불일치를 보였다. 사회민주당의 교육 담론에 따르면, 학교자치, 결과 기반 책무성, 그리고 전문적 학교 리더십은 평등한 교육 기회의 신조로서 모두를 위한 보통학교common school의 유산과 반드시 갈등하지 않는 정책이다.

7) 핀란드

핀란드는 북유럽의 딴 나라들과 다르다. 사립학교가 운영될 여지가 별로 없다. 초등교육에서는 98.5%의 학생이 공립학교에 등록했다. 이미 공립학교 등록률이 높았지만, 사실 2003년과 2012년 사이에 더 증가했다. 공공 부문의 존재는 너무나 중요해서 학교는 사교육 서비스를 이용하거나 그것에 외주를 줄 수 없다. 지방자치제와 학교자율화 정책은 핀란드에서 발전했지만, 북유럽의 다른 국가에서 일어난 것과는 달리 지방분권화는 민영화의 발전을 의미하지 않는다. 국가의 법은 교육의 자유로운 선택을 허용하고 있지만, 지방자치단체는 부모의 선택을 제한하는 권리를 두고 있기 때문에, 시 당국이 지정한 학교에 다른 아이가 다닐 수가 없는 것이다.

국가의 역사에 뿌리를 두고 있는 공교육에 대한 사회적 지지 때문에 신자유주의적 변화는 별로 일어나지 않는다. 교육은 핀란드가 현대사에서 겪었던 반복되는 침략에 맞서는, 국가 건설과 국가적 응집력을 위한 특별한 기제로 널리 인식되고 있다. 최근에는 PISA와 같은 국제 표준화 시험에서 핀란드가 성공한 탓에 많은 OECD 국가들이 이 나라를 모델로 삼았다. PISA 2000을 시작할 때 국제적 테스트에서 가장 높은 점수를 얻어 세계교육개혁운동Global Educational Reform Movement이라는 '세균GERM'에 대한 '면역력'을 갖게 되었다.Adamson & Astrand, 심성보 외 옮김, 2017: 37 핀란드의 경제계는 교육 부문을 민영화하기 위해 정부에 압박을 가했지만, 핀란드가 최고의 국제학업성취도 점수를 받아서 이런 주장은 사라졌다. 다른 많은 나라가 세계교육개혁운동이라는 세균에 '감염'된 것과는 대조를 보였다. 그리하여 오늘날 핀란드는 많은 OECD 국가들이 모방하려는 모델로 인정받고 있는 PISA와 같은 국제 표준화 시험에 성공하여 교육에 대한 강력한 공공 개입의 모델을 정당화하고 공고화하는 데 기여하고 있다.Darling-Hammond, Adaman, & Astrand, 심성보 외 옮김, 2017 핀란드는 공적 투자를 통한 형평성에 초점을 맞춘 교육개혁운동은 한 세대가 지나서야 성공을 거두기 시작하였다는 사실을 유념할 필요가 있다.

교육 민영화를 향한 서로 다른 경로Verger, Fontdevila & Zancajo, 2016: 182-184

경로	교육 민영화의 동인	기원	적극적 행위자	정책 결과
국가의 교육 역할 재형성(칠레, 영국, 뉴질랜드)	• 보수당 정부의 신자유주의 지향 • 권위주의적 통치 유형 • 개혁을 정당화하는 설명 틀: 위기의 공교육, 공적 영역 독점이나 시장 이익 • 계속성을 설명하는 기제: 어려운 제도적 가역성, 학부모와 사교육 제공자로부터의 정치적 압력, 비우호적 정치적 타이밍과 협상, 사회민주당과 중도좌파당의 이념적 진화(평등 프레임은 민간 부문 참여를 정당화하는 데 이용), 세계은행으로부터 원조 조건 제한(칠레)	1980년대	보수당 정부, 중도좌파 정부, 싱크탱크, 학부모, 민간 제공자	1인당 예산 및 기타 학교 경쟁 메커니즘, 자유화(민간 영역을 교육 접근 용이), 높은 수준의 학교 선택권을 가진 준시장 모델의 창출, 최근 내부 민영화 개혁 초점

사회민주적 복지국가의 교육 민영화(스웨덴, 덴마크, 노르웨이, 핀란드)	• 경제적 위기와 신자유주의 정책 이념의 글로벌 헤게모니 • 복지국가의 정당성 위기와 복지 제공에서 공적 영역의 역할에 대한 사회민주당 의제의 재형성: 공적 서비스의 지방분권화와 다양성을 의미. • 국제단체 성원으로부터 개혁 압력, 국제적 학업성취평가에 참가	스웨덴(1990년대 초), 덴마크(2000년대 중반), 노르웨이(2000년대 초반), 핀란드(1990년대 후반)	보수당, 같은 생각을 가진 싱크탱크, 사회민주당, 유럽연합, OECD	스웨덴(모호한 바우처 프로그램, 교육 부문의 자유화), 덴마크(친학교 선택 입법), 노르웨이(사립학교 보조금 허용), 핀란드(PISA의 성공은 주요 시장 개혁 방지)
민영화의 확대(미국, 캐나다, 콜롬비아)	• 학교 선택과 자유 이념 사이의 프레임 정렬, 학교 선택에 관한 새로운 상식의 생성 • 차터스쿨 정책 채택(바우처 시스템을 넘어선)을 설명하는 기제: 차터스쿨 이념의 가변성과 모호함, 주 차원에서 차터스쿨을 촉진하는 연방입법, 바우처 시스템을 둘러싼 논란의 사법화, 차터-바우처 개혁의 낮은 정치적 위험, 차터를 지지하는 영향력 있는 자선단체	1980년대	비정부 행위자, 싱크탱크, 풀뿌리 운동, 자선단체, 느슨한 지지 연합, 공화당과 민주당	거의 모든 주에 차터스쿨 입법, 작은 규모와 한정된 기간의 바우처 프로그램(최근 바우처 정책의 상향 조정)
저소득 국가의 사실상 민영화(나이지리아, 케냐, 가나, 인도, 파키스탄, 페루)	• 국가의 불충분한 교육 접근 요구 증가 • 종교적 또는 언어적 소수 집단의 요구에 부응 • 광범위한 글로벌 행위자에 의한 LFPS의 담론적 재정적 촉진 • 모든 사람을 위한 교육(EFA) 효과 정당화, 새 천년 개발 목표(MDG)에 대한 개념 틀	2000년대	마을, 기업가 혹은 교육기업가, 수요 측 세력, 외적 행위자, 국제기관, 국제 컨설턴트, 정책기업가, 다국적 기업	저렴한 비용의 사립학교(LFPS) 증가. 최근 LFP 체인의 개발, 공-사 파트너십(PPP)에 LFPS의 통합
역사적 PPP(네덜란드, 벨기에, 스페인, 아르헨티나)	• 교육 제공에서 종교 기반 기관의 역사적 중심 • 국가와 종교 기반 기관의 갈등/타협 • 초중등교육의 팽창을 위한 압력 • 교육의 민간 영역과 관련된 법적 모호함 • 프레임을 정당화하는 교육/수업의 선택과 자유 강조	네덜란드(20세기 초), 벨기에(1960년대 후반), 스페인(1980년대 초)	이익집단으로 행위 하는 종교 교육 제공자와 이와 관련된 공동체와 가족	장기 계약 속에서 사립학교를 위한 공적 보조금, 최근 내부 민영화 개혁

| 대재앙에 의한 민영화(미국의 뉴올리언스, 아이티, 엘살바도르, 이라크) | • 자연 재해나 무력 충돌의 촉매 효과: 민영화 옹호자를 위한 정치적 기회로서 위기
• 예외적 상황의 결과로서 민주적이거나 공개적인 토론의 범위의 결여
• 구제와 재건을 위한 은신처와 정당한 논쟁적 개혁을 강조하는 이야기
• 지역적 통제의 결여, 국가의 침해 가능성과 새로운/외적 행위자의 유입을 위한 제도적 방해물 제거 거부
• 거부권 행사의 축소와 저항에 가혹한 처벌 | 뉴올리언스의 허리케인 이후(2005), 아이티 지진 이후(2010), 전후 엘살바도르(1990년대 초), 전후 이탈리아(2000년대 중반) | 외적 행위자, 국제기관, 재단, 자선단체, 교육사업체 | 뉴올리언스(차터스쿨의 등장, 지방분권, 학교 선택의 최대화), 아이티(바우처를 통한 보조금 사교육의 중심 역할 강화 및 확대, 엘살바도르(학교 기반 관리 확장), 이라크(지방분권과 PPP 구조의 촉진 |

8. 신자유주의 교육정책의 예견된 실패

지금 세계교육개혁운동Global Education Reform Movement[17]은 교육체제를 둘러싸고 서로 다른 이념적 스펙트럼으로 나아가고 있다. 세계교육개혁의 방향은 신자유주의 교육정책을 지속할지, 아니면 공공성에 입각한 새로운 교육체제로 이행할지의 중대한 기로에 서 있다. 그 하나는 공교육에 국가가 크게 투자하는 접근이고, 다른 하나는 시장 논리에 기반을 둔 신자유주의적 접근이다. 후자는 민영화, 탈규제, 탈중앙, 자유화 등의 신자유주의 정책, 즉 바우처, 차터스쿨, 학교시장, 시장 원리에 바탕을 둔 가르침, 시험

---

17. 파시 살베리(Pasi Sahberg)가 퍼뜨린 대중화된 용어인 '세계교육개혁운동'은 'GERM(세균)'으로 호칭되기도 하는데, 미국을 비롯해 전 세계 거의 모든 나라가 채택하고 있는 신자유주의식 교육개혁의 기조와 방향성을 지칭한다. 국제적으로 강력하게 옹호된 시장주의 또는 민영화 기반 교육개혁운동을 말한다. 주요한 정책기조는 학교 선택과 경쟁, 고부담 시험, 교육과정의 협소화, 자격이 미달하거나 결여된 교사, 돈이 덜 드는 교사들의 이용 등으로 표출되었다. GERM의 다섯 가지 원칙은 교육의 표준화, 핵심 과목의 집중, 미래 정해둔 학습 목표 채우기, 학교 운영과 교육정책 원칙을 민간기업이나 컨설팅 기업 등에 맡기기, 고부담 책무성 시험 제도의 도입이다.

중심의 책무성 등을 중시하고 있다. 이러한 정책을 선택한 나라는 지금 최대 위기에 봉착해 있다. 칠레와 미국의 대부분의 주(예외의 주가 있지만), 그리고 스웨덴이 그러하다. 반면 공적 소유, 공적 책임, 공평성, 민주적 결정 등의 공적 투자 강화 정책, 즉 잘 준비된 교사, 공평한 교육재정, 양질의 인프라, 전인적 교육과정과 교수법 등을 선택한 나라는 안정된 교육을 영위하고 있다.Adamson & Astrand, 2016: 1-15[18] 핀란드와 쿠바, 캐나다의 온타리오주가 그러하다.

그동안 세계화의 흐름과 함께 신자유주의 교육정책이 대세를 형성하였지만, 지금은 그것의 역효과가 커져서 공교육체제가 최대 위기에 빠졌고, 그것을 극복하려는 새로운 교육운동이 거세게 일어나고 있다.Adamson, Astrand & Darning-Hammond, 2016 시장 원리를 기반으로 한 교육개혁이 공교육을 황폐화시켰다며 공적 투자를 통한 교육의 공공성을 주장하는 목소리다. 시장 원리에 기반한 교육개혁은 바우처, 차터, 협약, 그리고 기타 도구를 통해 민간이 관리하는 학교에 공적 재정을 제공하는 다양한 방식의 특징을 보인다. 이 개혁은 또한 전형적으로 시험을 기반으로 한 책무성과 교수 기반 조직을 위한—일반적으로 누가 교직에 들어갈 수 있는지, 그들이 어떤 지식 기반을 가져야 하는지에 대한 준비와 면허에 관한 요구 사항을 폐지하고, 따라서 교직의 전문성을 떨어뜨리는—시장 기반 전략의 특징을 갖고 있다. 또한 개혁은 때로 교사들과 기타 공립학교 피고용인을 위한 집단적 교섭이나 협상 역량을 약화시켰다. 결과적으로 시장 기반 교육개혁은 값싼 교원과 교사의 탈전문화/자율성 상실을 초래하여 교육의 불평등을 초래할 뿐 아니라 학업성취도 및 교육의 질을 떨어뜨리고 말았다.

반면 공적 투자를 기반으로 한 교육개혁의 전략은 전형적으로 공립학

---

18. 신자유주의 교육정책을 채택하는 대표적 국가로는 미국(매사추세츠주 등 몇 주는 예외), 스웨덴, 칠레 등, 반면 공적 투자를 우선시하는 대표적 국가로 캐나다(온타리오주), 핀란드, 쿠바 등을 들 수 있다.

교 재정을 마련하고, 공평하게 배분된 양질의 교육과정과 교직을 위한 평등한 플랫폼을 창출하려고 한다. 이런 전략은 일반적으로 더 강력한 준비와 전문성 개발을 통해 교수법을 전문화하고, 교육자가 다양한 학습자에게 풍부한 교육과정을 가르칠 수 있도록 준비하는 정책을 수반한다. 이 전략은 시험이나 평가를 또 다른 목적으로 사용한다. 즉, 학부모의 선택을 안내하거나 어느 학교를 폐쇄할지를 결정하는 것보다 주와 지역 수준의 투자 및 개선 전략에 대한 정보를 제공하기 위한 것이다. 이 전략은 교육을 공공재로 받아들이면서 학교를 지역사회의 것으로 이해하는 강력한 쌍방향 관계를 설정하고 있다. 결과적으로 공적 투자 강화를 통한 교육개혁은 민주적 교육체제의 확립과 전문적 학습에 대한 투자, 그리고 교사의 전문성과 자율성 강화를 통해 학업성취도와 교육의 질을 향상시키는 데 기여하였다.

일부 국가들(칠레, 미국, 스웨덴 등)이 다양한 범위에서 그리고 서로 다른 방식으로 민영화 원리를 채택한 반면, 또 다른 일부 국가들(쿠바, 핀란드, 케나다 등)은 시장 기반 접근을 거부하면서 그 대신 전문적 교사의 노동력을 계발하고 유지하며 자원이 학생들에게 공평하게 돌아가도록 보장하는 공적 투자 전략을 추구하였다. 교육에 있어 시장에 기반을 둔 모델을 추구하는 나라와 공적 투자 전략을 이용하는 나라가 있다고 할 수 있다. 이 스펙트럼의 한 극단에 학생들에게 공평한 학습 기회와 양질의 교육 준비에 특권을 부여하는 공적 투자 접근을 취하는 핀란드와 같은 나라가 있다.

쿠바도 미국의 경제 봉쇄와 세계화 압력에 대해 특이한 형태의 '장벽을 보호하는' 조치를 취했다. 그리하여 쿠바는 라틴 아메리카에 비해 순위를 벗어난 높은 학업성취 점수를 얻었다. 물론 최근 해제된 통상 금수 조치로 세계교육운동을 포함한 상업 및 사상의 홍수를 초래할 위험성을 안고 있기에 또 다른 긴장 상황을 맞이하고 있다.

다른 반대편에는 가정에 바우처를 배분하는 칠레가 전형적으로 보여주는 민영화 접근이 자리하고 있다. 1980년대~1990년대에 칠레는 신자유주의, 민영화, 그리고 세계교육개혁운동 모델 만들기를 위한 실험용 배양 접시로 사용되었다. 미국과 스웨덴은 이 모델이 신자유주의(민영화, 탈규제 등)의 근본 요소를 여전히 표현하면서도 주최 국가의 맥락—바우처, 차터, 그리고 시장을 통해—에 어떻게 적용해왔는지를 보여주며 다른 유형을 보여준다. 스웨덴 중앙정부는 오랫동안 수많은 공공 서비스를 제공해 평등

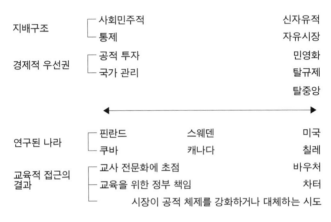

	칠레	미국	스웨덴	핀란드	캐나다	쿠바
1980년대	GERM 시작 (피노체트의 바우처 체제)			공적 투자 접근 (평등 기반 체제)		공적 투자 접근 (교사에 대한 투자)
1990년대		GERM 사례 (밀워키 바우처 프로그램)	GERM 사례 (시장화된 학교체제)	GERM 저항 (2003년 바우처 프로그램 전복)		GERM 방어 (무역 제재/ 통제 경제 책 방어)
2000 년대		GERM 사례 (차터 스쿨 운동/ 뉴올리언스 개혁)		GERM 면제 (높은 국제 학업성취도)		(2015년 이래 신자유주의 이념과 정책 방어)
2010년대					공적 투자 접근 (전문적 역량 형성)	

을 추구했다. 그러나 1990년대 스웨덴은 공립학교에 대한 권위를 분권화하고 사립학교와 공립학교 간의 경쟁을 장려하는 시장 중심 개혁을 도입하면서 교육에서 이 전통을 벗어났다.

이와는 반대로 비록 세계교육개혁운동이 많은 나라에 퍼져 나갔지만 모든 나라의 교육에 반드시 영향을 미치지는 않았다는 것을 세 개의 공공 투자 국가의 사례에서 보여주고 있다. 캐나다의 온타리오주도 1990년대 후반 긴축조치와 사립학교에 학비 세액 공제를 부여해서 실제 세계교육개혁운동이라는 세균GERM에 '감염'되었지만, 2000년대 초에 접어들어 온타리오주는 보수적 정치인들이 사립학교에 더 큰 투자를 요구한 이후 대중의 반발이 저항으로 발전하면서 투표를 통해 그들을 물러나게 했다. 이렇게 변화가 일어난 이후 집단적 전문 역량 강화에 근거한 온타리오의 새로운 공적 투자 모델은 학업성취 결과와 여론 모두에서 잘 수행되었다.

9. 더 나은 세상을 위한 한국의 교육개혁 방향

복지국가의 교육개혁은 우리한테 많은 것을 암시해준다. 우리나라는 여전히 세계적 교육개혁의 흐름 중 제2의 길을 향해 질주하고 있다. 제2의 방식인 학교의 준시장화는 학교를 승자와 패자를 가르는 장소로 만들었다. 그동안 세계의 주류적 동향은 공산주의의 몰락과 세계 대부분의 지역에서 나타난 시장 개혁의 승리로 보아 '비즈니스 모델'을 학교에 적용하는 것이 시대적 흐름의 대세처럼 여겨졌다. 그동안 우리나라의 정부 주도 교육개혁은 제2의 시장주의 길과 좌우의 노선의 균형을 추구하는 제3의 길 중간쯤에 있다고 할 수 있다. 다른 한편으로 새로운 학교를 만들고자 하는 진보적 교육청을 중심으로 한 '혁신학교운동'은 제3의 길과 제4의 길

중간쯤에서 서 있다. 그동안 철옹성 같았던 공교육 또는 학교교육을 개혁하고자 하는 '혁신학교 운동'은 공공성을 강화하는 교육개혁의 세계적 추세에 조응하고 있다.

역사적으로 세계화와 시장 기제와 연계된 급속한 사회 변화는 지식과 경제 사이의 관계 강화를 불러왔다. 산업사회의 구조적 위기를 동반한 불안정의 시대, 변화의 시대, 이행의 시대일수록 학교를 기본 단위로 하는 국가의 교육체제가 지식경제의 번영을 위해 더 많은 심대한 역할을 요구받았다. 그리고 시장 중심 논리로 이행한다는 것이 곧 교육에 대한 국가의 개입 역할의 포기를 의미하지는 않는다. 여전히 교육개혁 논의의 핵심은 국가의 정치적 주도성에 의하여 결정된다는 특징이 있다. 시장이라는 정책도 사실은 정치권력이 자신의 정치적 목적을 달성하기 위하여 채택한 주요한 정책 도구의 일종인 것이다. 국가는 교육의 기능적 효율성을 높인다는 구실 아래 시장 원리와 경쟁 원리를 도입하여 경쟁력이 약한 교육 부문을 도태시키는 전략을 구사했다. 지난 수년 동안 국가의 잘못된 교육 운영으로 인해 초래된 왜곡된 교육구조의 책임을 회피하기도 했다. 교육개혁의 전문가인 앤디 하그리브스는 근본적 문제로서 '시장근본주의'에 터한 학교개혁의 채택에서 원인을 찾았다. 경제를 활성화한다는 명목 아래 공공 부문으로 투자의 방향을 전환한 '작은 정부'하에서, 그리고 시장근본주의 맥락에서 실시된 표준화 개혁 과제가 문제였다.Hargreaves, 곽덕주 외 옮김, 2011: 172-173: 175-179

한국 교육의 가장 본질적인 문제는 교육의 본래 목적인 '인간 발달'에 역행하는 데 있다. 교육은 모든 사람이 지니고 있는 인간적·문화적 발달 가능성을 전면적으로 발현케 돕는 데 근본 목적이 있다. 그러나 현재 한국 교육은 발달 잠재성을 제대로 꽃피우기는커녕 인간적 발달을 오히려 억압하고 있다. 한국적 상황에서 공부 잘하는 것과 인간적 발달은 전혀 별개이다. 치열한 학력, 학벌 쟁탈전 속에서 주입식 입시 교육, 인성 및 시민성 교육 실종, 과중한 학습과 사교육, 학교 부적응, 불평등과 부모 지위의 대물림 등 온갖 문제가 벌어지고 있다. 그리하여 아동과 청소년 시기를 거치면서 자신의 흥미와 적성을 발견하고 살릴 기회를 지니지 못한 채 편향된 지필 시험에 갇혀 '발달 결손'과 '발달 왜곡'을 겪고 있다. 학습 의욕과 흥미의 상실, 학교폭력과 왕따, 마마보이 현상 등 주체성의 상실, 가치관과 공동체성의 부재 등 온갖 비교육적 현상과 결과들이 이를 말해준다.

이런 인간성 상실은 근본적으로 경쟁과 수월성 추구, 소비자 선택권을 앞세운 신자유주의 교육의 도입에서부터 시작되었다. 김영삼 정부에서 시작하여 이명박, 박근혜 정부에서 완결된 신자유주의 교육정책은 기존 교육체제의 생명을 연장하기보다는 죽음을 재촉하는 극약처방이었음이 드러나고 있다. 1995년 교육개혁위원회의 신교육체제 수립을 위한 교육개혁안을 통해 드러나기 시작한 신자유주의 교육체제는 이명박 정부에서 완성 단계에 도달하였으나, 한국 사회의 고질적인 교육 문제를 해결하지 못하고 있을 뿐 아니라 교육의 공공성을 더욱 빈곤하게 하여 불평등 현상을 초래하였다. 교육의 낮은 공공성은 학교 서열화 체제의 고착화, 교육 불평등의 심화, 나아가 양극화 현상으로 이어지고 있다. 이러한 현상이 극심화되자 2012년 대선에서 박근혜 후보는 교육복지정책과 경쟁을 완화하는 정책을 공약으로 발표하였다. 그렇지만 주요 공약은 거의 이행되지 않았으며, 집권 이후의 교육정책의 기조는 오히려 신자유주의 정책을 저돌적으로 추진하는 등 역주행하기 시작하였다. 구체적으로 2010년에서 2016년까지 자율형 사립고 지정 취소와 부동의, 누리과정 예산의 부담 주체 논란, 소규모 학교의 통폐합, 교원능력개발평가의 실시 여부와 재량 범위, 시국선언교사의 징계 보류, 성과급제 시행, 교원공무원에 대한 연금 개악과 성과퇴출제, 대학평가를 통한 대학 퇴출 시도, 비싼 대학등록금, 일제고사 강행 등은 모두 신자유주의 교육 정책과 연동되어 있다.

그리고 교육체제는 평등성, 효율성, 수월성 사이의 긴장에 의해 형성되고[Coate, 2010: 130], 그것의 재형성은 국가체제의 유형과 맞물려 있기에,[Scott, Posner, Martin, Guzman, 2015][19] 공교육에서 국가의 공적 역할을 잘 수행하려면 국가의 권력체제가 민주화되어야 한다. 물론 국가교육체제의 민주화와 함께 지역교육체제의 민주화가 동시에 구축되어야 한다. 그런 면에서 최근 활발하게 진행되고 있는 혁신교육지구사업과 마을교육공동체운동은 새로운 사회질서로 재편될 가능성의 사회적 징후를 보여주는 매우 중대한 사회운동적 의미가 있다.

문재인 정부는 정권의 교체에 만족하는 것이 아니라 새로운 질서를 창출하기 위한 시대의 교체에 초점을 두어야 한다. 근본적으로 새로운 질서를 창출하기 위한 교육체제의 개편이 필요하다. 신자유주의 개혁의 과도한 추진으로 인해 교육의 양극화가 더욱 심화되면서 국민들의 교육에 대한 분노는 더욱 커지고 있다. 따라서 새로운 교육체제는 학교에서부터 교육부에 이르기까지 교육정책의 결정이 교육 주체들의 참여 아래 이루어질 수 있도록 민주주의가 활성화되어야 한다. 민주주의가 활성화되려면 새로운 교육체제의 구상과 함께 그 체제를 만들어가는 민주적 주체가 형성되어야 한다. 새로이 형성될 교육체제에 대한 구조적 전망 제시와 함께 그 체제의 전망을 만들어가는 민주적 주체가 형성되어야 한다. 순치된 주체가 아닌 민주적 주체의 형성을 위해 공교육의 공공성을 회복해야 한다. 그리고 기회의 평등, 과정의 공정성, 결과의 정의를 표방한 문재인 정부의 교육정책은 불평등, 불공정, 부정의[20]의 해결의지를 분명히 하여 혁신교육의 성과를 한 단계 끌어올려야 세계교육사에 조응할 수 있을 것이다.

---

19. 교육체제는 국가체제의 유형과 맞물려 있다. 국가체제의 유형으로는 자유방임적 체제, 분단적 방어 체제, 기업적-고객 중심 체제, 발달적 체제, 사회민주적 체제이다.

20. 소크라테스는 정의를 "마땅히 지불해야 하는 것을 각자에게 지불하는 것"라고 역설하였다. 정의에 접근하는 방식은 서로 다른 세 가지 원리, 즉 '조화'로서의 정의, '평등'으로서의 정의, '형평'으로서의 정의론이 존재한다. 첫째, 조화(harmony)로서의 정의(플라톤, 아리스토텔레스)는 업적(merit) 또는 공적(desert)에 기반을 두고 있다. 서로 다른 재능과 잠재력을 존중한다. 정의를 존중하는 교육은 모든 사람에게 동일해서는 안 되며, 사람의 타고난 재능을 향상시키는 것을 목표로 삼아야 한다. 우수한 운동선수는 남다른 노력과 헌신을 하였기에 그에 합당한 정당한 보상(특혜)을 해주는 것은 당연하다. 교육에 대한 부모의 자유로운 선택의 자유 허용, 사교육을 통한 우수한 학업성취를 거두는 것을 인정한다. 사회의 불평등을 전제하는 이 견해는 불평등한 교육 기회를 정당화한다. 차별화된 교육체제를 통해 개인들이 불평등한 대우를 받는 것을 정당화해준다. 공동체 전체의 번영이 교육과 진로를 선택하는 개인의 자유보다 우선한다. 조기선발제도, 월반제도, 조기졸업, 영재교육, 엘리트교육, 수월성교육, 위대한 저서 읽기(인문교양교육), 유럽의 복선제 학교, 우리의 특목고와 자사고는 이런 원리에 바탕을 두고 있다. 둘째, 평등(equality)으로서의 정의(칸트, 마르크스)는 평등한 대우의 원리에 기반을 두고 있다. 칸트는 "모든 인간은 동일하지는 않지만 존엄한 존재이고 합리적 존재로서 평등하게 존중받으며, 자신의 이성을 발휘하는 데서 평등한 책임을 갖는다"고 역설하였다. 모든 아동에게 비판적 사고를 가르칠 것을 요구한다. 모든 아동이 자율적 인간으로 발달하도록 촉진하는 교육을 제공해야 한다. 사람들은 언제나 목적 그 자체로 대우받아야 하고 수단으로 이용되어서는 안 된다. 청소년들은 자신의 행위의 결과를 책임질 만큼 충분히 성숙한 사람으로 간주되어야 한다. 평등한 대우는 아주 불평등한 성과를 낳을지라도 가장 중요한 원리로서 중시된다. 보편교육, 무상교육, 의무교육 등 교육의 기회균등이념은 이런 생각에 바탕을 두고 있다. 근대적 공교육사상의 기본을 이루고 있다. 셋째, 형평(equity)으로서의 정의(존 롤스, 나딩스)는 필요의 원리에 기반을 두고 있다. 가장 침해를 받기 쉬운 아주 불리한 환경(계급, 인종, 성별 등) 속에 있는 사람의 불평등을 줄이기 위해 더욱 공정한 조치를 취하는 것이다. 흑인, 원주민, 농어촌자녀 등의 대학입학특례조치는 이런 적극적 조치/역차별의 원리를 적용한 것이다. 소외의 역사적 누적으로 인하여 현재 불리한 처지에 있는 집단의 구성원들은 역사적으로 사회적 특권을 누렸던 집단의 구성원들이 지원함으로써, 곧 비평등적으로 대우함으로써 기회균등을 도모하고자 한다. 수업 중 공부를 못하는 아이에게 특별한 돌봄을 하는 것도 이에 해당한다. 정의롭지 못한 사회현실을 바꾸어야 하며 부당한 불이익을 겪는 사람들에게 별도의 기회가 제공되어야 한다. 이것은 오늘날 현대적 공교육사상을 뒷받침하고 있는 원리이다.

이 세 이론들은 각각 장점과 약점이 있기에 어떤 형태의 교육이 정의로운지를 생각해볼 필요가 있다. 물론 이 외에도 새로운 정의 이론으로 차이(difference)와 타자(the other)로서의 원리(레비나스, 데리다), 환대의 원칙, 지능의 평등, 역량의 평등(아마르티아 센, 누스바움), 의지의 불평등(랑시에르), 인간 이외의 존재 인정과 환경적 정의 등이 제기되고 있다.

정의의 원리	대우의 유형	결과의 유형
조화로서의 정의	다름	다름
평등으로서의 정의	비슷	다름
형평으로서의 정의	다름	비슷

10장
진보주의 교육이론과 혁신교육의 전망

1. 진보주의 교육이론[21]

요즘 혁신학교운동이 활성화되면서 '진보주의 교육'에 대한 관심이 높다. '진보주의 교육progressive education'은 '전통적 교육', 즉 교과서의 문자를 기억하기만 하는 암기식 수업, 보수적 가치에 바탕을 둔 교육 내용, 학생의 성장과 발달을 고려하지 않은 학습 등을 벗어나고자 하는 '새로운 교육'의 흐름이라고 규정해볼 수 있다. 세계교육사의 흐름에서 볼 때 '진보주의 교육'은 엄격성, 교조주의, 강압성, 처벌, 훈육 등을 거부하면서 등장한 급진적 교육radical education의 한 유산이라고 할 수 있다. 새로운 교육은 프랑스의 신교육Education Nouvelle, 독일의 개혁교육학Reformpädagogik, 미국의 진보주의 교육 등 다양한 이름으로 불렸다.

새로운 교육을 지향하는 진보주의 교육은 전통적 교육에 대한 비판이자 그 대안으로 등장하였다. 교육의 주요한 위기들은 근대교육의 역사에서 세 차례 일어났다. 첫 번째는 루소와 훔볼트가 큰 역할을 수행했던 18세기 후반과 19세기 후반이다. 두 번째는 케이의 『어린이의 세기』[1900, 정혜]

---

21. 서구 진보주의 교육에 대해서는 한국교육연구네트워크가 엮은 『진보주의 교육의 세계적 동향』(2018)에 자세히 소개되어 있다.

영 옮김. 2012[22]가 출간되면서 아동의 본성에 관한 새로운 관심을 불러일으킨 운동이 시작됐던 19세기 마지막 10년과 20세기 1/3에 해당하는 시기다. 세 번째는 교육의 위기에 처한 1960년대 이후의 기간이다. 진보주의 교육에 세계적으로 가장 영향력을 끼친 인물은 20세기 초 미국의 존 듀이다. 진보주의 교육은 20세기 후반 포스트모던 조건들에 대한 반응으로서 학교교육의 폐지를 통한 탈사회화를 주창하는 탈학교운동, 68혁명과 연관된 아동권 운동, 그리고 교육에 반대하는 반교육학운동 등으로 나타났다. 이러한 진보주의 교육은 사회개혁적 흐름과 함께 민주주의 교육 및 비판적 교육학 운동으로 이어지고 있다.

진보주의 교육의 주요 원리는 크게 발달주의, 휴머니즘, 민주주의, 경험주의, 그리고 실용주의이다. 첫째, 발달주의는 아동의 자발적/자연적 성장을 중시하며, 아이들이 스스로 문화를 혁신시키고, 또한 문화는 개인을 혁신시킨다고 본다. 아동기를 자발적 성장으로 이해하는 발달주의 또는 낭만주의는 아동기를 단순히 미성숙의 시기로 보는 것이 아니라, 독특한 삶의 단계를 갖고 있다는 루소의 생각으로 돌아간다.

둘째, 휴머니즘은 인간이 물리적 대상이 아니며, 개개인 모두 독특한 차

---

22. 『어린이의 세기』는 20세기 어린이에 대한 심리학적 탐구로서 최대의 성취라고 평가받고 있다. 그녀는 이 책에서 어린이의 고귀하고 존엄한 인격성을 성인들이 숭배해야 한다고 강조했으며, 더 나아가 어린이의 권리를 옹호했다. 어린이의 신성성과 존엄성, 그리고 어린이의 권리에 대한 비전 속에서 어린이는 새로운 성질을 획득하게 되며, 결국 어린이를 성인의 축소판으로 보는 종래의 어린이에 대한 관념을 뛰어넘게 된다. 케이의 정신은 괴테, 니체, 몽테뉴, 루소, 스펜서 등에게서 계승되었다. 어린이의 개체성 발달을 목적으로 하는 케이의 교육 이해로부터 교육의 본질적인 원칙, 곧 '스스로 성장하게 함'의 원칙이 나온다. 이는 어린이의 자발성을 전제로 하고 있다는 점에서 루소 교육학의 명제인 자연적·소극적 교육과 관련을 맺고 있다. 이 원리에서 체벌은 거부된다. 케이는 기존 학교가 모든 어린이를 통제하는 경향을 보인다고 보았으며, 학교조직 문제에 대해서도 비판적인 입장을 취했다. 그녀가 꿈꾸는 새로운 학교는 각 개인에게 스스로 발달할 수 있는 기회를 되도록 많이 제공하는 것을 목적으로 삼는다. 이를 위해 자기 공부 중심의 학교 시스템으로 교체될 것을 주장했다. 이상적인 학교 모델은 가정과 같은 학교로서 어떤 다른 교육보다 가정교육을 중시했다. 가정학교 이후에 이어지는 학교로서 통합학교(Gesamtschule)를 제안했다. 이렇게 전통적인 성인 중심의 학교에 대한 비판과 새로운 학교 제안은 20세기 전환기에 독일의 '개혁교육학 운동(Reformpadägogische Bewegung)'으로 이어졌다.

이를 가진 존재라고 본다. 아동은 온전한 개인으로서 도야하는 존재이며, 단순히 미래를 준비하는 것이 아니라 현재 아동의 실존적 삶을 존중하는 인본주의를 중시한다. 진보주의자들은 아이들을 타고난 학습자로 보며, 그들이 지닌 놀이의 본성을 이해할 것을 주장한다.

셋째, 민주주의는 학교공동체가 학생은 물론이고 교사가 올바른 견해를 표명할 수 있는 장소라고 본다. 진보주의자들은 학생과 교사가 공동의 문제를 토론하고 의사결정하고 숙의민주주의가 촉구되는 회의를 장려하고 가족 같은 학교, 민주적 학교공동체를 주창한다.

넷째, 진보주의 교육은 권위의 상징인 통설에 의문을 보내면서 새로운 경험을 중시한다. 권위에 의문을 보내며 실험적 탐구, 발견의 신기함을 중시한다. 모든 지식은 아동의 경험과 연관되어야 한다. 지식은 물려받아야 할 유산이 아니라 아동이 스스로 발견해야 하는 것이다. 진보주의자들은 지식이 아동의 필요와 관심을 반영하지 못하고 있다고 비판하면서 유연성 있는 교육과정의 구성을 권장한다.

다섯째, 개인과 사회의 양 요구를 화해시키는 실용주의는 교육에서의 딜레마 해결 방식으로 균형을 잡고자 한다. 일종의 제3의 길을 모색한다.

이러한 진보주의 교육의 다양한 흐름은 새로운 가치를 추구한다는 측면에서 '대안교육alternative education'의 철학과도 맥락이 이어져 있다. 주류 교육에 대한 대안, 또는 교육의 민영화/신자유주의 교육에 대한 대안을 포함하고 있다. 그런데 오늘날 대안학교에서 이루어지는 많은 교육적 성과를 국가의 제도권 교육에서 수용함으로써 '대안적'이라는 말의 사용은 차츰 줄어들고 있다. 주변에 머물렀던 '대안'이 '주류'가 되어갔다는 의미이다. 그래서 다른 말을 사용하는 경향을 보이는데, '창의적 교육', '유연한 교육', '맞춤형 교육', '학교 외 교육', '대안 프로그램', '대안적 학습', '대안적 공간', '자유학교' 등이 이에 해당한다. 그렇지만 국가 주도로 이루어지는 공교육체제는 여전히 대안적 교육활동을 하는 데는 구조적 한계를 보이므로 대안학교운동은 계속 일어나고 있다. 이 운동은 교육에 대한 더 근본적 접근을 시도하는 '급진적/변혁적 교육'을 지향한다고 할 수 있다. 신우파적 교육에 대항하는 '교육적 급진주의'다. 이런 급진적 교육운동의 경향은 진보주의 교육에 더해 사회의 근본적 변혁을 강조하는 흐름이라고 할 수 있다. 진보주의 교육에 '변혁'의 의미가 덧붙여지고, 반자본주의적 입장에 선 좌파적 시각까지도 두루 포함하는 폭넓은 이념적 경향을 보인다.

그래서 아동 중심의 진보주의 교육을 구식의 진보주의라고 비판하면서 개인과 문화라는 양자의 관계성을 동시에 중시하는 '신진보주의교육'이 등장하였다. 교육의 목적으로 사회의 민주적 개혁과 함께 개인의 사회적 자아실현을 아울러 강조하고 있다. 아동에 중점을 두느냐, 아니면 사회에 중점을 두느냐를 둘러싸고 논쟁이 벌어진 것이다. 양자 사이의 논쟁은 아동 중심적 진보주의 교육과 사회 중심적 진보주의 교육을 둘러싼 노선 갈등이라고 볼 수 있다. 그런데 일부 아동 중심 교육자들은 사회적 재건주의 교육 의제가 너무 이데올로기적 경향을 보여 학생들을 교화로 이끌 위험성을 염려하였고, 반면 사회적 재건주의자들은 아동 중심적 진보주의 교육 의제가 정치적 경제적 이슈에 대한 명확한 입장을 갖지 않음으로써 현상 유지를 강화할 가능성을 염려하였다. 지나치게 아동 중심적 진보교육으로는 아이들이 살아갈 사회의 전망이 보이지 않으며, 사회개조적 진보교육에는 사회 변화를 이끌 주체가 보이지 않을 가능성이 있다. 따라서 더 나은 사회질서가 더 나은 사람을 만들 수도 있고, 더 나은 사람이 더 나은 사회질서를 만들 수도 있다는 관점을 동시에 견지할 필요가 있다.

2. 우리나라 진보교육의 역사

우리나라의 진보주의 교육사상의 원천은 방정환(1899~1931)에서 찾아진다. 방정환은 교육의 목적을 아동의 성장과 발달에 두었다.[안경식, 1999] '아이들이 저대로의 독특한 삶', '저희끼리의 새 사회 건설'이라는 표현을 사용하면서 아동이 성인과는 다른 독자적 세계를 가지고 있고, 아동은 내적 성장력을 품고 있다고 했다. 교육의 방법으로 흥미와 기쁨과 활동의 원리를 우선하였고, 교육의 내용으로 아동의 성장과 발달에 도움이 되는 지·정·의의 조화가 필요하고, 교사나 기성세대의 임무는 아동의 자유로운 성장을 도와주는 것이지 자신의 생각을 주입시키는 것이 아니라고 하였다.[안경식, 1999] 안경식은 듀이의 아동중심교육보다 훨씬 이전에 조선의 자생적 아동중심교육으로 방정환이 있었음을 강조한다.[안경식, 1990: 17] 방정환은 어린이를 재래의 윤리적 압박으로부터 해방시키고 어린이에 대한 완전한 인격적 예우를 부르짖으면서 어린이를 내려다볼 것이 아니라, 쳐다볼 것과 어린이에게 경어를 쓰되 항상 부드럽게 대하라고 말했다.[정혜정, 2001: 471][23]

교육이란 그 시대를 살아가는 데 필요한 지식을 갖추어주는 것이다. 그 시대와 떨어지는 교육, 실제생활과 관계없는 교육은 아무 고마울 것 없는 헛된 노력이다.[방정환, 1931]

방정환의 아동관은 소박한 동심주의가 아니라, 최수운의 인내천 사상, 즉 "아이의 마음이 곧 하늘의 마음"이라는 동학사상에서 나왔다. 어린이는 한울님으로서 동심은 곧 천심이며, 모든 사람들 안에 있는 본래의 마음이라고 했다. 아이는 '스스로 자란다'는 내적 성장력을 갖고 있다는 그

---

23. 정혜정은 방정환이 의존한 동학과 천도교의 교육론이 유심론과 유물론의 대립을 극복하면서 생명공동체 교육, 민족·역사·문화의 사회화교육, 역사비판과 해체의 주체화 교육, 自己準的 확립의 교육, 홍익인간의 同歸一體(인간의 정신적 결합) 교육이라고 요약한다(정혜정, 2001: 486-497).

의 아동 중심 교육사상은 동학의 무위이화無爲而化[24]와 생명의 원리에 입각해 있다.[김용휘, 2017]

　방정환의 생각을 현대적으로 실천한 인물로는 어린이글쓰기운동을 전개한 전직 초등학교 교장 이오덕이 있다. 그는 방정환이 단순한 동심 예찬이 아니라 어린이와 민족의 운명에 밀착된 세계에 살면서 혼이 담긴 작품을 썼다고 주장한다.[이오덕, 1977] 1970년대 '동심 천사주의'를 내걸며 어린이 삶과 문화를 짓밟는 사람과 모임을 날카롭게 비판한 이오덕은 공부, 놀이, 그리고 놀이가 결합된 삶을 위한 교육을 제창한다. 이오덕 사상의 중심은 인간해방과 생명해방 사상이다. 인간해방과 생명해방의 길은 아이들을 지키고 교육을 살리는 길에서 시작하며, 아이들의 미래가 없다면 인류의 미래도 없다고 역설한다. "민주의 삶은 '함께 살아가기'다. 지금까지의 교육은 국토와 민족뿐 아니라 한 사람 한 사람을 갈라놓고 서로 미워하고 적이 되도록 하는 분단교육이었다. 남이야 어찌 되든 나 혼자 잘 살면 그만이라는 생각을 갖게 하는 비인간적 반민주 교육이었다. 이런 교육을 깨끗이 청산하고, 이런 교육으로 입은 해독을 풀어서 사람의 마음을 자유롭게 하고, 함께 살아가는 마음을 기르지 않으면 우리는 살아갈 수 없게 되어 있다".[이오덕, 2010]

　아이들에게 자연은 그 모든 것이다. 자연을 잃은 아이들은 모든 것을 잃은 것이다. 자연을 빼앗긴 아이들은 모든 것을 빼앗긴 것이다. (…) 이런 자연을 우리가 짓밟고, 아이들한테서 자연을 빼앗고, 자연이 없는 방 안에 아이들을 가두어놓는다는 것은 얼마나 무섭고 비참하게 절망스러

---

24. 원래 이 말은 노자가 한 말이다. 그대로 두어도 저절로 된다는 뜻이다. "하는 일 없이 백성을 다스리면 천하를 얻게 될 것이다." 인위적인 꾸밈이 없어야 백성들이 진심으로 따르게 된다는 말이다.

운 일인가!^{이오덕, 2015: 59}

"아이들은 놀면서 큰다", "노는 것이 배우는 것이다", "노는 것이 공부다", "일하지 않고서는 살아갈 수 없다", "몸으로 일해야 머리도 바로 쓴다", "교육은 진실을 찾아주는 것이다", "사람은 자연의 하나다." 이오덕의 길을 읽노라면 루소의 『에밀』이 떠오른다. 이오덕의 참교육은 대안학교 운동과 작은 학교 살리기 운동의 핵심이 되었고, 2009년 경기도교육청에서 가장 먼저 시작한 혁신학교 정책의 밑바탕 철학이 되었다.^{이무완, 2018} 지금은 교육운동가 이주영이 방정환과 이오덕의 교육사상을 이어받아 아동해방론을 실천하고 있다.

> 인간 해방이 잘못된 신이 귀신이 되는 걸 막아주고, 시민 해방이 통치자가 괴물이 되는 걸 막아주고, 노동자 해방이 자본가들이 괴물이 되는 걸 막아주고, 여성 해방은 남성이 괴물이 되는 걸 막아주듯이 어린이 해방은 늙은이가 괴물이 되는 걸 막아줄 것이다. 곧 참된 해방은 해방 주체와 억압 주체가 함께 평등하고 평화로운 세상을 만들 듯이 어린이 해방은 늙은이와 함께 모든 세대가 자유와 평등과 평화로운 삶을 살 수 있는 세상을 만드는 것이다. 21세기는 세대 혁명, 어린이 해방을 시작해야 한다. (…) 어린이가 부모를 비롯한 어른들의 소유물이나, 어른이 되기 위해 어두운 땅 속에서 기다려야 하는 애벌레가 아니라 어른과 똑같이 독립된 인간이고, 어린이 해방이 곧 모든 세대와 모든 계급과 모든 성차별, 약자와 강자를 넘어서 사회 구성원 모두가 자유롭고 평등하고 평화로운 민주공화국을 완성하는 길이라는 것을 깨달아야 한다.^{이주영, 2017}

우리나라 교육운동사에서 방정환 선생 이후로 진보주의 교육사상을 전개한 인물은 적지 않을 것이다. 일제 식민지 경험과 분단 상황 그리고 오랜 권위주의 체제가 진보주의 사상의 성장을 어렵게 하였지만, 이에 저항한 교육자들은 수없이 많다. 글로 드러내지는 않았지만 일반학교나 대안학교와 혁신학교의 수많은 교사들이 묵묵히 진보적 교육철학을 실천하였을 것이다.

분단극복의 교육, 그리고 교육 권력의 민주화를 제창하고 실천한 진보적 교육자였던 성래운은 『분단시대의 통일교육』[1984/2015]에서 다음과 같이 역설한다.

> 평생 교육학도인 내가 굳게 믿는 바는, 저마다 다른 아이들을 입학시켜 하나같이 똑같은 사람으로 일그러뜨리려는 교육 폭군의 제거 없이는, 우리의 아이들이 참으로 해방되는 날은 언제까지나 다가오지 않으리라는 점이다. 교육에서의 획일, 폭군으로부터의 학생 해방, 그날을 앞당기는 데 이 책이 조금이나마 도움이 되기를 바란다.[1984/2015: 15]

루소의 삶을 따르고자 한 성래운 교수는 장 자크 루소의 교육론인 『에밀』[1762]을 읽고 쓴 『인간 회복의 교육』[1982/2015]에서 사람을 사람답지 못하게, 사람을 한낱 자원으로, 사람을 돈만 아는 벌레로 만들고 있는 현실은 지금도 여전하다는 문제의식을 드러내고 있다.

> 우리 겨레가 일제로부터 해방되었을 때 나는 사범대학 교육학과 3학년으로 편입되었다. 내가 『에밀』을 소개받았던 것은 그 무렵이 아니었나 싶다. 지은이 장 자크 루소라면 전무후무한 대사상가로만 알았는데 이토록 대소설가인 것을 처음 알았다. 그리고 이전에는 그토록 알기 어려웠던 그의 사상이 이번엔 왜 그리도 알기 쉬웠던지, 나는 그 소설에 나오는 에밀의 선생처럼 우리 아이들을 가르쳐 보고 싶기까지 했었다. 나는 대학을 나오고부터 오늘 이때까지 지금의 우리 아이들 교육을 생업으로

삼아왔다. 이제 와서 생각해보니 그게 바로 이 『에밀』에서 비롯된 것이 아닌가 한다.1982/2015

성래운은 에밀이 갓 태어나서부터 스무 살 무렵까지, 루소의 교육철학과 교육 방법을 따라가면서 우리의 교육현장을 돌아본다. 참된 교육이 나아갈 방향을 끊임없이 고민하며 교육개혁을 위해 헌신했던 성래운은 문교부 장학관과 대학교수 시절에도 기회가 되는 대로 초중등학교 현장을 꾸준히 방문하고 교사들과 교류했다. 그는 자신이 꿈꾸던 참된 교육의 씨앗을 현장에서 실천하는 수많은 이름 없는 교사들에게서 발견하고 싶어 했다.

성래운은 실천적 교사들의 교육활동을 지원하며 그들의 고통을 함께 감내한 실천적 교육학자였다. 1978년 국민교육헌장이 우리 교육과 교육자들을 독재정권의 노예로 만든다고 꾸짖은 '우리의 교육지표'를 발표하여 감옥에 갇히기도 하였다. '우리의 교육지표'는 국민교육헌장이 충과 효를 강조하는 봉건적 도덕이고 국가주의적 이념을 담고 있다고 비판하였다. 그는 우리 사회의 비인간화 속에서 학생들이 비인간화될 수밖에 없는 현실을 비판하면서 고난을 무릅쓰고 인간답게 살게 하는 인간교육론을 역설하였다.

김정환 교수는 『전인교육론』1983에서 전문가로서 인간화교육을 중시하였으며, 프랑크푸르트학파의 교육이론, 평화교육과 민중교육론 등 비판적 교육이론을 동시에 섭렵한 진보적이면서 중도적인 관점을 취한 학자였다. 그는 『현대의 비판적 교육이론』1988에서 교육의 비판적 기능이 먼지를 털어 본래의 모습이 드러나게 하고, 그릇된 방향을 바로잡아주고, 올바른 기준을 설정하여 빗나간 현실을 시정하려는 작업이라고 보았다. 그러기에 그것은 부정을 위한 미움에서가 아니고 사랑하기에 탓하는 것이다.김정환, 1988 비판은 교육에 대한 진정한 사랑에서 비롯된다는 것이다.

교육은 경제성장이나 체제 발전을 위한 도구로서 수단적 과정이 아니라, 인간이 본래의 제 모습을 찾게 도와주는 인격적 각성이란 목적적 과정이요, 동시에 각자가 역사·문화·민족 앞에 책임을 져야 할 삶의 주체라는 역사의식 제고의 과정이다.김정환, 1988

이러한 교육의 삶을 산 사람이 페스탈로치, 안창호, 김교신이라고 했다. 김정환은 그들을 따라 실천하는 삶을 살았다.

홍성 풀무고등공민학교 교장이었던 홍순명은 보수와 진보로 구분하기란 쉽지 않지만, 노작교육론을 몸소 실천하며 지역사회교육운동을 벌인 실천적 민중교육자이다. 그는 『풀무학교 이야기』2006에서 다음과 같이 강조한다.

학교는 지역과 유기적인 관계를 가져야 합니다. 교육은 학부모와 교사와 학생의 공동체 속에서 이루어져 하고, 학교는 공동체의 가치 기반인 더불어 사는 삶을 가르쳐야 합니다. 이런 것이 모두 교육의 기본이 아닌가 합니다.홍순명, 2006: 267

학교는 지역과 유기적 생활권을 이루는 곳이다. 지역은 열려진 학교이고, 학교는 지역의 일부이다. 지역과 유리되면 학교는 살아 있는 지식의 생동감을 잃고 관념에 갇히게 된다. 지역의 교육력을 활용하고, 또한 학교를 움직이는 원리가 지역사회를 움직일 때, 지역과 학교는 서로 힘을 줄 수 있다. 지역과 학교가 하나로 움직일 수 있는 원리는 이반 일리치가 말한 대로 상호 친화적 사회, 곧 더불어 사는 사회의 실현이라고 홍순명은 생각했다.홍순명, 2006: 62 학교가 지역의 자치와 생명, 융합하는 공동체에 공감하고 그 실현에 협력하는 것이다. 홍순명은 대안학교의 존재 근거가 학교공동체를 통한 교육의 이상과 본질 추구에 있으며, 입시교육이 아닌 전인교육이 교육의 지향점이라고 생각하기 때문에 자기실현, 더불어 살기, 무너진 자연과 인간과의 관계를 회복할 생태교육과 평화교육의 중요성을 역설한다.

목사직까지 버리고 미장장이로서 노동자들과 똑같은 삶을 산 허병섭은 『스스로 말하게 하라: 한국 민중교육론에 관한 성찰』(1987)에서 생태교육을 실천하는 대안학교를 세워 실천하는 진보적 교육활동을 하다가 삶을 마감하였다.

> 민중은 항상 억압자로부터 지시와 명령을 받고 있고, 선각자와 지식인에 의해서 안내받고 있으며, 그 사실에 만족하려는 경향을 갖는다. 그래서 민중은 기생적이며 기회주의적이고 보수적이라고 매도된다. 그러나 그 책임은 억압자와 선각자와 지식인에게 있다.허병섭, 1987: 10

허병섭은 민중이 제 생각과 가치관을 마음 놓고 이야기할 수 있는 조건만 이루어지면, 민중은 사회변혁의 주체가 될 뿐 아니라, 민중의 주체적 운동이 일어날 수 있다고 보았다. 민중으로 하여금 스스로 말하게 돕는 것이 바로 민중교육이라고 하였다.허병섭, 1987: 10-11 그는 한국이라는 독특한 문화와 전통 속에서 우리의 주체적 역량과 사상, 철학을 찾아내야 함을 역설하고 있다. 한국 사회에서 민중(노동자)은 민족해방투쟁과 인권운동이라는 전통을 가지고 있다고 본다. 모든 역사의 발전은 사건을 통해서 이루어진다. 민중은 이 과거 역사를 배우고 인식함으로써 이미 민중으로서 각성돼 있다고 본다. 결국 민중의 역사 자체가 민중들에게 민족정기를 불러일으키고, 그 정기를 계승·발전시키도록 고무하는 민중교육적 역할을 담당한 것이겠다. 민중교육은 주입식 교육이나 이미 설정된 주제 중심의 교육이 아니고, 삶의 현장에서 해결을 요구하는 문제를 대화하는 교육 방법이다.허병섭, 1987: 87 대화의 형태에 있어서 지식인과 민중과의 대화는 매우 중요하다. 허병섭은 브라질의 민중교육자 파울로 프레이리를 연상하게 한다.

이규환 교수는 카운츠처럼 아동중심주의보다는 급진적 사회재건주의자의 관점을 견지하였다. 척박한 교육 현실 속에서 공교육의 근본 개혁을 요구하며 경제적 불평등과 인간소외를 극복하는 교육, 사회주의 교육 등을 주창하였다. 그는『한국 교육의 비판적 이해』에서 소비에트연방의 해체에 따른 동서냉전체제의 와해는 동서의 갈등을 종식시키고, 평화적 세계질서가 확립될 것이라는 기대감을 세상 사람들에게 안겨주었으나, 우리 사회는 평화적 세계질서가 실제로 도래하였는지 미심쩍다고 보았다. 또, 신식민주의의 위협을 받고 있는 우리나라는 제3세계 국가들의 계급해방, 민족해방, 인간해방에 기초한 평화·안녕 질서가 확립되지 않는 한 참된 세계평화가 실현될 수 없다고 보았다. 한국 교육의 기본 지표는 질적으로 선진사회의 건설에 헌신적으로 참여하려는 의지를 지닌 인간의 형성에 있다고 보았다. 그는『비판적 교육사회학』1987에서 사회의 민주화, 정의사회의 구현, 교육의 인간화를 위한 민중 교육학을 역설한다.

오늘날 혁신교육운동의 이론적·사상적 기초를 제공한 사람 중 한 사람을 꼽는다면 단연 송순재 교수일 것이다. 독일 튀빙엔 대학 출신인 송 교수는 학교를 새롭게 하기 위한 사고와 학교에 대한 실험적 시도를 한 '개혁교육학Reformpädagogik'의 전통을 따르고 있다. 그의 대표적인 저작인『유럽의 아름다운 학교와 교육개혁운동』2000은 헬레나랑에 학교, 아름다운 학교, 프레네 학교, 전원학사, 몬테소리학교 등을 자세하게 소개하고 있다. 복종/순종/맹목에서 통찰과 협력으로의 전환을 촉구하면서 아이들을 엄격하고 잔인하게 다루어 아이들을 괴롭히고 불안하게 만들고, 성욕과 모든 삶의 즐거움을 억누르는 학교를 염려한다. 왜곡된 의사소통, 잘못된 교육에 의한 상처 등을 염려하는 반교육학Antipädagogik과 검은 교육학Schwarze Pädagogik의 주장을 따르면서 '효율적 학교'를 거부하고 '자발적 교육학'을 옹호하고 있다. 아동보호운동을 지지하며 어린이의 자유와 어린이의 공화국 건설을 부르짖었다. 교육은 정신적이고 사회적인 삶을 위해 아이들이 관심 갖는 길을 열어주는 활동이라고 본다. 아이들의 총체적 발달과정, 공동체가 필요로 하는 대화와 명상의 공간, 장애자와 비장애자가 어울리는 자리, 자유학습과 자유로운 활동, 자발적 학습과 학급의 협동조직, 학년 통합과 사회공동체적 생활학습 등을 중시하고 있다.

송교수는 유럽의 개혁교육학을 단순히 소개하는 데 머물지 않고, 이를 실천하고자 전국적 모임으로 2000년에는 '학교교육연구회http://cafe.daum.net/schooldialogue를 만들었다. 혁신학교 운동이 설정해야 할 학교교육의 목표를 다음과 같이 제시하고 있다.

- 학교가 스스로를 변화의 주체로 발견하기
- 학교와 학교 간의 대화와 교류, 협력을 촉진하기
- 교사 저마다 철학과 삶을 닦아 나가기
- 우리 문화와 학교현장을 바탕으로 한 교육이론과 방법론을 발전시키기
- 이론과 실천 사이의 생생한 교류 및 협동을 촉진하기
- 타자의 관점과 입장의 차이를 생산적인 것으로 만들기
- 작은 변화를 진지하게 받아들이기송순재, 2018: 23-24

학교교육연구회는 '학교를 단위로 한 변화란 무엇인가'라는 물음을 내걸고 있다. 이는 '혁신은 학교를 단위로'라는 여러 교육청들의 정책 방향에서 확인할 수 있다. 학교교육연구회는 운동 방식의 골자를 '1년을 단위로 한 변화'에 두었다. 즉, 현재 학교의 상태를 기술하고, 변화해야 할 목표를 설정한 뒤, 학교 스스로 1년 동안 꾸준히 노력하여 도달한 모종의 성과를 전체 모임 때 가지고 나와서 발표하고, 또 참여 학교들과 교류를 시도하는 방식을 말한다.

이 밖에 글로서 드러내지는 않았지만 숱한 교사들이 묵묵히 진보적 교육철학을 실천하고 있다. 개인적 실천을 넘어 집단적 운동으로서 진보적 교육철학을 실천한 전국교직원노동조합도 빼놓을 수 없다. 전교조가 펼쳐온 참교육운동은 교실 수업 개선과 학급운영 혁신, 양성평등, 환경, 통일 같은 새로운 가치의 교육 방향 제시, 민족문화 교사 강습과 문화 활동가 양성, 학생문화 사업과 학생 자치활동, 동아리 활동의 활성화를 이끄는 데 큰 몫을 한다. 민족·민주·인간화라는 '참교육론'의 주창과 '공교육의 새판짜기' 운동을 벌이고 있는 전국교직원노동조합은 공교육 체제를 변화시키는 자양분을 형성하였고, 오늘의 '혁신학교운동'을 발현시킨 씨앗의 역할을 하였다.

지금 우리나라 진보주의 교육의 지향은 교실에서의 낭만적 진보주의 교육운동romanticist progressive educational movement과 이를 넘어선 교실 밖의 근본적 사회변혁을 꿈꾸는 변혁적 진보주의 교육운동radical progressive educational movement 사이에 얼마쯤 긴장이 존재한다. 전자는 서구의 아동 중심의 낭만적 진보주의 교육운동과 같이 공교육 내부에서 주로 일어나는 혁신학교 운동과 유사하다. 권위주의적이고 비민주적인 철옹성 같은 공교육 체제를 허무는 운동이라고 할 수 있다. 주로 3C, 즉 교육과정(curriculum: 교육과정 재구성 등), 학교문화(culture: 학생자치활동, 학교생활규약 만들기 등), 지역사회참여(community: 체험학습, 봉사활동 등)의 융합 시도를 하고 있다. 다른 한편으로 학교 안의 혁신을 넘어서는 학교 밖의 교육운동을 통한 변혁적 진보주의로 나아가는 새로운 지역사회 조직화운동의 흐름도 나타나고 있다. 한국의 진보주의 교육이라고 할 혁신학교 운동은 사회개혁과 연동되지 않을 때, 그리고 지역공동체교육과 연계되지 않을 때 한계를 드러낼 것이다. 또 혁신교육지구사업과 함께 등장한 '마을교육공동체운동'의 등장은 바로 학교교육의 한계를 극복하려는 지역공동체교육운동이라 하겠다.

한국 공교육의 공고한 벽을 허무는 것은 '적폐의 청산'만큼이나 쉽지 않은 지난한 작업이다. 새로움을 추구하는 혁신교육이 보수의 저항에 마주치는 것은 필연적이다. 이 일은 가치관 및 세계관의 충돌이기도 하다. 이제 인공지능의 도래 등 제4차 혁명시대를 맞이하여 교육 패러다임의 근본적 전환이 요구되고 있다. 혁신교육innovative education에서 한 걸음 더 나아간 '변혁교육transformative education'의 원리를 모색할 필요가 있다. 더 나은 세상을 위한 변혁교육은 학교의 변혁과 사회의 변혁이 동시에 맞물려 있다.

사회변혁이 없는 혁신교육은 방법론적 열린교육이나 낭만적 아동중심주의에 머물 가능성이 있다. 또 변혁교육을 위한 주체 형성에서 민주적 리더십의 한계도 보이고 있다. 교장승진제도의 근본적 변화와 교원의 정치 기본권 보장이 되어 있지 않은 조건에서 교실에서의 수업 전문성 강화 전략은 방법론적 구성주의 운동에 묶일 위험성을 안고 있다. 교육과정의 재구성을 아무리 강조해도 교사의 평가권과 정치적 자유가 보장되지 않는다면 지식의 비판적 구성은 애시 당초 불가능하다. 세상의 질서를 바꾸는 지식/지혜를 전달하는 교사의 정치적 지위가 취약해서는 사회변혁의 가능성이 원천적으로 차단된다. 따라서 지식혁명을 가능하게 하는 교사의 사상의 자유, 표현의 자유 보장이 필수 불가결하다. 지금 촛불시민혁명 이후의 변혁교육은 '공교육체제 전반의 새판 짜기'라는 관점에서 추진되어야 한다. 물론, 이것은 학교의 울타리를 넘어서 '사회 전체의 구조 개편'에 대한 요구와도 직결되어야만 한다. 그래야 혁신교육 또는 변혁교육이 세계교육사적 보편성을 가질 것이다.

3. 혁신교육운동의 향방

아동 중심 진보주의와 사회개혁 중심의 진보주의는 시대 상황에 따라 비중이 달라지지만, 개성적 존재로서 '인간'과 구조로서 '사회'라는 두 축을 구성 요소로 하여 이루어진다고 볼 수 있다. 개인/인간과 사회/구조라는 두 축은 개혁의 주체를 개인/인간으로 볼 것이냐, 아니면 사회/구조라고 볼 것이냐이다. 양자는 분리될 수 없는 문제다. 유폐된 왜소화한 자아/주체(어린이)의 해방 그리고 부정의한 사회/제도/법의 동시적 해방이 필요하다. 부정의에 의해서 자아가 파괴되지 않으려면 새로운 종류의 인간이 필요한데, 그러려면 정신혁명이 일어나야 한다. 정신혁명을 통해 사회의 한계를 초월해야 한다. 단순한 정신혁명을 내세우는 것을 넘어서 그러한 정신혁명이 지속될 수 있도록 사회구조가 재편되어야 한다. 인간/아동을 파괴하는 사회구조/사회적 환경을 근본적으로 변혁시켜야 한다. 아이들을 왜곡된 심리구조와 사회구조로부터 동시에 해방시켜야 한다. 에리히 프롬이 역설한 대로 인간 삶의 변혁을 위해서는 인간 개개인의 자기변혁이 필요할 뿐 아니라, 사회구조의 변혁이 동시에 요청된다.[박찬국, 2013] 프로이트가 강조하는 내부의 변화하는 심리(본능·감정)와 마르크스가 강조하는 외부의 변화하는 사회(계급구조)의 변증이 필요하다. 인간은 천성적으로 삶과 창조를 지향하지만, 그것이 제대로 실현되지 못하고 파괴와 공격으로 치닫는 것은 사회적 환경 때문이다. 삶과 창조성이 지배하고 있는 사회에서는 개개인이 파괴성이나 공격성을 드러내기가 어렵다. 이에 반해 파괴성과 공격성이 지배하는 사회에서는 히틀러와 같은 파괴적인 인간이 영웅이 될 가능성이 많다. 따라서 단순한 정신혁명을 내세우는 것을 넘어서 그러한 정신혁명이 지속될 수 있도록 사회구조의 변혁이 요청된다. 새로운 사회적 구조가 새로운 본능적 욕구를 만들어가는 것처럼 새로운 본능적 욕구는 사회적 구조를 변화시킨다. 자아는 한 사람의 독특한 성격이나 감정, 그리고 그 주변을 둘러싼 사회 환경 사이의 상호작용에 의해 반복적으로 형성되는 것이다.[Friedman, 김비 옮김, 2016: 36-37, 110][25] 프롬의 이러한 사상은 닐이 설립한 영국의 대안학교 서머힐 학교로 반영되었다.

그래서 우리에게는 줄탁동시啐啄同時가 필요하다. 병아리가 알 밖으로 나오기 위해 부리로 껍데기 안쪽을 쪼는 것이 '줄啐'이고, 어미 닭이 바깥에서 일을 쪼아 새끼의 부화를 도와주는 것이 '탁啄'이라고 할 때, 개인의 사회적 주체화는 '줄'이고, 사회제도의 민주화는 '탁'이라 하겠다. 줄탁이 동시에 필요한 것이다. 진보주의 교육 이념을 지향하는 한국의 혁신학교운동은 견고한 공교육을 개혁하는 학교혁명의 역사를 쓰고 있다. 혁신학교운동은 공교육체제 전반의 새판 짜기라는 관점에서 추진되어야 한다. 나아가 이 운동은 학교의 울타리를 넘어 사회 전체의 구조 개편에 대한 요구와도 직결되어야 한다.

---

25. 물론 프로이트와 마르크스 모두 인간발전의 목적이 이성, 인간애, 고통의 감소, 독립 및 책임과 같은 가치들의 성취에 있다고 생각했다.

11장
지역사회교육운동의 세계적 동향

1. 학교의 공동체성 상실

세계 어디에서나 인류가 지향하는 종국 목표는 공동체사회를 건설하여 자유롭고 평등한 생활환경에서 인간성을 최대로 실현하는 것이었다. 이를테면 문자 그대로 '공동체'를 건설하여 인간에 의한 인간의 수탈이 없고, 인간의 공동 행복과 공동선을 추구할 수 있는 공동자치 생활의 세계를 출현시키는 것이었다. 이와 같은 구상과 운동은 오래전부터 시도되었으며, 그 과정에서 교육적 역할의 중요성이 많은 사상가 또는 학자들에 의해서 논의되어왔다. 우리의 학교현장에도 '마을과 함께'라는 목소리가 들리고 있다. 결국 교육은 지역사회가 함께 해결해야 할 과제라는 뜻이다.

그런데 우리가 많이 사용하고 있는 '마을'이나 '공동체'라는 어휘는 이해하기 어려운 개념이다.[26] 사람들이 겪는 일상생활의 현실과 삶이 살아 숨 쉬는 공간에 대해 필수적이고 환원 불가능한 어떤 것을 설명하고 있기 때문에 중요한 사상으로 남아 있다. 공동체적 삶은 인류 역사의 시작부터 있었다. 공동체적 삶은 산업사회의 등장과 더불어 급격한 변화를 겪었

---

26. G. Hillery(1955)에 의하면 '공동체'의 뜻이 84개나 될 정도로 많다고 한다.

다. 산업사회는 생산력과 생산방식에 혁명적 변화를 가져왔으며, 이에 따라 인간관계도 기능적·수단적 측면이 강조되는 쪽으로 재편성됐다. 울리히 벡은 현대 산업사회의 발전을 촉진시킨 근대적 제도가, 세계의 불안정한 삶에 대처하기 위해 싸워야 하는 바로 그 조건이 스스로 문제가 되어서 불확실성과 위험, 후기 근대성의 새로운 국면을 맞이한 것을 '위험사회risk society'라고 명명하였다.

사람들은 공동체와 마을을 잃어버리고 살아가는 불안한 삶을 물질적 풍요로움으로 벌충하려고 애쓰지만 애정과 헌신이 결여된 계약 관계로 이루어진 세상은 피로사회, 위험사회로 다가올 것이다. 공동체와 마을을 이토록 부르짖는 것은 그만큼 그 부재를 심각하게 느껴서이다. 공동체성이 결핍된 이 사회에서 피로감과 위험을 가장 심각하게 경험하는 곳이 어디인가? 학교다. 학교는 두 겹의 고통 속에 놓여 있다. 학교의 공동체성 상실과 더불어 마을과의 단절. 학교 안으로는 학생과 교사, 학생과 학생, 교사와 교사 간에 견고하게 연결되어야 할 관계의 끈이 끊어져 있다. 이를 '학교 붕괴'라고 부르자.

게다가 공공성을 상실한 신자유주의적 세계교육개혁이 공동체를 더욱 위험사회로 몰아가는 중이다. 국가가 시장화와 민영화를 밀어붙여 학생들을 더욱 반공동체적인 삶으로 몰아넣고 있다.[27] 오늘날 국가가 가정을 대신하여 교육을 책임지는 공교육 시대를 열었지만, 그 경직성으로 인해 새로운 위기에 직면해 있다. 세계화의 흐름과 함께 밀어닥친 신자유주의 논리에 의해 공교육을 더욱 불신의 대상으로 몰아가서 공교육사상의 근간이 무너지고 있다. 민주국가의 국민 형성, 평등사상의 구현, 그리고 근대화를 위한 인력의 양성 등을 기치로 내걸고 탄생한 근대적 공교육 이념은

---

27. 신자유주의적 세계교육개혁은 민영화, 탈규제, 탈중앙, 자유화 등을 기치로 바우처, 차터스쿨, 학교시장, 시장 원리에 바탕을 둔 가르침, 시험 중심의 책무성 등을 중시하고 있다. 이러한 정책을 선택한 나라는 더욱 사회의 공동체성을 무너뜨리고 있다고 한다.

세계화의 도래와 함께 지금 중대한 선택의 기로에 서 있다. 세계화는 그것이 낳을 수 있는, 영혼이 없는 표준화의 위험성 때문에 사회의 분열, 소속감의 쇠퇴를 초래하고 있다.^{Hargreaves, 곽덕주 외 옮김, 2011: 89} 이를 두고 '피로사회'라 일컫는다. 지금 우리가 살아가고 있는 전 세계가 관계의 위기에 놓여 있다.

공동체주의자들은 교육 내의 학교구조 거버넌스, 곧 시민적 참여와 민주적 원리에 대해 많은 관심을 보였다. 원래 공동체주의자들이 염두에 둔 것은 학교가 맡을 공동체 역할이 아니라, 미시적으로 공동체를 위한 교육 혹은 교육에서의 공동체적 목적이었다. 1980년 후반 학교의 공동체 개념이 더욱 부상하였다. 공동체로서 학교를 요청하는 것은 지나치게 관료화된 비인간적 조직을 교정할 뿐 아니라 학교를 소속감을 주는 새로운 장소로 재창조하려는 시도라 하겠다. 사실 요즘 학교는 전형적으로 공동체성이나 협동보다는 개인주의와 경쟁을 부추긴다. 우리 사회도 개인주의, 이기주의, 물질주의, 권위주의가 팽배하고 있다. 이러한 요인들이 시민들의 연대의식과 사회적 책임의식을 약화시키고 있으며, 공동체를 해체하는 데 작용하고 있다. 신자유주의 강풍으로 인간의 상품화가 초래돼 소속감, 연대감, 전통 등이 크게 쇠퇴하고 있다.

이러한 관계적 위기를 해결할 방안의 하나가 공동체community로 '공간적 전환spatial turn'을 꾀하는 운동이다. '공간적 전환'은 어떤 일이 어떻게 왜 일어났는지 아는 데 지리학이 중요하다는 생각에 근거를 둔다. 이 생각은 문화적, 경제적, 정치적 공간으로서 사회적 공간 관계를 구성하도록 확장될 수 있다. 사회적 관계와 물리적이고 은유적인 공간의 상호작용에 의해 구성되는 사회적 공간이라고 할 수 있다.

공동체의 목적과 더불어 구성원의 자율성, 다양성 존중이 동시에 강조된다. 과거의 배타적, 폐쇄적인 지역의식을 '구지역주의'라고 한다면, 지역화 차원에서 새롭게 제기되는 지역 인식은 '신지역주의'라 하겠다.^{오혁진.}

2014: 108 구지역주의가 중앙집권세력의 지역적 권력 기반을 구축하기 위해 출신 지역을 정치적으로 동원해 조성된 것이라면, 신지역주의는 지역 주민들이 지방사회에 고유한 경제적·사회적·정치적 요소들을 일상생활에서 공통으로 경험하면서 생겨난 집합적인 정서와 이념이다. 구지역주의가 지역감정이라는 부정적, 폐쇄적인 지역의식을 바탕으로 중앙집권에 이바지하는 것이라면, 신지역주의는 중앙에 의한 지방 지배를 극복하고 강권적 국가주의에 맞서 대안 지역공동체를 형성하려는 것이다.최협 외, 2001: 43 세계화의 대안으로 제시되는 새로운 지역의식이다.

이런 점에서 볼 때 현대사회가 요구하는 지역공동체 이념은 기존의 구지역주의가 아니라 신지역주의다. 신지역주의는 편협한 지역이기주의를 극복하고 인류의 보편 가치에 따라 지역공동체를 형성하며, 다른 지역공동체와 연대해가겠다는 이념이다. 이는 결국 전 인류가 함께 공존하는 지구적/생태적 공동체의 형성으로 이어진다. 이러한 지구적/생태적 공동체운동의 흐름은 학교와 마을을 살려내는 대안적 교육운동alternative education movement으로 나타나고 있다.

오늘날 '공동체community'와 '마을village'에 대한 관심이 높은 것은 이러한 시대적 변화의 산물이다. 근대사회는 '공동체community'를 파괴하고 태어났다. 이는 극단적 개인주의가 낳는 병리 현상으로까지 깊어졌고, 학교는 지역사회와 남남이 돼버렸다. 이를 메울 방안으로서 '공동체로서의 학교school as community' 연구가 크게 늘어났다. 학교와 지역사회의 관계 회복을 돕는 연구와 실천이 활발했다. 교사들의 전문 공동체, 학생들의 학습 공동체, 학교에서 학생들이 경험하는 공동체의식, 사회정의를 포함하는 민주적 공동체, 또 다양성의 공동체로서 학교 모델 연구가 활달하다.Furman, 2002: 1-14 학교공동체가 다양한 형태로 존재하지만 공동체의 원리가 학교의 기반이 되어야 한다는 점이 공통된다.

2000년대에 들어 OECD는 '미래형 학교 시나리오'를 현상 유지형 학교

status quo schooling, 학교 리모델링re-schooling, 탈학교형de-schooling으로 유형화하고 전망을 내놓았다. 이 시나리오는 학교가 사회 변화를 무시하고, 전통적인 관료적 학교체제를 고수하면 학교 붕괴와 교사의 대량 탈출이 나타날 것이라고 예측한다. 학교개혁 시나리오는 관료적 공장형 교육독점 학교에서 스스로 생각하며 배우는 지역사회 학습 네트워크로의 변화를 제시하면서 학교가 '중핵 사회센터'가 되어야 한다고 제시한다.Hargreaves, 곽덕주 외 옮김, 2011: 274 학교를 지역사회의 중심에 두고 지식사회에서 학생이 잘 살 수 있고 생산적으로 일할 수 있는 사회적 자본을 개발할 갖가지 네트워크를 구축함과 동시에 사회적 관계망을 형성하는 장으로 그린다. 지역공동체교육은 '지역사회 조직화 운동community organizing movement'이라고도 할 수 있다.Hargreaves & Shirley, 2015가: 150 이는 지역사회와 공공 네트워크 전체가 합심하여 개혁에 앞장서는 것이다. 지역사회 조직화가 실현되면 지역 주민의 '시민 역량civic capacity'이 높아져 도시의 권력 역학이 바뀐다.

올슨E. G. Olson(1953)의 말처럼 "학습은 지역사회에서 비로소 생각을 갖게 된다." 학교가 본래 지역사회의 필요에 의해, 지역사회를 위해, 지역사회가 설립한 것이기 때문에 지역 주민의 것이라는 말이다. 하지만 산업화 이후 대부분의 지역이 급격하게 과소화 또는 과밀화되면서 지역의 공동체가 무너지고, 이로 인해 지역의 교육력도 약화되었다. 1970년을 전후하여 탈학교론자들의 관료주의적 학교에 대한 비판이 높아졌다. 그것의 대안적 논의로서 공동체교육론이 크게 부상하였다. 1960년대의 지배 이데올로기가 '집단주의collectivism'였다면, 1980년대의 이데올로기는 '개인주의individualism'다. 그러다가 1980년대 말부터 '공동체주의communitarianism'가 부활하였다. 지나친 개인주의와 자기중심주의에 대한 반발이다. 오늘날 많은 공동체주의자들은 개인주의적 자유주의, 원자주의가 초래한 도덕적 공백 사태를 극복하는 대안으로서 공동체의 현대적 복원을 꾀하고 있다.[28]

이 주제가 여러 교육학 학술지에서 토론됐다. 특히 학교와 지역사회에 관한 전문학술지『The School Community Journal』이 활발하다. 최근에 '교육생태계Educational Ecology' 담론이 학교와 지역사회와의 협력을 강조하고 있다. 학교와 마을의 유기적 관계를 이해하는 데 중요한 담론이다. 교육의 회복은 학교의 회복으로만 이루어지지 않는다. 학교를 둘러싼 건강한 교육생태계의 복원이 필수다. 교육에 대한 생태학적 관점은 학교를 큰 생태 시스템에 속해 있는 작은 생태 시스템으로 보자는 말이다. 학교라는 유기체는 정의되기 어려운 환경적 요인들 속에서 개인이 다른 개인과, 또 전체와 상호작용하는 시스템이다. 좋은 학교가 될 조건은 환경적 요인 안에서 이루어지는 상호작용, 환경적 요인과의 상호작용의 질에 달려 있다.

1995년 문민정부가 들어서자 지역사회가 학교운영에 참여하는 제도, 곧 학교운영위원회가 생겼는데도 여태껏 학교와 지역사회의 연계가 미약하다. 그 제도의 취지대로 학교교육이 지역의 특성을 반영하는 경우는 매우 드물다. 다행히도 최근 들어 진보교육청 차원에서 학교와 마을의 연계를 꾀하고 있으나, 여전히 미흡하다. 학문적 논의도 빈약하다. 최근 '마을 만들기' 관련 책들이 꾸준히 출간되고 있는 것과 대조된다. 1972년부터 1984년까지 대학에 '학교와 지역사회'라는 과목을 교직과목으로 개설한 적이 있고 지역사회학교 운동을 벌인 적도 있지만, 그 관심이 꾸준히 이어지지 못한 까닭은 교육을 글로벌 경제발전의 수단으로 이해하고 교육이 학생들의 삶과 긴밀하게 연관되어 있음을 간과한 결과다. 그동안 국가 주

28. 공동체주의는 전통적으로 아리스토텔레스, 헤겔에서 시작하여 현대적으로는 매킨타이어, 샌들, 테일러 등에 의해 제창되고 있다. 공동체주의는 경제적 불평등에 대해 심각한 도전을 하지 않고 사회적 불평등에 대해 어떤 새로운 해답을 내놓지 않으면서 자본주의를 묵시적으로 인정하는 사상으로 사회주의와 자본주의의 중간쯤에 있다고 볼 수 있다. 공동체는 경제적 환경의 산물이 아니라 공유된 도덕의 산물이라고 보는 면에서 확고한 도덕성에 터한 도덕교육적 수사어를 사용하기에 실제 나라 안의 공동체들 간의 갈등하는 주장들과 관계들을 무시하는 경향이 있다는 비판을 받고 있다. 공동체주의가 극단적 보수주의 교육운동이라고 믿는 자유주의자들도 있다. 공동체적 입장을 보이는 시민적 공화주의자들은 자유와 자율성의 개념을 갖고 있지 않다. 양자를 조화시키고자 하는 제3의 관점(듀이 등)도 있다. 듀이는 개인과 공동체의 조화를 원하고 있다.

도의 새마을운동과 지역사회교육운동이 있었고, 그러다가 최근 '혁신교육'이 '마을교육공동체운동'으로 발전되어야 한다는 담론과 실천이 확산되고 있다. '마을교육공동체운동'은 배움을 기반으로 하는 돌봄, 생태, 자치가 살아 있는 공동체 이념을 지향한다. 특히 4차 산업혁명의 도래를 앞두고 이 운동이 더욱 절실해졌다. 인간이 인공지능에 대응할 수 있는 방법은 사람들 사이의 관계를 복원하는 길이다. 인간이 지닌 원초적인 힘인 환대와 연대를 복원하는 것이다. 타인을 향한 끊임없는 관심과 애정으로서 환대, 끈끈한 관계에서 비롯되는 연대정신이 중요하다.

그런데 지금 우리의 지역사회는 학교와 남남으로 있고, 학교와 교사도 사회에 대해 방어적 태도를 견지해 소통이 멈춘 상태이다. 현대 위험사회에서 살아남으려면 해체된 공동체를 회복하여 마을을 다시 만들어야 한다. 가족에서 학교로, 학교에서 마을로 우리 삶과 지평을 확장해야 한다. 이 사회가 돌봄과 배움, 민주주의의 공동체가 될 때 우리는 안전하고 따뜻한 삶을 살 수 있다. 마을교육공동체 사업은 기존의 혁신학교 정책이 발전한 형태라 하겠다. 혁신학교는 학교교육에 공동체의 성격과 마을의 개념을 통합하고자 했다. 학교를 전문적 학습공동체와 민주적 자치공동체로 전환하고, 지역사회와 긴밀히 잇고자 하였다. 마을교육공동체 정책은 혁신학교에서 한 걸음 더 나아가 학교와 지역사회가 협력하여 마을을 아예 교육공동체로 만들자는 것이다. 그러려면 학교를 둘러싼 건강한 교육생태계의 복원이 필수다. 급격한 변화의 시대에 적절히 맞서려면 지역사회로부터 고립된 공간에서 지역사회 중심의 학교로 전환할 필요가 있다.

문화인류학자 조한혜정 교수는 위험사회에서 살아남기 위해 새로운 마을을 만들자고 역설한다. 그래야 지역공동체 속에서 사람들이 서로 돕고 유대감을 느끼면서 살아갈 수 있다고 본다. '학교혁신 운동'에 머물지 않고 '혁신교육지구운동'이 벌어지고 있는 것은 새로운 시대정신을 반영하고 있는 셈이다. 최근 혁신학교와 혁신교육지구 정책, 마을교육공동체와 마을학교 정책에 대한 관심이 높아진 것도 시대 변화와 연동되어 있다. 이를 두고 감히 '지역사회 르네상스'를 맞이하고 있다고 말할 수 있다.^{Clarke, 2010} 공동체에 대한 관심과 논의는 오래되었지만, 우리 사회의 마을교육공동체 운동은 마을공동체 만들기와 함께 새로운 전환기를 맞고 있다.

2. 공동체와 지역공동체교육의 개념

1) 지역사회, 공동체 또는 마을의 개념

공동체 회복만이 참된 발전을 가져다준다는 사실을 모르는 이는 없다. 그러나 공동체의 회복으로 가는 길은 평탄하지 않다. 공동체라는 말도 숱한 뜻으로 쓰인다. 공동체community는 어원상 라틴어 'comminuitas', 'communio'에서 파생된 말로서 두 가지 뜻이 있다. 하나는 특정 지역이나 도시와 같이 사람들이 모여 살면서 유사한 경제적, 문화적, 정치적 관심을 공유하는 공간이고, 다른 하나는 관심을 공유하고 나누면서 함께 살아가는 사람들을 가리킨다.^{Simpson, 1982: 121} 장소에 뿌리를 두고 있는, 가치 있는 무언가를 함께하는 것이다. 인간이 무리를 이루어 가치 있는 일을 함께하는 '품'이라고 할 수 있다.^{박성준, 2014: 196} '공동체community', '공동의common', '의사소통communication', '교감communion'의 뜻은 동일한 어원을 갖는 언어적 유사성을 갖고 있다. 사람들이 사회에서 살아가는 것은 그들이 무엇인가를 '공동common'[29]으로 갖고 있기 때문이며, '의사소통 communication'은 그 '공동'의 것을 갖게 되는 과정을 나타낸다.^{Dewey, 이홍우 옮김, 1993: 14} 'communication'은 전달하다Mit-teilen'의 뜻과 더불어 '함께mit+나눔teilen', '나누며 함께함'의 뜻이 있다. '자신이 알고 있는 것을 전달하

---

29. 사람들이 사회를 이룩하기 위하여 '공동'으로 가지고 있어야 하는 것은 목적, 신념, 포부, 지식/공동의 이해, 비슷한 마음가짐이다.

여 상대와 함께 나누다'는 뜻이다.[30] 그리고 '공동체'의 개념은 인간이 '어울려 함께 살아가는living together'의 뜻을 포함하고 있다.

공동체는 하나의 도덕적 규범에 해당한다. 공동체는 사람과 사람 사이를 넘어 함께 공존할 장이자 공간이다. 공동체는 국가와 개인 사이에 존재하는 것으로, 국가주의의 폐해를 완화하고 개인주의의 한계를 보완하는 효과를 제공한다. 공동체는 공통의 생활양식, 공간 안에서 상호 교류를 통해 연대감, 소속감을 공유하는 집단이다. 개인이 공동체에 속해야 동반성장이 가능하다는 인식을 바탕으로 구성원들 간 상호작용을 통해 연대의식을 품는 집단이다.이종수, 2016 공동체의 구성 요소는 지역의 구성원으로서 느끼는 소속감, 욕구의 충족, 연대의식, 지역사회와의 일체감, 구성원들과의 정서적 친밀감 등으로 분류할 수 있다.여관현, 2013: 56 공동체를 이념, 실체, 실천의 차원에서 보면, 공동체는 상호작용성과 공통의 생활형식을 기반으로 한 동네와 같은 소규모 집단과 유사하며, 공유된 경험이나 언어, 연고, 공통의 공간적 생활세계에 거주함으로써 소속감을 형성한다.김미영, 2015: 198

'마을공동체community'는 '공동체'의 특성을 갖는 동시에 '마을'의 특성을 띤다. '마을공동체'라는 말은 지리적 위치와 지리적인 끈, 공동 목적을 위해 함께 일하는 사람들을 일컫는다.Mattessich, 장수찬 옮김, 2017: 105 지리적으로 한정된 지역에 살면서 서로 사회적, 심리적 끈을 갖고 있는 곳으로 정의한다. 마을공동체란 지역의 일반 사람들이 이루어낼 수 있는 지역공동체다. 지역과 관련된 주요 사회 기능을 하는 사회적 구성단위나 시스템을 말한다. 또한 사람들이 일상생활에서 벌이는 다양한 활동을 더 큰 범주의

---

30. 나의 물질과 달리 나의 정신은 이동하여 나뉘었지만 함께의 것이 될 수 있다. 정신은 나에게도 남아 있으니 '함께'이고, 너에게 가 있으니 '나뉨'이다. 함께 나누는 소통에서 '흐름'과 '바뀜'의 두 축을 주목해야 한다. 흐름 속에 판단과 지식, 메시지의 장소가 바뀐다. 그 내용도 가는 도중에 바뀌기 쉽고, 받아지는 순간에도 다시 바뀐다. 그때그때의 삶의 맥락이 소통을 많이 도와준다.

사회조직 활동으로 연결시키는 기능을 한다. 이러한 관점의 마을공동체는 지리적으로 가까이 산다고 해서 자동으로 주어지는 것이 아니라, 집단으로 노력한 결과이다. 고정된 개념이 아니며, 경험의 결과나 의도하는 바에 따라 바뀐다. 시민들이 관심을 갖는 문제에 따라 바뀐다. 마을공동체란 구성원들이 소속감과 이웃들 사이에 서로를 귀하게 여기는 감정, 서로의 헌신으로 부족한 부분을 채울 수 있다는 믿음을 나누어 갖는 것이다.

마을에 대한 정의는 부정확하지만, 일정한 지역사회 안에서 공동의 경험을 바탕으로 긴밀한 생활관계망을 맺고 있는 포괄적 커뮤니티라고 할 수 있다. '지역사회', '지역공동체'는 '한정된' 물리적 공간과 경계 내에서 거주지로서 성격이 강조되기 때문에 주거지를 제외한 다른 생활공간에 관한 필요와 욕구를 충족시켜주기에는 한계가 있다. 반면, '마을'은 물리적 공간의 경계를 넘어 '네트워크'가 구성되는 집단이라 주거지를 포함한 다양한 생활공간에서 형성될 수 있어서 지역공동체보다 공간 제약에서 자유롭다.^{위성남, 2013: 74}

이처럼 마을을 지역사회, 지역공동체와 구분하여 포괄적 커뮤니티와 네트워크가 구성되는 것으로 인식하면 마을공동체의 범위가 확장된다. 특정한 거주지를 경계로 형성된 집단뿐만 아니라, 직장이나 학교 등 다양한 생활공간과 영역에서의 관계들이 존재하는 곳이 곧 '마을'이 된다.^{최은지·이태동, 2017: 44} 도시의 마을에서는 이웃들과 마음을 내서 접속하고, 스스로 선택해서 관계를 이루어가야 한다.^{유창복, 2014: 60} 따라서 각 개인은 다수의 생활공간에서 자발적 선택을 통해 네트워크를 형성하고 커뮤니티를 구성할 수 있으며, 복수의 공동체에 속할 수 있다. 또한 생활환경을 주민들이 스스로 구성하고, 마을공동체를 이루어가며 공동의 문제를 고민하고 해결하는 과정에서 책임감 있게 참여하는 주민들이 생겨나고 마을공동체가 형성된다.^{여관현, 2013: 58} 마을공동체는 행위자들이 네트워크에 기반을 두면서도 인정으로만 연결망을 형성하는 것이 아니라, 필요로부터 연결망을 자발적으

로 만들어가는 결사체의 형태를 띤다.^{최은지·이태동, 2017: 45}

여태껏 사람들과 사회적 네트워크의 관계가 이웃 간의 긴밀한 유대감과 상호 관계를 북돋는다는 가정 아래 공동체의 '이웃' 개념을 낭만시하는 경향이 있었다. 이 낭만적 개념은 사람들이 자신이 사는 곳에 대해 선택할 여지가 있다고 가정한다. 산업화의 영향으로 공동체 구성 요소 중 지리적 영역의 중요성이 약해짐에 따라 개념적 혼란이 일어난다. 그리하여 'community'는 보통 '지역사회'로 번역되기도 하고, 맥락에 따라 '공동체'로 번역되기도 한다. 이는 '공동체'로서의 community와 '지역사회'로서의 community의 이중성을 가지고 있음을 보여주는 것이라고 할 수 있다. '공동체'로서 community는 공동의 유대감, 공동의 목적의식을 기본 요소로 하는 것에 비해, '지역사회'로서 community는 일정한 지역생활권을 기본 요소로 한다. 'community'가 지역성을 주로 반영할 때는 '지역사회'로, 공동성을 주로 반영할 때는 '공동체'로 번역된다. 때로는 '지역공동체'로 번역되기도 하는데, 이는 여러 유형 중에서도 지역을 기반으로 하는 공동체로서 '지역성'과 '공동체성'의 의미를 겸비하는 것이다. '지역사회'와는 좀 구별되는 '지역공동체' 개념은 물리적 공간으로서의 지역을 공동 기반으로 하는 특별한 공동체를 의미한다. 지역공동체는 비교적 넓은 지역에서 많은 주민들이 특정한 이념, 신앙의 장벽을 넘어 지역의 역사와 문화에 대한 정체성을 공유하며, 정치·경제·사회·문화·교육 등 생활 전 영역에 걸쳐 꾸준히 긴밀하게 상호작용하는 공동체다.^{오혁진, 2014: 91-92}

'공동체'라는 용어는 하나의 '공동체'가 하나의 제도와 연계되어 있고(학교공동체), 같은 문화, 언어 집단에 속해 있으며(소말리아 공동체), 유사한 일을 공유하고 있으며(어부 공동체), 유사한 경험을 갖고 있으며(난민 공동체), 이념을 공유하고 있으며(보존 공동체), 유사한 흥미를 갖고 있으며(독서 공동체), 삶의 양식을 공유하며(게이 공동체), 정부를 공유하고 있다(스코틀랜드 공동체).^{Thomson, 2011: 305} 많은 사람들은 사회적이기보다는 때로는 경제적인 필요에서 만들어진 '인위적contrived' 공동체에서 살기도 한다. 이것은 사회정책이 성별, 인종을 기반으로 한 분리로 이어지는 커다란 변두리 주택 단지처럼 특정의 지리 영역에 사람들을 한정하려고 작동할 때 생겨난다. 이러한 장소place[31]와 관련하여 사회적, 경제적 관계가 선택의 매개 변수를 구조화하는 것처럼, 거꾸로 장소가 사회적 관계를 구조화하는 것은 분명하다.Shaw, 2008: 31[32]

올슨1953은 지역사회community의 특성을 네 가지로 구분했다. 첫째, 생태 면에서 지역공동체는 자연에 의해 성립되며 일정한 지리적 장소를 공유한다. 둘째, 경제 면에서 지역사회는 물품의 생산, 판매, 구입에서 얼마쯤 자립할 수 있는 범위를 포함한다. 셋째, 심리 면에서 지역사회 구성원들은 심리적, 사회적 통일을 이루고 있다. 넷째, 문화 면에서 지역사회는 일상생활에서 벌어지는 결혼, 사교, 오락, 예술 활동 등이 이루어지는 영역이다. 오늘날 '지역사회'는 심리적, 실제적인 필요를 요구받고 있다. 심리적으로는 인간은 동료애/정서적 안정, 곧 구성원들이 같은 생각과 행동양식을 공유하는 사회집단에 속한 데서 오는 정서적 안전을 필요로 한다. 실제로 인간은 생활필수품을 얻으려면 타인과 협력해야 한다. 그러므로 지역사회는 크게 다섯 가지 기능을 제공하도록 구성되어 있다. 첫째, 생산, 분배, 소비의 기능(생활의 수단을 제공). 둘째, 사회화의 기능(규범과 가치의 전수). 셋째, 사회통제의 기능(지역사회의 가치와 법을 준수하도록 함). 넷

31. 우리의 조상들은 '장소'가 지배하는 시대에 살았지만, 오늘날의 인류는 '시간'이 지배하는 시대에 살고 있다. 존재한다는 것은 어딘가에 있다는 것이고, 어딘가에 있다는 것은 어떤 종류의 장소에 있다는 것이다. 장소가 변하려면 시간과 사건이 작용해야 한다. 사건이 끊임없이 실제로 일어나고, 시간이 흐른 뒤 그 장소에는 변화가 일어난다. 사람들과 함께하도록 하는 것은 우리가 서로 가까이 살고 있다는 점이 아니라, 동일한 시간표, 즉 동일한 노동시간, 동일한 종교적 계명 준수, 동일한 취미와 관습을 공유한다는 것이다.
32. 예를 들어 아이들을 스스로 양육하는 여성들에게 이용 가능한 유일한 주거는 친구나 친척과는 거리가 먼, 경제적으로 가난한 지역의 사회적 거주이기 때문에 그들은 살고 있는 장소에 대해 아무런 선택권도 없다. '공동체로서의 이웃'의 개념에 대한 급진적 비판은 공동체가 주로 장소로 구성된다면, 재개발에 의해 야기된 공간적 분리가 사람들에게 자신들의 장소를 종속적인 것으로 받아들이는 방식을 모호하게 한다는 것이다.

째, 사회적 참여의 기능(이웃, 교회, 기업 등 동반자의 필요성). 다섯째, 상호 지원의 기능(구성원들이 한 사람이 처리하기에는 벅찬 일에 협력함)이 있다.Berns, 2004: 392

2) 지역사회교육 또는 지역공동체교육

앞서 보았듯 지역사회, 마을, 공동체 개념이 모호하므로 지역공동체교육 개념도 모호하다. 문맥에 따라 혼용하여 사용할 수밖에 없다. 게다가 '지역공동체교육'의 모호성은 지역, 국가 및 세계의 교육 우선순위가 바뀌어가기 때문에 더 그렇다. 우리 사회에서는 '지역사회교육community education'이라는 용어가 일반적이지만, 혁신교육지구사업과 함께 '마을교육공동체운동'[33]도 등장하고 있어 당분간 혼용되어 사용할 수밖에 없다. 이 글은 서구 운동의 경우 '지역사회교육', '지역공동체교육'이라는 용어를 혼용하고, 우리나라의 경우만 '마을공동체교육'이라는 용어로 단일화하여 채택한다.

오늘날 지역사회, 마을, 공동체의 모호한 개념은 보편적, 개혁적, 급진적 관점, 또 자유롭고 해방적인 접근, 나아가 지역사회 안에서 지역사회를 위한 다양한 형태의 교육 사이를 구별해내는 지역공동체교육 모델들의 개발을 이끌어내고 있다. 이런 다양한 모델은 실천의 다양성을 통해 이해하려는 시도다. 따라서 두 가지 쟁점이 다루어져야 한다. 하나는 '공동체'가 정의하기 어려운 양가적 개념이기는 하지만, '공동체교육'처럼 결코 부정적으로 사용되지는 않는다는 점이다. 다른 하나는 지역공동체 교육활동이 다양한 목적, 의미, 의도를 가진 힘겨운 전통에서 나온 광범위한 교육 실천을 포함한다는 점이다. 이들 전통은 민족국가가 이념적, 사회적, 경제적

---

33. 마을교육공동체는 시도교육청에서 '혁신교육지구사업'의 일환으로 추진하고 있기에 중요한 개념으로 등장하고 있다. 서울시 마을공동체 만들기 사업을 위한 하나의 하위 사업에서 '마을공동체 만들기'란 "지역의 전통과 특성을 계승·발전시키고 지역의 인적·물적 자원을 활용해 주민의 삶의 질을 높이는 활동"을 말한다.

조건의 변화에 교육 정책과 실천을 적응시키려는 방식에도 영향을 받는다. '가난한 노동자' 교육은 오랫동안 논란의 원천이었으며, 이 논란을 이루는 다양한 이데올로기는 지역공동체교육의 렌즈에 초점을 맞추고 있다. 이 개념은 보수와 진보의 노선에 따라 그 성격과 지향을 달리하고 있기에 특히 그러하다.[34]

'공동체' 개념은 교육의 역할과 목적에 대한 근본적 질문의 맥락을 제공하고 있다. '공동체'는 특히 지역공동체교육에서 특정의 사회적 목적을 강조하고 있다. 공동체라는 단어가 14세기 이래 영어에 있었지만, 19세기에 독일 사회이론가 페르디난트 퇴니스[1887]는 서로 다른 두 인간관계를 기술하기 위해 게마인샤프트community와 게젤샤프트society, association 개념을 창안하였다. 둘 다 번역이 어렵지만 사람들이 사회적으로 관계 맺는 양상을 두고 게마인샤프트Gemeinshaft를 community(개인적 유대로 묶인 공동사회)라고, 게젤샤프트Gesellschaft를 society/organization(상업적 관계가 지배하는 이익사회)라고 호칭한다. 게마인샤프트는 공통된 지역에 사는, 당연한 것으로 여겨지는 가치가 공유되고, 외부의 영향과 압력에 의해 도전받지 않는, 친밀감을 지닌 친족과 친구끼리 정서적으로 결속된 일차집단이 지배적인 사회관계이다. 대개 게마인샤프트는 혈연과 지역과 생각의 유사성을 기반으로 사회적 관계를 형성했던 전통사회에 보편화된 삶의 방식이다. 실제 연대의식이 없는 이익사회와 달리 공동체사회는 특정한 장소(마을, 이웃, 학교 등)에서 서로 상호작용하고 의존하면서 정서적 유대를 맺는 것이고, 공유된 가치와 신념과 연결되는 것이다. 그런데 게마인샤프트가 19세기의 산업화와 도시화로 인해 실종되었다. 그래서 오늘날 게마인샤프트는 극단적 개인주의 팽배로 인해 공동체주의자들[A. Etzioni, 1993]과 사회적 자본을 강조하는 학자들[R. Putnam, 2000]의 관심을 끌고 있다. 이 생각은

---

34. 예를 들어 공동체는 통제, 길들이기, 강압, 조종될 억압적일 가능성이 있기에 민주적일 필요가 있다. 곧, 민주주의, 의사결정, 소통, 돌봄 등을 중시해야 한다.

오늘날 공동체는 없고, 남는 것은 가족과 개인뿐이라며 개인의 사회나 개별화를 옹호하는 신자유주의자들(대처리즘 등)의 공격을 받고 있다.

반면 게젤샤프트는 더 멀고 비개인적이고, 관계가 일반적으로 자발적이며 특정 역할이나 과제와 관련이 있는 공적 세계에서 파생되었다. 기업, 조합, 정당처럼 형식적이고 합리적이며 이해관계를 바탕으로 조직된 2차 집단이 지배적인 사회관계다. 게젤샤프트 관계는 점점 더 많은 역할과 업무가 필요했기 때문에 특히 지리적 사회적 이동성에 영향을 받았다. 게젤샤프트는 현대사회에서 막강한 영향을 미치고 있다. 많은 구성물로 이루어진 '지역공동체교육'에 대한 주요한 비판은 그것이 종종 관심이라는 본질적 상보성을 갖는 '공동사회Gemeinschaft' 유형의 상호적 공동체를 가정하지만, 현실은 지역사회의 갈등 모델이 아니라면, 더 형식적으로 조직화되어 있고 원자적인 '이익사회Gesellschaft'일 가능성이 높기에 지역공동체교육의 실천에 참여하는 사람들은 공동체에 대해 정의를 분명히 할 필요가 있다는 것이다. 왜냐하면 이들 정의가 행동을 촉구하는 강한 함의를 갖고 있어서이다. 다시 말하면 한 극단에서 그들은 공동체의 보수적이고 향수적인 관점에 터해 위계적이고, 사회적으로 억압적인 정적인 인간관계 모델을 선택한 반면, 또 한 극단은 진보적이고 해방적이고 역동적인 모델을 선

공동사회와 이익사회의 구분^{Berns, 2004: 402}

공동사회	이익사회
상호 의존적	독립적
돌봄적	계약적
비공식적	공식적
친밀한	결사체적
신뢰	불신
친척과 친구에 초점	관리자/고용인, 종업원
이웃	사업체
집단 지향적	개인 지향적

택하기 때문이다. 지역공동체교육에서 '공동체'는 두 모델 사이에서 비판적으로 선택해야 하는 지점에 놓여 있다.Martin, 1987: 12

결국 이익사회가 공동체사회로 바뀐다는 것은 첫째, 지역 내에 다양한 공동체 모임들이 있다는 것, 둘째 그 공동체들이 서로 연계하며 교류한다는 것, 셋째 그 공동체들이 서로 지역 안에서 공동 유대감을 갖고 공동 목적으로 협력한다는 뜻이다.오혁진, 2014: 92 '공동체'의 유일한 정의가 추구된다면, 공동체의 가치를 얼마나 인정받고, 그리고 그것이 특정 상황에서 어떤 기능이 간과되고 있는지 중요한 연관성을 놓칠 수 있다. 언어와 사고, 행동의 기술, 해석, 구성 및 평가에서 실제 사용을 고려하는 것이 중요하다. 그래서 '공동체'가 기술하는 범주로 사용되는 방식이 먼저 고려되고, 그런 다음 그 개념이 정책에서 어떻게 해석되는지가 탐구된다. 서술적 범주로서 '공동체'는 다음과 같이 나뉜다.Tett, 2010: 11

- **장소place와 지역locality** 가장 자주 사용되는 뜻이다. 이웃neighbour-hood이나 마을village과 같은 특정 지리 공동체에 살면서 무엇을 공유하고 있는 사람들을 가리킨다. '장소'[35]가 고정되어 있지만, 비어 있는

---

35. 동일한 장소에 있다고 해도 사람들은 저마다 다른 공간을 만들어낸다. 어떤 일에는 공원과 저수지가 절망과 슬픔의 공간, 고독의 공간일 것이고, 사랑의 공간이기도 할 것이다. 이는 우리의 시간 감각과 의례 감각, 장소 감각(sense of place)을 만들어낸다(Jackson, 1994: 160). 장소 감각은 자신이 지금 어디에 서 있는지 올바르게 자각함을 뜻한다. 장소 감각은 우리 자신이 시간을 보내면서 만들어낸다. 그것은 습관이나 관습의 결과다. 따라서 장소 감각은 국지적으로 한정된 어떤 공간의 독특하고 고유한 특성을 말한다. 특정 환경에서 인간의 밀도 있는 체험을 통해 느껴지는 그 장소의 정수, 장소의 감각은 이미 거기 있는 특징, 곧 아름다운 자연환경이나 잘 만들어진 건축물에 대한 우리의 반응에서 기인한다. 장소 감각 또는 장소의 정체성은 물리적 공간의 특정적 형태와 함께 그곳에서 인간들의 특징적 활동, 누적된 사회문화적 의미가 한데 어우러져 다른 곳과 다른 차별성 있는 곳으로 형성된다. 사람이 살아가는 공간에 대해 책임질 줄 아는 것, 사람과 공간이 하나 되는 공동체를 건설해야 한다는 목표를 설정하고, 정처 없이 떠돌아다니는 방랑객 심성을 버리고 상처받고 오염된 이 땅에 다시 정착할 것을 강조한다. 이처럼 한 장소에 정착하여 생활하면서 나와 생태계 사이의 보편적 관계성을 자각하고 그 지역의 일원이 되어 자신이 살고 있는 땅에 대해 책임지는 태도가 '장소의 감각'이다.

장소인 '공간space'은 언제나 새롭게 창출되고 의미 부여가 이어지면서 형성된다.

- **관심interest** 물리적 지역을 기반으로 하지 않는 '관심 공동체community of interest'도 있다. 이는 종교적 신념, 성적 취향 또는 윤리적 기원과 같은 요인으로 연관되어 있는 사람들을 가리킨다. 기독교 공동체, 게이 공동체 또는 티베트 공동체 구성원 등.

- **기능function** 교사와 같은 전문직 집단 또는 지역사회 대표나 축구 같은 공통 관심사를 가진 사람들처럼 같은 역할을 하는 집단을 가리킨다. 따라서 이들은 함께 참여하는 행동을 통해 공통된 정체감을 갖게 된다.

'공동체'는 직장, 시간, 의식을 중심으로 조직되어 있다.Noddings, 심성보 옮김, 2016: 224 '공동체'는 경계/울타리를 갖고 있다. 서로 공통점이 있으므로 딴 집단과 뚜렷이 구분된다. 경계는 육체, 종교, 언어에 따르거나, 관찰자들의 마음에 있다. 공동체 개념은 인간들 집단으로서, 특정한 공간으로서, 공유된 활동으로서, 밀접한 관계로서, 감정으로서, 사실과 가치로서[36] 다양한 위상을 갖는다.Clack, 1987: 53-60 공동체는 지리적 영역, 물리적 이웃, 공동의 이익—종교적, 경제적, 문화적 또는 민족적 등—과 관련된 사람들의 집단과 관련이 있다. 공동체는 의미를 탐구하기 위해 장소(지역성), 관심

---

36. 감정을 통한 공동체의 개념에 대한 접근은 행위자가 그들이 속해있는 그룹과 관련하여 느끼는 조화와 중요성에 대한 감각을 요구한다. 공동체 논의에 들어가는 이런 진입은 중요한 이점을 갖는다. 그것은 과거의 현실보다는 현재의 것을 강조한다. 이 출발점의 또 다른 주요 이점은 그것이 현재뿐만 아니라 공동체의 강점을 평가할 수 있다는 것이다. 주어진 집단 내의 공동체의 강점은 집단의 구성원이 어느 정도로 연대감과 중요성을 동시에 경험하는지에 의해 결정된다. 중요한 것은 그가 하는 일이 아니라 사회적 '사실'에서 윤리적 '가치'로의 이동이라는 사실을 깨닫는 것이다. 가치로서의 공동체는 말 그대로 '전체적으로'라는 사회의 건전함을 장려하는 것이고, 특정 집단 내의 감정의 강렬함은 다른 집단의 삶과 복지를 위협하는 것을 용납하지 않는다는 것을 의미한다. 만약 연대성이 특정 집단에 대한 지속적이고 창조적인 감정뿐 아니라 사회와 세계를 위해서라면, 가치로서의 공동체는 사회적 집단의 본질과도 관련이 있어야 한다.

(공동체의 비장소적 형태: 학문 공동체, 종교 공동체, 민족 공동체 또는 사이버 공동체), 그리고 교감(공동체의 정신), 사회적 네트워크(사회적 자본) 등을 이해하려고 할 때 흔히 사용된다.Thomson, 2011: 305 하나의 '공동체'는 하나의 제도와 연계되어 있고, 같은 문화적 혹은 언어 집단에 속해 있으며, 유사한 일을 공유하고 있으며, 비슷한 경험을 갖고 있으며, 이념이나 가치를 공유하고 있으며, 같은 흥미를 갖고 있으며 삶의 양식을 공유하며, 정부를 공유한다. 공동체의 존속을 위해 신뢰하는 준거 집단, 곧 마을이 있어야 한다.

오늘날 생활공동체들도 점차 기존의 지역사회와 연관을 맺으면서 지역 전체를 지역공동체로 바꿔나가는 데 영향을 미친다. 지방분권이나 지역혁신이 자칫 지역공동체의 해체라는 역작용을 가져올 수 있기에 지역공동체의 형성은 그만큼 더 중요하다. 지역공동체 구성의 기본 요건으로는 지리적 영역, 사회적 상호작용, 구성원 간의 유대감 등이 핵심이다. 그리고 이러한 객관적 요건들은 지역공동체가 지닌 본질적 의의인 면대면 접촉, 밀접하고 지속적 인간관계 형성, 공동의 문제해결을 위한 기반이다.

하버마스Habermas, 1989는 사회가 시민의 투입으로 먼 수준에서 운영됨으로써 개인은 자기 정체성을 구성하고, 상황을 정의하고, 사회적 연대를 조성하고자 점점 관습과 문화 전통을 끌어온다고 주장하였다. 개인의 '삶의 세계'와 국가의 '체제의 세계' 및 그 개입 사이의 경계는 공동체가 공과 사, 개인과 사회라는 양자 사이에서 상황이 주어지고 매개되는 사회적 조직 형태를 나타내고 있음을 말해준다. 또 다른 이는 공동체로부터 도출된 소속감이란 현실보다는 욕망과 열정으로서 그 이상을 스스로 표현하고 있다고 봤다. 예를 들어 제레미 브렌트는 공동체가 사회적 삶의 역경을 극복하기 위해 줄곧 재생산되는 욕망이라고 주장하고Brent, 2004: 221, 공동체를 고정되거나 정적인 것이 아니라 오히려 변화하는 환경에 대한 사람들의 반응으로 본다. 그래서 사람들은 그들이 만든 모임/결사체 속에서, 그것을 통해 자신의 자유를 표현하는 공동의 필요와 문제에 반응하면서 공동체를 스스로 구성할 수도 있다. 이런 경우 공동체들은 대다수 사람들이 당연시하는 광범위한 사회적, 경제적, 정치적, 문화적 활동으로부터 배제된 공동의 경험에 의해 구성된다.

물론 이들 개념은 얼마쯤 중첩되기도 한다. 공동체의 지향은 문화적·사회적·정치적 공동체에 따라 달라진다. 문화적·사회적 공동체는 동질성, 공통성, 정체성에 대해 강한 의식을 보여주고 있지만, 정치공동체는 개인들이 좋은 삶에 대해 서로 다른 개념, 서로 다른 가치와 생각을 갖고 있는 데에 토대를 두고 있기에 정치적 실존—권리와 책임 간의 인식에서 다양성 인정—의 어려움에 직면할 수 있다.Biesta, 2014: 110-111 정치 담론에서 거론되는 공동체는 강력한 조직화의 도구로 사용되기도 한다. 애국심 앙양의 경우 특히 그러하다. 그것은 고취되고 있는 집단적 가치와 감지되고 있는 위협뿐 아니라, 누가 '포함' 되고, 누가 '배제' 되느냐를 규정한다.Simon & Ward, 2010: 72 공동체에서는 공동의 목표, 가치, 신념 같은 공통성과 이것을 형성하는 활발한 담론을 대개 공동체의 중요한 기반으로 보지만, 이러한 관점과 달리 공통성보다 차이를, 담론보다 성찰을 더 중시하는 정서적인 공동체를 강조하기도 있다.Peck, 2012

게마인샤프트 유형인 '공동체community'의 이상은 현대 사회가 무너뜨린 친밀한 세계에 대한 향수에 기반을 두고 있다. 프랑스에서는 이 이상이 코뮌commune[37]의 발전을 통해 표현된 대안적 혁명적 사회주의 이데올로기와 공존했다. 19세기에 산업화와 도시화가 초래한 사회적 분열에 대한 반응은 젊은이, 성인 및 지역사회를 위한 다양한 조항을 끌어냈다. 이 조항

---

37. 코뮌(commune)은 프랑스 공화국의 최하위 행정구역이다. 프랑스 낱말 commune은 12세기에 '공동 생활을 함께 나누는 사람들의 작은 모임'을 뜻하는 중세 라틴어 communia에 처음 나타났고, 더 거슬러 올라가 라틴어 communis는 '함께 모인다'는 것을 뜻한다. 프랑스의 코뮌은 1871년 프랑스 민중들이 세운 자치정부로서 미국의 자치체, 스위스, 독일의 게마인덴과 거의 동등하다.

의 배경에 깔린 이데올로기는 사회적 불이익의 방지에 관심이 있는 지배 집단의 사회적·경제적 변화에 대한 대응책과 지배 권력에서 배제된 사람들의 이념 사이에 긴장을 야기하였다.

현대사회는 공동체사회, 이익사회, 이 둘이 뒤섞인 다양한 중간 공동체 sub-communities로 이루어져 있다. 때로는 서로 양보하고 인정할 것이 요구되지만, 어떤 상황에서는 불의의 시정과 정당한 분배가 요청된다.이승환, 1998: 65 자비 베풀기와 정의 외치기는 각각 그에 적합한 윤리적 상황이 존재한다. '공동체'는 유사점과 차이점을 모두 포함하므로 관계relationships에 초점을 맞춰야 한다.Tett, 2010: 12 국경을 넘나드는 사람이나 장애인과 같은 특정 집단이 '타자the other'—장애인과 같은 특정 집단이 조건부 구성원으로만 관용이 될 수 있는—로 간주되는 경우, 경계가 어떻게 차이difference를 만들어내는지를 고려하는 것이 중요하다. 이는 긍정적인 사회적 관계를 창출하는 것과는 거리가 멀다. 예를 들어 마피아처럼 사회적 양극화와 잠재적 갈등을 강화시킬 수 있어서이다.

전근대사회에서 공동체적 삶은 강한 유대감과 소속감으로 정서적 안정감을 주는 반면, 구성원들이 전통에 속박되는 경향이 있고, 경계를 엄격하게 구분해서 배타적 경향을 보이기도 했다. 전통적 공동체는 인종주의나 정치적 분파주의의 토대가 되는 전체성에 대한 열망을 갖기도 한다. 또한 총체성을 이루고자 하는 공동체의 노력은 안과 바깥을 구분함으로써 배타성을 낳고 차이difference를 부정적으로 보게 한다.Young, 2017 현대 민주사회의 관점에서 볼 때 합리적이지 못한 측면도 많고, 때로는 공동체가 개인의 자율성을 침해했다. 예를 들어 지역공동체를 강조하는 지역에서 명예살인이나 여성할례 같은 일들이 자행됐다. 서구 사회에서도 종교계 학교에서는 획일성, 자유와 개성의 억압, 배타성 같은 특성들이 종종 나타난다. 전통적 공동체는 사회가 근대화되면서 붕괴되어갔다. 근대화는 사람들을 혈연적, 문화적 공동체의 속박에서 벗어나 합리적 인간관계를 맺게 했다.

그러나 근대화에 따라 개인주의의 폐해가 커지면서 다시 '공동체'가 강조되기 시작됐다. 물론 전통사회의 공동체 개념과는 구별된다. 그래서 전통적 공동체가 가진 문제와 한계를 극복한 개념으로 '탈근대적 공동체post-modern community'[38] 혹은 '대안적 공동체'[39]가 제창되고 있다.강영택, 2017: 31 듀이는 『공중과 그 문제The Public and Its Problems』[1927]에서 민주적 정치개혁과 민주주의의 기본 세포로 간주되는 'community'의 결합을 주장하였다. 그리하여 '위대한 사회great society'를 '위대한 공동체great community'로 다 같이 전환하자는 것이다.Jörke, 2007: 53 산업화 시대의 공중public, 公衆의 쇠퇴에 대한 해답으로서 민주주의의 희망을 이상적 공동체(이웃 공동체)에서 찾고 있다.

공동체는 지역공동체교육의 중심 개념이다. 식별 가능한 지리적 공동체, 직업 공동체, 관심 공동체 및 문화 공동체와 관련하여 교육의 중요성에 대한 광범위한 논의가 있다. 공동체를 이해하는 데서 공통된 것은 기준 잣대, 장소 또는 공간의 감각이며, 어떤 지역공동체교육 담론은 주류의 교육이나 학교교육과 동떨어진 것일 수 있다. 이는 '사실fact'로서의 공동체와 '가치value'로서의 공동체 사이에 존재하는 지역공동체교육의 담론을 명료하게 구분하고 있다.Clark, 1987: 57-60 '지역공동체교육'의 개념을 보다 명료화하는 과정에서 부딪히는 장애물의 하나는 '공동체community' 개념에 기술적, 규범적, 평가적 의미가 뒤섞여 있는 것이다.

지역공동체교육은 지역사회 '내에서', 지역사회를 '위해' 벌이는 교육이다.Tett, 2010: 1 전통적 경계가 모호해지면서 사람들의 경험과 지역사회 내에서 생겨나는 사회적 관심에서 지원받고 있다. 교육과정과 방법 둘 다 주류교육과는 초점이 다르다. 지역공동체교육은 사람들이 관심을 두는 것을

---

38. '포스트모던 공동체'는 존중, 정의, 평가와 함께 '다양성/다름의 공동체'에 근거하고 있다.
39. '대안적 공동체' 개념은 인간의 개체성과 관계성 혹은 공동체성을 동시에 존중한다. '열린 공동체', '자유주의적 공동체주의', '상호적/인격적 공동체' 등 새로운 개념이 등장하고 있다. '和而不同'도 새로운 개념의 공동체적 삶의 양식과 닮아 있다.

기반으로 한 학습 방향으로 나아간다. 학습자들을 '위한' 것이라기보다는 그들과 '함께'한다.[Tett, 2010: 1]

지역공동체교육의 핵심은 교육의 기준점을 달리 세운다는 것이다. 이는 전통적 학교교육의 가치, 목적 및 조직 구조와 대조된다. 이 기준점은 물리적/공간적 차원일 뿐 아니라 사상적/가치적 차원에 속한다. 이것은 역사적으로 만들어진 특정의 사상적 구성물이다.[Johnston, 2014: 13] 학교가 지역사회와 협력해 학습을 위한 프로그램, 기회 및 구조를 제공한다. 지역 주민과 지역사회 기관이 시민의 교육적 요구 사항을 해결할 적극적인 파트너가 된다.[West-Burnham & Farrar, 2007: 77] 정부가 학교를 간섭, 통제하는 데에 함께 저항한다.

지역사회/장소는 학습의 맥락을 제공한다. 학생들은 지역사회의 필요와 자신의 흥미에 초점을 맞춘다. 지역사회의 주민들은 교육자원을 지원한다. 지역사회교육운동은 공교육 혁신과 지역-학교를 연결할 새로운 가능성을 제시했다. 이상적 학교는 학교와 지역사회가 만나는 지역사회학교/마을학교community school[40]다.

서구에서는 20세기 '공동체' 개념과 이에 기초한 지역사회교육 이론이 갖가지로 제창되고 실천에 옮겨졌다. 서구의 지역사회교육은 크게 보수주의적인 것과 급진주의적인 것으로 나뉜다. 전자의 기본 지표는 자본주의 사회경제 구조를 유지·발전시키는 데 있다. 지역사회의 개량(개발)도 제시하고 있지만 이는 빈사 상태에 놓인 자본주의 사회를 구출하려는 교육적 전략이다.

보수적 지역사회교육은 불평등하고 부정의한 사회를 변혁하는 데 기여하는 인간 형성에는 냉담하고, 지역사회 성원들 간의 인격적 상호작용, 개

---

40. 서울시 노원구 마을학교지원센터 설치 및 운영지원 조례 제2조에는 마을학교란 "문화, 예술, 전통놀이 등 다양한 분야에 걸쳐 주민들이 스스로 만들어 운영하거나 단체, 기관 등이 주민을 대상으로 운영하는 교육"을 제공하는 것으로 기술하고 있다.

인의 역할 수행, 협동적 봉사활동, 우리의식의 조성을 통한 사회적 통합을 강조한다. 그들이 생각하고 있는 '공동체'란 다음과 같다.

- 소체제로 볼 수 있는 일련의 조직, 기관, 시설을 갖고 있다.
- 명시적으로나 잠재적으로 수행되는 기능이 있다.
- 소체제 또는 지배체제를 합리화하는 이데올로기가 있다.
- 지역사회를 지배하는 규범과 표준화된 행동양식이 있다.
- 지역사회의 명시적 기능을 수행하는 요원들이 있다.
- 지역사회의 체제 운영에 필요한 물질적 지원과 시설물이 있다.Sanders, 1975: 157-162

이들은 현존하는 사회체제를 중심으로 해서 공동체의 개념을 파악하고 있으며, 사회체제를 유지할 전략으로 점진적 개량을 꾀한다.

이와 달리 급진적 시각에서 지역사회교육을 말하는 사람들도 있다. 지역사회가 계급적 갈등의 장이 되고 있음을 폭로하고 교육운동은 전체 사회의 변혁을 지향해야 한다고 주장한다. 어느 곳이나 갈등은 세 가지 요인, 곧 대립적 관계, 권력의 불평등한 분배, 지역사회 주민들의 저항적 표현에 의해 야기되고 있다.Sanders, 1975: 269 사회적 관계에는 적대적인 것이 있고, 그렇지 않은 것이 있다. 인종, 노동의 분업에 따른 소득의 차이, 성적 차별, 교육 기회 불평등, 노사대립 등이 대표적인 적대 관계이다. 이를 완전히 극복하려면 문자 그대로 공동체적 사회를 건설해야 한다고 급진주의자들은 확신한다.이규환, 1993: 306

그러나 보수적 정치권력의 탄압으로 인해 급진주의는 좀처럼 실현되기 어렵다. 서구의 지역사회교육은 보수주의자와 개량주의자들에 의해 주도돼왔다. 그러나 마르크스의 공동체 이론이 서구의 개량주의적 지역사회교육 활동가들에게도 영향을 미치고 있는 것은 사실이다.

지역공동체교육 모델 Allen et al., 1987: 24

	보수적/보편적 모델	개혁적/개량적 모델	급진적/진보적 모델
사회/공동체의 암묵적 모델	합의주의	다원주의	갈등주의
전제	동질성, 이익의 기본적 조화	이질성, 집단 상호 간의 경쟁	계급구조, 불평등, 무력감
전략	모든 연령과 사회집단을 위한 보편적 비선택적 제공	불리한 사람과 박탈된 지역을 위한 선택적 개입	이슈 기반 교육, 평등한 기회, 사회적 행동
초기의 초점	중등학교/지역사회 대학	초등학교/가정/이웃	지역 노동자 행동집단
주요 영향력	Henry Morris	Eric Midwinter, A.S. Halsey	Tom Lovett, Paulo Freire, 탈학교론자들
20세기의 원천	캠브리지셔와 레스터셔 마을, 지역사회 대학	플라우든 보고서(1967), 교육우선지역(EPA)	지역사회 개발 프로젝트 혁신적 성인교육, 지역사회 활동
지배적 주제	평생학습, 통합된 준비, 개방성과 접근성, 구획화, 합리화, 상호-조정, 자원봉사, 중립성, 협력	적극적 차별, 탈중심, 참여, 사회적 적절성, 가정-학교 연계, 유치원/놀이, 비형식적 성인교육, 자조, 동반자	재분배, 평등한 기회, 지역사회 행동의 힘, 지역적 통제, 정치교육, 학습 네트워크, 구조적 분석, 연대와 협동
조직	하향식, 전문적 리더십, 형식적, 제도, 반동적		상향식, 지역적 리더십, 비형식적, 지역성, 전향적

역공동체교육운동community education movement은 국가의 복지 해결에 대한 새로운 각성으로서 정당성의 위기와 배분의 위기, 온정적 시혜의 한계를 벗어나려는 데서 출발하고 있다.Allen & Martin, 1991: 2-3 '정당성의 위기'는 표준화, 훈육 등 공교육의 교육의 효율성에 대한 신뢰의 총체적 상실을 말한다. '배분의 위기'는 사회적·교육적 기회의 재분배를 진보적으로 달성하는 데 국가가 실패한 데 대한 광범위한 인지를 말한다. '온정적 시혜의 한계'는 억압적 조종 방식에 의한 공교육과 복지서비스의 낙후를 말한다. 사회운동들에서 보여주는 남성 중심적 사고에 대한 여성주의자들의 도전도 있었다.[41]

급진적 여성주의 공동체 활동 모델[Martin, 1987: 28]

사회/공동체의 암묵적 모델	급진적 여성주의
전제	성별과 관련된 불평등, 여성의 억압
전략	적극적 차별/조치, 성별 역할 분석, 분리된 준비, 여성적 지식과 실재의 재구성
초기의 초점	소년/여성 집단, 여성학, 여성주의 교육
주요 영향력	역사 속의 '깎아내려진' 여성, Mary Wollstonecraft, Virginia Woolf, Jane Thompson
20세기의 원천	참정권 운동, 제1·2차 세계대전, 현대적 산아 제한, 성혁명
지배적 주제	분리주의/집단주의, 통제/자율성, 억압의 본질, 가정-교육-노동, 개별적 정치, 학습과정의 본질, 역사의 여성 발굴과 분석, 재정의(여성의 계속성, 정체성, 지식 등)

학생들과 지역사회가 원활한 연결망을 세우고 학교 담장을 넘어서고자 '지역공동체학교운동community school movement'이 일어났다. "공동체가 없는 교육이란 존재할 수 없다No Education without community!!", "학교는 고립된 섬이 아니다No School is an Island!" '장소'를 기반으로 한 지역공동체교육place-based community education'은 경쟁이 아닌 협동을 중시하고, 지역성(특정의 장소가 가진 고유한 역사, 환경, 문화, 경제, 문학, 예술)에 뿌리를 두고 있다.[Guenewald & Smith, 2010][42] 장소 기반 지역공동체교육은 다음과 같은 목표를 갖고 있다.[Smith & Sobel, 2010]

• 지역공동체교육은 학교의 지역 사회와 지역 환경의 통합적 관계에 대해 포괄적으로 생각하는 방식이고, 마음의 틀이고 패러다임 전환이다.

---

41. 교육의 변화는 '강제적으로 밀어붙이는 접근(push)'과 '자발성을 이끌어내는 접근(pull)'을 동시에 작동시켜 사회적 학습 네트워크를 확대해야 한다(Fullan, 이찬승·은수진 옮김, 2017: 265).
42. 오늘날 학계에서 '지역사회/장소 기반 교육'으로 사용하기로 합의된 것은 아니고 발전된 형태로서 '지역사회교육'도 가능하기에 이전 용어를 그대로 사용하기도 한다.

- 지역공동체교육은 사회 내 학교 역할에 대해 새롭게 생각하는 방식이다.
- 지역공동체교육은 비판적 교육학, 문제 기반 학습, 봉사학습, 구성주의, 여타 교육혁신은 물론이고 환경교육에 크게 기여한다.
- 지역공동체교육은 언어과목, 수학, 사회과, 과학 그리고 교육과정을 넘어선 여타 과목에서 개념을 가르치는 출발점으로서 학생들이 살아가는 모든 환경—자연적, 사회적, 문화적—의 이용을 포괄한다.
- 지역공동체교육은 자유로운 지역사회와 학교든 보수적 지역사회와 학교든 농촌뿐 아니라 도시가 잘 살아가도록 돕는 것이다.

오늘날 세계교육개혁은 '지역사회 조직화 운동community organizing movement'을 활성화하는 제4의 길Fourth Way[43]로 나아가고 있다.Hargreaves & Shirley, 2015가: 150 학교는 그 자체를 넘어 더 넓은 세상으로 연결되어야 한다는 것이다. 그 이유를 하그리브스와 풀란Hargreaves & Fullan[1998: 6-29]은 이렇게 말한다.

- 학교는 자신의 문을 닫을 수 없으며, 현관에 바깥세상을 내버려둘 수 없다.

---

43. 제1의 길은 국가의 지원이 풍부하고 교사의 자율성이 넘치며 혁신이 일어나긴 하지만 교육의 내용, 방법, 질 등이 지역마다 들쭉날쭉 편차가 커서 균질성, 상호 연계성이 부족했던 길이다. 제2의 길은 시장주의 경쟁이 강하게 도입되고 교육의 표준화를 추구하면서 교사가 자율성을 상실하게 된 길이다. 제3의 길은 시장주의의 장점과 국가의 풍부한 지원을 결합해 교사의 자율성과 책무성 사이에서 균형을 찾으려 했던 길이다. 제4의 길은 비전의 고취와 혁신을 지향하며, 책임감과 지속 가능성을 추구하는 노선이다. 사회와 교육에 대한 비전을 중심으로 정부 정책과 교육계의 헌신과 시민사회의 참여를 통합한다. 이는 공정, 번영, 창조성에 대한 비전이다. 그리고 이 길은 통합적이고 안전하며 인간성이 넘치는 세상을 추구하는 길이다. 제4의 길은 교육의 표준화, 데이터 중심의 의사결정, 목표지상주의의 환상을 뛰어넘어 민간, 교육계, 정부 간에 평등하고 상호 소통이 활발한 파트너십을 구축한다. 제4의 길은 교사들을 통해 쉼 없이 개혁을 추진하거나, 교사들을 정부 시책의 말단 전달자로 삼거나, 교사의 동기를 소진시켜가며 변화의 소용돌이에 휘말리게 하지 않는다. 특히 근시안적인 정치적 목적이나 특수이익이 결부된 개혁에 동참시키지 않는다.

- 더 많은 다양성이 더 큰 유연성을 요구한다.
- 테크놀로지[44]의 거대한 힘은 학교교육의 벽을 허물고 있다.
- 학교는 공동체를 구제하여 재건할 수 있는 우리의 마지막 희망의 하나다.
- 교사는 더 많은 도움을 줄 수 있고, 부모와 지역사회도 그렇게 해야 한다.
- 교육은 민주주의를 위해 필수 불가결하다.
- 시장 경쟁, 학부모 선택, 개별적 자기관리는 학교가 더 넓은 환경과 어떻게 연관되어 있는지를 살펴 다시 정의되어야 한다.
- 학교는 학생들이 성인 세계로 들어갈 때까지 어떤 종류의 삶과 일이 그들을 기다리고 있는지에 대해 더 이상 무관심할 수 없다.
- 오늘의 복잡한 환경의 압력은 냉혹하고 모순이 많다.
- 우리의 기존 구조는 기진맥진이다.

'지역사회 조직화 운동'은 의미 있는 개혁을 이끌어내는 데에서 지역사회와 공적 네트워크 전체가 협력하여 지원하는 일이다. 첫째, 지역 주민의 필요와 기대를 존중하고 중시한다. 또 지역 주민의 자주성과 자발성을 촉진하고, 지역발전 사업에 주민들이 적극 참여하게끔 분위기를 조성한다. 둘째, 지역의 사회적 자원을 개발하고 이를 지역 발전에 활용한다. 셋째, 지역사회의 연대성과 공동성을 강조하고, 지역사회의 조직화와 통합화를 추진한다.[이규환, 1984: 17] 지역사회 조직화가 완전히 실현되면 정치에서 소외되었던 지역 주민들에게 새로운 시민적 역량을 북돋는 것이기에 도시 전체의 권력 역학이 바뀔 수 있다. 지역사회 조직화 운동은 위축된 민주주의를 복원하는 시도이자 지역사회의 변화에 개입할 지역민의 힘과 시민적

---

44. skill, art, craft로 해석되는 'techne(깁다. 직조하다)'에 어원을 둔 '테크놀로지(technology)'는 단순한 기계(machine) 이상의 것을 의미한다.

역량을 높이는 것이다. 지역사회가 재조직되지 않으면 바람직한 교육은 더 기대하기 어렵다.

마이클 애플은 지역공동체교육이 '재배치 행위act of re-positioning'라 하면서 이것이 최약자의 처지에서 어떤 제도, 정책과 실행이 좋을지 이해하는 가장 좋은 방법이라고 말한다.Apple, 2006: 229 그것은 제도적 개혁 및 새로운 시민문화 창조를 통한 지역사회 재조직, 또 지역사회 환경의 개선 노력으로 나타나고 있다. 지역사회가 공동체적 성격을 갖지 못하면 아동 및 청소년들은 행복한 삶을 누리지 못한다.

지역공동체의 의미가 어떻게 변했는지 이해하는 것이 중요하다. 이는 공동체가 공유한 생생한 경험이기 때문이다. 새로운 맥락, 우연성 및 경쟁적 이해관계를 반영하는 지역공동체교육의 변화는 정책 및 실천에서 강조되는 영역과 누락된 영역을 통해 생겨난다.Tett, 2010: 15 이렇게 정책과 실천으로 나타나거나 나타나지 않는 것은 특정 사회의 목적을 형성하는 데 작용한다.

3. 서구 지역공동체교육운동의 역사

1) 독일의 지역공동체교육

독일의 지역공동체교육은 공동체Gemeinschaft 형성을 추구하는 이상주의적 교육으로서 제2차 세계대전 전까지만 해도 영국, 미국과 많이 달랐다. 이를테면 독일은 민족적 공동체 실현의 정신적 차원에서 강조했고, 영국과 미국은 교육이 지역사회 개선에 기여하는 것을 으뜸 목표로 삼았다. 전자에는 사회적 이상주의와 민족주의가 결합되어 있었고, 후자는 사회개량주의와 기능주의가 결합되어 있었다.이규환, 1991: 259

제1차 세계대전 전후 독일의 정치사회 현실과 1930년대 히틀러의 집권에 기인한 나치주의화는 독일적인 지역공동체교육 유형을 출현하게 한 주요인이다. 나치즘에서 국가의 목적은 동종 인간들의 공동체를 신체적·정신적으로 유지하고 조성하는 것이었다. 제1독일제국(Das Erste Reich, 1871~1918)에서 공동체 건설을 지향한 지역사회교육의 과제는 독일 민족의 재생을 돕게끔 국민적 유대를 강화하여 민족공동체적 사회를 건설하는 것이었다. 그래서 1901년 독일청소년운동이 각 지역에 조직되었다. 청소년들이 '방랑하는 새들Wander Vögel'이 되어 독일의 산하와 유적지를 답사하여 조국의 자연적 미와 고풍의 위대한 문화유산을 감상하였다. 또 곳곳의 전통 풍습, 자연에 깃든 전설, 북구 게르만족의 미풍에 기초한 독일적 신앙에 충실할 것을 맹세하였다. 민족 지향적 교육은 히틀러의 나치즘(국가사회주의 사상)에 의해 더 극우화됐다.

바이마르 공화국(1918~1933) 시대에 지역공동체교육은 사회적 이상주의에 기초해서 사회개혁을 지향하고 있었지만, 향토를 사랑하고 민족문화유산을 애호하고 민족공동체의 건설을 지향한 점에서는 보수적 지역공동체교육과 유사하였다. 제1차 세계대전에서 패배하여 황폐화된 국토와 사회경제적 상태를 복구·부흥시키고, 위축된 민족정신을 북돋을 필요가 있었다. 슈프랑거E. Spranger는 사람이 한 장소에 태어났다고 해서 그곳이 향토는 아니라고 주장하였다. 인간은 한 토지에서 태어나고, 그곳의 자연적·문화적 여러 환경과 물심양면으로 유대감을 품게 될 때 향토를 갖는다. 향토는 정신적 근본 감정을 담지한 장소다. 향토의식을 북돋기 위해 새로이 개발된 '종합교수Gesamt-Unterricht'가 초등학교에 적용되었다. 지역사회를 중심으로, 거의 모든 교과를 통합하여 교수하는 교육과정 계획이다. 이를테면 자연학습은 물론 종교·도덕·독일어·산술·미술·음악도 종합교수에 유기적으로 통합되어 있다. 종합교수의 적용은 교육과정의 지역사회화 차원에서 독일 학교가 지역사회학교가 되려는 첫 시도라 하겠다.

바이마르 공화국 시대의 지역사회교육은 향토사랑 못지않게 노작교육勞

作敎育을 중시했다. 나토르프p. Natorp는 학교는 언어를 교습하고 문화적 교양을 개인적 차원에서 추구하는 지식전달 학교가 될 것을 멈추고, 공동체 건설에 기여할 수 있는 노작학교Arbeitsschule가 되어야 한다고 주장했다. 학교를 노동의 생활공동체로서 공동체학교Gemeinschaftsschule로 개조하자는 것이다. 그는 중앙집권적 학교행정을 비판하고, 학교의 자치성을 확보해야 한다고 강조했다. 일부 특수층에 봉사하는 학교제도를 공동체사회의 건설에 방해가 된다고 꾸짖고 계급을 초월한 7년제 통일기초 학교제도를 제창하였다. 학교 자체를 하나의 공동체사회로 파악하고 학생회, 집단활동, 학부모회, 학교신문의 발간, 토론 학습을 역설하였다. 교육의 궁극 목적을 공동체문화Gemeinschafts Kultur의 학습과 사회적 인간의 형성이라고 보았다. 이는 이상적 사회주의 사회의 전제가 되는 것이라고 확신하였다.

제2차 세계대전 이후 서독 학교는 예전과 다른 식으로 지역사회교육이 발전했다. 바이마르 공화국 시대의 공동사회 지향적 학교의 건설이나 히틀러 정권 때의 북부 게르만 종족 중심의 공동체 건설과 달리 학교시설을 지역사회 주민이 이용하거나 학생들이 지역사회의 시설 및 자원을 이용한다는 차원에서 강조됐다. 서독 학교는 교육제도의 폐쇄성으로 인해 영미의 학교보다 개방적인 지역공동체학교 이념을 실현하기가 어려웠다. 서독 학교는 지역사회에 있으면서도 지역사회와는 단절된, 고도孤島 같았다. 교사들 근무처와 거주지가 달라서 지역 주민과 접촉할 시간이 없었다. 학교는 주지주의 교육이나 직업기술과 같은 실과교육을 맡는다는 전통적 교육관이 지배적이었다. 보수적 교육제도가 지역공동체학교 활동을 가로막았다.

1970년에 들어서 사회민주당 정권이 주도하는 진보적 지역에서 '종합학교Gesamtschule' 개혁이 단행됐다. 종합학교는 이웃/근린 학교 또는 지역공동체학교의 성격을 갖고 있었다. 서독에서 지역공동체학교를 필요로 한 이유는 이주민과 이들 자녀 문제와 연관되어 있다. 1970년대에 들어서 '노동손님Gastarbeiter'으로서 서독으로 이주해온 수많은 이주민들이 교육 문제를 제기했다. 이는 학교와 지역사회가 공동으로 대처해야만 했다. 지역공동체교육을 실시하려면 학교가 지역사회단체와 유대하고, 또 지역사회는 학교와 협력해야 한다.

독일은 영미의 '지역사회학교Gemeinschafts'라는 말보다 '이웃학교 Nachbarschafts'[45]라는 말을 많이 쓴다. 이웃학교의 중요한 과제는 다음과 같다.이규환, 1993: 325-326

- 이웃학교는 학교교육과 지역사회의 성인교육을 공간적 차원으로나 교육 내용에서 결합한다. 오전에는 학생을 위한 정규 학교를 열고, 오후와 야간에는 지역의 성인들을 부른다.
- 모든 자원, 곧 교실, 실습실, 예술실, 도서관, 체육 및 스포츠 시설, 부엌 등은 지역 주민들을 위해서 활용된다.
- 이웃학교는 학습뿐 아니라 문화 및 여가활동도 펼치는 장소다. 문화 및 여가활동을 원하는 지역사회의 여러 집단이 방과 후 학교시설을 이용하게끔 개방되어 있어야 한다.
- 자조활동의 기지가 되어야 한다. 이를테면 실업자, 개인적으로 생활 문제를 개척하려는 지역 주민들의 교육 및 봉사활동의 기지가 되어야 한다.
- 이웃학교는 학교교육의 본래 원칙을 부정하려는 것은 아니다. 학교 공간을 지역사회 개발 차원에서 보충하고 해석하려고 노력한다. 지역의 실정을 학교세계에 적극 반영하고, 이웃 사람들을 학교에 끌어들인다. 대우주를 소우주로 축소해서 사상을 판단하며, 반성적 사고를 구체적 활동과 결합시킨다.
- 이웃학교는 도시 지역사회와도 연결된다. 도시가 학습의 장이 되고,

---

45. '이웃학교'는 지금까지 사용되어온 '근린학교'를 말한다.

도시를 학교의 위성지역으로서 학습 프로젝트를 수행하는 무대가 되게 한다.

- 이웃학교는 분리 지향적 교육, 곧 성인과 청소년, 독일인과 비독일인, 정상인과 신체장애인, 동향인과 이향인을 분리해서 교육해야 한다는 사고 및 방식을 부정한다.
- 이웃학교의 교사는 단순히 학교의 교사일 뿐만 아니라 지역사회 개발의 촉진자다. 교사는 특수전문가, 예술가, 생활경험자로서 이웃 지역사회의 모범적 시민이 되어야 한다.
- 이웃학교는 공동사회적 존재를 강조하는 지역공동체교육community education 철학의 한 부분이다. 교육자와 교육행정관, 정규의 학교, 국민고등학교(성인교육기관), 유치원, 여가활동시설 등을 하나의 지붕 밑에 통합하며, 학교교육, 사회교육, 성인교육, 또 사회 문화의 여러 정책을 연계한다.

학교를 이웃학교나 지역공동체학교로 개조하려고 진보적 교육단체들이 새로운 교육운동을 전개하였는데, 특히 서베를린 지역이 활발하였다. 1982년 서베를린에 설립된 '청소년문화센터Zentrum für Jugend und Kultur'는 지역공동체학교 건설에 앞장섰다. 이 센터는 터키인들이 많이 거주하고 있는 크로이츠버그 지구에 있었는데, 센터의 주요 목적은 지역사회에 거주하는 독일계와 비독일계 청소년들이 서로 만나는 장을 제공하고, 문화적 상호 교류를 꾀해 그들을 공동체적 존재로 형성하고, 학교와 학교 밖 지역사회 교육기관, 지역사회 봉사활동을 통합·조정하여 지역공동체교육을 촉진하는 데 있다. 센터가 주도하는 지역공동체교육에서 핵심은 문화 활동, 특히 예술 활동이다. 청소년문화센터의 예술 활동은 정규 학교와 연계되고 있다. 어느 학급은 교사의 인솔 아래 1주일간 학교에 출석하지 않고 센터에 나오기도 한다. 이곳에서 예술전문가에게 예술교육을 받게 되는데,

실제 지도는 예술전문가에게 일임한다. 이렇게 학교와 지역사회는 청소년 교육에 협력한다. 이 밖에 '외국아동과 청년후원센터'와 '전국지역사회교육협회'가 지역공동체교육을 거든다.

2) 영국의 지역공동체교육

영국의 지역공동체교육은 학교와 같은 형식교육 기관에 견주자면 새로운 형태의 교육 실천이지만, 개념적 기원은 오래된 두 전통에 있다. 19세기 초반 급속한 경제성장과 산업 발달로 사회개혁 요구가 처음 나온 시절에서 유래했다. 전통의 하나는 기존의 지원 및 연대 네트워크를 통해 민중적 교육활동을 개발한 급진적 노동계급 조직이 창조했다. 노동자 해방을 돕는 교육활동이었다. 또 다른 전통은 '문제를 완화하고, 인격을 강화하며, 자립을 격려하고, 가족을 보전하는 것'을 돕기 위해 주로 기독교 사회주의 단체들이 나선 것이다. 가난한 노동계급 성인과 청소년들을 위한 교육 자선사업을 제공했다.[Tett, 2010: 1-2]

1860년대 영국의 지역공동체교육운동은 청소년운동, 빈민운동/노동운동 그리고 성인교육운동/평생학습운동으로 발전했다. 1960년대와 1970년대의 사회민주적 복지정책을 해체하려는 영국의 신우파 대처리즘을 비판하면서 1980년대에 등장하였다. 사회적 양극화가 심화되고, 성적/인종적 차별이 심해지고, 빈곤이 깊어져서 요동치는 지역사회 현실과 중앙권력의 통제를 벗어나고자 하는 운동이었다. 영국의 지역공동체교육운동을 이해하려면 그 선구자들을 먼저 살펴보아야 한다. '공동체'의 개념이 무슨 뜻인지, 또 다른 해석이 교육정책의 공식 정의와 지역적 실천의 비공식적 정치에 어떻게 반영되는지도 살펴볼 필요가 있다. 첫째, 지역공동체교육운동의 선행 사례로서 젊은이를 포함시켰다. 지역공동체교육운동은 젊은이들과 어른들이 다양한 활동에 참여하도록 독려한 단체들로부터 발전해왔다. 그들 조직의 역사적 뿌리는 토대가 되는 사상과 옹호된 실천 유형을 모두 파악하기 위해 탐구된다. 이러한 조직의 목적이 지역개발, 상호 지원 및 사회적 행동을 교육과정의 핵심적 구성 요소로 확인한 정도에 초점을 두었다.

지역공동체교육운동은 개인에게 집단적으로 이용될 지식을 제공하고, 특히 노동자들에게 지적 도구를 마련해주거나 사회 불평등과 불공평에 도전하는 근본적radical 사회 변화를 시도한다. 지역공동체교육은 사회정의 교육, 곧 사회정의, 사회 경제적 평등 및 참여 민주주의에 대한 헌신을 핵심 가치로 하는, 지역화에 초점을 맞춘 내용을 제공한다.Johnston, 2014: 14 이 운동은 보수적 교육제도를 비판적으로 이해하고 거기에 저항운동의 역동적 이론을 결합한다는 면에서 정치적인 것이다.Johnston, 2014: 14

노동자 출신 젊은이들을 대상으로 하는 일은 19세기에 처음으로 취업을 위해 도시로 이동한 사람들에게 영향을 미치는 경제 상황 악화에 대한 염려로부터 발전했다. 부르주아들은 빈곤층 젊은이들이 살고 있는 불충분한 상황이 그들의 지적, 정서적 발달을 위한 잠재력에 영향을 줄 것으로 생각했다. 해결책은 젊은이들에게 이러한 환경 밖에서 기회를 제공하는 것이었다. 1860년대 빈부 격차가 깊어진 런던에서 청소년 사업 조직이 커가기 시작했다. 1844년에 최초로 YMCAYoung Men's Christian Association가 런던에 설립되었다. 기독교 사회주의 원칙에 의거했고, 거리 청소년들의 삶을 기도와 성경 공부로 대체하는 데 온 힘을 쏟았다. 목적이 비슷한 다른 단체들이 YMCA를 뒤따랐다.

초기 클럽 및 청소년 조항의 후원자들은 자신들이 믿는 가치관과 제도를 보호해야 한다면, 이때 젊은이들은 그들이 했던 것처럼 세상을 볼 수 있도록 사회화되어야 한다고 인식했다. 이것은 특히 소년들을 목표로 삼았고, 세 가지 주요 목표, 곧 레크리에이션, 교육, 종교를 통해 청소년 활동을 많이 이끌었다. 레크리에이션은 사람들을 클럽에 끌어들였고, 교육은 육체적, 도덕적, 정신적 훈련을 포함했고, 종교는 클럽에 회원들을 물려주고 더 높은 본성을 일깨우는 모든 비장한 영향력을 포함하고 있었다.

환경적 가치를 공유하면서 제국주의적 원천을 반대하는 평화와 사회주의 가치를 내건 'Woodcraft Folk'같은 진보적 조직도 있었다. 제2차 세계대전 중 밑바닥 청소년들과 함께 활동하고, 그들을 계몽한 사람들도 있었다. Cooperative Youth Movement, Young Socialist, Socialist Schools 같은 조직이 청소년들에게 권력관계에 대한 정치적 이해를 일깨워주었다. 이들 운동은 1890년대 스코틀랜드에서 시작되었고 아이들에게 사회주의적 가치를 가르쳐 세대를 걸쳐 이어지도록 하였다. 1970년대에는 Women's & Black Consciousness Movement와 같은 후기 사회운동이 발전되었다. 초기에 청소년들이 억압의 경험을 개인적으로나 정치적으로 이해하도록 돕는 실천이었다.

둘째, 지역공동체교육운동의 선행 사례로서 성인을 참여시켰다. 청소년 사업과 같이 성인들을 위한 교육 발전은 서로 다른 이념적 목적을 가진 경합하는 전통에 기원을 두고 있다. 하나의 전통은 19세기 초반 교육을 통해 기존의 환경을 이해하고 변화시키는 급진적 노동계급운동에서 비롯된 것이다. 급진주의자들은 관찰하고 생각하는 사람들을 위해 지식은 널려 있다고 주장했고, 교육을 매일의 삶의 투쟁, 연대를 기반으로 한 협동적 노력으로 보았다. 독립성을 유지하기 위해 우리는 자력 실천해야 하며, 위에서 내려온 지식이 아니라, 실제의 지식으로 간주되는 것을 얻어야 한다고 주장했다.[Johnson, 19888: 79]

급진주의자들radicals은 부르주아들이 봉사하는 계층의 도덕적 향상을 위한 교육을 옹호하고 지지하는 것에 대해 새로운 대응을 보였다.[Bryant, 1984: 5-7] 이런 전통을 지닌 문화적 원천의 하나는 절약, 훈육 및 자기 개선의 이상이 영적 구원과 물질적 향상을 위한 수단으로 교육을 지원하는 문화를 창출한 칼뱅주의와 장로교의 영향에서 비롯됐다.[Crowther and Martin, 2006: 20] 훌륭한 전통의 또 다른 원천은 19세기 제조업의 급속한 산업화의 결과로 더욱 숙련되고 유순한 노동력이 필요해진 데서 비롯된다. 양질의 교육을 받은 사람을 필요로 하였고, 직원들 일부가 종업원이 되려면 피고용인이 되는 것과 함께 그들 가족 모두가 교육을 받도록 하였다. 이런 작업의 선구자가 1816년 뉴 래너크 밀스New Lanark Mills에서 '인격 형성 학원Institute for the Formation of Character'을 설립하였던 로버트 오언Robert Owen[46]이었다. 그는 개소식 연설에서 기존의 실천들을 개선하기 위해 다음과 같이 말했다.

서로 교류하는 데 술주정, 불의, 타인의 의견에 대한 관용의 필요, 종교의 우월성과 관련하여 가르치려는 그릇된 생각, 이것들은 인간의 무한한 마음에 깊은 인상을 남긴 그 어떤 의견보다 더 많은 즐거움을 가져오는 것으로 생각되었습니다.Owen, 1816

학원은 마을 청소년들이 일의 세계에 적응하도록 하는 목표를 둔 자비로운 온정적 간섭에 기반을 두었으며, 그랬기에 기존 사회에 아무런 위협을 주지 않았다.Donnachie, 2003 오언은 뉴 래너크의 젊은 아이들에게 기본 교육을 베풀었다. 좋은 인성을 개발하고, 성인과 나이 많은 아이들을 위한 저녁 수업에서는 나쁜 습관을 고치는 수단으로 춤, 음악, 군사훈련을 제공했다. 그는 아이들이 생산적 습관과 삶의 양식으로 훈련되어 더 좋은 본성이 성장하도록 환경을 제공해서 좋은 시민으로 만들고자 애썼다.Tett, 2010: 6

1850년대와 1860년대는 번영을 누리던 기간이었다. 영국 전역의 고용

---

46. 교육 및 학교교육에 대한 오언의 글은 별로 없다. 오언은 대학을 다니지 않았지만, 유치원 원장을 하였으며, 자유로운 사상가이며, 합리론자이고 개혁가였다. 사람의 성격은 한편으로는 생태적인 체질의 산물이지만, 다른 한편에서는 특히 발육기에 있는 어린이는 환경의 산물이라는 지론을 실증하기 위하여 노동자의 자녀들을 모아 '성격형성학원'을 설립하였다. 이것이 일단 성공을 거두자, 그 후에 공장법의 제정에 따라 노동조건의 개선을 주장하였고, 미국에 공상적 이상향을 만들기도 하였다. 이것을 사회개혁에 적용할 수 있다고 확신하고 협동공동체(Co-operative Community)를 기초로 하는 협동사회주의를 제창했다.

주들은 도서관을 후원하고, 과학, 역사, 문화, 사회, 음악 등의 활동을 통해 숙련된 근로자를 구하려고 했다. 이 활동은 절제 운동과 연결된 경우가 많았다. 많은 고용주들이 직원의 숙취에 대한 오언의 우려를 공유해서 1860년대에는 여러 대형 제조업체가 절제 모임Temperance Societies을 설립했다. 한 역사학자는 절제 운동이 숙련공의 유용성을 높이려는 단기 목표와 부르주아 가치 확산의 장기 목표를 갖고 있다고 봤지만[Pollard, 1963: 268], 앤서니 쿡은 많은 노동자들의 경제적 생존과 자기존중과 관련된 풀뿌리 운동이라고 주장했다.[Anthony Cooke, 2006: 115] 이 시기의 사회운동의 결과는 노동자들이 조직에 얼마나 민주적 통제를 했는지에 따라 영향을 받았다. 20세기 초반에는 노동운동과 협동조합운동의 영향으로 '존중할 만한' 전통과 급진적 교육이 모두 성장하였다. 예를 들어, 글래스고 협동조합협회 Glasgow Cooperative Society가 1910년에 번창했던 대출 도서관, 독서실, 성가대 및 여성의 길드에서 장신구, 화려한 일 및 기타 '가정의 미덕'에 대해 가르쳤다. 하지만 비숙련이거나 대규모 제조업에 종사하지 않은 많은 성인들은 어떤 교육운동에도 영향을 받지 않았다.[Bryant, 1984: 9]

이 기간 동안 존 맥클린John Maclean과 같은 사회주의 교육자들은 '급진적radical' 교육을 주도했다. 이 그룹은 글래스고 엔지니어링 상점에서 저녁 수업을, 클라이드 사이드 조선소에서 노동자 학습반을 운영하였다.[Tett, 2010: 7] 교육과정은 마르크스주의 텍스트로 만들어졌고, 그 목표는 노동자들의 지도자가 혁명에 제 역할을 다하게 돕는 것이다.[Crowther & Martin, 2006: 20] 맥클린은 모든 공교육 기관이 지성적이고 계급의식이 있는 노동자를 양산하는 데 복무할 것을 목표로 했다.

지역공동체교육을 떠맡은 단체로 노동자교육협회Workers' Education Association/WEA[47]가 있다. 이 협회의 목적은 노동자에게 지적 연구훈련을

---

47. 노동자교육협회는 1903년 협동조합운동단체의 일원이고, 한때 대학 확장 강좌의 청강생이 었던 맨스브리지(A. Mansbridge)에 의해 창설되었다.

실시하고, 인생과 사회를 폭넓게 가르쳐 사회의식을 배양하고 일반교양을 높이는 데 있다. 1908년 스코틀랜드에 설립된, 경합을 이루는 단체인 노동자교육협회Workers' Educational Association는 개인적 풍요의 이데올로기를 채택했기 때문에 사회주의자들에게 경멸을 당했다. 그러나 그들도 노동자가 사회적·정치적 문제에 대한 인식을 갖도록 돕는 데 관심이 있었고, 교육을 제공하는 방향으로 만들어졌다.Bryant, 1984: 10 1980년대 들어 이 협회의 교육과정은 종전보다 더 다채롭고 지역사회 중심적인 것이 되었다. 각 지역의 분회가 주관하는 교육센터는 성인들이 선정한 주제를 중심으로 학습하기 위해 학급을 편성하고, 강의토론학습, 주말학습, 협의회 등을 행하고 있다. 인문교양학습, 사회적·정치적 학습, 노동조합에 관한 학습, 신체장애자를 위한 학습 등 다양한 프로그램이 운영되고 있다.

헨리 모리스Henry Morris는 1930년에 케임브리지 근처의 소우스톤이라는 곳에 마을학교Village College를 개설했다. 그는 마을학교를 지역사회의 센터로서 생활 기술을 학습하는 교육의 장이자 협동하여 생활할 수 있는 환경으로 구성할 것을 목표로 삼았다. 마을학교는 지역사회 센터로서 전인 교육을 꾀했다. 마을학교는 생활기술을 교습하는 기지요, 지역 주민들의 생활 장소이고, 참된 협동생활이 가능한 환경이 될 곳이었다. 이 학교는 직업 교육과 비직업 교육을 둘러싼 우울한 논란을 없애려 했고, 교육이란 전 생애에 걸쳐 계속될 것이라는 원칙을 세웠다. 모리스는 교육사업을 정치사회적 차원에서도 추진하였다. 지역 주민들을 정치사회적으로 계몽해 농촌 민주주의에 나설 인간의 형성을 추구했다. 제2차 세계대전을 전후해서는 이러한 마을학교가 영국의 여러 농촌지역에 설립되었다. 1990년의 한 조사에 의하면 초중등 수준 및 성인교육 차원의 마을학교는 전국에 750개나 이르렀다.이규환, 1991: 254

영국 중앙정부가 지역공동체교육에 관심을 갖고 정규 학교를 지역공동체학교community school로 만든 것은 1944년의 〈교육법〉부터다. 동법 제7절에는 지방교육당국LEA이 지역사회의 정신적·도덕적·물질적 발전을 촉진하는 책임이 있다고 규정하고 있다. 1966년 중앙교육자문위원회는 과학적 연구조사에 기초해서 지역사회교육의 필요성을 강조하고, 정규 학교가 지역공동체학교로 개혁되어야 한다고 정부에 정식으로 권고하였다. 1966년 공표된 플라우든 보고서The Plowden Report는 도시 빈민지역에 있는 학교를 지역공동체학교로 개혁할 것을 권고하였다. 이것이 계기가 되어 지역공동체학교의 확대책을 적극 모색했다. 영국에서 지역사회개발community development은 심각한 사회적 문제가 많이 생겨났고, 음산하고 불결한 물리적 환경인데도 사회적 서비스의 혜택을 받지 못한, 이를테면 특별한 보호가 필요해서 재정 원조를 해야 할 지역의 발전을 가리킨다. 지역사회개발이 필요한 지역에는 아이들 놀이터가 없으며, 의료시설도 거의 없다. 따라서 '교육투자우선지역Educational Priority Areas'을 선정하고, 이 지역에 있는 학교를 지역공동체학교로 육성하여 아동들의 복리와 보건 센터로, 지역 주민들을 위한 교육·문화의 센터로 건설할 필요가 절실하였다.

1970년에 들어서 영국의 지역공동체학교가 더 강화됐다. 1980년대부터는 평생교육lifelong education 개념이 도입됐다. 학교와 지역사회의 연계를 돕고, 교수-학습 과정에 지역의 성인들을 참여시켜 아동과 청소년들에게 교육은 평생의 과정이라는 생각을 조성할 수 있었다.

1978년에는 지역사회협회Community Education Association가 조직되었고, 1981년에는 지역사회개발센터Community Development Center가 설립되었다. 이 센터는 개혁 지향적 지역공동체교육을 주도하고 있는데, 주로 교육활동, 지도자훈련과 선전, 연구조사 사업이 추진됐다. 지역공동체교육센터는 '가족교육단'을 설치하여 가족 문제해결을 돕는 교육을 실시했고, '협력하는 부모들' 프로젝트는 대도시 소수민족집단의 부모들이 자녀가 다니는 학교와 관계를 맺고 자녀교육에 관심을 갖도록 도왔다. 지역공동체교육센터는 지역공동체교육 프로젝트를 수행하고, 국내외 지역사회 지도요원을 양성할 협의회. 세미나, 공개토론회, 현직교육, 교육상담도 실시했다. 월간지『망』, 계간지『지역사회연구지』도 펴냈다.

영국 지역공동체교육은 노동계급 투쟁의 주요 성공 사례로서 뉴라이트와 노동당 노선의 중간에 있다. 좌우 양파에 호소하지만, 다른 대안적 교육운동과 조화를 꾀해 이념적 다원주의를 넘어선다. 예를 들어 영국에 사무국을 둔 국제지역사회교육협회International Community Education Association는 인권교육운동이 강조하는 국제주의를 제안한다.

영국에 지역공동체학교가 발달하게 된 또 하나의 배경은 각 학교에 설치된 '학교운영위원회school governing body' 제도다. 이 운영위원회는 일선 학교 수준에 도입된 일종의 교육자치 방식으로 볼 수 있는데, 운영위원회는 학부모위원, 지방교육당국이 임명한 위원, 교사 위원, 교장 등으로 구성된다. 학부모 위원은 지역 주민들의 교육적 요구를 운영위원회에 제기하고, 학교가 교육과정 구성과 성인교육활동이나 학교시설 이용과 지역공동체학교의 기능을 충분히 할 것을 독려한다.

이와 달리 20세기 초 스코틀랜드에서 생겨난 전통은 대학 외부로부터 제공받는 것—주로 고대 스코틀랜드 대학에서 제공하였던 인문적 성인교육, 레저 및 흥미를 기반으로 한 교과과정—이 별로 없거나 지역자치단체에서 성인반의 성장이 느린 것과 관련이 있다. 성인 교육은 주로 야간수업으로 이뤄졌다. 평생교육 담당 대학에서, 주로 직업교육과정에 자격증을 제공했다.

셋째, 지역공동체교육운동은 빈곤한 지역공동체들과 함께 활동하는 것을 전제로 한다. 빈민 지역사회에서의 일은 새로운 도시 빈곤층의 불만 증대에 대응하여 건강, 주택, 사회사업, 지방정부 및 도시계획의 초기 사회개혁에 뿌리를 두고 있다. 젊은이들과 함께 일하는 것과 비슷한 방식으로 이루어진 조기 조달은 1869년에 설립된 자선단체인 자선단체협의회 Charity Organisation Society/COS의 자선 활동에 의한 것이었다. 협의회가 제시한 해결책은 상황보다는 개인을 변화시키는 사업을 해서 인성을 강화하고 독립심을 키우는 것이었다. COS 설립자 중 한 명인 캐논 새뮤얼 바넷Canon Samuel Barnett은 빈민들의 집을 디자인하는 대학 정착 운동University Settlement Movement을 창설하고자 줄곧 애썼다.

바넷의 비전은 지도자들이 인구 밀도가 높은 도시 지역에서 불만을 낮춰 사회질서를 세우는 데 도움을 주는 것이었다. 그러나 사회적 문제가 인성 결함보다는 빈곤의 결과로 여겼기 때문에 사람들은 자조를 실천하지 않는 이유에 대해 COS의 성원보다 더 체계적인 견해를 보였다.Shaw, 2003 도시 빈민가 안에 마을을 만들어서 혼잡하고 불결하고 특색 없는 도심을 능동적이고 분별력을 가진 이웃들의 동네로 전환하는 것을 목표로 삼았다. 부유한 계층의 사람들은 시민적 리더십의 모범적 역할 모델이 돼서 가난한 사람들의 인성을 향상시킬 것으로 기대되었다.Craig et al., 1982: 1 행동을 위한 세 가지 핵심 영역―빈곤에 관한 과학 연구, 교육을 통해 더 넓은 삶을 살아가는 것, 지역사회에서의 리더십 증진―이 정착지에서 확인되었다. 첫 번째 정착지인 토인비 홀Toynbee Hall은 유능하고 헌신적인 정착민들을 많이 끌어들였는데, 그들 중 상당수는 자신들의 빈곤 원인의 연구 결과로 빈곤퇴치 정책 개발에 깊이 관여하게 됐다. 대표적으로 영국 복지국가 설립에 도움이 된 윌리엄 베버리지William Beveridge와 리처드 토니R. H. Tawney를 포함할 수 있다.Smith, 2007 영국의 지역공동체 활동은 영국 제국주의와 식민주의의 역사에도 깊이 뿌리를 두고 있으며, 점차 국제적 운동이 커지면서 제2차 세계대전 후 노동계급에 대한 사회적 기대가 필요하다는 인식이 생겨났다.Shaw, 2003: 13 지역공동체 개발 기술은 주로 영국 모델을 기반으로 민주주의 제도의 성장을 확립하고, 식민지 영토를 자본주의 경제 질서에 통합시키는 방법으로 주로 사용되었다. 이러한 형태의 지역공동체 개발은 현지 주민들을 개발 프로젝트에 편입시켜서 영국의 정치적, 경제적, 이데올로기적 기능을 수행했다. 경제적 경쟁의 촉진은 자력갱생,

자기규제 및 자기 검열을 장려하는 것으로 가정되었으며, 이는 상호성이라는 지역의 문화 유형을 조작해서 달성되었다. 그러나 식민주의가 항상 도전받지는 않았고, 지역공동체 개발 과정은 민중교육popular education의 발흥과 반식민지 투쟁을 일으킨 연대성의 확립으로 이어졌다. 예를 들어 수많은 민족주의 파벌들을 하나의 그룹으로 모았던 탕가니카의 줄리어스 니에레레Julius Nyerere의 활동은 1964년에 탄자니아 공화국을 건국하는 것으로 이어졌다.Samoff, 1990

한편으로 지역공동체 활동은 지역의 의사결정을 장려하는 것과 관련이 있으며, 한편으로는 지역 차원이 국가 정책을 구현하고 촉진시킬 수단이 되고 있다.Jones, 1981: 7

지역공동체 활동의 중심에 있는 이러한 모호함은 정책의 의도와 결과 사이에 있고, 개인의 변화 역량과 그 역량의 한계 사이에 있다. 이는 사회 통제를 위한 보수적 전략부터 혁명적 전략에 이르기까지 이데올로기적 해석에 개방적이라는 것을 의미한다.Craig et al., 1982: 1

영국은 지금 공교육이 두 겹의 위기에 직면했다. 첫째, 극우주의가 진출해서 교육의 효율성, 교육의 민주주의 및 교육 시스템에 의해 생성된 학습의 질에 의문을 제기했다. 공적 책임에 대해 너무 배타적이고, 대중이 원하지 않는 것을 너무 많이 제공하기 때문에 공적 희소 자원들을 낭비하는 것으로 비판받았다. 둘째, 대안적인 교육 비전과 전략을 꾸준히 만들어내는 역동적이고 대중적인 교육운동이 없는 것 같다. 지역공동체교육은 공교육 내에서 급진적 혁신을 지지하는 문화를 조성할 뿐 아니라, 더 많은 효율성, 더 많은 민주주의, 더 많은 소비자 주권을 동시에 약속할 수 있으므로 이러한 이중적 위기가 야기한 공백 상태에 개입해야 한다.Allen, Bastiani, Martin, Richards et al., 1987: 272

사람들은 교육이 실망감을 유발하는 방법에 대해 걱정한다. 교육은 길거리 폭력의 원인과 교육 전문가들이 과소하게 수행되고, 과소하게 비용을 받는다는 믿음과 관련하여 고용으로 이어지는 실패와 연관될 수 있다. 지역공동체교육의 가장 큰 강점은 교육이 경제문화나 직장문화 및 정치문화와 함께 사람들의 사회적 또는 지역공동체 문화를 인정하고 이해하고 상호작용하는 곳에서 시작된다는 것이다.

영국 지역공동체교육은 교육이 경제문화나 직장문화 및 정치문화와 함께 사람들의 사회적 또는 지역공동체 문화를 인정하고 이해하고 상호작용하는 곳에서 시작된다. 그런데 현재 대부분의 학교교육과 복지가 반동적 긴축재정과 퇴행을 겪고 있는 시점에서 확대되고 있다.Allen, Bastiani, Martin, Richards et al., 1987: 276 지역공동체교육은 공교육 시스템에 대한 오랫동안 계속된 비판에 늘 능동적 반응을 보였기에 추진력을 유지해왔다. 20세기의 지역공동체교육의 부상은 부분적으로는 상대적 박탈(소수의 승자와 다수의 패자를 키우는 교육)의 거부, 곧 자기 극대화 문화를 거부하는 것으로 이해할 수 있다. 그 이유는 권력과 물질적 자원이 유일하게 바람직한 제품으로 홍보되고 노동시장과 교육적 학력주의의 상호 지지 시스템에서 생기는 분배 및 노동의 보상에 대한 부정적 목적을 배제하기 때문이다.

지역공동체교육은 그들 자신과 다른 사람들을 분류하는 것(보수주의자, 개혁주의자, 급진주의자, 여성주의자 등)을 좋아한다. 그러나 우리는 이러한 분류가 종종 실증적인 힘이 거의 없으며, 실제로 지역공동체교육자들이 수동성과 선명한 혁신 사이, 익명성과 주목할 만한 발표 사이의 중간 노선을 차터화할 수 있음을 알고 있다. 그러한 '주목할 만한 발표'는 대안적 교육 의제에서 확인되고 체계화된다. 지역공동체교육이 제기하는 이슈는 뉴라이트가 공교육의 실패를 강조해서 공교육 축소를 다그쳐서는 안 된다는 것이다. 지역공동체교육자들은 국가의 자부심, 경제적 힘 및 새로운 도덕적 질서에 대한 보수적/뉴라이트적 교육 복원과 관련하여 대안적 의제를 제시하고 실천할 과제를 안고 있다.

무엇보다도 지역공동체교육자들은 실질적인 인간의 진보로 이끄는 비판적 신념과 물질적 조건의 확장과 융합을 위한 작업 방법을 진화시키려고 노력해야 한다. 이것은 지역공동체교육의 특징이고 정통성인 진보적 인간 중심의 교육 목표와 방법의 유지를 수반할 것이다. 그것은 요구의 평등과 권리의 보편성을 인정하는 데 찬성하면서 상상력을 발휘하여 불공정하고 비효율적인 전달 체계를 제거하는 일을 수반할 것이다.^{Allen, Bastiani, Martin, Richards, 1987: 276-277} 무엇보다도 문명화된 삶의 공헌을 보다 공평하게 배분할 수 있는 주요한 교육혁신 중의 하나인 지역공동체교육은 존재하고 있고, 지속적으로 존재해야 할 것이다.

영국은 2005년 지역공동체학교와 유사한 '확장된 학교extended school: Access to opportunities and services for all'로 전환하는 백서를 발표하였다. 기존의 학교 역할을 확장하고자 하는 이 정책은 학교가 양질의 보육, 부모 역할 지원, 지역사회와 협력, 성인교육과 가족학습, 조기 진단과 건강 및 돌봄, 학습 지원 등 다양한 역할을 하도록 요구하였다. 그리고 오늘날 영국에서 인종문제는 지역공동체학교 건설이 필요해진 또 하나의 요인이 되고 있다.

3) 미국의 지역공동체교육

미국의 정치지도자, 교육자들은 학교가 위기에 처해 있다는 데 동의한다. 그러나 학교개혁에서 학교를 고립된 기관으로 취급한다. 학교는 정치적 현실에서 고립됐고, 공동체와 단절되어 있다. 미국은 1800년대 후반부터 학교를 사회의 문제점을 해결하고 사회적 서비스를 제공하는 기관으로 간주하는 경향이 있었다. 오래전부터 미국의 학교는 지역 주민들의 예술, 취미 활동의 공간으로 제공됐고 정치적 토론의 장이 되기도 했다. 이러한 활동이 체계화되고 활성화된 것은 1980년대 들어서다. 학교교육에서 지역사회의 도움이 필요함을 자각한 1980년대 이후 학교, 가정, 지역사회의 협력에 대한 연구와 실천이 늘어났다. 학교와 지역사회의 협력에 대한 관심은 오늘날 미국 교육학회 분과 모임에서 표현되고 있다.

학교와 지역사회 간의 연계와 협력의 목적 및 내용은 시대에 따라 변해갔다. 미국에서 지역공동체학교는 19세기에 태동했다. 미국의 공립학교는 20세기에 '이익사회'로 더욱 변질되어갔다. 19세기 중반까지 관료적 조직의 특징은 개인주의와 경쟁의 가치와 함께 미국 공립학교에서 확고하게 구축되어갔다. 19세기부터 강조되었던 사회적 기관으로서 학교의 정체성이 20세기에 들어서 지역공동체학교 형태로 더 강화됐다. 20세기 후반에 학교의 관료화 비판이 제기되면서 '공동체적' 모델이 더 간절해졌다. 이익사회화로 사회적 응집력이 무너지고 있어서다. 지역사회, 이웃, 교회, 심지어 가정조차 사회적 역할을 하지 못하고 있다는 경보가 울렸다. 지역공동체학교 모형이 등장한 까닭은 현대 사회의 전통적 학교 모형이 갖는 한계가 분명하게 드러났기 때문이다. 엄청나게 확장된 사회적 유동성 탓에 우리는 이웃과 별다른 연계를 맺지 못한다. 변화된 가족 구조[48]는 이전보다 안정적이지 못하고 후원 체제가 잘 발달되지 않을 뿐 아니라, 삶의 동질감과 공동체의식을 약화시켰다. 학교라도 공동체 감각을 재창출하는 일에 나서야 한다는 소리가 커졌다.

학생들의 문제는 원인이 갖가지라서 학교 울타리 안에서만 해결할 수 없다. 지역사회와 긴밀한 협력 체제를 구축하여 해법을 찾아야 한다. 아울러 학교가 지역사회에서 제 구실을 해줄 것을 기대하는 목소리도 높아졌다. 성인 교육의 마당도 돼야 한다는 것이다.

---

48. 가족은 아이들이 학교 공부를 수행할 준비를 하게끔 도와야 한다. 가족은 학습의 기본 태도와 가치뿐 아니라, 집단에 속해 학습할 때 필요한 자기 절제와 바람직한 행동방식도 가르친다. 가족들은 자녀와 상호작용해서 그들의 학습 동기를 북돋아주고, 학교 과제를 감독하며, 전자기기 사용 시간을 제한하고, 담담 교사와 상담하고, 공부를 할 수 있는 일상적인 장소가 마련돼 있는지 항상 관심을 기울여야 한다. 또 자녀가 학교 공부에 진지하게 임하고, 선생님을 존경하며 학교에서 올바르게 행동하도록 도와야 한다.

미국의 지역공동체학교운동은 개인의 흥미와 자유에 치우친 '아동중심교육'이 사회적 관심/질서/지침, 협동과 봉사 등을 소홀히 다루고 있다고 비판한 진보주의 교육운동가 듀이, 킬패트릭, 카운츠 그리고 지역사회학교의 선구자 쿡, 올센 등에 의해 주도되었다. 1890년대 후반 듀이는『학교와 사회』[1900]에서 대부분의 학교에서 파열되고 있는 형식교육과 지역사회의 관계를 회복하고자 시도했다.

> 자녀의 관점에서 볼 때, 학교에서의 큰 낭비는 학교 밖에서 얻은 경험을 자유롭게 활용할 수 없기 때문이다. 학교에서 배우는 것을 일상생활에서 적용할 수도 없다. 그것이 학교의 격리isolation─삶으로부터의 격리다. 아이들은 교실에 들어갈 때, 자신의 고향과 이웃에서 우위를 점한 아이디어, 흥미, 활동의 대부분을 마음속에서 떨쳐버려야 한다. 경험을 활용하지 못하는 학교는 학생들이 학교 공부에 관심을 갖도록 또 다른 수단으로 힘들게 작업해야만 한다.Dewey, 1900: 76-77

과학적 관리와 산업조직의 뚜렷한 성공에 직면하여 위기의식을 갖게 된 듀이Dewey는 1900년 초 학교가 공동체의 요청을 거의 무시하고 오직 일터를 준비하는 교육이 되는 것에 대해 매를 들이댔다. 듀이는 상호작용 이외에 진보적이고 경험적인 교육을 '공동체'의 핵심 요소로 포함하였다. 경험에 의한, 경험을 위한 교육을 강조하였다. 경험에 의한 교육은 학생들이 지역사회참여를 통해 배우는 것이다. 그래서 세계를 이해할 수 있는 역량을 키워야 한다.

듀이가 시카고대학에 재임할 동안, 그와 그의 동료들은 기본적 공동체활동에 아이들을 몰입시키는 교육과정 모델을 만들었다. 정원 가꾸기, 요리, 목공, 의류 제조업과 같은 다년생 직업을 사용하여 실험실 학교의 학생들은 생물학, 수학, 화학, 예술의 발명으로 이어지는 문제해결과 조사의 형태로 수업했다. 학교를 소규모의 대화형 공동체로 전환해서 경제학 및 정치학의 기저에 놓인 사고와 의사결정 유형을 학생들에게 소개할 수 있었다. 학생들은 지역 문제를 해결할 수 있는 다양한 모둠 프로젝트를 맡아서 학습하게 된다. 학교는 두 가지 면에서 하나의 실험실이다. 하나는 새로운 실습으로, 진보적 교육과정을 실험하는 시카고대학 교육자들의 산물이고, 다른 하나는 실천 문제를 과학적으로 접근하는 학교의 학생들을 위한 것이다. 실험학교Laboratory School 학생들은 미래의 목적을 위해서가 아니라, 그들이 당면한 문제를 사회에서 성인이 마주치는 것과 견줄 이슈들처럼 다루는 방법을 배웠다.

듀이는 사회의 아노미 현상과 개인주의의 폐해를 극복하고자 통합적 공동체주의와 발달적 개인주의, 아동의 흥미와 관심(아동중심주의) 및 사회적 요구(사회적 재건주의)를 조화시키는 진보주의 교육을 제창했다.Sadovnik & Semel, 1998 듀이는 민주주의, 개체성, 공동체와 교육 사이의 밀접한 연관성에 대해 명시적으로 언급했다. "모든 구성원이 동등한 조건으로 참여할 권리를 부여하고, 여러 형태의 연합적 삶의 상호작용을 통해 제도의 유연한 재조정을 보장하는 사회는 지금까지 민주적이다. 그러한 사회는 개인에게 사회적 관계와 통제에 개인적 관심을 부여하고, 또 무질서를 유발하지 않고 사회적 변화를 보장하는 마음의 습관을 제공하는 교육을 시행해야 한다."Dewey, 1916: 99

듀이는 교육공동체의 또 다른 중요한 기반으로 민주주의를 든다. 그가 제시한 것은 '생활양식으로서의 민주주의'다.Dewey, 이홍우 옮김, 1993: 136-138 단순히 정부의 형태가 아니라 공동생활의 양식이자 경험을 전달하고 공유하는 방식 말이다. 이것이 구현되는 교육공동체에서는 학습 주체의 참여와 의사소통이 활발하게 이루어진다. 곧, 다양한 활동에 참여하는 구성원들이 함께 공동체의 가치를 형성하며 중요한 의사결정을 이뤄낸다. 민주주의는 자유롭고 개방적인 의사소통을 가능하게 하여 서로의 생각을 공유할 수 있게 한다. 지역공동체교육운동은 위축된 민주주의를 복원하는 시도요, 변화를 이뤄낼 지역사회의 힘과 시민적 역량을 갖는 것이 민주주의의 필수 요소다.

듀이는 전통적 교육 방법을 거부해서, 이를 기반으로 학교를 조직하였던 진보주의 교육이론가와 교육자들에게 영향을 미쳤다. 제1차 세계대전 이후 듀이의 문하생인 윌리엄 킬패트릭William Kilpatrick은 공식교육을 아이들의 삶에 연결하는 더 개방적인 방법을 제안했다. 킬패트릭은 프로젝트를 중심으로 교육을 조직했다. 킬패트릭은 폴 한나Paul Hanna의 〈청소년들이 지역사회에 봉사하다Youth Serves the Community〉[1936]에서 진보주의적 프로젝트를 기반으로 한 교육의 이념을 여러 가지 사회 문제에 적용했다. 심화학습을 고취시킬 가장 좋은 프로젝트는 교사가 하달한 것이 아니라 학생들 스스로 선택한 것이라 했다. 효과적인 프로젝트는 학생들의 시간과 관심, 향상에 가치를 두어야 한다. 학교 절차의 전형적인 단위로서 의도적 몰입 활동은 지금 너무 낭비되고 있는 아동의 본래 능력을 가장 잘 보장하는 것이다.

미국의 '지역공동체학교community school'는 학교와 지역사회가 다양한 방식으로 협력하여 학교만으로는 하기 어려웠던 다양한 교육적·사회적 서비스를 아동들에게 제공하는 새로운 형태의 학교이다.[김영철, 2016: 38] 5,000개의 지역공동체학교에서 510만 명의 학생들이 교육받고 있다. 시카고에서는 사회적 기관들이 공원에 있는 실내 경기장에 자리 잡았고, 주민들은 오케스트라나 합창단 같은 다양한 활동에 참여하였다. 공원 실내 경기장은 지역사회 주민들을 공동체로 형성하는 역할을 하였고, 학교는 정치 참여를 촉진하는 역할을 수행했다. 1920년의 한 조사에 따르면, 전국의 788개 교육구 가운데 667개의 교육구에서 학교를 '사회적 센터'로 사용하고 있다고 보고했다.[Spring, 2005: 222] 학교는 사회적 기관으로서 역할을 잘 수행하기 위해 학교 건물의 구조를 변경하기도 하고, 학교 내 가구나 도구도 주민들이 이용하기에 편리하도록 재정비하였다.

　이처럼 19세기부터 강조되었던 사회적 센터로서 학교의 정체성이 20세기에 들어서 빛을 보았다. 1935년대에는 미시간주 플린트시에서 찰스 스튜어트 모트Charles Stewart Mott 재단의 지원으로 시작된 지역공동체교육운동이 전국적인 반향을 불러일으켰다. 이 지역에서 지역공동체교육이 활발하게 된 까닭은 제너럴 자동차공장이 있는 산업도시였기 때문이다. 플린트 학교를 지역공동체학교로 발전시키기 위해 체육교사 프랭크 맨리Frank Manley는 모트 재단에 재정 지원을 요청하고 6,000달러를 지원받았는데, 이것이 운동의 신호탄이 됐다. 당시 지역공동체교육운동이 필요했던 이유는 다음과 같다.

- 학교가 이웃에 위치해 있기 때문에 모든 지역 주민들이 접할 수 있다.
- 학교가 지역사회에서 거액의 공적 자금이 투자된 곳이다.
- 학교가 공립이기 때문에 지역 주민들에 의해서 밤과 낮, 그리고 연중 이용되어야 한다.
- 학교가 지역사회의 인간적, 물질적 지원을 대표하고 있다.
- 학교가 거의 모든 지역 주민들이 한때 교육을 받았던 시설이다.이규환, 1991: 250

　당시 지역공동체교육운동의 목적은 학교를 지역의 사회적, 교육적, 여가생활의 중심지로 만들고, 아이뿐만 아니라 성인도 학교에서 시행하는 평생교육에 참여시키는 것이었다. 1930년대 후반 다른 연구는 장소 및 지역사회 기반 교육place/community based education의 추가 차원을 예상했다. 대공황기에 조지 카운츠George Counts[1932]는 진보교육협회Progressive Education Association 연례회의에서 기조연설을 하면서 학교가 새로운 사회질서를 구축해야 한다고 역설하였다. 교육자는 보통사람들의 삶이 육체적으로 더

편하고 동시에 고귀한 미국의 비전을 확장시키는 역할을 해야 한다고 주장하였다. 같은 대학의 해롤드 러그Harold Rugg는 사회적 재건/개량에 관한 카운츠의 비전을 진지하게 받아들였고, 다음 10년 동안 전국의 교사들이 카운츠가 요구한 사회 분석의 종류로 학생들을 끌어들일 교육과정과 교과서를 작성했다. 이 책들은 산업 국가들의 상호 의존성을 강조하고 더욱 협력적 사회로의 발전을 장려했다. 1930년대 후반 러그의 교과서는 사회과의 약 절반에서 사용되었다. 카운츠와 러그의 연구는 학교가 잠재적으로 문제해결 및 분석을 위한 수단으로 사용될 수 있는 방법을 시사하고 있다.

미국에서 학교 밖 지역공동체학교의 대표적 유형이 테네시주의 하이랜더 민중학교The High Lander Folk School이다. 이 학교는 성인교육시설로서 1930년대에 기독교 사회주의 사상에 영향을 받은 마일스 호튼Myles Horton에 의해 설립되었다. 그는 덴마크의 민중고등학교Folk High School의 영향을 받아 미국에서 사회경제적으로 낙후된 지역에 사는 지역 주민들을 위한 민중학교로서 지역공동체학교를 추진했다. 하이랜더 민중학교의 목적은 지역의 노동자들을 사회적으로 의식화하는 동시에 기술적으로 지도하고, 지역사회를 질적으로 변화시키는 운동에 능동적으로 참여할 수 있는 의지의 인간을 형성하는 데 있었다. 1930년대 테네시주에서 노동조합을 조직하는 데 주동 역할을 한 인물들이 바로 하이랜더 민중학교에서 교육을 받은 노동자로 알려져 있다.

1950년대와 1960년대에는 흑인들을 대상으로 문해교육이 실시되었다. 왜냐하면 흑인들이 민권운동을 성과 있게 추진하려면 먼저 문맹에서 해방되어야 하기 때문이다. 1950년에 들어서 플린트 지역에 있는 학교의 장들은 지역공동체교육운동에 호응하여 그들의 학교를 지역공동체학교로 개조할 의사를 표시했다. 학교장들은 학교 중심인 지역사회봉사와 성인교육 활동뿐만 아니라, 학교의 벽을 넘어 지역사회에 진출하여 사회적·정치적인 여러 문제의 해결에 공동 노력을 하게 되었다. 이를테면 지역공동체학교community school로부터 지역공동체교육community education으로 확대·발전된 것이다.이규환, 1991: 250 1963년에는 플린트에 전국지역사회교육센터The National Community Education Center를 설립하여 다른 나라 지역공동체교육의 발전을 지원했다. 이 센터는 '모트지역 공동체교육 지도자 양성 프로그램'을 개발하여 석·박사 과정, 전문가 양성, 특별과정, 실습과정 등을 설치 운영하고, 지역공동체교육 종사자를 위한 단기(보통 1주)의 협의회를 수시로 설치 운영하고 있다.

1960년대 후반에는 지역사회참여community involvement가 교육개혁과 학교 개선 차원에서 논의되기 시작하였다. 학교의 지역사회참여는 건강한 지역사회를 건설하고 유지하는 데에 긴요하다.Sanders, 2006: 1-3 지역 문제에 직접 개입하는 것은 미국의 봉사학습운동service learning movement의 역사에서 볼 수 있는데, 이는 또 다른 장소/지역사회 기반 교육의 선행 사례다. 분석보다는 행동에 더 초점을 두었지만, 봉사학습은 지역사회 및 사회적 조건 향상에 애쓰는 젊은이들을 참여시키려고 노력했다. 듀이와 윌리엄 제임스 같은 교육자와 사회철학자들은 19세기 후반부터 청소년들에게 의미 있는 활동을 제공하는 수단으로 지역사회봉사community service를 권장했다. 봉사와 학습을 결합한 지역사회봉사 프로그램은 1970년대와 1980년대에 미국 학교에 일반화되었고, 1990년에는 의회가 〈국가와 지역사회 봉사법National and Community Service Act〉을 입법했다. 봉사학습은 학생들의 기본이수과목 요건으로 아직 널리 채택되고 있지 못하지만 분명 가치가 있다. 봉사학습은 교과과정이 아닌 과외활동이며, 학생들의 교육적 경험의 상당 부분을 차지한다기보다 추가 요구 사항 또는 특별활동이다. 학생들을 지역사회와 연결시켜준다. 이러한 장소에 대한 깊은 이해의 구축은 일부 환경교육자, 특히 교실을 넘어 학생들을 현장과 공동체로 데려가려는 사람들의 작업에서 중요한 과제였다. 공립학교 교사들이 과학 수업의 기초로서 지역 환경을 활용하도록 격려하여 실물수업과 직접경험을 포함하는 접근법이 교과서 학습에 한정된 접근법보다 우수하다고 너나없이 주장했다.

1970년에 〈지역공동체학교법Community School Act〉과 〈커뮤니티 스쿨과 종합 커뮤니티 교육 법령〉이 국회를 통과했다. 국회가 지역공동체학교운동 community school movement을 위해 종잣돈을 제공하였다. 그 제정은 지역공동체학교에 대한 연방정부의 지원을 알리는 중요한 신호이기도 했다. 1980년대 후반 이후로는 지방과 주정부의 지원과 다양한 재단의 지원이 이어져 지역공동체학교의 수가 증가하였고, 다양한 새로운 모델의 학교가 생겨나기도 하였다. 새로운 지역공동체학교의 등장은 예를 들어 가족지원센터, 초기 아동과 방과후학교 프로그램, 보건과 정신건강 서비스, 기업과 시민단체와의 협력, 지역공동체 센터로서 학교 시설을 이용하는 등, 여러 가지 혁신을 가져왔다.김영철, 2016: 41

지역공동체학교는 다양한 모델을 따라 저마다 다른 형태를 갖게 되었다. 등대학교Beacon Schools, 돌봄 공동체, 어린이 보조회 커뮤니티 스쿨, 학교 안 커뮤니티Communities in Schools, 건강한 시작Healthy Start, 21세기 학교, 대학지원 커뮤니티 스쿨, 서필라델피아 개선단 등은 대표적인 지역공동체학교의 모델이다. 이러한 여러 조직의 성립과 함께 미국의 유수한 대학들이 지역공동체학교와 관련한 연구에 힘써 정책 제안을 하였다. 예일대학, 뉴욕대학, 존스홉킨스대학, 포담대학 등이 센터를 만들어 학교와 지역사회의 협력에 대한 연구를 하고 있다. 미국 전역의 지역공동체학교, 학교와 협력하는 지역사회의 기관, 다양한 모델 조직이 '지역공동체연합회Coalition for Community Schools/CCS[49] 회원이 되어 협력 체제를 구축하고 있다.

---

49. CCS에는 5,000개의 'community school'이 가입되어 있다. CCS는 'community school'을 학교와 학생의 가정과 지역사회를 연결하는 협력 관계이자 장소로서 학업, 청소년 개발, 가족 지원, 건강 및 사회적 서비스, 지역사회 개발 등에 초점을 두는 학교로 정의하고 있다.

19세기 미국에서는 학교가 지역 주민들을 위한 서비스를 제공하는 것이 주된 협력 내용이었던 반면, 1980년대 이후 오늘날의 협력 방식은 학생 교육을 위해 부모나 지역기관들이 적절한 역할을 하는 것이다. 1988년에는 지역공동체학교운동이 21세기 지역공동체 학습센터 프로그램을 통해서 연방정부로부터 중요한 공적 재정 지원을 받았다. 연방정부는 지역사회 교육 전략에 기초해서 지역공동체학교를 만들어 지역의 방과 후 프로그램의 개발을 촉진하고자 하였다. 정부의 상당한 지원은 지역공동체학교 운동을 활성화시켰고, 공교육에서 지역사회의 역할을 강화시키기 위한 연방정부의 지원을 개선시켰다. 1980년 후반에 이르면 학교의 공동체 개념이 더 요청됐다. 공동체학교에 대한 요청은 지나치게 관료주의적이고 비인간적 특성을 보이는 조직을 교정하려는 것일 뿐 아니라 공동체 해체의 흐름 속에서 소속감을 제공할 새로운 장소를 창조하려는 시도이다.

1990년대에 종종 지방분권화 같은 개혁이 시도되었지만, 여전히 국가표준이 학습 목표로서 중시되었다. 20세기 말이 되면 미국의 공립학교 체제는 이전처럼 확고하게 학교교육과 학습에 대한 가정이 합리적·기술적 도구 기제에 바탕을 두게 되었고, 이들 기제는 거의 도전받지 않는 학교의 공적인 문서로 전달되었다. 이는 다음과 같은 가정에 바탕을 두고 있다.

- 학교의 목적은 학생을 일터에 준비시켜 국가의 경제적 이익에 기여하는 것이므로 '도구적'이다.
- 이러한 도구적 목적을 달성하는 학교의 성공은 측정할 수 있는 학업성취에 의해 합리적으로 결정될 수 있다.
- 학교학습의 개인적 동기는 학업성취의 개별적 척도에 성공적으로 도달하고 다른 학생과 경쟁하며 미래의 경제적 번영을 확보하는 것이다.
- 가르침은 기술적 문제이고, 학교와 교사는 측정할 수 있는 학생들의 학업성취를 책임져야 한다.Furman, 2003: 6-7

이러한 경제적 부를 위한 기술공학적 학교정책은 학교를 점점 관료화되고, 비인간화하고, 지역적 가치와 문화와는 더욱 단절된 것으로 굳히고, 학생들의 학습을 더욱 경쟁적으로 몰아갔다. 표준화 검사를 통한 평가 중심의 국가evaluative state 교육정책은 인간성 상실과 공동체성 상실로 귀결되었다. 이에 대해 학교교육 비판자들은 청소년들의 사회적 소외, 의미와 목적을 결여한 채 피상적 교육으로 일관하는 공교육의 지배적 모델이 오늘의 불행한 결과를 초래하고 있다고 입을 모았다.

미국의 클린턴 정부의 정책에 싱크탱크 역할을 한 미국의 사회학자 에치오니Etzioni[1993]는 공동체의 도덕적 하부구조를 회복하기 위해 실패하고 있는 가정, 이웃, 종교기관을 학교가 대신해야 한다고 주장한다. 아이들이 학교에 가서 공동체적 이상을 품고 기본 품성을 형성하고 핵심 가치를 충분하게 내면화할 수 있는 교육을 받아야 한다는 것이다. 오늘날 미국의 아이들은 공동체정신을 제대로 함양하지 못하고 있다. 에치오니가 강조하는 공동체 가치의 핵심에는 충동을 제어하고 만족을 지연시키는 심리적 압력기제인 '인격'과 세대 간에 걸쳐 오랫동안 전해 내려온 도덕적 전통의 실체인 '핵심적 가치'가 자리하고 있다.Etzioni, 1993: 90-91

그런데 오늘날 미국의 학부모들은 교육과정이 너무 많으며 도덕교육도 논란거리를 불러올 수 있는 쟁점이 많아 학교에서 인격교육의 핵심인 자기도야와 가르침의 핵심 요소인 도덕교육을 받는 것을 머뭇거렸다. 미국청소년들의 패스트푸드화와 맥도날드화, 소비주의 몰입도 이런 경향을 부추겼다. 그러나 에치오니는 이런 여러 가지 장애가 놓여 있기는 해도 도덕적 가치의 공유된 틀을 가르쳐서 공동체적 시민을 형성하는 데 지도적 역할을 해야 한다고 주장한다.

지역공동체학교도 오늘날 미국에서 학교와 지역사회 협력의 한 형태로 자리 잡고 있지만, 대다수 학교는 자녀의 학교생활을 지원할 학부모 참여가 가장 중요하게 실천되는 협력 활동 방식을 취하고 있다. 지역공동체학교 소속 학부모와 마을 주민들은 학교에서 하는 학생지도에 협조할 뿐 아니라 그들 자신도 학교에서 지식과 기술을 배우며 개발하려고 노력한다. 지역공동체학교에서 실시하는 문해교실, 성인 및 부모교육, 고용을 위한 훈련, 가족 지원, 리더십 개발 등의 교육활동에 참여한다.

지역공동체학교는 대개 저소득층 동네와 가정에서 자라난 어린이들에게 더 나은 교육을 제공한다는 공통점이 있다. 낮은 사회경제적 배경을 가진 가정의 자녀들은 학습의 어려움, 행동 문제, 폭력, 약물 등의 다양한 문제에 노출되기 쉽다. 이러한 문제는 학교가 홀로 해결하기 어렵고, 지역사회와 긴밀한 협력 체계를 갖추어야만 한다. 그래서 학교는 지역의 보건·사회봉사 기관, 가족지원센터, 청소년개발조직, 대학, 마을단체, 기업, 시민단체, 종교단체 등과 파트너십을 형성하여 각자의 역할을 수행하면서 협력하고 있다. 지역공동체학교는 이러한 협력을 통해 먼저 학생의 학습을 개선시키고, 나아가 가정을 더 튼튼하게 하고, 최종적으로 마을을 더 건강하게 만들고자 한다.

크게 지역공동체학교는 세 가지 목표를 가지고 있다. 첫째, 학교와 외부 기관들 간의 긴밀한 협력 활동이다. 지역공동체학교는 상호 지원하는 지역사회의 여러 기관들과 다른 학교와의 네트워크의 한 부분으로 존재한다. 지역의 요구에 근거하여 복지, 건강지원, 방과후 돌봄, 교육활동과 여가활동, 문화와 스포츠 활동 같은 다양한 서비스를 제공한다. 이를 위해 지역공동체학교는 유치원, 초등학교, 중등학교가 상호 협력하기도 하고, 이 프로그램에 참여하는 다른 지역의 주민들까지도 협력이 이루어진다. 둘째는 학부모의 학교교육 참여와 관계된 활동이다. 아동의 학업적, 정서적, 사회적 발달에 부모의 역할은 매우 중요하다. 그래서 지역공동체학교는 무엇보다 학부모를 교육에 참여시키려고 다양한 노력을 기울인다. 셋째는 학생들에게 다양한 비교과 활동의 기회를 제공한다. 낮은 사회경제적 배경을 가진 가정의 아동들은 비교과 활동에 참여하는 기회가 적다. 그런 기회를 얻는다면 새로운 경험으로 인해 더 많은 배움을 얻을 것이다. 이들 학교에서 하는 비교과 활동들은 스포츠, 예술연주, 저널리즘, 직업클럽, 개인교습, 멘토링, 시민운동 참여 등이다.김영철, 2016: 46

도시학교의 개혁을 위한 '지역사회의 조직화'는 교육 변화에 대해 근본적으로 다른 접근 방식을 말해준다. 데니스 셜리Dennis Shirley[1997]는 노동계급의 부모, 공립학교 교사, 성직자, 사회복지사, 기업 파트너 및 기타 참여적 시민들이 도심 학교에서 교육을 향상시키기 위해 어떻게 노력했는지 설명한다. 이들의 노력은 텍사스 전역의 빈곤층과 노동계급 지역에서 70개가 넘는 얼라이언스 학교Alliance Schools, 네트워크를 개발한 산업분야재단 Industrial Area Foundation의 지역 사회조직을 통해 연결된다. 이 학교개혁을 위한 민주주의 투쟁은 모든 도심 지역에 중요한 교훈을 전해준다. 그것은 정통 변화 모델과 대조되는 것으로, 진정한 학교 개선과 시민 리뉴얼의 핵심에 저소득층 학부모들의 정치적 권한을 부여한다.

미국에서 정규 학교로서 지역공동체학교는 학교 학생들을 포함해서 지역사회 주민을 대상으로 지역사회의 발전을 지표로 하여 교육활동을 펼치고 있다. 이러한 이중적인 지역공동체 지향적 교육적 기능을 헤비거스트R. Havigurst는 다음과 같이 요약하고 있다.Havigurst & Meugarten, 1957: 121

〈학교 학생을 위한 측면〉

• 학교는 지역사회 그 자체이다. 학교에는 학생들의 자치 능력을 기르는 학생회가 있다. 여기서는 그들이 성공적으로 작업할 수 있고, 유익한 일을 찾아낼 다양한 프로그램을 준비하고 있다.

• 학교는 지역사회 자원을 이용하고, 지역사회를 연구한다. 학교는 학생들을 지방의 산업체, 시장과 박물관에서 현장 견학을 할 수 있게 한다. 지역사회의 성인을 초빙하여 학생들에게 특수한 지식이나 생활법률을 가르치도록 한다.

- 학교는 지역사회의 개선을 위한 활동을 한다. 학생들은 운동장의 조성, 청소 주간에의 참가, 지역사회 역사를 이야기해주는 역사적 행사에 참가하고 지역사회의 개선을 위해서 봉사한다.
- 저학년에서는 교육과정을 지역의 사업이나 이슈를 중심으로 조직하고, 차츰 더 넓은 지역적 현실로 확대해간다.

〈지역사회 주민을 위한 측면〉
- 학교는 지역사회에 있는 모든 연령집단이 오락 및 학습, 도서관 및 사교장으로 사용할 수 있게 물적 시설을 제공한다.
- 학교에는 성인교육 계획이 있다.
- 학교는 청년이나 성인 또는 모든 사람이 공동관심사를 처리할 수 있도록 인도한다. 문제해결을 돕는 지역사회 활동을 촉진하고 조정한다.
- 교사들이 일시적인 전문가가 아니라 동료 또는 친근한 일꾼으로서 지역사회 생활에 참여하도록 한다.

요컨대 미국의 지역공동체학교는 지역사회의 개별 요구에 대응하여 형성되므로 일률적으로 학교의 특성을 말하기는 어렵다. 학교마다 독특한 성격을 지니고 있고 활동도 다르다. 크게 두 가지 유형이 있다. 하나는 형식적 교육을 실시하는 정규 학교가 지향하는 것이고, 다른 하나는 학교 외의 지역사회 단체 또는 기관에 의해서 주관되는 것, 지역사회 주민을 위해서 전개되는 사회교육적 성격을 지닌 지역공동체학교이다. 둘 다 지역사회 개선을 위하여 교육활동을 한다는 점에서 공통된다.

물론 지역사회단체에서 주도하는 사회교육시설도 정규 학교가 아닌데도, '지역공동체학교'라고 부르고 있어 혼란을 일으키고 있다. 그렇지만 미국에서는 지역공동체학교의 이념이 널리 설정돼 있고, 연방정부가 추진하는 중요한 교육정책이다. 시장주의적 공교육개혁자였다가 최근 공교육의 정신을 지키는 본질주의자로 돌아선, 미국 교육차관보를 지낸 래비치는 개혁이라는 이름 아래 계속 '지역학교'—지역사회의 공동체 기능을 하는—의 문을 폐쇄한다면 미국 학교는 개선되지 못할 것이라고 경고했다.Ravitch, 윤재원 옮김, 2011: 334 지역사회 내에 있는 학교는 종종 지역사회의 구심적 구실을 하며, 이웃 간의 공동체 의식을 강화하는 영속적인 존재다. 이들 학교는 대부분 삶이 파편화되는 것을 막아주는 전통과 추억이 깃든 곳이다. 졸업생들은 학교를 방문해서 자신이 공부하던 옛 교실을 보고 싶어 한다. 진열된 트로피와 낡은 사진을 보면서 추억을 곱씹고, 체육관의 울림소리를 듣거나 운동장을 걷고 싶어 한다. 이런 학교를 폐쇄한다는 것은 그들의 추억을 파괴하고, 공동체의 문화유산을 단절시키며, 수십 년에 걸쳐 형성된 공동체의식을 잠식한다. 그러기에 학교 폐쇄는 최후의 수단이어야 한다.

오늘날 미국, 영국, 독일의 지역사회교육은 지역사회개발과 학교교육을 연계하는 방향으로 나아가고 있다. 단적으로 표현해서 개량주의를 지향한 지역사회교육을 실행하고 있다. 곧 지역사회 주민들의 복지를 늘리고, 그들의 생활수준을 높여서 지역사회 발전에 기여하는 것을 지역사회교육의 목표로 설정했다. 한편으로 서방 선진국의 지역사회교육은 사회사업적 성격을 지니고 있다. 이 말은 사회의 근본 갈등구조를 극복하고, 질적인 사회 변화를 회피하는 수단으로서 억압받고 소외된 계층의 사람들을 일시적으로 구제하여 자본주의에 대한 저항을 무마하는 사업적 활동을 의미한다. 지역사회교육에 대한 양자의 이념은 늘 갈등 관계에 있고, 국가권력 및 시민사회 구성의 성격에 따라 다르게 나타난다. 오늘날 지역공동체교육은 시민성교육, 봉사학습, 환경교육, 일터교육workplace education, 맥락적 교육contextual education 등 다양한 형식으로 나타나고 있다.Smith & Sobel, 2010: 21-30

4. 한국의 마을교육공동체운동

학교는 오랫동안 그 사회의 다양한 기대에 부응해왔다. 원래 교육과 돌봄은 지역사회의 공동 과제였다. 산업화를 배경으로 탄생한 근대 공교육기관으로서 학교는 교육 주체들에게 의미 있는 공간이었다. 교사와 학생에게는 '교육활동의 장소'이고, 주민과 학부모에게는 '신뢰의 장소', 국가와 산업계에게는 '인재의 공급처'였다.양병찬, 2014 그러나 근대 학교의 등장과 함께 교육은 국가 책무로 이관되었고, 지역과도 분리되었다. 근대 학교가 더욱 팽창하면서 교육을 국가가 독점하기 시작하였다. 더욱이 급속한 도시화로 인하여 마을의 공동체는 약화되었고, 학교는 학생들의 앎과 공동체적 삶을 통합시키지 못하고 있다. 이로 인해서 지역과 학교 둘 다 여러 교육 문제에 직면하고 있다. 국가에 의해 정형화되고 획일화된 학교는 불행하게도 '관계적 공간'을 상실한 교육의 장으로 변하고 말았다. 개인적으로나 가정적으로, 사회적으로 희망의 상징이었던 학교는 사회적 신뢰가 무너졌다. 사회는 학교를 교실붕괴·학교폭력 등의 대명사처럼 여기고 있다. 그리하여 공교육의 위기는 한국 사회의 총체적 문제로 다가왔다.

우리 사회는 이제 산업화, 도시화, 근대화를 통해 이룩한 공교육의 성과가 부메랑이 되어 삶의 상실에 직면하고 있다. 산업화 이후 농촌공동체였던 전통 마을은 해체되었고, 중심 생활공간으로서 전통적 마을은 도시로 대체되었다. 도시는 산업화와 더불어 거대해졌지만, 삶의 공간으로서는 문제점이 많다.김수영 외, 2014 그것은 곧 '공동체의 와해'와 '마을의 실종'을 말해준다. 이러한 위기에 대한 대응으로 가족에서 학교로, 학교에서 마을로 삶의 관심과 지평을 확장해야 한다는 목소리가 나오기 시작하였다.조한혜정 외, 2008

'마을'[50]은 가장 작은 자치 단위이다. 스스로를 다스리기 위한 훈련과 학습이 일어나는 민주주의 현장이다. 민주주의적 절차를 통해 합의하고 협력해서 주민들이 직면한 문제를 풀어야 한다. 주민이 자기들 문제에 대해 집단행동을 조직할 수 있다면, 마을이 주민들의 자치 역량을 키울 수 있는 최선의 민주주의 학교이다. 마을 단위 자치 역량 없이 읍면동 단위 자치체를 만드는 것은 불가능하며, 나아가서 국가적 단위에서 거버넌스를 실현하기란 더욱 불가능하다. 그리고 마을은 주민들의 문화적 정체성이고 휴식 공간이다. 마을의 문화유산과 자연유산을 복원하여 자신들의 스토리를 갖게 해야 마을에 대한 정체성을 얻는다. 그래서 '마을'이란 터전에서 대안적 삶을 실천해보고, 그동안 잃고 살았던 마을의 소중한 가치를 복원하고자 한다. '마을공동체의 회복'은 불합리와 부조리가 만연한 현실 정치의 틀과 제도의 굴레에서 벗어나, 사람으로서 소외받지 않고 이웃과 함께 사는 사회를 만들어보려는 지극히 인간적인 시도이다.^{마을교육연구소, 2012: 14-16} 마을을 터전으로 하는 공동체교육은 마을의 아이들이 더 건강하고 행복하게 성장하도록 마을공동체가 함께 고민하고 노력하는 일이다. 아이 하나를 키우기 위해서는 온 마을이 필요하다. 그리고 그렇게 큰 아이가 다시 마을을 살린다. 이렇게 살아난 마을은 다시 아이를 키운다. 그렇게 마을과 아이는 서로가 서로에게 힘이 되면서 살아간다.^{마을교육연구소, 2012: 315}

'마을', '교육', '공동체'는 단시간에 변화나 성과를 거두기 어려운 분야다. '마을교육공동체'란 마을 내 학생, 교직원, 학부모, 마을 주민 등이 함께 학생의 교육활동 지원을 위해 자발적으로 참여하는 공동체를 말한다. 이러한 개념 규정은 학생을 위한 교육활동 지원에 초점을 두고 있으며, 마을도 학생의 교육활동을 지원하는 확장된 학생 또는 공간이라는 인식을 밑바탕에 깔고 있다.^{김영철 외, 2016: 14} 학생이 직접 기획하고 운영하는 '학교 밖 학교'라고 할 수 있다. 한국의 마을교육공동체의 목적은 학생들을 위한

---

50. '마을'이라는 단어의 옛 꼴은 '몰'이다. 이는 뭍(陸), 땅(地)이라는 공간적이고 지리적인 의미와 함께 모여 산다는 '모을'이라는 사회적 의미가 결합된 것이다.

건강한 학습 생태계를 조성하는 데 있다. 그러므로 마을교육공동체를 이룬다는 것은 구성원들 간의 사회적 관계가 친밀하게 형성되고 아울러 구성원 개인의 삶의 양식이 변화되는 것을 의미한다. 마을교육공동체에서는 배움이 언제든지 어디서나 이루어지고 배움을 통해 얻게 되는 앎은 삶과 분리되지 않는다. 이 배움이 그들의 돌봄 역량을 높여 상호 간의 돌봄과 자연환경에 대한 돌봄을 통해 삶의 터전인 마을의 생태계를 건강하게 하고 마을의 지속가능성을 높인다. 마을교육공동체운동을 통해 우리가 진정으로 소망하는 바는 다들 배려와 헌신과 환대의 따뜻함을 느끼고, 개인에 대한 존중 위에서 상호 의존성과 유대감이 살아 있는 공동체 마을을 만드는 일이다.

1960년대 이후 산업화에 따라 지역사회교육에 대한 관심이 부상되었다. 물적인 변화뿐 아니라 사람들의 태도 및 여러 가지 생활습관, 더욱이 사상, 감정, 습관, 가치 기준도 바뀌었다. 이러한 변화에 맞서 사회적 통합과 협동을 지향하며 지역사회 주민들의 적응 능력을 배양하는 것이 지역사회교육의 과제였다.^{오혁진, 2016: 221} 그러나 교육은 학교 중심이었기에 지역사회교육이 크게 확대될 수는 없었다. 또 한국 사회는 경제발전에 치우친 나머지 민주주의 발전과 민주시민교육을 소홀히 하였다. 그래서 지역사회교육이 국가권력 또는 단체의 이익을 위해서 개인들을 길들이는 형태로 운영되었다.

1970~1980년대 우리 교육은 산업화 사회의 성장과 발전에 최적화된 인적 자원을 양산하기 위한 획일화/기계화된 산업 맞춤형 인간을 생산하는 지식공장이나 다름없었다. 이 공장에서는 비판적 사고 능력을 상실한 허깨비 또는 체제와 자본에 순응하는 프로그램화된 박제인간만을 생산했다. 당시 국가 주도의 '새마을운동'도 이러한 차원에서 이루어졌다. 새마을운동은 정부나 지방행정기관에 의해 지식·하달되는 하향식의 지역사회개발에 머물렀다.^{오혁진, 2016: 224} 산업화로부터 반백년이 흘렀지만, 아직도 우

리 지식공장은 토론과 질문이 없는 입시 중심의 일제화된 교육이 판을 쳤다. 한국 사회는 1970~1980년대 자본주의의 급속한 성장으로 급격한 생산력 발전을 가져왔다. 그 당시만 해도 교육을 통해서 개천에서 용이 나는 계층상승이라도 있었으나, 1990년대 후반부터는 계층상승의 사다리마저 치워져 교육 불평등은 나날이 심해졌다.

이로 인해 제도화된 교육의 장에서 소외된 집단을 대상으로 민중교육운동이 거세게 일어났다.^{한숭희, 2001} 민중의 의식화 및 사회변혁을 추구하는 두 가지 흐름이 공존하였다. 최근 지역의 중요성이 더욱 부각되고 자발성, 주체성이 중시됨에 따라 점차 지역 주민운동으로서 공동체운동이 중시되고 있다. 지역공동체운동으로서, 지역현안에 대응하는 지역운동으로서 공동체운동, 협동조합공동체운동, 소공동체운동, 도시빈민운동 등이 벌어지고 있다. 도시공동체운동으로서 주거공동체운동, 환경공동체운동, 경제공동체운동, 문화공동체운동, 자치공동체운동이 벌어졌다. 공동체운동과 지역주의가 접합하는 양상을 보인다.^{최협 외, 2001가: 289-290} 우리나라는 경제적으로 고도성장을 이뤄낸 반면, 역대 군사정권에 의한 민주주의의 파괴와 국가주의의 강화, 인구의 도시집중과 빈부격차의 심화 등이 진행된 상황에서 지역공동체운동은 기독교적인 인간해방, 민주화, 도시빈민의 인간화, 평화적 남북통일, 국가주의를 초월한 세계주의 구현, 생태공동체의 형성, 주체적인 지역자립공동체의 구현 등과 같은 선진적 가치를 지향하였다.^{오혁진, 2016: 300} 우리나라의 마을교육공동체운동의 싹은 생태운동과 귀농운동, 공동육아운동[51] 등 풀뿌리 운동에서 그 원천을 찾을 수 있다. 지역에 뿌리를 두지 않은 중앙정치 중심의 한계를 지적하고 근본적으로 지역에 뿌리를 둔 풀뿌리 운동과 맞물려 있다.

---

51. 마을공동체운동을 열심히 하고 있는 공동육아운동 실천가는 공동체성의 두 가지 지향으로 공동체와 자율성을 들면서, 공동체의 구성원들은 공동체와 관계를 맺고 의존하는 동시에 자율성을 추구하며 이러한 관계성과 자율성이 만나는 최적 지점을 꾸준히 찾아야 한다고 판단한다(김기영, 2016: 229).

'마을교육공동체운동'은 마을을 기반으로 교육공동체가 형성된 것이다. '지역사회 학습공동체'가 지역의 성인들을 대상으로 삼는 반면, '마을교육공동체운동'은 학생을 주요 대상으로 하고, 나아가 성인까지 포함한다. 오늘날 마을교육공동체운동을 하는 이들은 마을교육공동체의 목표를 그 지역의 "학생들에게 다양한 내용을 실천적 방법으로 배우게 하며, 그들의 학습역량과 정의적 발달을 도모하여 그 결과가 다시 지역사회로 환원되는 선순환적 구조의 지역공동체를 형성하는 것"서용선, 2016: 65이라고 말한다. 마을교육공동체에서는 교육의 목적, 내용, 도구 혹은 통로가 모두 마을과 밀접하게 관계를 맺는다. 먼저 마을교육공동체에서 교육의 목적은 학생들이 지역사회 발전을 위한 인재로 육성되는 것이다. 교육의 내용은 지역사회의 역사적, 자연적, 문화적, 산업적 특징과 발전 방안이다. 그리고 교육의 통로는 그 지역사회의 인적, 문화적, 역사적, 환경적 인프라와 자원을 활용하는 것이다. 쉽게 말하면 "마을이 아이들을 함께 키우고, 마을이 아이들의 배움터가 되는 것이며, 아이들이 마을의 주체적인 민주시민으로 자라도록 하는 것"서용선 외, 2016: 80-84이다.

우리 사회가 돌봄과 배움의 공동체가 될 때 우리는 안전하고 따뜻한 삶을 살 수 있을 것이라고 보았다. 학교가 사회의 위험이나 문제로부터 학생들을 보호할 필요가 있지만, 학생들을 온실 속의 화초로 기르는 것은 과잉보호이며 무인도의 삶이라 하겠다. 파편화된 조각으로 불안하게 서성이다 거대한 고도 관리 체제에 포획되지 않으려면 최소한의 안정성을 확보하는 상황을 만들어야 한다. 아이들을 안전하게 키울 수 있는 마을, 사람들의 다양함이 존중되는 마을, 강도 높은 노동에 시달리던 노동자가 휴식하고 치유할 수 있는 마을, 아파트밖에는 기억하지 못하는 아이들과 만들어가야 할 마을이 있어야 한다.조한혜정, 2007

마을교육공동체운동(출발 당시의 명칭은 '지역사회학교운동')은 1970년대 평생교육론이 거세게 대두되면서 함께 성장했는데, 이제 평생학습시대에 지역사회에 있는 학교는 아동의 교육뿐 아니라 지역 주민의 교육과 지역 사회의 문제해결과 발전에 봉사하는 기능을 수행할 필요성이 그 어느 때 보다도 증대하고 있다고 할 수 있다. 대안학교운동 → 혁신학교운동 → 혁 신교육지구사업 → 마을교육공동체운동으로 이어지는 교육운동의 진화과 정은 사회 변화의 과정에 학교가 적극 개입하는 대응방식이라 하겠다. 지 역사회를 중심으로 작은 학교를 살리는 대안교육운동, 그리고 이 운동의 제도권으로 진입한 '혁신학교 운동'이 어울려 새로운 사회로의 변화를 만 들어내고 있다. 더욱이 학교가 직면하고 있는 교육 불신과 교육 주체 간의 갈등을 해소해야 할 필요성이 강조되고, 지역교육의 주체인 주민, 그리고 학교와 행정이 상호 협력 체제를 구축하면서 진정한 교육이 가능해지면서 지역교육공동체가 만들어지고 있다.

평생교육은 학교교육과 사회교육을 통합한 개념이다. 1990년대 말에서 2000년대로 넘어가는 시기에는 국가 차원에서 평생교육이 제도화되며 확 산되기 시작하였다. 〈사회교육법〉이 〈평생교육법〉으로 바뀌었다. 그렇지만 전통적인 소외계층, 사회변혁, 공동체 지향적인 사회교육 이념도 약화되고, 신자유주의와 정보화 사회의 영향으로 인적자원개발 중심, 지식 및 기술 중심의 평생교육이 강화되었다. 그에 따라 학생들 사이에 학습 기회의 양 극화가 더욱 심화되었다.

이와 달리 자율성이 있는 민주주의적 공동체를 구현하려는 대안적 공 동체 교육운동이 일어나기도 하였다. 지역사회운동의 관점에서 건전한 공 동체를 형성하는 곳이 하나둘 나타나기 시작하였다. 지역사회개발은 주민 주도적인 성격이 강했다. 초기에는 빈민 지역을 기반으로 하는 생활 및 경 제 공동체의 형성을 위해 노력했으나, 후기에는 생태공동체적 성격이 추가 되었다.^{허병섭·이정진, 2001: 168} 기존의 공교육을 넘어서고자 하는 대안학교운동 도 활발하게 일어났다.

우리나라 교육현장에서는 학교폭력 및 부적응, 치열한 사교육과 교육격

차로 인한 불평등 심화 등 공교육 체제에서 생겨나는 복합적인 문제들을 현재의 교육 방식으로는 해결하기 힘들다는 문제의식이 보편화되었다. 무엇보다 '혁신교육지구' 도입 즈음에 아이들의 온전한 성장을 위해서는 학부모, 교사 이외에 지역 주민 모두가 협력하여 아이들의 성장을 지원해야 한다는 사회적 인식이 높아졌다.[이혜숙·이영주, 2017: 8] 당시 교육청은 교육 본질에 대한 고민 끝에 교육 공공성을 회복하고자 '혁신학교'를 실시하였다. 혁신학교의 성공적 경험은 그 확대 논의로 이어졌다. 자연스럽게 학교교육의 외연을 확장하여 학교와 지역이 함께 아이들의 건강한 성장을 지원하는 학교-마을 교육공동체를 만드는 게 매우 중요하다는 공감에 이르게 되었다.[52]

마을교육공동체에서 말하는 '공동체community' 이념은 학교와 마을의 분리, 학교와 교육청의 분리, 교육청과 지자체의 분리, 교사와 교사의 분리, 학생과 학부모의 분리 등을 넘어서 이를 통합적으로 연결 짓고자 하는 흐름이다. 마을에서 시작된 작은 교육 프로그램의 경험이 단초가 되어 혁신교육지구 사업을 통해 '학교 울타리'를 넘게 하는 것이다. 곧, 학교를 '고립된 섬'이 아니라 '바다에 둘러싸인 섬'으로 있게 하는 것이다. 그것은 곧 위축된 민주주의를 복원하는 시도이기도 하다. 서울시교육청과 경기도 교육청의 마을교육공동체 정책은 혁신학교 정책이나 혁신교육지구 정책의 연장선에서 이루어진 것이다. 혁신학교에서 시도한 교육혁신을 지역사회에서도 실현하고자 한 혁신교육지구 정책은 자연스럽게 마을교육공동체운동으로 발전했다. 혁신교육지구 정책은 공교육의 정상화와 마을교육생태계 구축을 목표로 하여 민·관·학 네트워크를 기반으로 거버넌스를 구축하고자 하였다. 시청, 교육청, 교육지원청, 학교, 민간기업 등이 함께 마을

---

52. 서울시·서울시교육청(2016)은 혁신교육지구 사업의 운영 배경을 다섯 가지로 제시하고 있다. ① 학교의 역할 및 사회적 기대 변화에 따른 교육정책 패러다임의 전환 필요, ② 지역 교육 생태계 조성을 위한 자치구 단위 교육예산의 집중 투자 및 지원 필요, ③ 지역 교육 인프라의 체계적 조직을 통한 효율적인 학교지원체제 구축, ④ 지역 청소년 복지 및 청소년 문화 지원, 돌봄 등 교육복지 관련 학교 기능 비대화로 인한 지역사회와의 역할 분담 필요, ⑤ 학교와 마을의 협력교육에 대한 지역사회의 요구.

공동체의 의미를 고민하고 상호 간의 연계 방식을 모색하고 다양한 실천
을 함으로써 마을교육공동체 형성의 바탕이 되고 있다.

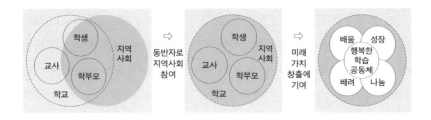

　마을공동체 정신을 교실로 확장한, 교육적 상상력이 들어간 수업을 하
려면, 우선 교사들에게 수업은 교실과 교과서로만 진행한다는 고정관념을
깨야 한다. 교육의 장이 지역사회로 넓혀질 때 학생들은 학교와 지역사회
를 연결하는 경험을 통해 자신들이 이후에 속할 사회에 공헌하는 기회를
가질 수 있다. 따라서 교사들은 교실에 지역사회를 초대하고, 지역사회에
교실을 엮기도 한다.

　마을 속으로 교실을 엮는 일은 마을로 찾아가는 학예회, 세대 간의 소
통을 위해서 마을경로당에 가서 어르신들에게 안마를 해드리거나 말벗이
되어 드리는 활동, 대형마트에 밀려서 어려움을 겪고 있는 지역시장 살리
기 캠페인, 학교 텃밭에 농작물을 재배하여 김장을 하여 마을의 경로당에
전달하고 음악 발표회 갖기, 어른들과 함께 마을 담에 벽화 그리기 활동,
마을에 살고 있는 어르신들의 이야기를 듣고 생애사를 써서 자서전 만들
기, 지역사회에 나가서 위험한 곳을 찾아서 대안을 제시하여 동사무소에
민원을 넣는 지역사회 시민 경험하기, 수업 시간에 만든 공익 캠페인 광고
를 가지고 지역사회로 나가서 실제 캠페인 활동하기, 지역의 어른과 함께
농사일 돕기, 마을을 돌아보고 행복한 마을 만들기를 위한 대안을 제시하
기, 마을 어른들과 바자회를 열어 모은 기금으로 기부활동하기, 동네 이장
님과 협약하여 학교 텃밭 공동 관리하기, 마을의 이야기를 수집하여 이야

기를 책으로 출판하기 등 다양한 활동을 펼칠 수 있다.

이외에 마을 실정에 맞는 더 많은 활동들이 가능하다. 중요한 것은 어떤 활동을 하든지 배움이 교실 밖으로 나와서 이루어진다는 것이다. 협력수업을 위해 지역의 어른들이 교실 속으로 초대돼 마을선생님/마을교사가 될 수도 있을 것이다. 이런 활동을 통해 학생들은 지역사회를 알게 된다. 학생들은 지금도 그렇고, 다가올 미래에도 그렇고 지역공동체의 일원이다. 지금 나무 그늘에서 쉴 수 있는 것은 누군가가 나무를 심었기 때문이다. 학생들이 꾸릴 다가올 사회에서 공동체성은 어린 시절의 경험 속에서 싹트고 자라야 한다. 하루아침에 로마가 세워지지 않았듯이 공동체성은 하루아침에 채워지지 않는다.

요즘 학생들에게 학교 밖에서 만나는 어른들은 '경계의 대상'이다. 종종 동네 어른들의 선의의 가르침도 오해를 받는다. 험한 세상에서 동네 어른들은 잠재적 범죄자로 취급받는다. 이런 현실에서 학교가 의지할 수 있는 동네 어른들을 만들어야 한다. 이 일을 위해 학교 수업 속으로 지역사회를 초대하고 지역과 만나는 기회를 갖는 것은 어릴 때 마을 안에서 교육공동체를 회복하는 하나의 방법일 것이다. 교육공동체의 복원은 학교가 있는 지역사회의 다양한 기관들과 구성원들이 상호 간에 또 학교와 유기적 관계를 형성할 때 가능하다. 이러한 유기적 관계가 형성된 상황을 '증여와 돌봄의 마을공동체'라 부른다.[이광호, 2014: 209] 상품적 거래가 아닌 증여와 돌봄이 학교를 포함한 마을에서 자연스럽게 일어날 때 아이들이 건강하게 자랄 수 있는 교육공동체가 형성될 수 있다.

혁신학교 운동이 공교육의 개혁 또는 학교교육의 개혁이라면, 혁신교육지구사업은 학교만의 변화가 한계가 있기에 학교 밖의 변화를 동시에 시도하는 지역사회교육운동이다. 마을교육공동체를 위한 '혁신교육지구 사업'은 무엇보다도 지역 차원에서 혁신교육의 철학과 지향점을 함께 공유하고 실천하려는 시도이다. 혁신학교가 학교단위 공교육체제 내부의 변화와 혁신을 꾀한다면 혁신교육지구는 학교와 지역의 총체적 변화를 꾀하는 것이라는 점에서 교육운동을 넘어선 사회운동적 의미를 띤다.

혁신교육지구사업의 미래 비전은 마을교육공동체, 곧 '학교를 품는 마을'을 조성하는 데에 있다. 혁신교육지구는 모두가 행복한 교육을 만들기 위해 교육과 관련된 모든 주체들이 직접 만나서 논의하고 합의해서 같이 시행하는 것이다. 논의의 장은 직접적인 참여와 심사숙고한 논의가 이루어지는 민주주의의 장이다. 21세기의 이상적 학교는 '마을이 학교'의 구체화된 모습이겠다. 그것은 곧 학교와 지역이 '마을교육공동체'로 거듭나 혁신교육의 품을 넓히는 일이다. 혁신학교의 확대·발전 과정 속에서 제기된 혁신교육지구의 정책 목표와 성격에 대해 다양한 것들이 제시되고 있지만, 무엇보다 혁신교육지구는 아이들의 삶의 터전인 학교와 학교 밖을 연결해 하나의 커다란 민주시민교육의 장을 만드는 정책이라 할 수 있다. 과도한 학습노동에 시달리는 아이들, 공평한 교육적 돌봄을 받지 못하는 아이들의 고통은 단지 학습으로부터의 해방이나 교육 인프라의 구축만으로는 해결될 수 없다. 자존감을 느끼고 자신이 발 딛고 있는 관계 속에서 주체로서 기여하며, 상호 존중의 태도를 갖도록 이끌고 지원해주는 교육이 아이들을 살리고 우리의 미래도 살린다. 혁신교육지구가 만들고자 하는 마을교육공동체란 결국 아이들이 이렇게 성장할 수 있도록 하자는 것이며, 따라서 그 요체는 학교 안팎에서 이를 가로막는 장애들을 제거하고 민주시민교육을 제대로 해보자는 것이다. 학교의 힘만으로는 할 수 없는 일들을 위해 지자체와 마을 어른들이 팔을 걷어붙이고 함께 나섰다. 학교 안팎에서 민주시민을 길러내기 위해 모두들 손을 맞잡기 시작했다.

학교교육 정상화를 지원해주는 혁신교육지구사업은 곧 마을의 교육공동체를 구축하는 동시적 과정이기도 하다. 학교가 해서는 안 되는 일들을 맡아 수행하는 시스템을 만들고, 학교가 할 수 없는 일들을 지원할 구조를 만드는 것, 이를 위해 마을이 체계적으로 모이는 것이야말로 학교와 마을이 상생하는 교육생태계를 구축하는 과정이다. 교육정책의 결정에서 지역사회 구성원의 교육 협의구조를 만들어가는 '교육 협치 체제'의 등장은 지역사회의 의견을 억누른 채 국가/중앙권력이 독점하고 있는 교육논의 구조의 한계를 극복하려는 교육운동이다. 마을교육공동체운동은 마을 단위에서 이루어지는 교육의 의미를 중시해서 접근하며, 우리 아이들이 커 나가는 데에 배우고 담아가야 할 풍부한 교육의 장으로서도 의미를 띤다. 국가와 세계시민의식의 함양이라는 거시적 차원의 이야기뿐 아니라, 지역 단위의 마을 이야기를 수업 속으로 끌어와 다양한 교육 내용을 만들어내 야 한다. 마을교육공동체운동을 통해 아이들은 자신의 삶의 터전, 이웃, 공동체를 위하여 할 수 있는 일들을 고민하게 되고, 이러한 고민과 배움의 결과는 지역공동체의 지속가능한 발전의 초석이 될 것이다. 그래야 궁극적 으로 교육과 마을공동체가 하나의 유기체적 관계를 맺게 된다. 이는 마을 교육공동체가 학교개혁이 아니라 '지역사회 교육개혁'인 까닭이기도 하다. 아이들이 마을에 있는 한 체험학습은 학교만 하는 일이 아니라 마을이 함께 고민하고 학교와 소통하면서 풀어가야 하는 일이다. 혁신학교나 혁 신교육지구사업에서 체험학습을 의미 있게 바꾸는 일은 마을교육공동체 를 튼튼히 세우는 일이다. 마을교육공동체운동 사업의 초점도 학교개혁이 아니라 지역사회교육 자원 개발과 인프라 발굴에 집중해야 한다.

또 마을교육공동체운동은 국가사회의 민주화를 넘어 지역사회의 민주 화를 돕는 일이다. 이 운동은 지역사회의 주체를 형성하는 일이기도 하다. 혁신교육지구 사업이 제대로 추진되고 있는가 여부에서 핵심 지점은 주체 화와 네트워크 구축이다. 마을교육공동체운동은 지역사회의 토대 형성을 통해 국가주의 교육의 전횡에 휘둘리지 않는 일이기도 하다. 그런 면에서 마을교육공동체운동은 앞으로 도래할 사회 건설을 위한 준비이기도 하다. 혁신학교 운동이 학교 안의 운동이었다면 마을교육공동체운동은 지역사 회 교육운동이다. 혁신학교운동과 마을교육공동체운동은 우리 교육운동의 역사에서는 초유의 경험이며, 전방위적 협력 거버넌스 시행은 교육운동사 및 지역사회운동사에 역사상 최초의 실험을 시도한 것이다. 이러하기에 시민교육의 새로운 역할이 요구되고 있다.

어느 혁신학교에서는 학생들이 학교 공간 속에 사는 동안 그들의 꿈을 이루기 위해 타인과의 관계 속에서 민주적이고(독립성) 합리적인(공리성) 방법으로 여러 교육 주체들과 공동으로 실천하는 경험을 하도록 하고 있다.남궁상운 외, 2017: 149 이런 경험을 하는 조직이 공동체라고 할 수 있는데, 학생들이 공공의 선, 공동의 목표, 공동의 실천을 경험하게 될 때 학교가 공동체가 된다. 단순한 교육 공간이 아닌 일상생활의 공간으로 만들고자 오늘날 교사들, 특히 혁신학교 교사들은 노력하고 있다. 그래야 일상의 민주시민교육, 일상의 공동체 체험, 일상의 수업이 가능하기 때문이다. 교육이 일상과 만나는 노력은 교육의 패러다임을 바꾸는 것이며, 학생들을 수준 낮은 어린 존재가 아닌 각각의 존엄과 가치를 품고 사는 존재로 보는 것이다.남궁상운, 2017: 149-150 학교공동체를 건설하는 것은 한 학교에서 대략 3년에 걸친 학교 전체 프로젝트가 필요로 하는, 거의 3년 동안에 걸친 범학교적 프로젝트를 창조·재창조하는 계속적인 과정이다. 학교는 모든 교직원과 학생들을 의미 있는 활동에 참여시키기 위해 학년 내내 다양한 방법으로 작업해야 한다. 학교의 공동체 건설은 활동뿐만 아니라 진행 중인 구조와 과정도 포함해야 한다. 공동체는 공통의 생활공간에서 상호작용하며 유대감을 공유하는 집단을 의미한다. 공간, 상호작용, 연대를 이루는 핵심 요소로 본다. 학교는 학생들이 하루의 대부분을 보내는 생활공간이며, 그 생활공간에서 교사와 또래, 상급 학년 간 상호작용을 하며, 학교의 교육과정 안에서 서로 연대하는 활동을 한다. 학생들은 가정이라는 공간에서 상호 이해, 공통 신념을 공유하며 자라다가 학교에 입학한다. 그러면서 낯선 타인을 만나 관계를 맺게 위해 규칙 준수, 효율, 목표 등의 가치 속에서 타인과 관계를 맺으며 사회라는 개념을 형성하게 된다. 그렇기에 이 공간에서의 첫 경험이 학생들의 마음속에 공동체의 개념을 심어주게 된다.

사람은 사회적 관계를 맺으며 사는 동물이다. 동물들도 서로의 생존을 위해서 인위적이든 자연적이든 서로 연결하고 관계 맺으며 뭉치는데, 사람이 뭉치지 못할 이유가 없다. 그런데 사람들이 뭉칠 때는 그 이유가 분명하고 명확하고 서로를 위한 것이어야 한다. 그럴 때 서로의 존엄과 가치가 인정되며, 더불어 행복을 추구하는 존재로 살 수 있어서이다. 이러한 연대, 유대, 뭉침, 결속은 공공의 이익을 위해서 일어나야 한다.남궁상운, 2017: 151 자기들만의 이익을 위해서 이웃에 해를 끼치는 결속은 공동체를 이루어 살아가는 우리에게 해롭다. 자연생태계의 존재들은 전체를 위해서 그들 객체의 결속을 조율한다. 그것이 생존에 절대적으로 필요하다고 알기 때문이다. 모든 생물이 특정한 생태계 내에서 살아가는 것처럼 학교도 교육생태계 속에 있다. 곧, 학교는 학교를 둘러싼 환경의 사회문화적 요소들에 영향을 받고, 또한 동시에 영향을 주고 있다.

교육을 바꾸려면 사회를, 마을을 바꾸어야 한다. 노동자도, 이주민도, 장애인도, 청소년도 마을 회의에서 자기 목소리를 내고 이를 반영해가는 것이 진정한 마을교육공동체가 해야 할 일이다.하정호, 2016: 38 아이들을 깊은 잠에서 깨어나게 하고 싶다면, 땅과 사람, 돈까지도 상품으로 사고팔면서 막대한 부를 쌓아가는 거대한 시장 질서와는 다른 그림을 그려야 한다. 마을교육은 마을과 학교의 담장을 없애는 것에서부터 시작한다. 공장과 학교와 가정을 분리시켰던 근대교육의 한계를 극복하고 다시 마을에서 아이들을 교육해야 한다.

공동체를 만들려는 인류의 염원은 역사적 뿌리가 매우 깊다. 공동체를 향한 인류의 열망은 철학, 정치, 경제, 사회, 문화, 종교 등 다양한 분야에서 제기되었지만, 우리의 경우 식민지 경험 등 전체주의 국가체제, 세계화 흐름과 신자유주의 교육체제로 인해 달성하기가 매우 어려웠다. 오래전 학교와 마을의 경계가 분명치 않던 시절에는 학교가 마을이요, 마을이 학교였다. 국가가 학교를 독점 운용하기 전에 교육은 지역사회 또는 가정의 일이었다. 학교란 아이들이 마을에서 타인과 자연과 어울려 살아가는 법을 배우는 곳이었다. 그러나 과거의 전통적 학교로 돌아갈 수는 없다. 오늘날 우리의 학교와 마을은 미래를 향해 열려 있어야 한다. 공간의 제약이 없어지는 미래 사회가 온다고들 한다. 교육의 공간은 만남을 통한 상호작용과 연대가 있는 핵심이 될 것이다. 특히 4차 산업혁명 시대의 핵심 역량은 경쟁적 입시위주 교육을 확대하는 것이 아니라, 인류사회의 보편적 행복을 끌어올릴 마을교육공동체 생태계를 조성해야 한다. 이제 학교는 학생들에게 미래 사회에서 살아가는 데 필요한 역량을 길러주는 곳이어야 한다.

학교는 지역사회로 나와야 하고, 지역사회는 학교로 들어가 서로 만나서 하나의 지역을 기반으로 교육공동체를 이루어야 한다. 이를 위해 아동 교육에 대한 학교 중심의 교육운동—한국의 혁신학교처럼—과 주민 자신들을 위한 평생학습 차원에서의 교육운동—지역사회교육운동—이 가능할 것이다. 지역사회를 학교에 끌어들이는 방안으로는 성인에 대한 학교 개방, 지역의 교육 자원 활용, 지역사회의 구조와 문제 등을 중핵으로 하는 교육과정 편성 등이 가능하다. 학교를 지역사회로 끌어들이는 방안으로는 학생과 교사가 지역 활동에 참가하기, 지역사회 발전에 공헌하기, 학교가 지역사회의 교육기관·교육활동을 조정, 지도하기가 있다. 학교와 가정, 지역이 협력할 일로서 양육, 의사소통, 자원봉사, 가정에서의 학습, 의사결정, 지역사회공동체의 협력이 있다. 그중에서도 지역사회의 자원을 활용하는 것과 함께 지역을 위해 학교의 다양한 활동을 조직할 필요가 있다. 이는 내용적으로나 주체적 측면에서 실제적으로 학교와 지역이 하나로 융합되는 것을 전제로 하며, 학생과 주민이 서로 만나는 구조를 의미한다.양병찬, 2014: 106

교육과 학술은 수업 경험과 지역사회에서의 경험을 결합해야 한다. 그것이 앞서 강조한 지역사회참여이고 시민성을 함양하는 봉사학습이다. 이런 측면에서 마을교육공동체운동은 지역사회에 뿌리내리는 인문적 평생학습으로 더욱 발전되어야 하며, 가까운 이웃 주민을 민주적 주체로 서게 하는 지역사회를 위한 임파워먼트empowerment 교육이 돼야 한다. 또 미래를 대비하는 역량 교육을 위해서라도 학교는 마을을 향해 문을 활짝 열어야 한다. 이러한 역량을 기르는 일은 학교 울타리 안에 갇혀 교사가 가르치는 내용을 수동적으로 듣기만 하는 학생들에게서 기대할 수 없다. 학교에서 배운 것이 마을에서 활용되고, 이론적으로 학습한 능력이 삶의 현장에서 실천적으로 경험되고 심화되어야 진정한 미래 역량이 길러진다. 오늘날 사회가 급속하게 변동하고 있거니와 지식과 정보의 폭증에 대응하려면 끊임없이 자기갱신을 해야 하고 새로운 학습에 힘써야 한다. 새로운 학습을 위해 '숙의적 교육학deliberative pedagogy'[53]이 필요하다.Shaffer et al., 2017: 5 교육의 대중적 목적이 상품화와 시장 중심 원칙의 증가하는 압력으로 인해 도전받고 있기 때문에 학교가 민주적 참여를 돕는 중요한 공간이 되어야 한다. 민주주의를 더욱 공고하게 하려면 논쟁 수업을 넘어 '숙의적 교육'이 필요하다. 지역사회 '숙의적 교육'이라고 부르는 것은 숙의적 대화와 지역공동체 참여를 융합시키는 협력적 접근이다. 구체적으로 말하자면, 학생들은 새로운 세대와의 상호 학습, 공공 문제에 관한 지역사회 구성원들과의 포럼, 다년간의 시민 참여 과정과 같은 구조를 통해 교실 밖으로 나가고, 이론을 실제 사회 문제의 해결과 연결한다. 교사들과 학생들은 지역사회에서 대화 및 협동 작업을 위한 공동 공간을 만들고, 학교와 지역사회 간의 오랫동안 유지되어왔던 힘의 역학을 재고하고 있다.

학교 내에서 공동체성을 형성하려는 노력이 필요하다. 학교 내에서 작은 공동체를 형성하지 않고는 마을과의 협력을 이루는 더 큰 공동체를 형성하지 못한다. 공동체성을 추구하는 학교들은 무엇보다 학생 상호 간의

---

53. '숙의'라는 말은 원래 법원의 배심원, 의회 입법자, 위원회 위원, 혹은 다른 사람들이 이성적 토론 이후 결정을 내리는 과정을 가리키는 일반적 용어다.

친밀한 관계, 학생과 교사의 관계, 교사 상호 간의 관계, 이 유대감을 중요한 기반으로 교실 수업과 교실 밖 교과 외 활동을 수행한다. 그리고 학교와 지역사회를 연결하는 중간 조직이나 코디네이터resource coordinator의 역할이 중요하다. 학교와 지역을 연계하고 적절한 프로그램을 개발하고 관리하는 전담 인력인 코디네이터가 필요하다. 코디네이터에게 권한을 부여하여 교장이나 지역 단체의 실무 대표자와 함께 지역공동체학교의 리더십을 형성하게 해야 한다. 그렇게 해야 학교와 지역사회의 협력 관계를 유기적으로 연결시킬 수 있다. 지역사회에 깃들어 사는 사람들의 삶터를 다시 살려내야 한다. 관계성과 유대감을 중시하고 다양성과 포용성을 지닌 공동체로서 학교는 스스로 공동체를 이루기 위해 애쓸 뿐 아니라 학교 밖 마을에서도 마을공동체를 형성하기 위해 노력해야 한다. 그러므로 학교와 마을이 협력 관계를 이루어 마을공동체를 형성하고자 한다면 공동체에 대한 바른 이해를 퍼뜨리고 건강한 학교공동체를 이루도록 하는 것이 중요하다. 학교공동체를 만드는 노력과 학교가 중심이 되는 마을공동체를 만드는 노력은 서로 상승 작용을 한다.

학교와 마을이 서로 상생하는 마을학교를 형성하려면 분명한 의식을 가진 주체 세력이 필요하다. 마을에 그러한 주체 세력이 형성되어 있지 않다면 초기에는 학교교사들이 그런 역할을 담당할 필요가 있다. 교사들은 다양한 분야의 전문성을 갖추고 있는 집단이므로 학교와 마을의 자원을 발굴하고 활용하여 마을공동체를 형성하는 데 기여한다. 또, 마을교육공동체가 지속되려면 마을 주민들의 역량 강화가 중요하다. 학교와 마을이 상호 협력하여 호혜적 관계를 성공적으로 이룬 경우에는 교사뿐 아니라 마을 주민들의 참여가 적극적이었음을 알 수 있다. 혁신교육지구 사업을 통해 지역 주민은 민주시민으로서 주민자치의 실현에 한발 더 가까이 다가간 것으로 이해된다. 주민들이 앞장설 수 있었던 데는 먼저 축적된 역량이 있었기 때문이다. 그러므로 학교와 마을의 협력과 상생을 목표로 한다면 무엇보다 지역 주민들의 역량 강화 노력이 필요하다.

그런데 학교의 주체인 학생들의 시민적 성장 없이 혁신학교 운동은 성공할 수 없다. 혁신학교운동의 활성화와 함께 마을교육공동체운동의 발흥은 학교의 주체 형성 운동으로부터 지역사회의 주체 형성으로 진화·발전하고 있음을 보여준다. 그리고 학교를 둘러싸고 지역사회 주민의 시민적 성장 없이 마을교육공동체운동이 성공할 수 없다. 법과 제도를 성장시키고 개혁하는 일은 시민적 성장 없이는 불가능하다. 학교와 지역사회의 주체를 시민으로 성장시키는 시민교육이 중요한 이유가 여기 있다. 시민들은 하늘에서 뚝 떨어지지 않으므로 반드시 교육을 통해 민주시민으로 재탄생되어야 한다. 학교가 있는 지역사회가 변화하지 않으면 학교는 근본적으로 변화하지 않는다. 지역 주민의 민주시민으로의 발전이 없는 학교만의 민주시민교육 프로그램은 반쪽 실험에 그친다. 따라서 새로운 사회의 태동을 예고하는 지역공동체운동의 발흥에 조응하려면 민주적 시민이 탄생되어야 한다. 그러려면 아동이나 어른 할 것 없이 모두가 시민교육을 받아야 한다. 학교생활과 마을 전체를 아우를 민주적 문화가 형성되어야 한다. 마을이 교육공동체가 되려면 마을 안의 다양한 교육 주체들이 연대해야 한다. 그래야 마을에서 교육과 민주주의를 구현하고 공교육에 새로운 차원의 자유를 불어넣을 수 있다. 아이들이 공동체적 배움과 실천을 통해 지역이나 마을을 하나의 생태적 공동체로 발전시키려면 기초학력의 신장은 물론이고, 지역사회의 공동체적 가치와 문화 습득, 민주적 시민의식 함양 등 종합적으로 접근해야 한다.

사람들은 시민이 되는 법을 배워야 안다. 학교는 학생들이 민주주의에서 자신이 맡은 역할과 지역사회 및 국가에서 어떻게 변화를 일으킬지 일깨울 수 있다. 사람들이 하는 역할은 민주주의를 이해하는 방법에 좌우될 것이다. 시민들은 다른 사람들을 돕고 학교 같은 유익한 기관을 지원하는 좋은 사람들이어야 한다. 이런 의미에서 좋은 시민이 되는 것이 좋다. 그러나 그것은 충분하지 않다. 시민들의 집단적 행동 없이는 해결할 수 없는 어려운 문제가 있기 때문에 충분하지 않다. 사람들이 행동하는 방법에 대해 동의하지 않을 때 함께 행동할 수 없으므로 충분하지 않다. 힘을 합치지 않으면 시민들은 지역사회와 그 밖의 지역에서 변화를 일으킬 힘이 없으므로 충분하지 않다. 민주주의는 선거에 참여하거나 대의제 정부에 협력하는 것보다 더 많은 것을 요구한다. 시민들은 유권자 이상의 면모를 보여야 한다. 공통된 문제를 해결하고 모든 사람에게 더 나은 삶을 창조하려면 다른 사람들과 일할 수 있어야 한다. 시민들만이 생산할 수 있는 것은 또한 그들의 기관을 효과적으로 만들기 위해서다. 그것은 민주주의를 위한 일이며, 시민들은 자신에게 권력을 부여하는 방법을 알 필요가 있다. 그들이 일을 어떻게 하는지 배울 수 있는 유일한 방법은 실제로 그것을 해보는 것이다.

5. 학교와 지역의 관계 재구축을 위한 마을교육공동체운동의 전망과 과제

지금까지 살펴본 대로 지역공동체교육 또는 마을교육공동체운동은 공식기관 밖에서 일어나며, 지역사회의 발전에 대응하고 있음을 알 수 있다. 마을교육공동체운동은 현상유지 또는 도전에 광범위하게 관련된 다양한 이데올로기에서 어떻게 발전했는지를 보여주고 있다. 지역공동체교육운동 또는 마을교육공동체운동은 앞서 살펴본 대로 정치적·경제적·문화적 차원에서 이루어지고 있다. 마을+교육+공동체가 결합된 마을교육공동체운동은 어디에 초점을 두느냐에 따라 그 성격이 달라진다. 무엇보다 효과적인 민·관·학의 협력구조를 만드는 일이 정책 시행의 성공 요인이다. 그리고 우리나라는 지금 주로 민·관·학 거버넌스/협치라는 분권적/자치적 접근 또는 문화적이고 교육적 접근을 하는 경향을 보이고 있는데, 앞으로는 지역사회의 복원 또는 재생이나 경제적 접근에 대한 연구가 더 필요하다. 경쟁을 넘어 협력을 중시되는 21시대를 맞이하여 장소에 기반을 둔 마을교육공동체운동이 필요하다. 최근 위기에 직면한 한국 교육계에 '마을교육공동체'라는 개념이 새로운 전략으로 제시된 것도 이와 연관된다.

이러한 새로운 사조는 경쟁적 교육에서 벗어나 함께 배우는 공동체적 가치를 지향하고 있다. 우리 사회는 경쟁교육, 사회 불평등 재생산 등의 교육 질곡으로 골머리를 앓고 있다. 경쟁하는 교육으로 계속 갈 것인지, 아니면 함께 배우는 공동체를 만들 것인지 선택의 기로에 서 있다. 이는 학교만의 과제가 아닌 사회적 과제라서 어른들의 각성과 참여로부터 시작될 것이다. 학교의 울타리를 넘어 지역(마을)과 연계된 문제다. 그런 측면에서 마을교육공동체운동은 학교와 지역이 연계하여 좋은 교육을 함께 만들어 갈 수 있음을 사회에 발신한 것이겠다.^{양병찬, 2018: 276} 이제 학교에서 지역까지, 교사로부터 지역 주민들에게로 마을교육공동체운동의 범위와 주체를 넓혀나가야 할 때가 되었다. 지역의 교육적 문제해결은 학교와 지역과의 협력을 통해서 가능함을 많은 교육 실천 사례들이 보여주고 있다. 최근 많은 영역에서 주민들의 실천 활동이 지역을 변화시키고 있다. 특히 교육 영역에서 작은 도서관 운동을 비롯하여 공동육아, 마을학교, 학습마을, 학습동아리 등 다양한 이름으로 주민들이 주체가 되어 지역의 교육적 영향력을 확장하고 있다. 그동안 '학교 안에서' 정규 교육과정에 제한하여 교육적 에너지를 올인하였던 학교도 마을로 시선을 돌리고 주민들의 역량에 관심을 보이면서 새로운 모색을 시작하고 있다. 요즘 많은 교육청들이 학교와 교육청의 연계 사업으로 혁신교육지구 사업을 도입해 기존의 지역교육운동과 관련된 용어들이 마을교육공동체운동으로 수렴되는 모습을 보여주고 있다.

그런데 마을교육공동체 정책은 모든 교육 문제의 해결 대안으로 '전가의 보도'인 양 과대평가되기도 하고, 한편으로는 단순 프로젝트로 인식돼 교사들에게 '또 하나의 짐'으로 치부되기도 하여 그 개념의 풍부함을 빼앗겼다.^{양병찬, 2018: 257} 학교교육을 중심으로 마을교육공동체운동을 바라보는 시각이 있는가 하면, 지역사회를 중심으로 마을교육공동체운동을 바라보는 시각도 있다. 양자의 시각은 때로는 갈등하고 대립한다. 하지만 이제 학교와 지역사회가 서로에게 다가서야 한다. 학교는 지역 주민들을 위하여 무엇을 할지, 또 지역사회는 지역의 학교를 위하여 무엇을 할지 고민해야 할 때다. 이러한 일련의 과정 속에서 학교와 지역은 신뢰 관계를 구축할 수 있을 것이다. 학교와 지역의 관계 재구축이 요청된다. 학교는 제도화된 틀에 박힌 교육이 아니라 주민과 학부모들이 삶의 중요한 주제에 대해 스스로 조직하고 수행하는 '평생학습lifelong learning' 또는 '시민적 학습civic learning'의 장이 되어야 한다. 위험사회라는 더 넓은 맥락에서 공동체의 개념을 불러내고 운영해서 교육자들은 교육에 대한 개별화/개인주의와 공동체/집단주의, 정체성/동질성과 차이/다양성의 서로 다른 영향에 대해 새로운 의식을 가져야 한다.^{Johnston, 2014: 18} 이것은 세 가지 공통목표, 곧 사회적 배제와의 싸움, 참여의 확대, 적극적인 시민권 장려에 역점을 둘 필요가 있다.^{Johnston, 2014: 18} 이것은 사회 변화를 위한 시민적 평생학습, 곧 신사회운동 접근을 요청한다.^{Jarvis, 2011: 16-17} 따라서 '시민적 학습'은 교실에 한정되지 않는다. 어느 때나 어느 곳이든 시민적 학습은 일어난다. 지역사회 그 자체가 시민성을 위한 학교다.^{Biesta, 2011b: 177} 시민성교육 citizenship education이 미래 시민을 위한 교육이라면, 매일 시행되는 '시민적 학습civic learning'은 현재 실재하는 시민의 학습이겠다.^{Biesta, 2011b: 174} '교육'에서 '학습'으로 전환을 의미함을 뜻하는 '교육의 학습화learnification of education'를 지향하는데, 이것은 '평생학습'으로의 이동을 말해준다.^{Biesta, 2013} 따라서 마을공동체교육운동과 평생교육운동의 유사점과 차이점을 깊이 재검토하고 상호 관계를 재개념화할 것을 요구한다.

이제 촛불시민혁명 이후 새로운 국면을 맞이한 한국 사회는 국가주의 패러다임으로부터 지역사회 패러다임으로 전환하자는 시대정신을 내보였다. 우리 사회는 지금 세계주의/보편주의와 국가주의/민족주의 그리고 지역주의/풀뿌리민주주의라는 세 사조가 조합이 잘 이루어지지 않은 채 각축을 벌여 불안한 긴장을 보이고 있는데 평형을 찾아야 한다.Sewha, 심성보 옮김, 2014 민족국가nation-state는 세계주의globalism와 지역주의localism의 조정자 역할을 해야 한다. 사실 '지역공동체local community'에 대한 관심은 국가주의에 대한 대안으로서 지역주의의 부상과 관련이 있다. 민족국가는 세계주의와 지역주의를 매개하는 중재자가 되어야 한다. 와해된 지역사회를 재생하고자 하는 마을교육공동체운동은 이러한 시대 흐름에 대한 응답이다. 이제 국가는 지역사회와 지방분권자치를 튼튼하게 하려는 세계사적 흐름을 포착하여 이에 조응하는 마을교육공동체운동을 벌여야 한다. 이를 위해 마을교육공동체운동에 대한 새로운 비전을 설립하고 동시에 확고한 의지를 가지고 실천 운동에 나설 때다. 국가와 시장에 대해 견제와 감시를 잘할 수 있는 성숙한 시민사회[54] 건설에 마을공동체의 민주적 주체를 확고하게 세우는 마을교육공동체운동이 선구가 돼야 한다.

---

54. '시민사회'는 우리가 국가와 사회를 구성하는 성원으로서 제 역할과 의미, 권리와 의무를 성찰하는 수준과 비례하여 발전한다. 성숙한 시민사회에서는 모두가 시민이 무엇인지 잘 알고 있기 때문에 시민으로서 공익과 관련된 사회 문제에 적극 참여한다. 이에 반해 성숙하지 못한 시민사회에서 사람들은 사회참여는커녕 구성원으로서 권리 주장도 제대로 하지 못할 뿐 아니라 시민의 자격이 무엇인지도 알지 못한다. 이처럼 시민으로서 자기의식과 성숙한 시민사회의 발전 사이에는 상호 구성적인 연관관계가 존립한다. 성숙한 시민사회는 '깨어 있는 시민'을 필연적으로 전제하고, 국가 및 사회의 구성원으로서 제 의미와 역할을 의식하고 있는 시민들이 '성숙한 시민사회'를 구성한다.

12장
민주시민교육의 세계적 동향

1. 민주시민교육의 현실

　국제적 시민교육연구회IEA CIVED Study는 2007년 28개 국가의 젊은이(14세 연령, 거의 9만 명)를 대상으로 시민성, 공민, 그리고 교육과의 관계를 조사하였다. 이 연구는 학교가 어떻게 시민적 지식, 태도 그리고 참여를 어떻게 촉진하는지를 보여주는 시민성을 위한 교육의 인지적, 개념적 그리고 태도의 지평에 대해 논의하고 있다. 젊은이들에게 가르쳐야 할 시민적 내용의 지식(국가기구, 시민단체, 자유와 평등의 원리 등), 시민적 정보를 해석하는 기술(미디어를 통해 만들어진 발표의 해석 등), 시민의 역할 개념과 그들이 시민적 활동에 참여하게 되는 범위(투표, 자원봉사, 지역사회조직에 대한 자원봉사활동과 참여)를 밝히고 있다. 각 나라의 정치적, 사회적, 문화적 맥락 속에서 시민성교육의 준비, 시민 역할에 대한 학습자의 인지 형성 정보를 제공하고 다음과 같은 결과를 발표하였다.^{Bamber, 2014: 112}

- 시민성을 위한 교육은 많은 나라에서 낮은 위치에 머물고 있다. 시민성이나 관련 영역을 가르치는 교사가 비판적 사고를 북돋는 것에 가치를 두고 있지만, 실제로는 시민성교육의 대부분이 훈화적이고 내용

전달 수준에 머물고 있다.

- 각 나라의 젊은이들은 국가의 정체성에 대해 긍정적 의식을 갖고 있다(정치공동체로서 정부기관 등 자기나라에 대한 신뢰를 표명).
- 젊은이들이 갖고 있는 뉴스의 주요한 원천은 TV이다.
- 젊은이들의 80% 정도는 투표의 중요성을 알지만, 정당의 구성원이 되는 것, 특정 이슈에 대해 우려하는 목소리를 신문에 투고하는 것 같은 정치 참여에 별 관심을 보이지 않는다. 그 대신 젊은이들은 지역사회 공동체 단체에 참여하고 사회적 대의를 위해 기금을 모으는 것 같이 선거정치나 정당과 관련이 없는 활동을 선호한다.
- 젊은이들은 또래와 같이 활동할 수 있는 조직에 속하는 것과 그 노력의 결과를 보는 것을 좋아한다. 젊은이를 위한 시민적 준비에 적극적 영향력을 미치는 청소년단체의 잠재력을 이용하는 것이 충분하지 않다.
- 민주적 실천(교실 토론을 위한 열린 분위기, 학생 주도의 학교자치위원회 이용)의 모범을 보여주는 학교는 시민적 지식과 참여의 촉진에 있어 최대의 효과를 보였다. 그중 25% 정도의 학생들은 제 의견을 표출하도록 격려되고 있지만 실제 그렇게 하지 못했다.

2. 세계시민교육의 국제적 동향

1) 고대 그리스의 시민교육과 학생자치

오늘날 민주주의의 원조인 그리스는 좌우의 극심한 대립으로 국가가 요동치고 있다. 그리스는 유럽공동체EU 탈퇴와 잔류를 반복하다가 결국 잔류를 선언하고 말았다. 이렇게 된 데는 제조업 등 기초산업의 취약 등 여러 가지 원인이 있겠다. 필자가 몇 년 전 그리스를 방문했을 때는 그렉시트GREXIT를 둘러싸고 화염병이 날아다니는 등 연일 시위가 끊이지 않았다. 민주주의 원조의 나라이고, 대철학자를 배출하고 위대한 문명을 건설한 그리스. 우리는 촛불혁명으로 권력을 교체했는데, 지금 그리스는 오히려 갈등을 폭력적으로 방법으로 처리하고 있다. 그리스는 언제 다시 민주주의 원조 나라의 영광을 되찾을 수 있을 것인가?

그리스의 불안정한 왕정은 기원전 12세기 말에 들이닥친 난민들에 의해 붕괴되었고, 이내 그리스의 암흑시대가 시작되었다. 혼란을 틈타 몇몇 유력 가문이 땅을 차지하여 부를 독점해 귀족 특권층을 형성했고, 이들 가운데 가장 강한 유력자를 중심으로 주변 부족국가들의 연합체를 형성하여 폴리스polis: city-state[55]란 새로운 국가 형태를 만들었다. 세월이 흐름에 따라 생산성이 증가하고 전문화된 경제체제가 발달하면서 폴리스 바로 아래에 '아고라Agora(광장)'[56], 곧 시장이 생겨나서 공동생활의 중심지가 되었다. 아고라는 직접민주주의의 정치공동체였으며, 모든 이를 위한 배움터였다. 기원전 6세기경부터 건물과 신전이 들어서고, 광장 주위에 노점이 들어섰으며, 남자들이 아침 일찍 아고라에 나와 장을 보고 잡담이나 토론도 하였다. 폴리스 시민들은 국가의 중요한 일을 논의할 때 주로 아고라에 모였다. 아고라는 시장이었을 뿐만 아니라 각종의 정치·종교·문화 시설을 여럿 갖추고 있었다. 이때부터 폴리스는 왕과 귀족들이 사는 성채와 그 바깥의 주민들이 사는 지역 모두를 아우르는 의미를 갖게 되었고, 정치와

---

55. 'polis'의 어원은 '요새', '성채'의 뜻이다. 폴리스는 본성적으로 가정과 우리 각자(개별자) 모두에 앞서 존재한다. 왜냐하면 전체는 필연적으로 부분에 앞서야만 하기 때문이다. 오늘날 정치(politics)의 어원을 이루는 그리스어 polis라는 단어는 원래 '둥근 담'과 비슷한 것을 의미하였다. 라틴어 urbs도 '원(circle)'의 뜻을 갖는 orbis와 같은 단어에서 파생하였다. 오늘날 많이 사용하고 있는 town도 동일한 연관을 갖는다. 도시는 본래 독일어 Zaun과 같이 무엇을 둘러싸고 있는 울타리(fence)를 의미한다. 담 없이 소유가 존재할 수 없는 것처럼 법의 담벽 없이 공론 영역은 존재할 수 없다. 담이 가족의 생물학적 삶의 과정과 소유를 보호하는 경계라면, 법률은 정치적 삶, 곧 공론 영역을 둘러싸서 보호하는 울타리였다.

56. '아고라(Αρχαία Αγοράτης Αθήνας → Αρχαία Αγορά της Αθήνας)'는 원래 '모이다'란 뜻이다. 아고라는 배움 공동체의 원형이다.

종교의 중심지인 성채 자체는 '아크로폴리스'로 불리게 되었다.

아고라는 민회民會나 재판, 상업, 사교 등 시민 교류의 장소였다. 정치를 논하고 웅변가의 연설을 듣는 공론의 장이 됐다. 폴리스 구성에서 가장 중요한 요소는 공동 결정을 내리는 공공장소였다. 이때 그리스인들은 신이나 전통, 인간이 만든 법률에 의존하지 않고 토론을 통한 의견 교환과 상호 이해, 이를 바탕으로 한 양보와 타협, 합의를 통해 현안의 해결책을 공동으로 결정했다. 이미 호메로스 시대부터 토론과 합의는 시작됐다. 민주적 결정 과정은 구성원들 각자의 자유가 전제되어야 가능했다. 아고라 같은 배움의 공동체는 사람들 간의 정서적인 느낌을 서로 통하게 만드는 네트워크이자 서로에게 믿음의 토대가 돼주는 매개체다. 모든 시민이 아고라에서 도시의 일을 의논하던 아테네의 민주주의는 시민의 지혜에 대한 믿음에 기반을 둔 것이다. 시민들은 자기 운명을 결정하는 자리에서 열린 마음으로 경청하고, 이성적으로 판단했다. 모든 시민을 존중하는 마음이 토론을 가능하게 한다.

그리스의 폴리스는 정치체제를 공유하는 시민의 사회다.Aristoteles, 김재홍 옮김, 183-188 폴리스는 고대 그리스 세계의 전형적인 국가형태를 이루면서 하나의 중심도시를 핵으로 한 정치적·경제적·문화적 생활의 기본 단위를 형성했다. 폴리스는 대외적으로 독자적인 자유와 자치를 이상적 상태로 보았다. 또 대내적으로 폴리스는 자유시민들의 공동체였다. 공동체 생활은 공동부담, 공동수혜의 원칙으로 유지되었다. 시민들이 자발적으로 참여하려면 자기 공동체에 대한 소속감이 있어야 했다.김봉철, 2004: 90-91

기원전 5세기에 아테네는 어떤 면에서 우리 시대와 달랐다. 당시 아테네는 민주주의의 이름으로 살육과 전쟁을 벌였고, 표현의 자유를 찬양하면서도 신화적 세계관의 근본을 흔드는 급진적 사상은 탄압했다. 소크라테스가 살던 시절 아고라는 종교 열기로 가득했다. 이에 대해 소크라테스는 가만히 있지 않았다. 소크라테스를 고발한 사람들은 그의 가장 큰 죄목이 불경죄라고 단정했다. 젊은이들을 아테네의 신에게서 등 돌리게 하여 타락시켰다고 보았다. 소크라테스는 침묵하지 않았다. 50년 넘게 끊임없이 질문하여 아테네 사람들을 괴롭혔다. 그는 자신이 사람들을 가르치는 게 아니라, 사람들이 "알고 있는 것을 잊게 한다"고 주장했다. 그가 보았던 아고라는 죽은 자의 집이 아니라 산 자들의 장소였다. 음악회가 열렸고 병사들이 훈련했으며 책을 팔았고 극을 상연했으며 조각을 새기고 다듬었다. 당시 아테네 시민은 외국인에게 없는 표현의 자유를 누렸다. 소크라테스는 이 특권을 열정적으로 활용했다. 거리에서든 부잣집에서든 사람과 영혼의 관계를 탐구했다. 소크라테스와 더불어 자치적이며 관용이 넘치는 도시국가 아테네를 태어나게 한 사상, 민주주의 이념이 등장했다 사라졌다. 그는 아테네의 시민도 그리스의 시민도 아닌 세계 시민으로 살았다.

하지만 아테네 시민들은 소크라테스를 위협으로 느꼈고 그를 제거하려고 투표했다. 반면 소크라테스는 자신이 아테네의 영혼을 구원할 수 있다고 생각했다. 소크라테스의 죽음은 어떻게 해석해야 할까? 폭민정치일까? 정치적 음모일까? 혹은 다수의 통치가 어떤 것인지 보여주는 사례일까? 소크라테스 이야기는 개인의 자유와 공동체의 규율 사이의 갈등을 보여주고 있다.[Huges, 강경이 옮김, 2012: 24] 소크라테스는 타협을 거부했고 결국 죽음을 맞았다. 그래서 소크라테스는 인류 역사상 최초의 이데올로기 순교자로 여겨진다.

소크라테스가 죽고 두 세대가 흐른 뒤 민주주의가 죽었다고 아리스토텔레스는 선언했다. 정치가를 꿈꾸었던 아리스토텔레스는 플라톤처럼 자신의 꿈이 좌절되자 후진을 양성하는 교육자의 길로 들어섰다. 아리스토텔레스는 모든 폴리스가 자연적으로 존재한다고 말하고, 인간은 정치적 동물, 곧 본성적으로 폴리스를 형성하며 살아가기에 적합한 존재라고 역설하였다.[Smith, 오숙은 옮김, 2018: 134] 폴리스는 작은 결합 형태로 구성되어 차츰 커졌다. 처음에는 가족이 생기고, 가족들이 결합해 한 마을이 형성되고, 그다음에 마을들이 결합해서 하나의 폴리스를 형성했다. 폴리스의 으뜸 목적은 자신들의 방어였다. 이들은 비상사태를 대비하여 영역 안 가장 높은 지역에 '폴리스'라 일컬은 요새를 만들고, 거기서 중요한 사항들을 토론했다. 사회 구성원 전체가 모여 종교 제의도 치렀다. 폴리스, 곧 국가는 가장 고도로 발달한 인간의 결합 형태로 보인다는 점에서 자연적이다. 국가는 인간으로 하여금 인간의 자연적 목적telos을 성취하고 완성하게 해준다는 점에서 자연적이다. 인간이 정치적 동물인 것은 폴리스 생활에 참여하는 것이 인간적 탁월함을 성취하는 데 필요해서이다. 국가 없는 인간이란 모자란 사람이거나 신일 것이다. 아리스토텔레스는 정치적 본성이 인간의 본질적 성격이라고 했다.

고대 그리스인들에게 정치는 '폴리스 일에 대한 기술'이었다. 이 기술은 자유시민이면 누구나 다 알아야 했다. 페리클레스(BC 495~429)의 말마따나 아테네인들은 폴리스의 공적인 일에 신경을 쓰는 것이 자유시민의 임무라고 여겼다. 폴리스 일에 조금도 신경을 쓰지 않는 시민은 정치에 무관심한 사람이라기보다는 '쓸모없는' 사람으로 여겼다. 정치가 우리 삶을 결정하므로 모든 시민은 정치에 대해 늘 깊은 관심과 참여를 필요로 한다. 정치를 '나 몰라라' 하는 것은 직무유기요, 권리포기다. 그런 사람들은 플라톤의 말대로 자신보다 훨씬 못한 사람들의 지배를 받는 수모를 겪을 수밖에 없다.유재원, 2017: 18-19

폴리스에 거주하는 시민들은 국가 중대사를 논의할 때 주로 '아고라'에 모였다. 시민교육civic education도 시행됐다. 그 목표를 서술해보자. ①국가의 결속과 안정에 기여하는 것이 시민의 책임이며, 시민은 그 기여 방법을 배운다. ②시민의 의무를 구체적이고 실천적으로 배운다. 시민의 덕성이 고전적 시민성 개념의 핵심인데, 제 의무를 수행하는 사람만이 덕성이 있다. ③예비 시민에게 그들의 사회적·법적·정치적 권리를 가르친다.Heather,

^{김해성 옮김, 2007: 17-18} 시민의 자질 함양은 군사적 목적이자 시민의 목적이다. 플라톤은 인간의 계발이 폴리스의 정치적 틀 안에서만 이루어질 수 있다고 여겼다. 참된 교육은 좋음arete을 배우는 것이다. 교사는 학생에게 올바른 규칙을 어떻게 행사하며, 또 어떻게 복종하는지 알고 싶어 하는 열렬한 욕구를 불러일으켜야 한다.^{Heather, 김해성 옮김, 2007: 37-38} 인격교육과 시민교육이 공생관계에 있다. 시민은 끊임없는 공부와 실천을 통해 공공의 사회질서를 보존하고 향유하는 과정에서 자기의 사람됨도 키운다.^{Heather, 김해성 옮김, 2007: 40}

고대 아고라에서 다들 눈을 반짝이며 자유롭게 정치 토론을 벌이던 모습은 광화문 광장의 시민들을 떠올리게 한다. 곳곳에서 연설하는 시민들 목소리는 이소크라테스의 수사학rhetoric[57]을 연상하게 한다. 민주적 의사소통의 필요와 그에 대한 대중의 열망이 커진 오늘날 수사학은 타당성 있는 실천적 이론의 토대를 제공하고 있다.^{한기철, 2016: 4} 세월이 흘러도 변치 않는 관심을 누리는 주제들, 항구적인 가치를 지닌 주제에 대한 말logos[58]은 인간을 동물적 수준에서 끌어올려 문명된 삶을 살도록 하는 인간 고유의 특성이다. 말의 예술인 수사학은 문명인의 삶 전체만큼이나 그 폭이 넓다. 말은 유익한 것과 해로운 것을 밝히는 데 쓰이고, 정의로운 것과 정의롭지 않은 것을 밝히는 데 기여해서이다.^{Smith, 오숙은 옮김,2018: 134} 이소크라테스가 학생들을 북돋운 것은 안목의 넓이와 음조의 고결함, 문학적 세련미와 매력, 차원 높은 웅변술이었다.^{한기철, 2016: 204-205} 수사학은 단순히 말의 기

---

57. 수사학은 말을 통한 설득이다. 말을 통한 설득은 첫째, 말하는 자와 듣는 자가 평등한 위치에 있어야 하고, 둘째 이들에게 말을 자유롭게 건넬 수 있고, 그 말한 바에 대해서 동의하거나 거부할 수 있는 자유가 부여되어 있어야 한다. 설득은 듣는 자의 의지를 말하는 자쪽으로 바꾸는 행위를 의미한다. 따라서 '말을 통해서' 설득한다는 것은 금품이나 그와 유사한 유혹의 수단을 통해서, 폭력과 같은 강제 수단을 통해서 상대방의 의지를 바꾸는 것과는 다르다. 수사학은 타인을 설득할 뿐 아니라, 우리 스스로를 설득하기도 한다. 우리는 그것으로 공적인 일을 처리하기도 하고, 가정 내 화목을 이루기도 한다.
58. 동물 중에서 인간만이 말을 한다.

술을 숙달하는 것이 아니라, 정치적 상황에 수사적 원리를 적용하는 능력인 것이다. 수사학 교육에서 이소크라테스의 프로그램은 시민생활을 위한 준비로 사용되었는데, 웅변가와 시민 모두에게 필요한 학습이었다.^{Poulakos,}
2004: 44-45

그리스 시민의 주된 임무 중 하나가 자신의 폴리스를 위해 싸우는 것이어서, 시민교육은 특히 보병의 전투기술을 연마하고 전투 의지(좋음, 탁월성, 시민적 덕성)를 북돋는 일을 포함했다. 국가와 그 전통에 대한 자부심이 교육 내용의 일부가 됐다. 아리스토텔레스는『정치학』에서 다른 시민들과 더불어 살며 폴리스에 복무하는 삶을 바람직한 삶이라고 보았다. 최상의 정치체제regime[59]에서 시민은 덕에 따른 삶을 목표로 하고 지배받고 지배하는 능력을 품고 있으며 합리적으로 선택하는 사람이다. 좋은 시민은 지배받는 데 머물지 말고 국가를 잘 지배할 줄도 알아야 한다.[60] 늘 깨어 있는 좋은 시민들만이 좋은 정치체제를 만든다. 그렇다면 좋은 시민은 누가 만드는가? 아리스토텔레스는 시민 각자가 좋은 습관을 들이며, 또 정치가 공공의 교육을 통해 그렇게 할 수 있다고 믿었다. 하지만, 오늘날 이런 아리스토텔레스의 주장에 수긍하는 사람이 얼마나 될까? 그리 많지는

---

59. 아리스토텔레스는 정치체제를 군주정, 귀족정, 혼합정(시민의 통치를 포함한)으로 구분했다. 1인 지배의 군주정으로부터 참주정으로, 귀족정으로부터 과두정으로, 혼합정으로부터 민주정으로 타락한다고 경고했다. 정치체제가 혼합될수록 그만큼 안정적이라고 보았다. 로마의 역사가 폴리비우스도 플라톤과 아리스토텔스의 레짐에 대한 문제의식을 적극 수용하고, 역사서술방식에 적용하여 '정치체제 순환론(Anaclyosis)'을 주장하였다. 그는 역사의 보편 법칙으로, 정치체제의 변화과정은 결국 군주정 → 귀족정 → 과두정 → 참주정 → 민주정 → 중우정 → 참주정 → 군주정으로 순환된다고 보았다. 정체의 흥망성쇠를 막기 위해서 군주정, 귀족정, 민주정이 혼합된 정체인 '공화정'(republic: mixed political body)을 주장하였다.

60. 좋은 시민의 덕과 좋은 사람의 덕은 같을 수 없다. 시민의 덕은 필연적으로 정치체제와 관련되어 있기에 홀륭한 시민의 덕은 하나일 수 없다. 반면 좋은 사람은 한 가지 덕, 곧 완전한 덕을 지니고 있다. 따라서 홀륭한 사람이 지니는 덕을 획득하지 않고서도 홀륭한 시민이 될 수 있다. 왜냐하면 홀륭한 시민의 덕은 모든 사람에게 속해야 하는 것이지만, 홀륭한 폴리스에 살고 있는 시민들 모두가 필연적으로 좋은 사람이 아닐 경우에는 좋은 사람의 덕이 모든 사람에게 속하는 것이 불가능하기 때문이다.

않을 것이다. 오히려 좋은 시민은 스스로 자각하고 깨어 있는 정치의식을 가진 시민들 사이에서 성장하기 마련일 것이다.^{Aristoteles, 김재홍 옮김, 14-15} 정치학은 시민의 덕성을 함양하는 교양이었다.

'정의'는 폴리스적인 것이다. 왜냐하면 정의는 폴리스를 형성하는 정치 공동체의 질서이고, 그 정의는 정의로운 것의 심판이기 때문이다.^{Aristoteles, 김재홍 옮김, 35} 왕실 안의 불화와 법을 무시하는 왕들의 독선적 독재 때문에 왕정이 몰락했다. 그래서 아리스토텔레스는 정치학의 목적을 플라톤에서 시작된 덕 있는 삶과 고귀한 삶을 드높이게끔 폴리스를 새롭게 개조하는 데 두었다.^{Aristoteles, 김재홍 옮김, 657} 하지만 플라톤은 정치 활동에 너무 일찍 개입하는 것이 순수한 연구를 방해한다며 수사학보다 정치학 연구를 권하였다. 이소크라테스의 '수사학'을 순수한 연구를 위한 진지한 철학으로 보지 않았다.[61] 그런데 플라톤의 명성으로 가려져 있지만 오늘날 이소크라테스는 그리스, 로마를 통틀어 인문주의의 원조라고 불리고 있다.

이소크라테스는 사변적인 이론교육과 부도덕하고 탐욕적인 수사학 교육을 모두 비판했다. 이소크라테스는 수사학 교육을 도덕과 연결시켰다. 그의 수사학 수업은 시민교육 프로그램이었다.^{Poulakos, 2004: 44; Morgan, 2004: 125-127} 수사학적 교양은 매우 정치적이었다. 좁은 정당정치가 아니라 복지와 돌봄의 넓은 뜻의 정치를 지향하였다.^{Leff, 2004: 241} 그는 담론을 균형 있게 조절하고 장악하는 것을 이른바 교양 또는 교육_{paideia}의 지표로 보았다.[62] 그는 이 교양이 보편교육으로 획득될 수 있다고 보았다. 그리고 수사학이 개인 문제가 아니라 대국적이고 공익적인 주제를 다루므로 인간교육

---

61. 이소크라테스(플라톤보다 7~13세 연상으로 추정)는 교육관이 플라톤과 달랐다. 플라톤은 경험세계보다 사변적인 추상 세계를 더 중시했고 수사학을 비판했다. 이는 소크라테스의 관점을 이어받은 것이다. 플라톤이 수사학을 비판한 이유는 보편적인 진리와 도덕성이 결여됐다고 보았기 때문이다.

62. 로마의 키케로는 교양/교육을 라틴어로 'humanitas'라고 번역하였다(Cicero, 안재원 옮김, 2017: 32-34).

과 시민교육을 겸비한다고 보았다.김봉철, 2004: 331 교육/교양의 일차 목표는 유창한 연설보다는 인간으로서, 시민으로서 올바른 행실을 보이는 것이다. 수사학은 변증론과 동일한 학문 지위를 가지고 있었으며, 양자는 서로에게 상보적 존재였다. 이소크라테스에게 철학은 급변하는 정치 상황에서 대중과 도시국가에 유익한 판단을 내릴 수 있는 현명함과 시의적절한 의견을 제시하고 다른 사람들과 소통할 수 있는 연설 능력을 갖추게끔 가르치는 일을 돕는 것이었다. 교육은 외적인 사고와 내적 사고의 종합인 담론 logos을 장악하는 데 매우 중요한 역할을 담당한다. 담론은 표현양식일 뿐 아니라, 이성적으로 사고하고 느끼고 상상하는 것까지 모두 포함한다.

이소크라테스는 특별히 자신이 추구하는 교양을 '철학'이라고 지칭하고 자신을 '철학자'로 지칭한다. 그는 교양이야말로 사람들이 삶을 살면서 맺는 모든 관계를 포괄한다고 생각하였다. 과학을 가르치는 교사들과 예술을 가르치는 교사들을 함께 비판했다. 삶을 전반적으로 조망하는 안목을 결여하고 있다고 보았기 때문이다.한기철, 2016: 207 그러기에 '교양인'/'교육받은 사람'은 첫째, 날마다 맞닥뜨리는 상황을 능숙하게 처리해가는 사람이다. 상황이 생길 때마다 정확한 판단력을 구사하고 쓸모있게 처신해야 한다. 둘째, 교양인은 만나는 사람들 모두에게 품위와 예의를 갖추는 사람이다. 타인이 불쾌하거나 공격적인 행동을 할 때라도 부드럽고 온화한 태도로 대하고, 합당한 사람으로 받아들여지도록 처신한다. 셋째, 교양인은 기쁠 때라도 적절히 제어할 줄 아는 사람이다. 불행을 당했을 때라도 지나치게 의기소침하지 않아 남의 귀감이 된다. 넷째, 성공을 거두었다고 거기 도취되어 자만심에 빠지지 않는다. 자신이 이룬 성취는 자신이 원래 잘 나서 이룬 것이 아님을 잘 안다. 지금까지 열거한 품성을 다 갖추었을 때라야 지혜롭고 완벽한 인간이라 부를 수 있다.한기철, 2016: 207-208 교육의 역할은 상상력과 건전한 의견, 상황 예측력, 뜻하지 않은 사태를 맞아 올바른 행복을 선택하는 능력을 발휘하는 사람을 길러내는 일이었다.

아리스토텔레스는 개인의 행복을 구현하는 윤리학이 사회의 행복을 구현하는 정치학의 토대를 구축하는 것이며, 정치학은 윤리학의 실천적 목적인 인간의 행복을 실천하고 이끌어간다고 했다. 이 둘의 목적은 관조하고 알려는 것이 아니라, 탁월성을 소유하고 활용하도록 애써서 훌륭하게 되는 것이다. 그러려면 듣는 사람의 영혼이 습관을 통해 고귀하게 기뻐하고 미워하는 것으로 향할 수 있도록 준비되어 있어야 한다. 성격적 탁월성, 곧 덕은 습관의 결과로 생겨나며, 습관을 통해 덕이 완성된다. 나아가 입법가는 시민들에게 습관을 들여서 좋은 시민으로 만들어야 한다. 아리스토텔레스는 "한 국가의 시민들은 항상 국가의 정체에 적합하도록 교육받아야 한다."고 주장하였다.

그러나 루소에게 폴리스는 '폴리스화된 상태'로 잘 통치되는 치안의 문제요, 문명화의 문제다. 사회가 인간을 포로로 만들고 길들여 '폴리스화된 국민을 만들어낸다' 했다.시로즈 히노로부, 정규영 옮김,2017: 75-91 문명에 꽃을 장식하는 학문이나 문학, 예술은 왕왕 인간을 속박하는 쇠사슬이 되며, 거기서 폴리스의 낙인을 확인할 수 있다는 것이다. 대지에 인간이 살고 폴리스화됨에 따라 광대한 숲이 벌채되었다고 근대문명을 신랄하게 비판한다. 자연 상태의 유토피아는 폴리스에 의한 개발의 손을 벗어난 곳으로 확장된다. 루소는 인공이 가해지지 않은 것, 미개 상태에 있는 것, 야생의 자연적 인간을 그리워한다.[63] 그는 자연 상태일 수 없는 '폴리스화된 나라'에 만연하고 있는 고유한 병리로서 동성애, 매춘, 부정, 낙태, 기아, 아이 살해, 거세를 고발했다. 루소에게 자연 상태는 '아동기enfance'에 해당되며, 인간의 성장 과정과 유사하게 일국의 정치, 경제, 문화가 일정한 수준에 도달한 상태가 한 개인의 '청년기jeunesse'다. 루소는 이 시기에 시민교육이

---

63. 루소의 『에밀』에서 아이들의 첫 번째 감정은 자기 자신에 대한 사랑의 감정이다. 두 번째 감정은 자기에게 가까이 다가오는 이들에 대한 사랑의 감정이다. 나약한 상태에 있을 때 아이는 자신이 받게 되는 도움과 사랑에 기대지 않고서는 누구도 인식하지 못하기 때문이다.

필요하다고 부르짖었다. 자연 상태로부터 일정한 문명화의 상태로 이행된 시기야말로 폴리스를 실시하기에 가장 적합한 때라고 했다.[64] 어릴 때부터 시민교육이 필요하다는 플라톤의 국가주의적 생각과는 정반대의 입장에 있다.[65] 오늘날 폴리스는 단지 인간의 규율화를 추구하는 것이 아니라, 욕구 그 자체에 작용하는 통치기술로 진화해왔다고 할 수 있다.시로즈 히노로부, 정규영 옮김, 2017: 405 폴리스는 시민사회의 질서를 유지하고, 이념적으로는 복지와 치안의 실현을 도모했다. 폴리스란 사회의 안정장치임에 틀림없다. 그렇지만 매우 모순적인 기능을 스스로에게 부과하는 순치의 장치이기도 하다.

여하튼 근대 그리스 국가는 1830년대부터 태동했고, 이때부터 근대적 시민교육이 시작되었다. 개인은 비형식적 교육(가정)에서 형식적 교육(학교, 정부)으로 이동하고, 충성도 문제는 시민과 추상적 권위자 사이의 공식적 관계에 있을 뿐만 아니라, 교사의 경우 국가 대행자나 중재자 임무와 관련이 있다. 교사와 학생 사이의 충성과 불복종 문제와도 연관이 있다. 하지만 자유로운 시간(schole: school의 어원)이 없으면 전면적이고 광범위한 국가 주도의 시민교육은 가능하지 않다.

학교가 '폴리스', 곧 민주공화국이 되려면 학교 전체가 민주적 공동체로 작동해야 한다. 역사·철학·민주주의의 실천에 대해 가르치는 방식이어야 하고, 이웃, 국가, 글로벌 차원에서 민주적 행동을 지지하는 방식으로 폴리스를 형성할 수 있어야 한다.Wrigly, Thomson, & Lingard, 2012: 203 그래서 오늘날 폴리스의 이념은 시민교육의 중핵으로서, 새로운 진보주의 교육의 흐름

---

64. 영국의 애덤 스미스는 폴리스의 임무를 위생, 치안, 염가 및 풍부에 두었다.
65. 플라톤은 젊었을 때에 정치가의 꿈을 가지고 있었지만, 아테네의 급진적 민주정의 확산에 대한 불만과 스승 소크라테스의 죽음으로 인해 현실 정치가의 길을 포기하였다. 그러나 그가 포기한 것은 현실정치가로서의 길이었지 아테네 사회의 개선 의지마저 버린 것은 아니었다. 그는 교육을 자신의 이상사회를 실현할 수단으로 여겼다. 그는 교육을 통해 각 개인이 자신의 능력을 깨닫고 자신이 속한 계층의 의무를 수행하게 해서 사회정의를 이룩할 수 있다고 보았다. 특히 그는 이상사회 건설에서 시민을 교화하고 지도할 철학적 지도자의 역할을 강조했다.

으로서 학생 자치student self-government를 내세운다.Cogan, & Derricott, 2000: 50 중심 이념은 변화 과정에 전략적 방향을 제시하고, 내부 정책, 관행, 관계 및 문화의 혁신, 학교가 그것의 환경에 연결하는 방법, 교수법의 발전 및 교육과정 개발에 전략 방향을 제공한다. 아테네의 폴리스 이상이 특정 형태의 학교교육과 직접 연계되는 형태를 제시하고 있지는 않지만, 자치self-government 이념을 실현하고자 하는 닐의 서머힐 학교와 콜버그Laurence Kohlberg의 정의로운 공동체학교가 아테네의 폴리스 이념에 바탕을 두고 있음은 분명하다. 우리가 흔히 '정체constitution'라고 번역하는 그리스어 'politeia'는 정부 형태뿐 아니라, 삶의 방식 또는 사회윤리까지 포괄한다.Heather, 김해성 옮김, 2007: 8 듀이는 진보주의 실험학교에서 민주적 삶의 양식을 강조했다.

2) 독일의 정치교육과 보이텔스바흐 합의

독일은 제2차 세계대전 패전 이후 히틀러의 나치즘을 극복하고 새로운 자유민주주의 국가 건설을 지향하는 과정에서 다양한 역사적 과제에 직면했다. 이 과제의 해결을 위해 50년대까지 나치주의 청산, 민주주의 제도와 의식 배양, 독일연방의 건설과 운영에 심혈을 기울였다. 전쟁의 과오를 되풀이하지 않으려면 민주적 시민의식을 북돋아야만 했다. 독일에서는 파시즘 비판 교육을 꾸준히 해왔다. 독일의 정치교육은 '계몽적 측면'과 '체제유지 측면'의 두 갈래로 전개돼 전후 민주주의 재건을 도왔다.

W. 빌리 브란트 총리는 집권 후 "민주주의를 감행한다!"는 조치를 취했다. 선거연령 하향, 성인 기준연령 하향, 학교에서의 더 많은 토론, 공동 결정의 확대를 발표하였다(빌리 브란트 홈페이지 willy-brandt.de 1969년 10월 28일 독일연방의회연설). W. 브란트는 교육현장 속에 민주주의 뿌리 내리기를 시도하였다. ① 국민 모두를 위한 교육: 경제적 지원 대폭 확대, 사민당 집권 9년 동안 교육 관련 예산을 3배로 증액하였다. ② 교육 기회의 균등

실현: 공교육 제도 개혁을 위해 종합학교Gesamtschule[66]를 설립하였다. 인문고등학교Gymnasium, 실과학교Realschule, 주요학교Hauptschule를 하나의 학교 시스템으로 통합하여 자유와 평등의 이념을 제도적 차원에서 실현하고자 하였다.

독일 프랑크푸르트학파의 『성숙을 위한 교육』은 민주주의 교육, 이데올로기 비판 교육, 반권위주의 교육, 저항권 교육, 공감 교육, 과거청산 교육을 중시하는데, 이것이 1970년대 교육개혁을 통해 독일의 새로운 교육원리로 정착되어갔다. 독일 학교에서 정치교육이 하나의 고유한 교과로 자리 잡은 것은 1970년대 후반 민주시민교육의 내용과 방향을 둘러싸고 벌어진 이데올로기적 갈등과 정치적 대결을 극복하고 정치적 합의를 이루어낸 덕분이다. 1970년 당시 서독의 각 주에서 정당들은 자기의 정치교육 내용을 학교와 시민사회에 관철하고자 해서 갈등이 커졌다. 1968년 청년봉기(68혁명)의 영향으로 정치에 대한 관심과 사회비판과 결부된 토론이 격렬했다. 인간해방과 체제비판을 체계화한 프랑크푸르트학파의 비판이론과 이에 바탕을 둔 비판교육학이 등장했다. 이들이 제기하는 비판적 이성은 새로운 사회를 선언하는 것이기도 하다. 보수적 이론가들이 이 흐름에 반발했다. 이 대립은 학생들에게 고스란히 영향을 미쳤으며, 정치교육Politische Bildung에 대한 초당파적인 합의를 끌어냈다. 이것이 보이텔스바흐 합의Beutelsbacher Konsens다. '정치교육'의 세 가지 원칙이 자리를 잡았다.

- 강압/교화의 금지überwältigungverbot 원칙 교사는 자신이 원하는 생각에 따라 학생들을 조정해서 이들이 자주적 판단을 내리는 것을 방해해서는 안 된다. 이 원칙은 교사와 학생의 관계에서 지식의 변형을 요

---

66. '종합학교'는 학교에 모여든 다양한 학생들을 하향 평준화한다는 비판을 받지만, 학생들 모두에게 일정한 정서와 생각의 틀을 공유케 하고 이를 발전시키는 데 초점을 맞추는 것을 기본으로 삼고 있다.

구한다.

- **교실에서의 논쟁 재현**Kontroversitätsgebot **원칙** 학문과 정치에서 논쟁적인 것은 수업/교실에서도 논쟁적으로 이루어져야 한다. 공적 토론에서 나오는 모든 입장이 존중된다. 불-합의와 다원주의적 합의 가능성을 전제하고 있다. 또 학교의 실험실, 나아가 사회 전체의 실험실을 요구한다.

- **학습자의 이익/관심 상관성 고려**Interessenwahrnehmung **원칙** 이 원칙은 아이들의 이익/관심 상황을 감지하여 고려해야 한다는 요청이다. 이 원칙은 학생 중심의 관점이 반영된 '실용주의적 전환'이다. 학생들이 처해있는 상황을 분석할 수 있도록 안내해야 한다. 정치교육은 추상적이거나 공허한 내용을 다루는 것이 아니다.

제1 원칙과 제2 원칙은 독일 시민교육에서 바이마르 공화국 시기부터 논의된 내용이다. 제3 원칙조차도 좌파의 입장에서는 전혀 새로운 입장이 아니고 최소합의이다. 보이텔스바흐 합의는 이후 정치교육의 새로운 근간으로 발전하였다. 기민련과 사민당 사이의 갈등을 해결할 단초를 마련한 것이다. 학생들을 현실 정치의 도구로 삼지 말고 성숙과 비판 능력에 기초해 자립적인 견해를 세우게끔 안내했다.실성보 외, 2016: 43 보이텔스바흐 합의의 정신은 '균형'이 핵심이다.Pohl, 2017 헌법에 기초한 합의이기도 하다.

특히 90년대 초, 동독에서 새로 편입된 연방주의 정치교육에서 보이텔스바흐 합의는 중요한 역할을 하였다. 새로운 사회민주주의 출현에도 지적 정치적 자양분이 되었다. 1990년 동서독 통일 이후 독일의 정치교육은 동독 주민의 체제 적응과 동서독 주민 간의 사회심리적 간극을 극복하는 데 초점을 두고 활발하게 전개되었다.

독일 통일 이후의 정치교육은 민주적 정치문화의 불가결한 요소였으며, '다원성 속에서의 통합'을 대원칙으로 삼았다. 1992년 12월 독일의 정치인들이 민주시민교육을 지속할 것을 초당적으로 재확인한 것은 민주시민교육이 독일인들의 내적 단합과 화합에 절대적으로 필요하다는 것을 입증한 셈이다. 2001년 개정된 '독일연방정치교육원'의 설립 규정은 독일의 '정치교육'의 핵심을 이렇게 밝혔다.

첫째, 민주주의 국가와 자유주의 사회의 성찰된 수용과 실천을 위해 민주주의 규칙의 본질과 절차, 비판력과 합의 자세 등을 교육한다.

둘째, 역사적 결정과 발전의 인과관계를 일깨워주며, 나아가 역사의 연속과 중단에 대해서도 설명한다.

셋째, 시사 문제뿐만 아니라, 과학기술 발전의 부정적 결과와 같은 미래 문제에 대해서도 관심을 기울인다.

넷째, 이웃이나 다른 민족집단 혹은 사회에 대한 그릇된 선입견을 타파하도록 한다.

다섯째, 국제 관계 및 세계경제 관계 등에 관한 교육을 통해 이들 외부 변수와 국내 문제의 상호작용에 대해 밝혀준다.

여섯째, 대중매체의 사회적 역할에 대해 논의하고, 대중매체의 한계점과 전달 내용에 대해 비판적 대응력을 배양한다.

일곱째, 통일 이후 새로운 체제에 대한 동독 주민의 올바른 적응을 위해 과거 사회주의 체제에 대한 비판적 정리와 함께 민주주의적 사고 및 행태를 갖추도록 한다.

여덟째, 통일의 완성을 위해 독일인 전체가 개방적으로 대화하는 전진기지의 역할을 맡는다.

이 규정은 독일 민주시민교육의 방향을 제시하는 것으로서 오늘날 민주적 정치교육의 기본원리로서 수용됐다. 정치교육을 담당하는 교사는 자신의 개인적·정치적 신념과는 별개로 교육적 과제를 규정하고 있다. 독

일의 '정치교육'은 가장 최근에 편성된 교과의 하나로 자리 잡아갔다.[67]

독일은 학교의 발전을 위한 새로운 의제로서 논쟁의 여지가 있는 주제를 둘러싼 토론을 허용하고, 다양한 견해를 제시하며, 모든 견해에 대한 도전을 허용하면서 자신의 입장/견해를 드러내도록 권장하고 있다.[Wrigley, 2003] 강한 논증과 설득이 뒤따른다. 보이텔스바흐 협약의 제1원칙과 제3원칙은 제2의 원칙인 교실에서의 논쟁성 재현의 요청으로 모아진다. 이 원칙은 강압이나 교화적 교수 방법을 삼가는 데서 나온다. 정치적 중립[68]이라는 이름 아래 논쟁적인 주제를 가르치지 않으면, 정치적 문맹자를 길러낼 뿐이다. 정치적 문해력은 민주사회에서 불가결한 요소이다.

보이텔스바흐 합의의 기본 정신은 정치적 성향에 관계없이 누구나 평생 동안 참여가 장려되고, 접근이 용이하며, 다양한 견해와 해석들이 존중받을 수 있도록 설계하고, 그것을 보장할 사회적 합의와 제도적 장치가 필요하다는 함의를 지녔다. 민주시민교육의 관점에서 볼 때 첫째, 그 핵심 메시지는 논쟁적 학습과 토론이 젊은이들의 가치와 태도에 긍정적인 영향을 미치고 교사들이 진정한 차이를 만들 수 있다는 점이다. 둘째, 정치교육이 독일에선 시민권을 얻었지만 세계 여타 나라들에선 아직 답보상태다. 셋째, 원주민 교사 양성과 기존 교사의 재교육 문제가 숙고돼야 한다.[Cowan, & Maitles, 2012: 224-229]

보이텔스바흐 합의 20주년 기념 토론회(1996년)에서 주도자들은 몇 가지 한계를 스스로 지적했다. 이 합의가 사실 서방세계의 가치체제를 반영하고 있으며, 서로 다른 문화 사이에 평화로운 공동체의 삶을 어떻게 조

---

67. 물론 지나치게 정치적 문제와 그에 따른 정치교육 중심적이라는 비판이 제기돼서 오늘날 독일의 학교교육에서 시행되는 민주시민교육의 명칭은 동일하지 않고, 정치교육이라는 용어를 별로 쓰지 않는다. 트롬머(Trommer)(1999)의 분류에 따르면 16개 주를 분석한 결과 'Sozialkunde(사회과)'(9개주), Gemeinschaftskunde(3개주), Politische Bildung(1개주), Wirtschaft/Politik(1개주), Politik/Sozialkunde(1개주), Poitik(1개주)에서 보듯 '정치교육'이라 사용하는 주는 한 곳이다.
68. '정치적 중립'의 본래적 의미는 정치적 파당과 선동에 의해 휘둘리지 말아야 한다는 말이다.

직해야 할지, 환경적 위기를 초래한 세계화 문제에 어찌 맞설지 언급이 없다는 것이다.Schiele, 1996/2009: 26-27 오늘날 보이텔스바흐 합의는 하버마스의 의사소통과 담론 이론으로 많이 보완되고 있다. 말할 수 있는 사람 모두가 담론에 참여할 수 있으며, 확정된 권리를 인지하는 것을 방해해서는 안 되며, 누구나 자신의 주장을 문제화할 수 있으며, 누구나 자신의 생각과 소망, 욕구를 표현할 수 있으며, 타당한 모든 규범은 각 개인의 관심을 만족시키기 위해 그들의 일반적 복종에 따라 생기는 결과와 부작용은 당사자에 의해 강요 없이 인정될 수 있도록 하고 있다.Scherb, 1996/2009: 246-247 물론 하버마스 이론은 절차적 민주주의를 중시하기에 공동체주의 철학 communitarianism[69]과 덕윤리학virtue ethics[70]의 도전을 받았다. 당연히 보이텔스바흐 합의도 비판에 직면했다.

그래서 최소 합의에 머물렀던 보이텔스바흐 합의에 대한 대안으로 프랑크푸르트 선언2015이 나왔다. 첫째, 정치교육은 현재와 미래의 문제와 관련이 있어야 한다. 둘째, 진정한 정치적 논쟁은 다양한 이해관계와 생각뿐만 아니라 대안을 제시해야 한다. 셋째, 정치교육은 개인/공공, 정치/비정치, 전문가/비전문가의 구분을 가능하게 하여야 한다. 넷째, 정치적 판단에는 인지적인 과정뿐만 아니라, 항상 감정적 요소가 내포되어 있다. 다섯째, 행동을 통해 배우므로 행동할 수 있도록 용기를 주어야 한다. 이에 더하여 보이텔스바흐 협약은 다음을 유념할 필요가 있다. 첫째, 강압/교화 금지의 원칙 때문에 바람직하게 여겨지는 교육(권위, 전통 등)을 하는 것조차 교화/강압으로 오해될 위험이 있다. 둘째, 논쟁 재현의 원칙은 사람 사이의 관계성과 공감교육을 소홀히 할 우려가 있다. 셋째, 학습자의 이익/관심 상관성 고려의 원칙은 세계에 대한 이해와 참여를 소홀히 할 우려가 있다.

---

69. 공동체주의 철학은 개인주의/자유주의와 신자유주의 그리고 의사소통적 절차적 윤리에 대한 대안으로서 제창되었다.
70. 옳고 그름에 대한 판단을 중시하는 합리적 의무 중심 도덕을 '얇은/최소 윤리'라고 비판하면서 이에 대한 대안으로 덕윤리학은 '두터운/최대 윤리'로서 제창되었다.

따라서 강압으로 발전하지 않는 교화, 비난으로 발전하지 않는 논쟁, 세계 이해를 무시하지 않는 학습자 이익을 고려해야 한다.심성보 외, 2016: 137-161

독일은 민주주의 사회 건설을 위한 기본 역량 교육을 실시하고 있다. '해방교육학Emaziationspädagogik'이 제시하는 교육원리들을 내세웠다. 비판적 사유 역량, 자아성찰 역량, 의사결정 역량, 실천적 행위 역량, 갈등·위기관리 역량 등을 국어, 사회, 정치 과목의 교육원리에 포함시키고 있다.Hessen 주71 현대 독일은 1980년대 말 환경, 안보, 평화문제가 중점적으로 다루어졌으며, 1990년대 이후의 시기에는 동서독 주민의 사회·심리적 간극의 극복과 화합 및 구동독 주민의 체제 적응과 유럽통합 문제를 주로 다루었다. 독일에서는 청소년과 성인을 위한 정치교육의 핵심적 핵심 역량으로 정치적 판단 능력, 정치적 행동 능력, 그리고 방법론적 활동을 든다.장은주, 2017: 141-146 '정치적 판단 능력'은 민주주의 사회의 정치에 관한 대화에서 시민으로서 공공의 사건, 문제, 논쟁 등을 사실과 가치의 측면에서 분석하고 성찰적으로 판단할 수 있는 능력이다. '정치적 행동 능력'은 자신의 견해, 확신, 관심을 정리하여 다른 사람 앞에서 적절하게 내세울 수 있고, 합의 과정을 이끌어나가며 타협할 수 있는 능력이다. 그리고 '방법론적 활동'은 경제적·법적·사회적 문제와 같은 시사적인 정치 문제에 대해 독자적으로 파악하고, 전문적인 주제를 여러 가지 방법으로 다룰 줄 알며, 자신만의 심화 학습을 조직할 수 있는 능력이다. 2000년대 이후에는 지식정보사회, 이슬람문화의 이해, 뉴테러리즘 등이 주요 주제로 다루어지고 있다. 지금은 난민 문제로 골머리를 앓고 있다.

---

71. 출처: Dieter(2011). Wunder. An der Spitze der Reformen? Sozialdemokratische Bildungspolitik seit den 1960er Jahren. *Bildung-ein Sozialdemokratisches Zukunftsthema.*

3) 영국의 민주시민교육과 크릭 보고서

시민성교육은 오랫동안 영국의 학교교육과정에서 공식적 위치를 누리지 못했다. 전통적 교과로 자리 잡지 못한 탓에 개별 교사의 관심과 열정에 전적으로 의존하였다.Fogelman, 2004: 85 사회과 교과는 지리와 역사가 있고, 그 외에 의회와 내각 등 정치 제도를 주요 학습 내용으로 한 공민과 civics가 있었다. 사회적 책임의 자각, 진리와 자유에 대한 사랑, 일상 문제에 대한 사고의 힘, 현대 세계의 정치적·경제적 사실에 관한 지식 등이 강조되었다. 그러나 단순한 지식 학습에 그치는 공민 학습에 대해 비판적인 의견이 적지 않았다. 전체주의의 확산은 시민성교육에 대한 관심을 증폭시켰다.

1989년 교육과정은 범교과적 요소를 강조하는 전체적 교육과정이 강조되었다. 차원, 기법, 주제로 짜여졌다. 차원은 모든 아동에게 평등의 기회를 제공하는 데 대한 헌신, 다문화사회의 삶을 위한 준비 등이다. 기법은 의사소통, 셈, 연구, 문제해결, 개인적 사회적 기법, 정보기술 등이다. 주제는 경제적 산업적 이해, 진로교육과 안내, 건강교육, 환경교육, 시민성을 위한 교육 등이다.Fogelman, 2004: 86-87 내용적 요소로 공동체의 본질, 다원주의 사회의 역할과 관계, 의무와 권리, 시민이 되는 책임, 가족, 행동하는 민주주의, 시민과 법, 일과 취업, 여가, 공공 서비스 등이다.

1990년대에 젊은이들의 반사회적인 행위가 빈발했다. 젊은 세대의 투표율 저하 등 정치적 무관심도 짙어졌다. 정치교육의 필요성이 제기됐다. 1990년대 영국사회는 세계화, 개인주의, 좌우의 갈등 심화, 정치적 주체성, 생태적 문제 등으로 제3의 길을 요구하는 소리가 커졌다.Giddens, 1998: 27-28 그들은 시민성의 핵심 요소로 민주주의와 정의, 권리와 책임, 정체성과 다양성, 더불어 살아가기 등을 요구했다.

1996년 영국의 교육법 제406조는 교사가 아이들에게 정치적 사안이나 민감한 주제를 가르칠 때, 한쪽 주장만 강조하는 것을 금하고, 학교에서 편파적 정치교육을 감시할 의무를 학교당국·교장·지방교육청에 부과하였다. 동법 제407조에는 학교에서 정치적으로 민감한 주제를 소개할 때는 반드시 양쪽 견해를 골고루 소개하도록 규정하고 있다. 이처럼 영국은 독일의 보이텔스바흐 합의처럼 '논쟁적 주제controversial issues'를 가르칠 때의 주의 사항을 교육법으로 제정하여 강제하고 있다.영국시민교육자문위원회, 1998: 125

신노동당 정책은 〈모든 아이들은 중요하다Every Child Matter/ECM〉2007-2010로 표현되었다. 교회와 가정 같은 전통 제도는 더 이상 국가의 도덕적·윤리적 가치를 규정하고 촉진하는 데 의존하지 않고 있다. 신자유주의는 사회적 화합에 도전하는 개인주의의 부상과 영향력에 기여하고 있다. 새로운 사회질서의 중심에 있는 아이들은 가족의 일부분으로서, 더 넓고 자유로운 사회 구성체의 일부분으로서, 미래를 준비는 시민으로서, 그리고 정부에 의해 규정되고 학교를 통해 매개되는 문화적 가치와 포부의 표현으로서 큰 사회적 일치와 지역사회참여를 위한 논거의 기반이 되었다. 그래서 교육이 민주적 시민성을 재구성하는 데 핵심 동력이 돼야 한다는 여론이 일었다.

신노동당은 새로운 사회질서를 만들기 위해 시민성citizenship을 요청하였다. 공동체community[72]는 시민성과 같이 다중적 측면을 갖고 있고, 정부에 의해 촉진되는 가치를 신봉하지 않는다. '새로운 질서'의 중심에 아이들이 존재한다. 좌우를 넘어서는 제3의 길 노선인 중도좌파의 제3의 길 정치로서 '공동체주의'가 제창되었다. 이 철학은 민주적 사회주의(주요 행위

---

72. '공동체'는 다양한 의미와 해석을 만들어내고 있다. 공동체는 지리적 영역, 물리적 이웃이나 공통의 관심에 연결된 사람들의 집단(종교적·경제적·문화적·종족적 집단 등)과 연계될 수 있다. 정치적 담론에서 공동체는 강력하게 조직된 도구로 사용될 수 있다. 그것은 집단적 가치를 고취하거나 위협의 인지에 사용되는 것은 물론이고 누구를 '포용'하기도 '배제'하기도 한다. 장소(지역성)를 함께할 때, 관심(공동체의 비장소적 형태, 곧 학문 공동체, 종교 공동체, 종족 공동체, 사이버 공동체 등)을 함께할 때, 교류(공동체정신)할 때 공동체의 의미가 탐구된다. 물론 이들 의미가 중첩되기도 한다.

자로서 국가를 통한 사회정의)와 자유주의(시장경제에서의 개인의 자유를 우선함)의 결합으로 나타났다.Simon & Ward, 2010: 13-17 자유주의 경향을 보이는 '시민적 개인주의'(적극적 시민성을 자력갱생에 연결시키고 복지국가에 대한 의존을 줄이면서 좋은 시민은 공공 서비스의 소비자가 됨)와 민주적 사회주의 경향을 보이는 '시민적 공화주의(적극적 시민성을 정치적 결정에 대한 직접 참여와 연결시키고 좋은 시민은 개별적·집단적 개입에 헌신함)' 사이에 긴장이 있다.

신노동당 정부(토니 블레어 총리)의 정책 이념을 제공한 기든스A. Giddens는 교육을 "경제적 효율과 함께 시민의 응집성을 형성할 수 있는 주요한 공적 투자"2000라고 표현했다. 그는 교육이 개인들이 살아가면서 발전시킬 수 있는 역량에 집중하도록 새롭게 디자인될 필요가 있다고 주장하였다.2000 교육은 신뢰와 책임 규범을 내면화하도록 해 시민사회에 안정성을 부여한다. 이런 규범 없이는 시장은 번영할 수 없고, 민주주의도 생존할 수 없다. 이런 문제의식의 연장선에서 교육부장관 블렁킷David Blunkett이 그의 스승인 세필드대학교 정치학자 크릭Benard Click 교수를 위원장으로 하는 시민성교육자문위원회Advisory Group on Citizenship를 구성해, 학교에서 시민성교육의 목적을 진술하고 포괄적인 시민성교육체제를 수립했다. 이는 20세기에 교육개혁을 전개한 10여 년 후에 국가교육과정에 심각하게 결여된 것이 있음을 결국 인정한 셈이었다.Olssen, Codd & O'neill, 김용 옮김, 2015: 436 신노동당 정부의 '새로운 시민 기르기Educating the New Citizens'1998 프로젝트는 특히 크릭의 제자 블렁킷이 교육부장관이 돼서 두드러진 성과를 거두었는데, 그 후에 영국 정부의 정책으로 채택되었다. 학교가 시민성교육을 모든 아동의 권리의 일부분이 되도록 보장하는 법적 요건이 갖추어졌다.

보수당에서 블레어 신노동당 정부로 넘어가면서(1997년) '제3의 길' 정책이 반영된 크릭 보고서가 발표되었다. 이 보고서는 대처의 기업문화의 경쟁적 개인주의와는 매우 다른 교육 목표를 지향하고 있다. 의회민주주의와 더 넓은 정치적 색채의 시민으로서 참여하도록 준비되고 공동체에 참여하는 데에 필요한 기술과 가치, 태도와 이해 및 지식을 학습하는 일을 포함해 적극적 시민성의 철학이 관통하고 있다. 이 보고서는 학교 풍토와 조직, 학교의 일상적 실제를 포함하는 학교 전체의 문제를 강조한다. 크릭 보고서는 구체적인 시민성교육 프로그램을 연구하기보다는 국가교육 과정의 핵심 단계별로 각각의 구체적 학습 성과를 포함하는 시민성교육의 넓은 얼개를 제안한다. "학교는 아동들이 어떤 견해를 가질 수 있을 것으로 합리적으로 기대될 법한 학교 생활의 모든 측면에 대해 토론과 자문에 참여하도록 학교의 여러 가지 일을 운영한다"고 강조한다. 명백히 이 일은 젊은 사람들을 민주적 실제와 과정으로 끌어들이는 데 목적이 있다.

크릭 보고서는 시민성교육이 시민성과 시민사회에 대한 지식이 아니라, 시민성을 위한 교육임을 강조한다. 사회 구성원으로서 책임감 있는 사회활동을 위해서는 의회민주주의에 대해 알 필요가 있으며, 단지 '신민subject'으로서가 아니라 '시민citizen'으로서 적극적으로 국정에 참여할 수 있어야 한다. 시민은 도덕적일 뿐 아니라 정치적이어야 한다. 건강한 사회는 시민이 되고자 하는 사람들의 사회이며, 시민이 되기 위해서는 바로 곁에 있는 지역사회에 대한 소속감을 가져야 하고, 정체성을 확립해야 한다. 시민이란 모름지기 제 권리가 무엇인지 알고 이해하고 주장해야 한다. 동시에 사회를 강건하게 하기 위해서 자신에게 주어진 의무를 흔쾌히 감당할 줄 알아야 한다. 시민교육은 법과 정의에 대한 교육이며, 민주주의 교육이며, 공동선을 추구할 뿐 아니라 사상의 자유를 지향한다. 시민교육의 결과, 시민들은 갖가지 기술로 무장한다. 듣는 기술, 토론하는 기술, 주장하는 기술, 그리고 나아가서 더 현명한 생각을 받아들이는 기술로 무장하는 것이다.영국시민교육자문위원회, 1998: 135-136

크릭 보고서는 '효과적인 시민성교육effective education for citizenship'을 위

한 세 기둥으로 ① 사회적·도덕적 책임social and moral responsibility, ② 지역사회참여community involvement, ③ 정치적 문해력/교양political literacy 을 제시하였다. 좋은 시민성에 대한 전통적 이념과 진보적 이념을 융합한 것이다.McCowan, 2009: 48 1998년 영국의 크릭 보고서는 다음과 같은 야심찬 시민성교육의 목표를 천명하였다.

우리는 이 나라 정치의 변화를 목표로 한다. 사람들은 자신을 적극적인 시민으로 생각하고, 기꺼이 능력 있고 공적 생활에 영향력을 행사할 수 있도록 준비해야 한다.QCA, 1998

첫째의 '사회적·도덕적 책임social and moral responsibility'은 자기가 속한 공동체에 개인적으로 책임지는 시민성personal citizenship으로서 개인의 도덕적 책임, 인격, 정직, 성실, 자제력, 근면 등의 가치를 추구한다. 아이들이 어릴 때부터 자기신뢰, 교실 안과 밖에서, 권위 있는 사람을 향해, 그리고 서로를 향해 사회적·도덕적으로 책임 있는 행동을 학습하도록 하는 것이다. 시장적 개인주의로 인해 상실된 공동체 정신을 회복하기 위한 것이다.

둘째의 '지역사회참여community involvement'는 참여하는 시민성으로서 지역사회참여, 공적 문제와 지역사회의 사회적 삶에 적극적으로 참여함, 관계성, 공동의 이해, 신뢰와 집단적 헌신, 그리고 특정의 공동체 문제나 기회를 넘어서려고 한다. 아이들은 지역사회참여와 봉사를 통한 학습을 포함하여 생활에 참여하고 이웃과 지역사회의 관심에 보답하는 방법을 배우도록 하는 것이다. 투표율 저하에 대한 대책, 박탈된 공동체의 갱생 프로젝트, 지역사회참여와 봉사를 포함하여 참여민주주의를 구현하고자 하는 지역사회의 민주적 실천으로서 이웃과 시민사회의 작은 결사체에 참여하도록 하기 위한 것이다.

셋째의 '정치적 문해력political literacy'은 정의를 추구하는 시민성으로서 사회적 이슈에 대한 비판적 분석, 사회적 불의의 해소, 구조적 비판, 그리고 자선과 자원봉사를 넘어서는 사회운동을 통한 체제의 변화 등을 시도한다. 아이들에게 시민을 위한 지식은 물론이고 기법을 통해 공적 생활에 지역적으로, 권역별로, 국가적으로 스스로 효능적으로 살도록 민주주의 제도, 이슈, 문제, 실천을 배우도록 한다. 정치적 개념, 절차적 기술, 행위를 통한 학습, 정치적 참여에 대한 지식, 기술, 그리고 가치의 가르침을 통해 관용, 공정성, 진리 존중, 이유 있는 논변, 차이 존중 등을 중시하도록 하여 공적 생활을 하는 데 필요한 효과적인 정치적 소양을 갖도록 하는 것이다.

크릭 보고서의 생각을 잘 녹여낸 것이 〈시민성을 위한 교육과 학교에서의 민주주의 가르치기〉[1998]이다. 그것의 가장 중요한 목표는 '활동적 시민active citizens 기르기'에 있다. 활동적 시민은 교양 있고 책임이 있는 사람을 의미하기에 '인격person'과 '시민성citizenship'이 융합된 것이다.[Davies,

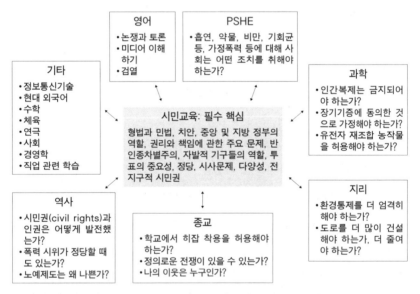

Citizenship Foundation(2006), 신순미 옮김(2008), 『영국 시민교육 지침서』, 민주화운동기념사업회

2010: 122-123 첫째 요소는 인성적 성격(윤리)이 강하다. 우리의 인성교육과 같은 PSHE(개인·사회·건강 교육)와 SMSC(영성·도덕성·사회성·문화성 발달)을 반영하고 있다. 둘째 요소는 개인주의를 극복하기 위해 제시된 것으로 지역사회참여 공동체적 성격이 강하다. 1997년 블레어 신노동당 정부가 집권하면서 우리가 잘 알다시피 '제3의 길' 정책이 반영된 것이다.Garratt & Forrester, 2012: 29-32 세 번째 요소가 독일의 보이텔스바흐의 논쟁성 재현의 원칙과 흡사하다. 셋째 요소는 시민적 성격(정치)이 강하다. 둘째 요소는 첫 번째와 결합할 때 소극적 시민을 양성하는 것으로 이어질 수 있고, 세 번째 요소와 결합할 때 적극적 시민을 양성하는 것으로 이어질 수 있다. 첫째 요소는 자원봉사활동[73]과 친화력이 있고, 셋째 요소인 정치적 문해력[74]은 봉사학습과 친화력이 있다. 지역공동체의 지향에 따라 봉사학습 service learning[75]의 성격도 달라진다. 영국의 시민성교육에서 첫 번째의 도덕적·사회적 책임(개인적으로 책임지는 시민: 인격성)은 보수 진영이 선호하였고, 둘째 요소인 지역사회참여(참여적 시민: 공동체성) 중 하나인 봉사활동은 소극적 시민 양성을 위한 자원봉사volunteering(봉사정신과 이타심의 계발 등)와 적극적 시민 양성을 위한 봉사학습(사회 변화를 위한 체험학습의 일종)으로 나뉘어 발전했다.Bamber, 2014: 115-117[76] 전통적 봉사학습은 도덕적

---

73. 자원봉사는 이타심의 함양과 자선의 원리에 근거한 것이다.

74. 정치적 문해력은 정치참여와 정의의 원리에 바탕을 두고 있다.

75. 봉사학습은 학교(gown)와 지역사회(town)의 교량 역할을 하는 학교혁신의 가장 효과적 방안으로 등장하고 있다(Lisman,1998: 41). 이것은 학생들과 지역사회와도 원활한 연결망을 구축하고, 기존의 학교 벽을 허물어가는 도전적 교육 실험이라고 할 수 있다. 사회와 격리되거나 유리된 학교에서 길러진 학생들에게 사회현실의 참여를 통해 시행착오를 배울 수가 있다. 학교의 외부에 있는 세계(지역사회의 봉사활동)와 내부에 있는 세계(교과교육)의 교량을 놓는 봉사학습 실험이 이루어지고 있다(Rimmerman, 2009).

76. 봉사학습은 공동체/지역사회 기반 인턴십에서 전형을 보여준 체험학습(experiential learning)에 뿌리를 두고 있다. 봉사학습은 개인적(남을 돕는 것에 대한 자기지식과 정신적 성장 그리고 보상, 더욱 식견 있는 진로 선택, 취업 능력의 고양, 자기 효능성의 변화 등), 인간 상호 간(타인과의 공동 활동, 리더십 기술 등), 학문적 차원(학업 능력, 평생의 학습 능력, 비판적 사고, 문제해결, 교과의 더 넓은 참여, 지식에 대한 더 사려 깊은 접근을 심화시키는 기술과 연계성 등)을 포함하고 있다(Bamber, 2014: 116).

사회적 책임의 가치와 연관되고, 비판적 봉사학습은 정치적 문해력(정의 지향적 시민: 정치적 시민성)과 연관된다.[77]

물론 크릭 보고서는 보수와 진보 양측으로부터 비판을 받았다. 사실 우파와 좌파의 절충물이나 다름없었다. 민주주의에 대한 관점은 밖으로 표현된 것의 근저에 있는 원리를 잘 설명할 수가 없었다. 민주주의를 여전히 너무 좁게 개념화하고 있고, 과도하게 유럽적이며, 심지어는 민족주의적이기까지 하고, 17세기의 투쟁에서 출발한 감이 있으며, 보편적 참정권으로 '앞으로 그리고 위로' 나아가는 관점에서 볼 때 문제가 있다. 국민국가/민족국가 중심이었기에 불평등, 인종주의, 소수자/타자, 테러리즘, 다문화주의 등의 문제가 충분히 다루어지지 못했다. 그래서 신노동당 아래 계속 수정이 가해졌다. 이런 가운데 사회정의와 글로벌 시민성을 위한 교육 담론이 새롭게 제기되었다. 보수적 학자들은 윤리적 타협, 평화 구축, 지속 가능한 개발에 대한 이슈를 학습시키는 데 성공적이지 못했다고 비판한다. 진보적 학자들은 시민성, 사회, 민족국가, 평등, 연대, 반인종주의 등의 개념이 충분히 설명되지 않았다고 비판한다. 정치를 글로벌 차원으로 확대하지 않고 민족국가에 우선성을 부여하고 있다는 비판이 제기되었다. 인권교육을 강조하는 학자들은 애국심 고양을 통해 영국 사회의 제도적 인종주의에 도전하기보다는 그에 영합하고 있다고 비판하였다. 다문화교육에 대한 이해, 소수자의 다양성 문제를 갈등 및 차별과 연계시키는 데에서 시대에 뒤떨어진 인식을 보여주고 있다는 지적도 나왔다. 페미니스트들은 남성 우월주의 시민성을 보여주고 있다고 비판하였다. 이 모두 영국적 시민의 다중적 정체성에 대한 문제의식이 희박하다는 것으로 요약할 수 있다.

좀 다른 비판으로서 포스트모더니스트들은 오늘날 사회가 분화되고 있

---

77. 영국의 '지역사회참여'와 미국의 '봉사학습'은 정치적 활동을 포함한다(McCowan, 2009: 198).

고, 개인의 정체성이 널리 퍼져 있으며, 시민성이 의존하고 있는 개인과 사회의 계약적 관계는 더 이상 존재하지 않는다고 비판했다. 그 뒤, 민족적, 종교적 문화적 다양성을 가르치기 위해 다양성과 시민성교육과정을 재검토하는 위원회가 설립되었다. 시민성교육에 대한 크릭 보고서는 추후 보완되고 수정되었다. 그 결과는 세계시민주의의 이상을 보여주는 아제그보 보고서[DfES, 2007]로 나타났다. 그 내용은 영국 사회의 문화적 다양성과 공생을 둘러싼 과제에 대응할 것을 염두에 둔 것으로 아제그보[K. Ajegbo]가 검토한 〈Curriculum Review: Diversity and Citizenship〉[2007]로 나타났으며, 이를 바탕으로 2008년 국가교육과정이 개정되었다. 크릭 보고서의 시민성은 정치적 문해력을 중심으로 하는, 민주주의 사회에서 활동적인 시민의 자질 육성을 주목적으로 하고 있었지만, 국가교육과정에서는 영국 국내의 문화 다양성과 사회적 포용으로 방향을 전환하였다.

특히 시민으로서 직접 경험하게 하는 자치활동, 자원봉사활동과 봉사학습, 학생회 활동이 강조되었다. 모든 학교는 '진보학교',[78] '초점학교',[79] '지속가능한 학교' 또는 '생태학교'가 되어야 한다는 요구도 나오고 있고, '학생의회[pupil's Parliament][80]가 제창되기도 하였다.

국가교육과정은 시민교육의 방법으로 다음 내용을 포함하고 있다. 첫째, 비판적 사고와 탐구와 관련하여 학생들이 논쟁적 이슈, 연구 탐구, 분석 자료에 관여하도록 해야 한다. 둘째, 학생들은 자신의 의견을 드러내고, 그들의 주장을 소통하고 정당화하며, 동의하지 않는 사람들을 포함하여 다른 사람들의 견해를 대표할 수 있는 지지와 표현을 배우고 실천하는 방

---

78. '진보학교'는 교육과정, 학교와 더 넓은 지역사회에서의 시민성교육을 개발한다.
79. '초점학교'는 학교와 더 넓은 지역사회에서 적극적 시민성을 위한 일부의 기회를 제공하는 교육과정을 통한 시민성교육에 초점을 맞추고 있다.
80. '학생의회'의 목적은 학생들이 토론 분야에서 자신감과 기술을 개발하도록 장려하고 활성화하는 것이다. 학생들은 의회에서 제기한 문제를 검토하고 자신의 학교활동을 통해 진전시켜 보도록 권장한다. 의회는 비슷한 프로필과 공통된 경험을 가진 다른 학교의 학교 참사관을 학생들이 만날 수 있게 기회를 제공한다.

법에 대해 배우기를 기대한다. 셋째, 학생들은 개별적으로, 또 타인과 함께 교양 있는 책임감 있는 행동을 취할 것으로 기대된다.Davies, 2010: 118-120

그런데 영국의 보수당 정부가 집권하자 인격교육 속에 시민교육을 포함하였다. 이전의 신노동당 정부가 시민교육 속에 인격교육을 포함한 것과는 정반대다. 그렇다면 우리의 경우 새로운 민주적 정권이 들어섰으므로 영국의 신노동당 정부의 정책을 차용하는 것이 시의적절해 보인다. 새는 좌우의 날개가 있어야 날 수 있듯 보수와 진보의 가치를 공존할 필요가 있다. 발달단계상으로는 인격성character을 토대로 하여 그 위에 시민성 citizenship/civility의 가치를 쌓아야 한다. 인격성은 시민성의 기초를 이루는 토대이다. 따라서 인격교육은 또한 시민교육civic/citizenship education―독일의 경우 정치교육Politiche Bildung―의 기본적 출발점이다. 최근 보수당 정부가 등장한 후 인격교육(PSHE 등)이 활기를 찾은 반면, 시민교육은 위축되고 있는 상황이다.

시민성교육의 구성과 전달에서 여러 취약성을 확인하고 '정체성과 다양성: 영국에서 더불어 살아가기'라는 새로운 줄기가 설정되었다. 두 차례의 의회 교체로 학교에서의 시민성교육 정책은 변화되어왔다. 학교에서의 〈인종 관계의 변화를 위한 (수정) 법령〉2000, 지역사회의 일치를 위한 학교에서의 〈교육과 장학 법령〉2006이 시행되었다.Bamber, 2014: 114 특히 2005년에 일어난 런던 지하철, 버스 동시 폭파 사건이 영국에서 교육받은 이민 2세에 의한 것이었다는 점이 부각되면서 시민성 교과 내용의 변화가 요구됐다. 2008년 9월부터 제4항목으로 '정체성과 다양성: 영국에서 함께 사는 것'에 이러한 문제의식이 반영됐다. 그런데 신자유주의적 세계화의 실험이 거세지면서 영국 사회는 문화적으로나 인종적으로 점점 더 다양해져서 영국사회의 급진적 변화가 일어났다.

이런 변화는 사회적 일치를 위한 수단으로서 공통의 국가적 시민성을 촉진하기 위한 '영국다움'의 등장을 요청하였다. 신노동당의 블레어와 브라운 수상은 21세기의 이념으로 자유에 대한 헌신과 공정성에 대한 신뢰를 제창하였다. 아제그보 보고서에는 '영국다움Britishness'이라는 개념으로 표현된 정체성이 '영국에서의 시민citizen in the UK'이라는 표현으로 바뀌었다. 이후 집권한 보수당 정부(2010~)는 영국다움의 이념으로서 다시 공동체에 대한 소속감과 국가의 정체성 회복 등 '거대한 사회Big Society'를 제창하고 애국주의/국가주의 담론을 유포시켰다. 그 결과가 최근 목격하였듯 '브렉시트' 사태로 귀결되었다. 이를 두고 지금 영국인들이 수십 년 동안 이어져온 이민족의 다양한 문화와 서로 잘 어울려 사는 '영국다움'에 대해 근원적 의문을 품게 한다는 의견도 제기된다. 이민족, 다양한 문화와 잘 어울려 사는 것이 '영국다움'이라고 할 수 있는데, 경제상황이 악화되면서 개방적 생각들이 확고한 안정적 의식이나 습속으로 자리 잡기에는 시간이 충분치 못하다.

2013년 국가교육과정은 '시민성' 교과가 필수도 아닐 뿐더러 내용적으로도 정치제도나 법에 관한 지식 이해를 주로 하는 이전의 '공민'과 같은 성격으로 바뀌었다. 핵심 교과인 영어, 수학, 과학을 중심으로 한 학교교육이라는 보수당의 전통적인 사고방식인 '기본으로 돌아가기Back to Basics'로 회귀한 것이다. 서구 사회의 전통 가치에 근거한 인성교육character education이 강조되었다. 영국의 유럽연합 탈퇴 사태로 유럽연합이 추구해온 세계시민정신의 쇠퇴에 대한 염려가 커졌다.Osler, 2010: 221 영국인으로서의 정체성과 세계시민으로서의 정체성 등 다양한 층위의 정체성이 어떻게 상호작용하며 앞으로 다양한 집단 및 관점에 대응하여 관계를 맺는 데 필요한 역량을 어떻게 키울 거냐는 문제를 묻지 않을 수 없다. 세계시민주의의 핵심에는 문화, 장소, 정체성의 다양성이 공존하는 다문화주의가 자리하고 있다. 국민의 정체성 이동을 요구하며 문화적 다양성을 중시하는 다문화주의의 등장은 애국심 문제와 불가피하게 갈등을 유발하게 된다. 나라를 사랑하는 애국심의 과잉은 국경, 문화, 시간을 초월하는 세계시민적 가치와 불가피하게 마찰한다.

최근 영국은 유럽연합 탈퇴Brexit 이후 EU 정신의 약화를 초래했다. 영국의 유럽연합 탈퇴는 글로벌 시민성과 다중적 시민성보다는 자국의 경제적 이익을 위해 국가적/민족적 시민성으로 회귀한 것이라고 볼 수 있다. 영국의 유럽연합 탈퇴 결정은 국가의 경계선/울타리를 다시 민족국가 시대로 되돌려놓은 것이나 다름없다. 영국이 유럽연합에 투자한 경제적 대가가 자국의 이익에 별다른 도움을 주지 못하고 있다는 판단이 브렉시트 결과를 낳았다. 그렇지만 영국의 노선 전환은 필연적으로 국가 간의 대결과 경쟁, 나아가 전쟁으로 치닫게 한다.

영국의 유럽 연합 탈퇴 이후 그동안 유럽연합EU이 추구해왔던 세계시민정신/글로벌 시민성cosmopolitanism/global/world citizenship이 실종되지 않을까 하는 우려가 커지고 있다. 지역, 국가, 글로벌의 문제가 얽혀 있다. 브렉시트가 계기가 되어 민족주의의 부활로 이어질지, 아니면 새로운 민주주의 유형을 만들 수 있을지 이후의 진전은 불투명하다. 몰려드는 난민, 그치지 않는 테러, 극우파의 선동, 브렉시트로 상징되는 유럽의 위기는 유럽연합의 미래를 어둡게 한다.

이러한 불안 요소가 앞으로 이따금 분출하겠지만 더 이상 전쟁이 일어나서는 안 된다는 유럽인들의 평화에 대한 염원이 워낙 강하기에 유럽연합의 연대는 당분간 공고하게 유지될 듯하다. 제1, 2차 세계대전이 벌어졌던 '전쟁의 대륙'이라는 값비싼 역사적 교훈이 워낙 커서 그럴 것이다. 수많은 민족국가들을 하나의 공동체로 묶어내려는 인류 역사상 초유의 실험은 일단 안정기에 들어섰다고 볼 수 있다. 영국이 유럽연합을 탈퇴하였지만 당분간 급격한 단절로 나타날 것 같지는 않다. 이혼의 절차가 너무나 복잡하고, 한두 가지 이유로 헤어지기보다 여전히 내부적으로 결혼을 깨지 않으려는 국민들이 너무나 많기 때문이다. 이러한 분위기는 필자가 브렉시트 이후 영국을 방문하였을 때 펍PUB에서 대화를 나눈 젊은이들로부터 확인할 수 있었다. 이들은 영국이 또다시 제국주의로 돌아가는 것을 원하지 않았다. 이러한 차분한 분위기는 그동안 자유로운 여행, 문화적 교류뿐 아니라 유럽연합 국가들이 세계시민교육cosmopolitan education/global citizenship education을 꾸준히 해왔기 때문에 가능했을 것이다.

그런데 시민성교육을 위한 교수 방법이 다양하게 개발됐지만, 여전히 전통적 방식을 고수하는 교사도 적지 않다. 좌우의 노선 갈등과 불안정한 권력 교체 때문에 교육정책이 일관성을 보이지 못했다. 영국은 2002년부터 시민성 교과를 법정과목으로 설치하였으나 보수당 집권으로 선택과목으로 바뀌면서 인성교육이 다시 중심 정책으로 자리 잡고 있다. 물론 시민교육 학자들 사이에서는 기본으로 돌아가고자 하는 인성교육(PSHE 등)[81]과 정치적 소양의 함양을 강조하는 시민교육의 공존 움직임도 있다. 그렇지만 영국의 민주시민교육은 지금 정치교육도 아니고 인권교육 또는 인성교육도 아닌 모호한 관점을 보이고 있다는 평가도 있다. 최근 민주주의에 대한 학습뿐만 아니라 민주주의에 참여하기, 사회정의, 돌봄 윤리, 다문화적 시민성, 숙의민주주의, 학교 내의 공론장과 학교-지역사회 간의 공론의 장, 세계시민적 사회민주주의 등을 강조하기도 한다.Olssen, Codd & O'neill, 김용 옮김, 2015: 438-440

필자는 최근 영국을 방문해서 브렉시트BREXIT 시위를 보면서 영국의 미래가 어둡다는 느낌을 받았다. 영국은 자국의 이익을 위해 탈퇴를 강행하였다. 영국이 그리스와 달리 이런 조치를 취할 수 있었던 것은 기초산업과 금융산업이 튼튼하기 때문이라고 한다. 다만 자국의 이해를 위해 유럽공동체의 정신을 포기한 것은 새로운 제국주의 시대를 재개하는 것 같아 과거의 대영제국의 어두운 그림자를 다시 떠오르게 한다.

---

81. PSHE는 PSHEE(Physical, Social Health and Economic Education)로 발전되었다(2007).

4) 미국의 시민교육센터와 민주학교 그리고 봉사학습운동

20세기 미국은 로마 제국 이래 경제적, 문화적, 정치적, 군사적으로 세계 최강 국가가 되었다. 하지만 요즘 미국이 경제적, 정치적으로 쇠퇴해가는 모습을 보면 한 나라의 글로벌 지위가 고정된 것이 아님을 알 수 있다. 거대한 변화가 세계 곳곳에서 일어나고 있으며 교육 영역도 마찬가지이다.

미국 시민교육의 역사에서 듀이는 기념비 같은 인물이다. 그는 1896년 시카고대학에 설립한 실험학교를 구상하고 실천하면서 초등학교의 학습을 혁명적으로 바꾸었다. 지루하게 교훈을 늘어놓는 방식의 기존 교육체제에서 아이들과 교사들을 해방시키고자 하였다. 실험학교의 경험이 『민주주의와 교육』1916에 잘 나타나 있다. 그는 시민교육의 주요 개념으로 민주주의, 공동체, 의사소통, 책임과 진보 등을 강조하였다. 물론 이들 개념은 서로 관련되어 있으며, 진보주의 교육과 민주주의는 서로 불가분의 관계에 있다. 민주주의는 결코 제도의 문제가 아니다. 그는 『공중과 그 문제들』1927에서 "민주주의는 집에서 시작되어야 하며, 민주주의의 집은 바로 이웃한 공동체"라고 역설하였다.

미국의 시민교육은 주로 '사회과social studies'에서 실시하였다. 사회과를 통한 시민교육은 다음의 목적과 논거에 바탕을 두고 있다. 첫째, 기존의 시민성교육은 애국(충성심, 의무, 나라에 대한 사랑)의 역사를 가르치는 전통적 교수법에 기반을 두고 있다. 둘째, 애국의 역사를 가르치던 시민교육이 분석적·과학적 접근의 요소를 추가해서 개혁되었다. 셋째, 과학적 접근을 통해 역사를 가르치는 것에 더해 효과적인 민주적 시민성을 추가하고 있다. 넷째, 사회과는 애국심을 많이 다루고, 사려 깊게 결정하는 시민을 계발하는 것은 소홀히 한 19세기 시민성교육을 개혁하고자 하였다.Field, 2004: 137-138 시민적 역량으로는 학문적 훈련, 법과 연관된 교육, 사회적 문제, 비판적 사고, 가치명료화, 도덕성 발달, 지역사회참여, 제도적 학교개혁 등을 들고 있다. 시민교육, 정치교육의 목표를 비판적 의식고양/의식화, 참여적 시민성의 고양에 두고 있다.Field, 2004: 144-145 물론 이러한 사회과의 목표는 1980년대에 '기본으로 돌아가기Back to the Basics' 운동이 벌어지면서 위축되기도 하였다. 이에 반발하여 다원주의, 간학문적 기회, 민주적 이상, 글로벌 관점, 문화적 다양성, 참여적 시민성, 제한을 받는 정부 등을 중시하는 신사회과 운동New Social Studies Movement이 벌어졌다.

미국의 시민교육은 전통주의자, 자유주의자, 진보주의자 등이 서로 갈등하면서 발전하였다. 전통주의자들은 내용지식(역사, 공민), 핵심적 민주적 이상에 대한 헌신을 강조한다. 자유주의자들은 민주주의의 참여적 측면을 마련하는 것을 강조한다. 나아가 진보주의자들은 문화적 다원주의와 민주주의에 내재된 긴장을 참여와 결합해서 민주적 시민교육으로 개념의 발전을 시도하였다.Hahn, 2008: 265

미국의 시민교육기관으로 유명한 시민교육센터Center for Civic Education http://www.civiced.org가 있다. 시민교육센터는 미국 시민교육 대표기관으로 캘리포니아에 본거지를 두고 있다. 1965년 로스앤젤레스 캘리포니아대학의 시민교육위원회로 시작한 이 단체는 1981년에 캘리포니아주 변호사협회State Bar of California와 제휴한 독립적인 무소속 비영리단체로 설립되었다. 이 단체는 민주주의 원칙에 헌신하고 민주주의 실천에 적극 참여하는 계몽된 책임감 있는 시민을 증진하기 위해 다양한 시민교육 프로그램을 마련하여 운영하고 있다. 시민교육센터가 운영하는 프로그램으로는 'The We the People: The Citizen and the Constitution Program', 'Project Citizen', 'Civitas International', 'School Violence Prevention Demonstration Program', 'The James Madison Legacy Project', 'Representative Democracy in America', 'The Campaign to Promote Civic Education', 'Citizens, Not Spectators' 등이 있다.

그 가운데 '관중이 아닌 시민Citizens, Not Spectators' 프로그램은 루드윅 가족 재단Ludwick Family Foundation의 시민교육센터 및 아살린Arsalyn 프로그램의 협력을 통해 개발된 유권자 교육 프로그램이다. 이 프로그램은 4~12학년 학생들에게 매력적인 유권자 교육을 제공해서 젊은 미국인들의 투표율을 높이는 것을 목표로 한다. 투표하는 방법, 투표과정 작동 방법, 정보를 가진 유권자가 되는 방법, 정보투표의 중요성 등으로 커리큘럼을 구성하여 투표과정을 쉽게 이해할 수 있도록 도와주고 있다. 또한 실습 등 적극적인 학습에 중점을 두고 있으며, 실제 유권자 등록 양식과 투표용지를 사용하여 모의선거에 등록하고 직접 투표에 참여하게 하여 투표 방법을 가르친다. 이 프로그램은 상시로 운영되지만 실제 연방, 주 또는 지방선거를 앞두고 실시하여 그 효과를 높이고 있다. 이 프로그램과 협력관계를 가진 루드윅 가족 재단의 아살린 프로그램은 젊은 미국인들이 선거과정에서 정보에 입각한 적극적인 참여자가 되도록 장려하기 위해 만들어졌다. 아살린은 젊은이들의 정치적 참여가 국가, 지역사회 및 시민들에게 유익한 것으로 간주하며, 투표가 미국 젊은 성인의 평생 활동이 되도록 비당파적이고, 문제 중심이 아닌 포괄적 접근 방식을 확고히 지키고 있다. 이 프로그램은 초·중·고등학생을 구분하여 봄과 가을 두 차례에 걸쳐 강좌 당 50분씩 3일 프로그램을 제공하고 있으며, 5일 프로그램, 확장 프로그램, 대통령선거 프로그램을 추가해서 제공한다. 교사들에게는 강의계획과 함께 자료은행을 통해 교과 과정을 가르치는 데 필요한 PDF 버전의 수업 유인물을 제공한다. 이 프로그램 운영 과정에서는 참여한 교사와 학생, 시민 관찰자들로부터 설문을 전자메일로 받아 커리큘럼을 개선하고 있다. 관중이 아닌 시민 프로그램에서 제공하는 각 학년별 강의 내용은 미국 시민교육센터 홈페이지 내에 있는 해당 프로그램 사이트http://www.civiced.org/cns-teachers/lesson-plans에서 다운받아 볼 수 있다. 미국에서는 어떠한 내용으로 학생들에게 선거교육을 시행하고 어떤 민주시민 양성 프로그램을 운영하고 있는지 경험해보기를 권한다.

미국 시민교육센터가 운영하고 있는 시민교육 프로그램 중 하나가 시비타스Civitas 국제 프로그램이다. 시비타스civitas는 혈연단체·지연단체의 영역을 넘은 정치적 결합체라는 의미의 라틴어 키비타스Civitas에서 유래된 말로, 오늘날 공동체 의식을 가진 시민, 공동체 구성원, 공동체 의식 등의 의미로 쓰인다. 시비타스 국제 프로그램은 미국 및 84개국 기관이 파트너십을 맺고 전 세계 학생들에게 양질의 시민교육과정을 제공하는 프로그램이다. 이 프로그램에는 교육자, 시민사회단체, 교육기관 및 정부기관 등이 참여하여 독특한 네트워크를 형성하고 있으며, 이를 통해 10년 이상 동유럽, 구소련, 아프리카, 아시아, 중남미, 카리브해 지역 및 중동 등에서 교사 양성 및 양질의 시민교육 교과교재 개발을 위해 노력해오고 있다. 시비타스 네트워크에 소속된 많은 나라들은 자국에서 필요로 하는 특정 시민교육 프로그램을 개발하기 위해 미국과 다른 나라 시민교육 프로그램을 이용하며 독특한 협력관계를 이어왔다.

시비타스 국제 프로그램에서는 네트워크를 통해 아이디어를 교환하고, 워크숍, 컨퍼런스, 뉴스레터, 온라인 토론, 교환 방문 및 이벤트를 통해 경험 및 모범 사례를 공유한다. 또한 대화식, 학생 중심의 방법론을 활용하는 모범적인 교육과정 자료 및 교사훈련 프로그램을 통해 전문성을 높이고자 노력하고 있다. 참여국의 지속 가능한 시민교육 프로그램 창설, 적응 및 시행을 도모하고, 표준 교과과정 틀, 과목, 정치 자료, 교사교육 프로그램, 지도력 훈련, 평가 프로그램 및 교사 자격 요건을 개발해서 포괄적인 시민교육 프로그램의 제도화를 촉진하는 것도 이 프로그램의 중요한 목표이다. 실제 시비타스 국제 프로그램을 통해 40만 명 이상의 교사들이 훈련과정을 거쳤고, 전 세계 1,200만 명 이상의 젊은이들이 상호작용하는 시민교육 프로그램을 제공받았다.

시비타스 국제 프로그램에서 개최하는 이벤트로는 60개국 이상의 시민교육 지도자들이 한자리에 모여 민주주의 프로그램 모범 사례를 교환하는 세계시민교육총회World Congress on Civic Education, 시민교육 커리큘럼 프로그램 콘텐츠, 시행, 제도화 분야의 전문성 개발Professional Development 이 대표적이다. 특정한 시민교육 프로그램 분야에 초점을 맞춘 워크숍과 세미나, 지역협력 등 주제별 행사Thematic Events도 주기적으로 실시해왔다. 또 학생들이 함께 모여 서로의 관점을 교환하고 민주적 참여에 필수적인 지식, 기술을 습득하고 책임 있는 민주주의 시민의 성향을 기르게 하는, 학생들 대상의 행사도 마련하고 있다.

2005년 미주리대학에서 '인성·시민 교육센터Center for Character and Citizenship'가 발족됐다. 인성교육과 시민교육의 전략을 통합하려는 노력에 대한 우리의 관심은 민주주의 사회의 렌즈를 통해 알려져왔다. 센터의 명칭에 '인성'과 '시민성'을 모두 포함한 이유는 두 개념 간의 필연적인 중첩, 특히 시민적 인성civic character의 중첩적 영역을 고려했기 때문이다. 인성과 시민성이 함께 발달하는 것에 대한 우리의 이해는 대부분 존 듀이의 연구에서 영향을 받았다. 이러한 관점에서 볼 때 인성과 시민성은 민주주의의 우수한 측면을 전형적으로 보여주는 맥락에서 가장 잘 발달한다. 이를 '자력화empowerment의 페다고지'라고 부른다.Shield, 2013; Berkowitz, 2012

자력화를 통한 시민교육 사례를 보여주는 대표적인 학교가 애플이 소개하는 '민주학교'다. 자력화는 학교라는 특정한 맥락을 전제로 할 때는 학생/학부모들로 하여금 민주주의 실천의 주체가 될 수 있도록 필요한 능력을 배양할 수 있는 여건을 제공한다는 의미를 가진다. 곧, 학생과 학부모들에게 민주주의가 무엇인지를 가르치는 것이 아니라, 그들이 민주주의적인 실천을 하는 데 필요한 여건을 조성하고, 여러 가지 능력들을 배양하게 한다는 것이다. 학교야말로 미래 사회의 주인공이 될 청소년들이 공통의 경험으로 민주적인 삶의 방식을 배울 수 있는 기회다. 그런 의미에서 학교는 민주적 생활방식을 교육과정과 학교문화에 녹여내서 이 기회를 제공할 도덕적인 의무를 가지고 있다. 이들은 또한 그러한 삶은 체험을 통해 배울 수 있다는 사실을 잘 알고 있다. 그 체험은 다른 모든 것들을 배우고

난 다음에 배울 수 있는 게 아니라, 배우는 과정 그 자체를 통해 체험하는 것이다. 더욱이 이들은 학교에서 강력하고도 평등을 강조하는 민주주의가 청소년을 포함한 모든 이들(교직원을 포함한)에게 제공되어야 한다고 믿는다. 마지막으로 이들은 민주주의가 번거롭거나 위험한 것이 아니며, 사회는 물론 학교에서 민주주의가 실행될 수 있다고 믿는다.Apple & Beane, 강희룡 옮김, 2015: 28

민주학교가 핵심적으로 다루는 가치의 원칙은 다음과 같다.Apple & Beane, 강희룡 옮김, 2015: 27

- 개인 및 소수자들의 권리와 존엄성에 대한 관심을 품어야 한다.
- 타인과 공공선에 대한 관심을 품어야 한다.
- 당면한 문제들을 해결할 가능성을 만들어낼 개인 및 집단의 가능성에 대한 믿음을 품어야 한다.
- 사람들로 하여금 되도록 많은 정보를 얻게 할 수 있는 아이디어들의 공개적인 흐름, 보수의 아이디어들, 문제들, 정책들에 대해 평가할 수 있도록 비판적인 성찰과 분석을 활용해야 한다.
- 민주주의는 우리가 살아내야만 하는 가치, 주권자로서 우리 삶을 인도하는 일련의 가치체계로 이상화되어 표현되는데, 꼭 반드시 이상으로만 있는 것이 아니라 현실에 구현될 수 있음을 이해해야 한다.
- 사회제도들의 조직체는 민주적인 삶의 방식을 고취하고 확장시킨다.

만약 사람들이 민주적 생활방식을 보장하고 계속 유지하고 싶어 한다면, 그들은 반드시 그러한 삶의 방식이 무엇을 의미하는지, 그것은 어떻게 쟁취할 수 있는지 배울 기회를 누려야 한다. 그런데 현실적으로 민주주의가 학교에까지 잘 적용되지 않고 있다. 민주주의는 어른들의 권리이지 학생들의 것은 아니라는 통념도 뿌리깊다. 또 다른 이들은 학교에서는 민주주의라는 것이 작동될 수 없다고 여긴다. 물론 민주학교 지지자들은 민주주의의 실천에는 긴장과 갈등이 따를 수밖에 없다는 것을 고통스럽게 알게 된다. 이러한 긴장과 갈등이 존재한다는 사실은 민주주의의 실현이 언제나 투쟁의 과정임을 웅변해준다. 하지만 그러한 투쟁 너머에는 학생들과 교육자들, 시민들이 함께 협력하여 공동체 전체와 공공선에 복무할 민주적인 학교를 세울 수 있다는 희망이 자리하고 있다.

다른 한편 오늘날 부시 정부의 NCLBNo Child Left Behind에 의해 고부담 시험이 치러진 이래 세계시민교육(인구의 다양성, 정보기술의 이용, 글로벌 문해 시민)이 쇠퇴하고 있다. 그래서 이후 적극적 시민교육 방법으로서 등장한 봉사학습이 관심을 끌었다. 봉사학습은 클린턴 정부에서 시작하여 오바마 정부에서 발전하였고, 지금 전 세계적으로 확산되고 있다.[82] 소극적 시민에 머물던 자원봉사활동을 넘어 사회를 변화시키는 적극적 시민을 기르는 봉사학습service learning으로 발전했다. 봉사학습은 학교gown와 지역사회town의 교량 역할을 하는 학교혁신의 가장 효과적 방안으로 등장했다.Lisman, 1998: 41 학생들과 지역사회와도 원활한 연결망을 구축하고, 기존의 학교 벽을 허물어가는 도전적 교육 실험이다. 사회와 격리되거나 유리된 학교에서 길러진 학생들에게 사회현실의 참여를 통해 시행착오를 배우게 한다. 학교의 외부에 있는 세계(지역사회의 봉사활동)와 내부에 있는 세계(교과교육) 사이에 교량을 놓는 봉사학습 실험이 이루어지고 있다.Rimmerman, 2009 봉사학습은 시민교육의 강력한 방법이 될 수 있다. 단순한 자원봉사활동volunteering을 넘어서는 봉사학습은 사실의 세계와 당위의 세계를 비판적으로 고찰하면서 봉사에 나서서 자기성찰과 이타적 체험을 얻고 동시에 봉사 대상에 대한 비판의식과 정치의식을 틔우는 이중

---

82. 서구에서는 봉사학습에 대한 연구가 마음과 발달심리학, 의사소통학, 환경교육, 역사학. 사회학적 상상력 교육, 언어교육, 지역학, 교사교육 등 다양한 분야에서 이루어지고 있다. 미국에서 출발한 봉사학습이 영국, 독일, 스페인, 아일랜드, 호주, 남아공 등으로까지 확장되고 있음을 주목할 필요가 있다.

의 과제를 달성하고자 한다.

봉사학습은 교과서에 있는 지식과, 세상에서 겪는 경험의 소통과 융합을 요구한다. 최근 봉사학습 프로그램은 이론과 실제에 있어 다양한 모델을 보여주고 있다. 첫째, 내용적 지식의 도구적 효율성, 실제 세계와의 연계를 통한 인지적 성취를 중시하는 기술적 봉사학습 모델은 경험 요소가 내용 초점을 압도할 가능성이 있다. 둘째, 시민적 참여, 문화적 역량, 지역적 글로벌 공동체 속에서의 자아 이해의 확장을 중시하는 문화적 봉사학습 모델은 사회적 문화적 실재의 복잡성이 자비 지향성에 의해 무너질 가능성이 있다. 셋째, 사회적·정치적 행동, 개인과 집단을 위한 더 공평하고 정의로운 환경의 조성을 중시하는 정치적 봉사학습 모델은 이데올로기에서 당파성을 보일 수 있으며 지역사회참여와 수사적 목표를 신봉할 가능성이 있다. 넷째, 인지적 부조화, 외견상 공고한 토대에 대한 의문을 통해 인식론적 가능성의 확장을 중시하는 반反정초적 봉사학습 모델은 형식적이거나 결정적인 해결책이 결여되면 헌신적인 학생들을 빼앗길 가능성이 있다.Butin, 2010: 134-136

공동체의 지향에 따라 봉사학습의 성격도 달라진다. 봉사학습도 경합적 개념이다.[83] 봉사활동은 '전통적 봉사학습'(자원봉사활동)과 '비판적 봉사학습'으로 구분되기도 한다.Sheffiild, 2011: 38 봉사학습은 지역사회 봉사와 교육과정을 통합시키는 시민성교육에 대한 하나의 접근이다.Bamber, 2014:

---

83. 일부 사람들은 '타인에 대한 봉사'가 학생들의 학습을 위한 '학문적 전략' 다음에 놓인 결과로 보는 반면, 다른 사람들은 최우선의 결과로 간주한다. 왜냐하면 봉사학습 개념에 대한 차이나는 해석은 유치원에서 시작하여 고등교육에 이르기까지 봉사학습 프로그램의 다양성을 보여준다. 봉사학습과 일 기반 학습 그리고 학생들의 학습이 없는 '순수한' 자발적 봉사 또는 자원봉사활동 간을 구분하게 한다. 분명한 것은 사고하는 것과 행동하는 것, 반성하는 것과 실천하는 것, 그리고 이론과 실제적 적용의 결합을 통한 학습을 제안하는 이론을 끌어들여서 가르침과 대조되는 배움을 강조하고 있다는 점이다(Bamber, 2014: 116). 실천가와 연구자는 개별 주제 영역과 교과목을 가로지르는 이런 운동의 성장과 연계되어 있다. 봉사학습은 학생들의 학습과 발달을 촉진하기 위해 의도적으로 기획된 기회를 구조화한, 인간의 욕구와 공동체의 욕구를 처리하는 활동에 학생들을 참여시키는 체험학습의 한 형태이다(Jacoby, 1996).

115 그리고 개인의 반성과 상호성, 개인과 지역사회 조직의 연계는 봉사학습의 핵심적 열쇠이다. 오늘날 봉사학습과 시민성의 관계가 점점 확대되고 있다. 최근 남을 위한 봉사와 헌신을 강조하는 박애주의에 입각한 자원봉사활동을 넘어 진로와 연계하여 좀 더 젊은이 개인에게도 의미 있는 공동체적이고 시민 참여적인 봉사학습 모델로 나아가고 있다.Speck & Hoppe, 2004

봉사학습은 다양한 모델을 보여주고 있는데, 기술적 모델(내용적 지식의 도구적 효율성, 실제 세계와의 연계를 통한 인지적 성취: 경험 요소가 내용 초점을 압도할 가능성 있음), 문화적 모델(시민적 참여, 문화적 역량, 지역적 글로벌 공동체 속에서의 자아 이해의 확장: 사회적 문화적 실재의 복잡성이 자비 지향성에 의해 무너질 수 있음), 정치적 모델(사회적·정치적 행동, 개인과 집단을 위한 더 공평하고 정의로운 환경의 조성: 이데올로기는 당파성을 보일 수 있고 프로그램 내용을 깎아내리고 지역사회참여와 수사적 목표를 신봉할 수 있음), 반反정초적 모델(인지적 부조화, 외견상 공고한 토대에 대한 의문을 통해 인식론적 가능성을 확장함: 형식적이거나 결정적인 해결책이 결여되면 헌신적인 학생들을 빼앗길 수 있음)이 있다.Butin, 2010: 134-136 적극적 시민 교육을 할 수 있는 봉사학습은 박애주의적 모델(자선, 이타성을 기반으로 한 자원봉사활동)을 넘어 시민적 참여 모델(평등과 민주적 사회 변화 추구)과 공동체주의적 모델(권리 중심을 넘어 공통성 추구), 그리고 종합적 모델로 통합되는 경향을 보이고 있다.Speck & Hoppe, 2004

봉사의 전통적 개념은 처벌/억압, 박애, 자선/고고한 책임의 가치에 바탕을 두고 있다. 이들 가치들은 자아와 사회의 재구성을 시도하지 않는다. 이를 넘어서고자 하는 새로운 봉사의 개념은 상호성, 연대, 다양성/타자성의 가치를 지향한다.Sheffield, 2011: 71-90 봉사학습의 통합적 접근은 결국 자선과 정의를 결합하여 학생들을 시민성과 지역사회를 위해 준비시키면서 개인의 이익과 전체 사회의 선을 동시에 해결하고자 하는 데 목표를 두고 있다.Speck & Hoppe, 2004: 148 민주적 시민성은 시민성 개념의 추상적 이론을 넘어선 참여적 시민성의 실천적 기술로서 공공 정책에 대한 지성적 이해 (비판적 사고), 참여적 기술(의사소통, 경청 능력, 문제해결력), 그리고 시민적 태도(공익적 판단과 상상력)의 계발에 초점을 두고 있다.Battistoni, 1997: 42-48

봉사학습의 통합적 접근은 결국 자선과 정의를 결합하여 학생들을 시민성과 지역사회를 위해 준비시키면서 개인의 이익과 전체 사회의 선을 동시에 해결하고자 하는 데 목표를 두고 있다.Speck & Hoppe, 2004: 148 갈등하는 봉사 개념은 자선과 돌봄에서 시작하여 사회정의로 나아갈 때 대립이 아닌 융합의 길로 나아갈 수 있다.Cipolle, 2010 자선활동과 사회정의가 만나야 봉사가 더 나은 사회를 만드는 데 기여할 것이다. 비판의식은 자아인식과 타인의 인식에서 시작하여 세계와 사회적 이슈에 대한 인식으로 발전하여 사회정의에 대한 인식을 가질 때 사회 변화의 잠재력을 갖게 된다. 이런 진화를 할 때 봉사윤리와 사회 변화의 행위자는 공존할 수 있다. 민주주의와 민주적 학습을 연결시켜주는 것은 지역사회의 봉사학습을 통해 가능할 것이다. 지역사회 봉사학습은 공동체, 봉사, 성찰, 그리고 민주주의와 밀접한 연관을 갖고 있다.Sheffield, 2011

전통적 학교 모델을 혁신하고자 하는 봉사학습은 자원봉사활동과 같이 소극적 시민을 양성하는 것이 아니라, 사회정의를 추구하는 능동적/비판적 시민으로 성장하도록 하는 '강한 민주주의strong democracy'를 지향한다. 강한 민주주의를 지향하는 봉사학습은 개인적으로 책임지는 자세와 함께 참여적이고 정의 지향적인 시민성 개념을 요구한다.Sheffield, 2011: 36[84] 학교와 지역사회의 연계의 원활화를 돕는 봉사학습의 시민교육적 성격은 소극적 봉사정신의 내면화를 위한 '약한 민주주의'가 아니라, 자력화의 강

---

84. 봉사활동은 '전통적 봉사학습'(자원봉사활동)과 '비판적 봉사학습'으로 구분되기도 한다 (Sheffiild, 2011: 38). 봉사학습은 또 박애주의 모델, 시민적 참여 모델, 공동체적 모델, 종합적 모델로 구분하기도 한다(Speck & Hoppe, 2004).

화, 집단적 문제해결, 타인의 이해 결정 등의 '강한 민주주의' 과정을 주창한다.Lisman, 1998: 89-115, 117-126 정치적 소양/문해력political literacy은 진보 진영이 선호하였는데 당파적 정치활동에 대해서는 모두 금기시하고 있다.

학습과정으로서 적극적 시민성active citizenship은 학교든 지역사회든 적극적 시민성 프로젝트의 체험과 연관된 체험학습의 이념과 관련이 있다. 시민교육의 일부로서 봉사학습은 학생들을 민주적 시민이 되게 하는 것이다.Annette, 2008 실제의 삶으로부터 멀어진 교과서 수업을 넘어서는 체험학습experiential learning은 개인적 체험, 사회적 체험, 정치적 체험, 시장과 민주주의 등 다양한 체험[85]을 통해 이루어진다.Roberts, 2012 체험학습은 구체적 경험으로 시작하여 성찰적 관찰, 추상적 개념화, 구체적 체험으로 돌아가기에 앞선 적극적 실험 시도 등의 사이클을 밟게 된다.Peterson 2012: 202 사이클의 각 단계는 핵심적 학습을 학생들의 구체적 활동으로부터 이끌어낸다. 이런 학습은 인간 상호 간 그리고 개인의 내적 성찰은 물론이고 시민적 지식과 기술을 포함한다. 체험학습은 지역사회의 봉사활동이나 봉사학습에 참여하는 사례에서 많이 발견된다.[86]

봉사학습은 교과서에서 배우는 지식과, 세상에서 겪는 경험의 소통과 융합을 요구한다. 즉, 학습자와 지역사회를 직접적으로 다리를 놓으면서 전통적 교실과 실험적 경험을 결합하는 것이다. 교사 주도의 책 중심의 학습과 암기식 교육, 개인주의적이고[87] 경쟁적 교육 모델을 넘어 파편화된 공동체를 복구하고자 하는데, 플라톤의 관념론이나 로크의 경험론을 넘어서

---

85. 체험(experience)은 성찰 이전에 개인이 직접적으로 개별적으로 겪는 '살아 있는 체험(Erlebnis)'과 이를 넘어선 더욱 성찰적이고 집단적인 성찰의 지혜로 발전된 '축적된 경험(Erfahrung)으로 분류할 수 있다(Roberts, 2012: 14).

86. 봉사학습은 공동체/지역사회 기반 인턴십에서 전형을 보여준 체험학습(experiential learning)에 뿌리를 두고 있다. 봉사학습은 개인적(남을 돕는 것에 대한 자기지식과 정신적 성장 그리고 보상, 더욱 식견 있는 진로 선택, 취업 능력의 고양, 자기 효능성의 변화 등), 인간 상호 간(타인과의 공동 활동, 리더십 기술 등), 학문적 차원(학업 능력, 평생의 학습 능력, 비판적 사고, 문제해결, 교과의 더 넓은 참여, 지식에 대한 더 사려 깊은 접근을 심화시키는 기술과 연계성 등)을 포함하고 있다(Bamber, 2014: 116).

는 제3의 인식론이라고 할 수 있다. 곧 학생들에게 이미 확립된 정보와 기술을 '전수'하고자 하고, 행동 습관을 기존의 기준과 규칙에 '순응'시키고자 하고, 제도로서의 학교를 다른 지역사회 기관과 분리시키고자 하는 것에 반대한다.Sheffield, 2011: 92

세상에 대한 체험이 없는 예비교사들에게 세상 체험을 하도록 의무화해야 한다. 현재와 같이 학습부진아를 대상으로 한 교육봉사활동은 예비교사들의 체험학습에 거의 도움이 되지 않고 있다. 학교와 대학에서 배운 내용을 실천적 체험학습과 연결시켜야 한다. 말하자면 이론 중심 과정과 체험 중심 과정의 벽을 넘어 통합하고자 하는 것이다. 봉사활동과 학습의 이분법을 넘어서는 이러한 교사교육은 구체적 사실을 탐구하고 참여하도록 하여 현실 세계에 접촉함으로써 학교교육/공교육을 다시 살려내려한다.Erickson & Anderson, 2005 봉사학습은 학생들과 지역사회와도 원활한 연결망을 구축하고, 기존의 학교 벽을 허물어가는 도전적 교육 실험이라 하겠다.

오늘날 미국의 교육사회는 여전히 시민교육의 내용과 교수 방식을 둘러싸고 논쟁이 계속되고 있다. 다문화주의를 강조할 것인가, 아니면 국민의

---

87. 토크빌은 개인주의를 두고 시민을 독재자의 먹이감이 되도록 내버려두는 것이라고 주의를 환기시켰다. 퍼트넘은 이를 '혼자 볼링하기(bowling alone)' 풍조라고 비판하였다. 시민적 결사체의 쇠퇴에 대해 우려한 미국의 퍼트넘 교수는 『혼자 볼링하기』에서 원자화되고 개인주의화되는 미국 사회의 경향을 경고했다. 이를 극복하기 위해 그는 시민사회를 이루는 구성원들 간의 미시적 협력을 기초로 형성되는 자발적이고 협력적이며 수평적인 연결망, 규범, 신뢰 등 '사회적 자본(social capital)'이 충만한 자발적 결사체들이 공동의 이익을 위한 협력과 참여를 창출해서 민주주의를 성숙시킬 수 있다고 보았다(Putnam, 2000). 사회적 자본은 개인적 측면(사적)과 집단적 측면(공적)을 동시에 갖고 있는 '두 얼굴'이다. 혼자 볼링하는 것이 아니라 함께 모여 볼링을 치는 작은 방식으로, 그리고 대규모로 미국인들이 서로서로 다시 사회적 연계를 맺어야 미국 사회의 공동체가 소생할 수 있다고 보았다(Putnam, 2009). 성숙한 시민공동체에 기반을 둔 사회적 자본의 축적은 시장의 자생적 발전에서 핵심적인 조건이 된다. 사회적 자본을 많이 지닌 자발적 결사체들은 사회의 핵심 세력들의 권력과 능력, 영향력이 미치지 못하는 작은 영역들에서 보완적 역할만 하는 것이 아니라, 각 나라와 국제 사회의 질서와 작동 방식 자체를 변화시키는 중대한 행위자 집단으로 부상했다.

결속력을 강조할 것인가? 국민으로서의 시민인가, 아니면 세계시민인가? 학문의 구조를 다룰 것인가, 민주주의에 대한 접근 방식들이 지닌 문제들을 다룰 것인가? 제도에 대해 배우는 것이 중요한가, 아니면 시민의 행동을 배우는 것이 중요한가, 그리고 공동체에 대한 봉사를 강조할 것인가를 놓고 논쟁은 계속되고 있다.Heather, 김해성 옮김, 2007: 251 오늘날 미국은 트럼프 대통령이 등장하여 미국 이익을 제일로 삼는 미국 우선주의를 강변해서 '세계시민교육'이 약화되고 있다. 미국은 심지어 유네스코 탈퇴까지 거론하는 마당이다. 우려의 목소리가 커졌다.

5) 캐나다의 다문화교육 정책과 6C 운동

캐나다는 전통적으로 나라사랑, 민족의 정체성, 기초적 문해력을 강조하는 시민교육을 해왔다. 공교육의 목표인 시민성의 핵심 요소로 공유된 국가의 정체성을 강조하고 있다. 국가의 정체성 형성은 다원성을 구현하는 시민성교육에 초점을 맞추고 있다. 공립학교는 국가적 일치와 사회적 조화를 위한 행위자로 간주되고 있다. 이러한 사명은 주로 역사과, 사회과, 공민과에서 맡고 있다. 교육 내용으로 원주민 등 다양한 종족집단, 여성, 장애인, 게이와 레즈비언 등의 목소리를 포함하고 있다. 캐나다의 다문화교육 정책은 동화주의에서 문화적 다양성과 시민성으로, 그다음으로 사회정의로, 그리고 최근에는 사회적 단합을 강조하는 방향으로 나아가고 있다.Sears, 2010: 198

20세기 마지막 4반세기 동안 캐나다는 다문화교육과 인권교육을 결합시킨 시민교육 정책을 실시한 나라로 잘 알려져 있다. 새로 이주해온 이민자가 공용어 하나를 능숙하게 구사할 수 있도록 하는 프로그램, 문화적 정체성을 유지할 수 있도록 하는 프로그램, 종족집단에 대한 관습적인 묘사를 교정할 수 있는 수단으로서 다양성의 가치 인정, 반인종차별 교육 등. 이러한 정책들을 이행하는 과정에서 교육과정 기준에 대한 합의가 차츰 정착되었다.

이 정책들은 ① 전체 교육과정 속에 다문화주의를 통합시킨다. ② 상이한 종족집단 간의 유사점과 차이점에 대한 묘사를 균형 있게 제시하는 데 중요하다. ③ 교육자료에 편향된 부분이 없도록 하거나 세심하게 다루어야 한다. ④ 학교 정규 일정에 특별한 날짜들을 지정해서 포함시켜야 한다. ⑤ 교과 내용이 학생들의 지적·도덕적 추론 수준에 적합해야 한다. ⑥ 인지적 영역과 정의적 학습을 관련지어야 한다. ⑦ 교수 방법은 인지적 영역과 정의적 영역의 학습 둘 다 포함하여야 한다.Heather, 김해성 옮김, 2007: 406-407 물론 이런 기준이 보편적으로 규정되고 수용되는 데는 시간이 걸렸다. 그리고 최근에는 시민교육에 대한 관심을 보였다. 정치교육 또는 시민교육에 대한 관심이 커지면서 국민단합의 결속을 뒷받침하고 좋은 시민적 습관의 덕성을 고취하기 위해 학교가 일정한 역할을 했다.

캐나다는 신자유주의 정권이 들어서면서는 기본적인 시민적 참여가 약화됨에 따라 민주적 시민성 및 시민교육의 위기에 직면했다.Sewars, 2010: 201 일치성과 다양성, 지배집단과 소수집단의 불평등 관계는 여전히 갈등 속에 있다. 18~22세 젊은이의 저조한 투표율 및 시민참여활동은 곧 민주주의 위기를 말해준다. 이러한 우려는 학문사회나 미디어 등에서 '민주적 결손'이라고 언급됐다. 그래서 끊임없이 청소년들의 시민적 지식 함양(다양성의 가치 등)과 사회참여의 필요성에 관심을 보였다. 인간성 및 사회성 발달에 있어 모든 사람의 다양성을 존중하면서 배려하고 원칙에 따라 행동하는 사회적으로 책임지는 시민을 길러내는 교육을 강조하였다. 캐나다인으로서, 글로벌 시민으로서 민주주의 참여에 필요한 지식과 이해를 돕는 시민교육을 시도하였다. 시민교육을 하는 사회과의 궁극적 목적을 상호 의존하는 세계의 적극적 시민이 되도록 하는 데 두었다. 공교육의 1차적 책임은 학생들에게 시민성과 사회의 적극적 시민으로서 그들의 역할을 이해시키는 데 있다.Hughes & Sears, 2008: 126

캐나다는 영국의 문화유산을 전승하였으나, 비영국계 이민자(프랑스 등)가 출현하면서 다문화주의를 받아들이기 시작하였다. 다문화주의의 심화는 동화에서 문화적 다양성과 시민권으로, 그리고 다양한 정체성의 강조로부터 사회정의와 사회적 화합으로의 전환을 강조하는 것으로 초점이 이동하고 있다. 최소주의적/권리 중심의 시민성으로부터 최대주의적이고 시민공화주의적(공공선 추구, 공동체의식 함양, 사회적 화합 강조) 시민성으로, 그리고 참여와 책임을 기반으로 한 시민성으로 관점 이동을 보이고 있으며, 최상의 실천을 위한 구성주의(협동적, 이슈 중심적, 상호작용적 수업, 공동의 의미 구성과 참여하는 수업 등)를 강조하고 있다.Hughes & Sears, 2008 시민교육의 내용은 주로 역사, 사회과에서 이루어졌다. 정치교육, 법교육. 인권교육, 글로벌 국제교육, 환경교육, 다문화교육, 지역사회봉사 등으로 나타났다. 다문화교육multicultural education이 단순히 문화의 병렬적 차원에 초점을 맞추고 있는 경향이 있기에, 최근에는 '상호문화교육intercultural education'이라는 말을 쓰기도 한다.

캐나다 노바스코샤주 학생들은 필수 교육과정으로 새롭게 지정된 '시민성교육'을 통해 지역사회에 어떻게 참여할 것인지, 시민의식이 무엇인지 학습하게 된다. 그 교육과정은 노바스코샤주의 17개 학교에서 시범적으로 운영되고 있다. 회복력 있는 민주주의를 위해 적극적이고 참여적인 시민이 되는 것이 매우 중요하며, 가정과 세계무대에서 학교와 지역사회의 능동적인 참여자가 되도록 교육하는 것은 빠르면 빠를수록 좋다고 주정부는 판단한다. 새 교육과정을 적극 지지하며, 학생들 각자가 스스로의 상황을 고려하여 사회의 한 시민으로 어떤 기여를 할 수 있을지 고민하는 기회가 될 것이라며 기대감을 보이고 있다. 교육과정의 핵심 구성 요소는 학생들이 지역사회의 문제를 확인하고 해결책을 마련하기 위해 함께 노력해나가는 참여형 프로젝트이다. 예를 들어, 칼레도니아 지역의 학생들은 훼손이 심한 기념비를 복원하거나, 팝업 형태의 박물관을 설립하였으며, 마보우

지역의 학생들은 학교 내에 앉을 수 있는 공간을 만들고, 인디안 부룩 지역의 학생들은 도로 개선을 위한 캠페인을 벌이기도 했다. 학생들은 이 과정을 통해 시민으로서 자신의 권리와 책임을 이해하고, 민주주의에서 각자가 수행한 역할이 미치는 영향을 학습하고, 문제해결능력 및 의사결정 기술을 습득하게 한다.

그동안 캐나다 중앙정부는 국가의 학교교육이 전체적으로 신자유주의 교육개혁(도구적 목표, 표준화 시험, 증거 기반 실천 등)의 영향을 받았다. 하지만 예외적으로 온타리오주의 경우, 교육의 공공성과 교사의 전문성을 중시해서 부정적 세계화 현상을 넘어 더욱 적극적 미래를 위한 시민교육의 새로운 가능성을 모색하는 교육정책을 시도하였다. 최근 캐나다 온타리오주는 최근 21세기 학습 역량으로서 6C, ① 인성, ② 시민의식, ③ 협력, ④ 의사소통, ⑤ 창조성, ⑥ 비판적 사고를 강조하기 시작하였다.^{Fullan, 이찬승·은수진 옮김,2017: 268} ③④⑤⑥은 21세기형 학습역량인데, 최근 ①②가 21세기의 삶에 필수적인 성향과 자질로 새롭게 부가하고 있다.

- **인성**character**(책임감과 신뢰)** 의지, 끈기, 인내, 회복탄력성 등 핵심적 특성을 구비하고 심층학습법을 배우는 것, 학습과 삶의 통합적 접근 능력.
- **시민의식**citizenship**(차이의 인정과 공동선에 대한 기여)** 세계시민답게 사고하기, 다양한 가치관과 세계관에 대한 깊은 이해를 바탕으로 글로벌 이슈에 관심을 가짐, 모호하고 복잡한 실생활 문제를 해결할 진정한 관심과 능력의 구비를 통해 인간과 환경의 지속가능성을 높임.
- **협력**collaboration**(팀워크)** 상호 도움을 주고받으며 일하는 능력, 대인관계기술과 협업능력을 통해 시너지 내기, 팀 내의 역할관계와 도전적 과제를 효과적으로 관리하기, 실질적으로 의사결정 함께하기, 타인으로부터 배우고 타인의 학습에 기여하기.

- **의사소통**communication**(명확한 메시지 전달)** 다양한 상대에게 맞는 여러 스타일, 방식, 디지털 등의 수단으로 효과적으로 소통하기.
- **창의력**creativity**(모험가적인 해결책)** 사회경제적 기회에 대한 기업가적 시선 갖추기, 새로운 아이디어 창출을 위한 올바른 질문 던지기, 리더십 발휘를 통해 아이디어를 행동으로 엮기.
- **비판적 사고**critical thinking**(정보 찾기와 평가)** 정보와 주장을 비판적으로 평가하기, 그 속의 패턴과 연결점 보기, 의미 있는 지식 구성과 실제 사회에 적용하기. 6C는 정의하고 평가내리기 어렵다. 그리고 가장 어려운 영역은 교사와 학생의 역할 측면에서 교수학습법을 변혁하는 문제로, 아직 초기 단계에 있으며 개발 중에 있다. 6C에 바탕한 학습 모델은 학습 목표, 성공 기준, 학생들의 팀 구성, 자신이 어떻게 배우고 있는지에 대한 학생들의 인식, 진척 사항을 평가하는 방법 등으로 구성된다.www.michaelfullan.ca

포용적이고 창조적인 학습 환경, 학습자와 교사의 참여, 영향력 있는 교직 및 학교 대표직, 협동적이며 투명한 시행, 고도의 디지털 가속화, 그리고 6C에 대한 몰두가 가까운 미래에 요구되는 요소들이다. 6C를 제대로 함양하려면 수업지도나 교수법이 이른바 교사-학생-가족 간의 학습 파트너십 관계로 바뀌어야 한다. 자기주도형 프로젝트를 성공적으로 완료하려면 학생들은 6C의 거의 모든 C를 발휘해야 한다. 지식과 인성 그리고 시민성이 결합하는 흐름이다. 미래의 교육은 독립적인 개인과 동시에 집단적인 시민도 길러내야 한다.Fullan, 이찬승·은수진 옮김, 2017: 441 지금 좋은 시민으로 행동함으로써 내일의 훌륭한 시민이 될 수 있다.

6) 브라질의 의식화교육과 시민학교 운동
1970년대 후반과 1990년 초반 브라질은 정치적으로 불안한 시기를 보냈다. 21년의 군사독재(1964~1985)를 종식시키는 운동이 정점에 이르면서 민주주의와 교육의 민주화를 요구하는 국민적 요청이 있었다. 1985년은 민주적 이행 또는 신공화국으로 알려진 브라질 역사를 세운 시대의 시작을 보여주었다. 그것은 회복된 민주주의의 운명에 관한 논쟁에 의해 활기를 띤 강렬한 사회적 이동의 시대였다. 시민사회 조직(풀뿌리운동, 비정부기구, 노동조합, 좌파적 가톨릭운동 등)은 새로운 헌법1988에 영향을 미쳤다. 이 시기의 시민성교육은 민주주의, 국가의 정체성, 정치적 참여와 시민직 권리에 대한 경험적 접근을 특징으로 한다. 군사 정책은 보수적이었고 혁명의 제약 속에서 민주주의를 제시했지만, 프레이리의 사상에서 영감을 받았고, 대화적 행위와 민주적 참여를 통한 억눌린 사람들의 해방을 목표로 한 풀뿌리 운동, 지역의 좌파정부의 지원을 받은 수많은 새로운 프로그램이 등장했다.McCowan & Puggian, 2010: 36-37

하지만 1995~2003년 중도우파 정부가 집권하면서 신자유주의 교육 정책으로 교육 불평등이 심화되는 등 시민교육 발전에 제약을 가져왔다. 2003년 이후 초등학교도 마치지 못한 노동자 출신의 룰라가 노동당 정부의 대통령이 되면서 다시 활기를 찾기 시작하였다.

브라질의 시민교육에서 사용하는 '시민성'이라는 범주는 신자유주의의 용어에서 중요한 역할을 하는 고객이나 소비자 개념을 거부하는 비판적 담론으로 작동한다. 시민성이라는 정치적 의미는 더욱 사회적이고 비판적인 사고와 실천이라는 의미로 재규정되었다.Apple, 2014: 209 '시민'이라는 개념은 무작위적인 범주가 아니라, 교육과 같은 공공 영역에 시장 논리를 도입하려는 시도들에 맞선 투쟁을 상징한다. 그러므로 공교육 안에서 시민 형성을 강조하는 것은 이러한 담론적 투쟁의 맥락 속에서 이해되어야 한다.Apple, 2014: 209

프레이리의 의식화론conscientization은 비판적 시민교육론을 형성하는데 중대한 기여를 하였다. 비판교육의 이론과 실천에 관한 가장 중요한 저자 중의 한 사람으로서, 오늘날에도 매우 큰 영향을 미치고 있다. 오랜 망명생활을 거친 뒤 남미의 민주화 바람과 함께 프레이리는 1989년 상파울루 시교육감이 되었다. 그는 사회운동과 성인교육에, 그리고 특히 대중문화와 가톨릭교회 안에서 일어났던 기초공동체운동과 관련된 운동에 관여하였다. 그리하여 교육의 권위주의 모델을 탈피하고 학교 자율성과 지역사회참여 등을 중시하는 민주적 운영 모델을 만들었다. 문해력, 시민성, 대화적 실천, 민주적 참여를 통한 비판적/혁신적 교육학을 주창하였다. 이론을 실제화하려는 노력인 'praxis(이론적 실천: 어원적으로는 doing, acting의 뜻)'란 말은 practice(실천)와 axis(축)의 결합이라고 주장하기도 한다.^{허병섭, 1987: 88} 어떤 행동과 실천을 하는 데 일정한 축을 이룬다는 의미이다. 민중에게 이 축을 형성하는 것이 곧 의식화 교육의 중심이다. 행동의 축을 형성하려면 반성이 필요하고, 반성한 결과에 따라 다시 행동하는 것이 요구된다. 그에 따라 프락시스는 행동→반성→행동→반성의 궤를 가지게 되는 것이다.

프레이리는 비판적인 문화활동가로서 교사의 역할을 강조하였다. 교사들은 자신의 문화적, 정치적 기능을 이해하기 위해서 사회뿐만 아니라, 자신의 내부에 있는 지배적인 문화적 가치에 대해 투쟁해야만 한다. 이러한 이중의 투쟁으로 교사들은 반성적이고 개혁적인 방식으로 작용할 수 있을 것이다. 인간화와 결합된 비판적 의식의 고양을 통한 '의식화'와 크릭의 '정치적 문해력political literacy'은 시민성에 대한 시민공화주의 접근을 지향하고 있다는 측면에서 비슷한 생각이다.^{McCowan, 2009: 46-66[88]} 비판적 의식화는 공공적인 삶, 해방적 공동체, 개인 및 사회적 기여와 도덕성의 문제를 진지하게 다뤄야 한다. 문맹퇴치 프로그램에서 프레이리가 성인을 대상으로 사용한 의식화의 방법은 기본적으로 부호화/해독의 언어적·사회적 의미 과정에 따라서 구축되며, 여러 단계를 거쳐 조직되는 것이었다. 프레이리는 세계에 이름을 붙이는 일이 세계를 변화시키는 모델이 되어야 한다고 생각한다. 교육은 정치활동의 부속물이 아니라 정치활동의 핵심 요소다. 교육이 비판적 의식화의 역할을 하기 때문이다. 따라서 교육은 언어가 갖고 있는 변혁적 힘에 의존한다. 급진적 문해교육 이론은 침묵의 문화를 생산하는 사회적·도덕적 규제를 폭로해야 한다. 비판적 문해는 역사적이고 사회적인 총체적 맥락에서 구체적 일상의 사회적 법칙을 알아가는 일이다.Freire & Macedo, 허준 옮김, 2014: 191 문해교육은 인간과 세계에 대한 확고한 신념과 비전을 통해 단순히 교실에서의 교사 대 학생의 관계에만 한정된 것이 아니라, 널리 인간과 사회에서 실천될 인간화와 해방을 지향하는 대화교육이 중심을 이룬다. 대화교육은 교육자와 학습자가 서로 가르치고 배우는 과정이다.

오늘날 포르투알레그레Porto Alegre 지역을 중심으로 자치, 분권화, 그리고 협력과 같은 개념을 되찾고 재창조하고자 하는 주민참여행정이 채택했던 특별한 조치인 '참여예산제OP'[89] 운동, '다원적 학교Plural School/Escola Plural', 시민이 되게 하는 학습으로서 '미래의 투표자 프로그램Voter of Future/VF'은 시민교육의 방법론으로 관심을 끌고 있다. 주민교육회의 Constituent Congress of Education가 운영하는 숙의적 포럼은 두 가지 질문을 중심으로 진화되었다. 우리 학교는 무엇을 갖고 있으며 무엇을 원하는가? 첫 번째는 교육 시스템의 참여를 진단하는 것이고, 두 번째는 규범적 지침의 공동 생산에 이르게 했다. 교육을 구성하는 의회는 시장을 위한 숙련

---

88. 크릭의 '정치적 문해력'은 아리스토텔레스 사상에서 도출됐다. 폴리스를 하나의 단위로 축소시키는 플라톤을 거부하고 있다. 반면 프레이리의 '의식화'는 유토피아적 이상을 강조하면서 부정의를 영속화하는 조심스러운 기도를 하는 실용적 접근을 거부하고 있다. 정치의 본질에 있어 '정치적 문해력'이 서로 다른 이익집단의 화해를 중시하는 데 비해, '의식화'는 권력의 모든 인간관계, 인간화를 위한 끊임없는 투쟁과 억압의 거부를 중시한다. 정치교육의 정당화에 있어 정치적 문해력은 정치를 사회적 조직의 바람직한 형태라고 보면서 학습해야 할 필요가 있는 반면, 의식화는 교육이 불가피하게 정치적이라며 교육자는 해방과 순치 사이에 어느 하나를 선택하지 않으면 안 된다는 태도를 취한다.

89. OP는 빈곤 지역에서 이루어진 도시의 자원 배분의 결정과정에 대한 주민들의 능동적인 참여와 심의를 보장하는 제도이다.

된 노동자를 길러내는 일뿐 아니라, 그들 사회의 통치에 참여하고, 사회의 변혁/역사적 투쟁을 촉진하는 자율적이고 비판적이고 실천적이고 돌봄이 이루어지고 창조적인 시민을 길러내는 데 있다. 이런 면에서 학교는 변혁적 민주주의의 거대한 프로젝트의 하나이다. 새로운 사회적/문화적 주체를 형성하는 '땅 없는 사람들Sem Terra/people without land'의 운동도 또 다른 맥락에서 변혁적 민주적 참여를 목표로 하고 있다.Caldart, 2012: 71-84 경제적 위기 상황과 신자유주의 정당 및 보수언론 공세에도 불구하고, 신자유주의자들이 신봉하는 '앙상한 민주주의thin democracy'를 넘어서는 '공고한 민주주의thick democracy'를 구현하고 있다.

공동체, 국가 그리고 교육 사이의 관계, 그리고 공립학교들을 진보적으로 변화시키기 위한 포르투알레그레 지역의 '시민학교운동citizen school movement'과 도시의 빈민가/판자촌에 살고 있는 '땅 없는 사람들의 운동Landless People's Movement of Brazil/Movimento dos Trabalhadores Rurais Sem Terra', 포르투알레그레의 '시민학교'는 휴머니즘, 민주주의, 포용, 그리고 사회정의에 기반을 둔 집단적인 정치적·교육적 프로젝트이다. 이 원리는 전문가 집단에 의해 부과되는 것이 아니라 교육공동체(학생, 학부모, 교육자, 행정가)가 참여하여 논의되고, 18개월의 숙의와 의사결정 과정을 거친 후 채택되었다. 새로운 형태의 교육 참여와 지역사회 구성원이 학교조직, 교육과정 및 직원 선발에 영향력을 행사한다. 시민학교는 공립학교의 민주화를 지향하는 주요한 원칙을 공동으로 정의하려는 야심찬 열린 과정이다. 시민학교가 나아가야 할 방향을 지도하는 원칙을 세우기 위해 주민교육의회라는 민주적이고 숙의와 참여가 보장된 포럼이 구성되었다. 학교공동체들에 대한 조직화라는 오랜 과정을 통해서 이 도시의 학교들에 대한 정책을 지도하는 원칙을 만드는 의회가 설립된 것이다.

주민교육의회에서 세운 교육의 가치적 목표는 세 가지 차원—학교 운영의 민주화, 학교 접근성의 민주화, 지식 접근성의 민주화—에서 지자체 공립학교의 급진적 민주화를 규정한다.^{Apple, 2014: 214-216} 땅 없는 사람들의 교육체제와 적극적 시민성(인간적이고 책임이 있는 성인)을 위한 학습은 땅의 교육, 노동과 생산의 교육, 문화를 위한 교육(제스추어와 상징, 실천과 그것에 대한 성찰), 적극적 선택을 위한 교육, 역사의 교육(집단적 기억의 함양을 통한 정체성의 형성), 교체의 교육을 만들어냈다.^{Caldart, 2012: 75-77} 그것은 캠프와 정착촌/집단농장에서 아이들과 어른들의 문맹을 해소하고, 모든 아이들을 학교에 다니도록 하고, 이들을 가르칠 교사를 양성하고, 농촌문화를 살리기 위한 새로운 교수법을 개발하고, 운동의 교육적 원리를 공유하기 위한 단체와 사람들을 지원하는 '학교 점령운동_{occupying schools}'을 벌이고 있다.

브라질의 '땅 없는 사람들의 운동_{MST}'은 교육을 학교교육에 한정하지 않고 인간(아이들/어른들)과 사회의 변혁 과정으로 본다. 자본보다 노동이 우선하는 착취 없는 사회의 건설, 땅은 사회의 모든 사람의 서비스를 위한 것이어야 함, 땅과 수입 그리고 부의 공정한 분배를 위해 모든 사람을 위한 일을 보장함, 사회정의와 권리(경제적·정치적·사회적·문화적 권리 등)의 평등을 위한 계속된 추구, 인간관계의 인간주의적 사회주의적 가치의 격려, 모든 형태의 사회적 차별과 싸우고 여성을 위한 평등한 참여를 촉진함, 노동자의 투쟁에 대한 헌신과 사회주의적 사회의 창조를 위해 학교의 거대한 네트워크를 운영하는 농업개혁을 위한 사회운동, 사회로부터 배제된 땅 없는 사람들의 정착을 도와주면서도 동시에 자녀를 위한 교육 준비, 성인의 문해력과 농업 기초기술교육을 실시한다.

'땅 없는 사람들의 운동'은 토지개혁을 위한 투쟁에 종사하는 정치 조직이며 근본적인 민주주의, 환경보호 및 협력생산의 급진적인 새로운 형태를 개발하고 있다. 끊이지 않는 토지 및 공공건물 직종을 수행하면서 정부 기관과 협력하여 정착촌과 학교를 운영하는 것은 정부의 끊임없는 적이다. 그것은 강력한 계층적 구조를 가지고 있으며 동시에 단기 및 장기

정책 결정에 모든 구성원이 깊이 관여한다. 토지와 전통 농업에 대한 격렬하고 낭만적인 애착을 갖고 있는 이 운동은 지역사회의 모든 사람들을 위한 현대적인 진보적 교육에 전념하고 있다. 업적은 교육 분야에서도 주목할 가치가 적지 않다. 새로운 정착촌에 있는 많은 어린이들의 필요를 인식하고, 인근 마을의 토지가 없는 교사와 헌신적인 교사들로부터 자격을 갖춘 소수의 교사들이 이끄는 일련의 임시 '순회'학교가 설립되었다. 정착지가 영원한 공동체가 되면서, 이들은 공식적으로 공인된 공립학교로 점차적으로 전환되었다. 농촌 사회와 급진적인 사회운동의 특수한 필요에 비추어 볼 때, 사회정의, 급진적 민주주의, 인본주의 및 사회주의 가치의 운동 원칙을 기반으로 한 새로운 교육학 및 학교조직 철학이 등장했다.

이 운동은 1,500개 이상의 학교에서 네트워크를 형성하면서 진행되며 약 160,000명의 어린이를 교육했고, 25,000명의 청년과 성인이 문해력 향상 과정에 참여했다. MST의 작업이 전 세계적으로 사회운동과 공공 정책 전반에 특히 중요한 영역은 참여의 영역이다. 토지 없는 사람들의 운동에 가담하고 있는 거의 모든 사람들은 정치적, 경제적, 문화적 사회의 다양한 영역에 참여하고 시민으로서의 완전한 권리를 행사할 수 있도록 한다. 이에 더하여 운동은 개인과 공동체가 그들이 참여하고 있는 사회구조의 형성에 진정한 영향을 미치는 더욱 깊은 형태의 참여를 가능하게 하는 것을 목표로 하고 있다.

1822년 포르투갈로부터 독립한 브라질은 좌우 권력의 잦은 교체를 경험하고 있다. 중도우파의 카르도소Cardoso(1995~2003)에서 중도좌파인 룰라Lura(2003~2010)로 정권이 교체되었다. 그런데 룰라의 노선을 계승한 호세프(2011~2016)로 권력이 이어졌으나 탄핵되었다. 지금은 2018. 10. 7 대통령 선거를 앞두고 있다. 유력 후보였던 전 대통령 룰라가 구속됨으로써 (최근 옥중 출마함) 브라질의 정치는 지금 요동치고 있다. 이런 정치적 상황은 민주시민교육을 어렵게 만들고 있다. 브라질의 교민들의 말에 따르면 상류층의 부패가 심각하고 민도가 높지 않은 것이 문제라고 했다.

3. 결론

민주시민교육의 세계적 동향을 그리스, 독일, 영국, 미국, 캐나다, 브라질을 중심으로 살펴보았다. 그리스의 폴리스 정신, 독일의 보이텔스바흐 합의, 미국의 민주학교와 봉사학습, 캐나다의 다문화교육, 브라질의 시민학교에서 여러 가지 시사점을 발견할 수 있다. 이 글에서는 스웨덴의 민중교육Folkbildning과 학습동아리, 핀란드의 청소년의회, 남아공의 인종차별철폐운동apartheid과 우분투Ubuntu[90] 사상, 팔레스타인의 신민subject에서 시민citizen으로 전환하는 시민교육, 러시아의 동지comrade에서 시민citizen으로의 전환, 중국의 애국심 교육의 변화, 상가포르의 인성 및 시민성교육 등은 다루지 못했다.

나라마다 좀 차이가 있지만, 대체로 세계시민교육은 시민교육의 짐으로서 경합적 서사의 짐, 문화적 오인의 짐, 사회경제적 분리의 짐, 성불평등의 짐, 극단적 군사주의의 짐, 경쟁적 해석의 짐, 세계화의 짐을 안고 있으면서, 보편주의 대 특수주의의 딜레마, 일치성 대 다양성의 딜레마, 대화 대 헌신의 딜레마, 세계주의 대 지역주의의 딜레마 속에서 갈등을 해결하려는 최소의 합의를 찾고자 한다.Alexander, Pinson, & Yonah, 2011: 263-268

세계시민교육global citizenship education은 시민성을 어떻게 정의하는가? 세계시민교육이 국제체제, 정부 및 학계를 순환하고 경쟁하는 현대의 담론에 어떻게 통합될 것인가? 세계적 시민교육과 지속가능한 발전을 위한

---

90. 우분투는 아프리카 코사(Xhosa) 말로 "네가 있기에 내가 있다(I am because you are)"(humaneness/humanness toward all others, human interdependence)는 뜻을 갖고 있다.

교육을 촉진하는 데 유네스코와 유엔의 역할은 무엇인가? 이들 주제들은 우리가 경험하고 있고, 느리지만 확실히 21세기의 교육과 학습을 이해하는 방법을 바꾸고 있는 다자적 세계화의 지배적인 의제와 관련되어 있다. 또 이들은 시민성 형성을 둘러싼 쟁점, 다양성 그리고 다문화주의의 딜레마와 관련되어 있는 주제이다. 그리고 이들은 시민성을 촉진하는 대학과 성인학습 기관의 책임과 상호작용하는 주제이다. 지역적 차원, 국가적 차원, 그리고 글로벌 차원에서 정상적인 삶을 살아가는 데서부터 시작하여 더 발전된 목적에서 삶의 방향을 결정하는 선택에 효과적으로 참여하는 일에 이르기까지 세계시민적 역량을 갖추어야 한다. '세계시민적 역량cosmopolitan capabilities'은 첫째, 시민사회의 참여에서 변화를 만들어내는 기능, 이러한 기능이 어떻게 개발되고 강화되는지 그리고 삶의 과정을 통해 어떻게 변화하는지에 대한 정보를 제공하는 역량, 둘째 경제와 사회의 번영에 필요한 지식과 전통의 다양한 문화적 형태의 상호 연결과 중재를 가능하게 하는 역량, 셋째 상호 주관적 인정을 위한 의사소통의 역량, 넷째 가족과 생산물과 지역사회를 창조하기 위해 타인과 함께 작업할 수 있는, 협력적 행위 주체가 될 수 있는 역량을 요구하고 있다.Lingard, Nixon & Ranson, 2011: 22 유네스코는 세계시민교육의 핵심적 개념으로 다양성의 존중(평화로운 사회적 관계, 조국의 통합), 연대(환대, 관대, 평등한 사회경제적 개발), 그리고 공유된 인류애(식량 안보, 자연환경과의 조화)를 들고 있다.UNESCO, Education on 2030

3부

시민성의 함양과
민주시민교육

13장
민주시민교육이란 무엇인가?

유용한 정치적 개념이었던 시민성이 갈기갈기 찢어져 시민교육의 희
망이 누더기가 될 위험에 처해 있다. 역사적 운영의 쓰디쓴 장난인지 정
체성과 공동체 감각을 제공하고자 발전된 개념이 모두 불화의 원천이 되
기 직전이다. 더욱더 다양한 관심은 교리적·실제적 필요를 위한 특별한
요소로 동일시돼 전체에 봉사한다. 이런 구심적 힘을 못 이겨 전체 이념
으로서 시민성이 해체될 위협을 받고 있다.^{Heather, 1990: 282}

시민 개념이 서양에서 오랜 역사를 가진 것과 달리, 한국에서는 식민지
시대 일본의 용례를 따라 도시에 거주하는 시가지 주민 또는 '시에 속한
주민'으로 사용되는 것이 일반적이었다.^{박명규, 2009} 이는 한국 사회가 1960년
대 이전 식민 통치와 전쟁으로 파괴되어 도시의 발달이 미미했던 터라 서
구적 의미의 시민이 부재했을 뿐만 아니라, 시민 개념이 과거에는 시전에
서 장사하는 사람들을 지칭한 탓에 정치적인 의미를 갖기 어려웠을 것으
로 추정된다. 한국 학계에서 시민 개념이 탄생한 시기는 1970년대 이후로
서양의 시민 개념과 사상을 사회과학자들이 소개하면서부터다.^{김석호, 2018}
한국 사회에서 시민이 정치적 주체로 부각되기 시작한 시기는 1987년 민
주화 투쟁 이후로 보는 것이 적절하다. 이때에 비로소 시민은 국가권력의

억압적 지배에 저항하는 정치적 주체로 등장하였다. 2016년 광장에서 촛불을 든 시민은 민주주의와 대적하는 권력을 대통령 탄핵을 통해 몰아내었고, 이들이 이제 한국 민주주의의 미래가 됐다.

1. 시민성의 다의성

'시민市民, civilis, civitas, cytoyen, citizen'의 원래적 의미는 도시polis, city-states 거주민이다. 즉, 市民은 '市'의 '民'이다. 라틴어 'civis'라는 어원에서 처음 출발한 시민은 당시 '도시라는 장소에 거주하는 사람'이라는 의미를 띠었지만 그것에 한정되지는 않았다. 단순히 아테네와 로마에 거주하는 사람만이 아니라 특정한 지위와 정치적 권리를 가진 사회집단을 의미하였다. 곧, 시민은 법 제정자/입법자로 자처하는 존재였다. 시민은 종교적 통치로부터 자유롭고, 개인됨을 바탕으로 정치 제도화에 참여할 권리를 갖춘 사람이다. 시민은 시민권의 혜택을 향유하고 통치에 참여할 수 있는, 도시에 사는 문명화된 사람이다. 시민은 민주주의 주체로서 자유와 권리를 인식하고 공동의 문제에 관심을 갖고 참여하는 주체를 의미한다. 곧, 시민은 정치, 경제의 행위 주체자로서 각성된 개인이며, 공동체적 자치를 일구는 실질적인 국가의 구성원이다.

17세기 자본주의가 발달하면서 부상한 새로운 계급—'cytoyen(교양시민)'과 'bourgeous(경제시민)'—이 '지식'과 '부'를 무기로 귀족의 특권과 맞서 싸운 결과, 오늘날의 시민권이 발전되었다. 근대의 시민사회는 고대와 중세의 공동체가 붕괴되고 덕성이 와해되었을 때 형성되기 시작하였다. 근대 이후의 시민혁명을 거친 근대적 개인은 사회를 구성하는 주체이면서 시민사회의 일원이 됐다. 개인[1]과 사회[2]가 근대성modernity을 획득해 가는 과정에서 개인은 시민으로 발전하였다. 루터적 의미에서 양심을 갖고,[3] 홉스적 맥락에서 개인의 이익을 철저하게 계산하는 개인이 자신의 권리와 권력을 보장하기 위해 국가권력과 때로는 싸우고 때로는 협력하기 시작했다.[이진우, 2018: 71] 홉스는 생존과 권력을 위한 투쟁이 어떻게 국가 성립으로 이어지는지 설명했다. 인간은 자신의 욕망을 제어할 수 있는 자연적·도덕적 질서나 법칙이 없다는 것을 깨달은 후에 비로소 자기의 주권을 단일자에게 넘겨줘서 이른바 '만인의 만인에 대한 투쟁war of all against all'에서 벗어나고자 한다.[이영석, 2014: 231] 시민사회에서 중심 역할을 맡게 된 것은 두말할 필요 없이 근대의 전환기에 발생한 '개인의 탄생'이다. 오늘날의 시민은 사회를 구성하는 주권적, 주체적 개인이며, 이해갈등과 계급적 대립으로 파열하기 쉬운 사회질서를 공적 담론과 공적 기구를 통하여 유지·존속시켜가는 근대적 개인modern individual을 지칭한다. 이렇게 시민이 된다는 것은 국가의 불합리한 통제와 개입을 물리치고 천부인권을 부여받은 시민이 도덕과 공익에 의거하여 자율적으로 통치한다는 뜻이다.

시민은 첫째, 개인적으로 책임지는 시민성personal citizenship으로서 자

---

1. '개인(individual=in+divide)'은 당사자가 자기 행위를 스스로 결정할 수 있는 자유와 자율성을 지니고 있는 주체적 행위자다. 개인은 다른 개인이나 국가권력으로부터 침해받지 않는 자유롭고 평등한 존재이며, 국가로부터 분리되더라도 존립할 수 있는 독립적인 존재이다. 타인에 의해 이끌리는 것이 아니라 스스로 생각하고 판단하는 자율성과 비판적 사고를 소중하게 여기는 합리적 주체/자율적 주체라 하겠다. 스스로 주체이기를 포기한 인간은 자율적인 판단능력과 행위능력을 잃어버리고 오직 외부의 지시와 명령에 따라서만 행위하는 타율적 인간으로 전락하게 된다.

2. '사회'는 개인들에게 큰 영향력을 끼치면서 현존하지만, 직접 볼 수 없는 추상적 실체이다. 이러한 추상적 실체를 구체화한 것이 바로 개인이며, 개인 사이의 관계들이다.

3. 마틴 루터의 신앙 강조는 내면적 양심을 중시하는 자율적 개인의 탄생을 가져온다. 이것이 그를 근대 시민사회를 이해하는 데 중요한 사상가로 만든다. 그에 의하면 개인은 믿음과 양심을 가진 주체이다. 이로써 개인의 의견, 생각, 욕망과 욕구는 비로소 중세의 억압으로부터 해방된다. 문제는 이렇게 자유로워진 독립적인 개인들이 어떻게 하면 평화적으로 공존할 수 있는가이다. 시민사회의 평화는 주어지는 것이 아니라 만들어지는 것이다. 1651년 홉스의 『리바이어던』은 평화로운 시민사회가 강력한 국가권력이 없이는 존재할 수 없다는 것을 선명하게 보여준다. 홉스에 의하면 시민사회를 형성하기 이전의 자연 상태의 인간은 자기보존의 자연권을 가진 '합리적 개인'이다.

기가 속한 공동체 속에서 도덕적 책임, 인격, 정직, 성실, 자제력, 근면 등의 가치를 추구한다. 둘째 시민은 참여하는 시민성participatory citizenship으로 지역사회참여, 공적 문제와 지역사회의 사회적 삶에 적극적으로 참여함, 관계성, 공동의 이해, 신뢰와 집단적 헌신, 그리고 특정의 공동체 문제나 기회를 넘어서려고 한다. 셋째, 시민은 정의를 추구하는 시민성justice-oriented citizenship으로서 사회적 이슈에 대한 비판적 분석, 사회적 불의의 해소, 구조적 비판, 자선과 자원봉사를 넘어서는 사회운동을 통해 체제의 변화 등을 시도한다.Biesta, 2011: 28-31; Westheimer & Kahne, 2004: 237-269 첫째가 보수적 시민성이라면, 둘째와 셋째는 진보적 측면이 강한 시민성이라고 할 수 있다. 우리는 공동체로부터 온전히 분리되지 않으면서도 그 속에 온전히 흡수되지도 않는, 자신에 대한 지속적 관심을 가지면서도 공적 삶과 연계된 자기 성찰적이고 정의로운 참여적 시민이 될 필요가 있다.

시민의 유형I. Davies et al., 2014: 32

Veugelers(2007)	시민의 특징	Westheimer & Kahne(2004)
적응하는 시민	개별적 시민	비판적 민주시민
개별적 시민	개별적 관점을 가지고 사회에 참여	협동적, 사회정의에 관심, 사회 변화를 위해 동기화됨
비판적 민주시민	참여적 시민	정의 지향적 시민

그리고 시민 개념이 거론될 때 따라다니는 것이 민주주의이다. '민주주의'라는 말을 많이 사용하고 있지만 이 개념을 정의하기란 쉽지 않다. 흔히 demos(people)+kratos(rule), 즉 '인민이 다스리다'로 정의되는 '민주주의'는 군주나 왕이 아니라 민이 주인인 사상이다. 민은 노예나 신하가 아니다. 누가 다스리느냐, 즉 누가 인민인가(공동체 안에서 몫을 갖지 못한 자들: 토지 미소유자, 여성, 아이, 소수자, 빈민, 노인, 장애자, 미등록 체류자, 프롤레타리아 등)와 어떻게 다스리느냐, 즉 지배가 무엇을 의미하느냐(직접

적 참여 체제, 간접적 대의 체제)에 따라 민주주의 사상은 달라진다.Biesta, 2006: 121 우파, 중도, 좌파 등 서로 다른 세계관에 따라 실천 방식도 달라진다. 민주주의는 압제와 착취에 저항하고 구성원의 기본 권리와 기초적 생존을 보장하며 각 시민의 인간적 자기실현을 촉진하는 정의로운 질서를 창출하고, 각 시민이 자기 국가와 지구의 운명에 공동책임을 지는 경지에 이르기까지 끊임없이 진화한다. 듀이는 "인간은 민주주의 없이 자기자신을 전적으로 소유할 수 없고 타인들의 사회적 행복에도 기여할 수 없음"을 역설한다.Dewey, LW 12: 296 만약 민주주의가 소통과 참여를 통해 활발하게 살아 있지 않다면 그것은—인간에게는 물론 사회 전체에서—그저 형식적인 절차로 전락하고 만다. 만약 민주적 제도가 단지 형식적인 대의제에 머물고 일상의 실천 안에 살아 있지 않다면 필연적으로 쇠퇴할 것이다.

민주주의의 역사적 진화에는 민주적 시민의식에 투철한 시민들의 투신과 연대가 결정적 역할을 떠맡는다. 민주시민 없는 민주주의와 그 진화는 불가능하다. 민주주의는 민주주의자인 '시민' 없이는 작동할 수도 유지될 수도 없다. 오늘날 민주주의는 직접민주주의, 간접민주주의, 정치적 민주주의, 사회적 민주주의, 참여민주주의, 심의민주주의 등 다양한 형태로 진화·발전되고 있다. 사람은 민주주의를 작동시킬 수 있는 역량을 갖추어야 비로소 시민이 될 수 있다.

시민의 자격을 말하는 개념에 'citizenship'과 'civility'가 있다. 시민성은 'civilitas'에서 유래하며, 이는 도시(라틴어 civitas, 그리스어 polis) 안에서의 시민(라틴어 civis)이 지녀야 할 자질과 속성을 의미한다. 'citizenship'은 권위주의 체제의 '신민subject'으로부터 민주주의 체제의 '시민citizen'을 구별해주는 말이다.Kymlicka, 장동진 옮김, 2005: 403 시민이란 기본적으로 공동체에 소속된 사람으로서 시민에게 주어진 권리와 함께 책임/의무를 지는 것을 말한다.McCown, 2011: 168-169 양자를 아우르는 말이 'citizenship'이다.

'citizenship'은 한국어로 번역하기가 매우 어렵다.[4] 'citizenship'은 법적 의무라기보다 도덕적 의무로 이해되는 경향이 있고 'civility'로 이해되기도 한다. 이렇게 이해할 경우 'citizenship'은 '시민권으로', 'civility'는 '시민성'으로 번역한다. 시민성은 '시민다움civicness' 또는 '시민적 예의civility'로 이해된다. 'civicness'의 경우 시민성과 달리 공공 영역과 더 밀접히 연결되어 있으며, 시민들이 스스로를 시민으로 여기게 하는 특성들과 정부/공공영역이 개인들에게 시민의 역할을 부여하는 정도와 관련이 있다. 따라서 시민다움은 인권, 사회권, 정치권, 그리고 자유를 지키고 그 의미를 존중하는 적극적 시민권의 특성과 관련되어 있다. 그리고 'civility'는 보통 정중함 등 시민적 삶의 자세나 태도, 시민적 기풍, 시민의식 등을 가리킨다.Taylor, 권기돈·하주영 옮김, 2015: 429 'civility'는 더 큰 가치를 위해 자기 이익을 줄이고 타협하는 것이다.Levine, 2010 'civility'는 유일한 시민적 덕목이 아니기에 다른 시민적 덕목과 갈등할 수 있다. 예를 들어 내면적 정직과 사회적 정의, 내면적 성실과 역사적 성실, 인권과 인권의 가치 등은 서로 갈등하기도 한다. 시민적 예의가 때로 행동을 지연시키는 방식으로 비판받기도 한다. 피겟팅, 리플릿 배부, 게릴라 공연, 거리 시위, 연좌농성 등은 숙의deliberation[5]를 방해하기도 한다.Levine, 2010 시민적 예의가 어떤 사람에게는 호의적이고, 다른 사람에게는 비우호적 태도를 보일 수 있다. 그렇지만 서로 다른 민주적 가치를 지향하기에 상호 교섭이 이루어져야 한다. 왜냐

4. 'citizenship'을 우리말 '시민권'과 '시민성'으로 번역하고 있는데, 시민성을 시민권으로 포함하는 학자가 있는가 하면, 원어를 그대로 사용하여 '시티즌십'으로 번역하는 사람도 있다. 필자는 주로 우리말 사용을 중시하여 '시민성'으로 통일하고, 시민의 권리, 자격, 태도 등을 모두 포괄한 의미를 갖는 것으로 정리하였다.

5. '숙의'는 법률 분야에서 자주 쓰이는 용어이다. 배심원들이 숙의를 한다. 숙의는 선택에 의한 것이며, 사회적 과정이다. 양측이 제시한 증거물과 함께 주장을 듣고 난 후, 배심원들은 항상 그들 배후에 놓인 사례를 고려하면서 무엇이 행해져야 할지 숙의하기 위해 사적인 입장으로 돌아간다. 배심원들은 아무것도 하지 않기를 결정할 수 없다. 그들은 반드시 어떤 행동을 취하고 보여야만 한다. 그들은 무죄 혹은 유죄를 고려하는 선택을 하면서 시작한다. 만약 유죄로 판정될 경우, 그들은 범죄에 대해 가장 적절한 형벌이 어떤 것인지를 결정해야만 한다(Null, 강현석 외 옮김, 2016: 210).

하면 시민적 예의는 시민과 국가 간의 연결과 관련된 덕의 일종이고, 사적 이익을 넘어 숙의와 행위를 통해 공공성이나 공동선을 추구하려는 성향/기능이자 좋은 시민들이 행위를 하는 방식이기 때문이다.^{Mover & Robinson, 2012} 'civility'는 모든 문제를 평화적 방식으로 풀고, 정당하고 정통성 있는 국가의 권위를 존중하며, 법을 인식하고 인정하며 존중하는 태도를 가리킨다. 그것은 사람들 사이의 대화, 토론, 숙의, 타협, 상호 존중, 그리고 권한 공유 등으로 나타난다.

그런데 현대 정치이론에서 일반적으로 시민성은 'civility'와 'civicness' 모두를 지칭하는 것으로 사용된다. 곧, 시민성은 시민의 자질과 정치적 공동체의 성원권, 그에 따르는 권리와 책임을 아우른다.^{김석호, 2018: 214} 따라서 시민성은 실질적인 정치적 의미를 띤다. 그러나 무엇보다 'citizenship' 이론의 발전에 가장 중요한 바탕이 되었던 것은 현대사회에 드러나는 정치적 무관심과 개인주의화 문제에 맞서려면 특정한 종류의 시민적 덕성^{civic virtue}이 필요하다고 믿었던 '시민적 공화주의^{civic republican}'이다. 윌 킴리카^{Will Kymlicka}는 시민적 공화주의에도 크게 두 가지 입장이 있다고 보았다. 하나는 아리스토텔레스의 전통을 따라 정치참여 그 자체의 내재적 가치를 강조하는 '고전적 입장'이고, 다른 하나는 그것이 민주주의 제도를 유지하고 기본적 자유를 보존하기 위해서 도구적으로 사용되어야 한다는 '자유주의적 입장'이다. 킴리카는 시민적 덕성에 대한 자유주의의 도구적 관심은 자유주의의 유지 발전을 위해 꼭 필요하다고 보지만, 아리스토텔레스적인 고전적인 입장에는 동의하지 않는다. 사실 아리스토텔스적인 공화주의자들은 사적 삶에 경멸적 태도를 취했을 뿐 아니라 여성에 대한 경멸과도 역사적으로 연결되어 있다. 다른 한편 시민적 공화주의자들은 공동체적 공공선을 중시하는 아리스토텔레스적 공화주의 정치의 부활을 거부하고, 이미 '다원주의적의 사실'이 확립된 현대에는 오히려 시민들 사이에 좋은 삶에 대한 지속적인 불일치가 존재하기 때문에 정치적 삶에 대한 최우선적 가치 부여를 받아들일 수 없다는 입장을 보인다.^{Kymlicka, 장동진 옮김,} 2005: 415[6]

이렇게 시민성 개념은 복잡하고 경합적이라서 시민성교육 논의는 갖가지 논쟁을 초래한다. 시민성 및 시민성교육의 개념은 역사적, 철학적, 사회적, 정치적, 그리고 경제적 요소 등 광범위한 영역에 의해 영향을 받고 있다. 오늘날 사적인 것과 공적인 것, 경제적인 것과 정치적인 것, 삶과 세계, 그리고 국가, 시장, 시민사회 사이의 긴장이 더 커지고 있다. 시민성은 공동체와 국가의 본질이 무엇이냐, 포용이냐 배제냐, 어디에 속해 있느냐, 정체성을 어디에 두느냐에 따라 그 성격도 달라진다.

	얇은 시민성(자유주의 전통)	두터운 시민성(시민적 공화주의 전통)
권리와 책임	권리는 특권임 법적 지위로서의 시민성/시민권	권리와 책임은 상호 보완적임 도덕적 의무로서의 시민성
참여	수동적: 참여할 기회	적극적: 참여할 책임
공동체	국가는 필요악임 공적 지위로서의 시민성 독립 선택을 통한 자유	적극적인 정치적 공동체가 공적·사적 영역에 스며듦 상호 의존 시민적 덕성을 통한 자유

Faulks, 2000: 11

1990년대에 등장한 'citizenship'에 대한 관심은 자유주의liberalism와 공동체주의communitarism 논쟁의 발전 속에서 시작되었다. 곧, 자유주의에 가장 핵심적인 정의justice와 권리right 개념과 함께 공동체주의에 가장 핵심적인 공동체와 그 공동체에 소속되는 구성원 자격membership 개념 모두를 포괄하고 있다. 사실 누가 어떤 공동체에 속하는지는 인류 역사상 정

---

6. 공동체적 공화주의자들도 있다. 이들은 자유주의를 비판하고 공적 가치를 중시한다는 점에서 공화주의적 입장과 공통의 관점을 취하지만, 공동체를 선의 매개체로 생각하는지, 아니면 정체성의 매개체로 생각하는지에 따라 입장이 달라진다. 전자의 입장을 취하는 사람으로는 매킨타이어, 샌델 등을 꼽을 수 있고, 후자의 입장을 취하는 사람으로는 킴리카(다문화적 공동체주의로 호칭되기도 함)가 대표적이다(정원규, 2016: 266).

치권력의 핵심적 문제이다. 즉 'citizenship'은 한편으로는 시민의 '권리'를 포괄하는 '시민권'인 동시에 한 공동체의 일원으로서 가져야 하는 정체성과 시민적 헌신을 포함하는 '시민정신', '시민의식'이기도 하다.Kymlicka, 장동진 옮김, 2005: xii 전자의 '시민권'은 한 국가 또는 정치적 단위의 구성원이 되는 법적 지위와 관련된 개념으로 받아들여지고, 후자의 '시민정신', '시민의식'은 '시민성'으로, 시민적 덕성/자질과 관련된 개념으로 받아들여진다. 1950년대에 시작된 'citizenship' 논의는 권리 중심적인 시민 개념에 집중하였지만, 이후 현대의 다원주의 사회에 알맞은 시민적 덕성을 어떻게 배양할 수 있느냐는 문제로 관심사가 옮아갔다. 이 이동은 민주주의에 대한 시각의 이동과 결부되어 있다. 즉 민주주의의 핵심이 투표(그것의 과정과 결과)라는 시각으로부터 민주주의는 더 많은 대화와 합의의 과정이 필요하다는 시각으로의 전환이다. 1990년대 들어 그와 같은 관점의 이동은 숙의민주주의deliberative democracy[7]가 정치철학의 핵심적 쟁점으로 드러나는 데 일조했다.

시민성을 범주화하는 데는 여러 방식이 있지만 크게 공화주의republican 접근, 자유주의적liberal 접근으로 나뉜다. 전자는 인간에 대한 정치적 개념을 옹호하고, 후자는 인간의 경제적 개념을 옹호한다. 전자는 자유에 대한 적극적 참여 개념을 선호하고, 후자는 자유에 대해 수동적으로 획득된 개념을 선호한다. 그리고 전자는 사회를 흔히 민주주의 공화국으로서 '폴리스polis'라고 부르며, 후자는 경쟁적 개인이 모인 시장에 기반을 둔 결사체라고 부른다.Ignatieff, 1995: 54 공화주의적 시민은 세계에 대한 이해와 애착은 물론이고 정치의 곤란한 영역에 종사하는 일련의 기술(이성, 공감, 수사법 등)을 요청하는 반면, 자유주의적 시민은 공식적으로는 일련의 정치적,

---

7. 숙의민주주의 이론가들이 숙의민주주의를 지지하는 이유는 첫째 정당성이 더 높고, 둘째 더 나은 정책을 만들 수 있으며, 셋째 개인들의 선호가 변화될 수 있기 때문이다(Gastil & Levine, 정용찬·허광진 옮김, 2018: 55).

시민적 권리와 함께 국가가 부여한 의무를 요청할 수 있다.[White, 2016: 95] 후자는 정치적으로 수동적인 반면, 전자의 시민은 능동적이다. 공화주의적 시민은 이미 그가 자유롭다면 공적 영역에 적극적이다. 아리스토텔레스적 공화주의자들은 정치에서보다 가족과 경력의 즐거움에서 더 큰 기쁨을 찾는 수동적인 시민들이 어느 정도는 잘못 인도되었고 저열하다고 주장했다.[Kymlicka, 장동진 옮김, 2005: 414] 자유주의와 공화주의에 두루 있는 시민적 덕성은 개인적 권리의 존중, 자율성, 다른 의견과 신념을 관용하기, 공정하게 행동하기, 시민적 공감, 공동체의 문제에 적극 참여하기 등이다.[Dagger, 1991]

사실 시민권[8]은 언제나 배타적 성격을 띤다. 정치적 선택과 의사결정을 행사하는 것은 독립적 정신을 필요로 하며, 물질적이고 사회적인 독립도 필요하다. 따라서 공화주의적 자산 기반의 시민권 모델과 자유주의적 권리 기반 사이에는 분명한 모순이 존재하긴 하지만, 로크Locke와 같은 자유주의자들의 아이디어에서 소유관계에 기반을 둔 권리 개념을 볼 수 있다. 소유는 개인적 자유를 대변한다. 소유한 것이 없는 사람은 엄밀한 의미에서 자유가 없는 것이다. 로크는 사람들이 생명, 자유, 재산을 상호 보존을 위해 시민사회로 결합한다며, 이 셋 모두 '자산'으로 명명한다. 개인은 여기서 생명과 자유의 권리 주체로 이해된다. 놀라운 것은 재산을 생명과 자유와 동일한 수준으로 여겨 모두 개인의 소유/자산으로 파악하고 있다는 점이다. 국가와 시민사회는 개인의 자유와 사적인 선택에 의해 구성된다. 마치 우리가 어떤 결사체에 가입할 것인지 스스로 선택하는 것처럼 이기적인 개인은 자신의 자산을 보장해줄 수 있는 시민사회를 구성한다.

그러나 공화주의 관점은 더 나아가 자산을 방어하거나 성별화된 특권을 보호하고자 한다. 시민권은 정치 영역에서 좋은 판단을 위한 어떤 지적, 사회적, 경제적 조건을 필요로 한다. 게다가 시민권에 필요한 자산은

---

8. 여기에서는 'citizenship'을 시민적 미덕을 의미하는 '시민성'이라기보다는 시민적 권리를 의미하는 '시민권'으로 번역하는 것이 맥락에 맞다.

이동하는 재산으로 소유되기보다 땅에 주어진 것이다. 이렇게 하여 자산을 보유한 시민들은 국가에 애국심을 품게 된다. 그러나 여기에서 요점은 정치적 자유가 인지적 능력, 지위 및 물질적 부와 독립적으로 존재하지 않는다는 것이다. 우리는 무거운 짐을 지고 있는 학생들의 정치적 자유의 정도에 대해 의문을 제기할 수도 있고, 그들이 딴 학위의 경제적 가치에 초점을 맞출 수도 있고, 학습의 도구적 유형으로 탈바꿈할 수도 있다. 그래서 '도구적 공화주의'와 구별되는 '시민적 공화주의' 접근이 대두한다. 시민적 공화주의 전통에서 보면 합법화된 관료주의는 시대착오적이다. 항구적 관료제의 수립은 공공의 이익에 반하는 것이라 저항을 받았다. 이것은 공화주의 전통이 왜 시민사회의 개념을 경계하는지 설명해주고 있다. 공화주의자들에게 시민권은 일치된 공동체의 구성원에 의해 순서대로 채택된 자치self-rule이다. 물론, 관의 이익은 관직의 소유자가 자신의 지위를 고수하기를 원한다는 것을 의미한다. 하지만 시민권에 대한 '시민적civic' 개념은 부패에 관한 담론으로 보완되었다. 시민적 삶은 폭정에 의해 굴절된 인간의 본성 속에서 무력으로부터 인간의 선을 보호하기 위한 끊임없는 투쟁이었다.White, 2016: 96

시민적 공화주의 접근Oldfield, 1990은 고대 그리스 도시국가polis 모델을 끌어들이면서 국가를 향한 시민의 의무, 특히 결정 과정에 대한 참여를 강조하고 있다. 이 접근은 크게 두 가지 스펙트럼으로 나타난다. 오늘날 시민적 공화주의자들이 다시 부상한 것은 부분적으로 국가의 해체 이미지와 이주민의 증대로 인해 일어나는 다수자의 집단에 대한 위협과 함께 지나치게 권리를 강조하고 의무를 무시하는 것에 대한 불만족 때문이다. 이러한 시민적 공화주의 관점의 우파적 모델은 사회적 일치/단합을 위한 필요, 애국심 그리고 다수 집단에 대한 동화를 강조하고 있다. 그렇지만 로버트 퍼트넘Robert Putnam 등은 이탈리아 지방 정부를 연구하면서 좋은 협치의 결정자이자 사회적 자본으로서 시민적 덕성에 대한 새로운 관심을 보였다. 사회적 자본social capital이란 시민들의 신뢰의 능력, 참여 의지, 정의감 등이다. 페이트먼Pateman[1970], 맥퍼슨Macpherson[1977], 바버Barber[1984] 등은 루소에게 영감을 받아 새로운 공화주의의 대안적 관점을 취했다. 참여민주주의와 숙의민주주의 노선을 견지하며 적극적이고 활동적인 '민주적 시민성democratic citizenship'을 옹호한다. 여기에서 시민은 대표를 선택하는 것이 아니라 가능한 결정 과정에 개인적으로 참여한다. 이 참여를 촉진하는 정보와 의사소통 기술의 역할이 강조된다.

시민적 공화주의 사이에서도 이념적 분화를 보이고 있지만, 자유주의적 liberal 접근도 좌우로 갈라진다. 자유지상주의자들libertarians처럼 재산권 같은 최소의 권리를 주창하거나 평등적 자유주의자들처럼 사회정의의 실현을 위해 필요한 본질적 권리를 주창하기도 한다. 좌우의 차이는 주로 평등의 중요성을 어디에 두느냐에 따라 달라지지만, 시민성에 대한 자유주

이론적 접근	주요한 특징	강조점
자유주의적 시민성	• 시민성은 각 개인에게 법이 부여한 동일한 형식적 권리를 누릴 지위이다. • 정치적 영역의 기능은 개인의 이익을 보호하고 최대화하는 것이다. • 시민성은 민족국가의 수준에서 개념화된다.	• 독립적 자기-이익적 개인 • 평등한 권리 • 법의 규칙
공동체주의적 시민성	• 시민성은 정체성에 대한 개인의 의식과 공동체와 한 집단에 대한 소속감으로부터 일어난다. • 시민성은 사회적으로 연루되어 있다. 개인의 정체성은 타인과의 관계를 통해 만들어진다.	• 소속의식 • 집단 정체성과 집단의 권리 • 개별 이익의 추구보다는 공동선의 추구
시민-공화주의적 시민성	• 시민성은 공동의 공적 문화-개별적 집단 정체성보다 강한-와 특정 민족국가에 대한 소속의식에 의해 형성되는 포괄적인 시민적 정체성이다. • 시민성은 실천으로서 시민성의 이념으로 이끄는 권리와 책임에 의해 정의된다.	• 책임과 시민적 덕성 • 공공 문제에 대한 참여

Jochum et al.(2005)

의와 시민적 공화주의 접근은 정치적 참여의 비중에 따라 달라진다. 자유민주주의자들은 사람들에게 의미나 만족의 원천으로서 정치적 참여의 권한을 부여하는 좋은 삶의 개념을 채택할 것을 강요하지 않으려 한다. 반면 시민적 공화주의자들은 민주적 사회가 효과적으로 기능하도록 하고, 그리고 개인의 행복을 위해 개인들이 정치와 시민사회에 적극적으로 참여하는 것을 본질적 요소로 보고 있다.McCowan, 2009

또 다른 방식으로 시민성을 구별하는 맥러플린McLaughlin[1992]은 정체성, 미덕, 정치적 참여 그리고 사회적 필수조건과 관련된 연속체로서 최대주의적, 최소주의적 개념의 형태를 제안한다. 최소주의적 관점에 따르면 시민성에 의해 개인에 부여된 정체성은 단지 형식적, 법률적, 사법적 용어로 사용되며, 최대주의적 관점에 따르면 시민은 권리는 물론이고 책임을 지는 공유된 민주적 문화를 가진 하나의 살아 있는 공동체의 구성원으로서 자신의 의식을 가져야 한다. 시민성의 최소주의와 최대주의 접근은 '소극적 시민성'과 '적극적 시민성'으로 나뉜다. 시민성의 소극적 요소가 국가의 정체성, 애국심과 충성심을 포함하고 있는 데 반해, 시민성의 적극적 요소는 지역사회 활동에 대한 참여와 관여 또는 사회적 지향을 갖는 정치적 활동을 촉구한다. 최소의/최대의 연속선은 '소극적 시민성'과 '적극적 시민성'을 구분하는 병렬적 논의를 반영한다. 시민성의 능동적 요소는 정치활동 개입과 참여, 자발적 공동체 활동, 또는 정치적·사회적 지향의 변화를 추구하는 활동을 포함한다. 시민성의 소극적 요소는 국가의 정체성, 애국심 그리고 충성심을 포함한다. 적극적 시민성은 민족국가의 굴레를 넘어서고자 한다.

또 다른 범주화는 토니 푸르타Torney-Purta 등[2001]이 국가 비교 연구에서 보여준 것으로 시민성의 관례적인 것과 연관된 시민성 접근(자유민주주의의 형식적 절차를 통해 참여를 유도하는 방식)과 사회운동과 연관된 시민성(특히 단일한 이슈로 직접적 동원화를 통해 참여하는 방식)으로 구분하였다.

그러나 이러한 범주화는 특별한 맥락에 유용할 수 있지만 초점을 맞추는 데에는 제한적일 것이며, 더 풍부하게 이해할 수 있는 시민성의 다양한 개념화를 인지하는 데 실패할 수 있다. 시민성에 대한 자유주의 접근은 지나치게 개인주의적 경향을 보이고, 반면 시민성에 대한 공화주의 접근은 공동체주의적 경향을 띤다.

2. 시민성 구성에 대한 논쟁

시민성은 복합적인 개념이다. 시민성은 공적인 것과 사적인 것, 사회적 규범과 도덕적 법칙, 보수적 향수와 진보적 변화 사이 그 어딘가에 놓여 있다. 시민성 개념이 갖는 복잡성은 이를 사용하는 연구자들이 시민성의 한 측면만을 과장하거나 주로 부각시킬 수 있는 여지를 준다. 한국에서 시민성 개념은 시민권[9] 개념과 구분 없이 사용된다. 시민성은 사적 공간이나 생활세계에서 타인에게 지켜야 할 예의이기도 하고, 차이와 다양성을 이해하고 인정하는 관용의 마음이기도 하며, 더 좋은 공동체를 만들기 위해 자신의 이익을 희생하는 시민적 덕성이기도 하다. 시민성은 국가권력에 대항하는 시민사회의 특성이기도 하지만, 시민들이 지니고 있는 문화적 특성과 공익적 지향이기도 하다.[김석호, 2018: 212]

학자들 사이에 시민성 개념화에 일치된 내용을 발견하기 어렵다. 바버는 시민성이란 시민들로 하여금 공적 삶에서의 갈등을 처리할 수 있도록 해줘서 공감과 상호 존중을 촉진하는 것이고[Barber, 1984: 190, 223], 왈저에게 시민성은 선에 대한 서로 다른 생각에서 빚어지는 긴장을 완화시키는 것이며[Walzer, 1974: 603], 킴리카에게 시민성은 시민들이 서로를 평등하게 대할

---

9. 시민권이란 시민으로 인정받는 법적·제도적 조건, 공동체 소속감, 정치적 태도와 행위를 말한다.

것을 요구하는 차별 금지 원칙의 필수 요소다.^{Kymlicka, 2001: 298-300}

시민성은 그 개념적 복합성 때문에 여러 가지 쟁점을 만들어낸다. 시민성 개념의 이슈를 둘러싸고 서로 간에 더 많은 긴장과 논쟁이 벌어지고 있다. 시민성은 사적 덕목인가, 공적 덕목인가? 시민성은 일상생활의 상호작용, 곧 예의나 예절인가? 아니면 정치적 태도와 행동인가? 시민성은 불평등과 현상유지를 가능하게 만드는 보수성을 지향하는가? 시민성은 민주적이고 비판적이며 포괄적인 개념인가? 시민성의 가치는 시민성의 고유한 도덕적 중요성에 있는가? 또는 갈등을 최소화하고 사회통합을 이끌어내는 기능적 효과에 있는가? 이런 대립은 시민성이 다음에서 논의되듯 권리와 의무, 보편성과 차이성, 비판과 순응, 그리고 지역과 국가 및 글로벌 등 이를 둘러싼 긴장을 통해 재구조화되어야 할 문제와 맞물려 있다.^{McCowan, 2009} 그렇지만 두 가지로 갈리는 구분은 오늘날 전통적인 좌우 구분을 넘어서고 있다.

1) 권리rights와 의무duties의 긴장

'citizenship'은 지위status로서의 법적 권리로 구성된 시민권(법적 본질)과 규범적 의미의 의무로 구성된 시민성(도덕적 본질)이 서로 다른 권리와 책임/의무의 형태로 이루어진다. 양자는 서로에게 무게 중심을 달리하고 있다. 한 사람의 '좋은' '효능적' 시티즌십은 공민적 권리[10]와 정치적 권리[11]는 물론이고, 충분한 사회적 권리[12]를 행사하는 것^{Marshall, 김윤태 옮김, 2013}

---

10. 공민적 권리(공민권, civil rights)는 '지위상의 자유'와 결부된다. 신체의 자유, 언론·사상·신앙의 자유, 재산을 소유하고 유효한 계약을 맺을 권리, 그리고 공정한 대우를 받을 권리 등 개인적 자유를 위해 필요한 권리들로 구성되어 있다. 그 가운데 공정한 대우를 받을 권리는 다른 권리들보다 더 우선적인 위상을 갖는다. 왜냐하면 그것은 정당한 법적 절차를 통해 다른 사람들과 평등한 상태에서 자신의 모든 권리를 옹호하고 주장하게 하는 권리이기 때문이다. 이런 점에서 우리는 공민권과 직접 관련이 있는 기관은 법원임을 알 수 있다. 18세기에 발전한 공민권 보장은 국가의 불간섭의 의무를 포함하기 때문에 '소극적 자유'라고 볼 수 있다.

과 동시에 국가에 대한 군사적·공민적 책임의 이행을 요구하고 있다.[13] 시민성 개념은 역사적으로 의무를 강하게 선호하고 있다. 따라서 나라에 충성하고 공동체에 강력하게 헌신할 것을 요구한다. 이러한 패러다임에서는 자기희생은 물론이고 선하고 충성스러운 시민으로서 책임을 잘 떠맡도록 아이들을 준비시키며 리더십, 자력갱생 그리고 자기통제력을 촉진하는 것을 목적으로 하고 있다. 의무의 가치를 중시하는 보수적 관점을 취하는 또 다른 입장(1990년대 초 영국의 보수당 정부 등)은 지역사회 자원봉사활동 community volunteering을 중시한다.

시민성교육의 또 다른 개념은 '권리'를 뚜렷하게 강조한다. 이를 지지하는 입장Osler & Starkey, 2005; Gearnon, 2003은 시민성교육에서 '인권'을 내세운다. 이러한 우선성은 생존, 잘 삶, 존엄성 등 인간의 보편적인 기본적 권리, 그리고 국가 내에서와 지구적으로 열악한 지역에서 이들 권리의 주변부 집단으로의 확장에 초점을 두고 있다. 이들 권리는 1948년 보편적 인권선언, 1989년 유엔아동권리협약과 같은 국제선언으로 나타났다. 정치적·사회적·경제적 평등을 강조하는 입장과는 달리 인권적 접근의 장점은 광범위한 동의를 확보하고 있고 정부나 국제기구로부터 상당한 지지를 받고 있다는 사실이다.

권리와 의무의 분리는 자유주의와 시민적 공화주의의 분리에서 어느

---

11. 정치적 권리(정치권, political rights)란 정치적 권위를 부여받은 기구의 구성원 또는 그러한 기구의 구성원을 선출할 수 있는 유권자로서 정치권력의 행사에 참여할 권리를 의미한다. 직접 관련된 기관은 국회와 지방의회가 있다. 19세기까지 정치적 선거권은 한정된 경제적 계급의 특권이었다.

12. 마셜은 시민권의 세 가지 요소인 공민권, 정치권, 사회권을 구분하고, 그들 사이의 관계를 탐구하며, 20세기에 사회권의 중요성이 커졌음을 강조했다. 마셜의 시민권 이론은 자유시장, 탈규제, 공기업의 민영화, 복지 축소 등 신자유주의적 이데올로기가 지배하는 한국 사회에 대한 비판의 출발점이 될 수 있다.

13. 사회적 권리(사회권, social rights)는 약간의 경제적 복지와 보장을 받을 수 있는 권리에서부터 사회적 유산에 대한 자신의 몫을 누릴 권리, 사회에서 일반적으로 받아들여지는 수준의 문명화된 삶을 영위할 수 있는 권리까지 포함한다. 이와 가장 밀접하게 연결된 제도는 교육체계와 사회서비스이다.

정도 보여주었다. 시민성의 일부는 권리와 의무를 주창하는 데 있어 최소 개념과 이에 대한 대안으로 최대 개념이 제창되고 있다. 예를 들어 자유지 상주의자들libertarians의 관점은 시민에 대한 요구가 거의 없고 재산에 대한 평등한 권리 보장을 유일하게 주창한다. 다른 한편으로 사회주의는 공동선에 대한 헌신, 그리고 개인적 목적보다 사회적 목적을 위한 활동의 측면에서 시민에 대한 요구를 상당히 주창하면서 사회적 권리의 확장을 보장하려고 한다.

이렇게 볼 때 불거진 사태는 분명 양자택일의 문제가 아니고, 양의 문제도 아니다. 지금 쟁점이 되고 있는 것은 '얼마나 많은' 권리와 의무를 갖느냐의 문제뿐 아니라, '어느' 권리와 의무를 보장하느냐의 문제이다. 적어도 19세기 영국은 시민권을 가진 것으로 간주되었던 한정된 인구를 위해 실질적인 공민적·정치적 권리를 보장하고 있으며, 사회적 복지가 별로 없는 자유시장 체제를 보장하고 있다. 이와 달리 소련과 같은 국가사회주의는 실질적인 사회적 권리를 제공하였지만, 공민적·정치적 권리는 거의 제공하지 않았다.

현재의 시민성교육 프로그램에서 '책임'이 강조되는 것은 주로 시민들의 이탈에 대한 우려, 그리고 사람들이 국가/사회로부터 얻는 것이 많은데도 그에 대한 헌신이 결여된 책임 없는 '권리 문화'의 성장으로부터 나온 것이다. 그렇지만 이에 대해 반론도 만만치 않다. "책임 없는 권리란 없다"라고 강하게 주장하는 것은 또 다른 문제를 낳는다. 모든 인간은 권리를 누릴 자격이 있다. 개인의 어떤 권리(공정한 재판을 받을 권리나 교육받을 권리 등)를 부정함으로써 특정의 책임을 이행하기 못했기에 이것은 기본 인권을 허무는 것이다.Osler & Starkey, 2005: 156 그러므로 권리와 책임은 일대일의 직선적 평형을 유지할 문제가 아니다. 책임을 지지 않는다고 권리가 없어지는 것은 아닐 것이다.

또한 권리와 의무가 서로 따로 기능하는 것으로 이해하는 것은 빗나간 생각이다. 인권 기반 시민성교육의 개념은 의무보다 권리를 선호한다. 그러나 이 접근이 기반을 둔 국제권리선언의 채택은 글로벌 정의 및 현재 구조와 실제의 혁신에 상당한 헌신을 요구하고 있다. 권리를 보편적인 것으로 받아들이는 것—특정 사회에서나 전 세계적으로나—은 필히 타인에 대한 의무를 동시에 요구한다. 그러므로 권리의 지나친 강조에 대한 광범위한 우려는 대체로 '권리' 개념에 대한 잘못된 이해에 근거한 것이겠다.

2) 보편성universality과 차이성difference의 긴장

자유주의와 공화주의 모델 사이에 중요한 차이가 있기는 해도, 시민은 근본적으로 똑같거나 잠재적으로 동일하다는 점에 있어 비슷한 가정을 공유한다. 이러한 보편주의적 접근은 형식적 평등이 실제에 있어서는 차별과 배제를 낳을 수 있다는 비판을 줄곧 받아왔다. 또 차이성은 사적 영역으로 이관시킬 사안도 아니다. 국가 및 교육 정책에 대해 페미니스트들은 정부가 모든 자질을 박탈당한 시민의 추상적 개념에 호소하여 주관적 합리성과 도덕성을 고수함으로써 인종, 민족, 성별, 장애에 기초한 사회적 분리를 유지하고 영속화시킨다고 비판한다.

여성의 시민성 개념을 탐구한 운터할터Unterhalter[1999; 2000]는 태국에서 열린 좀티엔 선언[1990], 세계은행의 '교육을 위한 우선권과 전략', 그리고 유네스코의 들로르Delors 위원회 보고서[1996], 1995년 여성에 대한 베이징 회의 선언이 국제 발전 및 교육의 영역에서 큰 영향력을 끼쳤다고 말한다. 전자의 둘은 여성이 생물학적으로 본질화되고 있으며, 하나의 집단으로 동질화되며 사적 영역에 있어 가정의 역할로 이관하는 등 주로 수동적 역할에 머물고 있다고 보고하고 있다. 들로르 문서는 권리와 연대의 중요성을 인식하고 있다. 베이징 문서는 시민성이 개인의 자율성 실현에서 해방적 프로젝트를 위한 필수 불가결한 조건이지만, 또한 시민성을 일부 사람들을 위한 특권적 공간을 만드는 배타적 수단으로 보기도 한다. 그리고 다양성에 대한 각성이 정치적 삶에 대한 고양된 관심과 함께 늘어난 것이지만, 형식적 평등의 문제는 성별 차이와 같이 배제를 영속화시키는 권력관계에 대해 의문을 표시하지 않으며 불평등을 재생산하는 구조와 체제에 대해 탐구하지 않는 시민교육과 연관되어 있다. 영국 교육과정에서는 성차별은 물론이고 인종 문제 경시와 억압적 공동체주의를 보여주고 있으며, 소수자를 포용하는 틀이 부재하다. 그리고 표준교육과정에 대한 고부담 시험high stakes testing은 이런 목적에 위배되는 작업을 위한 기제인 동시에 사회적 단합과 포용을 위한 행동이라는 인상을 주기 위해 기획된 '가짜 약 효과placebo'[14]로 보일 수 있다.McCowan, 2009

시민성에 있어 차이성에 대한 이슈는 유럽과 북미에서 현대 세계의 인구 변화와 점점 증대되고 있는 다민족 사회의 본질에 대한 담론을 선도하였다. 사회적 일치와 공동의 가치 및 민족적 동질성의 결여를 가능하게 하는 정체성 논의가 중심을 이루었다. 킴리카Kymlicka1995는 자유민주적 정치체제에서 집단은 자신의 문화를 보존해야 하고, 그리고 지배적 민족집단에 포섭되지 않고 어떤 문화라도 의문과 검토를 배제하지 않는다는 원칙에 터해 소수 집단의 권리를 통합하기 위한 이론적 틀을 마련했다. 그러나 소수민족이 주류 사회와 분리되어 존재할 때 집단적 권리의 문제는 앞서 보았듯 계속 논란이 큰 이슈이다.

차이성의 제압과 억압을 피하고자 하는 시민성의 개념은 벤하비브Benhabib1996, 영Young1990, 유발 데이비스Yuval Davies1997, 무페Mouffe1992에 의해 발전되어갔다. 하지만 일부 이론가들Enslin, 2000; Enslin & Horsthemke, 2004)

---

14. 플라시보(placebo) 효과는 의사가 환자에게 가짜 약을 투여하면서 진짜 약이라고 하면 환자가 좋아질 것이라고 생각하는 믿음 때문에 병이 낫는 현상을 말한다. 레이건 전 대통령은 교육예산을 크게 줄였던 인물이지만, 당시 그는 학교를 찾아가 교사와 학생들과 이야기를 나눴다. 이때 미디어는 '학교 문제로 깊이 고심하는 정치인'의 이미지를 전달하는 효과를 발휘했다.

은 시민성의 특수주의적 개념—예를 들어 남아프리카에서 민족적 공동체의 전통 개념이 성별과 같은 여타 요인에 기초하여 억압으로 이끌 수 있다—이 문제가 있다고 본다.

보편성과 차이성의 문제는 공적 영역과 사적 영역, 개인적 권리와 집단적 권리, 그리고 프레이저[1998]가 주장하는 정의의 두 구성 요소—인정[15]과 배분—간의 있을 수 있는 갈등 사이의 경계선 문제까지 포함하기에 더욱

---

15. 인정 관계(Huttunen, 2009; Zurn, 2015)

인정투쟁: 장기간에 걸친 사회적 상호작용/정체성의 형성 과정/학습의 과정
민주적 인격: 상호 인정의 과정/민주적 윤리적 삶/민주적 태도의 형성

인격 차원	종전의 인정	필요와 정서 (기본적 인정)	도덕적 책임	자질과 능력 (최고의 인정 형태)
관계 유형	사회적 상호작용	사랑, 우정	법적 권리	타인과의 연대 관계
인정 유형	타인의 이목/시선	친밀한 사람들의 작은 공동체 부자/부녀 친구/연인	자유롭고 평등한 법적 주체 시민 인간 전체	가치 공동체 윤리적 가치를 공유한 사람들의 공동체
자아와의 실천적 관계	자기긍정	자기신뢰: 성숙한 인간작용 "자기를 사랑해야 남을 사랑할 수 있다"	자기존중: 정의로운 인간상 "자신의 권리가 무엇인지 알아야 타인의 권리를 존중할 수 있다"	자기존엄성: 품위 있는 인간상 지역사회 봉사/공헌 "진정한 민주주의는 다른 사람을 위해 기여하는 것이다"
관심의 유형	최초의 관여	무조건적 정서적 지지 /감정을 통한 표현	인지적 존중/만족 합리적 요구·이해	사회적 존경 함께하는 존재 상호 지지의 사회적 관계
인정자의 공동체	상호작용 파트너	가정	시민사회/입헌국가 적극적·민주적 시민성 정의로운 사회 일/직업(돈/임금)을 통한 만족	협동적 사회질서 품위 있는 사회 참여/숙의민주주의 민주적 공론의 장 반응하는 정부
인정 대상	인간존재 사람됨	필요와 정서의 특수성	도덕적 자율성의 보편적 성질	개인의 독특한 자질 개별성 능력, 성취, 자아실현
인격의 구성	비합리적 자발적 인정	육체적 통합	사회적 통합	명예
무시 패러다임 (사회병리학)	물화 소외	학대, 성폭행 (가정폭력)	권리의 부정 사회적 배제/분노 (학교폭력)	문화적 폄하/무례
교육 방식	교화 사회화	아동양육	학교교육: 인정을 주고-받는 학습과정	비판적 성인교육
유의점	인정과 분배는 갈등하지만, 인정이 천박한 문화주의 편향성을 보여서도, 분배가 천박한 경제주의 편향성을 보여서도 안 됨			

복잡하다. 다른 시민들과 공통된 특정의 속성을 소유하는 것이 시민권의
개념에 내재되어 있기 때문에 모두 보편성을 회피하는 것은 불가능할 수
있다. 그러나 그 같음sameness의 정도는 여전히 논쟁의 여지가 많다.

3) 순종conformity과 비판성criticality의 긴장

시민이 권위와 기존의 정치구조에 순응하는 것과 그것에 의문을 제기
하고 도전하도록 격려하는 범위 사이의 긴장이다. 한편으로는 사람들에게
확고한 충성심을 심어줄 필요가 있다. 이것은 나라—또 다른 국가 형태—
에 대한 사랑을 포함할 수 있고, 그리하여 질서와 안보를 지키기 위해 모
든 구성원들의 이익과 법의 존중, 그리고 정치체제의 효과적인 기능을 확
보할 제도를 위한 지원을 강화할 필요가 있다. 이런 순응주의적 접근은 국
가주의적 시민성교육과 뚜렷이 결합되어 있다. 토마스 홉스Thomas Hobbes
의 『리바이어던』1651[16]에 서술된 도전받지 않는 강력한 국가에 대한 초기
의 정당화는, 인간은 늑대처럼 이기적으로 태어나 서로에 대해 적대적이기
에 스스로 파괴된 인간의 본성(경쟁, 불신, 공명심), 즉 '만인에 대한 만인
의 투쟁'을 통제하는 데 필요한 것으로 볼 수 있다. 국가는 구성원에게 일
종의 겁을 주는 정치적 공동체이기도 하다.

하지만 강력한 국가를 주창한 홉스를 거부하며 국민의 이익을 지켜주
지 않는 정부를 교체하거나 제거할 수 있는 권리와 의무를 주장하는 존
로크John Locke[1690]의 사상에 뿌리를 두고 있는 비판적 접근이 있다. 바로
순응주의적 요소를 비판적으로 보고 시민사회의 동의를 요구하는 자유민
주주의의 전통이다.[17] 이런 두 번째 접근에 따르면 사회에 대해 비판적 평
가를 요구하고, 필요할 경우 개혁을 하면 사회는 효과적인 제도를 뒷받침
할 것이다. 게다가 정부의 수준은 투표자의 정치적 각성과 서로 다른 후보
를 평가할 수 있는 그들의 능력에 달려 있다. 이러한 요건은 충성심을 자
극하지 않고 국가 및 그 제도를 향해 의문을 제기하는 태도를 앙양하도

록 기획된 교육을 요구한다.

커렌Curren[1997]이 지적한 대로 비록 비판적 시민성critical citizenship은 본질적으로 민주주의의 개념이 아니지만, 많은 논평자들은 그것이 최소한의 민주주의 체제를 유지하는 데 바람직하다고 보았다. 킴리카는 다음과 같이 언급한다.

공공 정책의 문제에 대한 공적 담론에 참여하며 권위에 의문을 제

---

16. 정식 제목은 『리바이어던 혹은 교회적 및 정치적 국가의 소재 형체 및 권력』이다. 리바이어던은 구약성서 욥기 41장에 나오는 바다의 괴물 이름으로 인간의 힘을 넘는 매우 강한 동물을 뜻한다. 구약성경 욥기는 리바이어던을 "땅 위에는 그것과 겨룰 만한 것이 없으며, 그것은 처음부터 겁이 없는 것으로 지음을 받았다. 모든 교만한 것들을 우습게 보고, 그 거만한 모든 것 앞에서 왕 노릇을 한다"라고 묘사하고 있다. 홉스는 절대 주권을 지닌 국가를 리바이어던에 비유한다. 그는 사람들이 왜 평화롭게 살지 못하고 곧잘 분쟁에 휘말리는가 하는 의문에 대한 대답을 찾기 위해 인간과 국가에 대한 새로운 분석을 시도했다. 그 결과 '리바이어던'에서 국가를 사회계약의 산물로 파악하는 계약국가 이론에 대한 체계적인 논의를 처음 제시했다. 홉스는 국가라는 거대한 창조물을 이 동물에 비유한 것이다. 홉스가 통치권자를 '리바이어던(leviathan)'이라고 명명한 또 하나의 이유는 인간이 그들의 자연 본성에서 오는 자만과 교만으로 인하여 서로 협력하여 질서 있는 사회생활을 영위하는 것이 불가능한 피조물이기에 그들의 순조로운 사회생활을 위해 "창조주 하나님이 인간들의 온갖 자만과 교만을 압도할 수 있는 거대한 힘을 가진 리바이어던을 불러내어 이를 다시 거만의 왕이라고 명명했던 것이다." 홉스는 영국이 당시 주권의 소재가 명확치 않았던 사실이 내란 혁명의 최대 원인이라고 확신하고, 인간 분석을 통해 주권의 필요성을 논하고, 절대주권을 확립함으로써 인민의 안전과 평화를 달성할 것을 주장한 것이다. 홉스에게서 통치권자란 반드시 두 가지 요건을 갖추어야 하는데, 첫째는 국민을 보호할 수 있는 압도적인 힘이며, 둘째는 국민의 동의다. 단지 압도적인 힘으로 사람을 제압하는 것은 승리이지 정복은 아니다. 홉스의 '리바이어던'은 죽음에 대한 공포가 상존하는 자연 상태에서 벗어나야 할 수밖에 없는 사람들이 자연 이성의 명령인 자연법에 따라 맺게 되는 사회계약의 결과 통치권을 부여받은 인공적 인격체로서 우리 시민이 평화와 안전을 향유할 수 있는 것은 불멸의 영원한 신 아래서 우리를 통치하는 유한한 신, 곧 '리바이어던'의 덕분이다. 프랑스와 독일을 중심으로 정치적/민주적 투명성은 결여되었으나 완벽한 법률 체제, 완비된 관료 및 군사 조직을 기반으로 국가통치권이 확립되는 근대국가의 전형, 곧 '리바이어던'의 위용을 갖춘 절대국가의 탄생을 목격하게 된다.

17. 로크(1632~1704)는 "인간은 천부적으로 자유롭고 평등하고 독립적이기 때문에 동의 없이 누군가의 정치적 권력 안에서 종속될 수 없다"라고 주장하였다. 로크는 시민사회의 추동력(followship)을 강조한다. 국가를 건설하는 사회계약을 맺는 데에 최종 권위는 시민사회에 남아 있다. 지도자는 시민의 생명, 자유, 재산을 보호하여야 한다는 계약조건에 충실해야 하며, 이를 위반할 경우 시민은 더 이상 복종의 의무를 지지 않는다. 국가의 권위는 항상 취소될 수 있는 것이다. 따라서 시민사회의 추종력, 곧 시민사회의 동의, 협력, 호응을 얻는 것이 국가 권위 유지의 필수조건이다.

기할 수 있는 능력과 의지는… 아마도 민주주의 속에 살고 있는 '시민citizen'과 권위주의 체제 속에 살고 있는 '신민subject'을 구분하기 때문에 자유민주주의가 중시하는 가장 독특한 측면일 것이다.Kymlicka, 1999

맥러플린McLaughlin[1992]은 시민교육의 최소주의적minimalist 개념과 연관된 정치적, 사회적 현상에 대해 단순히 비-반성적 사회화unreflective socialization와 관련시키는 것은 교육적 측면뿐만 아니라 다른 측면에서도 부적합하다고 주장한다. 그러나 윈치Winch[2004]가 다음에서 강조하는 것처럼 교육적 이점이 있음에도 불구하고, 정부 당국은 있을지도 모를 위협 때문에 낙담할 수 있다.

한 번 개발된 비판적 전망에는 불안정한 위험이 있다. 분석과 비판의 습관은 의지대로 사회에 의해 꺼질 수 없으므로 일부 사람들에게는 예기치 못한 방식으로 행동하고, 환영받지 못하는 방식으로 행동하는 것이 거의 불가피하다.Winch, 2004: 475

비판성에 대한 반론을 제기하는 갤스턴Galston[1989]은 시민성교육이 아이들에게 자신의 상황에 대해 의문을 제기하도록 놔두어서는 안 된다고 제안하였다. 그는 철학교육philosophical education과 공민교육civic education을 구분하는데, 후자의 목적은 "진리의 추구와 습득이 아니라, 오히려 자신의 정치공동체에서 삶을 효과적으로 영위하고 지원할 수 있는 개인의 형성"Galston, 1989: 90이라고 주장하였다.

엄밀하게 역사를 연구한다면, 미국 역사의 핵심 인물에 대한 '수정주의 역사들revisionist'의 복잡한 설명이 거의 진실에 가깝다는 것을 입증할 수 있다. 하지만, 시민교육은 더 고상한 도덕적인 역사를 필요로 한다. 위인들의 전당이 있어야, 국가의 핵심 제도도 정당한 것이 되고, 숭모할 귀중한 대상도 만들어질 것이다.^{Galston, 1989: 91}

캘런Callan[1997]은 국가에 대한 충성도를 높이기 위한 수단으로 신화에 대한 플라톤의 호소를 따라 추적하며, 이를 '감정적sentimental' 시민교육으로 호칭하였다. 그는 다음과 같이 말했다. '감정적' 정치교육은 부분적으로 일반 시민들이 살고 있는 정치 제도의 합리적인 근거를 이해하는 능력이나 욕구를 갖게 하는 냉담한 비관주의에 의존하고 있다.^{Callan, 1997: 102}

> '감정적' 정치교육은 부분적으로 일반 시민들이 살고 있는 정치 제도의 합리적인 근거를 이해하는 능력이나 욕구를 갖게 하는 냉담한 비관주의에 의존하고 있다.^{Callan, 1997: 102}

이러한 논쟁은 시민권 교육이 구축해야 하는 가치에 대한 질문을 제기하고 있고, 위에서 논의된 보편성 및 다름과 연관이 있다. 다수자 민족의 역사와 정체성을 공유하지 않는 소수민족이 공존하는 주에서는, 특히 민주적 가치 자체에 대한 헌신을 중시하는 것이 바람직하다. 하지만 이것이 다른 형태의 공유된 전통 없이 실제로 성취될 수 있는지의 여부는 분명하지 않다. 킴리카Kymlicka[1999]는 캐나다의 사례를 인용하고 있는데, 정치적 원리에 대해 화합unity의 정도는 크지만, 여전히 퀘벡주의 분리주의적 정서가 강하다고 보고 있다. 따라서 토지, 인종 및 국가의 익숙한 정서적 상징주의보다 추상적 원칙을 중심으로 화합을 구축하는 것은 정말 어렵다. 하지만 자율적 사고와 행동을 희생시키며 시도되는 화합은 매우 의심스러운 목표가 될 것이다.

우리나라의 경우 "우리는 조국과 민족을 위하여 몸과 정신을 바칠 것을 맹세한다"고 애국가를 제창했던 통일된 화합 정신이 지금 "우리는 자유와 정의를 위하여 몸과 정신을 바칠 것을 맹세한다"라는 다짐으로 바뀐 것은 비판적 애국심의 표현이다.

4) 국가national와 지역local 그리고 글로벌global의 긴장

지난 몇 세기 동안, 시민성은 정체성과 화합이 별로 문제가 되지 않았다. 그리고 소수민족의 이데올로기나 폭력적 억압이 덜해 문제가 안 된 국가—최초의 도시국가polis로부터 시작하여 민족국가nation-state에 이르기까지—로부터 발전되었다.Green 1990 그러나 앞서 20세기 후반 이후 이주민의 증가, 기술과 경제 관계의 변화는 국가의 통합에 큰 부담이 되었다. 세계화 과정은 초국가적으로 나아가는 것 이외에도 지역적 정체성 강화로도 나타났다.

'전통적' 시민교육은 오늘의 관점에서 보면 공민교육civic education이고 국민교육nationalist education이었다. 넬슨Nelson은 국가가 역사적으로 학교를 통해 국가적 의제를 추구한 방식을 분석하면서 다음 세 가지 차원을 확인하였다.Nelson, 1978: 142

- 국가주의적 가치를 표현하거나 통합하는 의례, 의식, 상징, 이념 및 인물에 대한 긍정적 감정의 개발
- 국가적 시민(투표, 읽기, 말하기 등)과 관련된 역량의 개발
- 반국가적인 것으로 여겨지는 나라, 이데올로기, 상징 및 인물에 대한 부정적 감정의 개발

우리는 늘 국가적 애국심의 앙양에 익숙해져 있다. 지난 시절 9대 덕목과 국민교육헌장의 암송은 대표적이다. 국가주의는 그 부정적인 연관성에도 불구하고 합리적 근거가 부재하지만, 절제된 비-인종차별 형태로서 도덕적, 정치적 잘 삶의 측면에서 긍정적 힘이 될 수 있다. 밀러는 "회원국이

존재한다고 믿을 때 국적은 존재한다는 사실"을 먼저 인정하고 있다.^{Miller,} 1993: 6 국가에 대한 소속을 떠나서 세계국가를 거론할 수는 없다. 밀러의 교육에 대한 함의는 다음 내용에서 잘 드러난다.

> 마지막으로 그것은 국가를 구성하는 사람들이 다른 국민으로부터 자신을 표출할 수 있는 어떤 특성을 공유한다고 믿는 국가적 정체성 형성에 본질적이다… 국가 분열은 자연적 분열이어야 한다. 그것은 국민들 간의 진정한 다름에 해당된다. 이것은 다행히도, 인종 차별 또는 집단이 생물학적 혈통으로 구성되어 있다는 생각을 함의할 필요가 없을 것이다. 공통된 특성은 인격에 있어 문화적일 수 있다. 공유된 가치, 공유된 취향이나 감성으로 구성될 수 있다. 따라서 이민자들이 문제를 제기할 필요는 없으며, 이민자들이 국가적 인격의 본질적 요소를 취하는 경우에만 제공된다.^{Miller, 1993: 7}

국가적 시민성nationalist citizenship을 위한 많은 교육이 이 목표를 성취하기 위해 실제로 이질적인 문화적, 정치적 요소들로부터 공통의 정체성을 형성하기 위해 노력해왔다.^{Green 1990} 밀러의 분석은 국가와의 동일시가 잠재적으로 선을 위한 힘이 될 수 있으며, 실현 가능한 정치체제와 도덕적 공동체를 위한 유일한 가능성임을 보여준다. 이는 부분적으로 납득이 된다. 동시에 많은 경우에 있어 소수민족의 문화적, 이념적, 종교적 집단에 대한 억압과 독립적인 비판적 사고를 억누르고, 제국주의와 외국인 혐오증, 지역주의를 부추기는 수단이 될 수 있음은 부인할 수 없다.

초점을 부각시키기 위해 국가의 결함이 제기되면서 등장한 '세계화' 구호와 관련된 프로세스에 대한 인식이 높아지면서 새로운 형태의 시민성이 요구되었다. 많은 논평자들은 국경을 넘어 유효한 권리와 책임과 함께 만인에 대한 공감과 연대를 주장하는 '글로벌 시민성'이라는 개념을 제안하였다. 제라르 들랑티Gerard Delanty[2000]는 새로운 반동적 국가주의와 세계화의 잘못된 보편주의 사이에 새로운 길로서 '세계적 시민성'의 형태를 제안했다. 여기서 '시민성'이라는 용어를 사용하는 것이 가능한지 의문을 품을 수는 있다. UN, WTO 등 제한된 권력을 가진 제도적 장치를 제외하고는 글로벌 정치체제가 존재하지 않았기에 세계의 '시민'을 대안으로 거론한다는 것은 현실성이 없을 수 있다.[18] 그렇기는 해도 시민성은 합법적 지위가 아닌 도덕적인 차원의 대안으로서 이해와 실천의 방향을 다시 정하는 데 중요한 역할을 한다.McCowan, 2009 보호무역주의나 자유무역주의에 대한 대안으로서 세계시민국가의 이상이 강조되고 있다.

이와 달리 '지역'으로 내려가는 또 다른 움직임이 있다. 많은 논평자들은 글로벌 수준에서 더 광범위한 연대감—'전 세계적으로 생각하고 지역에서 행동하라'라는 슬로건에서 취한 접근법—을 유지하면서 지역사회에서의 행동주의를 옹호한다.[19] 클라크Clark[1999]의 지지를 받아 출발한 미국의 '봉사학습service learning'은 주로 지역사회 참가에 초점을 두고 있다. 잉글랜드의 국가 프로그램조차도 지역의 경기장의 참가를 중시한다. 그러나 일부 사람들은 젊은이들이 기본적인 정치적, 경제적, 사회적 질서를 지향하는 대규모의 정치적 행동을 삼가며, 지역사회 봉사활동 같은 위협적이지 않은 지역 활동을 선호하게 하는, 권한을 빼는dis-empowering 대안을 제시한다.Wringe 1992

---

18. 로마 스토아주의자들이 즐겨 사용한 'cosmopolitai(citizen of the world)'는 그리스어의 'kosmos polis(world polity)'에서 차용하였다. 물론 전자의 이상이 법률적 시민성 개념/합법적 지위에 가깝다면, 후자의 이상은 정치적 시민성 개념/도덕적 지위에 가깝다.
19. global+national+local을 'glonacal'로 약칭하기도 한다.

3. 시민성의 핵심 요소

시민성을 정의하는 것이 어려운 까닭은 일반적으로 우리가 사용하는 시민성 개념 안에 시민성, 시민적 덕목, 시민권 개념들이 혼재되어 있기 때문이다. '시민성'은 타인과 관련된 윤리이며, 타인에 대한 존중을 전제로 한다. 어떤 경우 시민성은 좋은 예절에 관한 관습을 의미하고, 어떤 경우는 더 보편적인 의미에서 타인에 대한 존중과 배려를 의미한다. '시민적 덕목'은 시민의 역할과 밀접한 관련이 있는데, 좋은 시민은 시민적 덕목을 행동에 옮긴다. '시민권'은 일반적으로 시민의 권리와 자율성을 보장해주는 법적 지위로 정의되지만, 사회적 역할과 책임으로 개념화되기도 한다. '시민적 덕목'은 민주주의 사회에서 지녀야 하는 덕목이고, '시민성'은 시민적 덕목을 준수하는 데 기본이 되는 자질이다. 시민성, 시민적 덕목, 시민권 모두 공통적으로 공동체와 구성원들이 함께 좋은 조건에서 잘 사는 것과 지속적인 발전에 필요한 개인적·집합적 수준의 속성들(공익, 공존, 공생)을 강조한다.김석호, 2018: 215-217

시민성은 민주주의 사회의 존속과 진보에 필요한 핵심적인 문화 속성이자 정치 실천이다.김석호, 2018: 218 시민성은 정치권력이 제도화된 사회에서 개인과 정치권력을 관계 맺어주는 하나의 방식이다.박휴용, 2012: 38 시민성은 시대와 문화에 따라 그 내용이 변하는 사회적 행동의 규범적 이상이다. 그런데 시민성에 대한 이해방식이 시대에 따라 달라지고, 그 가치와 기능도 다르기 때문에, 이론가들은 시민성의 주요 내용, 차원, 실천 메커니즘을 저마다 달리 제시한다. 그러나 이러한 차이에도 불구하고, 다들 동의하는 시민성의 핵심적 가치와 역할은 공공선을 위해 시민들이 다른 의견을 존중하고 활발하게 토론하고 행동해야 민주주의의 발전과 공고화에 기여한다는 것이다. 시민성을 지닌 시민은 민주주의의 가치와 태도를 실현시킬 수 있는 참여의식을 가지고, 더 나은 집합적 결정이 무엇인가를 끊임없이 고민하고 적극적으로 의견을 개진한다. 이를 실천하는 시민이 많은 사회는 공정성, 투명성, 신뢰가 사회적 가치로 자리 잡고 민주주의가 적절히 작동할 가능성이 높아진다.

따라서 시민성이 복잡한 사회에서 함께 더불어 살아갈, 창조하고 유지하는 데 필요한 가치, 노력, 제도적 실천이라면, 이때 개인은 분명 적극적이고 책임 있는 시민으로서 행동할 수 있는 역량을 가져야 한다.[Petrovic & Kuntz, 2014: xiii] 시민성은 정체성의 감각, 권리 향유, 이에 상응하는 책임 부과, 공적 사안에 대한 적극적 관심과 참여, 사회의 기본적 가치의 수용으로 구성된다.[Cogan, & Derricott, 2000. 2-7]

- **권리**rights와 **자격**entitlements '지위status'인 시민권civic rights은 어떤 권리나 자격(지위의 평등, 투표권, 결사와 표현의 자유 등)을 갖는 것이다. 시민이 된다는 것은 한 집단의 성원이 되는 것으로서 집단 구성원이 부여하는 이익을 향유할 자격을 갖추는 것이다. 한 시민은 나라 밖을 여행할 때 국가의 보호를 받을 법적 권리와 자격, 정치적 자격과 권리(청소년들의 선거연령 인하 등 투표할 권리, 공공 문제에 참여할 권리), 경제적·사회적 권리(노동조합을 결성할 권리, 학교를 다닐 권리, 사회적 안정을 보장받을 권리) 등을 누릴 자격이 있다. 따라서 아이들의 물리적·정신적 건강, 정서적 안녕, 위해와 무시로부터의 보호, 교육, 훈련, 오락을 향유할 권리, 사회에 대한 헌신, 사회적 경제적 복지 등을 소중하게 여겨야 한다. 보호받을 아동의 권리, 국가로부터의 복지 요청뿐 아니라 아이들이 자율조직을 만들고 사회에서 구성적 역할을 해낼 실천을 해야 한다. 과거에는 정치공동체 외부는 물론이고 내부에서도 배제되는 사람이 많았다. 고대 그리스 경우 노예, 여성, 아이들, 이민자 등은 시민적 지위로부터 배제된 신민subject의 상태였고, 특별한 계층만이 시민적 권리를 누렸다. 보편 인권은 한 국가/정치공동체

내의 권리로 보장될 때, 그 조건 속에 존재할 때 시민권이 성립한다. 오늘날 시민적 권리는 차츰 확대되는 과정에 있다. 시민권은 특정 공동체의 구성원으로서 갖게 되는 능동적이고 수동적인 권리와 의무를 포괄한다. 거주민으로 갖게 되는 최소한의 실존적 권리인 수동적 권리는 공동체에 참여하여 정치에 영향을 줄 수 있는 현재와 미래의 능력을 포함한 능동적 권리로 발전해갔다. 국가 형성기와 산업화 과정에서는 수동적 시민권에만 관심을 가졌다면, 민주화 과정을 거치면서 점차 우리의 관심은 능동적 시민권으로 확대되었다. 시민권은 억압적 정치 통제에 대한 투쟁의 결과로서 투표권 획득, 식민지로부터의 자유, 신민/노예가 아닌 시민, 권리를 누릴 자격의 인정 등으로 확장되어갔다.

- **책임**obligation**과 시민성**civility 시민성에 적절한 문화적 성향인 시민적 미덕은 몸소 공적 일을 책임지려는 의지, 사적 이익을 공적 요구 아래에 놓는 덕성과 자질로 구성된다.Ignatieff, 1995: 56 아리스토텔레스가 시민의 '바른 성질'이라 부른 것은 사적 이익에 앞서 공적 이익을 우선하는 기질이었다. 그런데 시민의 자유주의 개념, 곧 권리 등의 영향력이 지나친 나머지 시민적 미덕과 그 계발이 덜 강조되었다. 사실 시민성은 권리의 요소와 더불어 책임과 의무가 따르기 마련이다. 법적 지위와 어떤 집단에 대한 헌신과 관련하여 시민은 타인에게 개입하는 권리와 책임을 함께 갖기를 바란다. 시민성은 법을 지킬 의무, 세금을 내야 할 의무, 타인의 권리를 존중할 책임, 나라를 위해 싸울 책임, 사회적 책임 등으로 구성된다. 질서와 법의 준수뿐 아니라 반사회적 행동 금지, 책임 있는 행동, 자원봉사활동, 타인 존중, 인정[20] 등

---

20. 인정의 결여는 공동체의 충분한 참여로부터 배제와 주변화를 의미한다. 아동의 능동적 시민성은 참여와 권리는 물론이고 인정을 위한 투쟁으로부터 시작된다. 아무나 할 수 있는 '밥 아줌마'를 학교에서 정규직화하는 것은 나라를 무시하는 짓이라는 인식은 열악한 처지의 사람을 인정하기를 거부하는 무례의 극치를 보여준 사건이다.

도 포함된다.Lister, 2012: 10-13 공공 문제에 대한 적극적 관심도 공동체의 구성원으로서 어느 정도 역할을 맡을 책임을 포함한다. 그동안 개별적 권리의 지나친 추구가 시민의 의무와 책임을 덮어버리는 경향이 있었다. 권리는 자격을 요구하고, 지위는 책임을 수반한다. 특히 높은 지위에 있는 사람일수록 더 많은 책임이 요구된다.

- **참여**participation**와 실천**praxis 시민성은 특정의 민족국가 구성원으로서 뒤따르는 권리와 의무의 수행에 대한 지위로서의 시민성뿐 아니라 논의, 행동, 결정에 기여할 수 있는 행동에 적극 참여하는 '실천'으로서의 시민성을 요구한다.Bellamy, 2008; Wildemeersch, 2014: 16-17 '실천'으로서 시민성은 민주주의와 권리의 담지자로서의 시민성, 행위주체가 되는 것, 투표를 넘어선 민주적 협치, 사회적 연대, 지역사회 활동, 환경/생태 보호 등으로 구현된다. 시민성은 고정된 것이 아니라 실천 과정을 통해 이루어진 결과이며, 정치적 이견의 합의를 통해 형성되어야 하는 자질이다. 지위와 함께 실천으로서 시민성의 양상을 인정해야 지위와 실천의 다리를 놓을 수 있다. '참여'를 통한 실천은 대의민주주의에 대한 대안으로서 입법과 권리옹호 운동 등에 참여하는 직접민주주의 또는 참여민주주의 이론가들에 의해 강조되고 있다. 참여적 시민성은 수동적 용기라기보다는 능동적 권리 요구자이며, 고정되었다기보다는 재해석과 협상에 열려 있는 것이며, 정치적 행위를 통해 옹호되고 확장될 필요가 있다.Lister, 2012: 10 그리고 참여와 실천을 하는 데에는 시민들 사이의 연대와 상호성이 매우 중요하다. 사회운동과 관련된 시민성은 공동체/사회에 살고 있는 사람들의 이익에 도움이 되는 활동에 참여하는 것, 불공정하다고 여겨지는 법에 맞서 평화로운 저항에 참여하는 것, 그리고 인권을 촉진하는 활동에 참여하는 것을 포함하고 있다.

- **정체성**identity 정체성은 일차적으로 사회의 근본을 이루는 가치를 받

아들이는 것이며, 자신이 누구이며 자기를 어떤 공동체의 일원으로 인식하는지와 관련된 개념이다. 시민성은 집단적 정체성의 원천임은 물론이고 소속감을 제공한다. 개인적·집단적 정체성은 대개 국가적 차원에서 형성되며 시민성의 필수 불가결한 요소다. 정체성은 사회적 존재로서 인간의 가장 기본적인 욕구 중 하나이므로, 어떤 분명한 근거를 기반으로 한 공동체 속에서의 존재감은 인간을 정서적으로 안정시키게 된다. 정체성의 형성은 성원의식, 연대, 인정에 의해 결정된다. 개인의 정체성은 사회적 인정 관계 속에서 질문되고 응답되는 과정에 의해 형성된다. 시민성을 형성하는 정체성에는 국가나 일상생활 속에서 서로 다르게 느끼는 감정, 공동체에 대한 소속감, 순화된 애국심, 다양성의 인정 등이 포함된다. 이들 가치는 국가의 독특한 정체성을 형성하는 데 기여할 뿐 아니라, 사회적 삶을 살아가는 데도 도움을 준다. 시민의 정체성은 무엇보다도 스스로를 정치적·도덕적 자유와 권리를 가진 주체로 인식하고, 그에 상응하게 행동하는 것을 뜻한다. 이 정체성은 노동자로서의 정체성, 어떤 국가의 국민적 주권자로서의 정체성, 나아가 보편적 인류 공동체 일원으로서의 정체성 등과 공존하고 연계될 수 있다. 한 사람의 시민적 정체성은 그의 계급, 국가, 세계시민적 정체성과 복잡하게 얽혀 있다.

개인과 공동체·국가와의 관계로서 지위, 감정, 실천으로 구성된 시민성은 논란을 많이 일으키는 경합적 개념이지만, 기본적으로 한 개인이 국가나 어떤 종류의 정치적 공동체의 성원이 되는 참여, 헌법으로 보장되는 권리나 자격의 체제이며, 그리고 그 성원이 지녀야 할 법적 도덕적 권리와 의무를 지는 것으로 정의할 수 있다. 그리고 시민성은 시민으로서 보유하고 실천해야 할 규범적 차원의 자질 및 태도, 자유와 권리를 지키기 위해 공론장에서 정치적 목소리를 내는 실천으로 구성된다. 실천을 통해 시민성은 다시 강화된다.

시민성의 이념적 토대를 히터[Heater, 1990]는 국가주의nationalism, 자유민
주주의liberal democracy, 사회주의socialism의 관계 속에서, 홉스봄[Hobsbawm,
1990]은 국가주의와 민주주의 사이의 근본 모순 속에서, 바버[Barber, 1995]는
종교적 광신주의를 수반하는 국가주의가 민주주의를 위협하고 있는 데서
찾는다. 이들 모두 시민성의 정치사상적 원천을 강한 민주주의에 두고 있
다. 오늘날 선진국가도 민주주의의 위기에 직면하고 있다. 현대적인 '민주
적 시민성democratic citizenship'이 부상한 것은 계급투쟁과 전쟁을 통한 국
가 형성, 상업적/산업적 사회의 출현, 민족의식의 구성이 서로 맞물린 상
호 연관된 과정의 부산물이라 할 수 있다.[Bellamy, 2008: 46] '민주적 시민성'
은 민주적인 사회일수록 국가정책의 의제로 채택되고 있다. 권위주의적이
고 억압적인 국가일수록 저항적, 대안적 개념으로서 주창된다. '민주적 시
민성'은 시민들 사이의 평등성과 상호성을 촉진하는 방향으로 나아간다.
민주적 시민성은 힘이 행사되는 방식을 변화시키고 시민들의 태도를 서로
통제한다. 민주적 시민성은 지배하기도 지배받는 것이기도 하므로 평등한
관심과 존중을 바탕으로 정치지도자를 통제할 수 있고, 우리 자신과 동료
시민을 통제하기도 한다. 민주적 시민성은 사회적 시민성과 정치적 시민
성을 구성 요소로 한다. 사회적 시민성은 사회의 삶에서 사람들의 장소와
역할을 다루는 것으로서, 공동의 가치, 국가의 정체성, 친사회적 행동, 이
웃에 대한 돌봄 등으로 구성되고, 정치적 시민성은 권리와 의무와 관련하
여 개인과 개인 그리고 국가 간의 관계, 그들의 집단적 숙고와 결정의 참
여를 다루는 것으로서, 민주적 과정과 실천의 존재이유로서 다양성과 차
이로 구성된다.[Biesta, 2014: 2]

4. 학교교육 프로젝트로서 민주시민교육:
   학교는 좋은 시민을 만들 수 있는가?

학교는 정말 좋은 시민을 만들 수 있는가? 그 대답은 학교의 의미에 달려 있다. 학교에서 일어나는 학습을 말할 때, 우리는 흔히 교실 활동을 생각한다. 그러나 시민성 영역에서는 그보다 더 폭넓게 복도나 운동장의 경험, 교사나 또래와의 관계, 학교의 의사결정에 대한 참여나 지각 등도 중요하다. 그뿐 아니라 학교 밖에서 젊은이들의 시민성/시민다움이 형성될 수 있으며, 실제로 이것이 더 큰 영향력을 미칠 수 있다.McCowan, 이지헌 옮김, 2011: 179

시민성의 학습장소는 교실, 학교, 사회가 있다. 첫째, '교실'에서 시민의 자질을 발달시키는 방법에는 여러 가지가 있다. 토론과 교사의 설명을 통해서 정치 제도와 기능에 대한 지식을 습득하거나 핵심 개념을 이해하게 할 수 있다. 학생들이 법정, 의회, 여러 위원회에 접근할 수 없으므로 시뮬레이션 활동을 통해서 그런 경험을 대신하게 할 수 있다. 문해력과 같은 일반적인 학과 기능도 중요한 부분이다.

둘째, 교실 안에서뿐만 아니라 교실 밖의 '학교'에서도 시민성을 학습한다. 흔히 말하는 학교의 풍토ethos/climate가 중요하다. 지배적인 혹은 특징

1. 하나의 교과로서의 시민교육

2. 다른 교과에서의 시민교육

3. 학교의 분위기와 문화 속에서
   이루어지는 시민교육

4. 학교와 더 넓은 공동체의 연계 속에서
   이루어지는 시민교육

Citizenship Foundation(2006). Making Sense of Citizenship. London: Hodder Murray, p.49

적인 분위기, 정신, 정조情調가 인간의 삶이나 상호작용과 같은 실체를 확실히 사로잡는다. 학교생활에서 나타나는 이런 특성을 가리켜 잠재적 교육과정이라고 말한다. 학교가 시민의 태도와 행위에 대해 특별한 영향을 미치는 것으로 두 가지를 들 수 있다. 하나는 교사와 학생의 관계이고, 다른 하나는 학교 운영에서 나타나는 의사결정 체제이다. 학생들은 교사가 자신들을 존중하는지, 자신들의 의견을 경청하는지, 개인적으로나 집단적으로 중시되고 있는지를 느낀다. 물론 처벌의 두려움으로부터 배우기도 하고, 제 견해를 교사나 텍스트의 권위에 종속시키기도 하고, 조롱받거나 모욕을 당하기도 한다. 그런 점들은 학생들이 정치적 행위자로서 발달하는 데 분명히 영향을 미친다.

셋째, 학교에서 벌어지는 학습을 더 넓게 보면, 좋은 시민이 되기를 배울 수 있는 가장 효과적이고 적절한 장소가 학교일까? 어린이나 10대들의 학교생활은 그들의 삶의 일부분일 뿐이다. 시민으로서 자신들의 가치를 느끼게 해주는 일반적인 도덕성 발달은 대부분 다른 곳에서 이루어진다. 학교생활을 시작하기 전에 가정에서 이미 이루어지기도 한다. 따라서 구체적으로 정치적 학습과 관련지어 볼 때 학교 밖의 영역, 곧 '지역사회'가 중요하다. 자전거를 타 봐야 배울 수 있듯이 시민성/시민됨도 행해봐야 배울 수 있다.

시민성을 복잡한 사회에서 더불어 사는 조건을 만들고 유지하는 데 필요한 가치와 노력, 제도적 실천으로 이해한다면, 이때 분명 개인이 책임 있는 적극적 시민으로 행동할 수 있는 중요한 역량이 필요하다. 물론 이러한 역량의 유형과 본질은 사회와 맥락에 따라 다양할 것이지만, 대부분의 사회에서는 이들 역량을 개발하는 책임을 형식적/공식적 교육제도, 특히 학교에 떠맡길 것이다.Reid, Gill & Sears, 2010: 3 학교교육과 국가의 이러한 관계는 국가, 교육정책, 교육과정의 실천 사이의 관계를 문제 삼는 교육과정사회학sociology of the curriculum의 주요한 관심사이다. 교육과정사회학자들은 사회질서 및 통제를 위한 공민적 가치와 국민의 심성을 길러내는 학교의 역할에 초점을 맞추었다. 공민교육 또는 시민성교육의 기능이 학교 프로 젝트의 문법이나 각본으로 구현된다면, 이때 학교는 우리에게 특정 시점에 사회에 존재하는 민주주의의 형태 및 시민성을 이해하는 데에 많은 것을 말 해줄 수 있다. 물론 이것이 일방적 관계가 아니라면, 교육이 시민성의 본질 에 기여하듯, 어떤 사회에서 시민성이 구현되는 방식이 교육의 형식을 형 성할 것이다.

시민성에 대한 지배적 이해는 흔히 권력 엘리트의 그것과 일치하지만, 그것은 논쟁의 여지가 거의 없으며, 종종 다른 집단과 관련된 정치적 투쟁 의 결과이기도 하다. 따라서 시민성에 대한 이해와 학교의 시민교육 기능 이 구축되고 실행되는 방식은 각 나라마다 다양한데, 이것은 각 사회에서 정부의 역사, 맥락, 형식 및 구조에 따라 달리 나타나기 때문이다. 이러한 맥락의 특수성에도 불구하고, 시민성, 학교교육, 국가들 사이에는 다음과 같은 몇 가지 공통된 요소를 보이고 있다. 첫째, 학교는 국가에 의해 정당 성과 안정을 확보하기 위해, 특히 위기의 시기가 감지될 때 이용된다. 학교 는 모두 지배적 교육의 합의를 형성하는 데 기여하며 도움을 제공한다. 이 러한 합의는 이들 목표를 따르는 교육의 목적으로 표현된다. 학교와 같은 형식적 교육제도는 항상 많은 목적에 기여해왔다. 일부 목적은 사회 전체 의 이익 증진을 추구한다. 또 다른 목적은 개인의 이익을 추구한다. 레버 리Labaree[1997]는 학교교육의 목적을 세 가지로 분류한다.

- **민주적 평등** 사회는 젊은이가 적극적이고 유능한 시민이 되도록 준비 한다. 이 목적이 지배적일 때, 시민은 정치체제에서 적극적 참여자로 이해된다.
- **사회적 효율성** 젊은이가 유능하고 생산적인 노동자가 되도록 준비시 킨다. 이런 목적이 지배적일 때, 시민은 인적 자본으로 이해된다.

• **사회계층의 이동** 개인이 바람직한 사회적 지위를 얻기 위해 도움이 될 자격을 제공한다. 이 목적은 교육을 노동시장에서 거래되는 상품으로 구성한다. 이 목적이 지배적일 때 시민은 소비자로 간주된다.Reid, Gill & Sears, 2010: 4

첫째, 어떤 사회든, 국가가 재정 지원을 하는 교육제도는 항상 다양한 목적에 기여할 것이다. 그것은 균형의 문제이다. 서로 다른 역사적 시기는 강조점의 변화를 다양하게 보여주며, 새로운 합의는 학교의 담론과 실천을 형성한다. 비록 적절한 균형을 성취할 수 있을지 여부가 경시되고 있지만, 그것이 어느 시점에서 달성되었느냐는 질문이 공공정책 토론에서, 시민성교육에 관한 토론에서 중요하다.

각 국가의 공통된 둘째 요소는 학교의 시민성교육 기능이 적어도 학교교육 프로젝트의 세 가지 유형을 통해서 전달된다는 것이다. 이것은 ① 형식적 학교교육이 한 사회에서 조직되고 재정이 지원되는 방식으로 '학교교육의 구조'를 포함하며, 사회가 구조화되고, 질서지어지고, 유지되는 잠재적 메시지를 함의하고 있다. ② '교육과정에서 이루어지는 시민성의 형식적 재현'은 정치체제와 시민사회의 참여를 위해 필요한 지식, 기법, 태도를 가르치는 과목과 같은 것이다. ③ 시민성과 연관된 어떤 가치와 성향을 가르치는 의례, 학급 조직, 교수·학습방법, 훈육구조, 전통과의 관계와 같은 '교육체제와 학교의 문화와 교육의 프로세스'이다. 이들 유형 각각에 대한 관심이 학교의 시민성 기능 분석에 필요하다.

국가의 공통된 셋째 요소는 국가가 교육적 합의에의 순응을 위해 아무리 엄격하게 교육적 실제를 규정하더라도, 항상 교육자들에게는 경합과 저항 가능성을 창출할 수 있는 '꿈틀거리는 공간'이 있다. 곧, 결코 국가의 의제와 그것이 학급에 구현되는 것 사이의 일대일 대응은 일어나지 않는다.

요컨대, 학교교육의 시민성교육 기능은 어떤 사회든 시민성의 지배적 버전을 반영하고 생산한다고 주장할 수 있고, 이러한 버전은 공식적 교육과정의 교과를 통해 형식으로 가르쳐지는 것은 물론이고, 학교의 문법에 삽입되고 있지만, 이것이 고정되지는 않을 것이다. 학교의 시민성교육은 시민사회의 구조 및 과정의 건강성, 모든 국가의 정치에 대한 창구로서 잠재력을 실현하는 것이라면, 미시적 차원에서 교육과정의 내용은 물론이고 거시적 차원에서 국가, 교육, 시민성, 민주주의 간의 관계를 포함하지 않으면 안 된다. 나아가 세계화, 국가, 시민 사이의 역동적 관계도 포함해야 한다.

5. 민주시민교육의 영역

학교의 민주시민교육은 먼저 교과를 통해 민주주의를 '왜' 가르쳐야 하며, 민주주의의 '무엇을' 내용으로 삼을 것인가, '어떻게' 가르칠까에 관심을 두어야 한다. 학생들이 단순히 시민에 대한 지식을 학습하는 데 머무는 것이 아니라, 시민으로서 사고하고 행동하도록 돕는 교육과정(지식과 이해, 기술과 역량의 습득, 그리고 가치와 성향의 형성)을 마련하여야 한다. 민주시민교육은 학교 교과목으로 배우는 공식적인 학습 경험에 의한 '정규 교육과정', 교과교육을 넘어서는 영역으로서 교실과 학교에서 날마다 벌어지는 보이지 않는 비공식적 '잠재적 교육과정', 학교 밖의 학습 경험으로서 '사회실천적 교육과정'을 통해 가능할 것이다.Cogan & Derricott, 2000: 171:183; Lynch, 1993; Starratt, 1994 학교의 전 교육과정(공식적 교육과정이든, 잠재적 교육과정이든) 속에서 학생들이 시민으로서 체험을 쌓게 해야 한다. 구체적으로 말하면 크게 3C, 곧 교육과정curriculum, 문화culture, 지역사회community가 유기적으로 결합된 민주시민교육이어야 한다.

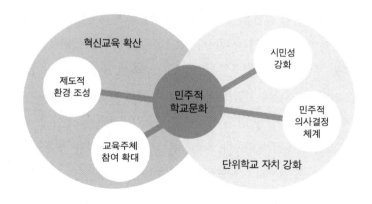

1) 교육과정의 재구성

시민성의 주제를 받아 안게끔 교과과정을 탐구하고, 그 내용을 개발해야 한다. 권리, 책임, 정의, 민주주의, 권력, 평등, 다양성 그리고 규칙/법 등이 그에 해당한다. 민주주의에 '대한' 교육의 우선적 목적은 미래 시민이될 학생들이 민주적 사회에 참여하는 데에 최소한 필요한 숙고적 추리에도움이 될 지식, 가치, 기술을 준비시키는 것이다.Carr & Hartnett, 1996: 192 교육과정과 교과를 통한 시민성 함양 교육은 참여적 시민성의 중요성을 확립하고, 함께 참여할 동기를 제공해야 한다. 학생들로 하여금 의미 있는시민적 경험을 갖게 하려면 교과 전문주의의 협소함에 머물지 말고, 총체적/통섭적 관점에서 범교과적으로 접근해야 한다. 시민성은 사회과(경제, 지리, 역사), 영어과, 수학, 과학, 테크놀로지, 예술, 음악, 체육, 종교 등에 이르기까지 시민적 문해력civil literacy의 영역을 넓히고 있다.Edwards & Fogelman, 2018

민주시민교육을 활성화하려면 교과의 벽을 넘어서야 한다. 민주적 숙고/숙의를 위한 시민교육으로 특별활동과 범교과적 학습Wilde, 2005: 123-141, 그리고 범교과적 팀티칭을 통해 교차적 이슈를 다루는 것이 효과적이다.Rupert, 1997; Bickmore, 2012: 123-124 '숙의'는 '토론'과는 대조되는 것으로 교육과정 창안을 안내하는 활동이다. '숙의deliberation'의 목표는 실천적인 문제에 대한 창의적인 해답을 찾는 것이지만, '토론'의 목표는 주장에서 이기고 상대방의 침묵을 말하는 것이다. 후자는 교육과정을 파괴하지만, 전자는 생명을 부여한다.Null, 강현석 외 옮김, 2016: 213 숙의된 전통 속에서 교육과정 창안은 어떤 한 집단의 사람들이 교과목 분야의 전문가 집단이거나 교육과정을 통제하는 역할을 맡은 선출된 의원들일지라도 한 집단에 의해 통제될 수 없는 지속된 행위이다. 시민들은 교육과정 숙의가 제공하는 프레임워크 내에서 수행하려고 하는 한 교육과정에 기여할 가능성이 있다. 이러한 프레임워크는 교육과정의 공적 측면을 인식하는 것이며, 우리가 깊이 믿고 있는 것에 동의하지 않을 수 있는 사람들의 견해를 인식하는 것, 교육과정 문제를 해결할 수 있는 실천적인 논증의 능력을 강화시키는 것을 의미한다.Null, 강현석 외 옮김, 2016: 213 숙의는 주의 깊은 사고와 성찰, 대안의 고려뿐 아니라 집단적 판단을 내리는 공론화 과정을 필요로 한다. 숙의는 시민성의 중심적 개념이다. 경제 수업, 환경 수업, 과학 수업, 지리 수업, 역사 수업 등은 따로 가르쳐서 단절적이고 파편적 수업이 되기보다는 서로 간학문적 수업을 해낼 공통된 주제가 많다. 민주시민성교육에 팀티칭을 시행함으로써 교사들의 학습공동체의 단초를 만들 뿐 아니라 교사문화의 형성이 학생들의 학습에도 큰 영향을 미칠 것이다.

쟁점이 되는 논란 주제들에 직면할 경우 의견과 신념의 상충을 대화의 광장으로 끌어내어 '공론화'하는 과정이 필요하다. 기본적으로 정치는 갈등을 처리하는 행위로서 적대주의antagonism를 논쟁주의agonism로 바꾸는 것이다.Wildemeersch, 2014: 22 독일의 '보이텔스바흐 협약'처럼 사회적으로 논쟁적인 주제를 학교의 수업에서 논쟁적으로 가르치는 것이다. 시민은 필요하다면 법의 중재를 통해서, 그렇지 않다면 어떤 경우라도 폭력에 호소하지 않고 대화와 타협을 통해 갈등을 해결할 준비를 갖추는 것이다. 논쟁적 이슈(세월호 사태, 역사교과서 기술 문제, 난민 처리 문제, 탈북자 문제, 양심적 병역 거부, 성소수자 문제, 미투 운동, 친일 작품 게재 및 동상 철거

등)를 논의의 주제로 다루는 민주시민교육이 필요하다.^{Noddings & Brooks, 정창}우 옮김, 2018

유럽위원회는 민주시민성을 위한 교육과 인권교육을 구별하지 않으면서 인권의 지구적 비전이 시민교육을 보강하는 잠재력을 가지고 있다고 본다. 민주적 시민성은 폭력, 불관용, 외국인 혐오, 인종주의, 공격적 민족주의 등을 비판적으로 성찰하는 인권교육을 매우 중시한다.^{Tibbitts, 2008} 인권교육은 민주적 시민성의 가치와 지식을 중요하게 다룬다.^{Howe & Covell, 2007} 민주적이고 다원적인 시민사회에서 인권교육은 적극적 시민성의 형성에 핵심이다.^{Flowers, 2000} 결국 지향해야 할 민주시민교육의 가치는 '평화'다. 인권이 인간을 중심으로 한 개념이라면, 평화는 인간의 권리를 넘어서는 생명 전체의 권리를 포함하는 개념이다. 인권과 평화는 동일한 내용을 다른 관점에서 표현하는, 동전의 양면이다. 인권이 평화의 토대가 되고, 평화가 인권을 보장한다. 〈세계인권선언〉은 첫 줄부터 인류 가족 모두의 평등한 권리를 인정할 때 평화적 세계의 토대가 마련된다고 호소한다. 모든 생명이 서로를 살리는 관계인 평화는 바로 인간이 누릴 수 있는 최고의 권리다. 동시에 평화는 인류가 스스로 짊어져야 할 절체절명의 과제이기도 하다. 평화를 위해 싸운다는 것은 전쟁이 나지 않게 하는 것만이 아니라, 인간을 괴롭히는 모든 폭력과 고통에 저항하는 일이다. 민주시민교육은 이제 평화교육을 포함할지 아닐지가 아니라, 학교에서의 명시적·묵시적 시민교육이 어떻게 평화와 갈등을 가르칠 수 있는지, 어떤 시민교육이 다원적·민주적 평화를 개발하고 보존하는 데에 효과가 있는지를 검토하는 것이다.^{Bickmore, 2008: 438} 또래 중재, 회복적 서클을 통한 대화적 평화 만들기는 학생들로 하여금 자신에게 영향을 미치는 문제의 해결에 도움이 되는, 자율적 결정에 참여하도록 이끄는 자치self-governance의 사례이다. 학생자치의 또 다른 예는 갈등 해결의 대화 기회와 민주적 참여 경험을 갖게 하는 것이다. 학생자치의 참여 경험은 갈등 해결 대화를 위해 잠재적 기회

를 구성하는 것이다.Bickmore, 2012: 119

21세기 시민성교육의 중심 측면은 급변하는 세계의 복잡성을 조정하는 탄력, 기법, 성향을 학습자에게 준비시킬 '지속가능한sustainable 시민교육'을 요구한다. '지속가능한' 시민교육의 구성 요소는 생명 영역의 차원(사람들의 웰빙과 자연환경의 관계 인식), 시간적 차원(과거, 현재, 미래의 연계 고려, 시간을 넘어선 생명의 상호 연계, 세대 간 연계), 공간적 차원(장소를 건너뛰는 상호 연계), 비판적 교양 차원(세계관에 대한 성찰적 각성), 창조적 사고 차원(창발적 사고), 적극적 학습 차원(실험적 탐구, 민주적 개입에 필요한 참여적 정치 기술)으로 이루어질 수 있다. 지속가능한 시민성교육은 학교가 중요한 역할을 맡는 평생의 과정이다. 지속가능한 시민으로서 학생의 발전을 도와주고 참여하려는 학교의 핵심적 도전은 단순히 지속가능한 행동을 촉진하는 교육적 기회를 마련하는 것이 아니라, 비판적 사고를 하도록 청소년들을 돕고 불확실한 미래를 다룰 수 있는 능력을 개발시키는 학습공간을 마련하는 것이다.Warwick, 2012 '지속가능한 생태교육'은 자연세계에 대해 힘의 우위를 점하고 있는 인간의 배려라는 실존적 의미를 담고 있다.Bonnett, 2013: 524-525 그것은 자연에 대한 인간의 도덕적 책임이다. 이 말은 '생태적 인권교육'의 발전 가능성을 말해준다.Hung, 2007 자연이 파괴된다면 인권은 정말 보호될 수 없기에 인권 보호는 자연의 보존, 곧 '생태적 지속가능성'/'생태적 문해력'을 위한 목표를 가져야 한다. 산업발전과 환경보호의 대립적 관계의 해소는 환경교육의 과제이자 인권교육의 과제이기도 하다.

최근 새로운 관심을 보이고 있는 사회정의교육SJE은 전통적인 학교제도의 문제적 현상에 대한 반응으로 나타나고 있다. 학교에서 억압, 차별, 불공평 등 특히 빈곤층 청소년들이 겪는 문제들의 사례들을 주요하게 다룬다. 민주시민교육은 시민적 용기를 표출하기 위해 정치적, 경제적, 사회적 힘에 도전하는 '사회정의 교육'을 필요로 한다. 최근 '사회정의를 위한 수학교육'Wager & Stinson, 2015: 7과 '사회정의를 위한 미술교육'Anderson, 2013: 6 등은
사회의 재건에 목표를 두고 있다.

2) 학교문화의 조성

시민성 형성을 위한 학교문화/풍토school ethos/culture의 조성은 곧 학교
의 '잠재적 교육과정'이 될 것이다. 시민성 형성은 지식의 문제가 아니라
문화의 문제다. 문화는 개인적·집단적 정체성의 측면에서 핵심 요소이자
맥락이고, 정치적으로 다루어진다.박휴용, 2012 시민성은 '가르쳐지는taught'
것이 아니라 '잡힌caught' 것이다.Davis, 2012: 37 민주적 시민성을 목표로 하
는 교과/지식은 학교의 경험과 실천과 연결되지 않으면 무익하기 짝이 없
다.Leighton, 2012: 33-44 따라서 민주적 시민 능력은 교실 밖에서도 학습되어
야 한다. 왜냐하면 학교의 '분위기/풍토'가 중요한 영향을 미치기 때문이
다.[21] 학교의 분위기, 정신, 정조는 학생의 삶에 스며드는 삼투력이 매우 크
다. 그것은 '잠재적 교육과정'의 특성을 말해준다. 학교생활에서 나타나는
이런 특성은 민주시민성을 형성하게 하는 매우 중요한 요소이다. 이는 학
생 의회, 교과외 특별활동, 전시회, 학교여행, 기금모금행사, 사회활동, 웹사
이트, 뉴스레터, 공보물, 학교정책과 실천, 운영위원장과의 만남 등 학교의
모든 생활과 연관되어 있다. 특히 민주적 시민성은 실천과 태도와 밀접한
연관이 있기에 수학이나 과학 등의 사실적 지식을 다루는 과목과 성격이
다르다.

듀이는 민주주의가 특정한 제도를 넘어 더 근본적으로 경험을 공유하
면서 연결하고 결합하며 살아가는 '연합적 삶'의 방식이라고 하였다. 연합
적 삶은 서로 의사소통하며 공통성을 추구하는 과정이다. 교육의 민주주

---

21. 학교 풍토라는 의미는 학교 경관(인공의 산물)과 풍경과 관련되어 있다. 학교 환경은 학교
경관으로, 다시 학교 풍경으로, 그리고 학교 풍토로 변해야 한다. 학교 환경이 학교 풍토로
까지 조성되려면 학교 풍경이 된 학교 경관이 오랜 세월이 걸려야 한다. 단시일 내에 이루어
지는 것이 아니다. 학교 풍토의 조성은 지식의 문제가 아니라 문화의 문제이기 때문이다.

의는 '실천하는 민주주의'를 필요로 한다.Becker & Couto, 1996: 1-3 학교와 교실의 민주적 분위기와 풍토를 요구한다. 강한 민주주의를 형성하는 정치적 수사를 요구하는 것이 아니라 구체적인 일상생활에서 실천적 민주주의를 요구하는 것이다. 이렇게 민주주의를 '통한' 학교교육은 민주주의를 '위한' 학교교육의 특별한 방식, 곧 민주주의를 준비하는 최상의 방식이 민주적 삶 자체를 통해 유지되는 것이라고 말할 수 있다.Biesta, 2006: 124-125 학생을 포함한 청소년들을 신민이 아닌 시민으로 기르려면 청소년들의 자력화 empowerment에 도움을 주는 활동을 해야 한다. 학생들이 교사에 의해 수동적으로 지배되는 것이 아니라, 연령과 성숙에 따라 표현의 자유를 부여하고 학교 의사결정에 참여하게 해서 능동적 시민으로 자라게 도와야 한다. 아동에게 참여의 기회를 베풀고 경청할 기회를 갖게 해서 스스로 생각을 기르도록 하는 것이다.

3) 지역사회참여

이웃은 개인적으로 주체적일 뿐 아니라 사회적·역사적으로 구성된 것이다. 이웃은 특정의 환경 내에서 발달한 사람들의 집단적 의미, 실천, 행동, 사회적·문화적 기회에 초점을 둔 지역사회이다. 이웃은 벽돌과 반죽 그리고 개인의 집합이면서 동시에 사회적·정치적 공간이기도 하다. 교육의 장으로서 아이들의 이웃은 중요하다. 아이는 물리적 환경으로서의 이웃, 사회적 공유된 환경으로서의 이웃, '살려진' 실재로서의 이웃을 필요로 한다.Visscher, 2014: 75-86 학교는 학생들을 지역사회, 국가, 지구촌에 참여시켜 시민성을 자각하고 시민적 행동을 하게끔 돕는 다양한 시민교육의 장소, 즉 '더 넓은 공동체'로 확장되어야 한다.Rowe, 2012 학교는 다중의 공동체 속에 있는 또 하나의 공동체라 하겠다. 지구적 공동체는 자녀와 가정의 필요와 함께 그들을 둘러싼 빈곤, 질병, 인간의 참상 등 글로벌 시민성을 자각하는 체험학습의 장이 되어 인권, 사회정의를 위한 캠페인 같은 정치적 참여, 봉사활동 등을 펼쳐야 한다. 시민적 학습과 관련하여 이웃의 교육적 의미를 생각해야 한다. 이웃과 그것의 경계/울타리 사이의 사회적 정체성을 만들고, 또한 그것들에 의해 만들어지기 때문에 중요한 개념이 다.Visscher, 2014: 85

아이들은 이웃에서의 자신의 위치를 포함하여 다른 개념을 가진 시민성과 공동체[22]를 가진 다른 사회질서로 사회화되어간다. 주체화는 기존 질서가 허물어지는 순간에 일어나며, 무엇인가 새로운 것이 출현하는 것과 관련이 있다. 기존의 질서에는 없는 존재 방식이다. 가까이 이웃한 참여자는 기존 질서에 개입해 들어가고, 그 과정에서 공동체의 일부가 되는 것을 배운다. 이웃은 거주민으로서 매일의 사회적 행위를 통해 다양한 시민성과 공동체의 실천이 계속적으로 구성되는 환경이다. 계속된 실천 속에 관계가 일어난다. 준비하는 과정에서 타인과의 관계는 사람들이 행동하고 서로를 다루는 열려 있는 과정이다. 거기에 확고한 토대나 기반은 없다.

어떤 공동체/지역사회든 참여자를 시민사회[23]로 이끄는 과정에 효과적으로 옮길 수 있는 공동의 정체성을 계발하고 이해할 필요가 있다.Sementelli, 2004: 65-67 시민성을 위한 교육은 공동체의 과거와 역사를 인식하는 것을 포함한다. 시민성은 한 공동체의 구성원임을 함의하고, 그 공동체는 모두 장소place[24]를 지니고 있다. 장소는 특정한 경험이 연관되어 있는 개념으로서 그 '안'에서 무엇을 경험한다거나 느낀다는 의미를 함축하

---

22. 공동체(community)는 지역 공동체, 국가 공동체, 그리고 세계적 공동체로 확장될 수 있다.
23. 어느 정도의 혼란과 모순으로 둘러싸인 공간으로서 국가와 시장을 감시하고 견제하는 제 3의 영역인 시민사회(civil society)는 사회적 경제적 정치적 진보를 목적으로 하는 '좋은 사회'로서의 시민사회, 사람들에게 함께 행동할 기회와 시민적 가치와 기술이 개발될 수 있는 환경을 제공하는 자발적 결사체와 조직으로 구성된 '연합적 삶'으로서의 시민사회, 시민들이 서로 다른 관점을 표현하고 공동의 이해를 위해 협상할 수 있는 논쟁과 숙고를 위한 공간인 '공공 영역'으로서의 시민사회로 구체화할 수 있다.
24. '장소는 건물, 지역, 도시, 나라 등 어떤 '지점(point)'에 대해서 사용할 수 있으며, 무언가가 속해 있거나, 있어야 한다고 생각되는 '자리'를 가리키기도 하며, 누군가가 점유할 수 있는 위치(position)를 가리키기도 한다.

고 있다. 장소는 우리의 정체성을 구성하는 요소이다. 인간은 자신이 한번 의미를 부여한 장소를 쉽게 잊지 못한다. 사람이 한 장소를 떠난다는 것은 그 장소에 속한 다른 모든 사람들을 떠나는 것이며, 우리의 자아를 구성하는 것은 우리의 기억뿐 아니라 우리를 기억하는 다른 사람들의 기억이기도 하다. 오늘날 '장소'를 갖지 못한 사람들, 곧 자신들이 속한 곳이나 있어야 한다고 생각되는 곳이 어디인지 알 수 없는 사람들, 또는 그들이 머물러도 좋은 자리, 점유할 수 있는 위치를 이 세계 안에서 발견할 수 없는 사람들이 점점 늘어나고 있는 것이 큰 문제다. 물리적인 의미에서 사회는 하나의 장소이며, 사회의 구성원이 된다는 것은 곧 이 장소에 대해 권리를 갖는 것, 손님이자 주인으로서 환대받을 권리와 환대할 권리를 갖는다는 것이다. 지역의 장소가 우리를 형성하고, 그리고 우리는 우리의 장소를 형성한다. 마치 우리가 집을 형성하고 그 집에 의해 우리가 형성되듯이 말이다.

공동체는 한 지역사회 속에서 혹은 사회문화적 집단 안에 속해 있고, 서로서로 소속되어 그것을 인식하는 개인의 상징적 구성이다.[Oslor & Starky, 2005: 84] 지역사회가 지닌 공동체 개념은 공간, 규범, 가치, 관습, 신념, 규칙, 의무 등을 공유하고 있다.[Berns, 2004: 391] 이것은 개인의 정체성(소속감, 집단에 대한 책임 등)을 구성하는 본질로서 공유된 가치나 관심 그리고 실천(문화, 언어 등)을 포함한다.[Arthur, 2000: 7] 지역사회는 사회적·물리적 환경에 대한 심리적, 실천적 관계를 함의하고 있으며, 정서적 결합, 인격적 접촉, 공동의 정신, 영속성, 충족과 같은 것에 의해 특징지어진다. 지역사회[25]는 3S, 곧 안전감, 의미감, 연대감으로 이루어지는 장소로서 정체성이 거처하는 자리이다. 지역사회/공동체(압력집단, 학습동아리 등)는 진화하고 적응한다. 개인과 집단은 공동체가 발전하고 있는 방식을 반영하고 비판적 입장을 채택할 수도 있다. 이들은 미래에 대한 서로 다른 비전을 명료화할 수 있다.

지역사회communities는 시민성의 정의를 내리는 데 핵심적인 개념이다. 시민은 모두 시민성을 실천할 수 있는 지역사회에 속해 있으며, 또 다른 수준에서 시민은 인간다운 권리의 담지자다. 이 권리들은 지역사회 속에서 행사된다. 시민은 자신의 시민성을 지역사회 안에서, 지역사회 사이에서 실천한다. 민주주의는 시민들에게 자유를 누릴 수 있는 정치 공간을 제공하고 있지만, 그들의 동료 시민도 안전을 보장받을 권리와 자유를 행사할 권리를 갖고 있으므로 반드시 제약을 받아야 한다. 시민성을 위한 학습은 모두가 평등한 권리를 가진 다양한 문화 배경을 가진 시민들이 모인 지역사회에서 살아가는 방법을 학습하는 것이다.Oslor & Starky, 1997: 80

따라서 지역사회의 민주주의 복원이 중요하다. 그것은 지역사회의 주체를 형성하는 일이기도 하다. 학교의 변화와 지역사회의 변화가 맞물린다. 따라서 새로운 사회의 태동을 예고하는 지역공동체운동의 발흥에 조응하려면 민주적 시민이 탄생되어야 한다. 지역사회의 시민적 주체 역량을 갖는 것이 민주주의의 필수 요소다. 학교를 둘러싸고 지역사회 주민의 시민적 성장 없이 마을교육공동체운동이 성공할 수 없다. 최근 혁신학교가 학교단위 공교육체제 내부의 변화와 혁신을 꾀한다면, '혁신교육지구'는 학교와 지역의 총체적 변화를 꾀하는 것이라 교육운동을 넘어선 사회운동

---

25. '지역사회'라는 말은 'community'를 번역한 것이다. 이 말의 뜻이 94개가 될 만큼 널리 사용되고 있다. '장소'에 뿌리를 두고 있는 공동체의 어원인 라틴어 'communitas'는 '가치 있는 무언가를 함께하는 것'을 뜻한다. 인간이 무리를 이루어 가치 있는 일을 함께하는 '품'이다. '공동체' '공동의' '소통'은 동일한 어원을 갖는 언어적 유사성을 갖고 있다. 사람들이 사회에서 살아가는 것은 그들이 무엇인가를 '공동(common)'으로 가지고 있기 때문이며, '의사소통(communication)'은 그 '공동'의 것을 갖게 되는 과정을 나타낸다. '공동체'의 개념은 '어울려 함께 살아가는(living together)'의 뜻을 포함한다. 'community'는 보통 '지역사회'로 번역되기도 하고, 맥락에 따라 '공동체'로 번역되기도 하는데, 이는 '공동체'로서의 community와 '지역사회'로서의 community의 이중성을 띤다. '공동체'로서 community는 공동의 유대감, 공동의 목적의식을 기존 요소로 하는 데 견줘, '지역사회'로서 community는 일정한 지역생활권을 기본 요소로 한다. 따라서 'community'가 지역성을 주로 반영할 때는 '지역사회'로, 공동성을 주로 반영할 때는 '공동체'로 번역되는 경향이 있다. 때로는 '지역공동체'로 번역되기도 하는데, 이는 여러 유형의 공동체 중에서도 지역을 기반으로 하는 공동체로서 '지역성'과 '공동체성'의 의미를 겸비하고 있는 셈이다.

적 의미를 띤다. 분명 혁신학교운동이 공교육의 변화 가능성을 증명해 보이는 것이라면, 혁신교육지구운동은 지역사회의 변화, 곧 새로운 사회의 태동을 예고하는 징후라고 할 수 있다.

6. 민주주의를 기반으로
시민성을 함양하는 민주시민교육

시민성교육citizenship education은 전통적으로 헌법 민주주의와 국민국가에 충성을 가르치는 공민교육civic education과 결합되어 있다. 공민교육은 세 가지 범주와 연결되어 있다. 첫째 범주는 헌법 민주주의의 맥락 속에서 선거, 다수자 지배, 시민권과 책임, 권력의 분산, 그리고 시민사회의 기본 전제로 사용되는 시장경제에서 민주주의의 배치 등 민주주의의 실천을 알리는 기본 지식을 수반한 시민적 지식이다. 시민성 형성과 연결된 둘째 범주는 항상 시민성의 판단과 행동을 촉진하는 지성적이고 참여적 기술을 의미하는 시민적 기술이다. 셋째 범주는 서구 사회에서 자제, 동정, 예의, 관용, 존중과 같은 시민적 덕목이다.Torres, 2017: viii

물론 학교에서 가르치는 시민교육이 만병통치약은 아니다. 치유해야 할 병의 근원은 근본적으로 정치체제의 한계에서 찾아야 한다. 시민교육의 문제점을 모두 교사와 학교의 책임으로 돌리는 것은 옳지 못하다.McCowan, 이지헌 옮김, 2011: 185-186 그럼에도 불구하고 학교는 앞에서 논의한 대로, 중요한 역할을 담당한다. 학생들이 시민으로서 성장하도록 온갖 방법으로 영향을 미칠 수 있다. 어떤 방법은 분명하고, 또 어떤 방법은 불분명하다. 시민교육이라는 교과를 통해서 혹은 이와 별도로 학교가 시민성에 미치는 효과에 대해서 주의를 기울일 필요가 있다.

이와 동시에 학교가 시민성 발달에 영향을 미치는 유일한 곳은 아니라는 점도 분명하다. 학교는 좋은 시민을 만들 수 있으나, 사회 안에서 다른 영역과 협력할 필요가 있다. 만일 '좋은 시민'이 국가를 위해서 자신을 희생하는 애국적이고 준법적인 시민이라고 본다면, 학교에서 역사나 문학 시간에 위대한 국가 영웅들을 공부하는 것도 효과적일 것이다. 이런 관점에 설 경우 학교운영위원회 참여나 동아리 활동은 이와 무관한 일로 보일 것이 뻔하다. 이와 달리 우리가 현 체제를 비판하고 더 나은 체제로 변화시키려는 의지와 능력을 가진 시민의 창조를 목적으로 삼는다면, 학교에서 가르치는 내용뿐만 아니라 그 관계와 운영에 대해서도 관심을 가져야 한다.

결국, 민주시민교육은 3c, 곧 교육과정, 학교문화, 지역사회가 잘 융합되어야 한다. 민주적 시민성을 위한 교육과정 및 지식교육은 민주적 학교문화/분위기의 조성 속에서 이루어져야 하며, 나아가 가정을 포함한 지역사회/마을공동체의 관여와 참여 속에서 이루어져야 시너지 효과를 발휘한다. 민주시민교육은 교육제도에만 있지 않다. 사회 그 자체에도 있다. 우선 학생들의 시민적 역량을 기르려면 먼저 가르치는 위치에 있는 교사의 시민적 역량이 강화되어야 한다. 그래야 학생들의 시민적 역량이 강화된다. 민주시민은 태어나는 것이 아니라 만들어지는 것이다. 따라서 민주시민교육의 목표는 미성숙한 사람이 공적 시민성을 갖도록 교육하는 것이다. 민주주의에 대한 지식과 참여가 결여되어 있다면 민주주의가 위태로워진다.

따라서 시민교육은 더 광범한 민주주의 개념을 불러일으켜야 하며, 이와 같은 민주주의 개념 내에서 세계는 시민의 용기, 사회적 책임, 정치, 타인의 곤경에 대한 동정 등을 실천하는 공간이 되어야 한다.[Giroux, 안찬성 옮김, 2013: 43-44] 우리나라가 '시민교육'이라고 하지 않고 '민주시민교육'을 호명한 것은 민주주의를 회복하고자 하는 한국 사회의 역사적 맥락을 반영하고 있다. 물론 보수와 진보를 아우르기 위해 '시민교육'을 사용하자는 의견도 있다.

이제 우리 어른부터, 교육자 자신부터 먼저 새로운 인간, 새로운 시민으로 다시 태어나야 한다. 우리 어른들이 새로운 사람 및 시민으로 재탄생되지 않는다면 아이들은 새로운 시대를 이끌 새로운 존재로 태어나지 못한다. 이제 국가를 감시·견제할 수 있는 민주적 시민사회를 공고화하기 위해 저마다 서 있는 자리에서 '사람'이자 '시민'으로서 온전히 살아야 한다.

14장
아이들의 시민성은 어떻게 길러지는가?

1. 시민교육에서 시민학습으로

사람은 민주적 역량과 권리와 의무 및 덕목(성), 곧 '시티즌십 citizenship(시민성/시민다움)'을 갖춰야 비로소 시민이 된다. 이를 위해 '좋은' 또는 '효능적'이거나 '힘을 가진' 시민으로 발달시키는 것을 목적으로 하는 시민교육/시민성교육citizenship education은 정치체제의 본질 이해, 자유와 평등의 균형 등의 제시를 기본 내용으로 삼는다.McCowan, 2009 '민주주의 시민(성)교육' 또는 '민주시민교육'은 바로 그런 시민의 형성을 돕는 교육이고 미래와 현재의 시민들이 민주적 시민성을 함양하게 하기 위한 교육education for democratic citizenship이다.

민주주의 국가는 다양한 차원에서, 다양한 방법과 수단을 통해 그러한 시민을 길러낼 교육 체계를 갖춰야 한다. 그 구성원들이 제대로 '민주적 시민성democratic citizenship'을 갖추도록 배려하는 것은 민주주의의 민주주의다움을 보장하는 필수 전제라 하겠기 때문이다. '민주적 시민성'이란 민주주의를 지지하는 사회 구성원으로 살아가는 모든 사람이 평생에 걸쳐 추구해야 할 가장 넓은 의미의 가치이다. 따라서 반민주/비민주 시민에 대립하는 민주시민에 내포된 가치는 현대인이 자기교육과 사회교육의 과정을 통해 평생 추구할 선택적 이상이라 하겠다.

민주적 교육은 사람들을 민주적 관계의 망 속에서 참여하도록 돕는 것이다.[Frazer, 2002] 학생들이 논쟁적 이슈와 갈등하는 가치를 논의할 때 가장 효과적인 방법이다.[Levine, 2010: 15] 시민적 예의를 통해 인문학과 사회과학은 학생들에게 자기반성을 위한 기회와 소크라테스가 강조한 '검토된 삶/성찰적 삶examined life'을 제공할 수 있다. 학생들은 민주적 교육을 통해 자신의 습관, 선택, 신념에 대해 비판적으로 생각하도록 배울 수 있다. 집단적 지성이 발휘되는 의사소통 과정과 함께 민주적 생활에 따르는 가치 갈등을 탐색하도록 한다. 가장 불리한 처지에 있는 사람들에 대한 이해와 공감을 갖게 하는 힘도 민주적 교육을 통해 가능하다.

시민성교육은 시민성을 '위한for' 교육과 시민성을 '통한through' 교육으로 대별된다. 시민성을 '위한' 교육은 학생들에게 국가의 정치제도와 체제에 대한 지식을 제공한다. 이는 교실에서 주로 실천되는 최소한의 교육이다. 또 시민성을 '통한' 교육은 학생들에게 성인 시민의 역할과 이와 결합된 책임을 지도록 돕는 최대한의 교육이다.[Osler & Starkey, 2005] 이 접근은 단순히 지식과 이해를 습득하게 하는 것과 달리 효능적 시민이 적절한 기술, 가치와 태도의 발달을 필요로 한다. 최대한의 헌신을 필요로 하는 접근은 학생들이 이 공부에 적극 참여할 것을 요구한다. 이런 교육은 체험학습experiential learning 이론에 바탕을 두고 있다.[Bamber, 2014: 110-11] 몸소 경험하는 체험은 개인적인 경험[26], 사회적인 경험[27], 정치적인 경험[28], 시장적인 경험[29], 민주적인 경험[30] 등으로 구성된다.[Roberts, 2012] 그저 야외로 데리고 나

---

26. 직접적 원-경험/야생성, 자연으로의 복귀, 자율적 학습자: 낭만주의, 실존주의.
27. 행위를 통한 경험, 경험의 계속적 재구성, 개인과 지역사회 간의 교류: 실용주의, 봉사학습.
28. 비판적 경험, 권력과 사회정의의 역동성, 헤게모니적 힘: 비판적 교육학.
29. 선택, 효율성, 계산적 도구적 합리성, 소비주의, 경험의 맥도날드화: 신자유주의, 신경험주의.
30. 공공성의 쇠퇴, 민주적 생활, 민주적 학교교육, 학생과 교사와 지역사회의 상호작용: 공화주의, 참여민주주의.

가는 것은 진정한 의미의 체험학습이 못 된다.

적극적 시민성은 민주주의를 더욱 요구한다. 이는 민주주의와 교육의 관계를 민주주의에 '대한about'/'위한for' 또는 교육과 민주주의를 '통한through' 교육'으로 연결할 수 있다. 민주주의를 '위한' 교육은 사회에 처음 진입하는 사람들에게 민주주의와 민주 절차에 대해 가르치는 것(지식/이해), 숙고와 집단적 결정, 민주적 기술의 습득을 촉진하는 것(교수-학습 기술), 민주주의에 대한 적극적 태도의 습득을 지지하는 것(성향/가치) 등으로 구성된다.Biesta, 2006: 123-124 그렇지만 민주주의를 '통한' 교육은 민주주의를 '위한' 교육의 한계를 극복하자는 것이다. 시민성을 '위한' 교육이 학생들의 편에서 작은 행동을 요구하는 반면, 시민성을 '통한' 교육은 적극적 시민성을 보여준다.Bamber, 2014: 111 아이들은 교수되는 내용에 의해서도 배우지만, 그들이 참여하고 있는 또 다른 상황에서도 민주주의를 크게 배운다. 학교는 민주주의와 시민성을 가르치는 모범적 교육과정을 가질 수도 있지만, 학교의 내적 조직이 비민주적이라면 학생의 민주주의에 대한 태도와 성향에 부정적 영향을 미칠 것이다. 그래서 민주주의를 위한 최상의 교육은 민주주의를 '통한' 교육, 즉 민주적 교육 양식에 달려 있다.Apple & Beane, 1995, 강희룡 옮김, 2015 민주주의를 '통한' 학교교육은 민주주의에 '대한' 교육과 민주주의를 '위한' 교육의 특별한 방식, 곧 민주주의를 준비하는 최상의 방식이 민주적 삶 자체를 통해 유지되는 것이라고 말할 수 있다.Biesta, 2006: 124-125

시민의 학습은 어느 곳에서나 그리고 계속적으로 일어난다. '시민적 학습civic learning'은 교실에 한정되지 않는다. 어느 때나 어느 곳이든 시민적 학습은 일어난다. 이렇게 본다면 사회 자체가 시민성을 위한 학교이다.Biesta, 2011b: 177 시민성교육citizenship education이 미래의 시민을 위한 교육이라면, 매일 이루어지는 '시민적 학습'은 현재의 구체적 시민의 학습이다.Biesta, 2011b: 174 '교육'에서 '학습'으로의 전환을 의미하는 '교육의 학습화

learnification of education'를 말하며, '평생학습'으로의 이동을 말해준다.[Biesta, 2013] 교육의 학습화는 기본적으로 하나의 과정이고 활동이며, 내용과 방향과 관련하여 공백 상태는 아니지만 가르치는 자의 의도가 덜 개입되어 있기에 개방적인 특성을 띠고 있다. 학습이 투입이 아니라, 학생의 활동에 달려 있다고 보는 것은 교사가 자기 학생들의 학습을 도와서 향상시킨다는 뜻이다. 교사가 학생의 학습을 향상시키고 촉진시킨다는 것은 세분화된 내용과 학습의 목표에 반드시 부합하는 것이 아니다.[Biesta, 2010: 18-19]

요컨대 시민성 형성은 지식의 문제가 아니라, 삶의 양식 문제이고 문화의 문제다. 따라서 민주시민의 탄생은 민주적 삶의 누적된 산물이다. 학생생활, 지역사회의 삶, 그리고 일생에 걸쳐 이루어진 평생학습 활동이다. 시민적 학습은 학생들이 자원으로서 교육제도 바깥의 삶에서 겪는 정치적경험을 이용하지 않으면 안 된다.[McCowan & Unterhalter, 2013: 144] 이 말은 곧 민주주의의 실천과 시민성을 통해 이루어지는 '시민적 학습'은 학교 바깥에서 일어나지 않으면 안 된다는 말이다.

'시민적 학습'은 기존 사회에 순응할 것을 요구하는 사회화/동일시 명령이 아니다. 시민적 학습은 좋은 행동의 규범, 가치, 기준을 주입해서 좋은시민이 되게 하는 기존 질서의 재생산을 목표로 하지 않는다. 사회화 과정은 기본적으로 보수적이다. 시민적 학습은 과거의 재생산이 아니라 새로운 시작의 기회를 창조하는 것이다. 사회는 변화 없이 보존되는 것이 아니라, '새로운 인간의 탄생'을 통해 갱신되어간다.

시민적 학습은 사람들을 길들이는/순치 교육이 아니라, 민주적 주체가되게 돕는 학습이다. 시민적 학습은 사회화를 위한 학습보다 더 좋은 시민의 양성을 위해 더 좋은 더 많은 민주주의를 요구하는 '주체화를 위한학습 learning for subjectification'을 필요로 한다. 기존 질서에 적응시키는 사회화 socialization 차원의 학습이 아니라, 주체화 subjectification 차원의 학습을 염두에 두고 학습 기회를 제공해야 한다.[Biesta, 2014a: 10] 물론 주체화는 사회화 과정을 거쳐야 한다. 자율의 실천은 타율의 습관화를 통하지 않으면 달성될 수 없다. 개인과 사회의 균형 추구가 제2의 본성인 민주적 인성을 형성하는 것으로서 공동선을 위해 사회화를 주체화하는 것이다.Winter, 2014 따라서 상호작용하는 개인과 맥락 속에 존재하는 개인, 그들의 '실제적 시민성 조건'이 민주적 시민성을 학습하고 수행하는 방식에서 중요한 역할을 맡도록 초점을 맞출 필요가 있다.Biesta, 2011: 2

오늘날 민주주의, 정치 행위자, 민주적 주체가 되는 탈동일시dis-identification로서 주체화 개념은 기존 질서를 넘어선 새로운 탄생[31]으로서 민주주의의 실험이나 사건으로서 개입하는 학습에 초점을 맞춘다.Biesta, 2011, 2014a; Vandenbroeck & Peeters, 2014: 162 민주적 시민성은 시민적 학습에서 이미 알려진 위치에 개인을 투입하는 '사회화' 개념이 아니라 지역사회의 기존 질서를 허무는 '주체화' 개념에 근거하고 있다. 시민적 학습은 사람들을 길들이는 교육이 아니라 민주적 주체가 되게 하는 학습으로 나아가야 한다. 교육의 민주주의를 공고화하려면 '민주적 주체성democratic subjectivity'을 강고하게 구축해야 한다.Biesta, 2014a: 9 민주적 주체성은 민주적 인간에 대한 개체적/인격적 개념(칸트, 피아제, 콜버그 등),[32] 사회적/공

---

31. 아렌트에게 탄생은 두 가지 측면에서 드러난다. 첫 번째는 인간세계에 진입하는 어린아이의 탄생이 그것이다. 어린아이의 탄생은 예기치 않게 우연히 등장한 사건이다. 따라서 어린아이의 탄생은 세계적 사건이며, 마치 기적과 같다. 새로운 생명의 탄생은 세계의 희망이며, 또한 소멸할 수 있는 세계를 구원하는 사건이다. 두 번째는 공적 영역으로 들어가는 결단으로 표현한 것으로서 '정치적 탄생'이다. 이는 아렌트가 제2의 탄생, 곧 정신의 탄생이라고 말한 것이다. 이러한 의미에서 제2의 탄생은 세계에 예기치 않게 우연히 등장하는 어린아이의 탄생과 차이를 드러낸다. 아렌트는 전체주의와 같은 근대의 병리적 현상이 죽음의 원리에 의해 작동하며, 이를 극복하려면 '새로운 시작'을 정치적 개념으로 승화시켜야 한다고 보았다. 개인은 민주적 지식, 기술, 그리고 성향을 가질 수 있지만, 그것은 개인이 민주적 주체가 될 수 있는 행동을 할 때에 가능하다.

32. 민주적 교육에 대한 '개체적(individualistic)' 개념은 타인에 의해 이끌리는 것이 아닌, 스스로 생각하고 판단하는 자율성과 비판적 사고를 소중하게 여기는 합리적 주체/자율적 주체를 강조한다. 합리적 자율성에 바탕을 둔 자유주의자들의 주체성 이해가 민주적 교육에 상당한 영향을 미쳤지만, 이들의 개인주의와 합리주의는 거센 비판을 받았다. 니체, 프로이트, 푸코는 주체성의 원천이 주체 자신의 합리적 사고에 있는 것이 아니라, 합리적 통제를 넘어서는 권력과 과정을 통해 구성된다는 점을 강조한다.

동체적 개념(마거릿 미드, 존 듀이),[33] 정치적/폴리스적 개념(한나 아렌트)[34] 을 동시에 구축하는 것이다.[Biesta, 2006: 121, 127-135] 민주적 주체성을 지닌 민주적 시민democratic citizen의 형성은 개체적, 사회적, 정치적 주체의 통섭이라 하겠다. 이렇게 볼 때 학교교육은 민주적 인간에 대한 세 가지 속성이 융합된 주체성을 아이들이 경험하도록 해주어야 한다. 더 좋은 민주주의를 위해 더 좋은 시민을 필요로 하는 사회화를 위한 학습이 아니라, 더 좋은 시민을 위해 더 많은 민주주의와 더 좋은 민주주의를 필요로 하는 '주체화를 위한 학습'이다.

이 입장은 '시민적 학습'의 강조에서도 잘 나타난다. 민주주의의 희망과 활력은 민주주의제도 자체보다는 그것을 떠받치는 '시민적 학습'에서 나온다. 시민적 학습은 사람들을 길들이는/순치 교육이 아니라, 민주적 주체가 되게 하는 학습이다. 시민적 학습은 사회화를 위한 학습보다 더 좋

33. 존 듀이는 일찍이 "민주주의 문제는 단순히 정치/제도 형태를 넘어 더 근본적으로 공동 생활의 형식이며, 경험을 전달하고 공유하는 방식이라는 것"(Dewey, 1915, 이홍우 옮김, 1987: 137)이라고 역설하였다. 민주적 교육에 '사회적(social)' 개념을 제창한 덧붙인 마음은 원초적 자료에 있는 것이 아니라 습득되는 것이라고 하였다. 마음은 이미 만들어진 대의보다 연합, 상호 교류, 전승, 축적의 삶을 통해 형성되는 것이다. 듀이에게 주체성의 사회적 개념은 사회적 조건이 설정하는 교육에 의해 만들어진다. 그것은 민주적 삶의 참여를 통해 만들어지는 사회적 지성인에 의해 달성될 것이다. 민주주의를 '통한' 교육이다. 그런데 민주적 교육에 대한 듀이의 관점은 어떤 '자질'이나 '속성'을 가진 개인, 곧 사회적 지성을 가진 민주적 인간에 의해 만들어지기 때문에 그의 민주적 교육의 목적은 개인을 위험에 빠뜨릴 수 있다. 공동의 삶의 양식을 형성하기 위한 소통을 강조하지, 현실적으로 존재하는 계급 간의 갈등과 불평등을 말하지 않고 있다. 그래서 아렌트는 '정치적(political)' 주체를 제창한다.

34. 아렌트의 주체성은 우리가 살고 있는 폴리스(polis)의 삶과 관련되어 있고, 우리와 같지 않은 타인과 함께 살지 않으면 안 된다. 그녀에게 민주주의는 모든 사람이 주체가 될 수 있는 기회를 갖는 상황, 곧 다양성과 차이의 세계로 들어가는 것이다(Biesta, 2006: 135). 공동체는 공동의 정체성을 통해 구성하는 것이 아니라, 오히려 근본적 다원성과 다름으로 존재하는 세계적 공간이다(Biesta, 2006: 10-11). 다원성은 서로 다른 개인들을 필요로 한다. 다르게 태어나서 다르게 말하고, 다르게 행동하는 사람들을 조건으로 한다. 다원성은 모든 정치적인 사람의 필요조건일 뿐 아니라 가능조건이라는 의미에서 절대적 조건이다. 공동체는 세계에 대한 관점들의 다양성 속에서만 실존한다. 인간이 행위의 주체가 되려면 우리들의 시작에 반응하는 타인을 필요로 한다. 아렌트의 인간 주체성은 개인의 속성이 아니라, 인간 상호작용의 속성으로 이해되어야 한다(Biesta, 2006: 134).

은 시민의 양성을 위해 더 좋은 더 많은 민주주의를 요구하는 '주체화를 위한 학습learning for subjectification'을 필요로 한다. 민주적 실천을 위해서는 기존 질서에 적응시키는 사회화socialization 차원의 학습이 아니라, 주체화/탈동일시 차원의 학습을 염두에 두면서 학습 기회를 제공해야 한다.Biesta, 2014a: 10 물론 주체화는 사회화 과정을 거쳐야 한다. 자율의 실천은 타율의 습관화를 통하지 않으면 달성될 수 없다. 개인과 사회의 균형 추구가 제2의 본성인 민주적 인성을 형성하는 것으로서 공동선을 위해 사회화를 주체화하는 것이겠다.Winter, 2014

민주시민교육의 유형으로는 크게 3C, 곧 교육과정curriculum, 문화culture, 지역사회community의 융합이 잘 이루어져야 한다. 3c가 잘 융합되어야 아이들의 시민성은 잘 형성된다. 학교교육은 아이들이 민주적 인간에 대한 세 가지 속성이 융합된 주체성을 경험하도록 해주어야 한다. 이 학습 과정은 아이들의 능력이 발달되어 일어나는 것이 아니라, 아이들이 필요로 하고 스스로 사회생활에 참여하는 구체적 경험에 의해 일어나고 자신의 중요성을 자각하면서 생기는 것이다.

민주적 시민성을 위한 교육과정/지식교육은 민주적 학교문화/분위기의 조성 속에서 이루어져야 한다. 학생자치위원회가 학생의 목소리를 끌어내야 하고, 가정을 포함해 지역사회/마을공동체가 관여하여 시너지 효과를 발휘해야 한다. 학생들은 더 넓은 지역사회에서 자원봉사활동을 하거나 공동체 활동을 위한 탐구를 해야 한다. 민주시민교육은 교육제도에만 존재하는 게 아니라, 사회 그 자체에 존재한다고 할 수 있다. 시민성은 매일의 실천 속에서 아이들이 이를 배워갈 것이다. 따라서 학교시민교육은 생활세계와 밀접하게 연관 지어 접근해야 한다.

2. 어른과의 관계 속에서 형성되는 아이들의 시민성

아이들의 시민성은 어른들과의 관계 속에서 싹튼다. 학생들이 학창 시절 민주주의 경험을 하지 못할 때 성인이 되어서도 민주적 삶을 실천할 수 없다. 그렇게 되면 결국 어른의 '민주시민적 결손'을 초래할 것이다. 미성숙한 학생이 순식간에 곧바로 성숙한 시민이 될 수는 없다. 민주시민은 저절로 만들어지는 것이 아니라 노력과 실천, 때에 따라 고통스러운 싸움을 통해 만들어진다.

아이들의 민주적 시민성을 길러주는 데서 열쇠는 아이들을 미래의 생산적 시민[35]으로 준비시키는 동시에 현재의 시민으로 대우해야 한다는 것이다.Piper, 2012: 148-152 아이를 권리를 가진 시민, 참여적이고 능동적 시민, 현재의 시민으로 인정해야 한다. 그렇지 않으면 어른이 되어서도 시민으로 바뀌지 않는다.

아이들은 미성숙하고 약자의 처지에 있으며 상처받기 쉬운 취약성vulnerability을 지녔다. 조심스럽게 다루어야 한다. 아이들을 시민으로 대우한다는 것은 그들에게 특별한 돌봄과 존중이 요구된다는 말이다. 그렇지 않으면 아이들의 악함이 더욱 자라 폭력적인 아이가 되기 쉽고, 민주적 시민으로 자랄 수 없다. 따라서 배우는 과정에 있고 아직 미성숙하다는 이유로 학생을 함부로 취급해서는 안 된다. '시민으로서 아이'가 된다는 것은 권리와 함께 책임을 지는 존재가 되는 것이다. 그동안 아이들은 여성과 노예처럼 시민으로서 자격을 누리지 못하였다. '비-시민'인 학생이 순식간에 민주시민이 될 수는 없다. 따라서 아이들은 '지금의 시민'이다.Ross, 2012: 41 아이들이 성숙한 어른으로 자라나려면 민주적 시민성을 함양하는 데

---

35. 아이들에 대한 '미래의 생산적 시민' 이미지는 앞으로 '되어가는' 미래의 일꾼으로서 장래 직업을 가진 시민이 되기 위해 준비하는 것을 말한다. 학교를 마치고 사회에서 일을 할 수 있는 능력과 자격을 갖추는 것이다.

필요한 지식과 기술을 체계적으로 학습해야 한다. 저절로 되는 일이 아니라 노력과 실천이 필요하다. 민주시민성은 어려서부터 보고 배우는 지속적이고 의도적인 훈련과 습관의 결과다. 민주시민성은 태어날 때부터, 지금부터 시작되는 것이다.

아이들의 민주시민성은 또래들 사이, 어른들과의 상호작용 속에서 이루어지는 학습과정의 결과이다.Liebel, 2012: 37 학생들의 민주시민교육보다 먼저 어른의 민주시민교육이 긴요하다.

이 학습과정은 아이들의 능력이 발달돼 일어나는 것이 아니라, 아이들이 스스로 사회생활에 참여하는 구체적 경험에 의해 일어난다. 아이들의 자력화, 스스로 자존감/자신감을 키울 교육적 프로젝트, 아이들 스스로 조직하거나 관리하는 활동—때로는 어른들의 지원에 의한—의 결과라고 보아야 한다. 아이들의 시민성은 아이와 어른의 서로 '주고-받는' 상호 의존의 결과이다.Liebel, 2012: 37 아이들의 시민성은 어른의 세계와 마주하고 있는 '사회적 위치'로부터 시작한다. 어른들의 말을 고분고분 듣는 순종적 태도도 중요하지만, 때로는 어른의 행위에 도전하고 저항해야 할 경우도 많다. 그럴 때 아이들 스스로 자기들의 정치적 공간을 만들어야 한다. 어른들이 미리 규정한, 이미 만들어놓은 공간에 한정해서는 안 된다. '아래로부터 시민성'을 구성하는 것이 매우 중요하다.Liebel, 2012: 38-42

그런데 사회적 배제와 주변화가 심화되면 사회적 시민성과 정치적 시민성은 긴장과 모순이 생긴다. '형식적 시민성formal citizenship'(자격과 지위로 구현된)과 '사실적 시민성de facto citizenship'(실제로 특정 공동체와 사회의 한 구성원이 되는 경험을 통해 구성된)의 괴리는 불가피하게 일어난다.Roete & Roose, 2014: 182 이상적 시민성과 현실적 시민성은 다르기 때문이다. 빈곤 문제를 개인의 문제(가난한 사람들의 일탈 행동)로 돌릴 경우 기존의 사회경제적 질서에 순응하는 사람이 만들어질 수 있다. 민주적 잠재력을 갖게 하는 정치적 시민성은 새로운 정체성을 출현하게 하는 탈동일시 논리를 중시한다.Roete & Roose, 2014: 182-183 민주적 시민성은 개인이 그냥 채택한 기존의 정체성/질서에 대한 적응이 아니라, 근본적으로 새로운 존재방식과 행동방식 및 정체성을 나타나게 하는 구조의 혁신을 촉진하는 태도다. 미래를 향해 개방적으로 사회를 구성하는 민주주의 실험이라고 할 수 있다.Biesta, 2011; Roete & Roose, 2014: 183

아이들의 시민성은 어른들(부모, 교사)과의 관계 속에서 형성되므로 학생들의 시민교육 못지않게 먼저 어른의 민주시민교육이 더욱 긴요하다. 스치는 관계가 아니라 만남의 관계이어야 한다. 말로서 가르쳐지는 교육과정보다 생활 속에서 자연스럽게 이루어지는 학교문화에 의해 가랑비에 옷 젖듯이 조금씩 스며드는 것이다. 시민성/시민됨은 사람이 나면서부터 저절로 형성되는 것이 아니다. 자율성이 주어지지 않은 사회에서 시민은 태어나지 않는다.송호근, 2013: 20 일제 치하의 선조들은 개인이 시민으로 성숙하고 시민사회를 형성했어야 할 시기에 자율성autonomy을 행사하지 못했다. 식민지에서 해방된 뒤에도 독재정권이 자율성의 성장을 억눌렀다. 자율성의 성장 여부는 곧 민주적 시민사회의 형성을 좌우한다. 이렇게 개인은 시민으로, 사회는 시민사회를 향해 서서히 발을 엮이고 있었지만, '시민됨civicness, civility'의 가장 중요한 요소가 자율성이다. 물론 자율성은 타율성을 거치지 않고 존재할 수 없다. 타율에서 자율로, 자율은 다시 공율co-rule로 나아가야 한다.

15장
인간적 성숙과 정치적 성숙의
융합을 통한 민주시민교육

사회적 자본이 없으면 문명사회도 없고, 문명사회가 없으면 민주주의
도 없다. 사회적 자본은 사회적 학습에 의존하는데, 그 대부분은 비공식
적인 것들이다. 교사와 학교, 지역사회가 사회적 자본을 개발하지 않으면
학생은 비뚤어지고 도착적인 방법으로 자신만의 사회적 자본을 생성한
다. 사회적 자본은 민주주의의 기초가 되므로 그 개발이 교육 측면에서
필수다. 민주주의는 결혼과 마찬가지로 무관심이나 방치를 통해서는 지
킬 수가 없다. 민주주의는 매일 주의를 기울여야 하고, 보살피고 보호해
야 하며, 반성을 해보아야 하는 것이다.Hargreaves, 곽덕주 외 옮김, 2011

1. 인성교육과 민주시민교육의 갈등

교육민주화 담론이 입에 오른 지 30여 년의 역사가 흘렀지만, 정치민주
화가 퇴행적 국면을 맞아 학교민주화가 삐거덕거리고 있다. 국민교육 차
원에서 강조된 질서와 준법정신에 기초한 인성교육과 민주시민교육이 동
일시되는 경우가 많았다. 교사들도 민주시민교육의 필요성을 원론으로는
인정하지만 시민 관련 지식과 태도, 가치 등의 핵심 요소가 수업 위주로

이루어지고 있어 이를 학교교육 전반에 체화시키기는 쉽지 않았다. 공식적으로는 국가가 민주시민교육을 주창한다고 하더라도 현실에서는 순응적 시민 기르기 수준에 머물렀다. 학교에서 배운 민주시민과 관련된 내용은 머릿속에서 암기된 박제된 지식이었기에 실천적 힘을 갖지 못했다. 결국 민주시민교육의 목표, 내용에 대한 사회적 합의 부재, 관료주의 교육행정체제와 교육과정의 결여, 민주시민교육을 위한 교사훈련의 미비와 교사의 전문성 부족 및 민주적 의식 결여, 민주시민교육을 과거의 교화/의식화 프로그램으로 오해한 것, 교사의 정치적 자유 부재, 기성세대의 저항과 학부모의 보수적 교육관 등이 민주시민 양성에서 최대의 걸림돌이었다. 권위주의적이고 관료적인 학교체제와 문화 속에서는 아이들을 민주시민으로 자라게 하기가 참 어렵다.

최근 당선된 진보교육감들은 몇 년간 민주시민교육과[36]를 신설하는 등 민주시민교육 활성화 지원 계획을 수립·실천하였다. 학생인권조례를 제정하고 체벌금지를 시행하는 등 종전의 권위주의 교육정책과 획기적으로 차별화되는 정책을 시행하였다. 최근 20대 국회에서 민주시민교육 제도화를 위한 법제화 시도도 있었다.[37] 그러는 동안 다양한 민주시민교육관련법이 분화, 발전, 제정되었다.[38]

그런데 다른 한편으로 이명박근혜 정부가 들어서면서 학교민주화는 뒷걸음쳤고, 최근에는 2014년 5월 26일 개인의 품성 함양에 초점을 둔 중앙

---

36. 일부 교육청의 경우 인성교육과 속에 민주시민교육을 포함시켜 시행하는 경우가 있다. 인성교육과 시민교육의 공통성과 차이점을 잘 구별하지 못하고 혼재하여 사용하는 경우도 보인다.
37. 진보적 여성단체협의회 대표를 맡았던 남인순 의원이 상대적으로 '민주시민교육지원법' 제정을 위한 입법 활동에 열심인 편이다.
38. 2014년 서울시 의회는 민주시민으로서 요구되는 자질과 소양을 함양하고 행동으로 이어지도록 하는 교육으로서 민주주의의 기본원리와 정치제도 이해 및 역사와 시민의 권리와 의무, 합리적 의사결정, 갈등조정, 문제해결 등 여러 가지 교육 내용을 담은 '민주시민교육에 대한 조례'를 제정하였다.

정부 차원의 〈인성교육진흥법〉[39]이 발의돼서 지역교육청의 민주시민교육과 마찰을 벌였다. 효, 예, 애국심 등 봉건적/수직적 질서로 회귀하는 소극적 시민성을 중시하는 중앙정부의 정책과 인권과 민주주의 등 적극적 시민성을 강조하는 지역교육청의 교육정책의 차이로 인해 서로 반목하고 갈등하는 국면이 빚어진 것이다.[실성보. 2015]

2014년 7월 21일부터 개인의 품성 함양에 초점을 둔 〈인성교육진흥법〉이 제정되어 시행되고 있다. 이 법은 4·16 세월호 사건 이후에 발의되었는데, 과연 학생들의 인성human nature, personality, character[40]에 문제가 있었는지 의문이다. 오히려 어른들의 인성에 더 문제가 있는 것이 아닌지 되묻게 된다. 『민주주의와 교육』[1916]의 저자 존 듀이도 어른들의 인성교육이 더 중요하다고 역설한 바 있다. 윗물이 맑아야 아랫물이 맑다. 이 법은 이미 이전 정부에서 민주적 시민성을 함양시키고자 하는 진보적 지역교육청의 민주시민교육과 한 차례 마찰을 빚은 적이 있다. 인성교육을 진흥한다고 하니 나쁠 것이 없다고 할지 모르나, 학생들에게 예의와 효를 제일 덕목으로 내세우는 것은 아무래도 시대착오다. 〈인성교육진흥법〉이 예의, 효, 정직, 책임, 존중, 배려, 소통, 협동 등 8대 덕목 중에 예, 효를 앞세우는 데서 알 수 있다. 부모가 보여줄 '자慈'를 전제하지 않고 '효孝'를 앞세우는 것도 그렇다. 윗사람의 자애 없이는 아랫사람의 효성이 생길 수 없다. 이러한 접근은 전통적 덕목을 부각시킬 뿐, 사회적이고 민주적인 가치, 국가권력에 대한 견제와 감시를 알지 못하게 한다. 아이들의 부적응이나 학교폭력의 원

---

39. 박경미 의원이 최근 인성과 시민성을 결합한 수정안을 국회에 제출하였다.

40. 우리말 '인성'은 정의하기가 쉽지 않다. 인간의 존재 조건을 공유하고 태생적으로 실존적인 이분법에 시달린다는 점에서 모든 인간은 비슷하다. 한편 자신에게 주어진 문제를 해결하는 방법이 저마다 다르고 독특하다. 인성의 무한한 다양성은 그 자체로 인간 존재의 특징이다. 여기서 인성은 한 개인을 유일무이한 존재로 만들어주는 심리적 자질이며, 태생적으로 획득한 자질과 후천적으로 획득한 자질을 합한 것이다. 체질적으로 부여받은 심리적 인성과 후천적으로 형성된 인성(인격)의 차이다. 기질(성격)의 차이는 윤리적으로 문제되지 않지만, 인격의 차이는 윤리에서 실질적인 문젯거리다. 인간의 본성은 본능(이기성)과 본질(이타성)로 이루어져 있다.

인을 개별 인성의 부재에서 비롯되었다고 보는 인식이 거기 깔려 있다. 이런 보수적 인성교육론은 옳음과 그름을 분별하는 '의義'/'정正'/'정의正義'에 대한 질문보다 타인과의 관계를 좋게 맺는 '사람의 미덕'이나 '인격 함양'만을 강조한다. 〈인성교육진흥법〉의 핵심 덕목인 정직은 '정의 없는 정직', 책임은 '권리 없는 책임', 그리고 배려는 '공정성 없는 배려'에 머물 위험이 있다. 그리하여 '정직', '책임', '배려' 덕목은 '효' 덕목과 어울려 사회의 병리에 눈 감은 수구적 규범으로 작동할 가능성이 있다. 이런 생각은 권위주의 정권이 위기에 처할 때마다 제창했던 충효 교육과 흡사하다. 특히 효의 강조는 유신시대의 덕목교육, 곧 이데올로기/이념 교육을 떠올리게 한다. 〈인성교육진흥법〉은 수직적 질서와 보수적 덕목을 강조해서 학교를 훈육과 감시 사회로 만들 위험이 높다. 전통적/보수적 인성교육론에 기반을 두고 있는 〈인성교육진흥법〉이 인성의 바탕을 이루는 사회적 조건을 거론하지 않는 것에서 이를 쉽게 알 수 있다.[41] 다시 말하면 인성의 덕목들 대부분은 성차별, 계층차별, 인종차별 등 사회적 관계의 갈등과 불합리를 거론하지 않고 있다. 사회구조적 불합리를 알지 못하게 하면서 책임을 개인에게 돌리게 하는 것은 눈 가리고 '아웅'이다. 이 접근은 전통 덕목을 내세울 뿐, 사회적이고 민주적인 가치, 국가권력에 대한 견제와 감시를 알지 못하게 한다. 이러한 인성교육론은 아이들의 부적응이나 학교폭력의 원인을 개별 인성의 부재에서 비롯되었다고 보는 인식에 의거한다. 사회적·경제적·정치적 요소에서 생겨난 문제를 개인의 태도와 행동 탓으로 치부하는 관점을 갖고 있다.

또 개인의 심성 변화만 강조해서 사회의 부정의에 관심을 갖지 못하게

---

41. 우리나라 인성교육은 학교폭력과 관련된 부정적 사건을 막자는 역량 중심 교육에 기초한 '도구적 인성교육관'(〈인성교육진흥법〉)에 기반을 두고 있다. 반면 '본질적 인성교육관'(유교적 인성교육론)과 인간성을 파악하는 요소로서 인성을 그 위치나 작용의 수준에서 이성에 부수적인 것으로 보는 '부수적 인성교육관'(소크라테스, 플라톤, 아리스토텔레스)은 소홀히 다루어지고 있다(류성창, 2016).

하는 전략이 숨어 있다. 그것은 인성교육의 비정치화를 초래하는 '정치적 문맹자' 교육이다. 순치된 아동을 양산하는 길들이기 교육이다. 길들이기 domestication는 품행을 어느 한 방향으로 인도하여 현존 질서에 순응하도록 이끄는 것이다. 사회의 불의를 보지 못하게 함으로써 사람들이 일상생활에서 겪는 문제를 숨기는 정치적 속임수가 드러워져 있다. 신보수주의적, 사회적, 문화적 의제를 채택해서 전통적 가치와 권위의 존중 등 '보수적 도덕주의'로 돌아가자고 부르짖는다.^{Molnar, 심성보 외 옮김, 1999} 보상과 처벌을 통해 행동을 형성하는 행동주의, 보수주의/전통주의, 그리고 교사/어른 중심주의에 바탕을 둬서 사회정의의 홀대, 도덕의 비정치화, 그리고 정치적 쟁점이나 다른 세계관에 대한 묵살로 이끈다. 독단적이고, 교화적이며, 해석적이지도 않고, 통합적이지도 않으며, 반지성주의적 입장을 드러낼 가능성이 있다.^{DeVitis & Yu. 2011} 또 사회적 현실에 대한 쟁점과 복잡한 학습, 자율적 결정을 회피한다. 사회질서에서 아동의 역할과 위치를 '행동주의적 조건화' 기법에 맡기는 태도를 보인다. 윤리적 선택을 하는 데 있어 비판적 사고와 능력, 자발적 문제해결, 공감, 사회적 기술, 평화적 갈등해결을 중시하지 않는다. 행동 통제, 훈련, 강압을 통해 청년의 인성을 주조하려고 한다.

그동안 민주시민교육은 특정 정권이나 정치세력의 유지·강화의 수단으로 사용될 수 있다는 의심을 받았다. 우리는 어두웠던 권위주의 시대에 편향된 정치교육의 폐해를 적나라하게 경험한 바 있다. 한국적 민주주의라는 미명 아래 '정통성이 없는 정권'을 정당화하기 위하여 악용된 사례가 대표적이다. 또 반대로 이른바 진보적 민주시민교육 사회단체를 '민주화 운동 세력'으로 묶어세우고 이들이 진영을 강화하기 위한 활동이라고 의심을 거두지 않은 것도 큰 걸림돌이다. '의식화' 또는 '우민화' 어느 쪽도 바람직하지 않다.

최근 박경미 의원이 인성과 시민성을 결합한 수정안을 국회에 제출하였지만, 효 단체의 강한 반발을 받으면서 엉거주춤 상태에 있다. 그런데도 민주당은 '모르쇠'다. 〈인성교육진흥법〉을 통과시켜준 당시의 원죄의식이 별로 없어 보인다. 더욱이 우리 사회의 보수와 진보 사이의 이념적 대립은 여전하다. 세월호 사태, 역사교과서 국정화 논란, 촛불세력과 태극기 세력으로 나누어지면서 그 갈등은 더욱 심화되고 있는데 양 진영 간의 대화 조짐은 전혀 보이지 않는다. 첨예한 이념적 대치는 상대를 더욱 적대시하는 소모적 논쟁으로 끌고 감으로써 국가적 낭비까지 초래하고 있다. 이러한 이데올로기적 대치를 언제까지 방치할 것인가? 가치 이슈를 다루는 학교교육의 장에서 이 문제를 어떻게 처리할 것인가? 우리나라의 인성교육 진영과 민주시민교육 진영의 대립을 어떻게 극복할 것인가? 사회적 합의의 한 방법으로 독일의 '보이텔스바흐 합의'1976를 참고할 필요가 있다. 보수와 진보의 이념적 갈등이 더욱 첨예화되자 독일의 보이텔스바흐 지역에서 보수학자와 진보적 학자가 모여 며칠간 토의 끝에 최소한의 합의를 한 것으로서 정치적으로 논쟁적인 주제일수록 수업/교실에서도 논쟁적으로 다루어야 한다는 최소의 합의를 도출하였다.

2. 인성교육자와 시민교육자의 대화

영국의 보수당 정부(2010~)가 집권하자 인격교육에 시민교육을 포함시키는 정책 전환을 보였다. 2013년 국가교육과정은 '시민성' 교과가 필수가 아니게 되었으며, 내용적으로도 정치제도나 법에 관한 지식 이해를 주로 하는 이전의 '공민'과 같은 성격으로 바뀌었다. 이는 핵심 교과인 영어, 수학, 과학을 내세우는 보수당의 전통 구호인 '기본으로 돌아가기Back to Basics'의 회귀다. 곧, 서구 사회의 전통적인 가치에 근거한 인성교육character education이 강조되었다. 보수당 정부가 강조하는 인성은 인내와

회복력 및 호연지기, 신뢰와 낙관주의, 동기와 충동 및 야망, 이웃애와 공동체정신, 관용과 존경, 정직과 성실 및 존엄성, 양심과 호기심에 초점을 두고 있다.[DfE, 2015][42] 이전의 신노동당 정부가 시민교육 속에 인격교육을 포함한 것과는 정반대다. 보수당 정부가 등장한 후 인격교육(PSHE 등)이 활기를 찾아 시민교육이 위축되었다.

그런데 시민교육과 도덕교육은 서로 관계가 있으며, 서로 의미가 많이 겹친다. 물론 이 둘 사이의 관계와 한계에 관한 논란은 남아 있다. 도덕교육과 시민교육은 가치교육이라는 더 큰 범주에 속한다고 주장하는 사람이 있는가 하면, 도덕교육 혹은 가치교육은 좋은 시민성을 위해서 충분하기보다 필요한 것이라고 주장하는 사람도 있다. 시민성이 사회의 공적 가치에 관심을 두는 것이라고 본다면, 시민교육과 도덕교육은 확실히 중복되는 것이 많다. 그렇지만 도덕교육은 공적 가치에 관심을 두면서도, 사적 미덕이나 인격적 자질에 더 관심을 둔다. 실제로 도덕교육의 목적을 진술해놓은 것들을 보면 공적인 것보다는 사적인 것에 더 중점을 두고 있음을 알 수 있다. 그것은 흔히 어린이들이 옳음/그름을 분별하도록 도와주고, 착하게 되도록 가르치며, 도덕적 행동으로 이끌어주는 일이라는 식의 단순한 용어로 표현된다. 그런데 이런 목적들은 단순한 것처럼 보이지만, 복잡한 것들이 감추어져 있다.[Wringe, 2006]

2016년 8월 영국에서는 인성교육과 시민교육 간의 공존을 모색하는 학회가 개최되었다. 보수당 정권이 들어와 신노동당 정부 때의 시민교육 대신 인성교육을 강조하자 양쪽이 크게 대립하였다. 제임스 아서James Arthur 등 인성교육 지지자들은 시민교육이 민주주의 원칙에 대한 지식이나 토론 능력을 키우려고 하지, 그 지식이나 능력을 어디에 어떻게 사용할지는 가르치지 않는다고 비판한다. 시민교육은 가치관이 빠진 지식과 기술의 전

---

42. 미국은 인성의 6가지 기둥으로 진실성, 존중, 책임, 공정성, 배려, 좋은 시민성을 들고 있다.

수일 뿐이지만, 인성교육은 가치지향점이 있으므로 상대적으로 중립적인 시민교육을 넘어선다는 주장이다. 인성교육의 요점은 '좋은 사람'이 되는 것이 '좋은 시민'이 되는 기초라는 것이다. 원칙만을 가르치는 시민교육보다는 올바른 인성/인격을 갖추고 무엇이 도덕적으로 옳은지 판별할 수 있는 인간을 키우는 것이 더 필요하다는 말이다. 개인 간의 태도와 심성 변화, 또 공동체 속에서 개인의 의무를 강조하는 경향이 있다.

이에 대해 린 데이비스Lynn Davies 등 시민교육 지지자들은 시민사회의 원칙을 기초로 삼지 않은 인성교육의 위험성을 날카롭게 비판하고 나섰다. 그녀는 최근 분쟁 지역을 직접 돌아다니며 그곳의 청소년들을 인터뷰한 것을 예로 들어 인성교육에서 말하는 좋은 인성의 특성인 용기, 호연지기, 결단력, 공감, 감사하는 태도, 타인을 위한 봉사, 팀워크 같은 것이야말로 어떤 가치와 연결되느냐에 따라 전혀 의미가 달라진다고 적시하였다. 이 교수가 직접 대화한 IS나 탈레반의 테러리스트들도 자기 집단의 가치관 속에서는 성실하고, 충성스러우며, 동료를 위해 헌신하는 매우 인성이 훌륭한 개인들이었다는 것이다. 그러나 그들의 그 좋은 인성이 결국 사람을 죽이고 세상을 더 불안하게 하며, 더 많은 분쟁과 갈등을 불러일으키는데 사용되고 있다는 것이다. 결국 인성교육에서 추구하는 가치는 맥락에 따라 좋은 시민이 되는 것을 도울 수도, 아닐 수도 있다.

린 데이비스 교수가 보기에는 "충분히 좋은 사람들을 육성한다면, 좋은 세상이 만들어질 것"이라는 인성교육이론가들의 가정 자체가 단견이다. 실제 세상이 변화하는 과정은 원인과 결과가 명확하게 구분되지도 않으며, 지금 당장은 무의미해 보이는 개체나 사건이 아주 중요한 요인이 되기도 한다. 세상은 수많은 개체들이 저마다 자기 나름의 적응을 시도하는 지속적인 과정을 통해서 바뀐다. 단순한 해결책—좋은 사람을 만들면 세상이 좋아질 것이라는 것과 같은—을 추구하는 태도가 오히려 이런 세상의 발전을 방해하거나 위협하기도 한다는 것이다.

그런데 이런 문제가 있다고 하여 서로를 밀어내는 상황까지 가면 안 될 것이다. 그렇게 되면 사회 전체를 위험에 빠뜨릴 수 있다. 오래전부터 존재한 교육철학의 하나임은 부인할 수 없기에 인성교육이 의미 있고 가치 있는 교육 목표로서 자리를 잡게 해야 한다. 인성교육 주창자들은 충분히 훌륭한 사람이라는 이상을 추구하고 있고, 또한 시민교육 주창자들은 충분히 정의로운 사회라는 이상을 추구하고 있기에 강조점의 차이는 있지만, 양자택일의 문제는 아닐 것이다. 시민교육의 목적을 비정치적인 인격교육으로 제한하는 것도 속 좁은 생각이요, 인격교육에 토대를 두지 않는 정치교육도 허상이 될 수 있다. 다만 정치적 문해력을 강조한 영국의 진보적 정치학자 크릭이 그러했듯, 시민교육의 기본 요소로서 우리나라의 인성교육에서 강조하는 도덕적·사회적 책임을 포함한 것은 시사하는 바가 크다.

민주시민교육은 도덕적 인격성과 정치적 시민성이 공존하는 방향으로 나아갈 필요가 있다. 사람됨과 시민됨이 분리되면 전인교육이 될 수 없다. 인간적 성숙과 정치적 성숙을 동시에 북돋는 민주시민교육 전략이 필요하다. 발달단계상으로는 인간성humanity과 인격성character을 토대로 하여 그 위에 시민성citizenship/civility과 정치성politics의 집을 쌓아올려야 한다. 인간으로서 정중한 예의polite decency와 시민으로서 정치적 예의political civility가 분리되지 않는 민주시민성 교육이 필요하다.Mower & Robinson, 2013; Peterson, 2011; 심성보, 2012 개체적 인격성은 공동체 구성원으로서 시민성의 기초를 이루는 일차적 토대다. 인격교육은 또한 시민교육civic/citizenship education이나 정치교육Politiche Bildung의 기본적 출발점이기도 하다. 따라서 민주시민교육은 공민교육civic education과 시민교육citizenship education의 협력과 공존이 필요하다.

호주는 '공민과 시민성교육Civics and Citizenship Education'Print, 2008; Tudball, 2009이라는 공식 용어를 채택하고 있다. 미국의 경우 2005년 미주리대학에

서 '인성 및 시민교육센터Center for Character and Citizenship/CCC'를 발족했고, 싱가포르도 2014년 '인성 및 시민교육Character and Citizenship Education/CCE'이 교과목으로 개설됐다. 〈세계인권선언〉 제26조 2항도 "인격의 충분한 계발과 기본적 자유의 존중 강화"를 강조하고 있으며, 우리나라 〈교육기본법〉 제2조도 "인격의 도야와 민주시민의 자질 함양"을 동시에 강조하고 있다. 호연지기浩然之氣를 강조하는 맹자는 "지극히 곧고 굳센 기氣로서 의義와 동행하고 도道와 함께 가는 것이기 때문에 만약 의와 도가 없으면 쭉정이처럼 시들어버린다"(『맹자』 공손추 상)고 했다. 실천을 중시한 조식(1501~1572)은 거경궁리居敬窮理[43]에 그치지 않고 과단 행위의 정의를 잃지 않기 위해 의義[44]를 함께 중시하는 경의지학敬義之學을 수립하였다.김충열, 2006: 231-240

이렇게 본다면 인성교육과 시민교육의 개별 특성을 고려하면서도 두 교육 간의 경계는 약화시키는 대신, 교집합에 해당하는 경계 지대borderlands 혹은 중첩 지대overlapping areas를 확장해나갈 필요가 있다.정창우, 2017 거기서는 통합/동일성과 다양성/타자성, 도덕적 가치와 민주적 가치, 인간적 예의와 정치적 예의, 자유인으로서의 삶의 자세와 공동체적 존재로서의 삶, 사적 개인과 공적 시민 간에 건강한 긴장 관계를 유지하면서 시민적 인성/인격의 함양이 역동적으로/승법적으로 추구되어야 한다.

특히 민주주의가 취약한 국가일수록 민주적 인성을 더욱 필요로 한다. 민주적 인성은 대의민주주의에서 의사소통의 진보를 위한 참여민주주의로 옮아갈 것을 강조하고 있고, 민주적 시민사회에 가장 부합하는 자질이

---

43. 경의 태도를 견지하고 이를 탐구함.
44. '義'는 '수오지심(羞惡之心)'에 속한다. '수오'란 자기의 행위가 대의와 정도에 어긋났을 때 느끼는 불안과 죄책감이다. '의'를 주장하는 데에 공자보다 적극적이었던 맹자는 어지러운 세상을 구제하려면 목숨을 버리고 의를 택하는 희생정신을 강조하였다. '義'의 마음 실마리를 자각해서 확충하면 시비를 판별하고 정도를 걸어 공공 이익의 '義'를 취할 수 있다고 보았다.

라고 할 수 있다. 민주적 인성은 국민국가의 다양한 집단들이 인권과 정의를 심화하고 확장하는 행동에 참여할 수 있을 때 확보가 가능하다. 누스바움은 이렇게 말했다.

> 교육은 사람을 위한 것이다. 교육을 위한 하나의 안을 디자인하기 이전에 우리는 학생들을 책임감 있고 민주적이며, 국내적·세계적 중요성을 띤 다채로운 이슈들에 대해 제대로 생각하고 결정내릴 수 있는 시민들로 만드는 방법과 관련하여 우리가 맞닥뜨린 문제들을 이해할 필요가 있다.Nussbaum, 2016: 63

민주시민교육은 청소년의 전인격적 발달과 공동체에 대한 책임의식을 북돋아야 한다. 개인적 인격 형성과 사회적 시민성을 동시에 고양하는 일이다. 어린 시절에는 사회화 과정을 통한 인간성의 형성을 신경써야 하지만, 커감에 따라 국가 구성원으로서 시민성의 형성을 중심에 두어야 한다. 루소가 강조하듯 먼저 각 개인은 인간이 되어야 하고, 그다음으로 시민으로 변화되어야 한다.

> 하고 싶은 일과 해야 할 일을 구분하지 못해 늘 방황하는 존재는 시민이 될 수 없고 인간도 될 수 없다.Rousseau, 2008: 16

> 내가 가르친 학생이 어떤 직업을 갖게 될지 나는 모른다. 하지만 그는 분명히 인간이 돼 있을 것이다.Rousseau, 2008: 18

루소가 시민성보다 인간성을 우선하여 강조하는 것은 국가권력으로부터 거리를 두려는 전략과도 관련이 있을 것이다. 그래서 소극교육negative education으로서 인간교육을 하고 난 뒤 청년기 들어서 적극교육positive education으로서 시민교육을 해야 한다고 역설하였다. 인문학자 누스바움은 이렇게 덧붙인다.

> 시민이 되는 일은 비판적 사색 능력, 타인의 입장에서 생각하고 상상하고 타인과 공감할 줄 아는 능력을 갖추고 동시에 세계화된 시대에 자신의 행위 선택에 책임을 지는 이로서 세계시민이 되는 것이다.Nussbaum, 2016: 252

사람다움/인간성은 시민다움/시민성으로 발전되는 민주주의 교육이어야 한다. 인간의 본성은 인간다운 것이고, 그것을 구현하는 일이 인간의 자기완성이자 사회의 자기완성이다. 학교가 시민으로서 제2의 탄생을 돕지 못한다면 나치에 협력한 '작은 아이히만들'을 길러 내보내는 결과를 또 초래할 수 있다. 친밀한 영역에선 도덕적인데 공적 영역에선 그렇지 못한 사람들로 구성된 사회는 모두를 도덕적 인간-부도덕한 사회의 딜레마와 죄수의 딜레마로 몰아넣는다. 공동선과 공익에 눈감는 사람을 만들어 낸다. 우리는 정직한 인격자이자 '정의로운 시민'을 길러내야 한다. '정직한' 인성교육도 필요하지만, '정의로운' 시민교육도 해야 한다.심성보, 2015 그동안의 인성교육은 국가의 명령에 순종하는 '착한 인간' 기르기에 머물렀다. 인성만을 강조할 때 인격자는 될 수 있을지 모르나, 정의감 없는 비겁한 사람이나 권력에 충성하는 충복으로 전락할 위험이 있다. 그렇게 되면 옳고 그름을 판별할 수 있는 정의로운 시민의 형성을 어렵게 할 수 있다. 그동안 우리 인성교육이 착한 사람만을 양성하는 협소한 '예절교육'으로 변질된 역사를 밟아왔음은 잘 알려진 사실이다. 물론 '정의로운 시민'을 양성하는 교육을 강화한다고 하여 '착한 사람'의 양성을 포기하는 것으로 받아들여서는 안 된다. 착하게/선하게 사는 삶과 올바르게/정의롭게 사는 삶은 때로는 갈등하기도 하지만, 꼭 분리된 것이 아니기 때문이다.

3. 인간적 성숙과 정치적 성숙의 융합을 통한 민주시민교육

인간은 태어날 때부터 본성/인성을 갖고 태어난다. 인간의 본성은 인간의 자연 상태, 곧 인간의 자연적 성질, 다시 말해 자연의 일부분으로서 인간에게 주어진 성질을 뜻한다. 인간의 본성은 본능(선천적 충동, 동물성)과 본질(인간성, 사람됨, arete, virtue, humanitas)로 이루어져 있다. 그런데 인간은 본능이라고 할 이기적 욕구인 기질지성氣質之性(이기심, 질투, 미움, 욕망 등)의 유혹을 잘 견디지 못하는 나약한 존재이다. 인간은 하늘이 부여한 본질, 곧 본연지성本然之性을 지켜내기 쉽지 않다.[45] 그러기에 인간은 그것을 가까이하여 사용하고 함양하지 않으면 안 된다. 본성의 누적을 통해 인격을 갖춘 사람이 되도록 애써야 한다. 유혹을 받게 될 때 그것을 견뎌내는 도덕적 자질과 성향이 인격이다. 인격은 인간행위의 틀이며, 인간다운 노릇을 하는 법식/격식/표준으로서 인간의 이치에 이르는 것을 말한다.

인간의 법도에 합치되는 행동을 한다는 뜻의 의미하는 '인격'(人格, character)[46]이란 개인적으로나 전체적으로 포괄적 용어로서 대체로 덕들(德, arete, virtues)[47]로 구성된다. 도덕적 잣대인 인격이란 사회의 도덕적 규준에 따르는 성격 특성의 종합이다. 좋은 인격은 우리가 소유하고 있는 덕으로 구성되어 있다. 우리가 덕을 가질수록, 그것도 충분히 가질수록 우

---

45. 이황은 본연지성인 '이(理)'가 '기(氣)'를 주도해야 한다고 봤고, 이율곡은 기질지성인 '기(氣)' 속에서 '이(理)'가 나온다고 보았다. 정약용은 양자의 병존을 주장하였다.

46. 인격의 어원은 그리스어 'charassein'인데 그 말은 돌이나 금속에 '새기다' 내지 '조각하다'의 의미를 가진다. 돌과 금속에 새긴다는 것은 쉽게 이루어지지 않는다는 의미와 아울러 새겨진 것이 뚜렷하게 보이는 것은 아니지만 분명하고 일관적이라서 잘 바뀌지 않는다는 의미를 지닌다. 그런 의미에서 '차이를 표시하는 기호'로, 또 거기서 '개인의 행위 양식이나 개인의 도덕 구성'으로 뜻이 확대됐다. 영구적으로 '새겨진 것' 혹은 '조각된 것' 또는 '뚜렷하게 새겨진 징표'라는 인격의 어원상 정의는 '확고함'과 '신뢰성'에 대한 느낌을 표현하는 것으로 보인다.

47. '덕'은 어느 정도 중요한 근거에 터한 바람직하고 가치를 지닌 인격의 특질로서 좋은 인격을 규정하기 위한 기준을 제공한다.

리의 인격은 더 강해진다. 또한 아무도 보지 않는 때, 사람들이 행하는 것이 곧 '인격'이다. 인격적인 사람이 된다는 것은 우리가 될 수 있는 가장 좋은 사람이 되는 것을 뜻한다. 인격이 자란다는 것은 우리의 윤리적 및 지적 잠재력 모두가 발달하는 것을 뜻한다.Lickona, 2006: 171

인격은 인간의 이성적·도덕적 성품의 표현으로서 영원히 변하지 않는 나 속에서 스스로를 드러내는 존재이다.공병혜, 2017: 212 로크는 인격이란 이성을 갖고 반성을 하며, 자기 자신을 자기 자신이라고 간주할 수 있는 생각하는 지적 존재자라고 하였다.Taylor, 권기돈·하주영 옮김, 2015: 110 리쾨르는 고유한 인격의 지속성을 묻는 '나는 정말 누구인가?'라는 질문에 대답하기 위해 이야기의 차원을 끌어들인다.공병혜, 2017: 108 이야기를 통한 인격의 정체성이야말로 시간성과 타자성을 포함하여 타자에게 주체에 대한 책임을 물을 자기정체성을 보여준다. 인격의 정체성이란 '나는 정말 누구인가'라는 질문과 관련되어 있으며, 어떤 것을 통해 또는 어떻게 나의 자기, 너의 자기 혹은 그의 자기로서 간주될 것이 확인될지와 관계된다. 인격의 정체성은 시간의 흐름과 변화 속에서 끊임없이 자기 존재를 보살피는 관심과 염려를 통해 획득되는 자기해석 과정을 거친다. 이러한 자기해석은 이야기를 매개로 하여 가능하다. 이야기를 통해 드러나는 자기의 정체성은 저마다 말하는 주체로서의 '자기'의 이야기뿐만 아니라 타자가 말하는 '자기'의 이야기를 통해서도 구성된다. 따라서 개인의 삶의 이야기는 저 혼자가 만들어내는 것이 아니라 제 삶에 영향을 미치는 타자와 함께 만들어내는 공동의 산물이다.

인격은 삶의 계획과 자아의 통일, 선택의 우선 등 전체적 인성을 통합하는 핵심 기능을 한다. 인격은 한 사람으로서 자아를 통합해내는 도덕적 마음의 심판자 역할을 하고, 내 모든 행위를 차츰 통일하고 또 이를 통해 내가 처한 상황을 판단하고 통합한다. 인격은 우리가 느끼는 감정의 장기적 측면과 관련이 있다. 곧 뭔가에 심취하거나 순간적인 즐거움과 같은 단기적인 감정이 아니라 사랑과 충성심 같은 장기적인 감정의 바탕 위에서 형성된다.^{Hargreaves, 곽덕주 외 옮김, 2011} 인격은 사회적으로 필요한 구체적인 일을 하면서 동시에 성장에 불가결한 계속적인 재조정에 관심을 갖는다.^{Dewey, 이홍우 옮김, 538}

그런데 인격을 형성하기는 참으로 어렵다. 자연을 지배하고 타인을 지배하는 것보다 자기를 다스리는 일이 더 어렵다. 타자를 지배하는 데서는 쾌감을 얻으나 자기를 통제하는 데서는 고통이 따르기 십상이다. 오늘날 피로에 지친 부모는 가난에서 벗어나거나 이웃 혹은 경쟁자들을 따라잡기 위해 항상 바쁘게 노력하느라 자녀와 지낼 시간이 거의 없다. 한쪽에서는 동의와 모방, 바람과 노력이 일어나고, 다른 한쪽에서는 질문과 의문, 혐오와 저항이 일어나면서 서로 상반되는 다양한 영향력이 상호 침투하면서 아이들의 인격 형성이 이루어진다.

교양의 학문인 인문의 학문, 곧 인문학이야말로 사람됨을 위한 기초 중의 기초다.[48] 사람됨의 공부는 어떤 특정 종류의 대상에 대한 지식 습득이나 창출이 아니라 인간다움의 발양에 대의가 있다. 공부를 한다 함은 저마다 먼저 덕성을 기르고明明德, 그가 닦은 인품의 향취와 연찬의 결과를 이웃과 나누는 일親民이다.^{백종현, 2017: 797} 학문은 본디 '자기를 위한 공부爲己之學' 내지는 '자기를 갈고 닦는 공부修己之學'에 우선적 의의가 있고 '남을 위한 공부爲人之學' 내지는 '남을 새롭게 하는 공부新民之學'는 부차적·결과적인 것이다. 공부의 일차적 목적은 수기修己, 곧 '자기형성/교양self-formation, Bildung'에 있다.^{백종현, 2017: 798} 수기爲己 연후에 치인하고, 수신修身 연후에 제가하는 것이 이치에 맞는 일이라 하면, 명명덕明明德에 머무르지 아니하고 신민新民까지 함이 지고지선의 일이라면, 인문적 학문은 위기지학爲己之學/

---

48. 자연과학이 자연, 곧 대상/객체들을 지배할 힘을, 사화과학이 사회 곧 타자 주체들을 다스릴 힘을 배양하는 데 뜻이 있다. 이를 일러 자기를 형성함이라는 뜻에서 교양(Bildung/culture)이라고 할 수 있다. 교양은 인간을 인간으로 만드는 데 있다.

내향적 공부內向的 工夫에 바탕을 두면서 위인지학爲人之學/외향적 공부外向的 工夫로까지 나아가야 한다. 성찰格物致知과 함양敬을 함께 해나가는 '합내외지도合內外之道'로 이끌어야 한다.『중용』제25장

도덕적 성숙에 이르는 방법에는 두 가지 길이 있다. 첫 번째 길은 "나는 어떻게 행동해야 하는가?"이고, 두 번째 길은 "나는 어떤 사람이 되어야 하는가?"다. 첫 번째 질문은 개인적이고 사회적인 행동의 방법이나 원칙을 거론하는 질문이며, 두 번째 질문은 개인적인 덕성이나 자질을 거론하는 질문이다. 전자가 옳음과 틀림을 알아가는 정의의 질문이라면, 후자는 인간의 선함에 관한 품성/성품의 질문이다. 전자가 사람의 행동에 대한 도덕적 판단에 맞추어져 있다면, 후자는 타인과 관계 맺는 사람의 미덕이나 인격에 맞추어져 있다.심성보, 2014: 58-66[49] 전자가 소크라테스의 삶의 방식이라면 후자는 아리스토텔레스의 삶의 방식이다.

개인윤리로부터 사회윤리가 구분되고 공공도덕이 '최소도덕'으로 제한되는 근대의 시민윤리는 다분히 권리 중심적이고 의무 중심적인duty-based 윤리의 특성을 갖는다. 개인의 이해나 선호를 초월하는 행동의 최소 기준이나 규칙, 행동의 옳음/정의/공정성 같은 '얇은 윤리thin ethic'는 도덕적 강제 사항moral requirements이라고 할 수 있다. 똑같은 상황에 처한다면 누구나 똑같은 행동을 해야 한다. "여기에서 거짓말하지 말아야 한다면 저기에서도 거짓말하지 말아야 한다"라는 보편적/무조건적 정언명령을 중시한다. 이 같은 법칙/규칙은 기존 사회의 인습/관행을 넘어서는 정의의 관점에 바탕에 두고 있다. 이러한 자유주의/계약사회 윤리는 근대적 공정사회/공평사회로 나아가고자 하는 이상사회의 꿈과 희망이 반영되어 있다.

반면 덕의 함양을 우선하는 관점은 "만일 내가 덕 있는 행동을 꾸준

---

49. 전자가 소크라테스, 칸트, 콜버그의 관점이라면, 후자는 아리스토텔레스, 매킨타이어, 나딩스의 관점이라 하겠다. 제대로 알면 행할 수 있다는 소크라테스의 입장이 주지주의 관점이라면, 아무리 알아도 행하지 않는 것은 의지의 나약 때문이라며 습관화를 강조하는 아리스토텔레스의 입장은 주의주의적 입장이다.

히 한다면 나는 덕 있는 사람이 될 것이라는 생각이 담겨 있다. 덕을 가르침으로써—판단능력을 길러줌으로써— 인격자가 되는 것이 아니라, 덕을 실천함으로써 인격자가 되는 것이다. 이 말은 숙련된 피아니스트가 되려면 연습을 많이 해야 하는 것이나 다름없다. 수양, 모범을 많이 보여야 인격이 형성되고 사람다운 사람이 된다. 인간의 도덕생활에서 도덕적 의무나 요구가 우선 중요하고 기본적으로 확립되어야 할 것은 사실이지만, 이러한 최소한의 요구가 충족될 때 광범위한 도덕적 권장 사항moral recommendations의 지평, 곧 '두터운 윤리thick ethic'로 확장되어야 한다.황경식, 2012: 456 갖가지 연고로 만나는 비공식적 인간관계에서 단지 시민으로서 요구되는 덕성 이상의 행위를 실천할 경우 그 사람은 인간적 존경과 찬양의 대상이 된다. 용기, 절제, 인 같은 덕의 함양은 도덕적 행위자에게 강제된 것이 아닌 '의무를 넘어서는supererogatory=beyond duty' 덕으로서 사회적 삶을 최대한으로 북돋기 위해 권장될 도덕이다.이승환, 1998: 6 이러한 도덕적 기대는 결국 공인에게까지 확대되어 사회단체의 지도자나 관리자들한테도 '의무 이상의' 행위에 대해서는 칭송과 존경을 보내게 된다.

자기의 욕망을 예의로써 나날이 극복하는 방법이 사람됨仁의 길이며, 이를 사회적으로 확충시키면 곧 도덕사회가 이루어진다. 극기복례克己復禮[50]라는 말이 이를 잘 설명해준다. 도산 안창호 선생이 강조하는 애기애타愛己愛

---

50. '극(克)'이란 이긴다는 것이고, '기(己)'란 몸에 있는 사욕을 말하며, '복(復)'이란 돌이킨다는 것이며, '예(禮)'란 천리의 도덕적 법칙이다. 자기를 이겨 예(禮: 공공의 규범, 예의범절)로 돌아가면 천하가 인으로 돌아갈 것이다. 인을 이룩함은 나로부터 비롯되며 남에게 의존하는 것이 아니다. 예란 사람으로서 마땅히 지키고 행해야 할 도리를 말하며, 인(仁)이란 도학의 근본 목적은 바로 사람됨(仁, humanity)을 구하는 데 있기 때문에, 이 '인'의 참뜻을 알면 천지만물의 하나됨을 알게 되고, 하늘과 사람의 교섭에서 하나로 통관하는 진실을 밝힐 수 있다고 한다. 이황은 극기복례의 길은 '천리를 따르고 인욕을 멀리하는(存天理人欲)' 데에 있다고 보고 이를 위해서는 거경궁리(居敬窮理)의 방법을 취해야 한다고 하였다. 이 같은 극기복례의 태도는 바로 구도적 정신과 결부된다. 이이는 '인'을 이루기 위해 '의(義)'나 '지(智)'가 아닌 예의 회복을 강조함으로써 '예'가 몸과 마음을 조절하는 것이라고 밝혔다.

他[51]와 대공주의大公主義 정신이기도 하다.[52] 내성외왕內聖外王을 일컫는 말이기도 하다. 일상의 인격 도야와 도덕적 행위를 통한 미시 도덕적 수련이 개인적 생활의 최고 이상인 내성內聖의 길을 실현하는 방식이라면, 만백성의 모범인 유교적 성군의 덕치에 의해 인도되는 거시적 도덕의 수행은 정치사회 생활의 목표인 외왕外王의 길을 실현하는 방식이다. 우리의 일상에서 부단한 인격 도야와 더불어 그에 따른 실천궁행實踐躬行을 위해 최대한의 노력을 경주하도록 격려하고 도덕적 본성을 실현·완성하여 결국 인간의 최고선인 내성內聖을 성취할 수 있다. 되어감becoming은 개인적 성장의 의미나 민주주의에 핵심일 뿐만 아니라 사회적 재건의 의미에서도 중요하다.Garrison, Neubert & Reich, 2012: 84

미시윤리가 전통윤리로서 유교의 본本이라면, 거시도덕은 그 말末이다. 최대한의 도덕은 인간의 궁극적 관심사로서 도덕적 완성의 길을 이상주의적으로 매진하도록 하는 것이다. 정치사회적 윤리는 개인적 윤리의 연장선에 있다. 이렇게 볼 때 교사와 부모는 아이들의 이기적 본능을 규율하는 방법으로서 금지의 소극적 도덕negative morality과 함께 타인에 대해 자연스러운 동정심과 애착심을 북돋는 방법으로서 권장하는 '함양'의 적극적 도덕positive morality을 권면해야 한다. 이런 의미에서 성인적 행위와 영웅적 행위는 비록 그것이 도덕적 의무는 아니지만, 도덕적으로 높이 평가되는 행위라 하겠다. 말하자면 도덕적 이상주의자들은 최대한의 도덕인 상향적 의지를 보여주는 반면, 도덕적 현실주의자들은 최소한의 도덕인 기본적 시민윤리부터 확보하려는 태도를 보인다. 개인의 도덕적 완성을 바탕으로

---

51. 자신을 사랑할 줄 아는 사람이 남을 사랑할 수 있다. 더 나아가 나라를 사랑하고 세상을 이롭게 할 수 있다.
52. 도산은 힘의 중요한 요소로서 지식과 경제력 그리고 도덕력, 곧 인격의 힘을 강조하였다. 나라가 부강해지려면 개개인이 부강해야 하며, 국민 개개인이 힘 있는 국민이 되려면 우선 나부터 힘 있는 사람이 되지 않으면 안 된다고 봤다. 이를 위한 인격훈련의 구체적 내용으로서 덕(德), 체(體), 지(智)의 삼육을 강조하였다. 이 중에서 도덕적 품성으로서 인격을 제일 중요한 요소라고 보았다(흥사단 아카데미 교본, 2000: 18).

한 미시적 도덕이 정치사회적 문제해결을 위한 거시적 도덕의 선결 요건이요 보장책이라고 할 수 있다. 나아가 '최소한의 도덕minimum morality'을 넘어 '최대한의 도덕maximum morality'으로서 도덕적 이상주의로 나아가야 한다. '군자君子'/수기修己를 중심으로 한 유교윤리가 전근대적 사회의 소산이라면, '시민市民'/치인治人을 중심으로 한 사회윤리는 근대사회를 바탕으로 하고 있다. 근대사회는 최소한의 도덕, 또는 법체계나 시민윤리 같은 준準법적 규범을 엄정하게 준수할 것을 요구한다.

최소한의 도덕은 현대의 온갖 도덕 문제들에 대해 현실주의적이고 법제적인 접근을 요구한다. 시민사회를 바탕으로 하는 시민윤리는 이해관계를 중심으로 이합집산하는 낯선 사람 간의 익명적 결합체의 규범으로서 시민사회의 구조가 갖는 성격상, 개인윤리에서 사회윤리로의 단선적 연결이 불가능하고, 또 사회적 유대 기반이 공적 영역에서 최소한의 도덕에 한정될 수밖에 없다. 그런데 유교윤리가 지닌 사회윤리적 함축이나 공공도덕적 함축이 부정적이라고 해서 유교윤리의 현대적 의의가 전무하다고 결론을 내리는 것은 섣부르다. 다만 제가齊家와 치국治國 사이에 그 무엇이 더 있어야 한다. 유학은 수신을 중심으로 제가, 치국, 평천하에서 가家와 국國 사이에 시민공동체가 빠져 있다. 유교가 농업사회의 가르침이어서 산업사회의 생각을 반영하지 못한 것이다. 따라서 산업사회는 이익과 손해를 따지는 손익계산이 분명한 상인과 기업이 그 가운데에 있다. 이들 성원 사이의 이익이 충돌되었을 때 이것을 조정하여 원만하게 해결하는 지혜가 필요한데, 그것이 바로 갈등을 해소하고 조화시키는 화사和社이다. 이것은 새로운 공동체社를 조화롭게 만드는 덕목인 것이다. 이제 민주화된 시대에 우리는 시민교육헌장을 만들어 시민윤리를 지켜야 하며, 유가철학도 시민사회에 알맞은 제가와 치국 사이의 화사和社를 활성화할 필요가 있다. 그것은 바로 농업만이 천하의 대본이라는 전통적 사고에서 벗어나, 공업 상업도 모두 본업工商皆本이라는 생각의 전환이 이루어졌을 때 가능하다.

여기서 시민성교육의 목적을 비정치적인 인격교육으로 제한하는 것은 비민주적일 가능성이 있으며, 반면 인격교육에 토대를 두지 않는 정치교육은 비인간적일 가능성이 있음을 유념하자. 민주시민교육도 도덕적 인격성과 정치적 시민성을 병행해야 한다. 공동체는 사람다움/인격성을 중시하느냐 아니면 시민다움/정치성을 중시하느냐에 따라 시민성교육의 지향이 달라진다. 시민성교육에서 공동체 개념은 대체로 타인을 돕는 것, 공통성, 소속감을 중시하는 것이다.Davies et al., 2014 공동체는 일반적으로 다름difference보다는 같음sameness을 중시한다. 대개 공동체라는 용어는 장소(지역성), 관심(공동체의 비장소적 형태: 학문공동체, 종교공동체, 민족공동체 또는 사이버공동체 등), 교감(공동체의 정신), 사회적 네트워크(사회적 자본) 등을 이해하려고 할 때 사용된다. 물론 이들 개념들은 많이 겹친다. 공동체의 지향은 문화적·사회적·정치적 공동체의 차이에 따라 달라질 것이다. 문화적·사회적 공동체는 동질성, 공통성, 정체성에 대해 뚜렷한 의식을 보여주지만, 정치적 공동체는 사회 속에 개인들이 좋은 삶에 대해 서로 다른 개념, 그들이 중시하는 것에 대한 서로 다른 가치와 생각을 갖고 있다는 사실에 토대를 두고 있어서 정치 실존—권리와 책임 간의 인식에 있어 다양성 인정—의 어려움에 직면한다.Biesta, 2014b: 110-111 정치적 담론에서 거론되는 공동체는 강력한 조직화의 도구로 사용된다. 애국심 앙양의 경우 특히 그러하다. 그것은 고취되고 있는 집단적 가치와 감지된 위협뿐 아니라, 누가 '포함'되고, 누가 '배제'되느냐를 규정한다.Simon & Ward, 2010: 72

루소는 '인간'이 아니라 '시민'을 기르는 국가주의에 비판적이었다. 그가 기존의 교육에 반대한 것은 '시민'을 길러내지도 못하고 '인간'을 길러내지도 못한다는 이유에서다.Dewey, 이홍우 옮김, 1987: 147 루소는 『에밀』에서 스스로 주체가 되어 능동적이고 자율적으로 생각하고, 실제적 삶의 문제들을 해결할 의지를 심어주고, 타인과 동등한 삶 속에서 자신이 원하는 곳으로 자유롭게 항해할 능력을 함양하는 것이 여전히 교육의 이상이라고 역설한다.

에밀은 암기 학습과 주입식 교육보다는 공감과 사랑이 긴요하다고 역설하였고 이를 몸소 실천하였다. 루소는 부패한 사회로부터의 격리는 곧 새로운 사회로의 진입이며, 가장 훌륭한 시민교육은 스스로 국가주의를 넘어서는 것이라 했다.Boyd, 김안중·박주병 옮김, 2013: 19 마음의 질서는 사회나 국가의 질서와 다른 것이 아니어서 좋은 사회, 이상국가를 건설하려면 인간의 마음을 그 본래의 성격에 맞게 길러내야 한다.Boyd, 김안중·박주병 옮김, 2013: 4[53] 루소는 궁극적으로 한 개인이 사회 전체의 이익을 생각하고 이를 바탕으로 개인적인 삶이 기획된 성숙한 시민으로 성장하게끔 이끄는 것이 시민교육의 궁극 목표라고 생각하였다.이기범, 2015[54] 플라톤이 제안한 국가교육체제가 방법론적으로는 루소의 개인주의적 방법을 따르는 것이 바람직할 것이다. 그래야 인간다움humanity, humanness과 시민다움civility, civicness을 동시에 기를 수 있다.Boyd, 김안중·박주병 옮김, 2013: 13-14

마음은 인격의 중심, 인간적 정체성과 주체성을 형성하는 핵심이고 따라서 인간다움의 소재이며 이유다.문석윤, 2013: 38-39 시민이란 총체적 인격을 대변한다기보다는 인격에서 공적 영역의 구실을 담지하는 공적 자아public self라 하겠다.황경식, 2012: 444-445 도덕적으로 책임질 수 있는 존재가 '인격'이고, 인격이 '시민'으로써 정치적 권리의 기초라고 할 때, 마음의 독립성이 훼손되면 곧 인격과 시민적 권리도 부정될 우려가 있다. 그렇다면 성숙된 인격은 불의한 환경에 직면하면 비폭력적 방식으로 저항하는 '시민 불복종 정신civil disobedience'을 보여야 진정한 선비정신을 구현하는 셈이다.

"군자는 경敬으로써 안을 곧게 하고, 의義로써 바깥을 바르게 한다君子

---

53. 루소는 교육을 통해서 인간은 그 진실된 자아/자기로서의 자아를 상실하고 가면을 쓴 위선의 모습을 본모습이라고 믿게 된다고 하였다.

54. 루소는 주권(sovereignty)이 인민(people)에게 있고, 인민이 주권을 행사해야 하며, 주권은 양도할 수 없다는 것이 시민교육의 근본 원칙이라 했다. 인민들은 뿔뿔이 살 수 없으므로 통치를 위하여 주권을 '양도'하는 것이 아니라 '위임'하여 정치체(body politics)를 구성한다. 그것은 도덕적 집합체로서 주권국가(sovereign state)다(이기범, 2015: 153).

敬以直內 義以方外."周易 두려움에서 촉발되는 경敬(정신집중: 흩어진 마음을 수습하는 것)[55]은 마음의 주재자이고, 의義는 모든 행동의 올바른 기준이 된다. 경敬과 의義가 갖추어진 뒤에라야 마음이 맑아져서 모든 판단이 바르게 되고 참된 용기가 솟아난다. 벼슬하지 않고 초야에 묻혀 고고하게 살아간 산림처사[56] 남명 조식(1501~1572)은 "안으로 밝게 닦는 것이 경이고, 밖으로 결단하는 것이 의內明者敬 外斷者義"라고 역설하였다.[57] 남명은 입으로 떠들고 붓으로 그리는 것을 하찮게 여겼다. 행하지 못할까 두려워할 뿐이지 알지 못할까 염려할 필요는 없다. 실천을 중시한 남명은 거경궁리居敬窮理[58]에 그치지 않고 과단 행위의 정의를 잃지 않기 위해 의義[59]를 함께 중시하는 경의지학敬義之學을 수립하였다.김충열, 2006: 231-240[60] '知行 → 行知 → 知行'의 일련의 진수進修 과정을 보이고 있다. 곧, 지는 행을 낳고 행은 다시 지를 심화시키며, 그 지는 다시 행을 정대正大(바르고 옳아서 사사로움이 없음)하게 해주는 것이니, 이때의 지와 행은 불가분의 관계이고, 지의 과정과 행의 추동을 강하게 접목하였다. 이렇게 남명의 극기는 내부와 외부로

55. 경은 마음을 성실(誠)되게 하는 가장 유일하고 절실한 방책이다.
56. 처사(處士)란 일반적으로 덕이 매우 선대한 자라는 뜻을 갖고 있다. 조선시대에는 선비의 한 유형으로 통상 산림에 은거한 '산림처사'를 가리킨다. 남명은 경과 의를 두루 갖춘 인물, 곧 처사이다. '처'는 '멈추다', '머무르다', '편히 쉬다', '거하다' 등의 뜻을 갖고 있다. 처사는 산림에 은거해서 자족적인 삶을 살면서 몸을 닦는 선비를 의미한다. 처사형 사람들의 출현에는 사화라는 정치적 배경이 있다. 잦은 사화 때문에 사람들 사이에 出仕(벼슬을 하여 관직에 나아감)를 부정적으로 인식하는 분위기가 조성되었다. 나라에 바른 도가 행해지면 벼슬하고, 바른 도가 행해지지 않으면 물러나 도를 마음에 간직하고 숨어 살았다.
57. 조식이 생존했던 시대는 전후 50년 사이에 이른바 4대 사화가 연이어 일어나 사기가 극도로 몰락한, 유교의 덕치가 제대로 시행될 수 없는 정치 혼란기였다. 조식은 기묘사화 때 관직에 있던 숙부를 잃자 벼슬길에 혐오를 느끼기 시작하였다.
58. 경의 태도를 견지하고 이를 탐구함.
59. '義'는 '수오지심(羞惡之心)'에 속한다. '수오'란 자기의 행위가 대의와 정도에 어긋났을 때 느끼는 불안과 죄책감이다. '의'를 주장하는 데에 공자보다 적극적이었던 맹자는 어지러운 세상을 구제하려면 목숨을 버리고 의를 택하자는 희생정신을 강조하였다. '義'의 마음 실마리를 자각해서 확충하면 시비를 판별하고 정도를 걸어 공공 이익의 '義'를 취할 수 있다고 보았다.
60. 남명학을 구이지학(口耳之學)이 아니라 심행지학(心行之學)이라고 지칭하기도 한다(김충열, 2006: 289).

동시에 뻗어 있다. 그것은 사욕을 다스려서 내면으로 깊이 침작하여 경과 만나기 위함이다. 하지만 남명은 경 하나만을 홀로 독존시키지 않는다. 그는 경과 의를 공존의 지대에 둬서 전혀 색다른 처사의 모습을 형성한다. 한 몸의 독선만을 부둥켜안고 소멸되는 존재가 아니라, 현실의 역사의식을 품은 겸선의 선비이다.정순우, 2006 남명의 경의의 철학은 선의 사회적 실천을 적극적으로 모색한다는 점에서 오늘날의 교육현장에도 울림을 건네준다.

최근 인격보다는 인성[61]이란 용어가 더 유행하고 있지만, 흥사단에서는 '인격'이란 용어를 더 선호한다. 인성교육은 김영삼 정부 때부터 생긴 용어로서 교육학적 용어라기보다는 사실 정치적인 동기로 채택한 것이라서 이제 '인격교육character education'으로 용어 전환이 필요하다. 최근 〈인성교육진흥법〉이 등장해서 흥사단에서는 인성교육이냐, 민주시민교육이냐를 두고 논쟁이 벌어진 적이 있다. 인성교육을 '인격교육'으로, 또한 민주시민교육을 '시민교육'으로 용어를 제한하여 '인격성과 시민성의 공존'이란 개념을 명확히 해서 도산의 민주시민교육의 사상적 기초를 더욱 튼튼하게 정립할 필요가 있다.

4. 인문학과 사회과학의 통섭 요청

인격적 성숙과 정치적 성숙의 융합을 꾀하려면 인문학(철학, 문학, 역사학 등)과 사회과학(정치학, 사회학 등)의 통섭을 필요로 한다. 인문학에 토

---

61. '인성'은 타인과 구별되는 사고나 태도, 행동의 특성을 말하지만, '인격'은 도덕적 행위의 주체로서 진위, 선악 등을 판단할 수 있는 능력과 자율적 의지 등을 가진 사람으로서의 품격(도덕적 성질)을 말한다. 인성은 타고난 성질(DNA)의 뜻을 함축하고 있다면, 인격은 사회적으로 드러나는 행위 주체를 뜻하기 때문에 교육과 수련으로 품격이 좌우된다고 볼 수 있다.

대를 둔 도덕과 사회과학에 토대를 둔 사회의 통섭이 요구된다. 80년대가 사회과학의 시대였다면, 90년대는 인문학의 시대였다. 사회과학이 민주화에 기여하였다면, 인문학은 '인간화'에 기여하였다. 그런데 사회과학이 인간화에 대한 관심을 소홀히 하였다면, 인문학은 '민주화'에 대한 관심을 소홀히 하였다. 그동안 우리의 사회과학은 사회현실의 객관적 분석에 치우친 나머지 인간의 본성, 욕망에 대한 관심뿐 아니라, 타락한 환경에 물들지 않은 주체의 형성에 실패하였다. 또 우리의 인문학은 자아의 탐색에 치우친 나머지 사회의 힘을 과소평가하였을 뿐 아니라, 인간이 살아가야 할 새로운 사회의 전망을 살피거나 그 전망의 토대가 되는 유토피아가 결여되어 있다. 따라서 지금은 양자의 통섭이 절실히 요구된다. 양자는 분리될 수 없다.

우리의 민주시민교육은 아리스텔레스가 강조하듯 사람의 행복을 위한 윤리학과 사회의 행복을 위한 정치학의 접합을 요구하고 있다. 에리히 프롬이 강조한 인격구조의 해방(프로이트)과 사회구조의 해방(마르크스)을 동시에 요구하고 있다. 인문학과 사회과학의 통섭이 필요하다. 80년대 사회과학의 시대에는 사회해방을 지나치게 추구한 나머지 인간성의 상실을 초래하였고, 90년대 인문학의 시대에는 인간의 내면적 행복을 지나치게 탐색한 나머지 사회적 전망의 상실을 초래하였다. 사회 속에 살고 있는 인간은 사회 부조리를 척결할 정치적 각성을 가져야 하는 동시에, 사회 부조리 속에 함몰되지 않는 인간적 각성도 필요로 한다. 인간화는 인간적 각성에 머무는 것이 아니라, 비판적, 대화적 실천을 통해 더 인간적인 존재로 형성되어가는 과정이다. '인간화 과정'은 주체적 존재자로서 권능을 지닌 인간이 사회적 조건과의 교섭을 통해 자신과 사회적 현실에 대해 비판적 의식을 획득하게 되고, 나아가 자신의 성장발달과 사회적 현실의 변화를 지향하는 '의식화 과정'이 될 수 있다.김부태, 2017: 318 따라서 비판적 인문학과 사회과학은 공적 삶을 위해 기획되는 교육과정으로서 학습자에게 사색하는 성찰적 삶뿐 아니라, 적극적 참여를 일깨우도록 교육 내용을 구성해야 한다.

공적 담론을 활발하게 열어주는 사회과학과 인문학은 민주시민을 길러내는 데 필수다. 양자는 인간적 예의와 정치적 예의를 동시에 함양할 수 있어야 한다. 오늘의 비인간적이고 비민주적인 교육 현실을 척결하려면 학교현장에 인문학과 사회과학의 숨결을 불어넣어야 한다. 그렇지 않으면 인간성 상실은 물론이고 민주주의의 쇠퇴도 초래한다. 그렇게 되면 시민정신의 근본 기초가 흔들리고, 결국 행복한 사회의 건설과 멀어진다.Nussbaum, 우석영 옮김, 2006 민주시민교육은 앎과 참여를 통해 타자에 대한 근원적인 혐오감을 상쇄시키는 중요한 역할을 담당해야 한다. 남을 이기고 극복하고 제거해야 하는 경쟁 구도를 넘어 협력과 평화를 이루는 사회를 만들어가야 한다.

또 민주시민교육에 핵심이 되는 사회화 개념과 탈사회화 개념에 주의를 기울일 필요가 있다. 사회화는 모든 사회가 그렇듯 사회에 현존하는 관습, 전통, 규칙 등을 교육하는 과정이고, 탈사회화는 개인의 능력을 합리적이고 신중한, 독립적인 민주시민의 능력으로 북돋는 과정이다. 모든 사회는 기존의 전통과 관행을 지속시키는 방식으로 아동들을 그 사회의 관습, 가치, 행동으로 유도한다. 아동들이 전통을 배우는 방식은 사회 성원 간에 어느 정도 일치되어 사회의 지속성을 보장할 것을 목표로 둔다. 부모, 교사, 대중매체들은 사회화의 중요한 대리자다. 사회화는 보수적 과정을 지향한다. 사회 내의 지배적인 관습과 가치들을 보존하고, 사회의 결속력을 강화시키고자 한다. 그래서 반성적이지 못하다. 아동들에게 보상이나 승인을 베풀어 그들이 성인이나 사회의 기준에 순응하도록 그들의 행동을 조작한다.Engle & Ochoa, 정세구 옮김, 1989: 48-50 사회화는 어린 성원들이 사회의 전통을 처음 배우는 과정이기도 하다.

그러나 사회화 과정은 탈사회화 과정에 의해 조정되어야만 한다. 왜냐하면 탈사회화는 독립적인 사고와 정치적 자유 등 책임 있는 사회비판을 강조하기 때문이다. 이러한 능력은 급변하는 다원 사회에서 민주적인 생활의 질을 높이는 데 중요하다. 그러니 탈사회화 과정과 균형을 이루어야 한다. 물론 탈사회화가 반드시 초기 사회화 과정에서 배운 것을 완전히 거부하는 것은 아니다. 오히려 그것은 개인이 전통적인 가치가 의문시되는 불확실한 미래에 대비하여 제 생각을 신중히 되묻는 것일 수 있다. 자신의 신념을 신중하게, 비판적으로 분석하려고 애쓰고 공공 문제의 복잡성을 알고 있는 시민들은 능동적인 민주주의 생활이 요구하는 합의를 이루는 데 톡톡히 기여할 것이다.Engle & Ochoa, 정세구 옮김, 1989: 50-51

사회화가 상대적으로 인간적 성숙에 더 관심을 두는 반면, 탈사회화, 곧 주체화는 정치적 성숙에 더 관심을 둔다. 하지만 이 둘은 서로 분리될 수 없다. 주체화가 인격적 주체, 사회적 주체, 정치적 주체로 개념화될 수 있기 때문이다. 우리가 일반적으로 성실이라는 덕목을 인격 형성의 덕목으로만 한정하지만, 개인에 대한 성실, 직업에 대한 성실, 역사에 대한 성실, 신에 대한 성실 등으로 확장시킬 수도 있다.

민주시민교육의 목표는 인간에서 시민으로 성장해가는 일련의 과정에 초점을 맞추어야 한다. 사회는 개인을 떠나 있을 수 없으며, 개인도 사회를 떠나 있을 수 없다. 개인은 사회의 일원으로 자신의 정체성을 탐색해가며 다른 사람들과 관계를 맺어야 한다. 때문에 개별자로서 개인의 인격 형성, 곧 인간적 성숙이 필요한 것이고, 나아가 사회와 국가와 연루된 시민성의 형성, 곧 정치적 성숙이 요청되는 것이다. 이렇게 '인간적 성숙'과 '정치적 성숙'의 융합을 민주시민교육이 맡아야 한다. '용기'와 '정의'가 좋고 필요한 덕목이지만, 이 덕목이 테러리스트들에게 악용될 위험도 있음을 유념해야 한다.Gur-Ze'ev, 2001 개인에게는 자신이 생각하는 정의를 위해서는 용기 있게 행동하는 덕목이지만, 폭력의 조장이나 무력 동원에 악용될 수도 있다. 정직과 정의의 상호 관계에 대해 맥락적 이해를 할 필요가 있다.

　사회화와 주체화는 일반적으로 보수적 접근followers(수동적 추종자)과 진보적 접근shapers(능동적 결정자)으로 양분되기도 하지만, 이분법의 문제는 아니다. 이것은 조화와 절충 또는 우선순위에 관련된 가치문제에 해당한다. 사회화 과정과 주체화 과정은 때로는 갈등하고 대립하지만, 양면성을 갖는 현상이며, 한 뿌리에서 나왔다고 볼 수 있다. 영원한 보수도 없고, 영원한 진보도 없다. 권력이 교체되고 사회가 바뀌면 가치가 전도되는 것이다. 사회화(훈육, 체벌)와 주체화(의식화[62], 변혁의식)는 때로는 순차적으로, 때로는 동시에, 때로는 순환적인 흐름으로 이해할 필요가 있다. 민주시민교육의 접근 방식에서 인성교육과 인권교육이 갈등 관계에 있기도 하지만, 공존 또는 융합의 여지도 있다. 곧 '시민적 인성교육'도 가능하고, '인권적 시민교육'도 가능하다. 이렇게 본다면 공감 능력의 함양은 어느 한쪽의 교육에 한정될 수 없다. 따라서 우리는 저마다 서 있는 자리에서 사람이자 시민으로서 '성숙한 인간'과 '성숙한 시민'이 되고자 애써야 할 것이다. 그래서 민주시민교육을 절실히 요청한다.

민주시민교육의 개요

---

62. 의식화는 교수자가 의도된 내용을 주입하는 것이 아니라, 학습자가 스스로 깨달아가는 과정이다. 인간의 의식은 특정한 내용을 의도적으로 주입한다고 해도 진공이 아닌 상태에서는 그대로 수립되지 않는다. 의식화는 사회의 부정의를 인지하고 분노하는 쪽으로 유도한다.

16장
시민사회의 발전과
교양교육의 민주성 강화

1. 교양의 탈정치화

한국 사회는 배움에 굶주린 것처럼 보인다. 인문학 강좌의 인기는 식을 줄 모르고, 텔레비전 방송은 지식 전달형 예능이 점령했다. 그만큼 사람들에게 뭔가를 알고자 하는 갈망이 있다는 얘기일 것이다. 배우고자 하는 욕구를 긍정하지만 지금과 같은 모습으로 배움이 일반화되는 현상은 우려스럽다. 인문학 강좌나 방송 프로그램의 대부분은 간결 명쾌한 해답을 던져주면서 청중을 즐겁게 하는 데 치중한다. 이런 접근 방식은 우리를 진정한 배움에서 멀어지게 할 가능성이 있다.

오늘날 시민의 탈정치화와 함께 시민의 교양도 점점 탈정치화되고 있다. 시민들은 일상적 정치적 관심으로부터 점점 멀어졌다. 민주화의 진전과 함께 시민사회의 비판적 기능이 커져야 하는데도 사람들 교양 수준이 미약하여 국가와 시장에 대한 감시와 견제 기능을 제대로 해내지 못한다. 또 시민단체는 권리 주장에 경도된 나머지 시민이 갖추어야 할 인격적 교양을 경시하는 경향을 보인다. 한편으로 개인주의적 인격 도야에 치우친 인문학은 비판적 교양을 경시하는 경향을 보인다. 이는 상업화되고 시장화되어가는 국가체제의 부산물이기도 하지만, 시민의 교양 능력이 취약하기 때문이기도 하다.

이런 현실을 극복하려면 새로운 민주적 시민사회를 떠맡을 시민의 비판적 교양 능력을 함양하여야 한다. 국가와 시장의 폭력과 비인간화를 견제하는 시민사회의 비판적 교양교육은 그동안 실용적인 기술교육과 직업교육의 위력 때문에 그 위상이나 존재가 위축되어왔다. 특히 신자유주의적 세계화 국면을 맞이하여 공리주의적 실용성과 시장주의적 효율성이 득세하면서 교양교육은 날로 침식됐다. 그런데 효율성을 모토로 하는 신자유주의 무한 경쟁이 거스를 수 없는 추세처럼 보였지만, 오늘날 민주주의가 지체되고 있는 것은 시민사회의 주체들 스스로 비판적 교양이 취약한 것에도 원인이 있다.

문제는 시민사회에 대한 연구, 교양교육에 관한 연구도 많지만, 정작 시민사회와 교양교육과의 민주적 조응 관계를 분석한 연구는 좀처럼 찾을 수 없다. 필자는 시민사회civil society의 핵심인 'civil' 개념의 민주성을 강화할 것과 교양교육liberal education에서 'liberal' 개념의 민주성을 동시에 강화할 것을 역설하고 싶다. 이 둘이 조응해야 '비판적 교양교육'이 가능할 것 같다.

2. 시민사회의 발전

'civil society'는 18세기 후반부터 중세 봉건사회를 대신해 부상해온 새로운 사회질서를 통칭하는 단어로 사용되기 시작했다. 로마의 키케로 Cicero는 아리스토텔레스의 정치공동체koinonia politike를 '시민사회societas civilis'나 '시민공동체communitas civilis'로 번역하였다. '시민사회'는 문자 그대로 '시민적' 사회를 가리키는 말로서 시민사회의 'civil'의 개념은 예의와 교양을 갖춘 시민 개념을 함의하고 있다.Lisman, 1998: 13; Reichenbach, 2010[63] '시민사회societas civilis/civil society'는 시민계급에 의해 만들어진 사회이다. 시민사회의 개념은 정중하고 세련된 '교양 있는 사회civilized society'의 개념과 관련이 깊으며, 야만적이고 원시적인 사회와 상반된 의미를 갖고 있다. 문명civilization과 동일한 어원이 되기도 하는 시민사회의 형용사 'civilis'는 고대 도시국가를 뜻하는 'civitas'[64]의 형용사이다.나가오, 2009: 63 'civitas(시민)'는 분별 있는, 교양 있는 사람들을 가리키는 말이다.

18세기까지 유럽에서 '시민사회'는 그리스의 폴리스와 로마의 공화정의 전통에 따라 인간들의 관계가 법에 의해 규제되며 개인들이 공적 생활에 적극 참여하는 개화된enlightened, 문명화된civilized, 교양 있는civil 시민들의 공동체라는 개념으로 쓰였다. 시민으로 구성된 '시민사회'는 '문명화civilization'의 과정으로서 '교양/예의civility'가 존중되는 사회이다. 공동체 의식과 공공 정신을 지닌 '교양 있음kultiviert'은 분명 '문명화됨Zivilisiertsein'의 가장 수준 높은 형태라고 볼 수 있다.Elias, 2009: 107 18세기까지 남아 있던 귀족주의적 사회사상에서 '시민적civilis'이라는 개념은 '무례하고 문명화되지 못한' 것과 대비하여 '정중하고 세련된' 사람과 행동을 의미했다. 시민사회는 원시적인 '무례/미숙'으로부터 다양한 정도의 '품위/세련'에 이르게 하는 진보적 사회라 하겠다.Ehrenberg, 1999: 195-204 그런 의미에서 '시민적/비시민적'의 개념 구분은 '문명화된civilized'/'문명화되지 않은uncivilized' 것과 밀접하다. 이렇게 보면 '시민적civil'이란 개념은 개인이나 공동체의 과제를 권위나 전통에 의존하지 않고, 독립적으로 수행할 수

---

63. '사회(societas)'는 가족으로 시작해 시장에서 이루어지는 경제활동과 이를 뒷받침하는 경제제도, 사회활동이 전개되는 갖가지 사적 영역과 이들이 어우러진 사회구조, 나아가 국가를 포함하는 공적 영역까지를 아우르는 한 공동체의 공간적 영역 전체를 표현하는 말이다.
64. 중세 도시의 칭호 'citi'나 'cite'는 로마의 도시 'civitas'에서 유래한다. 'civitas'는 'res publica'(공공의 일을 하는 국가)와 동의어로서 시민이 있는 곳이며, 시민이 있으므로 존재하는 곳이 도시이며 국가였다. '시민'을 뜻하는 라틴어인 'civis'와 '가정'이라는 뜻을 가진 프랑스어 'cite'가 결합해 'city'라는 영어 단어가 생겨났다. 그러므로 '도시'는 곧 '집'의 의미를 갖고 있다.

있고, 타인들과 자발적으로 결사체를 결성하여 공동의 목표를 달성한다는 정치적 의미를 담고 있다. 곧, 'societas civilis'는 civilis를 최대화하여 societas를 civilis가 '보호해야' 한다는 의미다.Gomes et al., 2007: 6 특히 18세기의 스코틀랜드 계몽주의자인 퍼거슨Adam Ferguson이 보는 시민사회는 당시 국가와 확연히 구별되는 생활 영역이 아니었다. 당시 시민사회는 상업적 활동을 보호하고 세련화할 뿐 아니라, 동시에 문화적인 공공 정신을 함양하는 문명화된 정치사회였다. 말하자면 시민사회는 로마 공화정의 유산을 이어받아 공적 덕성을 가진 시민들의 공동체로 이해되었다.

19세기에 이르러서는 공적 덕성을 가진 '교양 있는 공중educated public'[65]으로서 '교양시민Bildungsbürgertum'[66]으로 구성된 '교양 있는 시민사회 educated civil society'가 등장한다. 교양 있는 시민사회의 출현은 곧 미덕과 공동선을 향한 정념을 함양하고, 개인의 자유보다 공익을 우선시하는 실천적 지혜를 발휘하는 사람들의 출현을 말해준다. 이러한 부류의 교양시민은 19세기 초기에는 자본가로, 19세기 중·후반기에는 중산층으로 일컬어졌던, 이른바 시민사회의 미덕을 내면화한 교양시민계층으로 발전하였다.

---

65. '교양 있는 공중'은 공동체주의자 매킨타이어(A. MacIntyre)가 제창한 개념으로 자신들의 사회적 삶에 관계되는 문제들을 합리적으로 토론하고 논쟁하는 공동체를 가지고 있는 교육받은 개인들로서 어떠한 주장이나 이론들의 정당성을 밝힐 수 있는 공유된 기준을 가지고 있고, 공유된 신념이나 태도를 제공하는 보편적 교재를 기초로 한 지적 배경을 가져야 한다(MacIntyre, 1987).

66. 인간 주체의 자기형성 과정으로서 인간성의 '도야' 혹은 '교양'으로 번역되는 독일어 'Bildung'은 인간이 교육과 지식을 통해 인간, 사회, 자연에 대해 교양을 쌓음으로써 스스로를 이성적인 사유의 주체, 독립적인 행동의 주체로 형성해야 한다는 근대적 이상을 표현하는 단어이다. 신인문주의자들의 교육 이념인 Bildung/culture/education/formation이란 문자 그대로 '경작' '교육' '형성'을 뜻한다. 인간의 정신 능력을 일정한 문화적 이상에 입각하여 개발하고 원만한 인격을 배양해가는 노력과 그 성과와 양을 뜻하는 영어 'culture'의 원뜻은 '경작(耕作)'이다. 곧 마음의 밭(心田)을 가는 것이다. Bildung은 정신적 자기계발의 과정이고 내적 발전의 과정인 '형성'이라는 뜻임을 보아도 알 수 있듯이, '교육education'과는 달리 학습과 지식을 축적해가는 과정을 통해 인격을 '형성'하는 것, 개성 있는 인간이 자아를 실현해가는 과정을 의미한다. Bildung은 인간의 정신적·내면적 형성, 또는 다면적 인격의 발전을 말한다. 그것은 전통적으로 '자유교양교육(liberal arts education/liberal education)'이라고 불렀다.

그런데 이러한 교양시민은 경쟁 중심적 신자유주의의 도래로 인해 극단적 개인주의 사회로 바뀜에 따라 민주적 공론의 주체로 활동하지 못하고 있다. 문명적 시민으로 성장하지 않고 순종적 노예로 돌아간 셈이다. 그러니 우리는 'civil society'의 'civil'의 개념이 갖는 민주적 의미를 강화할 필요가 있다. '시민성civility'을 넘어 '시민권citizenship'으로! 곧, '시민성'과 함께 '시민권'의 의미를 동시에 갖는 'citizenship'의 개념 속에서 'civil'의 민주적 의미를 새겨야 한다. 나아가 'civil society'는 '자발적 결사체voluntary association'의 정치적 의미도 띠어야 한다. 시민사회라는 말을 현대적으로 복원시킨 토크빌Alexis de Tocqueville이 강조했듯이 단지 원자적인 개인들로 구성되는 것이 아니라, 시민들이 자율적으로 모여 사적 이익을 자제하고 공적 명분과 공적 이익을 위해 헌신하고자 할 때 생겨날 '자발적 결사체들'로 촘촘히 짜인 사회이어야 한다. 서구 사회와 제3세계의 역사에서 볼 수 있듯이 절차적 민주주의 도입이 오히려 권위주의 체제로 후퇴했던 요인은 취약한 자발적 결사체와 더불어 민주적 시민문화의 부재에 있다. 곧, 민주적 시민문화는 시민이 국가의 지배력에 종속되지 않고 개별성과 다양성, 자율성을 발휘할 때 가능하다. 그래야 권위주의 시민사회가 아닌 '민주적 시민사회democratic civil society'가 될 수 있다. 그것은 비정부적 단체와 활동으로 구성되는 하나의 민주적 사회 형태로서 시민의 교양, 곧 품위가 있는 시민의식civility을 보여줄 때 사회의 잠재적 갈등을 잘 조정할 수 있다.[Keane, 2003] 경기장에서 경기를 하는 사람과 심판을 하는 사람, 장사를 하는 사람 모두를 평가할 관중석의 역할을 제대로 해내는 것과도 비슷하다. 감시와 견제를 해내는 제3의 영역으로서 시민사회의 비판적 역할이 필요하다. 듀이가 강조했듯이 교육을 통해 대중의 전반적인 지성 수준을 높이고, 활발한 의사소통적 민주주의를 통해 자본주의가 지닌 온갖 문제점을 정치적으로 해결해야 한다.[Dewey, 2010: 7]

우리가 상정하는 민주적 시민사회의 이상이란 독립적인 '편중되지 않은 감시자impartial spectator' 역할을 제대로 떠맡는 것이다.Mitter, 2001: 145 이를 위해 시장과 국가를 견제하고 감시하는 '민주적 공론장democratic public sphere'이 활성화되어야 한다. 민주적 공론장은 사회의 공적 문제를 해결하는 정치 주체들의 집합체로서 구성원들 공동의 관심사를 효과적으로 해결하기 위해 공적 문제를 규제·통제하는 민주적 시민사회의 근간이다.Dewey, 2010: 80-85[67] 민주적 시민사회는 절차와 제도의 도입만으로 커가지 못한다. 다원주의적이고 평등주의적인 가치 및 규범, 시민적 덕목, 자발적 결사체를 통한 능동적인 참여의식, 다양성을 인정한 토론과 설득을 통한 합의의 창출 방법 등의 '시민문화civil culture'가 활성화될 때라야 성장한다.Ehrenberg, 2002: 371-372 민주적 공론의 장은 교양시민을 필요로 하며, 교양시민이 해내야 할 것이 '시민문화'의 형성이다. 시민문화야말로 시민사회의 공공선과 공정성 함양을 위한 기반이자 저수지다. 시민문화가 생겨나야 '민주적 공론의 장'이 활성화된다. 민주주의, 다원주의, 자유주의 맥락과 밀접하게 맞닿아 있는 시민문화가 활성화되어야 온갖 부패, 타락, 전제정과 대비되는 민주적 시민사회의 공고화가 가능해진다.

3. 교양교육의 민주성 강화

그리스 파이데이아Paideia가 로마로 이식된 후마니타스Humanita의 본질에는 인간이 공동체의 일원인 시민으로 태어나고 공동체의 시민으로서 비

---

67. 공중이 모여 대화하고 소통하는 '민주적 공론의 장'은 교양을 갖춘 공중들이 만나 독서회와 토론회 등을 여는 공적 공간이라고 할 수 있다. 민주적 공론의 장은 공중으로 변한 사적 영역에 머물던 사람들이 자신들의 이해·관심을 관철시키기 위해 독서를 통해 얻어진 지식/이성 능력을 사용하여 공권력에 대항하거나 세상에 벌어진 정치사회적 문제에 대해 논쟁을 벌이는 사회적 실천으로부터 발생한다. 특히 문학과 예술은 토론회와 독서회를 유지했던 지적 관심의 대상이다. 문학에 대한 토론은 종종 정치 논쟁과 경제 논쟁으로 확장된다. 이것이 민주적 공론의 장을 촉진하는 사회적 제도이자 요건이다.

로소 인간적인 존재가 된다는 자각이 깊게 자리 잡고 있다. 공동체의 이상을 충족시키고 그것을 밝히고 도야하는 교양교육은 후마니타스, 곧 사람다움, 인간성, 휴머니즘/인본주의를 위한 교육이다. 완결된 사람다운 사람됨으로서 후마니타스 개념은 자기형성과 자기도야를 통하여 인간성이 최고에 도달한 상태를 나타내는 개념, 곧 도덕적이고 정신적인 도야를 두루 포괄한다고 키케로가 역설했다.김창환, 2007: 47; 손승남, 2011: 93 후마니타스는 예의, 교양과 미덕, 인간적 부드러움과 인간됨을 의미하는 시민적 덕목을 뜻하는 동시에 교양 있는 시민의 지적·도덕적 덕목뿐 아니라 시민적·사회적인 정치적 덕목을 포함하고 있다. 이렇게 교양교육은 그리스 파이데이아와 로마의 후마니타스가 발전된 신인문주의와 계몽사상에서 보여주듯 교육적 과정이면서도 정치적 과정이다.Bista, 2002 이렇게 보면 자유인의 양성을 위한 'liberalis/liberles/liberal'의 이념은 시민사회의 민주시민이 필요로 하는 '시민교육civic education/citizenship education'의 중핵적 요소인 셈이다.

여기서 시민사회civil society의 'civil' 개념에 조응하는 교양교육liberal education이 요구된다. 시민사회와 교양교육의 민주적 조응을 위해 'liberal'[68] 개념이 내포하고 있는 민주성의 의미를 강화할 필요가 있다. 그렇게 할 때 개체적 인격 형성 중심의 교양교육의 한계를 넘어설 수 있다. 곧, 'liberal'의 개념을 '해방liberation'의 의미를 갖는 것으로 확장하고 시민사회의 'civil' 개념을 '시민권citizenship' 개념으로 확장할 때 국가와 시장에서 독립된 제3의 공적 자율 영역인 '시민사회civil society' 개념과 조응

---

68. 온라인 어원사전Online Etymology에 따르면 liberal education의 'liberal'의 의미가 '책(liber)'이다. 도서관의 뜻을 갖는 'library'도 여기에서 나왔다. 책에 쓰이는 나무껍질을 뜻하는 'liber'는 땅에 붙박여 있는 나무와는 달리 이동이 가능하다는 점에서 '자유롭다' '놀수 있다' '얽매여 있지 않다'라는 의미가 있다. 오늘날 자유를 의미하는 'liberty'는 이런 의미를 갖는 'liber'의 과거분사형에 해당된다. 이렇게 볼 때 'free'의 어원이 되는 'liber'는 'libertio(release, freedom)', 'libertas(freedom, liberty)'의 같은 어종을 이룬다. 'liber'는 원래 라틴어에서 나무의 속껍질을 가리켰는데 이것이 책의 의미를 갖게 된 것은 책을 나무껍질로 만든 관례가 고대에 있었기 때문이다.

한다. 이러한 개념의 민주적 조응은 'liberal' 개념을 노예적인 또는 기계적인 기술로부터 자유로운 지성의 의미를 강화할 때 가능하다. 곧, 계층적 의미를 갖는 '자유인'의 제한된 의미가 아니라 '얽매이지 않는', 곧 관행적이고 전통적 신념에 속박당하지 않는 '해방적' 의미를 강화하는 것이다.서경석, 2007: 28, 32-33 다시 말하면 'liberal'에 원래 내포되어 있었지만, 역사적 과정에서 국가의 권위주의화에 의해 약화된 '자유-해방free-liberating'의 의미를 강화하는 것이다.Kimball, 1995 그래야 단순히 타인이나 사회의 지배적 사조를 무조건 따르는 노예적, 기계적인 기술자가 아니라 편견과 속박에 얽매이지 않는 자유로운 가치를 추구하는 '해방인'이 될 수 있다. 소승적으로 세속에 물들지 않는 격리된 명상과 관조의 삶에서 머물지 않고, 대승적으로 세상일에 비판적으로 개입하고 참여하는 실천적 삶을 사는 것이다. 이러한 삶의 방식은 자아실현이나 자기수양에 머물던 인격을 사회적 역사적 인격으로 전환하는 것이기도 하다. 내면의 수양이나 도야에 머물지 않고 외부, 곧 정치경제적 사회현실에 대결하는 문제의식을 가지고 비판적 지성을 행사하는 것이겠다.

원래 'liberal arts'의 의미도 자립적이고 창의적인 인간으로서 자유로운 자아를 실현하도록 필수적인 지식과 지혜를 쌓고, 대화와 협력의 자세를 확고하게 갖춘 민주적 시민을 육성하려는 교육에 있다고 한다.심광현, 2011 이러한 생각의 이동은 신사나 엘리트 등 특정 계층만을 위한 한정된 자유를 넘어 진정 '자유에 적합한liberalis/fitted for freedom' 교육을 지향하는 '자유학예artes liberles/liberal arts'로 탈바꿈하고 있음을 보여주는 것이다. 이렇게 역사적으로 교양교육의 'liberales/liberal'이라는 단어가 갖는 의미가 계속 발전되어갔고 진보적 의미를, 곧 비판적 지성을 갖춘 진정한 '자유교양liberal arts'의 의미를 갖게 된 것이다.

비판적 교양을 갖춘 파이데이아와 후마니타스는 현세에서 벗어나 위로 오르고 밖으로 나가는 삶의 탈출인 동시에, 던져진 세상으로부터 다시 안으로 들어와 내면화되는 변증법적 과정이기도 하다. 파이데이아와 후마니타스는 '도야되지 않은' 인간세상을 '도야된' 인간세상으로 변화시키는 변증적 교육활동으로서 인간과 세상을 동시에 변화시키는 이중적 과정을 밟는다. 이것이 비판철학자 하버마스Habermas가 중시하는 도구적 합리성을 넘어서는 '해방적 합리성emancipative rationality'이다. 그러기에 인간의 자유와 해방적 실천을 추구하는 '비판적 교육학critical pedagogy'은 인간소외와 비인간화 또 교육의 상품화 현상으로 보이는 신자유주의에 대한 대응으로서 비판적 교양 이념으로 재설정할 필요가 있다. 비판적 교양교육은 강압 없는 소통을 통한 부정의 변증법과 전복의 정신을 기본으로 한다. 벤야민, 호르크하이머, 아도르노, 마르쿠제 등 비판이론가들은 시민사회의 등장을 파이데이아와 후마니타스 정신에 바탕을 둔 독일어 'Bildung'의 부흥에서 찾았다. Bildung(자기도야/자기형성)의 이념에서 권력과 지배에 대한 저항 가능성, 곧 '반反교육counter-education'의 정신을 발견한 것이다.Hansen, 2008, Lovlie & Standish, 2002[69] 전통적 교육은 부모나 교사의 권위에 의해 이끌림을 받는 수동적 존재로 보는 것이 일반적이지만, 'liberal'의 개념이 내포한 민주성을 강하게 지닐 때 진보적/발달적 또는 사회구성주의적 패러다임과 결합될 수 있다.Miller, 2007: 184 왜냐하면 'liberal'의 교육 정신은 기본적으로 비판-구성적 도야 철학에 있기 때문이다.손승남, 2010: 34 곧, 파이데이아와 후마니타스의 'liberal' 정신은 기본적으로 인간의 자기비판과 세계비판으로 성숙시키는 교육과정이다.

파이데이아와 후마니타스의 이념에서 우리는 마음의 도야와 세상의 변화를 동시에 구현할 가능성을 본다. 신인문주의자 훔볼트Humbolt도 교양

---

69. 계몽주의 시대에 탄생한 개념인 'Bildung'은 훔볼트, 헤르더, 실러, 헤겔 등 신인문주의자들에 의해 제창되었다. 헤겔은 신념, 규범, 습관의 형성을 통해 타고난 본성을 극복하여 제2의 본성을 획득하는 것을 중시한다면, 루소는 이러한 전통적 교화 방식에 대한 '반빌둥적' 입장을 취한다. 이것은 아동의 본성을 선하게 보느냐 악하게 보느냐에 따른 입장 차이이다.

이 인간의 자유와 외부의 강요를 조화시킬 수 있다고 보고, 인간이 개인의 형성과 도야를 통해 기존 문화를 넘어 사회적 변혁의 가능성을 보여주고자 하였다.Masschelein & Ricken, 2003 이렇게 보면 오늘날 'liberal' 정신으로 대표되는 현대의 비판적 교양교육은 민주적 시민사회에 필요한 주체적이고 자율적이며 비판적인 교양시민을 길러내는 데 목표를 두는 쪽으로 이동하고 있다. 인문학은 경합적 가치문제, 공적 토의에 활력을 불어넣을 문제를 직접 다루는 교과로서 제기된 문제에 대해 시민적 예의의 특질로서 어느 정도의 격리, 성찰/검토된 삶, 열린 마음, 그리고 동료애를 갖게 한다. 또 공적 삶을 디자인하는 교육과정이기도 하고 숙의민주주의를 번성하게 하는 촉매재가 될 수 있다.Levine, 2010: 15

민주주의에서 교양교육은 사회가 어떻게 되어야 하는지 같은 이상에 큰 관심을 둔다.Null, 강현석 외 옮김, 2016: 221 그래서 숙의가 교양교육의 이념에 부합한다. 숙의는 탐구적 방법이 이루어지는 영역이며, 수사학의 예술이 가능하기 때문이다. 숙의는 구체적인 사례의 실제적 예술과 생산적 예술에서 나타난다.Null, 강현석 외 옮김, 2016: 242 숙의민주주의가 탄생한 배경으로 첫째, 정치경제적 불평등의 심화, 사회적 약자가 더더욱 궁지에 몰리게 된 것, 대중의 정치 참여가 제도적으로 더 힘들어진 것, 정부에 대한 불신의 확산, 정치에 대한 불만의 증가 등을 꼽을 수 있다. 둘째, 정치적·문화적 삶의 한 양식으로서 건강한 민주주의의 미래에 대한 걱정이 더 근본적인 이유라 하겠다.Gastil & Levine, 정용찬·허광진 옮김, 2018: 56 이를 통해 학습자로 하여금 토의와 은유를 위한 구성적 참여를 하도록 한다. 인문학은 논쟁적 이슈와 갈등하는 가치를 다루므로 민주주의 교육을 한다고 할 수 있다. 이런 준비를 시키는 것이 민주시민을 길러내는 데 필수다.Nussbaum, 2010

4. 교양교육의 비판적 구성을 위한
   교양교육의 정치학 논의

　민주적 시민사회를 위한 교양교육의 비판적 구성을 좀 더 정교하게 하려면 교양교육의 정치적 성격을 토론해야 한다. 그래야 시민사회의 'civil'과 교양교육의 'liberal'의 민주적 조응을 손쉽게 할 수 있다.

　'교양'은 앎의 정치에 가장 중요한 형식 중 하나이며, 지배계급이 피지배계급에 대해 행사하는 헤게모니의 부드러운 문화적 형식이라 하겠다. 교양은 사회 속 개인의 자질과 태도에 대한 자아의 특성으로서 진화되어 가는 시민사회의 내면적 구조라고 할 수 있다.^{Masschelein & Ricken, 2003} 개인이 보유한 상징자본·문화자본과 연관되는 교양교육은 정치적·문화적·신체적 계급의 문제인 동시에 '젠더' 문제이기도 하다. 이것이 문화정치학cultural politics의 형태를 취하는 '교양교육의 정치학politics of liberal education/Bildung'의 관심사다.^{Giroux, 1992}

　교양은 지식문화의 한 형식이자 지배/억압, 동의/저항 같은 항이 함께 검출되는 경합적 장이기도 하다. 교양은 다양한 사회적 역사적 변화를 견인하는 시대 담론인 동시에 그러한 변화의 결과물이기도 하다.^{허병식, 2009: 71} 시민사회의 교양시민은 발달하는 개인의 자아일 뿐 아니라 정치적·사회적·문화적 존재이기도 하다.^{Fotopoulos, 2003} 언뜻 탈정치적이고 사적인 앎의 형식인 것처럼 보이는 교양도 그것이 놓인 사회역사적 조건과 상황은 물론이고, 그것을 구성하는 제도와 권력의 정치, 그 속에서 작동하는 정체성의 정치 같은 문제와 관련해서만 온전하게 규명된다.^{허병식, 2009: 71} 또한 교양은 가치평가에 의해 이루어지는 교육의 과정인 동시에 위로부터 주입된 배제의 정치에 의해 작동하는 기제이기도 하다. 많은 경우 전체주의자들이나 보수주의자들은 교양교육에서 '교양주의'⁷⁰의 정치적 효과를 보려고 한다. 특히 이러한 효과를 얻으려는 교양교육의 정치는 국민이나 민족의 이념과 결부될 때 보수화될 가능성이 있다. 이런 보수적 교양주의는 자아 형성을 위한 교양조차 국가의 사회적 훈련과 결부시켜 개체의 형성을 부정하는 논리로 유도할 가능성이 높다. 곧, 개인의 자유로운 발전을 통해 축적된 교양이 국가나 민족의 전체에 종속시키는 수단으로 이용되는 것이다. 역사적으로 보아왔듯 권위주의 시대의 교양교육운동은 전체주의의 헤게모니를 강화하는 데 기여하였다. 대단히 이데올로기적인, 국가주의적인 발상이 교양과 연관될 때 공동체 규범으로서 자율적 교양은 딴 정치적 의미를 갖는 것으로 변질된다. 이렇게 되면 교양교육은 실제 무질서, 혼란, 비합리성, 조야함, 천박한 취향 그리고 비도덕성으로 뒤덮인다. 이렇게 변질된 교양교육은 '대중' 속에서 또는 '대중으로 하여금' 지배적인 문화형식을 자동적으로 동경하게 하여 자신의 예속을 당연하게 여기게 만들고, 동시에 그로 인해 계급, 지역, 학벌의 차이는 차별을 낳아 '구별'을 가시화하고 위화감을 불러일으키게 할 가능성이 있다.천정환, 2012

이런 정치적 성향을 갖는 교양교육은 개체의 인격수양에 함몰된 개인주의적 인간형을 만들어낼 가능성이 크다. 보수적 교양교육은 자신의 마음 닦기에만 머물게 하면서 사회의 부정의 문제를 외면하게 만든다. 곧, 개인의 자아실현과 인격수양에 치우친 나머지 시민사회의 감시와 견제 기능을 소홀히 한다. 다시 말하면 자아의 수양된 인격이 사회현실의 변화를 위한 실천이나 헌신으로 나아가는 것을 방해한다는 말이다. 그렇게 되면 결과적으로 개인은 타락한 현실에 쉽게 물들어가고 사회는 부패하여 결국 멸망의 낭떠러지로 떨어진다. 이런 부류의 교양교육은 전체주의의 가치를 적극 수용하여 파시즘의 역할을 자신의 자양분으로 삼을 위험도 안고 있다. 국가주의 속으로 함몰된 교양교육은 은밀한 정치를 통해 개인에게 허구적으로 만들어낸 의식을 심어준다.

---

70. '교양주의'는 교양의 가치에 대한 절대적인 긍정과, 그로부터 비롯되는 사회적 인식과 수행을 총칭한다.

이러한 허위의식에 빠지지 않으려면 모름지기 지배적 문화에 저항하는 방향으로 교양교육이 옮아가야 한다. 말하자면 교양교육 자체가 비판의식의 출발점이 되어야 하는 것이다. 교양교육이 지향하는 진보는 단순히 자기 계급에서 탈출하고 출세할 기회의 수단이 아니라, 구성원들 모두를 위한 해방적 전진의 수단이 되어야 한다. 고전을 중심으로 한 인문적 교양교육도 교화를 위한 것이 아니라, 비판적 민주주의를 위한 정치적 소양의 함양으로 나아가야 한다.Giroux, 1992 그래야 기존 사회에 순응하는 보수적 교양교육과 달리 사회변혁을 위한 비판적 교양교육이 태동한다. 그래야 사회정의를 위한 사회비판적 교양교육으로 발전할 수 있다. 보수적 교양교육은 개인적 깨달음을 넘어 사회적 깨달음으로 발전한다. 그렇게 되려면 불의한 사회적 상황에 직면해 개입할 수 있는 비판 능력을 길러야 한다. 이러한 비판적 능력을 갖게 하는 교양교육이야말로 시민사회의 'civil'을 민주화한다.

그람시A. Gramsci는 고전교육의 의미를 재발견하여 급진 변혁을 위한 비판적 교양교육의 가능성을 제시한 바 있다.Entwistle, 1979 그는 사회적 변혁이 일어나기에 앞서 비판적 유기적 지식인organic intellectual에 의한 시민사회의 문화적 진지war of position가 구축되어야 한다고 부르짖었다. 그렇지 않으면 새로운 반동의 국면이 조성될 수 있다고 경계했다. 그는 시민의 정치의식과 교양 수준이 충만해야 한다고 역설한다. 루소의 자발성과 뒤르켐의 권위가 대립하는 것이 아니라 양자의 상호 침투를 통해 새로운 사회를 구성할 수 있다는 전망을 제시한다.Morrow & Torres: 1995: 260 비판적 고전교육/교양교육과 현대적 기술교육의 결합, 곧 기술적 능력과 정치의식을 결합시키는 정치적 직업교육을 요청하였다. 그렇게 해야 새로운 사회 변화와 역사적 변혁이 가능하다고 봤다.

'진보주의 교육(루소의 소극교육)'의 위험성을 제기하면서 교육 형식의 보수성/권위에 대한 새로운 비전을 제시한 아렌트Hanna Arendt도 아이들에게 내재돼 있는 새롭고 혁명적인 세계를 위하여 '보수적 교육'이 필요하다는 '역설적' 주장을 편 바 있다.[71] 교육자들의 책무는 오래된 세계/과거와 새로운 세계/미래의 간격에 다리를 놓는 매개자 역할이다. 세계/세상은 오래되었고, 배우는 아이들보다 항상 더 오래된 것이기 때문에 학습의 행위는 불가피하게 과거를 향해야 한다. 그렇다고 블룸A. Bloom, 베넷 W. Bennett, 허쉬E. D. Hirsch 등의 보수주의의자들처럼 서구문화의 정수이고 위대한 저작인 '고전'을 특권화하는 방식으로 문화적 자본을 정당화하면서 주인의 목소리를 권위화하는 교양교육으로 돌아가는 것을 아렌트는 바라지 않는다.Gordon, 1991: 55-56 그렇게 하는 것은 프레이리P. Freire가 우려한 '은행저축식 교육banking education'이나 다름없다고 하였다. 그것은 질문을 하고 의문을 제기하고 스스로 생각하는 학생을 양성하는 것이 아니라 수동적으로 훈육되고 그것에 만족해하는 학생의 이미지를 예상하는 것이다. 그녀는 오직 세계로부터 아이들을, 아이들로부터 세계를, 새것으로부터 옛것을 소중히 하고 보호하는 것을 교육의 본질로 본다. 아렌트의 관심은 옛것에 있는 것이 아니라 옛것의 '다시 사유하기rethinking'를 통해 그것의 현재적 유용성을 드러내는 데 있다.Benhabib, 1988: 31 그녀는 고전을 통한 교양교육을 젊은이에게 깨어지고 균열되면서 일종의 '재발견'으로 채워지는 일련의 '변혁' 과정으로 설정한다. 고전과의 연결을 재활성화하자는 것이 아니고, 변화를 감당하면서 다른 방식으로 생존하는 이념과 가치를 발견하여 현재에 개입하고 비판하고 변화시키자는 것이다. 이렇게 고전을 부정적으로 보고자 했던 많은 급진적/비판적 이론가와 달리 아렌트는

---

71. 아렌트는 교육의 보수성이 전통적 가치관의 지속을 위한 '내용적 보수성'이 아니라 전체 인류사회의 지속성, 존재하는 사회의 구원을 목표로 한다는 의미에서의 '형식적 보수성'이라는 점을 분명히 하고 있다. 전통적 방식과 내용 양자를 부정하는 진보주의 교육의 극단과도 선을 긋고 있지만, 가치의 니힐리즘을 우려하며 자신의 가치를 정당화하는 데 이용되는 전통의 유지와 사회적 관행으로의 입문을 추구하는 보수주의자들(Peters, Hirst, Bloom, Hirsch, Wynne, MacIntyre)의 훈고학적 사고방식과도 분명히 궤를 달리하고 있다.

학생들에게 변화를 만들고 새로운 무엇을 창조하는 데 사용될 힘을 부여할 비판적 교양교육의 새로운 가능성을 제시하고자 시도한다.Gordon, 2001: 3 아렌트의 인문고전에 대한 독특한 개념화는 보수주의 교육에 대한 새로운 대안으로서 민주주의 사회에서 진지하게 생각해보아야 할 새로운 교육적 함의를 담고 있다.

이러한 교양교육의 정치적 성격 논의를 통해서 볼 때 교양이 사회화를 위한 훈육과 반복적 습관에서 출발하기는 하지만, 국가와 시장의 폭력과 부정의에 대해 비판적으로 사고할 가능성도 갖고 있는 셈이다. 교양교육은 '사회화'의 기능도 하지만 지식이나 진리의 성격이 그렇듯 불합리하거나 모순이 발생하면 순응에 거부하는 '반사회화' 기능도 한다. 곧, 교양교육은 대부분 보수적 교육에서 시작하지만, 진보적 교육으로도 나아갈 수 있다. 그러기에 아동을 몽매의 상태에서 계몽의 길로 유도하는 교육의 사회화 기능이 우선이지만, 또 다른 관점을 들여와 현실사회에 개입하고 변화시키는 에너지로 높일 수 있다. 그렇지 않으면 축적된 인격은 사회정치적 문제를 해결하는 데 별달리 기여할 수 없다. '마음의 도야를 위한 교양교육'은 '사회변혁을 위한 교양교육'으로 발전해야 한다. 또 현실의 실천적인 활동과 접목해야 한다. 이것은 자기해방에서 사회해방으로 나아가는 것으로 앎의 주체인 자아의 사회적 실천이라고 할 수 있다. 그것은 단순히 마음 또는 영혼의 해방만이 아니라, 세상의 해방으로 나아가는 일이다. '위대한 저서Great Books[72]를 통한 교양교육은 오래된 전통과 문화, 신념과 감정의 전승에 대한 사회화 기능을 하지만, 거기서 한 단계 수준을 높여 현실사회에 개입할 때 세상을 변화시킬 수 있는 새로운 인간화를 위한 해방적 기능도 할 수 있다. 인문교양교육의 견고한 개념에서 찾아볼 수 있는 것들이고, 그런 교육에 헌신한 기관의 사명에서도 볼 수 있다. 그러나 인문교양의 개념과 제도에 독특한 특성을 부여하는 이들 이념 요소들을 엮어내는 데는 변수들이 많이 생길 수 있다. 인문교양교육의 역사가 보여주는 역동성은 주로 이들 이념 요소들의 이동, 균형, 융합에 달려 있다. 이들 이념을 거대한 비전 아래 유사한 요소들을 묶어 유목화할 수도 있다.

5. 비판적 교양교육의 요청

역사적으로 민주적 교양시민교육은 그리스의 파이데이아Paideia는 로마의 후마니타스Humanitas로, 중세 기독교의 로고스Logos로, 오늘날 서양문명의 근간이 된 '인문학humanities'으로 발전하였다. 파이데이아와 후마니타스의 중핵 교과인 3학trivium과 4과quadrivium는 사회정의와 공공성의 관점에서 현실 사회 문제를 해방적으로 해석해야 한다. 동시에 기존의 축적된 고전교육의 성과와 새롭게 제기된 현대의 비판적 학문을 결합해야 한다. 또 시민사회의 'civil' 개념의 민주성 강화와 교양교육의 'liberal' 개념의 민주성 강화를 통해 교양교육의 민주성을 북돋을 필요가 있다.

민주적 시민사회를 건설할 '비판적' 교양교육은 인간을 자유롭고 해방시키는 비판적 지성인이 되게 하는 것이다. 기존 제도와 그것을 지지하는 가치, 곧 순종을 내면화하는 가치 형성을 돕는 타율적 소극적 시민 양성이 아니라, 자율적 적극적 시민을 양성하는 참여적인 직접민주주의 방식

---

72. 자유주의자와 보수주의자들은 전승되어야 할 정전의 합으로서 고전의 가치를 믿었다. 그런데 보수주의자들(Hirsch 등)은 유럽 중심의 전통에 뿌리를 둔 '위대한 고전들'에 근거한 교육과정을 강하게 옹호한 반면, 자유주의자들(liberals)은 위대한 고전들에 여성, 아프리칸 미국인, 라틴아메리카인들 등 역사적으로 소외된 문화적 집단들의 저작들을 포함할 것을 주장했다. 제3의 노선을 따르는 비판자들은 자유주의자들처럼 다문화주의를 옹호하고 있지만, 계급이익과 권력투쟁과 무관할 수 없다고 보고 있으며, 서구 유럽적 전통 자체에 대해서도 의문을 품는다. 그런데 오늘날 비판적 경향에 반대하는 또 다른 물결이 있다. 린다 달링-해먼드 같은 교육의 자유주의 전문가들은 '커리큘럼 전쟁'을 치러야 할 때라고 생각한다. 민영화를 반대하며 공립학교를 옹호하는 다이안 래비치조차 커리큘럼 전쟁을 극복할 필요성을 선언하고 있다. 래비치는 민영화에 대해 공통의 핵심 표준을 통해 코드화하는 '견고한 교육과정'에 대한 위협이라며 문화적 보수주의 가치를 보유하고자 한다. 조나단 코졸, 마이크 로즈 같은 자유주의자들은 민영화와 과도한 시험을 거부하고 있다(Saltman, 2016).

의 시민교육에 중점을 둔다.Fotopoulos, 2003 청년에게 지식과 기술의 습득, 지성적 계몽 활동을 하면서 동시에 민주주의에 필수 요소인 공동체 참여를 촉진하는 것이다.Moos, 2008 비판적 교양교육을 받은 사람은 현실 문제에 대처하고 비판적 교양의 분위기 속에 살아간다. 비판적 교양교육은 무지, 편견, 선입견, 고집, 독단에서 정신을 해방시켜 진정한 비판적 자유인이 되도록 하는 것이다. 또 인간의 존엄성뿐 아니라 정의, 인권, 평화, 생태 등의 가치들을 구현하여 교양교육의 민주적 가치를 구현하고자 한다. 그러기에 개인의 인격이 사회적 실천으로 이어질 때는 반드시 민주주의 가치의 통제를 받지 않으면 안 된다. 그렇게 해야 기존 질서와 결별하면서 새로운 질서로 이동하는 교양(지혜, 성향, 태도 등)을 기를 수 있으며, 앎과 삶이 분리되지 않은 실천적 삶을 살게 될 것이다.

비판적 교양 시민의 성장을 도우려면 교양교육이 현실적 실용성이나 직업·기술교육에만 얽매이지 않는 민주적 성격을 지녀야 한다. 곧, 비판적 교양교육을 통해 국가와 시장의 폭력과 부정의를 감시하고 견제하는 민주적 시민사회의 역량을 키워야 한다. 민주적 시민사회의 역량은 시민의 비판적 교양 능력에 달려 있다. 그렇지 않으면 국가와 시장은 통제받지 않는 절대 권력으로 전락할 수 있다. 함양된 인격이 불의한 세상에 맞부딪칠 때 저항할 태세를 보이지 않는다면 그것은 진정한 교양인이라고 할 수 없다.

우리 사회가 비판적 교양교육에 관심을 갖기 시작한 계기는 1987년 민주항쟁이다. 노동계급의 전면 도전과 민주화 요구에 직면하여 한국의 중산층은 민주적 교양시민의 역할을 찾았다. 그런데 권위주의 통치의 세례를 오랫동안 받아온 역사 때문에 아직도 성숙한 민주적 교양시민의 완결된 모습을 보이지 못하고 있다. 국가와 시장에 대한 공정한 감시자 역할을 맡아야 할 시민단체의 교양 능력도 충분치 않다. 그러기에 더욱더 부정의와 폭력, 타협 없는 정쟁 등으로 얼룩진 한국 사회의 구조적 악을 척결할 수 있는 비판적 교양교육을 필요로 한다. 최근 노숙자, 죄수, 실업자를 위한 인문학 같은 '희망의 인문학'이 새롭게 등장하는 것은 민주적 시민사회의 구성을 위한 비판적 교양교육의 새로운 시도이다.

시카고 총장을 지낸 여성 인문학자 누스바움이 역설하듯 새로운 시민인 공중은 인문적 역량human capabilities[73]을 갖추어야 한다. 인문적 역량은 협소한 경제적 관점을 넘어[74] 비판적으로 사고하고, 분별력 있게 참가하고, 신중하게 예측하고, 도덕적 통찰력과 에너지를 갖고 행동하는 힘이다.Nussbaum, 2000 누스바움은 진정한 의미의 발전과 사회정의란 개개인이 인간다운 삶을 누리며 자신의 역량을 발휘할 수 있는 '자유freedom'의 역량을 끌어올려야 한다고 했다.Nussbaum, 한상연 옮김, 2015[75] 우리는 공적 영역에서 시민성의 실천에 핵심으로 자리한 행위 주체의 숙고 능력과 개인적으로나 집단적으로 자신의 환경을 선택하고 행위하고 영향을 미칠 수 있는 자유의 역량을 가져야 한다. 이미 규정된 사회적 현실에 대한 해석과 자신

73. '역량'은 한 사람이 타고난 능력과 재능인 동시에 정치적, 사회적, 경제적 환경에서 선택하고 행동할 수 있는 기회의 집합을 의미한다(Nussbaum, 한상연 옮김, 2015). 가치 있는 행위를 하거나 존재의 가치 있는 상태에 도달할 수 있는 능력으로서 한 사람이 할 수 있거나 존재할 수 있는 것의 대안적 조합이다. 우리가 흔히 역량을 능력이나 재능과 구분 없이 쓰고 개인의 내적인 영역으로 한정하는 데 비해, 누스바움은 역량을 개인과 사회 제반 환경들이 접합된 상태를 뜻하는 개념으로 확장하고 있다. 인간의 역량을 개개인의 삶의 질을 비교하는 틀로 삼아 인간다운 삶이 무엇이며 인간 존엄성을 보장받기 위해 무엇이 필요한지 찾아야 한다고 말한다. 이 과정이 사회정의를 모색하는 일환이기도 한 인간 역량 접근법은 1980년대 복지경제학에 대한 대안적 접근이다. 노벨 경제학상을 받은 아마르티아 센(A. Sen)(1992, 1999)은 '역량은 개인이 성찰적으로 가치 있다고 여겨지는 것을 성취할 수 있는 기회나 자유'라고 역설한다(Walker & Unterhalter, 2007: 2). 그는 ① 한 개인의 장점을 평가하는 데 진정한 자유의 중요성, ② 자원을 가치 있는 활동으로 변환하는 능력에서 개인차, ③ 행복을 만드는 다차원적 본질, ④ 인간 복리를 평가하는 데 있어 물질적/비물질적 요인의 균형, ⑤ 사회 속에서 기회 배분에 대한 관심 등을 고려해야 한다고 주장한다. 워커(M. Walker)(2011)는 교육을 통한 역량 형성의 요소로 자율성, 지식, 사회적 관계, 존중과 인정, 열망, 목소리, 신체적 통합과 건강, 정서적 통합 등을 중시한다.

74. 역량 접근은 인간 자본론의 협소한 경제적 초점, 구조주의적 비판이 지닌 인간의 이질성에 대한 민감성 결여, 후기 구조적 대응의 규범적 취약성을 피하면서 사회정의와 인간의 번영을 개념화하는 적절한 틀이다(McCowan & Unterhalter, 2013: 135).

75. 이때의 자유란 시민이 살고 있는 사회의 본질을 결정하지 않으면 안 되는 자유의 정도를 평가함으로써 결정되는 완전한 시민성을 향유하는 것을 말한다. 사람들이 자유로운 행위 주체자가 되는 것이라고 할 수 있다.

의 삶을 구성하는 학습자의 자유 간의 긴장을 해소하는 시민성교육이 중요해진다.McCowan & Unterhalter, 2013 물리적·사회적 환경의 불평등 해소와 함께 개인의 내적 역량의 강화도 이에 못지않게 중요하다. 물론 우리가 늘 목도하듯 항상 제도의 목적 및 본질과 그 활동 사이에 조화를 추구하는 것은 쉬운 일이 아니다. 벌어진 현실에 대한 냉철한 인식과 현실적 제약을 극복하고자 하는 개인의 역량 증진이 동시에 필요하다. 이를 위해 책 읽는 시민, 공부하는 시민, 봉사하는 시민, 참여하는 시민, 곧 민주적 공중이 요청된다. 듀이가 강조하듯 민주적 공교육 및 시민교육의 완성은 공중의 탄생을 통해 가능하다. 이 말은 평생학습 시대를 살아가는 교육자들에게도 그대로 해당된다.

17장
정중한 예의와 정치적 예의의 공존을 통한 시민적 예의 교육

1. 예의의 어원적 의미 변화

일상생활에서 '예의politeness, courtesy, decency'라는 말을 자주 사용하지만, 명쾌하게 개념화돼 있지 않다. 일반적으로 예의는 '예의범절' 정도의 정중한 행동이나 예의 바름의 의미로 새기는 것이 보통이다. 현대적으로 어른이나 직장 상사, 좀 더 외연을 넓혀 고객들에게 복종하고 봉사하는 매너나 에티켓의 의미로 쓰이고도 있다. 친밀하지 않은 사람을 친밀한 사람처럼 대하는 것, 낯선 사람을 반갑게 대하는 태도, 일상생활에서 낯선 사람과의 관계를 정립하는 것이 예의다. 친밀하지 않은 사람이라도 대면할 때 차별 없이 개방적으로 대하는 태도다.Kymlicka, 2003: 50-51 이렇게 예의란 정중한, 공손한, 매너가 좋은 시민과 이웃이 되게 한다. 예를 들어 문을 열어준다, 자리를 내어준다, 지나가도록 길을 비켜준다 등 타인에게 친절한 태도를 취하는 에티켓이다. 예의가 있는 사람은 가까이하기 쉽고, 사귀기 쉽다. 그는 호의를 품고 정중한 태도를 보여준다. 가게의 백인 점원이 흑인을 차별하지 않고 동등하게 대우하는 태도를 보였다면, 그는 '정중한 예의 politeness'[76]를 보인 셈이다. 일상생활에서 정중하게 도리에 맞는 행동을 할 때 "예의가 바르다"고 말한다.

다른 한편 '시민적 예의civility'는 최소한의 시민이라고 할지라도 배워야 하는 사회적 덕성이며 시민권의 도덕적 의무이다. 시민적 예의는 인류가 갖추어야 할 시민성citizenship의 핵심 요소이자 좋은 시민이 되게 하는 주요한 기제이다.White, 2006: 454 시민적 예의는 문명화civilization와 동일한 어원을 갖고 있다. 시민적 예의는 길들여지지 않은 인간의 야만적 본성을 도야하고 문명화하는 과정을 통해 형성된다. 인간 행위에 대한 사회적 통제의 측면에서 문명화 과정은 사회적 요구와 금지, 규범적 기대와 제재 사이에 작용하는 변화과정이다. 문명화는 일련의 상승운동과 하강운동 속에서 이루어진다. 문명은 근대화 과정에서 야만적 폭력을 자행하는 하강의 결과를 초래하기도 하고, 한편으로 비폭력적 평화의 과정으로 상승하기도 한다.Pearce, 2011: 404-427 시민적 예의는 정치적 활동뿐 아니라 주로 거리에서, 동네 가게에서, 또 시민사회의 다양한 제도들과 포럼 같은 일상생활의 행위에도 적용된다. 시민적 예의는 시민적 덕목일 뿐 아니라 다른 덕목과 갈등을 수반할 때 동등한 선의의 사람들에 의해 다른 방식으로 정의될 수도 있다. 더 큰 선을 위해 이해관계를 줄이고 타협하는 태도라고 하겠다.Levine, 2010: 12 시민은 남들보다 더 많은 시민들을 환대하며, 어떤 상황에서는 다른 상황보다도 더 도움이 될 가능성이 있다.

그런데 '시민적 예의'는 때때로 '좋은 매너'라는 미학적 개념과 헷갈리기도 한다. 시민적 예의와 예의범절 사이에 다소 겹치는 부분이 있기는 해도 구분된다. 예를 들어 시민적 예의에 대한 기대는 때로는 억압받는 집단이 제 목소리를 내기 위해 필요한 강력한 저항과 같은 것들을 약화시키기 위해 사용되어왔다. 불이익을 받는 집단들이 '소란을 피우는' 것은 종종 '나쁜 취향'으로 간주되었다. 좋은 매너에 대한 과장된 강조는 노예근성을 장려하기 위한 구실이 됐다. 진정한 시민적 예의는 마치 억압받는 집단들이

---

76. 'polis'에서 출발한 '정치(politics)'는 원래 '정중한(polite)'의 뜻을 갖고 있었다. 'politics' 와 'polite'는 오늘날 뜻이 나뉘어 있지만, 어원적으로 같다.

그들의 억압자에게 친절히 대해야 하는 것처럼, 그들이 얼마나 당신에게 나쁘게 구는지와 무관하게 그들에게 미소를 짓는 것을 의미하지는 않는다. 오히려 그것은 그들이 당신에게도 동등한 인정을 해주고 있다는 조건 아래 타인을 평등하게 대하는 것이다. 이렇게 시민적 예의는 시민사회를 포함한 사회의 공적인 삶에서 평등의 규범을 유지하는 것과 관련되어 있고, 따라서 자유주의적 가치들을 지지한다.Kymlicka, 장동진 옮김, 2005: 420

오늘날 예의의 정치적 의미가 약화되고 개인 차원의 예절로 한정되는 경향이 있다. 정치적 예의의 약화는 어원의 의미 변화에서도 볼 수 있다. 'civility'라는 어휘는 본래 니콜 오렘(1323~1382)이 아리스토텔레스의 저작 『윤리학』을 번역하면서 도입한 것인데, 로마제국 시대의 라틴어 '시민citizen'을 뜻하는 'civilitas'가 원래 'politeia(정치/정치학)'의 의미와 'politesse'(예의/정중함)이라는 두 가지 뜻을 모두 가졌다는 사실에서 알 수 있다. 어원으로도 시민사회의 규범으로서 시민적 예의civility, civilite의 개념과 정치적 공동체 구성원으로서 갖춰야 할 시민성citizenship, citoyennete 개념이 분리되지 않았지만, 역사적 과정을 통해 상반된 개념인 것처럼 변해갔다.Balibar/최원·서관모 옮김, 2007: 8, 65; Balibar/진태원 옮김, 2012: 134 그 결과 후대에는 '정치', '공적 윤리'의 의미가 희석되고 '예의', '공손'의 의미만 남게 되었다.Balibar/최원·서관모 옮김, 2007: 8, 65; Balibar/진태원 옮김, 2012 예절이나 공손은 행동거지, 몸짓, 의복, 얼굴 표정과 같은 외적 행동으로서 그 인간의 내면을 표현하는 것으로 축소되었다. 대개 남에게 예절 바르고 친절한 태도, 남을 배려하는 태도, 깨끗하고 위생적인 습관, 온건함과 강한 자제력 등은 문명을 형성하는 중요한 도덕적 요소가 되었다.

그런데 이런 외적 행동은 오늘날 'etiquette'이나 'manner' 같은 말을 통해 표현되면서 'civility'의 개념을 거의 잘 사용하지 않게 되어 그 개념의 정치적 함의는 희석되어버렸다. 그래서 일부 학자들이 이런 희석된 고전적 의미를 다시 되살리려고 한다. 곧, 정중한 예의와 정치적 예의의 의미를 동시에 갖는 'civility'의 의미를 복원하자는 것이다. 이런 시도는 일찍이 아리스토텔레스가 개인의 행복과 공동체의 행복을 동시에 구현하고자 하였던 인간과 시민의 공존 개념의 연장선이다.

그런데 인간적 예의와 정치적 예의를 공존케 하는 '시민적 예의'에 대한 선행 연구를 거의 찾을 수 없다. 시민사회의 자질로서 '사회적 자본social capital'이나 '시민적 미덕civic virtue'에 대한 논의는 많으나 이것과 정치적 예의와의 관계를 논의한 연구는 없다. 번역본으로 소개된 발리바르의 『대중들의 공포: 맑스 전과 후의 정치와 철학』2007과 『폭력과 시민다움: 반폭력의 정치를 위하여』2012에 시민적 예의의 어원적 의미와 그 현대철학 논의가 잠깐 소개돼 있을 뿐이다. 교육철학회지에는 심성보2012의 "시민사회의 'civil'에 조응하는 교양교육의 'liberal'의 정치적 의미 확장을 통한 민주적 교양교육의 모색"에서 시민사회와 자유교양교육의 개념적 연관성을 통해 'civil'의 의미를 약간 소개하고 있다. 또 R. 라이헨바흐2010의 「교육학적 범주로서 시민성Civility as Pedagogical Category」에는 교육학적 범주로서 시민적 예의에 대한 논의를 하고 있으나 H. 아렌트에 따라 아동교육의 정치적 연관성을 갖는 것을 위험하게 보고 오히려 거리를 두는 권고를 하고 있다. 대체로 우리나라의 경우 예절 또는 예의에 대한 연구는 많이 있으나 정치적 예의와 연관한 시민적 예의에 대한 논의는 거의 찾을 수 없다. 그러나 필자는 시민적 예의를 정치적 예의와 절연시키는 것이 인간/아동을 공적 차원보다 사적 차원에 가둬두는 것이라고 본다. 개인 간의 정중한 예의와 시민 차원의 정치적 예의를 긴밀하게 연관시켜 연결 교량을 놓는 것이 더욱 합리적이다. 이 얘기는 우리나라에서는 처음 시도하는 논의다.

2. 정중한 예의와 정치적 예의의 갈등과 공존

우리 주변에서 목격하듯 정중한 예의와 정치적 예의 간의 갈등이 친구 간 또는 가족 간에 많이 생겨난다. 우리는 명절 때 형제간의 모임에서 정치적 의사를 표현했다가 서로 불편해지는 경우를 많이 겪었다. 우정이 돈독한 친구한테라도 제 정치적 입장을 솔직하게 표현하기가 쉽지 않다. 이럴 때 대부분 인간관계와 정치 문제를 분리시키려고 애쓴다. 특히, 대통령 후보자를 선택하는 선거 국면에 들어서면, 더 얼어붙는다. 그럴 때 정중한 예의란 많은 사람이 호응하고 의례적인 태도만을 취하려고 한다. 이럴 경우 사회적 교양, 에티켓, 좋은 매너, 정중한 표현, 절제된 태도 등에 관심을 두는 '정중한 예의politeness'에 갇힐 위험이 있다. 왜냐하면 정중한 예의는 애써 겉으로 정치적 견해차를 숨기고 억제하려고 애쓰는 것이기 때문이다. 되도록 분란을 유발하는 말을 삼가고, 그래서 아예 발언을 '금기시하는' 것을 친구 간의 기본 예의라고 여긴다. 그렇게 하지 않으면 우정의 존속에 금이 갈 가능성이 있기 때문이다. 또 이렇게 신중한 처신을 하는 것은 바로 '정중한 예의'와 '정치적 예의political civility'의 불일치라는 예민한 문제와 연관되어 있기 때문이다.

그런데 이러한 처신은 형제간이나 친구 간의 우애를 잠깐 유지하는 데는 도움을 주나, 진정한 우애의 형성으로까지는 나아가지 못한다. 이렇게 공동체 등 정치적 사안에 대한 논의로 발전하지 못하는 우애는 완전한 우정의 구현이 아니다. 그리하여 공적 이슈와 문제에 대해 관심을 갖는 정치적 예의를 정중한 예의로 한정하는 것은 정중한 행동이나 에티켓으로 제약하는 '환원주의적 오류'로 빠진다. 정중한 예의와 정치적 예의를 양분하는 결과를 낳는다. 그러기에 정중한 예의는 정치적 예의와 근본적으로 불안한 관계에 놓일 수밖에 없다. 양자의 불안정한 관계는 실제 사회적 화합과 공적 안전을 흔들 수도 있다.

시민사회의 수평적인 밀고-당김 또 수직적인 갈등과 타협으로 가득한 정치에서 비롯된 잠재적 갈등을 애써 피하는 것이나 다름없다. 예의를 단순한 에티켓이나 매너로 축소하는 것은 그것의 도덕적 힘을 박탈하는 결과를 낳는다.Terjesen, 2012: 100 우리는 에티켓을 위반하는 것을 두고 도덕적 실패를 했다고 단정해서 말하지 않는다. 정중한 예의의 개념이 개인 간의 사적 예의범절, 한갓 개인과 개인의 사교적 관계 예절로 개념 한정을 하게 된다면 정치적 공동체에서의 정체성이나 성원의식을 빼버리게 된다. 더욱이 인간은 하나의 국가공동체 속에서 살아가는 정치적 동물인데도 정중한 예의에 갇히게 될 때 '시민의 탄생'이 어렵다. 왜냐하면 시민성/시민다움을 구성하는 '정치적 예의'는 타인을 존중하고 소중히 여기는 것을 보여주는 단순한 개인적 매너 양식일 수 없기 때문이다.

시민성을 구성하는 정치적 예의는 개인들 간에 서로 대하는 단순한 매너나 에티켓일 수 없다. 그것을 넘어선다. '정치적 예의'는 가정, 고향, 자기 정당, 직장, 자기계급보다 공동선을 우선한다.Shils, 1997: 1 공유된 정치적 관심을 논의할 때, 타인에 대한 관심의 표현이라 하겠다. 그러기에 개인 상호 간의 정중한 예의는 시민으로서 정치적 예의와 같지 않다. 왜냐하면 정치적 예의는 민주사회에 많이 있는 균열과 긴장을 개선하는 참여자로서 시민적 미덕을 촉진하기 때문이다. 정치적 예의는 인간생활의 모든 영역에 걸쳐 사회적 교류를 촉진하는 것으로 찬양된다. 정치적 예의의 의미는 시민권이나 시민적 복종과 같은 행위에 극명하게 나타난다. 정치적 예의는 소유적 개인주의에 탐닉하지 않고, 공동체의 공동선과 시민적 덕목을 중시한다. 그래서 정치적 예의는 시민사회의 공고화에 기여하고, 결과적으로 소극적 자유와 적극적 자유, 시장과 공동체, 그리고 사적 개체성과 공적 시민성 간의 이분법적 성격을 중재한다. 정치적 예의는 광범위하게 이해되는 정치적 영역 내에서의 소통에 관심을 갖는다.Curzer, 2012: 81 정치적 예의란 공동체나 정부의 조직과 안정으로 특징짓는 사회적 진보의 조건 속에서 사는 것이며 그것을 드러내는 조건을 충족시키고자 한다. 정치적 예의는 비폭력, 타협의 원리 존중, 상호 존중과 권한의 공유를 향한 성향이라고 정의된다.^{Keane, 2003: 16} 결국 정치적 예의는 폭력 없는 법에 대한 존중을 보이는 '민주적 예의democratic civility'다.^{Calhoun, 2000: 255-259} 그렇게 하여 정치적 시민이 탄생된다.

3. 정중한 예의와 정치적 예의가 공존하는 시민적 예의

사람들 사이의 매너와 에티켓 등 정중한 예의는 개인들 사이의 교류에 초점을 두고 있는 반면, 정치적 예의는 개인과 공동체 간의 교류를 포함하고 있어서 사람들은 양자의 예민한 갈등을 애써 피해 가려는 태도를 취한다. 그렇지 않으면 정중한 예의와 정치적 예의 사이에는 분란과 함께 친구 간의 작별 또는 이별 사태까지 불러온다. 이렇게 개인 상호 간 예의의 규범(형제간의 우의와 친구 간의 우정)은 정치적 예의와 갈등이 불가피하다. 정중한 예의와 정치적 예의가 서로 조화롭게 공존하여야 하는데도, 잠재적 갈등을 내포하고 있다. 양자 사이를 매개하는 대안이 마련되지 않으면 갈등의 골만 깊어지게 된다. 이러할 때 개인적 행동과 사회적 순응의 규범 간에 벌어지는 긴장, 정중한 예의와 정치적 예의의 간격을 좁히는 수단으로서 '시민적 예의'에 대한 논의가 필요하다.

시민적 예의civility의 한 축에는 매너, 에티켓 등 '정중한 예의'가 있고, 또 다른 축에는 권리와 책임을 수반하는 정치공동체 성원으로서 '정치적 예의'가 있다. 시민적 예의를 구성하는 데서 정치적 문제를 빼면 민주적 시민의 형성이 요원해진다. 이럴 때, 시민적 예의는 좋은 시민이 함양해야 할 신념, 태도, 미덕 같은 기제다. 개별적 이익을 제약하고, 개인을 더 큰 사회적 맥락에 대한 헌신으로 묶어놓는다. 시민사회의 핵심 규범요소로서 시민적 예의는 사회적 상호작용을 하는 의사소통 행위다.[Shiell, 2012: 6] 정중한 예의와 정치적 예의의 갈등을 해소하는 시민적 예의는 사회가 만든 규칙의 집합을 통해 의사소통을 하는 타인의 신념을 향한 개방적 태도이다.[Calhoun, 2000: 209] 시민적 예의는 시민성의 중요한 요소로서 시민사회를 부드럽게 하는 기능에 필요한 행동과 성향을 길러준다. 시민적 예의의 역할은 존경, 관용 그리고 배려, 비차별을 소통시키는 것으로 시민성의 필수 조건이다.

이렇게 본다면 '정중한 예의'는 국가 구성원으로서 권리와 책임의 의미를 겸비한 '시민성citizenship'의 뜻을 함의한 '정치적 예의'를 삭제해버릴 수 있다. 좋은 인간의 개념이 개인의 번영에 기여하는 인격의 특질인 반면, 좋은 시민의 개념은 나라의 번영에 기여하는 '시민성'의 특질을 이루고 있다. 전자가 개인의 행동을 북돋는 미덕인 반면, 후자는 공동체를 지향하는 공민의 미덕civic virtue이다. 정치적 예의는 시민성의 법적 지위—흔히 이때는 '시민권'으로 불림—와 연관된다. 그래서 시민적 예의는 '역설적 개념'[Boyd, 2007]을 갖는다. '시민적 예의'는 개인 간의 정중한 예의와 함께 시민들 사이에 정치적 예의를 공존시켜야 하기 때문이다. 가장 보편적인 기본적 규범이라고 할 수 있는 정중한 예의 속에는 그것의 하위집합으로서 정치적 예의가 포함되어야 한다.[Curzer, 2012: 81] 정중한 예의와 정치적 예의의 갈등을 중재하는 시민적 예의는 개인들 사이에, 개인과 국가 사이에 갈등이 생겨날 때 규제하고 조정하는 일을 한다. 요컨대 시민적 예의는 정중한 예의와 정치적 예의의 결합이다. 그래야 공과 사의 영역이 지나치게 분리되지 않는다. 타인에 대한 존중은 시민적 예의를 위한 '필요조건'이기는 하나, '충분조건'이 될 수 없다.[Weeks, 2011]

사회적 삶이 효과적으로 기능하고, 불필요한 갈등과 분열을 덜려면 정중한 예의와 정치적 예의를 동시에 작동시키는 지혜가 필요하다. 양자의 충돌이 생길 때 둘이 균형을 이루도록 처신할 필요가 있다. 양자가 평화롭게 공존해야 공동체의 번영이 가능하다. 시민적 예의는 공적인 것과 사적인 것, 사회적 규범과 도덕적 규칙, 보수적 향수와 민주적 잠재력 사이의 간격에 있다. 정중한 예의는 정치적 예의보다 표현의 자유에 더 많은 제약을 가한다. 예의를 넓게 이해하면 그것은 정치 영역과 소통에 관심을 둔다. 정치적 예의는 단순히 인간적 정중함이 아니라, 특별하게 동료 시민들의 동기와 신념과 관련된다. 정중한 예의와 정치적 예의의 대치를 해결하려면 다양한 갈등을 평화롭게 처리할 관점을 정립해야 한다.

시민적 예의는 일상생활에서 예의 바르게 서로 관계하여 상호작용을 잘하도록 준비시키는 교양문화의 중요한 요소다. 모든 사람의 존엄성에 민감한 태도를 갖게 하는 것은 개인으로 하여금 감정의 영역, 즉 감사하는 마음에서 시작하여 초조해하고 좌절하는 사람과 원만하게 소통하도록 한다.Laverty, 2012: 65, 76 우리는 아무리 어려운 상황에 놓이더라도 남을 경멸하지 않으며 모욕하거나 호전적 모습을 보이지 않으려 애쓴다. 이렇게 시민적 예의는 타인의 존엄에 민감하면서 그들과 소통적으로 상호작용하는 실천적 행위다. 상대방에 대한 공격을 최소화하고 서로 적절하게 반응하여 소통에 힘쓴다. 한마디로 타인과 상호작용을 잘하도록 고무하는 태도다. 사회에 의해 창출된 규범의 집합을 통해 소통하는, 타인들을 향해 개방된 태도다. 그것은 자명하거나 초월적 가치가 아니라, 공정하고 책임지는 참여적 민주주의를 촉진하는데, 다른 민주적 가치들과 상충되기도 한다.Levine, 2010 시민적 예의는 공동선을 위해 자기이익을 자제하고, 전체 사회의 이익을 걱정하고, 공동선에 관심을 둔다.Shils, 1997: 4 공동체에 대한 개인의 책임이고, 자발적 단체, 시민기관, 정부 등을 통해 공동체에 헌신하는 개인의 선택에 의해 드러난다.Weeks, 2011 시민적 예의를 갖는 것은 폭력이나 야만적 행위로부터 자유롭게 됨을 말한다. 시민적 예의는 국가의 무례함이나 만행 또는 폭력과 구별하는 데 사용된다. 사람들의 상호 접촉은 어느 공동체에나 중요하다. 이질적 공동체가 종종 사전 접촉이나 상호 이해가 없이 함께 정중하게 어울리는 것도 중요하게 다루어진다. 자신의 충동을 자제하거나 타인을 위해 자기이익을 제어하는 것을 필요로 하고, 때로는 '자기희생' 정신을 요청하기도 한다. 시민의 탄생이나 시민사회의 형성에는 시민적 예의가 가장 중요한 구성 요소다.

여기서 우리는 '시민적 예의civility'와 반대되는 '시민적 무례incivilness, incivility, uncivility'가 항상 나쁜 것은 아님을 유념할 필요가 있다. 또 시민적 예의는 국가의 폭력 또는 무례함이나 만행으로부터 자유와 해방을 포함한다. 시민적 예의는 대체로 비폭력적 성향이며, 삶의 서로 다른 방식에 있어 타협, 상호 존중, 권한의 공유를 중시한다.Keane, 2003: 13 존경, 관용, 숙고, 신뢰, 협동, 비폭력 등의 규범들로 구성된다. 시민적 예의가 시민사회에 결여되어 있다면, 사회는 무질서 상태로 빠져든다. 정중한 예의는 때때로 민주적인 가치를 경시함으로써 개인 상호 간의 정중함으로 축소되어 종종 잘못 오도될 수 있다. 개인 상호 간의 정중한 예의의 규범은 사회적 갈등과 변화 속에서 확실하게 구분하는 것이 어렵다. 억압적이고 폭력적이며, 공정한 기회와 이견, 인권을 부정하는 불평등한 계급 위계나 불의한 국가의 불공정한 '무례를 범한' 행동은 비판의식의 가능성이나 혁명의 정당성으로 발전할 가능성이 있다. 부정의한 일이 생길 경우, 기존 규범을 이탈하는 당시의 '무례한 행동'은 새로운 역사의 변화를 가져온 혁명적 기제의 역할을 하기도 한다. 무례한 방식을 통한 '의식화 활동'이지만, 그것은 불리한 처지에 있는 사람의 목소리를 경청해서 더욱 공정한 사회를 만들어 낸다고 볼 수 있다. 역사는 정중한 예의와 정치적 예의의 갈등과 조화 속에서 성장한다고 볼 수 있다. 이렇게 볼 때 '무례'는 '시민적 예의'로 나아가는 이행적 과정이다.Bob, 2011; Eliasoph, 2011 이렇게 시민사회는 시민적 예의와 시민적 무례의 양면적 모습White, 2006을 동시에 보여준다. 역사란 예의와 무례 간에 이루어지는 길항적 정반합의 과정을 밟는 셈이다. 예의와 무례를 둘러싼 시민적 예의는 가족 정치에서 시작하여 국제적 정치에 이르기까지 범위가 확장된다.

이렇게 정중한 예의를 갖추는 태도와 정치적 예의를 갖추는 태도 사이에 애매함과 갈등, 긴장이 있다. 아무리 피억압자가 나쁘게 대우를 받는다고 하더라도, 억압자에게 괜찮은 것처럼 미소를 짓고 참아내는 것이 정치적 예의는 아니다. 오히려, 타인에게 동일한 인정을 확장할 조건에 기반을 두고, 타인을 평등한 사람으로 대우하는 것이 바람직한 정치적 예의다. 결국, 문제해결은 매너나 공손함으로 이해되는 개인 사이의 정중한 예의와 시민사회의 덕으로서 정치적 예의가 어떻게 융합하느냐에 달려 있다. 적절한 경우에 적절한 사람을 향하는 올바른 종류의 시민적 무례는 환영할 만하다. 한때는 무례였던 것이 예의로 취급되고, 한때 예의였던 것이 무례한 행위로 처벌되기도 한다. 때로는 무례한 행동의 경우 참아야 할 때가 있고, 때로는 그렇지 않을 수도 있다. 때로는 관용의 행동이 정치적 예의와 충돌할 수 있고, 그러지 않을 수도 있다.

시민적 예의는 포용, 경청, 공통성과 같은 특수한 기술을 통해 배제, 침묵, 자기이익 등 구별하기distinction와 싸우며 민주적 사회의 갈등을 평화적 방법을 통해 중재한다.White, 2006: 457 이럴 때 사회적, 문화적, 종교적, 정치적 균열을 가로지르는 협력을 보여주지 않으면 안 된다. 서로 차이는 있다 해도 협상 과정에 필요한 조건에 근거하여 문화적 차이, 평화로운 공존의 가능성을 상호 존중하고 소중히 여겨야 한다. 시민적 예의는 정치체제에 속한 시민들에게 무례한 극단적 폭력 행위를 하는 사람이나 집단을 제어하도록 정당성을 부여하는 개념으로 작동할 수도 있다. 공과 사를 원활하게 소통시키는 것이 시민사회의 역할이라면 사적 영역에 속하는 정중한 예의와 공적 영역에 속하는 정치적 예의의 긴장과 갈등에 대처하는 방안을 마련하여야 한다. 어떤 의미에서 정치적 예의는 반대자의 목소리를 배척하지만, 공동선의 공유된 비전을 함양하려는 희망을 품고, 특정 집단을 평화롭게 하는 정치적 예의의 힘을 이용하여 가능한 행동의 한계를 설정할 수 있다. 그러기에 예의와 무례 또는 폭력과 평화의 도덕적 불일치가 민주적 사회에서 생겨날 수 있다면, 우리는 정치적으로 '부동의의 교량'을 놓을 대안을 마련해야 한다.^{Terjesen, 2012: 109}

따라서 정중한 예의와 정치적 예의의 경계선 사이에서 벌어지는 긴장과 갈등의 간격을 줄일 모종의 합의를 도출해야 한다. 시민적 예의는 배제를 위한 차별하기와 평화적 해결의 양면성을 겸비한다. 시민적 예의와 시민적 무례의 판단 여부는 상황과 조건, 그리고 행동의 정당성 여부, 구성원들의 동의 여부에 달려 있다. 정중하게 행동할 것이냐, 아니면 무례하게 행동할 것이냐 여부는 정치적·역사적 상황과 조건에 좌우된다. 이렇게 본다면, 정중한 예의와 정치적 예의를 둘러싼 논쟁은 행위 주체의 상황과 관련된 방식으로 표현될 수 있다. 그것은 국가 체제의 성격과 시민사회의 교양 정도에 따라 달라진다.

4. 시민성 함양을 위한 시민적 예의 교육의 목적과 방법

우리는 시민사회의 성장을 위해 개인 간의 정중한/인간적 예의와 성숙한 시민적/정치적 예의를 융합해야 한다. 개인들 사이에 정중한 태도를 보이는 인간적 예의와 사회 및 국가에 대해 올바른 태도를 갖는 정치적/시민적 예의가 필요하다.

인간으로서 '정중한 예의'와 시민으로서 '정치적 예의'가 서로 조화롭게 공존해야 하는데도, 우리 사회는 언제 폭발할지 모르는 잠재적 갈등을 내포하고 있다. 인간적 예의와 정치적 예의를 조화시키는 '시민적 예의'에 대한 대안적 개념이 창출되지 않은 채, 다들 엉거주춤한 상태로 '불안한 동거'를 하고 있는 셈이다. 한마디로, 인간적 예의와 정치적 예의가 갈등하며 서로 다른 목표를 향해 치닫고 있다. 양자 사이에 미묘한 경계선이 가로놓여 있다. 그러기에 우리 사회는 인간적/정중한 예의와 시민적/정치적 예의 사이의 경계선에서 벌어지는 긴장과 갈등을 해결할 과제를 안고 있다. 대안은 인간적 예의와 시민적 예의를 두루 갖춘 시민을 양성하는 길밖에 없다.

시민적 예의는 일상생활에서 매너, 에티켓, 예의범절의 개념으로 축소하지 말아야 한다. 시민성을 이루는 시민적 예의가 결여되면 사회적 갈등의 조절 기능이 발휘되지 못한다. 공적 담론에 대한 시민적 예의의 영향에 대한 부동의의 난관에 봉착할 때 그것을 해결할 시민적 예의 능력이 필요하다. 시민사회는 시민적 미덕인 시민적 예의를 창조하는 모판이다. 야만성과 폭력성을 타고난 사람이라도 시민적 예의를 갖춘 문명화된 교양시민으로 바뀌어야 한다. 그러기에 시민사회는 타인, 궁극적으로 지역사회와 거대사회를 향한 적극적 감정으로서 시민적 예의를 필요로 한다. 시민사회를 지탱하는 시민성의 구성 요소로서 시민권의 신장과 함께 시민적 예의의 규범이 동시에 작동해야 한다. 시민적 예의가 부재하다면, 사회가 무질서/무규범 상태로 빠져든다.

그러기에 서로 다른 일상의 사회 배경에서 예의 바르게 상호작용하도록 준비시키는 교양문화의 주된 요소로서 '시민적 예의 교육civility education'이 긴요하다. 시민적 예의와 시민적 무례를 구별하기가 애매한 경우가 많은데 '시민적 예의 교육'이 더 절실하다. 시민사회와 국가 간의 사회적 매개자로서 살아가게 돕는 시민적 예의 교육은 '시민적 공화주의civic republicanism'의 주요한 목적이다.[Peterson, 2011] 민주적 시민사회의 가치를 더욱 공고화하는 시민적 예의 교육은 인간적 관계를 존속시키면서 정치적 시민이 되는 것 사이의 긴장과 갈등을 슬기롭게 해결할 방안을 마련해야 한다. 민주적 성향으로서 시민적 예의는 국가의 폭력이나 규율 또는 공민교육이나 심지어 사회화와 구별되는 민주적 시민교육의 차원에서 실시되어야 한다. 이것은 공교육의 정당성을 확보하는 일이기도 하다. 시민적 예의 교육은 청소년들이나 어른들에게 시민적 예의를 가르칠 도덕적 책임을 가진 시민교육의 목표일 뿐 아니라 중요한 정치적 이상이기도 하다. 다음 방법을 통해 접근해보자.

첫째, 시민적 예의 교육은 시민교육의 이념적 토대를 새롭게 한다. 시민적 예의 교육은 탁월한 시민, 책임 있는 시민, 따뜻한 시민을 길러내는 것을 학교교육의 목표로 삼는다. 민주적 예의 함양을 위한 시민적 예의 교육은 학생들이 제 의견과 부동의를 표현하는 것을 두려워하지 않도록 해야 한다. 교실을 서로 조화하고, 신뢰하는, 상호 존중과 개방적 분위기로 만들어감으로써 인권을 확보하고 확장할 민주 공동체로 나아가게 할 촉매가 되게 해야 한다. 우리는 경제 성장에 부합하는 정신적/내면적 성장이 요구되고 있으며, 교양시민의 탄생을 위해 시민적 예의 교육이 절실하다. 민주시민교육의 이념 토대를 더욱 튼튼하게 하고, 민주적 공론의 장을 창출할 능력도 키우게 해야 한다. 정치·경제 사건들과 논쟁적 이슈를 논의하는 데 필수적인 시민적 예의의 비판적 역할을 수행해야 한다. 학생들은 일상생활 속에서 민주적 능력을 싹 틔워야 한다.

둘째, 시민적 예의와 관련해 논란이 많은 규범을 놓고 논쟁교육을 할 필요가 있다. 예의와 무례를 식별할 비판적 능력의 함양이 긴요하다. 교사들은 정치적 쟁점 이슈와 관련해 건전한 토의와 교실활동을 촉진해야 한다. 학생들에게 쟁점 이슈를 가르칠 때 신중한 접근법을 취해야 한다. 여러 접근 방식이 보일 수 있는 입장과 그 잠재적 결과들을 학생들에게 말해줘야 한다. 제 정치 견해를 일방적으로 전달하는 것이 아니라, 인간적 예의와 정치적 예의가 결합된 시민적 예의를 발휘하는 교육을 추구해야 한다.

셋째, 시민적 예의의 개념은 적절한 매너와 예의 바름의 주입을 훨씬 넘어서야 한다. 학생들에게 덕목(질서 유지, 규칙 준수 등)을 주입하려는 학교의 노력과 학생들이 '무례'의 형태(개기기, 사보타지)를 선택할 권리 사이에 갈등이 생겨난다. 특히 폭력 상황에 직면한 교육자는 교육의 핵심 이상을 침해할 수도 있는 전체주의적 방법에 의존하지 않도록 애써야 한다. 정치 이데올로기와 쟁점 이슈들을 가르칠 때 교사들은 제 생각에 동의하지 않는 학생들에게 예의를 갖고 대해야 한다. 시민적 예의가 갖는 개념적 경험적 복잡성과 논란을 인식하지 못하면 갈등이 커진다. 쟁점을 일방적으로 전달하는 교화 방식이 아니라, 합리적 논의와 타협으로 해결할 방안을 찾아야 한다. 숙고·경청하는 기술, 논의력, 인내 등 시민적 예의 능력은 민주주의에서 효과적인 소통 능력이다. 학생들에게 시민적 참여의 중요성을 일깨우고, 시민적 참여를 학습하고 실천할 기회를 제공해야 한다.

넷째, 시민적 예의 교육은 학교가 폭력화되고 있는 풍토를 개선할 작은 물꼬가 될 수 있다. 민주 정부가 번창하기를 바라는 사람은 누구나 민주 정부의 구성원들 사이에 공적 문제에 대한 담론을 북돋아 시민적 예의를 증진시키고 무례 또는 폭력을 줄일 합당한 지혜를 발견할 수 있다. 민주적 예의를 가르치는 것은 학교가 민주주의 실천에 필요한 지식과 기술을 학습하는 장소가 되도록 하는 것이다. 그러려면 학생들이 예의 바르게 상호작용하도록 준비시키고 학습시켜야 한다. 특히 학생들 사이에 따돌림 문화나 학교폭력이 늘어나고 있는 우리 교육 현실에서 양자의 결합을 통한 대안 모색은 더욱 절실하다. 학교의 시민적 예의에 대한 정책을 정교하게 확립할 논리를 계발할 필요가 있다. 시민적 예의가 정치체제의 구성원들에게 넓고 깊게 파급되도록 도와야 한다. 정중한 매너와 습관부터 장려해야 한다.

다섯째, 시민적 예의 교육은 학교 민주주의를 활성화하는 데 도움을 줄 수 있다. 자신의 의견과 부동의를 표현하는 것을 두려워하지 않는 민주적 분위기를 조성하는 데에 촉매제 역할을 할 수 있다. 교사의 훈육주의적 입장과 학생들의 구성주의적 입장 사이의 갈등을 중재할 방안도 마련할 수 있다. 학생들의 자기 자력화뿐 아니라 사회적 자력화 능력을 함양해서 제 주변에서 생긴 문제들을 스스로 처리할 능력을 키우게 돕는다. 교육의 대안적 목적을 설정하는 데도 기여할 것이다. 시민적 예의 교육 논의는 교육자와 행정가 자신들의 모델 창안도 돕는다.

5. 착한 시민과 정의로운 시민의 공존을 위해

인류 역사는 시민적 무례에서 시민적 예의로의 이행 과정이다. 다른 말로 하면, 불공정한 사회로부터 공정사회로, 폭력적 사회에서 평화로운 사회로, 전체주의적 사회에서 민주 사회로 나아가는 과정에서 기존 사회질서를 불가피하게 거부하는 무례한 행동을 요청하기도 한다. 그런데 지금 우리 사회는 경제적으로는 선진국이지만, 문화적/교양적으로는 후진국 신세를 면치 못하고 있다.

오늘날 한국 가족의 독특한 정情 문화familial affectionate sentiments에 근원을 둔 공동체적 예의는 합리주의와 자유주의/개인주의에 바탕을 둔 시민적 예의와 충돌하고 있다.Kim, 2007 친한 친구라고 하더라도 정치 이야기를 자연스럽게 거론할 수 없다. 서로 애써 삼가는 것을 미덕으로 여긴다. 사람들은 공동체도 지향하고 가치도 공유하는 완전한 우정으로 성숙된 것이 아니라, 정서적 친밀성만을 유지하는 도구적 우정 수준에 머무른다. 이런 수준의 우정을 친구 간의 인간적 예의로 여기며 지내는 것이 한국 사회의 '정情 문화'다. 정치적 문제를 애써 꺼내 거론하는 것을 되도록 자제하는 것을 미덕으로 여기며 인간관계를 유지하는 것이 한국 사회의 '예禮 문화'라고 여겼다. 오늘날 예의는 머슴과 하인을 만드는 노예 관계로 정의되어 점차 굴종과 억압을 상징하는 부정적 이미지로 굳어져 갔다.김근, 2012: 6-7 장유유서 등 예의문화는 권력의 질서를 유지하거나 사회 안정을 위한 수단으로 기득권층에 의해 이용되었다. 이러한 굴절은 성숙한 정치적 시민으로의 발전을 어렵게 하였다. 실제로 원만한 인간관계를 유지하기 위해 정치적 사안을 공론의 장에 등장시켜 자유롭게 논의하는 대신 애써 피하려는 태도가 이를 잘 보여준다.

특히, 민주주의의 과도기 상황에 놓여 있는 우리나라는 시민으로서 예의를 제대로 구현하지 못하여 성숙한 정치문화를 북돋지 못했다. 한국 사회에서 시민적 예의의 부재는 정치문화 또는 시민문화의 미성숙에서 비롯된 것이다. 국가와 시장을 합당하게 견제해야 할 시민적 예의가 취약하다. 이렇게 된 이유는 역사적으로 예의, 규범, 교양 등을 함양하고 내면화할 겨를도 없이 우리가 급속한 산업화라는 압축적 시공간에 던져졌기 때문이다. 전통적으로 우리나라에는 교양을 겸비한 선비집단이 있었지만, 일제 식민지 통치를 겪으며 좋은 전통이 다 소멸했다. 시민사회를 일궈내는 데 주동이 돼야 할 교양시민계층이 변변히 형성되지 못하였다.송호근, 2013 국민의 높은 교육열에 힘입어 단기간에 대중교육의 폭발적 성장을 이루어냈지만, 그저 경제성장의 동원 기제로, 국가 이념 전파의 도구로 머물러서 민주시민사회의 토양 형성이 요원하다. 다시 말하면, 정중한 예의와 정치적 예의의 종합적 결과물이라고 할 '시민적 예의civility'를 지닌 교양시민의 탄생을 어렵게 했다.

일찍이 서양에서는 교회권력에 맞서 시민사회civilis societas가 등장하였고, 이후 이를 기반으로 18세기에 계몽의 기획이 진행됨에 따라 국가와 시민사회 사이에 공공 영역/공론의 장Öffentilichkeit, discursive public sphere이 형성되었다.Habermas, 1989 비교적 자유로운 개인들 속에서 의사소통적 이성을 갖춘 공중이 형성됐고, 이들이 사적인 영역에 속하는 문제를 공론의 장으로 끌고 와서 공공의 쟁점으로 토론하고 합리적인 대안을 모색해 공공성을 확보하였다. 반면에, 동아시아는 전통의 공동체가 국가로 통합되고 유교에 바탕을 둔 관료체제가 작동되면서 사익을 억제하고 공익을 추구하자는 대의가 정치영역만이 아니라 생활세계까지 지배하면서 일찍부터 서양과 다른 공공성을 추구하였으나—무엇보다도 동아시아인에게 공公은

한국과 현대 서구/동유럽의 비교^{Kim, 2007}

	한국	현대 서구	동유럽
윤리적-문화적 배경	(신-)유교	기독교	가톨릭/마르크스주의
자아의 유형	상호 의존적 자아 /우리의식	독립적 자아 /자율성	독립적 자아
인간관계의 매개체	정(情, affection)	시민사회(civil society) /시민적 예의(civility)	종족성(ethnicity)
사회적-윤리적 매개체	초월적 집단주의	초월적 개인주의 /도덕적 개인주의	종족적 민족주의
합의 유형	집단적 의식 /문화적 일치	(중첩적) 합의	사회적 순응주의 /강제된 동화
공동체적 아이	자유적 집단주의	자유적 개인주의	종족적 민족주의
집단성의 유형	국가적 시민성 (national citizenship)	결사체적 성원의식 /개인주의적 시민성	종족적 시민성 (ethnic citizenship)

공익公益만이 아니라 공정公正과 공평公平을 의미하였다^{이승환, 2004}—자유로운 개인의 합리적인 성찰과 민주적 토론은 부족하였다. 존 롤스는 정치적 정당성은 공적 이성에 바탕을 두어야 한다고 하면서 시민성의 이념은 법적 의무가 아니라 자신이 옹호하고 지지하는 원리와 정책을 서로에게 설명할 도덕적 의무, 곧 시민적 예의에 바탕을 두어야 한다고 역설하였다.^{Rawls, 1993: 217} 미국 민주당의 클린턴 대통령과 오바마 대통령도 공적 토론에서 기본적 수준의 시민적 예의를 강조하였다.^{Levine, 2010}

이렇게 된 현실은 국가가 교양시민의 능력을 북돋지 못한 결과이기도 하다. 시민교육의 측면에서 정중한 예의와 정치적 예의라는 양자의 긴장과 갈등을 해결할 적절한 대안을 마련하지 못하고 있는 실정이다. 우리 정치문화는 다름을 인정하는 공존의 윤리에 익숙하지도 않다. 그래서 생각과 이념이 다른 상대와 협상과 타협이 쉽지 않다. 직업의식이나 책임의식 없는 지도층만을 양산하고 시민적 예의를 품은 시민을 양성하지 못해 교양계층의 탄생을 어렵게 하였다. 그 결과 가치질서나 규범의 근간이 붕괴되는 조짐마저 보인다. 오늘날 한국 사회의 규범적 위기도 여기서 비롯됐다. 이것은 법의 제정만으로 해결될 문제가 아니다. 이를 극복할 방안은 장기적으로 시민적 예의를 갖춘 시민을 양성하는 길밖에 없다. 정중한 예의와 정치적 예의가 원만하게 소통되지 않는 취약한 문화 속에서는 선진 사회의 형성이 불가능하기 때문이다. 특히 정치적 갈등과 대치가 심한 우리나라의 경우 비억압적 방식으로 갈등을 평화적으로 해결하려는 태도와 의지를 갖춘 새로운 시민 주체가 절실히 기다려진다.

세상에는 정중한 예의를 선호하는 사람이 있는가 하면, 정치적 예의를 중시하는 사람이 있다. 이 문제를 쟁점 상황으로 끌고 들어가면 더욱 예민해진다. 이 문제는 결국 철학이나 가치관의 차이에서 비롯된 것이다. 아리스토텔레스가 강조한 바 있듯, 개별적 인간과 공동체적 시민은 분리될 수 없는데도, 서로를 멀리하고 기피하는 모습을 보이고 있다. 정치적 예의 논의가 때로는 친밀한 인간관계의 유지를 침해할 우려가 있다고 보고 언급을 삼가기도 한다. 그래서 교양시민의 탄생을 어렵게 한다. '착한 시민'과 '정의로운 시민'을 융합해내는 시민적 예의 교육이 긴요하다.

우리 시민교육은 그동안 정중한 예의를 지나치게 강조해서 국가 명령에 순종하는 '착한 시민' 기르기에 급급했다. '정의로운 시민' 기르기에 소홀했다. 우리 시민교육은 착한 시민만 양성하는 협소한 '예절교육'으로 전락하여 옳고 그름을 판별할 정의로운 시민의 형성을 어렵게 한 것이다. 이제 순종적인 착한 인간을 길러내는 예절교육에 머물 것이 아니라, 정치적 문해력을 함양하는 시민교육으로 발전해야 한다. 물론 그렇다고 '착한 시민'의 양성을 포기하자는 말이 아니다. 그 둘은 꼭 분리되는 것이 아니기 때문이다. 그런데 우리가 당면한 문제는 시민적 예의의 형성보다 출세와 성공을 위해 전문 기술과 생존 수단을 중시하는 교육 풍토, 특히 효율성과 경쟁을 중시하는 신자유주의 교육정책의 공세로 인해 시민적 예의의 형성을 더욱 어렵게 한다는 점이다. 학교는 예의 바른 품행, 자기 자신과 상대

방을 존중하는 법, 바람직한 시민의식, 사려 깊음과 배우려는 마음가짐을
가르치는 곳으로서 자신의 좋았던 전통을 회복해야 한다.

18장
시민적 공화주의 시민교육과
대안적 학교 모델

1. 민주주의의 위기

자유주의 또는 신자유주의가 옹호하는 개인과 사적 영역의 강조는 타인의 간섭에서 자유롭고 싶다는 이른바 '소극적 자유' 개념을 발전시켰다. 타인이나 국가의 간섭으로부터 자유롭게 개인의 권리와 개성을 지키고 누리는 자유의 개념은 근대 민주주의의 발전과 더불어 침해 불가능한 보편적 권리로 확대되었다. 그러나 소극적 자유 개념이 확대되면서 타인이나 공동체에서 분리된 개인이라는 관념이 양산된 결과, 공동체 약화에 대한 우려와 두려움이 시민들 사이에서 번져나갔다. 그리고 국가가 대표하는 공적 영역은 시민과 사회를 억압하고 간섭하는 불편한 존재라는 인식이 팽배해지면서 민주주의의 위기 국면을 맞고 있다. 세계 경제의 적나라한 야만적 경험, 기업과 정부의 관료적 무관심, 사회적 무례, 때로는 악의적 부당함 등은 시민교육이 감당해야 할 벅찬 문제다.

민주주의의 위기는 다음과 연관되어 있다. 첫째, 젊은 사람들의 정치적 각성과 이해, 활동이 쇠퇴한 것은 정치적 무관심이 증대되는 사회적·도덕적 분위기의 결과이자 원인이다. 둘째, 서구 민주주의가 점점 복잡해지고 이질성을 강조하는 본질과 이런 성향이 유도하는 문화적, 종족적, 종교적 다양성과 관련이 있다. 셋째, 점점 더 복잡해지는 정치적 사회적 세계와 30년 이전과는 다른 힘으로 작용하고 있는 기술적 변화 그리고 새로운 형태의 미디어의 출현으로 급속히 진전된 세계화 현상과 연관되어 있다.

이와 관련된 국가와 정치, 시민사회를 둘러싼 복잡한 문제를 해결하려는 시도가 2000년대 초부터 등장한 '시민적 공화주의civic republicanism' 사상이다. 시민적 공화주의는 '시민적'과 '공화주의'의 합친 말이다. '시민적'이란 민주주의의 본질이라고 할 정치 갈등이 전개되는 과정에서 타인을 고려하고 관용을 베푼다는 의미를 함축하고 있다.Barber, 이선향 옮김, 2006: 172 참여적 적극적 시민의 이념을 옹호하는 공동체주의가 순종적 시민으로서 시민공동체에 대한 보수적 이해로 돌아서는 경향을 보이자 '시민적 공화주의'가 등장하였다. 시민적 공화주의는 공동선을 위해 공적 문제에 집단적으로 개입할 것을 강조한다.Khoo, 2014: 32-33 공화주의는 원래 군주 혼자가 아니라, 귀족과 국민들이 함께 통치하는 공동체를 의미하였다. '공중의 것 public thing'이라고 번역되는 '공화국republic'의 라틴어 어원인 'res publica'는 무분별한 사적 이익의 추구보다 공적 이익을 중시하여 사회공동체에 참여하는 자주적 공민이 정치의 주체가 되게 한다는 이념에 바탕을 두고 있다.[77] 이기주의에 충만한 '대중大衆, mass'이 아니라 공동체 속에서 자신의 역할을 사고하는 시민의식을 품은 공중公衆, public의 의미를 담고 있다.[78] 'res publica'는 공적인 행위 영역이자 생활 영역으로서 통치가 어느 한 사람의 관심사나 비밀 사안이 되어서도 안 된다는 말이다. 공적인 관심사를

---

77. 키케로는 국가 또는 정체를 가리키는 플라톤의 'politeia'를 'res publica'로 번역하였다. 키케로는 'res publica'(공화국)는 'res popupi'(공중의 사안)으로서 공중은 단순히 함께 모인 집단이 아니라, 질서를 위한 법을 인정하면서 이익의 공유를 위해 함께 모인 집단이라고 정의한다(Cicero, 54-51 B.C, De res publica). 따라서 공화국의 정신에는 자신만의 이익을 위해 전제정치를 하는 군주를 거부하는 정치적 신념과 자유(libertas)의 의미가 담겨 있다.

78. 'res publica'는 '공중'을 의미하는 'populus'에서 유추되며, '공적인 것'을 의미하는 'publicus'는 'populus(공중)'에서 기원한다.

다루는 '공화국res public'이라는 개념은 그 자체가 매우 정치적인 구성물로서 법치 아래에서 자유가 보장되는 정치적 공동체를 지향한다.

1990년대 이후 서구에서 시민적 공화주의 정치사상이 부활했다. 그 부활은 아리스토텔레스와 키케로로부터 시작하여 마키아벨리의 전환을 거쳐 미국의 헌법에 이르기까지 정치사상의 역사에서 시민적 공화주의 전통의 재검토를 동반했다. 19세기에 밀J. S. Mill이 예증한 자유주의적 및 시민적 공화주의 사고의 출현에 이르기까지 시민적 공화주의 사상의 다양성과 복잡성을 고려한 민감한 해석도 이루어졌다. 아테네식 민주주의를 존중하는 반플라톤주의자로 간주될 수 있는 존 스튜어트 밀John Stuart Mill은 현자들의 전제정치를 거부하였다. 시민적 공화주의 정치 이론은 시민적 의무의 성격, 공동선에 대한 인식, 시민정신의 역할, 숙의민주주의 참여, 적극적이고 참여적 실천으로서 시민 참여에 대한 숙의적 참여를 검토한다.

정치지도자들도 시민적 공화주의에 대해 큰 관심을 보이고 있다. 쿠엔틴 스키너Quentin Skinner와 필립 페팃Philip Pettit의 최근 연구를 바탕으로 메이너Maynor는 공화주의의 근대 이론을 발전시키기 위해 비지배와 충돌, 시민정신 및 시민적 미덕 사이의 복잡한 상호 의존 관계를 탐구한다. 메이너는 현대적 공화주의가 고전적 버전에서 영감을 얻고 정보를 제공함으로써 근대 민주적 민족국가의 정치적 이상과 제도를 새롭게 하는 노력의 기초가 될 수 있다고 주장한다. 하지만 공화주의적 자유는 비-완전주의적이고 비-행복론적이다. 자유의 제국에 호명되는 핵심적 가치는 일정한 삶의 방식의 공표가 아니라 비의존성에 중심을 두고 있다. 그것은 공화주의적 자유가 긍정적·소극적 자유와 구별되며, 비의존성이라는 자유에 대한 강조는 현대 사회에서 자유의 개념을 특히 중요한 역할로 규정한다고 주장한다. 호세 루이스 로드리게스 사파테로José Luis Rodríguez Zapatero(1960~)[79]가 2000년 스페인의 야당 지도자가 되었을 때, 그는 자신의 사회당이 권력을 잡으면 자유주의와 공동체주의의 대안으로 필립 페 틧[80]의 1997년 공화주의 원칙—자유롭지 못하다는 생각에 기초한 자유 와 통치의 이론—에 따라 스페인을 통치할 것이라고 밝혔다. 사파테로가 2004년 대통령으로 선출되었을 때, 그는 자신의 아이디어에 대한 중요한 연설을 하기 위해 페팃을 스페인에 초청했다. 사파테로는 페팃에게 스페인 정치를 모니터링하고 다음 선거 전에 일종의 성적표를 작성해 달라고 요 청했다. 페팃은 2007년 스페인으로 돌아와 사파테로 정부에 공화당의 이 상을 홍보할 수 있는 자격을 부여했다.

시민적 공화주의는 이론으로 완성된 것이 아니라, 여전히 발전과정 에 있다. 특히 교육이론 영역에서는 별다른 논의가 없다. 다만 피터슨A. Peterson[2011]의 『Civic Republicanism and Civic Education』와 제프리 힌치 리프Geoffrey Hinchliffe[2015]의 『Liberty and Education: A Civic Republican Approach』가 독보적이다. 이들은 공화주의적 자유에 대한 스키너, 페팃, 포코크Pocock의 자유에 대한 아이디어를 교육 실천의 조명에 쓸 방법을 탐구하였다. 공화주의적 자유는 긍정적 자유와 소극적 자유와 구별되며, 비의존적 자유는 현대사회에서 자유의 개념을 중요한 역할로 규정한다. 자유의 제국이 '자유를 담지하는 행위자freedom bearing agents'라는 존재를 요구한다는 아이디어를 공식화한다. 지식을 특히 강조하는 교육은 사람들 이 자유를 담지하도록 인간의 힘을 촉진하게 한다.

국내 교육학계를 보자면 라이헨바흐R. Reichenbach[2010]의 「교육학적 범주 로서 시민성Civility as Pedagogical Category」과 심성보[2014]의 「정중한 예의와

---

79. 스페인의 정치가 사파테로는 '조용한 사회주의자'로 불리며 사회노동당을 이끈 끝에 2004 년 3월 14일 치러진 총선거에서 여당인 국민당(PPE)을 물리치고 사회노동당이 정권을 잡 는 데 결정적인 역할을 하였다. 총선의 승리로 같은 해 4월 18일 총리로 취임하였다. 내각 의 절반을 여성에게 배분하고, 이라크에 주둔하던 스페인군을 완전히 철수하였다. 기타 실 업문제 해결, 주택난 해소 등의 정책을 폈다.

80. 페팃은 공화주의의 독창적 자유 개념으로서 비지배(non-domination)라는 이론적 함의 를 개발하고 확장했다.

정치적 예의의 공존을 통한 시민적 예의 교육」에서 시민적 예의 및 시민적 예의 교육의 필요성을 강조하고 있으나, 사상적 근원을 이루고 있는 시민적 공화주의 사상은 다루고 있지 않다. 장준호[2011]는 공화주의적 도덕교육론을 개진하고 있으나 공민적 미덕civic virtue을 강조하는 인격교육자들과 유사한 입장을 보이는 고전적 공화주의 이론에 머물러 있다. 그래서 이 연구는 '공민적 미덕civic virtue'을 넘어서는 '시민적 예의civility' 개념을 끌어들인다. 시민적 예의의 개념이 개인 차원의 예의/예절로 한정되는 의미 축소를 보이자, 그것에 대해 문제제기를 하며 그것이 원래 가졌던 정치적 의미를 복원하고자 한다. 따라서 이 글은 공민적 미덕을 넘어서는 시민적 예의를 중시한 시민적 공화주의자들의 담론을 들여온다. 나아가 시민적 공화주의 시민교육의 대안적 접근을 닐의 '자치학교'와 콜버그의 '정의로운 공동체학교'에서 찾는다.

2. 시민성에 대한 시민적 공화주의 입장과 시민적 교양의 요청

1) 고전적 공화주의와 시민적 공화주의의 서로 다른 관점

공화주의republicanism는 고전적 아테네와 로마 혹은 르네상스 시기의 피렌체 같은 도시국가들의 이미지를 불러일으키면서 대두된 사상으로서 도시국가들은 적극성과 공공성이 충만한 시민권/시민성을 성공적으로 북돋아주는 것으로 받아들여지고 있다. 그러나 공화주의자들은 시민권/시민성을 증진시키는 데서 서로 다른 방식을 제시한다. 공화주의는 민주주의를 정당화하는 고전적 공화주의와 시민적 공화주의로 나뉜다.

먼저 고전적 공화주의classical republicanism는 플라톤과 아리스토텔레스와 연결되고, 오늘날 현대 공동체주의자들에 의해 종종 주장된다. 아리스토텔레스적 공화주의는 한때는 '공동체주의'의 한 형태라고 불렸는데, 일종의 '2차적 공동체주의second-order communitarianism'라 하겠다. 아리스토텔레스적 공화주의자들은 '고대인의 자유ancient freedom'의 우선성을 회복하려고 노력한다. 고대인의 자유는 개인적인 독립을 평화적으로 만끽하는 것이 아니라, 정치권력의 행사에 능동적으로 참여하는 것이라고 주장한다. 아테네인들은 자유로웠는데, 비록 그들이 개인적 독립과 시민적 자유는 부족했지만, 집합적인 자치를 누리고 있었고, 폴리스를 위해서 자신들의 즐거움을 희생하도록 기대되었기 때문이다. 무엇이 삶을 진정 우월하게, 혹은 진정으로 인간적으로 만드는지에 대한 특정의 관점, 즉 '완전주의perfectionism' 접근을 전제하고 있다. 대부분의 사람들은 그들의 가정적 삶, 직업, 종교 혹은 여가에서 최고의 행복을 찾으려 하지 정치에서 찾으려고 하지 않는다. 이들은 정치를 기본적으로는 사적인 삶을 위한 수단으로 여기고 있다. 반면 '현대인의 자유modern freedom'는 방해받지 않고 자신의 직업과 애착들로부터 행복을 누리는 것에 놓여 있는데, 그것은 정치권력의 행사로부터 자유로워질 것—전형적으로 헌법에서 보호받는 일련의 시민적 권리들과 자유들을 통해서—을 요구한다. 고대인들이 정치적 삶을 붙돋기 위해 사적 자유를 희생하는 반면, 현대인들은 정치를 자신들의 사적인 삶을 보호하는 데 필요한 수단—어느 정도는 희생인—으로 바라본다. 이런 관점을 역전시키고자 하는 아리스토텔레스적 공화주의자들은 선good의 관점에서 '고대인의 자유'를 우위에 두고 있다. 이에 대해 일부의 사람들은 현대의 사적 삶에 대한 강조가 반사회적이고, 우리들의 타고난 사회적 성격을 부정하고 있다고 비판한다. 이런 비판에 대해 아리스토텔레스적 고전적 공화주의자들은 자유주의자들이 사적 삶에 매긴 가치들이 원자적인 형식이라고 반박하면서 정치적 참여는 우리의 사회적 연대와 관계들에서 타고난 인간적 욕구를 달성하는 수단이라고 변호한다. 정치에 대한 자유주의자들의 불신과는 달리 사회적 삶과 시민사회에 대한

긍정적 보증을 하고 있다.^{Rosenblum, 1987: 61}

아리스토텔레스주의자들에게 데모스demos는 정확하게 공화국에서 묘사된 '짐승'은 아니지만, 식욕과 열정을 통제할 수 없다는 점에서 종종 어린아이와 같은 것으로 여겨진다.^{Villa, 2017} 그 때문에 정치교육의 가장 중요한 차원은 인민을 길들이고 통제하는 것이다. 이 길들이는 기능은 지혜 또는 인격을 가진 귀족들에 의해 수행된다. 지혜와 인격을 소유하고 있는 지도자들은 자기통제를 위한 이성과 능력 모두를 가지고 있었다. 지도자는 인격을 형성하는 정치예술가라고 할 수 있다. 마키아벨리, 루소, 헤겔, 토크빌 등 정치사상의 전통이 개인을 시민으로 만드는 적극적 시민정신과 공동체에 대한 현대의 논쟁에 많은 기여를 하고 있다.^{Oldfield, 1990} 그는 시민들이 권리보다는 의무를 가지고 있으며, 시민들의 자유는 정치적 영역에 혼자 남아 있지 말고 적극적으로 스스로를 통치하는 것이라고 설득력 있게 주장한다.

자유주의적 공동체주의에 대한 대안으로 등장한 시민적 공화주의는 로마공화국의 키케로에서 공화주의의 기원을 찾는데, 마키아벨리로 이어진다. 흔히 '신로마적 공화주의neo-republicanism'라고 부른다.^{Friedman, 곽준혁 외 옮김, 2009: 342} 마키아벨리가 강조하는 '형성forming'[81]의 개념은 주요한 소수의 지혜와 미덕이 아니라 많은 사람들의 견고하고 신뢰할 수 있는 시민정신이다.^{Villa, 2017} 마키아벨리와 마찬가지로 루소는 애국심이 강하고 공공의식이 강한 사람들 사이의 도덕적 타락을 자유와 평등의 가장 큰 위협으로 보았다.

그러나 두 사람은 부패가 어디서 생겨났는지 생각이 달랐다는 것이다. 마키아벨리는 부패가 거의 불평등에서 비롯된 것으로 보았다. 부유층과 강자의 특징인 야망과 정욕에서 우위를 차지한 것으로 보았다. 반면에 군

---

81. 마이클 샌들은 '형성'을 '형성적 기획(formative project)' 혹은 '형성적 정치(formative politics)'라고 명명하였다.

주정과 귀족정을 반대하였던 루소는 부패를 훨씬 더 교활한 힘으로 보았다. 확실한 잠재적 원천인 불평등에 의해서가 아니라 문명화와 사회화의 과정 자체에 의한 것이었다. 루소는 부유한 사람이나 힘 있는 사람이 허영심으로 고통을 당한다고 생각하지 않았다. 사실, 루소의 근대 문명에 대한 고발은 우리 모두가 그런 허영심, 다른 사람들을 상대로 자신을 측정하고자 하는 욕망을 겪고 있다는 사실에 초점을 맞추고 있다. 그 결과는 단순히 하나 이상의 사회집단이 부와 권력의 엘리트에게 종속되는 것이 아니다. 오히려 우월한 사람과 열등한 사람들에 대한 개인적 (심리적 및 물질적) 의존 관계에 대한 우리 모두의 복종이다. 상속 계급이 폐지된 사회에서조차 이러한 개인적 의존 관계는 시간의 흐름에 따라 점점 더 강해지고 사회가 더욱더 쇠퇴하게 된다.

이 딜레마에 대한 루소의 해결책은 마키아벨리보다 더 깊고 철저했다. 시민의 자유와 공공정신의 복귀는 "상판을 털어내라"[82]거나 부자와 강대국을 단순히 견제하는 것으로 달성될 수 없었다. 상대적으로 단순하고 부패하지 않은 대중이 오직 솔론, 라이쿠르구스, 테세우스, 모세와 같은 '위대한 입법자great legislator'에 의해 잉태되어 생겨난 일련의 법률, 제도 및 방식으로 재능을 발휘할 만큼 운이 좋은 곳에서만 달성될 수 있었다. 루소의 경우, '자기 입법적 법에 대한 순종'은 정치적 및 사회적 ('자연적'인 것과는 반대되는) 자유의 본질이다. 그것은 의존성의 확장과 변형을 통하기보다 그것의 제거를 통해 도달된 자율성의 한 형태이다. 이사야 벌린 Isaiah Berlin에 이어, 우리는 국가나 다른 사회단체의 간섭으로부터 자유, 즉 소극적 자유negative liberty를 호명하였다. 루소는 시민단체는 일종의 아이로서 부패한 영향으로부터 그것을 격리하고 보호할 수 있는 법률, 절차 및 실천의 망에 안전하게 자리 잡도록 해야 한다.

---

82. 아리스토텔레스가 헤로도토스에게서 빌린 문구이다.

그러나 새로이 공민권을 가진 계층이 더 큰 지식과 경험을 가진 사람들과 가까이 있고 영향을 받지 않는다면 민주주의 교육을 진행할 수 없다고 주장하였다. 다시 말하면 지도력을 가진 정권은 궁극적으로 그들 없이도 민주적 정치질서를 창출하는 데 필수적이라고 생각된다. 루소는 로크처럼, 한 사람이나 한 무리의 절대권력 아래 자신과 동료들을 가장 어리석은 수준에까지 두는 것을 고려하기 때문에 주권자는 모든 사람들로 구성되어야 한다. 모든 사람에게서 나온 법의 형태로 의지를 표현할 수 있어야하며 모든 사람에게 적용될 수 있어야 한다.

시민적 공화주의는 반드시 상호 의존하는 인간들 사이의 자유의 문제를 다룬다. 자유가 정치적이든 개인적이든 서로 침해받을 수밖에 없고 공동의 운명을 공유한 사람들이 자신들의 삶에 대해 어느 정도 집단적 결정을 함께 행사하는 하나의 정치적 공동체의 성원을 통해 구현된다는 것을 가정하고 있다.Honohan, 2002 모든 사람이 비지배 자유를 향유하는 체제와 일치하는 '자치self-government'를 옹호한다. 시민적 공화주의자들이 중시하는 '자치'의 개념은 시민으로서 향유해야 할 최소조건으로서 주종 관계에 있는 예속dominazione/domination으로부터의 자유, 즉 '비지배 자유non-domination freedom'를 현대적으로 복원한다. 시민적 공화주의자 필립 페팃은 자유를 단지 '간섭의 부재'로 보는 자유주의가 사회의 공공성을 파괴한다고 보았으며, 자유를 '지배의 부재'로 규정하면서 평등한 구성원들의 공동체를 지향해야 하며, 자유는 개인적인 문제가 아니라, 공동체적 문제라는 입장을 개진한다.조승래, 2014: 15

예를 들어 한 노동자 개인이 자애로운 고용주의 자의적 간섭을 받지 않는다고 해서 그가 자유롭다고 할 수 없다. 그가 속한 계급 자체가 사회적으로 지배당하지 않을 때 비로소 노동자는 진정 자유로울 수 있다. 만일 그렇지 않다면 자애로운 고용주 대신, 무자비한 고용주가 들어섰을 때 노동자는 자유를 잃어버리기 때문이다. 여성의 경우도 마찬가지다. 한 부인이 자신에게 잘 대해주는 남편을 만난다고 하여 여성이 자유로울 수는 없다. 그 사회에서 여성이라는 집단 자체가 남성의 자의적 지배를 받지 않는 법적 제도적 장치가 되어 있을 때, 비로소 여성은 진정 자유롭다고 할 수 있다.[83] 이런 사례는 학교에 덕망 있는 교장이 부임하였다고 하여 평교사들이 자유로운 존재가 될 수 없는 것과 같다. 이 문제는 교사의 정치적 자유가 보장되지 않는다면 해결될 수 없다. 그래서 페팃 같은 시민적 공화주의자는 '지배의 부재'로서의 자유는 도시의 자유이지 결코 황야의 자유가 아니라고 역설한다. 즉, 사회 구성원 모두가 함께 누리고 지켜나가야 할 사회적 선이자 공동선인 진정한 자유란 원자론적/개인주의적 기획이 아니라, 공동체적인 평등주의적 기획을 통해서만 달성될 수 있다.

이런 문제의식을 가진 페팃은 이사야 벌린의 '자유의 두 가지 개념', 곧 소극적 자유negative freedom와 적극적 자유positive freedom의 구분을 넘어선 제3의 대안적 개념으로 '비지배 자유'를 제시한다. 우리가 익히 알고 있듯 '소극적 자유'는 타인의 간섭 없이 행위를 할 수 있는 것을 의미한다. 곧, 사람은 자신이 하고자 하는 것을 하지 못하게 하는 타인의 간섭과 방해를 받는 조건 아래에서는 자유를 잃어버릴 수 있다. 반면 '적극적 자유'

---

83. '비지배 자유'의 또 다른 예를 들어보자. 만적이란 노예가 있다. 그런데 주인과 따로 사는 외거노비이다. 게다가 주인과 친하기까지 하다. 어느 날 주인이 말한다. "넌 이제 소출의 일부를 갖다 주지 않아도 돼." 자유주의자들은 이를 두고 갑이 자유를 얻었다고 말할 것이다. 신체적 간섭도 경제적 수탈도 없으니까. 그런데 공화주의자들이 보기에 갑은 여전히 노비이다. 주인의 마음이 바뀌거나 주인이 죽으면 갑이 누리는 자유도 몰수되니까. 이처럼 자유를 '비지배'로 파악할 경우, 국가가 개인의 자유를 회복하기 위해 개입하고 간섭하는 것은 문제가 되지 않는다. 한 가지 사례로 세금을 거둬 빈곤층에게 적절한 복지를 제공하는 것은 자유주의적 관점에서 본다면 개인의 간섭하지 않을 자유를 침해하는 것이다. 하지만 '자유=비지배'의 관점에서 본다면, 빈곤 때문에 타인의 의지에 예속되는 상황을 막는다는 점에서 복지의 제공은 자유를 침해하는 것이 아니라, 오히려 신장하는 조치다. 거꾸로 국가가 비지배의 조건을 훼손하는 형태로 삶에 개입한다면, 이에 저항할 수 있는 공화주의 논리를 필요로 한다. 국가의 개입과 그것에 대한 저항을 동일한 조건에서 정당화하는 논리를 공화주의가 제공해주기 때문이다. 우리는 공화주의로부터 신자유주의 광풍 앞에 무기력한 개인으로 전락한 시민들의 삶과, 비효율과 무능력의 상징으로 낙인찍힌 민주주의를 구원할 희망을 찾을 수 있다.

를 가진 사람은 자기 자신의 의지에 따라 행위하며 살아가고 자기 자신의 이성에 따라 움직인다. 여기서 페팃은 두 가지 자유 개념 사이의 어딘가에 있는 '비지배 자유non-domination freedom' 개념을 제시한다. 이 개념은 타인/집단에 의한 지배 또는 통제mastery의 부재를 뜻하는 비지배와 타인의 간섭이 없는 '소극적 자유'와도 구별이 된다. 말하자면 소극적 자유가 없는 것과 비지배적 자유가 없는 것이 다르기 때문이다. 또한 비지배적 자유는 필연적으로 자율을 수반하지 않는다는 점에서 적극적 자유인 자율self-mastery과도 구별이 된다.Friedman, 곽준혁 외 옮김, 2009: 343-344 왜냐하면 지배를 받는 법을 제정하는 과정에 이상적 시민을 참여하도록 하고, 이를 통해 중요한 형태의 자유를 구현하도록 하기 때문이다.Friedman, 곽준혁 외 옮김, 2009: 342 이렇게 시민적 공화주의자들은 공적 영역에 참여하도록 함으로써 획득되는 자유인 적극적 자유와 함께 질서와 제도의 유지자로서 국가의 적극적 역할을 강조하고 있다.

그리고 '내재적 이성'을 위한 시민적 참여에 가치를 두는 '고전적 공화주의' 형식과 비지배의 부재, '도구적 이성'을 위한 시민적 참여에 가치를 두는 '시민적 공화주의' 형식을 구분할 필요가 있다. 고전적 공화주의자의 입장에서 보는 '공민적 미덕civic virtue'은 주로 시민의 개별적 인격의 발달과 관련된 고전적 입장으로 이해될 수 있다. 고전적 공화주의는 정치사회에서 상호 협력하는 구성원으로서 자치적 삶을 이끄는 개인의 능력을 증진시키는 것이거나 특정한 선의 개념을 전제하지 않는 공민적 미덕을 촉진하고자 한다.Sandel, 안규남 옮김, 2012 고전적 공화주의는 국가의 업무에 대한 시민의 적극적 참여를 정치적 이상으로 삼고 공동선을 강조하는 공동체주의자들communitarian의 입장과 친화적이다.

이와 달리 시민적 공화주의 사상은 1990년대 이래 마키아벨리의 재해석을 통해 아리스토텔레스와 키케로가 부활하였고, 그것이 미국독립혁명과 프랑스혁명의 공화주의(J. Harrington, J. J. Rousseau, J. Madison 등)로,

그리고 오늘날 시민적 공화주의자들(B. Barber, H. Pitkin, S. Macedo, P. Pettit, R. Bellah 등)에 의해 새롭게 재조명되고 있다. 이 모두 냉전의 종말 그리고 시장자유주의/신자유주의와 국가주의적 사회주의의 문제점을 극복하고자 하는 대안적 이념으로서 등장하였다. 시민적 공화주의자들civic republicans은 자치로서의 자유나 비지배로서의 자유 개념을 선호하고 시민들이 공공적 삶의 적극적 참여자가 되기를 크게 기대하면서 자유의 대안적 개념을 제시한다. 시민성에 대한 합리주의적/절차주의적 유형을 선호한다. 이들이 선호하는 시민적 예의civility의 개념은 공민적 미덕을 중시하는 고전적 공화주의 관점과 다르다. 시민적 공화주의자들은 정치적 공동체 내에서 인간의 완전한 행복을 추구하는 공동체적 시민성을 기대하는 고전적 공화주의와 달리, 시민적 행동을 위한 보편타당한 윤리적 원칙을 찾으면서 비지배와 같은 자유를 보호하고 촉진하려고 한다.

그래서 오늘날 시민적 공화주의는 사회정의 등의 가치를 더욱 중시한다.Sunstein, 1988 타인들/집단에 가해지는 억압, 폭력, 불의, 그리고 차별을 마치 내가 당한 것처럼 느끼는 분노를 보여주면서 이에 대한 대승적 사랑la carita laica을 표출한다.Viroli, 김경희·김동규 옮김, 2006: 19 시민적 공화주의자들은 어떤 부류의 인간이 되는 것과 관련된 내재화된 성향이라기보다 어떤 방식으로 행위하고 행동하는 '인지적 의지력cognitive willingness'으로 규정된 인격을 소중하게 여긴다.Peterson, 2011: 82 호노한 같은 시민적 공화주의자는 자유, 공적 참여, 숙고, 인정, 시민적 교양 등을 핵심 개념으로 삼는다.Honohan, 2002; Honohan, 2003

2) 시민성으로서 시민적 교양의 요청

시민적 공화주의자들은 공화주의의 고전적 개념인 개인의 '시민적 덕목civic virtue'과 구별하기 위해 법률의 준수가 '시민적 예의'에 의해 뒷받침되어야 한다고 주장한다.Pettit, 곽준혁 옮김, 2012: 439 법률이라는 강제력은 시민적 예의에 의해 지원을 받을 때 정당성을 가질 수 있다. 국가의 법이 진정으로 국민의 마음속에 자리 잡으려면, 국가의 법이 강제력을 내세워 주입되거나 교화되는 것이 아니라, 시민사회 영역에 절차적/도구적 공화주의의 민주주의 방식을 통해 확립되거나, 시민적 예의가 논의와 숙고를 통해 광범위하게 확산되어야 한다. 시민적 예의는 국가가 정당하게 촉구하는 지배의 부재로서의 자유를 증진하는 데 도움이 되는 행동을 뒷받침할 수 있는 가치와 행동이다.[Maynor, 2003: 182] 시민적 공화주의자들은 대의민주주의의 한계를 넘어서는 동시에 시민성citizenship의 적극적 실천을 요청하며, 나아가 시민성의 좋은 규범으로서 시민적 예의의 함양을 강조한다. 시민적 예의는 개인이 내면화해야 하는 공민적 미덕이라기보다, 인류가 갖추어야 할 시민성의 핵심 요소인 동시에 시민이 지켜야 할 보편 원칙의 하나로서 좋은 시민이 되게 하는 주요한 기제다.[White, 2006: 454]

시민적 공화주의의 중심에는 자유주의적 원자론과 경제적 자유시장의 힘에 대항하는 방어적 시도, 부분적으로는 공화주의적 목적을 증진하려는 시민적 예의의 함양이 자리하고 있다.[Peterson, 2011: 78] 시민적 공화주의 정치는 동료 시민들과 합리적으로 토론하고 합의를 통해 도달할 수 있는 마음의 습관이나 공공선을 위해 기꺼이 자신을 헌신하려는 품성의 함양을 소중하게 여긴다. 교양 있는 적극적 시민이 사회 전반에 충만할 때 사람들은 남을 지배하지 않는 태도를 갖고 처신할 것이다.

그러하기에 시민적 공화주의자들은 공화국이 규범의 망에 내장된 법을 가져야 할 첫 번째 가장 중요한 이유로서 법을 뒷받침하는 규범이 있는 정치체제에서 사람들이 높은 수준의 비지배를 누릴 수 있다는 점을 부각시킨다.[Pettit, 곽준혁 옮김, 2012: 440] 국가가 사람들의 마음속에서 자리 잡으려면, 완벽하게 구비된 시민적 덕목을 추구할 필요도 없고, 그저 우리 사회에 실제로 존재하는 좋은 시민들의 삶을 본받는 것만으로 충분하다. 그리고 국가의 법이 진정으로 효과적으로 작동하려면, 법이 시민사회 영역에 확립된 규범과 상승 작용이 일어나도록 해야 된다. 따라서 비지배의 진정한 향유는 간섭받지 않는 영역을 감시하는 법률 그 이상을 필요로 한다. 곧, 그러한 영역을 돋보이게 하고, 보장하며, 감시할 수 있는 사회적으로 성립된 규범을 필요로 한다. 시민은 법적 제재에 대한 민감성 때문만이 아니라, 자발적이고 문화적으로 체득된 시민적 교양을 통해 시민성이 확립될 수 있다. 법을 준수하는 공동체에서 법을 따르는 이유는 법적 제재나 강제의 두려움 때문이 아니라, 그것이 공정하다는 인식을 다들 공유하고 있기 때문이다. 곧, 법이 규범의 지지를 받을 때, 그러한 규범에 반하는 것을 요구하지 않고 규범에 부합되는 방법으로 형성되고 제공될 때, 사람들은 법의 공화주의적 양식을 정당한 것으로 간주하고 의심 없이 더 잘 따른다. 법은 오로지 적절한 규범에 의해 뒷받침되고 법에 대한 복종이 광범위하게 자리 잡은 시민적 예의에 의해 생겨나고 강화될 때에만 시민들은 진정으로 법을 따르고 법이 제공하는 지배받지 않는 상태를 향유하게 될 것이다.

시민적 예의가 필수적인 두 번째 이유는 법률 준수를 뒷받침해야 하는 필요성 때문이 아니라, 법이 사람들의 변해가는 이해 및 관념을 따르도록 만들어야 할 필요성과 관련이 있다.^{Pettit, 곽준혁 옮김, 2012: 441-442} 침해라고 인지되지 않는, 비지배에 대한 침해가 있다고 가정해보자. 예를 들어, 정부활동이 그 사회의 특정한 집단의 이익과 관념을 따르는 것은 아니지만, 그 문화 내의 어떤 사실로서 성립된 것이 아니라고 생각해보자. 이러한 경우 적어도 그 사회의 집단과 일체감을 느끼는 사람들 속에서 집단의 이름으로 행위를 하려는 사람이 있을 경우에만 침해가 인지되고 감지될 것이다. 왜냐하면 시민적 예의는 인종과 젠더 집단과 결합하면서 등장할 수 있기 때문이다. 이렇게 단순히 자신의 이익 때문에 불만을 토로하는 것이 아니라, 집단을 조직하고 공유하는 불만들을 명료화하는 과정 속에서 시민적 교양은 자연스럽게 드러난다.

시민적 예의가 필요한 세 번째 이유는 순종과 복종, 그리고 새로운 법적 명분의 표출이 아니라, 법의 효과적인 수행 및 그와 관련된 제재와 연관되어 있다.Pettit, 곽준혁 옮김, 2012: 445-446 이상적 공화국이 제재 행위의 적절한 범위를 확인하고 유지하도록 고안되었다고 생각해보자. 이는 예를 들어 범죄 행위이거나 공직자들이 해서는 안 된다고 간주되는 행위일 것이다. 그리고 그러한 효과적인 제재 양식을 보장하는 유일한 희망은 사람들로 하여금 단순히 법의 준수를 지지하도록 만드는 것이 아니라, 그들의 태도를 명확히 밝히도록 하는 것—칭찬이나 비난을 솔직히 하는 것—, 만약 필요하다면 적절한 토론의 장에서 위반자들을 확인하고 신고하도록 만드는 것이다. 이러한 점에서 시민적 예의의 필요성은 경찰이 어디까지 범법자들을 확인하고 범법 행위를 찾아낼 수 있는지, 엄격한 제한이 있다는 데서 더 분명해진다. 공동체의 일반 구성원들이 사소한 도둑이나 쓰레기 투기, 공공시설물 파괴에 신고할 준비가 되어 있다는 것만으로도 법적 제재는 효과를 발휘한다.

끝으로, 시민적 예의의 필요성은 자유의 대가가 '영원한 경계eternal vigilance' 태세를 보인다는 공화주의 원칙 속에 잘 표명된다.Pettit, 곽준혁 옮김, 2012: 446 이는 권력자에 대한 엄격한 경계의 확대를 요청한다. 권력이란 부패하기 쉬워서 특별히 감시되어야 한다. 자유를 위협하는 세력에 단호히 맞서고, 불의한 법이 통과되는 것을 저지하거나 지도자들이 공익을 위해 특정 문제를 다루도록 압박하기 위해 적극적 행동도 불사한다. 시민적 예의를 지닌 사람들은 국가가 이데올로기를 주입하는 것을 거부하고, 불법적으로 이익을 취하거나 타인들의 약점을 악용하지 않고 양심에 따라 자신의 직무를 수행하려고 한다.

이러한 시민적 공화주의 입장은 공직자들이든 일반 시민들이든 경계가 필요한 것은 사회적 조정이 필요하다고 여기는 현대의 자유주의적 통찰과 상당 부분 일치하고 있다.[84] 이러한 경계의 태도를 갖는 것은 국가와 시장을 감시하고 견제하는 제3의 영역인 시민사회의 자율적 역할의 강화 때문이다. 비록 공적 업무를 담당하는 관리나 정부의 전문가로 자처하지 않는다고 하더라도, 그러한 공적 활동은 공공선을 추구하며 활동하는 시민을 길러내야 한다. 시민들은 서로 갈등하는 이해관계만이 아니라, 공유하는 열망을 둘러싸고 논쟁을 벌이는 의사소통의 과정에서 시민적 교양을 쌓는다.

지금까지 고전적 공화주의와 대비되는 시민적 공화주의를 중심으로 하는 시민성 논의는 다음과 같이 요약된다. 첫째, 시민적 공화주의는 간섭을 하지 않는 자유—소극적 자유—라는 자유주의적 개념보다 자치로서의 자유나 비지배로서의 자유 개념을 선호한다. 시민적 공화주의자들은 일단 자유를 비간섭으로 개념화하는 자유주의적 관점에 도전한다. 시민적 공화주의자들은 자유주의적 명제의 수동성을 거부하며 시민이 공공적 삶의 적극적 참여자가 되기를 크게 기대하는, 자유의 대안적 개념을 제안한다. 시민적 삶에 깃든 이성의 함양에 초점을 두는 고전적 공화주의자들의 자유는 시민적 공화주의자들의 자치의 적극적 의미와 결합할 수 있다. 정치적으로 적극적인 삶을 중시하는 자유주의자와도 잘 결합할 수 있는, 도구적 이성을 지향하는 자유는 지배의 부재라는 소극적 의미를 통해 잘 이해될 수 있다. 이렇게 서로 다른 자유의 개념은 시민적 공화주의 이론을 뒷받침하는 적극적 시민성 원리와 밀접한 관련을 맺고 있다.

둘째, 시민적 공화주의자들은 시민들이 공동선의 감각을 자각하고, 필수적인 시민적 예의를 지니면서 그것에 따라 행동할 것을 바란다. 시민적 예의를 가진 마음의 습관은 시민적 삶 속에서 길러질 필요가 있다. 시민으로 하여금 어느 정도의 시민적 책임을 인식하고, 시민성의 지위와 실천

---

84. 시민적 공화주의적 경향은 오늘날 절차적 공화주의자들 또는 일부 자유주의자들에서도 발견된다. 절차적 공화주의자들에게 공공선 중 가장 중요한 것은 사회정의이다. 왜냐하면 개인들은 오직 정의로운 공화국 안에서만이 타인의 의지에 굴종하지 않고 자유롭게 살아갈 수 있기 때문이다.

에서 비롯된 책임을 인식하도록 한다. 그러한 책임은 권리를 가진 상호적 관계로부터 곧바로 나오는 것이 아니라, 오히려 권리로부터 독립된 시민의 공동체 의식과 관련이 깊다. 정치적 공동체에 대한 이런 시민적 책임의식은 개별화되고 원자화된 자유주의적 정치사상과 실천과는 다르게 균형을 잡으려는 시민적 공화주의 관점으로부터 더 잘 이해될 수 있다.

셋째, 시민적 공화주의자들은 정치공동체 속에서 공동선의 중요성과 역할을 인식한다. 공동선의 개념은 시민적 공화주의 사상의 중심이다. 이 분야의 지지자들이 통일된 용어로 공공선의 개념을 이해하고 있지는 않지만, 시민적 공화주의자들은 전형적으로 개인의 권리와 공동선 간의 상호 의존적이고 상호 이익이 되는 관계에 서 있다. 어떤 면에서 시민적 공화주의는 삶의 가장 고차원적인 정치적 행동 차원에서 공동선이 도덕적 기반을 가지고 있지만, 그 개념을 더 크게 공적 이익이라는 차원에서 생각한다. 곧, 담론과 공공 정책을 형성하는 데에서 파당적 이익이라기보다 공적 이익이라는 가치를 중시한다.

3. 시민교육에 대한 시민적 공화주의 관점

1) 고전적 공화주의 시민교육과 인격교육론과의 관계

시민으로 하여금 그들의 역할을 숙지하도록 하는 것은 시민적 공화주의 전통의 오래된 특징이다. 그것은 아동기로부터 시작하여 성인의 전체 삶을 통해 계속되어야 하는 평생의 과정이다. 현대 공화주의자들은 시민성의 공화주의 원리를 구현하기 위해 역사적으로 발전된 공화주의 이념을 활용한다. 시민적 공화주의자들은 교육의 사회화 기능이 시민적 교양을 형성하는 국가의 교육체제에 속하는 것이라고 본다. 시민적 공화주의자들은 현대 정치적 공동체에서 적극적 시민성을 촉진하고 보존하는 데 필요한 성향과 행위를 길러내는 데에서 교육의 중요성을 인용하며, 젊은 사람들을 시민으로 교육시키는 일 속에 본질적이고 도덕적인 구성 요소가 있음을 분명히 한다.

그런데 이런 도덕적 구성 요소는 어떤 형태를 취하는가? 시민성의 공화주의적 모델은 시민으로서 길러야 할 성향과 행동의 본질을 어떻게 이해하는가? 시민교육의 차원과 관련한 시민성의 공화주의적 이해는 인격교육character education의 형태를 어느 정도 필요로 하며, 또 그것의 대안으로 등장한 어떤 시민적 원리나 가치의 학습을 중시했던 '인지적 도덕교육cognitive moral education'의 형태를 필요로 한다. 그것은 교육을 통해 젊은 사람이 어떤 종류의 사람으로 자라게 할지 혹은 그들을 어떤 방식으로 합리적으로 행동하게 할지를 묻는다. 이러한 교육은 절차적 공화주의자들이 주창하는 시민교육과 닮아 있다.

반면 내재적 공화주의intrinsic republicanism 경향을 보이는 고전적 공화주의classical republicanism는 학교교육을 통한 인격 발달의 형태를 지지한다. 이런 의미에서 학교교육은 넓은 의미를 갖는 것으로서 단지 수업뿐 아니라, 학교구조와 조직, 문화로부터 도출된 여타 사회화 과정까지를 포함한다. 그것은 시민성으로 이해되는 적극적 참여의 핵심으로 확장시킨 교육 프로그램에 맞추어져 있다. 곧, 인간적 약점이 인정되고 안내되는 이론으로서 내재적 공화주의 이해에 토대를 둔다.[Oldfield, 1990] 지적 가르침을 통해서는 시민성에 적합한 도덕적 인격을 형성할 수 없다는 것이다. 그것은 권위적 훈육 방식을 통해 길러지지 않으면 안 된다.[Oldfield, 1990: 164] 자기이익 추구 방식이 아니라, 공공의식을 가진public-spirited 방식으로 참여할 것을 학습시키려는 것이다.

정치적 참여와 경제적 민주주의가 아무리 많아도 어떤 수준의 시민교육이라고 하더라도 형식적으로 약속한 것이 내면적인 약속으로 이어지지 않는다면, 그리고 그렇게 될 때까지는 한 정치공동체 안에서 시민성의 실천이 충분하다고 할 수 없다.^{Oldfield, 1990: 40-41}

위의 올드필드의 인용문을 보면 시민들이 어떤 규칙이나 행동양식을 따르는 것만으로 충분치 않고, 그 대신 공민적 미덕이 시민의 인격 속에 내면화되지 않으면 안 된다는 뜻이 읽힌다. 그것은 시민들이 어떤 유형의 사람들이 되지 않으면 안 되며, 공교육 체제는 이런 목적을 달성하는 데 중요한 역할을 한다는 말이다. 이와 유사하게 샌들M. Sandel도 공화주의적 자유관을 인용하면서 '형성적 정치formative politics'를 요청한다.^{Sandel, 안규남 옮김, 2012: 18} 시민들의 인격적 자질을 형성시키는 정치를 요청하는 것은 시민들에게 필수적인 공민적/공동체적 미덕을 함양하는 데에 교육이 맡아야 할 중요한 역할이 있음을 암시하는 것이다. 루소는 마키아벨리의 형성적 교육formative education—평등적이고 공공의식을 가진 시민사회를 위한 시민교육—을 업데이트하여 독특한 특징을 보였다.^{Villa, 2017}

그런데 고전적/내재적 공화주의자들은 자신들의 교육적 목적을 넓은 용어로 진술하고 있지만, 놀랍게도 방법론이 부재하다. 곧, 공적 의식이나 내면적 약속을 현실로 실천되기 위해 어떻게 해야 하는지 학교와 교실에서 할 수 있는 구체적 해결책을 내놓지 못했다. 오히려 고전적 공화주의자들이 강조한 '시민적 인격을 위한 교육'의 유형은 교육현장의 실천 과정에서 출현한 '인격교육character education'⁸⁵이 더 잘 보여주고 있다. 물론 고전적 공화주의자들의 이념과 인격교육자들의 논의에서 보여주는, 교육을 통한 시민적 미덕의 계발과 관련된 논변 사이에는 어떤 유사성이 있다. 고전적 공화주의자들과 인격교육자들은 모두 아이들의 덕성과 성향의 발달에

---

85. 인격교육은 일반적으로 교육과 시민적 미덕 간의 관계에 관심을 가진 사람들의 이념과 특정의 미덕을 가르치는 것에 초점을 둔 도덕교육의 접근을 옹호하는 사람들의 이념을 통합하는 것으로 정의될 수 있다. 시민적 미덕은 학교에 기반을 둔 도덕교육의 기초를 이루어야 하고, 교육은 아이들의 인격 발달에 관심을 두어야 한다.

관심을 두고 있다. 인격교육과 관련하여 교육에서 중요한 것—특히 도덕교육에서—은 관여된 사람들의 생각의 본질에 있는 것이 아니라, 그들이 되고자 하는 '사람의 유형'에 있다.McLaughlin & Halstead, 1999: 134 '사람person'을 '시민citizen'으로 대체해보면, 이 견해는 샌들과 올드필드가 표현했던 것과 비슷하다. 고전적 공화주의적 입장에 선다면 아이들은 특정한 '유형'의 시민이 되도록 교육하지 않으면 안 된다.Peterson, 2011: 92 사람은 자신의 인격 안에 필요한 성향을 갖고 있기 때문에 공적 일에 효과적으로 참여하고 행동하도록 해야 한다. 이러한 고전적 공화주의자와 인격교육자 사이의 유사성은 시민적 미덕과 개인의 관계에 달려 있다. 인격교육자와 고전적 공화주의자들은 시민적 미덕이 '내면화internalization'되어야 하고, 교육적 과정은 이를 위한 중요한 기제라고 본다. 개인이 특정의 미덕에 따라 행동하는 방법을 아는 것만으로는 충분하지 않다. 오히려 공민적 미덕은 도덕적 행위의 통합적 부분으로 구성되어야 한다. 이 내면화는 시민적 미덕이 본질적이라는 매킨타이어A. MacIntyre, 이진우 옮김, 1997의 공동체적 미덕, 곧 관행과 습관화에 주목하도록 한다. 같이 살고 있는 공동체의 장기적 맥락의 연속적인 행동 속에서 하나의 이야기/역사narrative로 이해할 필요가 있다. 공동체주의자들은 시민성을 구성하는 의무와 책임을 다하고, 공동선과 같은 특정의 도덕적 선의 관념을 공유해서 이를 강화할 수 있으리라고 믿는다.Keeney, 2007; Arthur, 2012 공동체주의자 아서J. Arthur, 2008: 138는 공민적 미덕을 포함한 시민성 그 자체로서 있는 단순히 주어진 권리뿐 아니라 '획득되는 권리'로서 학교 환경에서 교사들에게 거기 참여하고 헌신할 것을 강력하게 요청한다. 변화무쌍한 사회에서 학교는 젊은이들이 간과하기 쉬운 시민성을 갖추기 위해 지식과 기술을 습득하도록 하는 공동체 시민교육 프로그램을 개발하여 시행한다. 시민이 덕 있는 태도로 행동한다는 것은 충분조건일 수 없으며, 시민들 스스로 덕이 있지 않으면 안 된다. 그러려면 지적 활동과 실천적 활동을 겸비해야 한다. 리코나는 다음과 같이 주장한다.

> 인격은 세 가지 서로 관련된 부분을 지니고 있다: 도덕적 앎(머리의 습관), 도덕적 감정(마음의 습관), 그리고 도덕적 행동(행동의 습관)—좋은 인격은 선을 알고, 선을 바라고, 선을 행하는 것으로 구성된다—은 모두 도덕적 삶을 이끄는 데 필요하고, 세 가지 모두 도덕적 성숙을 구성하는 핵심 요소다.Lickona, 1991: 51

시민적 인격의 발달 필요성을 요청하는 고전적 공화주의자들은 리코나의 범주화에 크게 동의할 것 같다. 그리고 시민이 길러야 할 인격의 필요성과 관련하여 리코나와 비슷한 언어를 사용하는 것에 관심을 보인다. 시민적 미덕은 교육적 과정을 통해 시민들에게 내면화되어야 하고, 시민적 미덕이 마음의 습관으로 형성되지 않으면 안 된다.

그런데 고전적 공화주의자들과 인격교육자들 간에는 중요한 차이가 있다. 첫 번째 차이는 각각의 사고의 장이 자신들의 입장에 중심을 두는 미덕을 범주화하는 데 있다. 고전적 공화주의자들은 미덕의 특정한 집합이나 목록을 구성하는 데 실패할 가능성이 있다. 이와 달리 인격교육자들은 아이들이 교육을 통해 학습해야 하는 미덕의 영역들을 배열하고 있다. 진리에 대한 헌신, 지혜, 정직, 연민, 용기, 근면, 끈기, 자제와 같은 객관적으로 좋은 인간적 자질들은 아이들이 체득해야 하는 중요한 미덕들이다. 인격교육자들이 우선시하는 도덕적 미덕에 대한 고려는 우리가 신뢰를 갖고 가정하는 덕목을 설명하는 데 도움이 될 수 있으며, 그리고 시민교육의 목표를 포함한 미덕은 고전적 공화주의자들이 뒷받침하는 공화주의적 국가의 중심부에 자리하고 있다.Peterson, 2011: 93

인격교육과 고전적 공화주의 간의 두 번째 차이는 공화주의와 달리 인격교육론자들은 전형적으로 개인의 총체적 개념에 초점을 맞춘다는 것이다. 곧, 미덕을 공과 사의 효과적 관계를 뒷받침하는 것으로 본다. 다시 말하면, 시민성과 연관된 미덕은 여타의 것들 중에서 인격교육의 한 가닥을 구성한다. 그 예로 미국의 인격교육 프로그램을 뒷받침하는 가치와 미덕의 목록을 살펴보면 '시민성'을 공통의 주제로 다루고 있다.^{Yu, 2004: 136} 고전적 공화주의자들은 인격교육자들의 관점과는 달리 개인이 갖추어야 할 시민적 미덕에 배타성을 보이기까지 한다. 왜냐하면 고전적 공화주의자들은 인격교육론자들이 중시하는 개별적 덕을 포함하지 않기 때문이다. 말하자면 그들은 사적 관계를 뒷받침하기 위해 시민이 필요로 하는 개별적 미덕의 가치를 볼 수 없다. 결국 고전적 공화주의자들은 자기가 속한 도시국가에 깊이 뿌리내리고 자기 의무를 다하며, 자기 도시 또는 자기 나라를 위해 기꺼이 헌신할 마음을 가진 시민들의 애국주의적 이미지가 강건하게 있음을 보게 된다. 하지만 고전적 공화주의자들의 내재적 이성은 공민교육civic education의 경향을 보이며, 사람들에게 억압적인 태도를 보일 가능성도 있다.

2) 시민적 공화주의와 인지발달론의 관계

앞서 논의된 고전적 공화주의와 인격교육론의 논쟁적 관계는 시민적 공화주의와 인지발달론의 논의로 발전시킬 필요가 있다. 내재적intrinsic 경향을 보이는 고전적 공화주의와 대조되는 시민적 공화주의는 시민의 도덕적 역량의 발달을 뒷받침하기 위해 학교교육이 가진 잠재력에 대해 침묵하지 않는다. 시민적 공화주의자들이 염두에 두는 일종의 도덕성 발달은 주로 인지적인 것이고, 시민적 교양과 결합된 시민적 원칙을 고수하는 합리적 헌신rational commitment의 발달을 강조한다.^{Peterson, 2011: 95} 시민적 공화주의가 진정한 힘으로 살아남으려면, 그 이상과 제도는 시민의 마음과 습관에 머물러 있어야 한다. 이런 도구적/절차적 이성instrumental/procedural reason을 주창하는 메이너J. W. Maynor는 고전적 공화주의자들처럼 미덕의 내재

적 이성intrinsic reason을 중시하지 않고 있다.Maynor, 2003: 174

　메이너가 새롭게 요청하는 시민성은 깊이 뿌리내린 인격의 미덕이라기보다 책임, 관용, 공정과 사회정의와 같은 '민주적 성향democratic disposition'과 같은 시민적 예의 속에서 길러진다. 이런 민주적 성향은 "타인과 더불어 일하고, 필요할 때 타협하고, 누구 한 사람(집단)이라도 원하는 모든 일에 만반의 준비를 갖추도록 충분히 준비하는 데"Nash, 1997: 163에서 나타난다. 메이너는 시민이 다른 사람과 함께 자신들의 관심을 이해하고, 따라가고, 모니터하도록 참여시키는 필수 능력을 갖는 것에 우선적 목표를 두고 있다.Maynor, 2003: 182

　　아이들에게 도덕적·영성적 이슈를 숙고하도록 질문하라. 요컨대 정치적 이슈에 대한 자유주의적 초점을 잘 처리하여 넘어가도록 질문하라. 게다가 타인의 경험을 고려하고 타인의 관심을 인정하도록 질문해야 공화주의적 접근이 취하는 방향으로 나아갈 수 있다.Maynor, 2003: 186

　여기서 메이너는 아이들이 도덕적·영성적 이슈를 고려하고 성찰하도록 하는 요청을 옹호한다. 이렇게 보면 시민적 공화주의 입장은 절차적 공화주의자들이 주창하는 자유주의와 가깝다. 이들은 고전적 공화주의자들처럼 엄격한 내재화 방식을 통해 '욕망을 다스리는 교육the education of desire'을 옹호하지 않는다.Dagger, 1997: 131 현자들에 의한 계몽적 지도도 원하지 않는다. 이보다 교육을 통해 아이들이 타인을 관용하고 존중하는 방법을 학습하도록 가르쳐야 한다고 본다. 행위의 약속에 따라 어떤 합의된 원리들을 학습하고 수용하는 것을 포함하는 자유주의야말로 소통적 이성과 절차적 공화주의가 지향하는 민주적 시민성교육democratic citizenship education과 더 부합할 수 있다. 이렇게 시민적 공화주의가 중시하는 시민적 교양과 합리적 개입 등 민주적 성향은 인지발달론자들이 시민교육의 초점으로서 시민적 판단의 배후에 '왜'라는 물음을 던지는 '추리력 reasoning'과 친화성을 보인다. 콜버그 이론이 강조하는 시민적 행위와 그와 관련된 비판적 추리력은 메이너가 주장하는 사회적 규범의 학습과 비슷하다. 이 입장은 타인의 목소리를 경청하고, 증거를 분석하고, 내려진 결정을 비판적으로 평가하는 인지적 기술의 한 영역을 포함한 시민적 예의의 중심적 가치를 이해하는 것이라고 할 수 있다.[Peterson, 2011: 96-97]

3) 시민교육에 대한 시민적 공화주의적 입장

시민교육에 대한 시민적 공화주의 입장은 다음과 같은 지향을 갖는다. 첫째, 간섭을 하지 않을 자유라는 자유주의적 개념보다 자치로서의 자유나 비지배로서의 자유 개념을 선호하는 시민적 공화주의 논의를 시민교육의 맥락으로까지 연장시켜 보면, 그동안 많이 거론되었던 소극적 자유나 적극적 자유는 좀 모호하다고 할 수 있다. 반면 새로이 정의된 비지배 자유는 시민성의 원리를 둘러싸고 새롭게 틀지어진 시민교육의 어떤 형태에 의미를 부여하는 개념으로 자리 잡는다. 적어도 자유에 대한 시민교육의 새로운 발견은 시민적 공화주의 이념과의 밀접한 검토를 통해 학습될 수 있는 중심적 아이디어의 하나다.

둘째, 정치공동체 안에서 공동선의 중요성과 역할을 인식하는 시민적 공화주의 개념은 시민교육 프로그램이 가장 중시하는 주제다. 이것은 숙고를 통해 계속 구성되고 만들어지기 때문에 내재적으로 역동적인 개념이라 하겠다. 다시 말하면 공동선은 고정된 것이 아니라, 오히려 시민적 담론을 통해 만들어가는 것이고 구성해가는 것이다. 이러한 담론은 공론의 광장뿐 아니라, 학교 교실에서도 만들어져야 한다. 단순히 교사에 의해 일방적 훈육/훈시나 가르침을 받아 시민적 예의가 고양되는 것이 아니다. 때문에 아이들이 공동선을 논의하고 공적 이익을 생각하도록 하기 위한 민주적 소통이 활발한 공론의 장이 필요하다. 시민교육자들은 교육 프로그램을 어떻게 의미 있게 운영할 수 있느냐 하는 차원에서 시민성에 대해 토의하고 구성해가야 한다.

셋째, 시민은 시민적 예의를 자각하면서 행동하며, 시민적 삶 속에서 길러질 필요가 있다는 고전적 공화주의 사상은 마음의 습관인 공민적 미덕과 관련해 문제를 많이 안고 있다. 국가에 대한 헌신(애국심) 등 공민적 미덕이 개별적/개인적 인격 특성과 구체적 연계를 짓지 못하고 있다. 이 문제점은 시민교육자들이 시민교육 내에서 인격교육의 어떤 형태와 불협화음을 보이며 부정적 태도를 보일 때 더 드러난다. 다시 말하면 인격과 시민의 개념적 갈등이 일어날 때 증폭된다. 왜냐하면 시민이 공동체 구성원으로서 역사적·정치적 문제를 중요하게 다루지만, 인격은 개인의 인간적 관계에서 나타나는 자질이나 품성 문제만을 중시하기 때문이다. 현실적으로 갈등하는 사안이 많은데도 내재적 가치나 덕목을 지나치게 강조하는 시민교육을 요구할 경우 억압적이거나 배타적이 될 가능성이 있다. 따라서 논쟁을 많이 불러일으킬 수 있는 주제일수록 주입이나 교화 방식보다는 찬반 논쟁이 가능한 민주적 공론의 장을 열어놓아야 한다. 그렇게 할 때 합리적이고 민주적인 시민교육이 가능하다.

넷째, 시민적 공화주의 개념은 민주적 실천의 핵심 원천으로서, 정당성의 중심 원천으로서 공감과 성찰을 포함해 정치적 참여를 통한 숙의적 실천들deliberative practices에 역점을 두는 시민교육을 중시한다. 학생들로 하여금 자신의 특별한 관점을 진전시키고 타인의 관점을 경청하는 대화에 참여하기를 기대한다. 이러한 숙의적 실천은 교실로부터 시작하여 전 학교를 통해 확장되어야 하고, 이를 통해 '아이들/학생들 목소리'라고 말할 수 있는 것과 관련된 많은 요소를 의미 있게 구성할 수 있다. 이렇게 시민교육에 대한 시민적 공화주의 모델은 시민교육자들로 하여금 가르침의 대상이 되는 아이들/학생들에게 담론적 실천discursive practices을 통해 공감과 성찰 역량을 길러줄 필요가 있다. 나아가 개인들 사이의 경쟁보다는 집단적 협동의 과정으로서 민주적 대화에 참여하도록 이들을 이끌어야 한다. 이런 점을 미루어본다면 지배를 하지 않는 자유와 자치는 학교생활 속에서 구체적으로 실현되어야 하겠다.

4. 시민적 공화주의자들의 대안적 학교 모델

시민적 공화주의를 어떻게 학교교육에서 구현할 수 있을 것인가? 학교가 시민적 공화주의자들이 강조하는 민주주의 공화국, 곧 '폴리스'[86]가 되려면 학교 전체가 민주적 공동체로 작동하는 방식, 역사·철학·민주주의의 실천에 대해 가르치는 방식, 또 이웃, 국가와 글로벌 차원에서 민주적 행동을 지지하는 방식을 학생들에게 제시해야 한다.Wrigly, Thomson, & Lingard, 2012: 203 시민적 공화주의는 민주적 변화 과정에 전략적 방향을 제시하고, 내부 정책, 관행, 관계 및 문화의 혁신, 학교가 그것의 환경에 연결하는 방법, 교수법의 발전 및 교육과정의 개발에 시사점을 제시한다.

이렇게 볼 때 시민적 공화주의자들은 특정 형태의 학교교육과 직접 연계되는 형태를 제시하고 있지는 않지만, 자치self-government 이념을 실현하려는 닐의 서머힐 학교와 콜버그Laurence Kohlberg의 '정의로운 공동체학교 just community school'가 시민적 공화주의 이념에 부합하는 좋은 대안적 모델이 될 수 있다.

서머힐 학교는 학생들 자신들에 의해 민주적 논의를 통해 시민적 규범이 만들어지고 집행되고 심판이 이루어지는 자치학교 모델이다. 행복한 인간을 육성하는 교육의 조건으로서 중요한 가치는 '자치'다. 서머힐 학교는 공동체 자치를 통해 공동생활의 질서를 형성해온 학교로서 사회적 규칙

---

86. '폴리스'로 작동하는 학교로는 영국의 서머힐 학교가 전형적이다.

위반에 대한 처벌까지 포함해서 공동체 생활에 관련된 모든 일을 토요일 밤에 열리는 '전교회의'에서 투표로 정한다.^{Neill, 김은산 옮김, 1999: 66-77} 전교회의는 규칙 위반자에 대한 심리와 판결 권한을 갖고 있다. 전교회의를 통한 자치는 학생생활의 실제적이고 아동들 관심의 대상이 되는 문제를 중심으로 의사결정을 해낸다. 서머힐 학교가 지향하는 자치의 궁극 목표는 아동들이 생활 속에서 민주적 태도와 성향을 자연스럽게 내면화하여 바람직한 민주시민이 되게 하는 것이다. 권위주의적 교사의 간섭을 일체 배제하고 아동들 스스로 공동생활의 질서를 형성해가도록 한다. 권위는 특정 개인이나 집단에 귀속되는 것이 아니라, 전교회의라는 자치 기구에 귀속된다. 이것은 시민적 공화주의자들이 강제력이 아니라, 시민적 예의의 참여적 자치 과정을 통해 법을 형성하는 것과 같다.

반사회적이고 종종 폭력적이기까지 한 청소년들에게 자치를 가르치는 과정에서 그들의 공격적이고 적대적 성향의 배경에 있는 파괴적 태도를 치유하는 모종의 방법을 발견해야 한다. 청소년의 반항을 징벌적 조치를 통해 해결하는 것은 무모한 일이다. 그들의 생각을 더욱 고정되게 하여 권위에 대해 반감을 품게 할 뿐이다.^{Carr, 손봉호 외 옮김, 1997: 169} 이렇게 보면 도덕적 설교나 체벌 등 기존의 교화 중심의 도덕교육을 통해 민주적 태도와 성향을 발달시키는 것은 처음부터 한계가 뚜렷하다.

그래서 아이들이 자치활동을 통해 자유와 방종을 구별하는 의식을 갖도록 하여 개인의 사회적 조절 기능을 갖도록 하는 데 목표를 두는 서머힐 학교 모델은 시민적 공화주의에 가장 근접해 있다. 서머힐 학교의 자치는 사회생활의 질서가 그 구성 방식을 잘 알고 있는 소수에 의해서가 아니라, 타인의 권리를 존중하는 등 사회생활을 하고 있는 당사자들에 의해 조절되고 구성되는 생활 경험을 통해 가능하다. 이러한 자치 과정을 지배하는 '자율'의 원리는 '자치공화국'의 이념에 바탕을 둔 것이다.

이러한 방식은 또한 잠재적 교육과정을 통해 민주적 학교 분위기를 조성하려는 콜버그의 '정의로운 공동체' 모델과 유사하다. 절차적 합리성을 강조하는 콜버그의 인지발달론적 접근은 시민교육의 가치명료화 접근이 취하는 상대주의적 개인주의를 거부하고 있지만, 교화적 방식을 거부하고 있다는 면에서 자유주의 관점을 취하는 절차적 공화주의와 가장 닮아 있다. 콜버그의 논변은 사회정의, 평화 등 '보편화할 수 있는 가치'에 초점을 둔다. 그는 학생들이 시민적 입장에서 성찰하고, 관점을 취하고, 합리적으로 자율적 결정을 내리도록 뒷받침한다.Yu, 2004: 50-51

콜버그의 후기 사상인 '정의로운 공동체학교' 모델은 고전적 공화주의자들이 중시하는 전통적 가치—정직, 성실, 책임감 등—에 대해 '덕목 보따리bag of virtues'라고 비하할 만큼 매우 비판적인 입장을 취했다. 정의로운 공동체학교는 학생 개개인의 도덕적 추리를 공동체의 도덕적 문화로 확장하는 것이다.Snarey & Samuelson, 2008: 73 콜버그는 구체적인 학교와 교실에서 정의와 공동체의 균형을 잡는 실험을 꾀한다. 교사와 학생은 학교생활을 규율하는 규칙의 제정과 시행에 동등하게 참여하고, 징계나 벌은 대화적 합의 과정을 통해 부여하고, 민주적 참여와 학교의 분위기를 통한 집단적 책임을 강조한다. 직접적/참여적 민주주의는 서로 다른 선의 대안적 개념을 경청할 수 있는 가능성을 유지하기 위해 학생의 권리를 보호하고, 순응을 강요하는 집단의 힘을 제어하는 기능을 한다. 교사는 연장자로서 또 협력자로서 '무엇을' 할 것인지, '왜' 그것을 결정하는지를 학생들에게 묻는다. 학생들은 학교생활의 민주적 분위기에 스며드는 '잠재적 교육과정'을 통해 도덕성을 자연스럽게 형성한다. 이렇게 절차적 공화주의와 닮아 있는 콜버그의 실험학교는 사회화와 발달을 아울러 꾀하는 민주적 분위기를 조성하고자 한다.Power, Higgins & Kohlberg, 1989

이런 방식은 고전적 공화주의자들이 말하는 사회적 규범의 내면화와 유사할 수 있으나, 그것과 다른 점은 잠재적 교육과정—학교교육의 과정을 규정하는 규칙, 규제, 사회적 관계 등—을 통해 '참여적 민주주의'를 실시하는 것이다. 더 정의롭게 해서 학생들의 도덕적 성장에 도움을 주도록 민주적 분위기 형성을 도모한다. 정의를 가르치고, 민주적인 의식에 대해서 말로 가르치기보다는 그것의 구성을 위해 학교와 학급을 정의롭고 민주적인 절차에 의해 운용하고, 학생을 정의롭게 대우하는 것이다. 학교 민주주의는 학생 간, 학생과 교사, 교장과 교육행정가의 이해와 요구를 수렴하고, 타인의 견해를 듣고 이해하고자 노력하며, 공정하고도 협동적 방법으로 갈등을 조정하는 도덕적 의사소통의 과정이다. 민주적 공동체에 의해 공유된 기준, 학교 문화의 가치에 의한 결정 자체는 권위의 표현이다. 정의로운 공동체가 낳은 도덕성에 기초한 교육적 권위는 국가권력이나 지적 특권에 호소하는 것이 아니라, 참여적 민주주의를 고무하고 허용하는 교육적 실천에 의해 뒷받침된다. 또 민주적 권위는 공공적 사유와 정치적 판단, 그리고 사회적 행위를 통해 교육받은 시민적 예의로 특징지어진다.

간추리자면, 시민적 공화주의자들은 인격교육론자나 고전적 공화주의자들이 중시하는 공동체/공동선에 대한 무조건적 헌신과는 구별되는 시민적 예의civility를 함양시키고자 한다. 시민이 숙지된 입장으로부터 타인과 함께 참여할 수 있다면 공통의 근거를 발견하고 대화적 태도로 문제를 해결하는 노력이 필요하고, 대화와 타협은 어떤 시민교육 프로그램이나 교육과정의 한 부분이 되어야 한다. 그래서 시민적 예의의 형성은 모든 민주적 정치가 시민의 인격을 의식적으로 형성하는 것을 인지하는 시민교육의 자유주의적 이해들과 유사하다. 구트만Army Gutman은 '의식적/사회적 재생산conscious social reproduction'에 관심을 두어야 하는 국가의 역할을 전제하면서 내용과 방법을 통해 시민적 예의를 기르는 것으로 관심을 옮겨갔다. 미래시민이 경험할 내용과 교육 방법을 형성하는 데 시민이 중요한 역할을 하는 비판, 합리적 주장, 의사결정능력 등 '숙의적 가르침deliberate instruction'[87]을 통해 전통적 방식의 정치적 사회화를 극복하고자 하였다.Gutman, 민준기 옮김, 1991: 63-73 이렇게 시민이 된다는 것은 아는 것에 머무는 것이 아니라, 정치적 공동체의 구성원으로서 책임 있는 태도로 행위를 하는 것을 뜻한다. 좀 더 넓은 의미에서 보자면 하나의 '실천'으로 정의되는, 시민적 예의를 지닌 시민성의 적극적 개념을 구현하는 것이 시민교육의 목표라 하겠다.

이 말은 실천으로서 시민교육이 곧 시민교과 지식civics knowledge의 가르침과 함께 이 지식을 세상의 일/직업과 연결시키는 '봉사학습service learning'을 함께 실행한다는 의미를 담고 있다는 것이다.Boyte, 2003: 88 시민적 공화주의 봉사학습은 개인의 자기희생과 헌신에 의존하는 박애주의적 자원봉사활동volunteering의 한계를 넘어선다. 봉사학습은 개인의 변화에 초점을 맞추는 소극적 시민을 기르고자 하는 자원봉사활동과 달리 개인의 변화와 함께 사회의 변화까지 이루고자 하는 적극적 시민의 양성에 목표를 두고 있다. 전통적 자원봉사활동은 사회 변화와는 무관하게 봉사와 헌신만을 요구하는 소극적 시민 양성에 불과하므로 기존 사회를 재생산하는 기능에 머물고 말았기 때문이다. 자선과 이타적 행위를 넘어 봉사의 대상인 일이 지니고 있는 사회구조가 안고 있는 문제점을 비판적으로 인식하는 사회의식 혹은 시민적 영역의 결정과정에 영향을 미치는 정치의식을 갖는 것으로 나아가야 한다. 이 과정을 통해 수동적 시민을 양성하는 자원봉사활동과 다르게 적극적 시민을 양성하는 것으로 발전한다. 사회 변화를 위한 봉사학습은 봉사하는 사람을 높이 평가하거나 봉사 받는 사람이 구제받았다고 인식하는 것이 아니라, 모두가 자치를 확대하고 발전시킬 능력이 있다고 인정하는 것이다.Barber, 2006: 406 이것이 바로 시민적 공화주의가 말하는 시민교육이다.

---

87. '숙고'란 어떤 독특한 방식의 사고과정으로서 차분하고, 반성적이며, 또한 차이가 나는 관점들에 대해 존중하면서 사실 및 증거들에 대해 폭넓게 개방적이다. 또한 그것은 입수 가능한 데이터를 검토하고, 다른 대안들을 생각해보며, 또한 적실성과 가치를 살펴보고, 그런 다음에 최적의 정책이나 인물을 선택하는 하나의 합리적 과정이다.

5. 민주적 숙의와 자치를 위한 학교시민교육의 요청

여태껏 민주적 숙의와 자치를 통해 '시민적 예의'가 구성되는 시민적 공화주의의 중요성을 살펴봤다. 국가의 법이 진정으로 국민의 마음속에 자리를 잡으려면, 그 강제력을 통해 주입되거나 교화될 것이 아니라, 시민사회 영역에 절차적/도구적 공화주의의 민주주의 방식을 통해 확립되거나, 시민적 교양이 논의와 숙의를 통해 광범위하게 확산되어야 한다. 시민적 공화주의는 사회정의, 참여민주주의, 숙고민주주의를 강하게 요청한다. 새롭게 요청되는 시민적 공화주의는 국가의 폭력이나 규율, 심지어 사회화와 구별되는, 절차적이고 합리적 시민교육을 요청한다. 소극적 자유의 확대로 인하여 약화된 공동체, 공적 영역, 민주주의를 강화하기 위해 자치와 비지배 자유에 기반을 두고 시민의 적극적 참여 혹은 시민적 교양의 중요함과 함께 그 대안을 콜버그의 '정의로운 공동체' 모델에서 찾고자 하였다. 시민적 공화주의자들은 사회화 기능을 중시하는 내재적 공화주의들이 선호하는 공민교육civic education의 개념을 넘어 절차적 공화주의자들처럼 비판적 사고력과 사회정의 등의 가치를 중시한다. 이런 시민적 공화주의가 지향하는 '민주적 시민성을 위한 교육education for democratic citizenship', 또는 '시민적 예의 교육civility education'은 단지 권리에 대한 이해나 존중뿐 아니라, 시민적 책임을 중시하는 시민성의 자발적이고 능동적이고 참여적인 기능을 아울러 소중히 여긴다.

그런데 우리의 학교시민교육은 어떠한가? 여전히 교과서 위주의 주입식 교화에 머물고 있다. 학교민주주의의 위기다. 오랜 세월 동안 학교는 고전적/내재적 공화주의처럼 고정불변의 진리를 암기시키고 학생들을 훈육했다. 민주적 논의와 숙의 과정 없이 법의 준수만을 요구했다. "악법도 법"이라는 소크라테스의 말을 왜곡 해석해서 공민적 덕목을 주입시켰다. 그동안 우리는 성실, 정직, 충효 등 모호하게 보이는 국가주의적 '공민적 덕목'을 강조하는 공민교육을 통해 권위주의의 정치적 정당성을 확보하는 국가정책을 실시했다. 이런 모습은 최근 국회에서 통과된 효 질서에 기반을 둔 〈인성교육진흥법〉에서 잘 나타난다. 그러기에 우리는 법의 정당성을 자연스럽게 부여되는 시민적 예의를 함양시키는 민주적 시민교육을 해야 한다. '삶의 양식'으로서 민주주의 교육을 실천해야 한다. 학교 교실수업의 시민적 숙의와 담론 과정을 통해 시민적 예의를 지닌 마음의 습관 형성은 학교생활의 민주적 자치 활동 속에서 자연스럽게 길러져야 한다. 나아가 시민적 공화주의 이념에 바탕을 둔 한국의 민주시민교육은 교과교육뿐만 아니라, 근본적으로 학교공동체 전체를 시민적 공화주의 이념에 바탕을 둔 '자치공화국'으로 재탄생시킬 때 가능할 것이다.

19장
세계화와 국민국가 그리고 세계시민교육

1. 다양한 세계화 노선과 민족국가의 새로운 위상

21세기에 접어들어 글로벌 경제, 기술과 커뮤니케이션의 발달, 인구 폭증과 환경오염 등이 빨라졌다. 정보, 기술, 상품, 인력, 자본의 초국적 이동과 국제 교류가 그 어느 시기보다 자유로워지면서 세계 간 상호 연관성은 더욱 강화되고, 점점 더 많은 사람들이 국경을 넘어 이민과 난민 등 전 세계로 흩어지는 이산Diaspora의 일상화를 경험하고 있다. 국민국가nation-state의 경계를 뛰어넘어 정치, 경제, 사회·문화, 환경을 아우르는 범지구적 문제가 복잡다단한 양상으로 생겨나고 있어서 지구촌 공동체의 초국가적 대응이 촉구되고 있다.

자본, 재화, 사람의 이동은 국민국가의 일치에 의문을 제기하고 있다. 근대주의의 등장이 개별 국민국가의 민족주의nationalism라는 일면적 목표 지향과 궤를 같이하며 이루어졌다면, 세계화globalization[88] 또는 세계주의 globalism 현상은 근대국가가 새로운 세계질서에 편입됨으로써 다면적인 목표를 추구하게끔 촉구한다. 세계화와 함께 지구촌 사회가 도래하면서 시민의 경계선/울타리가 변화하고 있다. 세계화/지구화로 인하여 시민의 공동체는 도시와 국가/국경을 넘어 세계로 확장되고 국민국가가 도전받았다. 국경을 뛰어넘는 연대와 정치적 행동이 필요해졌다.

국경을 뛰어넘는 시민권의 발전은 외국인과 시민의 차별이 약화됨을 의미한다. 그리하여 그리스 시민, 시리아 시민, 폴란드 시민 등 모두 동등한 권리와 가치를 갖는 세계시민[89]의 구성원으로서 글로벌 시민성이 요구된다. 곧, 한편으로 우리는 타국에 살고 있거나 타국에서 온 이방인들이 자신과 동등한 존엄성을 인정받아야 한다는 도덕적 의무를 짊어지고, 다른 한편으로는 가치와 문화의 차이를 인정하고 대화를 통해 서로를 이해하려는 노력을 계속해나가야 한다. 지구적 시민은 범세계적인 공동체를 살아가는 존재로서 인류 전체에 적용되는 보편적 이성을 보여야 하며, 국경선을 사고의 경계선으로 삼지 말아야 한다. 또한 지리적 국경선을 정체성의 주된 경계선으로 삼지도 말아야 한다. 세계시민주의는 다중의 소속과 시민성을 포함한다.He'bert, 2010: 236

사람들의 상호 의존에 관심을 갖는 세계화는 경제적 또는 정치적, 문화적 또는 도덕적, 기술적 혹은 환경적 차원의 문제로서 정치적 시민성, 경제적 시민성, 문화적 시민성, 도덕적 시민성, 환경적 시민성 등으로 나타나고 있다. 신자유주의적 세계화는 무역자유화, 탈규제, 그리고 민영화 등 경쟁적 자유시장의 강조와 함께 파시즘의 재대두, 고립주의의 출현, 문명 충돌의 심화, 양극화, 시간 엄수, 훈육·순치 등을 요구하고 있다.Petrovic & Kuntz, 2014: x 세계화에 대한 반식민지적 반응으로서 '대안적 세계화

88. '세계화'는 본래 우리가 살고 있는 이 세계가 하나의 '구체(globe)'라는 사실에서 파생된 개념으로서 지구는 하나이며, 그 위에 존재하는 만물이 운명을 같이하는 하나의 줄로 이어져 있다는 의미를 갖고 있다. 이런 세계화 현상은 민족적, 문화적, 지리적, 역사적 차이와 제한성에도 불구하고 지방들 상호 간의 사회적 관계가 세계적으로 확대·심화되어 어느 한 지방에서 일어난 일이 다른 한 지방에서 일어나는 일을 규정하고 규정받는 현상의 보편화라고 볼 수 있다(Giddens, 이윤희 외 옮김, 1991: 63-64). 세계화는 경제적 세계화, 문화적 세계화, 정치적 세계화 등의 현상으로 나타났다. 하지만, 세계화라는 용어는 역사적·정치사회적 맥락에 대한 검토가 필요한 '텅 빈 기표'에 불과하므로, 세계화는 미래교육의 목적이나 방향을 제시해줄 이념적 내용으로 부적합하다는 의견도 나왔다(박휴용, 2012: 101).

89. cosmopolitan=kosmos(world)+polis(city): 세계시민(citizen of the world)이라는 뜻을 갖고 있다.

alternative globalization'또는 대항적 세계화counter-globalization와 함께 글로 벌 시민 되기를 위한 세계시민주의cosmopolitism 사조가 나타나고 있다. 세계시민주의는 다양성의 사회적 가치를 인정하지만, 집단적 소속감이나 사회적 응집력이 개인을 제한하려는 태도에 대해서는 부정적인 시각을 갖는다. 따라서 세계시민주의는 다양성이 개인의 권리와 자유를 보장해주는 한에 있어서만 용인한다. 세계시민주의는 동화주의와 달리 문화적 독특성에 예민하지 못하고, 사회의 외부 경계가 모호해서 훨씬 포용적인 측면이 있다. 그래서 다양성을 저해하는 신자유주의적 세계화나 신자유주의에 제도적으로 길들이기를 위한 다문화주의가 아니라, 신자유주의적 세계화에 대항하는 다문화주의를 추구해야 한다는 것이다.박휴용, 2012: 101

세계시민주의는 인류끼리 전 세계적 공동체를 이루기 위한 충성심이라 하겠다. 이러한 세계시민주의의 강조는 우리로 하여금 세계시민의 한 사람으로서 스스로를 다른 문화에 기꺼이 노출되게 하고, 차이에 대한 관용을 배우며, 다양한 문화적 소양을 쌓을 것을 요구한다.박휴용, 2012: 81 민주적 시민권이 일반적으로 독립된 영토를 가진 국가의 경계 내에서 지켜질 것으로 여겨지는 반면, 세계화 조건에서의 지구적 시민권은 오래된 경계/울타리를 없애고 있다. 글로벌 시민권이 현실화되려면 근대 시민권의 존립 근거였던 국민/민족의 정체성을 뛰어넘어 지구적 시민의 정체성을 상정해야 한다. 가치, 신념, 정체성의 다양성을 인정하는 세계시민주의는 그 목소리가 더욱 커져가고 있다.Soutphommasane, 2012: 42-69

물론 '세계시민의식'에 대해 명확하게 합의를 한다는 것이 손쉬운 일은 아니다. 글로벌 생활방식은 존재하는가? 일부 세계주의자들은 글로벌 생활방식이 있을 뿐만 아니라 심지어는 있어야 한다고 본다. 그렇지만 그들이 생각하는 글로벌 생활방식은 자칫 그들만의 울타리에 가두는 방식일 수 있다. 그렇다면 세계시민의식은 자신이 속한 지역적 정체성을 부정하고 보편적 시민성을 추구할 가능성이 있는가? 아니면 보편적 가치에 헌신하면서도 자신이 속한 지역적 정체성을 담아낼 가능성은 있는가? 대답을 어떻게 하느냐에 따라 세계시민정신에 대한 입장은 달라진다.

이런 문제에 의문을 품은 나딩스는 '세계시민의식'이라는 단어가 자칫 공허한 담론이 되거나, 지배계층의 이데올로기를 확장할 하위 논리로 전락하지 않도록 다음 다섯 가지 측면에 유의하자고 한다. 첫째, 세계시민의식은 이기적 관심보다는 돌봄적 관심에 초점을 두어야 한다. 왜냐하면 이기적 관심은 나 자신, 혹은 내가 속한 집단의 이익만을 바랄 뿐, 글로벌 시민으로서 지녀야 하는 포용성[90]을 담아내지 못하기 때문이다. 둘째, 경제성장에 역점을 둔 세계화가 지구환경 문제를 유발했다는 점에 주목해야 한다. 셋째, 경제적 정의뿐만 아니라, 사회적·문화적 정의에 관심을 기울여야 한다. 넷째, 세계화의 개념을 글로벌 경제라고 지칭할 때, 누구의 경제적 이상이 채택되었는지 비판적으로 물어야 한다. 다섯째, 글로벌 시민성을 정의하려면 선결해야 할 과제로서 국가적/민족적 시민성national citizenship과 양립할 수 있는지 따져야 한다.Noddings, 2009: 13-18 이런 관점은 글로벌 시민성의 특성을 열린 글로벌 시민성(지식과 문화에 대한 열린 태도), 도덕적 글로벌 시민성(다양성/다름, 기회의 증대, 인간과 세계에 대한 책임, 세계적·지역적 요소), 사회적-정치적 글로벌 시민성(사회적·정치적 권력관계의 평등)으로 압축할 수 있다.Veugelers, 2014

이 문제는 세계시민 의식/정신에 대한 근본적 물음이다. 세계화될수록 국가주의와 국가적 유대감은 오히려 더욱 강고해지는 경향을 보이면서 세계화의 도래와 함께 민족국가의 재설정, 이에 따른 시민의 역동적 관계를 요구하고 있다. 국가적 시민성보다 세계적 시민성이 우월한가, 아니면 세계적 시민성은 시민성의 발전과정에서 필연적으로 거치게 되어 있는 필요조건인가라는 물음에 어떻게 답하느냐에 따라 근대 이후 형성된 국민국

---

90. '포용'은 '다름'이 차별과 배제의 대상이 아니라는 점을 의미한다.

가에 대한 관점이 달라질 것이다. 지역성에 바탕을 둔 국가주의nationalism 와 완전히 결별하는 글로벌 시민성이 있을 수 있는가? 지역의 정체성 없는 세계시민국가가 가능할까? 그것은 허상에 다름없지 않은가? 이에 대해 민족주의자들은 종종 세계시민주의가 '뿌리 없는', '기생적' 태도라고 비판한다. '뿌리 없는 세계시민주의'는 보편적 준칙과 이성의 지배를 최우선으로 내세우면서 강대국 중심의 식민주의와 제국주의의 논리에 빠져들게 할 위험성도 있다고 본다. 그러면 어떤 태도를 보여야 하는가? 세계적 시민은 사실 법적이라기보다는 도덕적 의미를 갖는다.McCowan, 이지헌 외 옮김, 2011: 173 애국심에 매달리는 국가의 우월성 감정은 자민족 중심주의를 촉진하고, 심지어 폭력을 정당화하거나 민족을 옹호하는 사람들이 혈통적으로 다른 민족보다 우수하다고 스스로 간주하고, 소수집단에 속한 타자들을 멸종시키는 데 이용하는 인종우월주의 풍조로도 나타날 수 있다.

그러기에 우리로서는 맹목적 국가주의적 애국심을 경계하면서도 세계시민정신을 추구하는 '부드러운 애국심'이 필요할 것이다. 누스바움Nussbaum, 2009이 주창한 대로, 자기 나라를 넘어 더 넓은 세상으로 퍼져가는, '순화된 애국심purified patriotism'을 요청한다. 9·11테러 이후 팽창된 애국주의를 경계하면서 국가는 '국내의 정의'만이 아니라 '세계의 정의'[91]도 추구해야 할 것이다. 인간은 끊임없이 전쟁 위협 속에 놓여 있는 세상에 살면서도 평화를 추구해야 하고, 이러한 지향성을 가질 때 세계시민정신은 더욱 증진될 것이다. 이것은 '세계시민적 애국심'을 요청하고 있는 것이라 할 수 있다. 나라에 대한 사랑/애국심patriotism이 국가주의에 중심을 두게 되면 인권과 사회정의와 같은 국경, 문화, 시간을 초월하는 세계시민적cosmopolitan 가치에 애착심을 갖게 하는 데 방해가 된다. 맹목적 애국심/

---

91. '정의롭다'는 것은 단순한 전쟁과 폭력 사태의 부재가 아니라, 착취와 억압이 없어야 한다는 뜻이다. 환경의 훼손과 자연의 약탈적 이용은 해당 지역의 주민은 물론 모든 생명에게 파괴적이므로 정의롭지 못한 것이기도 하다.

국수주의는 학생들이 성찰적이고 긍정적인 글로벌 정체성global identity을 함양하는 데 방해가 된다. 오늘날 세계화와 민족주의는 상충하기도 하지만, 공존할 수도 있다. 우리 사회는 지금 세계주의/보편주의와 국가주의/민족주의, 지역주의/풀뿌리민주주의라는 세 사조가 조합이 잘 이루어지지 않은 채 각축을 벌이면서 불안한 긴장을 보이고 있다. 어서 평형을 찾아야 한다.Sewha, 심성보 옮김, 2014

그리고 정치적, 문화적, 경제적 활동의 중심으로서 민족적 공동체의 약화와 세계화가 급속하게 이루어지는 가운데 초국적 시민권의 발전 등 국가의 경계선이 약화되고 있기는 해도, 다른 한편으로 민족적 정체성에 대한 최소한의 인식 또는 정치체제에 대한 최소한의 책임을 가져야 한다. 민족국가nation-state는 세계주의globalism와 지역주의localism의 조정자 역할을 해야 한다. 이전에는 글로벌과 로컬의 결합인 'glocal'을 선호하였으나 지금은 글로벌, 내셔널, 로컬의 결합으로서 'glonacal'이라고 명명됐다. 글로벌과 로컬을 매개하는 권력의 중심에 있는 국가를 배제할 수 없기 때문이다. 단일 국가의 정체성이 아니라 '다중적 정체성multiple identities'[92]을 요구

---

92. 우리는 '다중적 정체성(multiple identity)' 속에서 자신의 세계관과 삶의 방식을 만들어 간다. 이때 시민성은 민족-국가의 정체성을 형성하는 실천적 수단이 된다. 그런데 정체성의 형성이 곧바로 동질적인 신념이나 실천으로 이어지는 것은 아니다. 정체성과 연계된 시민은 자신을 더 넓은 집단의 부분으로 볼 수 있다. 세계화는 시민의 역할과 책임을 재고하도록 민족국가에 도전해왔다. 글로벌 경제의 출현, 정보와 소통 테크놀로지의 혁명, 기후의 변화, 냉전 체제의 종말, 테러와의 전쟁, 범세계적 이민 유입 등은 모두 국가 간의 경계선을 희미하게 하고 있다. 민족국가도 고립되어 존재하지 않으므로 국가의 시민성은 상호 의존적이기에 중첩되어 나타나며, 정체성의 울타리를 옮기고 있다. 정체성은 지역사회 성원으로서 지역적 정체성/시민성과 국가적 정체성/시민성, 그리고 국제적 또는 글로벌 정체성/시민성을 포함한다. 민족국가 중심의 정체성/시민성 논의는 차이/다름(difference)을 인정하는 글로벌 시민성/세계시민적 정체성 논의로 발전하고 있다. 세계시민이 된다는 것은 이웃에 있는 사람은 물론이고 멀리 있는 낯선 사람에 대해 관심을 갖는 것을 포함한다. 서로 다른 '타자'(아웃사이더, 난민, 배교자, 이교도, 성소수자, 양심적 병역거부 등)의 정체성을 받아들이고 인정하는 것이다. 자기 나라에 대한 사랑에 관심을 갖는 시민성교육은 분명 글로벌 세계 형성을 위해서는 불충분하다. 글로벌 공동체에 대한 소속감과 책임, 자선의 행위와 상호 문화적 기술의 발달에 대해 시민적 공화주의자들은 각성, 책임, 문화적 공감 등과 같은 개념을 강조하는 반면, 자유지상주의자들은 국제적 이동과 경쟁 등을 강조한다.

하면서 국가 간의 연대의식을 강조하고 있고, 가난한 나라와 잘사는 나라의 변화된 관계와 글로벌 상호 의존을 중시하고 있다. 세계시민이 되기 위해서라도 굳이 지역적 정체성을 포기할 필요는 없으며, 지역적 정체성 또한 삶의 커다란 풍요의 근원이 될 수 있다. 문화적, 국가적, 지구적 정체성은 발전적 방식으로 서로 연관된다. 왜냐하면 국가/국민의 정체성에 대한 존중이 없으면 세계시민주의 자체도 성립할 수 없기 때문이다. 다만 국가적 정체성의 중심에 있는 애국심은 민족에 근거를 두고 있기에 국가의 일원이 아닌 사람들에게 공격적일 수 있다. 이럴 경우 세계평화와의 공존을 깨는 것으로 발전할 가능성을 경계해야 한다. 이 대목에서 부드러운 애국심이 요청된다.

2. 세계시민교육이란 무엇인가?

탈국가주의와 세계 간 상호 의존성이 높아지는 맥락에서, 국제사회는 새로운 교육적 지향으로서 '세계시민교육' 담론에 관심을 보이고 있다. 세계시민교육은 시민성의 개념을 '세계'로 확장하여 해석한 것이다. 세계시민교육에서 말하는 시민성은 세계교육global education에 '시민성'이 투여된 것이다. 세계시민교육으로 번역되는 'Global citizenship education'은 Global+citizenship+education의 합성어로서 각각의 개념을 명료화할 필요가 있다.Davies(eds.), 2018: xx 'Global'은 몇 가지 연동된 관점과 맥락과 관련이 있다. 국가적, 국제적 그리고 세계시민적 이념을 탐구하게 해주는 지리학적 개념에 기반을 두었다. 거버넌스의 이슈는 물론이고 정서적인 이슈와 같은 다양한 문제를 포함하여 정치 논쟁을 격려하는 글로벌의 여러 가지 특징이 있다. 글로벌 경제(테크놀로지, 커뮤니케이션, 인구, 환경)와 같은 기본 문제를 둘러싼 이슈가 있다. 이러한 맥락에서 주의를 요구하는 질문이 있다. 세계화globalization는 새로운 현상인가? 세계화는 증대하는 불평등의 원인인가, 아니면 더 평화롭고 다양한, 안정되고 번영하는 세계를 위한 조건인가? 'citizenship'은 정치적으로 구성된 체제의 형식적 성원에 관한 상호 연관된 요소(소속감, 자신이 회원인 사회에 자원봉사를 요구하거나 제공했는지 여부에 관계없이 개인과 단체에 의해 만들어진 기여)를 포함한다. 사적·공적 맥락에서 책임과 성찰, 행동과 권리를 포함한다. 그리고 이것은 지역, 국가 및 세계 공동체 내외의 자유주의적 및 시민적 공화주의 전통에서 나오는 논쟁을 반영한다. 'education'은 우리가 배우는 수단으로서 학교교육뿐 아니라, 젊은이를 시민으로 준비시키는 비형식, 무형식 교육의 과정 모두를 포괄한다. 이것은 광범위한 영역에 걸친 장애와 성지향성 등 모두를 위한 평등과 다양성의 이슈를 포함하고, 개별적 가르침, 주류 과목, 지역사회나 봉사 기반 학습과 평가를 통한 전수를 비롯한 교육 문제는 물론이고 학교 전체 이슈에 대한 고려를 필요로 한다.

세계시민교육은 세계주의, 국가주의, 국제주의, 초국가주의, 세계시민주의, 탈식민주의, 원주민우선주의 등의 이념에 뿌리를 두고 있다.Davies(eds.), 2018: xxii-xxiii 세계시민교육의 주제어로는 정의, 평등, 다양성, 정체성과 소속감, 지속가능한 개발 등이 등장한다. 글로벌 차원에서의 시민성, 곧 인간의 지위, 역할, 권력과 주체 문제를 주로 다룬다. 이 문제는 구체적으로 인간성/인간다움human-beingness, 연계/공감적 상상력, 참여/개입, 자기혁신/사회정의 등의 이슈를 부각시킨다.Parmenter, 2014 근대성의 어두운 측면을 강조하면서 탈식민성과 다름/다양성을 강조하기도 한다.Andreotti, 2014 코즈모폴리턴cosmopolitan/world home 환대의 한계를 넘어서기 위해 초대와 방문이 동시에 강조되기도 한다.Langmann, 2014 또 세계시민교육은 국가의 경계선을 넘어서는 글로벌 공동체의 시민으로 기르기 위해 평화, 인권, 민주주의 교육을 포함시키고 있다.Peterson & Warwick, 2015; Kisby, 2014: 12

세계시민교육은 시민성교육, 사회정의교육, 발전교육, 인격교육, 세계교육, 평화교육, 인권교육, 다양성교육, 지속가능한 개발을 위한 교육 등 다양한 영역으로 확장될 수 있다.[Sant, Davies, & Shultz, 2018] 이는 다시 자격화(학문적·경제적 목적)로서의 세계시민교육, 사회화(사회적·도덕적·정치적 목적)로서의 세계시민교육, 주체화(개인적 목적)로서의 세계시민교육으로 세분화할 수 있다.[Sant, Davies & Shultz, 2018: 22-27, 192-193] 세계시민교육에서 논의되는 세계시민의 정의에는 기존의 사회문화적 모순(계급이 아닌 문화적 담론으로서의 모순)에 대해 문제의식을 느끼고, 그 모순을 해소하려고 구체적인 행동에 나서는 시민이라는 의미가 담겨 있다.[권순정, 2017] 최근에는 구조적 불평등을 심화시키는 신자유주의 세계화가 심화되자 대안적 비판적/민주적 세계시민주의critical/democratic cosmopolitanism가 새로운 관심을 끌고 있다. 이 접근은 '세계시민교육의 정치경제학political economy of global citizenship education'[Andreotti, 2014]이다.

21세기의 새로운 패러다임으로서 '생태적 시민교육ecological citizenship education'을 요청한다. 생태적 시민교육은 국가적 애국심이라는 전통적 생각을 고수하려는 사람들의 분노를 자극하지 않으면서 세계적 시민성을 논의하는 생태적 애국심을 중시한다.[Noddings, 심성보 옮김, 2016: 246-250; 325-328] 이와 같은 '지속가능한sustainable' 시민교육의 구성 요소로는 ① 생명 영역의 차원(사람들의 웰빙과 자연환경의 관계 인식), ② 시간적 차원(과거, 현재, 미래의 연계 고려, 시간을 넘어선 생명의 상호 연계, 세대 간 연계), ③ 공간적 차원(장소를 건너뛰는 상호 연계), ④ 비판적 문해력 차원(세계관에 대한 성찰적 각성), ⑤ 창조적 사고 차원(창발적 사고), ⑥ 활동적 학습 차원(실험적 탐구, 민주적 개입에 필요한 참여적 정치적 기술)으로 이루어질 수 있다.[Warwick, 2012]

특히 민주적 시민성은 폭력, 불관용, 외국인 혐오, 인종주의, 공격적 민족주의 등을 이슈로 여기는 인권교육human rights education을 중시한다.[Tibbitts, 2008; Howe & Covell, 2007] 민주적이고 다원적인 시민사회에서 인권교육은 적극적 시민성의 형성에 핵심적이다.[Flowers, 2000] 인권교육 프로그램은 동료 인간의 존엄성과 권리를 옹호하는 세계시민주의적 프로젝트다.[Osler, 2008: 458] 유럽위원회는 민주시민교육과 인권교육을 구별하지 않으면서 인권의 지구적 비전이 시민교육을 보강하는 잠재력을 가지고 있다고 본다.[Ross, 2012: 39-41] 유럽연합이 추구한 세계시민정신은 모든 인간들이 규범적으로 하나의 공유된 도덕성을 가진 단일한 공동체에 속해 있다고 보는 관점이자 사상이다. 이 공동체는 글로벌한 국가와 지역 단위를 포함하는 것이며 포괄적 윤리에 기초하면서도 공유된 망을 가진 경제적 관계나 정치적 구조에 기초하고 있다. 인간 자신이 저마다 품고 있는 종교적, 정치적 신념이 다르기는 해도, 개인들이 타자와의 관계에서 상호 존중의 관계를 맺어야 하며 인류 보편적인 도덕성을 간직하도록 한다.

세계시민교육은 우리가 살아가는 글로벌한 생활세계에서 필수 불가결한 교육으로서 국민국가 내부의 '시민' 테두리에 갇히는 것이 아니라, 국경을 넘어서 평화와 도덕적 가치를 실현하고 '세계시민global citizen'으로서 지구공동체의 협력과 공공선을 추구하는 교육을 지향하고 있다. 세계시민교육은 국민국가의 경계를 넘어 다양성, 상호 의존, 지속가능한 개발, 사회정의, 갈등 해결, 평화와 인권의 가치로 나아가는 교육을 중시한다.[Ross, 2012: 43-44; Osler, 2012: 71-83; Peterson & Warwick, 2015: 18-19] 그리고 세계시민교육은 비판적/창의적 사고, 자기각성과 차이에 대해 열린 마음, 세계적 이슈에 대한 이해와 권력 관계, 더 나은 세계를 위한 낙관적 사고와 행동을 중시한다.[Peterson & Warwick, 2015: 19]

세계시민교육은 단일한 국가 정체성이 아니라 다중의 정체성을 요구하면서 국가 간의 연대의식을 강조하고, 가난한 나라와 잘사는 나라의 변화된 관계와 글로벌 상호 의존을 중시한다. 지속가능한 시민교육은 학교가 중요한 역할을 할 수 있는 평생의 과정이다. 지속가능한 생태적 시민으로서 학생의 발전을 도와주려는 학교의 핵심적 도전은 단순히 지속가능한 행동을 촉진하는 교육적 기회를 마련하는 것이 아니라, 비판적으로 사고하도록 청소년들을 지원하고 불확실한 미래를 다룰 수 있는 능력을 키울 학습 공간을 마련하는 것이다.Warwick, 2012

글로벌 시민성을 위한 교육을 강조해서 유럽연합에 큰 영향을 미치고 있는 국제 비정부기구 옥스팜은 ① 더 넓은 세계에 대한 각성과 세계시민의 역할 인식, ② 다양성의 가치 존중, ③ 세계가 어떻게 작동하는가에 대한 이해, ④ 사회정의를 위한 분노, ⑤ 지역성과 글로벌 등 다양한 차원의 지역사회참여, ⑥ 세계를 더욱 공평하고 지속가능한 장소로 만드는 행동 의지를 북돋기, ⑦ 자신의 행동에 책임을 지도록 함 등을 들고 있다.Oxfam, 2006 요약하면 옥스팜은 세계시민성으로 사회정의와 공평, 다양성, 세계화와 상호 의존, 지속가능한 발전, 평화와 갈등 등을 포함시키고 있다.Simpson, 2012; Peterson & Warwick, 2015

세계시민교육은 '지역적으로 행동하고, 세계적으로 생각하라act local, think global'는 슬로건을 내걸고 다원화된 민주사회의 시민성을 길러내어 세계시민을 양성하고자 한다.UNESCO, 2016 다시 말해, 사회정의, 형평성 같은 보편 가치들에 대한 이해와 이를 실현할 연대 활동을 중요 개념으로 내세운다. 글로벌한 생활세계에 필수 불가결한 교육으로서 국민국가 내부의 '시민' 테두리에 갇히는 것이 아니라, 국경을 넘어 평화와 도덕적 가치를 실현하고 '세계시민'으로서 지구공동체의 협력과 공공선을 추구하는 교육을 지향하고 있다. 세계시민교육은 국민국가의 경계를 넘어 다양성, 상호 의존, 지속가능한 개발, 사회정의, 갈등 해결, 평화와 인권의 가치로 나아가는 교육을 중시한다.Ross, 2012: 43-44; Osler, 2012: 71-83; Peterson & Warwick, 2015: 18-19 또 비판적/창의적 사고, 자기각성과 차이에 대해 열린 마음, 세계적 이슈에 대한 이해와 권력 관계, 더 나은 세계를 위한 낙관적 사고와 행동 등을 중시한다.Peterson & Warwick, 2015: 19

그리고 세계시민교육은 지구화 시대가 초래한 문화적 갈등에 주목하고 문화적 식민화cultural colonization 문제 등에 민감하게 반응한다.Davis, 2006 지구화로 인해 많은 사회들은 다문화 사회로 이행하였고, 이에 다양성과 단일성의 균형을 잡는 도전과제에 직면했다. 이에 따라 한 사회 내의 주류와 비주류로 구분되는 문화적 요소들을 관통하는 새로운 개념으로서 시민성이 요구되었다. 이는 곧 민족주의, 세계주의 또는 다문화주의의 이데올로기적 개념 대립에 관한 것이다. 예컨대 구르체프Gur-Ze'ev[2001]는 테러리스트의 예를 제시하며 애국주의와 용기가 이데올로기와 상황에 따라 가치와 덕목이 도덕적으로 '좋음'이 될 수도 있고 '맹목적 혹은 나쁨'으로 될 수 있다고 말한다. 따라서 보편적인 가치와 그것을 중심으로 한 지구공동체가 절실하다고 본다. 여기서 제시되는 보편적인 주제는 평화, 빈곤, 인권 그리고 지속가능성이다. 또 이는 개인의 정체성 발달단계(문화 정체성-국가 정체성-글로벌 정체성)와도 연결된다. 이렇듯, 세계시민교육과 민주시민교육은 같은 시민성교육의 내용을 포함하면서도 궁극적인 지향에서 차이가 있다. 민주시민교육은 정치적 시스템과 정치적 생활의 일상화 혹은 문화화를 통한 민주 사회의 건설을 표방한다면, 세계시민교육은 민주 사회의 건설을 넘어 인류보편 가치들의 추구를 통한 전 세계의 민주화와 평화, 사회정의를 표방한다. 이러한 흐름은 자기 나라를 사랑하는 시민교육만으로는 글로벌 시민이 되게 하는 데 불충분하다고 보는 데서 비롯됐다.Bamber, 2014: 119

3. 세계시민교육의 전망과 과제

글로벌 시민교육, 즉 세계시민교육GCED의 보편적 핵심 요소가 도출되었다 하더라도 이를 바로 일국적 맥락에서 그대로 실현시킬 수 있는 것은 아니다. 각 국가는 특유의 역사와 문화, 그리고 사회적 현안을 가지고 있기 때문에 세계시민교육 역시 일국의 특수성과 전 지구적 보편성을 어떻게 고려하는가에 따라 그 형태가 달라질 수 있다.성열관, 2014: 64 1990년대 중반 이후로 한국에서 '세계화'는 과거의 '반공'을 대체한 새로운 '국시'[93]로 등장했다. 시야를 한 나라의 국경을 넘어 '세계' 전체로 넓히는 거야 꼭 나쁠 건 없지만, 문제는 한국의 국가와 자본이 주도해온 세계화의 형태다. 한국의 지배자들은 그들에게 일방적으로 득이 되는 '세계화'만을 원한다. 수출 시장과 원료 공급처의 확보, 한류 등을 통한 특히 아시아에서의 문화적 헤게모니 쟁취, 영어 구사력이나 구미권 학위 등을 통한 한국 상류층의 문화자본의 지속적 축적 등이 그들이 생각하는 '세계화'의 전부다. 다문화교육의 논의도 이와 비슷한 수준이다. 이와 반대로 난민을 비롯한 세계 각국의 약자들과의 연대를 지향하는 세계화는 한국 민중의 이해관계에 궁극적으로 합치된다. 한국의 약자들도 밖에 나가면 그런 국제연대의 덕을 봐야 할 것이기 때문이다. 그러나 이처럼 '아래로부터의' 세계화를 추구하자면 한국 민중은 일단 지금 난민들을 둘러싼 대중적인 히스테리부터 진정시킬 수 있는 능력과 지혜를 발휘할 줄 알아야 한다. 진정한 의미의 민중을 위한 세계화는 바로 세계 곳곳에서 제국주의 전쟁이 난민으로 만든 해외 형제자매에 대한 연대와 배려에서부터 시작된다.

촛불시민혁명 이후 새로운 국면을 맞이한 한국 사회는 국가주의 패러다임으로부터 지역사회 패러다임으로 전환되는 시대정신을 보이고 있다. 세계화될수록 국가주의와 국가적 유대감은 오히려 더욱 뚜렷해지는 경향을 보이면서 세계화의 도래와 함께 민족국가의 재설정, 이에 따른 시민의 역동적 관계를 요구하고 있다. 그렇다면 우리가 추구할 세계시민교육의 방향은 어디를 지향해야 하는가? 그것은 한 국가 내의 계층적, 문화적, 인종적 갈등에 한정하는 것이 아니라, 국가를 넘어서는 전 지구적 차원의 연대와

---

93. 박노자의 "한국, 안과 밖: 아래로부터의 세계화를 위하여"(『한겨레』 2018년 7월 18일 자).

협력을 강조하는 세계시민교육이어야 한다. 그것은 글로벌 공동체 시민의 아이들cosmopolitan child로서 하나의 공동체 시각을 갖고서 세계체제를 이해하고 국제 이슈를 해결하는 데 참여하는 역량을 키우는 교육이어야 한다. 또한 그것은 세계를 하나의 단위로 인식하여 세계 안에 다양한 문화 및 사람들과의 상호 의존성을 이해하는 보편적 인류 공영을 추구하는 가치 지향적 교육이자 사회적 실천의 교육이다.

세계시민주의가 미래 사회의 교육 이념으로 떠오르고 있는 지금, 과연 세계시민주의의 이념이 미래 사회 학교교육의 올바른 이념으로서 얼마나 합당한지에 대한 비판적 재검토가 필요한 시점이다. '시민'은 일국의 '법적' 국경 내에 존재하는 개인으로 자국의 권리와 의무를 지니는 개념이고, '세계시민'은 일국의 국경을 넘는 개념이다. 이러한 모순을 극복하기 위해서는 논리적으로 시민의 개념을 어느 하나의 국경 안에 가두어서는 안 되며, 국경을 초월할 수 있는 공통 목표, 공통 이슈를 중시할 때, 세계시민의 개념이 성립될 수 있다. 이에 '세계시민'은 세계의 공통 관심사, 전 지구적인 우려, 국경을 초월한 인간애의 실현에 기여할 수 있어야 한다. 이에 따른 세계시민교육은 학생들을 이러한 시민으로 기르기 위해 교육 목표를 설정할 필요가 있다. 따라서 오늘날 세계시민교육은 더 많은 민주주의와 더 좋은 민주주의를 위해 다음과 같은 대안적 논의를 기다린다.

첫째, 신자유주의 시대를 맞이하여 학생을 물건으로 취급하는 물신화가 아니라, 사람으로 대하는 인간성 회복을 위한 인문학교육이 더욱 요구된다. 교육정책과 교육과정의 실천을 구현하는 학교교육은 전쟁의 도구, 입시의 도구가 아닌 전인교육과 시민교육을 필요로 한다. 일찍이 〈세계인권선언〉 제26조 2항은 "인격의 충분한 계발과 기본적 자유의 존중 강화"를 강조하고 있으며, 우리나라 〈교육기본법〉 제2조도 "인격의 도야와 민주시민의 자질 함양"을 내걸었다.

둘째, 순화된 애국심을 요구하는 세계시민주의는 숙의적 민주주의

deliberative democracy를 더욱 요구하고 있다. "나라를 사랑하지 않으면 나라를 떠나라"고 요구하는 보수적/전통적 시민교육은 아동과 청년들이 세계시민주의나 심의민주주의 교육과 같은 다른 가치와 관련하여 애국주의 가치를 비판적으로 탐구할 여지와 권리를 돌아보지 않는다. 한국 사회의 지리적 폐쇄성과 강한 순혈주의적 가치관을 극복해야 한다. 세계시민교육은 이중의 시민성 또는 다수의 정체성을 구성 요소로 하는 다문화교육multicultural education)도 요구한다.Roth & Burbules, 2007: 3[94] 곧, 시민성, 민주주의, 다문화주의가 결합된 다문화적·민주적 시민성교육이 필요하다.Torres, 2011 애국심과 시민성이 결합된 새로운 글로벌 사회의 시민도 요청한다.Spring, 2010: 164-168 시민적 성찰을 위해 교육 공공성을 강화하고, 숙의적 교육학deliberative pedagogy을 요구한다.Shaffer, 2017 숙의민주주의는 상대적으로 새로운 범주의 민주주의이다. 참여민주주의가 비합리적 대중의 감성적이고 무지몽매한 지배로 타락할 수 있다는 플라톤의 우려가 타당성을 갖는다는 것을 숙의민주주의자들은 헤아리고 있다.Noddings, 2016: 75

셋째, 세계시민교육의 핵심에 법률적, 정치적, 사회적 요소들을 포함하는 총체적인 민주시민교육이라는 개념이 들어 있어야 한다. 시민다움을 위한 민주시민교육의 안착을 위해서는 학교교육 및 교육과정의 개혁이 이루어져야 한다. 이런 연장선에서 민주시민교육이 시행되고, 이를 바탕으로 세계시민교육이 자리 잡아야 한다. 민주주의가 취약한 나라일수록 학교교육의 민주화가 우선되어야 한다.

넷째, 세계시민교육은 한국 사회의 특수성을 고려해야 한다. 분단 상황이라는 특수성, 특히 탈북자 문제, 평화 지향적 통일교육 등이 세계시민교육의 일부로 통합될 필요가 있다. 북한이탈 주민을 보호와 동화의 대상으

---

94. 신고리 원자력 폐기와 유지를 둘러싼 공론화 위원회에서 숙의민주주의 개념을 잘 보여주었다. 최근에는 성북구청에서 헌법 개정(대통령제, 내각책임제, 제3의 대안)을 둘러싸고 공론화 위원회 활동이 벌어지고 있다.

로 보는 관점보다 '이주자'로서의 특성을 고려하여 '다름'이 존중될 수 있는 관점이 필요하다. 그리고 한국 사회가 국가의 위상에 비해 인권의식이 약한 점도 고려해야 한다. 한국 현대사를 지배한 오랜 군사정권의 유지라는 정치적 필요와 성장 위주의 경제적 가치로 인해 인권적 가치가 밀려났기 때문이다. 따라서 범교과적으로 학습되는 인권교육과 세계시민교육을 연계하여 일국/글로벌 차원에서 인권의식 수준을 현저하게 고양시킬 필요가 있다.

다섯째, 세계시민교육은 지역사회/마을공동체의 실천 속에서 시행되어야 시너지 효과가 나타난다. 민주시민교육이 학교 담장을 넘어서지 않으면 안 된다. 그렇게 하여 세계시민의 권력 주체는 개별 국가이고, 그 개별 국가의 중심에 민주적 시민이 '주체'로 굳건하게 자리 잡아야 한다. 민주주의 없는 세계시민주의나 다문화주의는 주체 없는 관념의 세계나 다름없다. 지역 없는 국가, 나아가 국가 없는 세계시민은 허상에 지나지 않는다. 따라서 민주주의를 더욱 공고하게 할 민주적 주체의 형성이 매우 중요하다. 최근 우리나라의 '마을교육공동체운동'의 활발한 전개는 국가주의에 대한 대안으로서 지역주의의 회복과 연계되어 있다. 민족국가는 세계주의와 지역주의를 매개하는 중재자가 되어야 한다. 최근 와해된 지역사회를 재생하고자 하는 마을교육공동체운동은 이러한 시대적 흐름에 대한 응답이다. 변화에 개입하고 참여하는 지역사회의 힘과 시민적 역량을 기르는 것이 민주주의의 필수 요소다. 지금은 혁신교육에 의한 학교의 주체 형성과 지역사회의 주체 형성을 위한 마을교육공동체운동이 절실하다. 국가와 시장을 견제하고 감시할 수 있는 시민사회를 건설하려면 마을교육공동체의 민주적 주체를 먼저 세워야 한다.

20장
한국 민주시민교육의 현황과 과제

1. 민주적 시민성이란?

시민市民, citizen[95]이란 정치, 경제의 행위 주체자로서 각성된 개인이며, 이들 시민은 공동체적 자치를 일구는 실질적인 국가의 구성원이다. 시민은 그런 사회를 구성하는 주권적, 주체적 개인이며, 이해갈등과 계급적 대립으로 파열하기 쉬운 사회질서를 공적 담론과 공적 기구를 통하여 유지·존속시켜나가는 근대적 개인을 말한다. 근대 이후 시민혁명을 거친 근대적 개인은 사회를 구성하는 주체이면서 시민사회의 일원이 되는 것이며, 개인과 사회가 근대성을 획득해가는 과정에서 개인은 시민으로 발전한다. 이렇게 시민이 된다는 것은 국가의 불합리한 통제와 개입을 물리치고 천부인권을 부여받은 시민이 도덕과 공익에 의거하여 자율적으로 사회를 통치해나간다는 뜻이다. '시민'은 민주주의 주체로서 자유와 권리를 인식하고 공동의 문제에 관심을 갖고 참여하는 주체이다.

---

95. '시민'의 가장 간단한 의미는 '도시의 거주민'이다. 즉, 市民은 '市'의 '民'이다. 그런데 원래 도시의 거주민을 뜻하는 라틴어 'civis'라는 어원에서 처음 출발한 시민은 당시 '도시라는 장소에 거주하는 사람'이라는 의미에 한정되지는 않았다. 그것은 단순히 아테네와 로마에 거주하는 사람을 의미하지 않고, 특정한 지위와 정치적 권리를 가진 사회집단을 의미하였다. 곧 시민은 법 제정자/입법자로 자처하는 존재다. 시민은 종교적 통치로부터 자유롭고, 개인됨을 바탕으로 정치 제도화에 참여할 권리를 갖춘 사람을 의미하였다.

그런데 민주주의는 민주주의자인 '시민' 없이는 작동할 수도 유지될 수도 없다. 그리고 이 시민은 사람이 나면서부터 저절로 형성되는 것이 아니다. 사람은 민주주의를 작동시킬 수 있는 역량을 갖추어야 비로소 시민이 된다. 또 제 권리가 무엇인지를 알 뿐만 아니라 제 의무와 갖추어야 할 덕목이 무엇인지도 배워야 한다. 그러한 역량과 권리와 의무 및 덕목인 '시티즌십citizenship(시민성)'을 갖춰야 비로소 민주적 시민이 된다. 민주적 시민성democratic citizenship은 민주주의를 지지하는 사회 구성원으로 살아가는 모든 사람이 평생에 걸쳐 실천 행위를 통해 추구해야 할 가장 넓은 의미의 가치이다. 따라서 반민주/비민주 시민에 대립하는 민주시민에 내포된 가치는 공동체를 이루며 살아가는 현대인이 평생에 걸친 자기교육과 사회교육의 과정을 통해 추구해야 할 선택적 이상이라고 할 수 있다.

민주적 시민성은 다음의 세 가지 가치를 추구한다. 첫째, 자기가 속한 공동체에 개인적으로 책임지는 시민성personal citizenship으로서 개인의 도덕적 책임, 인격, 정직, 성실, 자제력, 근면을 꼽는다. 둘째는 참여하는 시민성participatory citizenship으로서 지역사회참여, 공적 문제와 지역사회의 사회적 삶에 적극적으로 참여하기, 관계성, 공동의 이해, 신뢰와 집단적 헌신, 특정의 공동체 문제나 기회를 넘어서기. 셋째는 정의를 추구하는 시민성justice-oriented citizenship으로서 사회적 이슈에 대한 비판적 분석, 사회적 불의의 해소, 구조적 비판, 자선과 자원봉사를 넘어서는 사회운동을 통한 체제의 변화를 꼽는다.Biesta, 2011: 28-31; Westheimer

그런데 여태껏 민주시민교육에 대한 연구와 실천은 아이들을 현재의 시민으로 인정하지 않고 어른의 눈으로 내려다본다. 가정, 학교, 지역사회의 유기적 연계성을 논의한 연구도 부족하다. 그래서 민주시민교육에 대한 새로운 이해를 바탕으로 그 동향, 곧 학교교육과 평생교육의 현황을 살펴보고자 한다. 나아가 한국 민주시민교육의 과제를 제시한다.

2. 한국 민주시민교육의 현황

1) 학교교육에서의 민주시민교육 현황

우리나라는 역사적으로 일제 식민지 지배, 오랜 냉전적 억압과 군사독재로 인해 시민의 사회참여, 정치참여의 기회가 극도로 제한을 받아왔다. 그로 인해 국민들은 신민적 태도를 내면화해서 순응적인 태도를 보였다. 국민들은 국민윤리교육, 국민정신교육, 이데올로기교육, 사회정화교육, 반공안보교육 등 다양한 이름의 길들이기 교육을 받았다. 그러던 것이 1987년 6월 민주화 항쟁으로 교육민주화 요구가 커져가면서 체제 유지적 공민교육이 약화되거나 변화의 모습을 보였다. 그 결과 풀뿌리 지역사회에서의 시민교육, 자기주도학습, 참여학습, 체험학습, 학습동아리의 결성과 연대적 실천, 참여자 중심의 교수 방법 같은 민주시민교육 방법이 제창되었다. 처음 '민중교육'으로부터 시작된 민주시민교육은 시민사회civil society[96]의 발전과 함께 그 관심이 커져갔다. 특히 1995년 문민정부의 등장 이후 '민주시민교육'이라는 이름으로 사회과나 도덕과 또는 자율재량활동 등을 통해 활성화되기 시작하였다.

오늘날 1990년대 후반에 시작하여 최근 20대 국회에 이르기까지 민주시민교육 제도화를 위한 법제화의 노력이 있어왔다. 법안이 국회에 상정되고 폐기되기를 반복했다.[97] 그러는 동안 다양한 민주시민교육관련법이 분화, 발전, 제정되었다.[98] 최근에는 2014년 5월 26일 〈인성교육진흥법〉이 발

---

96. '시민사회'란 국가와 경제 바깥에 존재하는 자유로운 결사체의 영역(NGO, 사회운동 등)을 말한다.

97. 진보적 여성단체협의회 대표를 맡았던 남인순 의원이 상대적으로 '민주시민교육지원법' 제정을 위한 입법 활동에 열심인 편이다.

98. 2014년 서울시 의회는 민주시민으로서 요구되는 자질과 소양을 함양하고 행동으로 이어지도록 하는 교육으로서 민주주의의 기본원리와 정치제도 이해 및 역사와 시민의 권리와 의무, 합리적 의사결정, 갈등조정, 문제해결 등 여러 가지 교육 내용을 담은 '민주시민교육에 대한 조례'를 제정하였다.

의되어 2015년 7월부터 시행되었으나 이 법의 탄생을 둘러싸고 끊임없이 논란이 일었다. 개인의 품성 함양에 초점을 둔 〈인성교육진흥법〉이 국가의 중심 정책으로 등장하면서 지역교육청의 민주시민교육은 난처한 입장에 처해 있다. 효, 예, 애국심 등 봉건적/수직적 질서로 회귀하는 소극적 시민성을 중시하는 중앙정부의 정책과 인권과 민주주의 등 적극적 시민성을 강조하는 지역교육청의 서로 다른 정책 때문에 갈등 국면이 조성되고 있다.실성보, 2015 게다가 학교 및 사회의 민주화 담론이 소개된 지 30여 년의 역사가 흘렀지만, 정치민주화가 퇴행적 국면을 맞이하면서 민주시민교육의 이론과 실천은 큰 진척을 보이지 못하고 있다. 더욱이 이명박근혜 정부가 들어서 정치민주화가 역주행하면서 학교민주화도 뒷걸음쳤다. 외형적으로는 민주시민교육을 주창한다고 하더라도 현실에서는 순응적 시민 기르기 수준에 머물렀다. 학생들이 민주시민으로서 갖추어야 할 덕목들이 태도나 행동양식으로서 내면화되고 있지 못하다. 이는 학생들을 둘러싼 가정과 학교, 사회의 비민주적 시스템과 문화, 입시경쟁구조 등에서 기인한 필연적 결과이다.정영철, 2014 극심한 입시경쟁교육에 따른 교육의 도구화로 말미암아 민주시민교육활동에 대한 학생들의 자발적 참여도가 낮다. 동아리 활동, 학생회와 같은 학생자치활동, 독서교육, 봉사활동 등 교과 이외에 이루어지고 있는 활동 등이 교과 수업에 비해 매우 부수적인 활동으로 취급돼 시간 채우기 또는 점수 따기의 수단으로 변질돼버렸다. 민주시민교육이 국민교육 차원에서 강조된, 질서와 준법정신에 기초한 인성교육과 동일시되는 경우가 많았으며, 교사들도 민주시민교육의 필요성을 원론적으로는 인정하지만 시민 관련 지식과 태도, 가치 등의 핵심 요소가 수업 위주로 이루어지고 있어 이를 학교교육 전반에 체화시키는 데는 어려움이 있다. 우리나라의 민주시민교육은 그 당위성과 교육적 요구에도 불구하고 여전히 뒷전으로 내몰리고 있다. 학교에서 배운 민주시민 관련 교육은 머릿속에 암기된 지식으로만 그치고 실천적 측면에서 취약성을 드러냈다. 학교교육은 대학입시라는 선발 기제에 압도돼 단순지식을 암기하는 훈련장으로 변질되고 '민주시민교육'은 구호 또는 문서로만 남았다. 이러한 딜레마 상황은 우선 대부분의 교육활동이나 학교 구성원들 간에 분명한 교육 목표나 기준을 공유하고, 관련자들 간에 충분한 토론이나 협의에 의하여 실행되는 것이 아니라, 일방적으로 내려오는 교육과정에 근거하여 학교교육이 운영돼왔기 때문이다. 곧 학교 구성원들이 학교의 구체적이고 특수한 환경이나 조건을 고려하여 교육 계획을 세우고 실천하지 못하는 비민주적 학교구조 및 문화에서 비롯되는 것이다. 이런 현상은 비단 학교문화에만 나타나는 특성이라기보다는 우리 사회가 전반적으로 민주주의를 형식이나 절차로만 취급하고 있는 현실을 그대로 반영하고 있는 것이다. 또 봉사활동이나 학생회 활동의 형식적 운영 및 교실수업이 아닌 야외 활동 정도로 간주되는 학생들의 낮은 인식 수준이 걸림돌로 작용하고 있다.

게다가 민주시민교육의 목표, 내용에 대한 사회적 합의 부재, 관료주의 교육행정체제와 교육과정의 결여, 민주시민교육을 위한 교사훈련의 미비와 교사의 전문성 부족 및 민주적 의식 결여, 민주시민교육을 과거의 교화/의식화 프로그램으로 오해하는 것, 교사의 정치적 자유 부재, 기성세대의 저항과 학부모의 보수적 교육관 등이 또 다른 걸림돌이 됐다. 그래서 아이들은 권위주의적이고 관료적인 학교체제와 문화 속에서 민주시민으로 자랄 틈이 없다. 곧 학생들이 '민주시민으로서의 체험'을 하지 못하고 있다. 학창 시절 민주주의 경험을 하지 못한다면 성인이 되어서도 민주적 삶을 실천할 수가 없다. 미성숙한 학생이 순식간에 곧바로 성숙한 시민이 될 수는 없다. 그것은 결국 어른의 '민주시민적 결손'으로 나타난다.

이러한 열악한 조건에서 민주시민교육의 새로운 변화의 조짐이 일어났다. 최근 몇 년간 진보교육청을 중심으로 민주시민교육과[99]를 신설하는 등 민주시민교육이 활성화되기 시작하였다. 무상급식을 실시하고, 학생인권조례를 제정하였고, 체벌금지를 시행하는 등 종전의 교육정책과 획기적으로 구별되는 정책도 도입하였다. 물론 이러한 참신성과 의외성으로 인해 학교현장 및 일반 시민의 찬반 논란을 불러오기도 했지만, 이들 혁신적 교육정책에 대한 논란과 높아진 관심 그리고 토론의 과정은 거꾸로 우리 국민한테 더 이상 외면해서는 안 될 시대의 과제라는 점을 알려줬고, 학교교육에서 공교육 정상화의 계기를 마련한 셈이다.

2) 평생교육에서의 민주시민교육 현황

산업화가 성숙기에 접어들고 민주화가 어느 정도 성취된 1990년대부터 신자유주의가 사회 전반을 지배하게 됨에 따라 우리 사회는 중앙집권적 권력의 지배로부터 시장자유주의적 자본권력의 지배로 빠르게 이행하였다. 경제뿐 아니라 사회, 문화, 교육을 포함한 모든 영역에서 자유경쟁이 기본적 사회 원리로 강요되면서 개인주의적 경쟁 방식이 확산되고 약육강식의 세계가 펼쳐져 사람들은 생존을 위하여 '각자도생'으로 내몰렸다. 게다가 기업들과 정부는 사람들을 개별화하여 공동체적 집단화를 통한 세력화를 막는 데 힘을 쏟았다. 기업들이 노동조합의 결성을 막으려고 부르댄 것과 시민단체 활동을 마뜩잖게 여긴 정부의 태도가 그것이다. 다들 경쟁으로 내몰려 개인적 경쟁력 강화 욕구가 커지고, 얼마 전까지 강요되던 집단동원 체제에 대한 반발로 개인의 자아실현 욕구가 분출되면서 '개인 지향 학습'이 확대됐다. '개발 지향 학습'을 벗어나 '개인 지향 학습'으로 옮아갔다.^{김신일, 2016: 12-13} 그리하여 처세술, 자기계발, 심성훈련, 건강보건, 체력운동, 경제지식, 재산관리, 교양 등에 대한 학습 요구가 늘어났다. 현재 한국 사회에는 이런 것에 대한 교육과 시민강좌, 도서가 넘쳐나고 있

---

99. 일부 교육청의 경우 인성교육과 속에 민주시민교육을 포함시켜 시행되는 경우가 있다. 인성교육과 시민교육의 공통성과 차이점을 잘 구별하지 못하고 혼재하여 사용하는 경우도 보게 된다.

다. 평생학습 프로그램에도 이러한 내용이 대부분을 차지한다. 인문학의 가치가 높아진 데는 산업화를 통한 물질적 풍요 속에서 그동안 소외되어 온 인간의 정신과 인간 존재의 가치에 대한 관심과 의문을 규명하고자 하는 물음이 숨어 있다. 게다가 1980년대 밀어닥친 세계화의 흐름과 1997년 IMF 외환위기와 함께 경쟁과 효율성을 강조하는 신자유주의의 태동으로 인해 인간성 상실과 공동체성의 붕괴가 빨라진 것도 한 원인이 되었다고 볼 수 있다.

그런데 '개인 지향 학습운동'은 지역사회를 활성화시키지도, 주민이 주인이 되는 사회를 만들지도 못한다. 한국인들이 자녀들에게 강요하거나 방치한 경쟁 중심적 학교교육에 이어 평생학습까지 개인적 경쟁력을 위한 학습으로 치닫는 것은 또 다른 비극이다. 인문학이 붐을 타고 풍성해졌지만, 인문학의 본래 목적과는 거리가 먼 처세술이나 실용학문 또는 사교 모임의 둥지가 되어가는 것은 바람직하지 않다. 이런 상품화된 인문학을 극복하기 위해 평생교육운동은 민주시민교육과의 접목을 시도하였다. 시민운동 부문에서 민주시민교육을 강조하기 시작한 것은 이런 위험성을 극복하자는 데서 비롯되었다. 평생교육은 지역사회를 기반으로 민주시민교육의 확장을 모색하면서 일상과 학습의 연결, 학습의 일상성 연구도 꾸준히 늘어나갔다.^{김민호, 2011; 이은미·진성미, 2014}

인권과 평화, 민주주의, 환경 등 다양한 주제를 놓고 포럼과 토론회, 워크숍, 심포지움, 박람회 등의 형식이 있는가 하면 오픈 테이블/스페이스, 학습모임 등 다양한 접근과 통합이 이루어지면서 평생교육 분야와 민주시민교육의 새로운 접점이 모색되고 있다. 교육공동체에 대한 생태학적 접근, 학습생태계로의 교육공동체 연구를 통해 공진화co-evolution[100] 학습의

---

100. 공진화 학습은 학습의 과정과 결과가 학습자에게 내재되기도 하지만 학습환경, 곧 지역과 사회에 다시 환원된다는 뜻이다. 마을을 통한, 마을에 관한, 마을을 위한 교육이 실천된다고 본 것이다.

필요성을 제기하기도 하였다.^{김용련, 2015} 추상적인 시민성 및 민주시민교육에 대한 논의가 지역에 기반을 둔 일상 생활세계에서의 구체적 시민성으로 연결됐다. 1990년대부터 시민교육이 붐을 이루면서 시민사회와 시민운동의 과제를 최일선에서 충실히 수행해왔던 시민단체들을 중심으로 주체들도 끊임없이 분화되었고 시민교육의 주제와 방식도 다양해졌다. 그리고 중간 지원조직 중심의 민주시민교육, 국내외 정당 관련 정치재단, 연구단체, 공공영역(민주화운동기념사업회, 중앙선관위 산하 선거연수원, 기초자치단체) 등 다양한 영역에서 민주시민교육운동이 일어났다.

평생학습 현장에서 주목하고 있는 새로운 현상으로 민주시민교육 활성화를 위한 갖가지 프로젝트나 프로그램 공모사업이 많이 만들어지고 있다. '요람에서 무덤까지'라는 평생학습의 이념이 누구나, 언제 어디서나, 뭐라도 가르치고 배울 수 있는 것으로 확장되면서 통합과 접점을 위한 시도가 늘어나고 있다. 수원의 '누구나학교', 은평의 '숨은고수교실', 광명의 '느슨한학교'가 그 예이다. 학교 이름이나 운영하는 형태가 조금씩 다르지만 추구하는 가치는 비슷하다. '지역사회학교'보다 더 마을로 들어간 '마을학교'이고, 시민들이 함께 만들어가는 '시민학교'이며, '시민자조학습', '자기주도학습' 모델이다. 민주시민교육의 철학적 기초가 되는 이론을 공부하는 세미나, 자발적 학습모임도 많이 생겼고, 민주시민교육 관련 이론서 등도 출간되고 있다. 또한 주민자치, 학습마을 만들기, 사회적 경제, 문해교육 자원 봉사팀, 학습축제 준비팀, 마을공동체 사업과의 결합을 통해 마을에서 시민 되기, 지역에서 시민 되기를 넘어 세계시민교육cosmopolitan education으로 확장되고 있다.^{김미란, 2017: 123}

이들 시민 주도 평생학습 현장은 가르침과 배움의 경계선이 허물어지면서 다양한 역동성을 보이고 있다. 내 집 앞의 가까운 지역에서 평범한 사람들이 문자화된 지식과 정보의 전달을 넘어 자신의 경험과 지혜를 담담하게 나누고, 학습의 소비자로 대상화되었던 시민들이 스스로 학습의 생산자, 주인공이 되어 서로가 가진 재능을 기부하는 등 새로운 공간 만들기 운동이 벌어지고 있다. 전통적인 강의실을 넘어 일상의 공간이 학습공간으로 탈바꿈하고 있다. 지역사회의 숨은 자원과 공간이 발굴되고 연계되고 있다.

최근 한국의 평생학습운동에서 학습도시, 평생학습관, 시민대학, 문화센터, 도서관, 대학평생교육 등을 비롯한 모든 학습지원기관이 운영하는 프로그램들이 모름지기 자기주도적 시민학습을 통한 공동체 주권을 지향하는 학습운동이다.[김신일, 2016: 13] 주민 및 다른 이해관계자와의 관계 증진을 위한 의사소통, 대인관계, 설득, 협상, 프로젝트 매니지먼트 등의 다양한 역량을 갖추는 노력이 나타나고 있다. 이제 평생학습은 강의장에서만 시행되는 것이 아니다. 지난 몇 년 사이 주체와 지역을 막론하고 마을학교, 마을과 학교의 상생, 마을결합형학교 등 마을과 학교의 분업적 협업을 통해 교육 문제를 해결하려고 하는 새로운 정책 패러다임이 확대되고 있다.

학습 관련 모임에 많은 사람이 참여하여 함께 인식을 공유하고 지역사회의 변화를 꾀하는 '학습동아리study circle'를 만들거나[Anderson & Laginder, 2103: 99-121][101] 또는 '학습 공동체화learning community' 계획[정민승, 2012: 373]을 실행하고 있다. 이 흐름이 평생학습도시의 성패를 좌우할 것이다. 이것은 권력 관계와 이익에 의해 왜곡된 의사소통의 과정을 바르게 잡는 생활세계의 보존 방식이기도 하다. 더디게 왔지만 아무튼 민주주의가 오긴 왔다.

오늘날 또 다른 교육개혁의 흐름으로 단위학교 혁신보다는 지역사회/지역교육청을 중심으로 지역의 교육적 역량을 강화하는 경향을 보이고 있다. 지금 혁신학교의 전국적 확산과 함께 벌어지고 있는 '마을교육공동체

---

101. '학습동아리(study circles)'는 스웨덴의 성인학습의 일환으로 많이 사용하는 민중교육의 한 방법이다. 학습 소집단을 구성하여 환경, 평화, 인권 같은 이슈에 대한 자료를 함께 읽고 비판적 판단과 결정을 내리는 것이다. 이런 활동은 개인의 성장과 사회의 변화를 동시에 추구하는 협동적 학습이다.

운동community school movement'[102]의 발흥은 지역사회의 새로운 변화를 보여주는 중대한 징후라고 할 수 있다. 공동체를 유지하기 위해서는 신뢰하는 준거 집단, 곧 마을이 있어야 한다. 우리가 '마을'을 호명한 것은 기계화와 자동화 등 산업화 사회가 만들어낸 인간 소외의 문제에서 비롯된 것이다. 이 문제를 해결하는 데에 사회복지제도의 고도화만을 가지고서는 한계에 직면한 것도 한 원인이 될 것이다. 사실 압축적 근대화, 산업화 과정에서 정서적 생활공동체로서의 마을은 쉽게 무시되거나 파괴되었다. 따라서 고도의 산업화로 비롯된 상품화와 물신화 현상은 사람과 사람의 관계 회복에서 찾지 않으면 안 된다. 학교는 사회의 위험이나 문제로부터 학생들을 보호하는 것도 중요하지만, 그들을 온실 속의 화초로 기르는 것은 과잉보호이며 무인도의 삶을 경험하게 하는 것이나 다름없다. 따라서 파편화된 조각으로 불안하게 서성이다가 거대한 고도 관리 체제에 포획되지 않으려면 최소한의 안정성을 확보하는 상황을 만들어야 한다. 아이들을 안전하게 키울 수 있는 마을, 사람들의 다양함이 존중되는 마을, 강도 높은 노동에 시달리던 노동자가 휴식하고 치유할 수 있는 마을, 아파트밖에는 기억하지 못하는 아이들과 만들어가야 할 마을이 있어야 한다.조한혜정, 2007

조한혜정 교수는 2007년 『다시 마을이다-위험사회에서 살아남기』를 통해 '선진국 따라잡기'에 급급한 나머지 개발 국가의 '국민'으로서 숨 가쁘지 않게 지낸 적이 별로 없었던 사람들의 탈선을 지켜보며 불안이 영혼

---

102. '마을교육공동체운동' 또는 '지역사회교육운동'은 공교육 혁신과 지역-학교를 연결하는 데 새로운 가능성으로 제시되었다. 지역사회교육은 교실, 학교운동장 그리고 지역사회 간의 울타리를 넘어서려는, 제도로서의 학교를 넘어 확장되고 있는 지역사회 틀 속에서의 사회적 행동 양식이다(Corson, 1998: 25-26). 지역사회교육운동은 학교와 그 학교가 존재하고 있는 지역사회와 공고하게 연계시키려는 현대적 노력이다. 지역사회교육운동은 지역성, 즉 독특한 장소의 특별한 역사, 환경, 문화, 경제, 문학, 예술 등에 기반을 두고 있다. 지역사회/장소 기반 교육은 학습을 위한 맥락을 제공하며, 학생의 작업은 지역사회의 필요와 흥미에 초점을 맞추고, 지역사회의 구성원은 지역사회교육을 위한 자원과 동반자로서 기능을 한다.

을 잠식하는 위험사회가 오고 있음을 직감하면서 '마을' 이야기를 하기 시작했다. 조 교수는 2014년 '자공공自共公'[103]을 통해 우정과 환대의 마을 살이의 가능성과 희망을 지구살이, 마을살이, 세대살이로 나누어 이야기 하는 마을공동체운동을 역설하고 있다.조한혜정, 2014 조교수는 지금이 애벌 레에서 나비로 변신하는 대전환기라고 강조하면서 대재앙의 충격을 전 지 구적 전환의 계기로 만들어내는 '나비 문명의 새벽'을 맞을 준비를 하자 는 제안을 한다. 그리고 망가져 가는 세상을 살리고 피로와 패배감에 젖 은 스스로를 살리며 지속가능한 삶으로 전환하기 위한 시작이 바로 '창의 적 공공 지대'를 회복하는 노력에 함께하는 것이라며, 곧 돌봄 공간으로서 '마을'을 되찾는 운동에 나설 것을 역설한다.

3. 한국 민주시민교육의 과제

'민주시민교육'이란 〈초·중등교육법〉 제2조에 따른 학교의 학생, 학부 모, 교직원, 학교와 관련된 지역 공동체 인사 등에게 실시하는 민주주의 교육이다. '핵심 가치'란 학교민주시민교육의 목표가 되는 것으로 민주주 의, 자유, 평등, 정의, 연대, 관용, 책임, 평화, 인권 등 민주공화국 운영과정 에서 일반적으로 추구하는 가치를 말한다. '핵심 능력'이란 핵심 가치를 적극적이고 능동적으로 실천하는 데 필요한 비판적 사고능력, 합리적 판 단능력, 갈등조정능력, 적극적 사회참여 능력, 타협할 수 있는 능력, 정치 적 소수자 집단을 존중하는 능력 등 민주공화국을 운영하는 데 필요한 능 력을 말한다.

---

103. '스스로 돕고(自助) 서로를 도우면서(共助) 새로운 공공성을 만들어가자(公助)'는 의미인 '자공공'은 실천적 문화인류학자 조한혜정이 그간 지속가능한 세상을 그리며 한국 사회에 발언해 온 내용을 함축적으로 담은 말이다. 『자공공』에서 저자는 지속가능한 지구살이를 위한 마을살이를 제안하고 있다.

민주적 시민성을 북돋는 '민주시민교육education for democratic citizenship'은 민주주의의 민주주의다움을 보장하는 가장 기초적인 필수 전제라고 할 수 있다. 모든 민주주의 국가는 다양한 차원에서, 다양한 방법과 수단을 통해 그러한 시민을 길러낼 교육체계를 갖추지 않을 수 없다. 민주시민교육은 3C가 잘 융합되어야 그 효과를 발휘한다. 민주시민교육은 교육과정curriculum, 문화culture, 지역사회community가 잘 융합되어야 한다는 말이다. 민주적 시민성 함양을 위한 교육과정/지식은 인간적이고 민주적 학교문화/분위기의 조성 속에서 실천돼야 하고, 나아가 지역사회/마을공동체의 참여 속에서 지속돼야 한다. 결국 아이들의 민주적 시민성은 어른들(부모, 교사)과의 관계 속에서 길러지는 것이기에 학생들의 민주적 시민성 형성 못지않게 어른들의 민주적 시민성 형성도 중요하다. 민주시민교육은 학생들이 공부하는 학교사회에 머물지 않고 그들이 생활하고 있는 지역사회 어른들의 주인의식, 곧 주권의식 속에서 형성될 것이다. 지역사회에 대한 주민들의 주권의식이 바탕에 형성되어야 지역사회 전체가 힘을 얻는다. 이것이 바로 '지역사회 활력화community empowerment'김신일, 2016: 13, 또는 '지역사회 조직화 운동'Hargreaves & Shirley, 이찬승 외 옮김, 2015: 150이다. 지역사회와 공공 네트워크 전체가 합심하여 지역사회 활성화와 조직화를 꾀한다면 정치에서 소외되었던 지역 주민들의 '시민적 역량civic capacity'을 높여주므로 도시 전체의 권력 역학이 바뀐다.

그런데 오늘날 지역사회는 밥 먹는 곳, 잠만 자는 곳, 물리적 공간의 의미밖에 없다. 민주시민을 기르는 환경이 되지 못하고 있다. 학교 안의 민주시민교육도 국가 혹은 정권 차원에서 정치사회화의 시각에서 주로 이해되었기에 민주시민 양성에 아무런 기여를 못했다. 민주시민교육이 무엇이냐 하는 개념 논쟁이나 민주시민교육 전개과정을 중심으로 한 주도성 논의가 조금 있었고, 미국, 독일, 영국, 스웨덴을 중심으로 외국의 민주시민교육 사례와 함의 등이 소개되고, 또 시민단체를 통한 주민참여와 시민교육을 위한 여러 프로그램이 진행되기는 하였으나 체계적 작업이 진행된 것은 아니었다.

지금까지 한국 민주시민교육의 동향을 살펴보았다. 한마디로 그동안 우리의 학교교육은 대중화되고 보편화되었지만 입시 위주의 교육과 관료화된 학교교육으로 인해 민주적 삶을 경험하게 하지 못한 실정임을 확신할 수 있었다. 민주시민은 저절로 만들어지는 것이 아니라 노력과 실천, 때에 따라 싸움을 통해 만들어진다. 이런 문제의식을 가지고 다음과 같은 실천 과제를 제시하고자 한다.

첫째, 민주시민교육을 활성화하려면 그것의 바탕이 되는 한국 민주주의 현실에 대한 반성과 성찰이 요구되며, 거기서 방향이 나와야 한다. 이제는 나와 우리 이웃, 사회와 국가, 그리고 세계와 인류를 생각하며 살아갈 수 있는 그런 생기 넘치고 약동하는 패러다임의 변화가 필요하다. 민주시민교육은 그 내용과 정의가 매우 폭넓고 상이하다. 따라서 민주시민교육을 시행하는 주체와 민주시민교육을 받는 당사자 등이 민주시민교육에 접근하는 데 의견을 모으기가 어렵다는 문제가 있다. 다른 국가들의 사례를 보아도 접근 방식이 여럿이고 강조하는 영역도 다르다. 정치체계와 역사가 다 달라서 민주시민교육의 내용과 방법도 갖가지다. 일정하고 표준화된 민주시민교육의 개념을 찾기가 어렵다. 그렇다면 먼저 〈헌법〉[104]과 〈교육기본법〉[105]에서 민주시민성의 근거를 찾을 필요가 있다.

---

104. • 헌법 제1조 2항: 대한민국의 주권은 국민에게 있고, 모든 권력은 국민으로부터 나온다.
    • 헌법 제7조 1항: 공무원은 국민전체에 대한 봉사자이며, 국민에 대하여 책임을 진다.
    • 헌법 제10조: 모든 국민은 인간으로서의 존엄과 가치를 가지며, 행복을 추구할 권리를 가진다. 국가는 개인이 가지는 불가침의 기본적 인권을 확인하고 이를 보장할 의무를 진다.
    • 헌법 제34조 1항: 모든 국민은 인간다운 생활을 할 권리를 가진다.
    • 헌법 제65조 3항: 탄핵소추의 의결을 받은 자는 탄핵심판이 있을 때까지 그 권한행사가 정지된다.
    • 헌법 제119조 2항: 국가는 균형 있는 국민경제의 성장 및 안정과 적정한 소득의 분배를 유지하고, 시장의 지배와 경제력의 남용을 방지하며, 경제 주체 간의 조화를 통한 경제의 민주화를 위하여 경제에 관한 규제와 조정을 할 수 있다.

둘째, 민주시민교육은 특정 정권이나 정치세력의 유지·강화를 돕는 수단이 아니냐는 의심을 받고 있다. 우리는 어두웠던 권위주의 시대에 편향된 정치교육의 폐해를 적나라하게 경험한 바 있다. 한국적 민주주의라는 미명하에 '정통성이 없는 정권'을 정당화하기 위하여 악용된 사례가 무수하다. 또 반대로 이른바 진보적 민주시민교육 사회단체를 '민주화 운동 세력'으로 묶어세우고 이들이 진영을 강화하기 위한 활동이라는 의심을 거두지 않는 것도 큰 걸림돌이다. '의식화' 또는 '우민화' 어느 쪽도 바람직하지 않다. 그러나 민주시민교육은 정치적 성향에 관계없이 누구나 평생 동안 참여가 장려되고, 접근이 용이하며, 다양한 견해와 해석들이 존중받을 수 있도록 설계하고 그것을 보장하는 사회적 합의와 제도적 장치가 필요하다. 사회적 합의의 한 방법으로 '보이텔스바흐 합의'를 시도할 필요도 있다. 왜냐하면 우리 사회에 진보와 보수의 이념 대결이 만연하고 있기 때문이다. 민주시민교육이 주는 이미지는 진보적 이념교육으로 비쳐질 개연성이 크다. 이로 인해 자신의 신념을 훼손할까 염려하는 사람들이 꺼려 하는 경향이 있다. 이것은 사실은 민주시민교육을 잘 알지 못해서 생기는 일이기도 하다. 따라서 이념교육이 아닌 시민교육으로서 이미지 쇄신과 함께 민주시민교육이 무엇인지 적극적으로 홍보할 필요가 있다. 이렇게 보면 인성교육/인격교육과의 접목도 가능하다. 영국의 시민성교육이 사회적·도덕적 책임(인격성), 지역사회참여(공동체성), 그리고 정치적 문해력/교양(시민성)을 구성 요소로 하듯 인격성과 시민성은 겸비할 필요가 있다. 개인적 인간성과 공동체적 시민성이 결합된 인간 주체를 길러내는 민주주의 교육을 해야 한다. 새는 좌우의 날개가 있어야 날 수 있듯 보수와 진보의 가치를 공존시킬 필요가 있다. 발달단계상으로는 인격성character을

---

105. 우리나라 〈교육기본법〉 제2조는 "교육은 홍익인간(弘益人間)의 이념 아래 모든 국민으로 하여금 인격을 도야(陶冶)하고 자주적 생활능력과 민주시민으로서 필요한 자질을 갖추게 함으로써 인간다운 삶을 영위하게 하고 민주국가의 발전과 인류공영(人類共榮)의 이상을 실현하는 데에 이바지하게 함을 목적으로 한다"라고 명시하고 있다.

토대로 하여 그 위에 시민성citizenship/civility의 가치를 쌓아갈 필요가 있다. 루소의 생각대로 사람다움과 시민다움을 동시에 기르는 것이 가능하다.Boyd, 김안중·박주병 옮김, 2013: 13-14[106]

셋째, 민주시민교육은 학습자인 시민들의 요구나 필요를 충분히 반영하지 못하고 있다. 민주시민교육 조례를 시행하면서 서울시에서 가장 많은 공을 들이고 있으나 가장 어려운 부분이기도 하다. 민주시민의 교육의 효과 또는 성과를 위하여 '특정한 행동을 위한 특정한 강좌'가 주를 이루고 있다는 점을 우리가 간과해서는 안 된다. '민주시민이라는 것은 이런 것'이라는 정의 아래 진행되는 학습이야말로 과연 민주시민교육인지 묻지 않을 수 없다. 학습자가 원하는 교육과정보다는 용어적 정의를 실현하고자 하는 공급자 위주의 프로그램 개발이 태반이다. 이것은 학습자의 참여가 미흡하다는 교육과정 운영상의 문제와 함께, 철학적으로는 교육 내용의 일방적 전달이라는 더 근본적인 문제를 안고 있다. 시민들의 요구를 분석할 수 있는 다양한 프로그램의 개발이 필요하다.

넷째, 민주시민교육을 위한 제도가 아직도 입법 미비인 것도 문제가 되고 있다. 민주시민교육의 시작 단계에 있는 우리 사회는 민주시민교육의 활성화를 위하여 제도의 도움이 필요할 것으로 보인다. 학생 시절부터 시작하여 권리와 의무를 인식하는 시민이 되어서도 생활 속에서 문제에 직면했을 때 스스로 해결할 수 있도록 지원하는 인프라 또는 조건, 제도 등을 형성·구축할 필요가 있다. 민주시민교육을 실행하는 여러 주체들은 민주시민교육에 대해 다양한 입장을 가지고 있다. 학계라고 칭할 수 있는 평생교육 분야에서의 민주시민교육, 진보-보수 시민사회단체에서의 민주시

---

106. 루소는 시민교육의 가장 근본이 되는 원칙을 주권(sovereignty)이 인민(people)에게 있고, 인민이 주권을 행사해야 하며, 주권은 양도할 수 없다는 것이다. 인민들은 뿔뿔이 살 수 없으므로 통치를 위하여 주권을 '양도'하는 것이 아니라 '위임'하여 정치체(body politics)를 구성한다. 그것은 도덕적 집합체로서의 주권국가(sovereign state)이다(이기범, 2015: 153).

민교육, 지역사회 교육단체들의 민주시민교육, 선거연수원을 비롯한 국가기관의 민주시민교육, 교육부에서 바라보는 민주시민교육이 따로따로 있다. 모두 이해관계가 같은 듯 보이지만 서로 다르다. 내용적인 측면으로 보면, 세계시민교육, 갈등관리교육, 토론교육, 기본 시민 소양교육, 젠더교육, 인권교육, 문자 및 디지털 해득교육 등 그 종류도 다양하다. 한편, 지극히 정치교육에만 국한하는 입장도 있다. 큰 그림에서 본다면, 마을공동체운동 과정에 일어나는 교육도 민주시민교육이다. 학교협동조합운동[107]도 민주시민교육이 전제되지 않으면 운영하기 어렵다.

다섯째, 민주시민교육의 주체로서 학교를 통한 교육만으로는 한계가 있다. 시민사회의 다양한 기제에 의해 다양한 형태의 교육이 이루어져야 한다. 학교 밖 다양한 기관과 함께 교육 프로그램을 운영하고 가정과 지역사회에서 민주적 활동에 참여하여 민주적 태도와 기능을 실제로 익히도록 여러 가지 교육을 펼칠 기반을 조성해야 한다. 민주시민교육의 활성화를 위해서는 민주시민교육의 지형을 제대로 파악하고 관련 사업과 동향을 모니터하고, 이를 정책에 반영하고 피드백할 구조를 마련해야 한다.김미란, 2017: 133 그것도 집 가까이 생활 단위에서 민주시민교육의 판을 재구성하지 않으면 그 활성화는 요원할 것이다. 민주시민교육의 발전을 위해 고민하고 연구하는 학자와 연구자는 물론 현장에서 발로 뛰는 실무자들의 역량 강화를 위한 네트워크를 만들고, 꾸준히 교류하는 체계를 만드는 인프라 조성에 힘써야 한다. 민주시민교육의 판을 재구성하기 위한 민주시민교육의 허브, 플랫폼[108] 기능을 강화하는 방향으로 추진되어야 한다. 프로그램이 아닌 시스템으로 접근해야 한다. 이를 위해서는 국가 단위, 시도 단위, 기초 시군구 단위에서 다양한 접점 만들기, 교육지원청과 구청의 연

---

107. 학교협동조합은 마을교육공동체를 안착시키고 지속가능한 틀을 만들어주는 데 핵심 요소다.
108. 플랫폼으로서 민주시민교육활동은 시민이 쉽게 갈아탈 수 있는 환승역이 된다.

계사업의 활성화, 국가 단위의 민주시민교육 활성화 전략을 필요로 한다.

여섯째, 적극적 시민성을 기르는 시민교육은 생애의 전 기간에 걸쳐 이루어지는 평생학습의 과정으로서 사회 변화와 함께 그 내용과 방법을 끊임없이 개선해가야 한다. 한 사람의 성인이 문명화/교양화/시민화 과정에 기여하려면 아주 오랜 시간이 요구될 뿐 아니라 사회가 움직이는 방향과 전망을 잘 파악해야 한다. 민주시민교육의 핵심에는 마을과 함께하는 삶을 아름답게 가꾸는 '인문학적 평생학습'이 자리해야 한다.^{양은아, 2010} 인문학적 평생학습은 개인으로서, 가족과 공동체의 구성원으로서, 시민으로서, 생산자로서, 기술자로서, 창의적 상상가로서 자신의 표현 기술 및 다양한 임무를 모두 풍요롭게 하는 것이다. 인간을 산업화의 도구로 보는 비즈니스를 위한 '인간자본론human capital', 곧 새로운 기술에 적응시키는 사회적 투자로서 노동자에게 직업기술교육을 하려는 입장을 넘어서야 한다. 개인의 재능에 투자하는 개별적 인적 자본이 아니라 집단적이고 사회적인 자본으로서 전문적 자본professional capital[109]으로 나아가야 한다.^{Hargreaves & Fullan, 2012, 1-14} 인문학적 평생학습은 '개인 지향 학습운동'에서 '공동체 지향 학습운동'으로 나아가는 것이다. 권위주의적 권력과 자본은 집단의 결속을 약화시켜 사람들을 개별화한다. 곧 공동체를 약화시키고 결국은 해체한다. 여기에서 관계의 위기가 발생하여 사람들이 개별화되고 개인 간 경쟁이 심화된다. 여기서 벗어나는 길은 '공동체의 강화'[110]이다. 지역사회

---

109. 오늘날 일반학교에서 가르치는 직업/교직의 혁신을 위해 비즈니스 자본을 넘어서는 '전문성 자본(professional capital)'이 강조되고 있다. 전문적 자본은 세 가지 종류, 곧 인간 자본(human capital: 1960년대, 경제적 생산성, 개인의 능력), 사회 자본(social capital: 1980년대 이후, 상호작용, 사회적 관계, 협력, 집단적 역량), 의사결정 자본(decisional capital: 신중한 판단, 교사 개개인의 축적된 경험과 실습 그리고 성찰적 사고를 통해 장기간에 걸쳐 형성되는 전문직으로서의 교원)으로 구성된다. 전문적 자본의 가르침에 대한 관점은 좋은 학습이란 좋은 가르침으로부터 나오며, 장기간의 훈련과 교육을 필요로 하며, 계속적인 계발을 통해 완성되며, 증거와 경험에 입각한 사려 깊은 판단을 포함하고, 집단적 성취와 책임을 중시한다는 것이다. 전문적 자본은 책무성을 중시하는 관리적 전문성을 넘어서는 협력적이고 민주적인 자본이다(Whitty, 2008: 41-46).

활동 속에서 사람들이 서로 돕고 유대감을 느끼면서 결속력을 높이고, 공동체의 목표와 의미를 만들며 생겨난 문제에 공동으로 대응하는 것이다.

일곱째, 부단히 이웃 공동체들과 연대해 나아감으로써 목표에 다가간다. 민주주의란 주민들이 자기 지역의 주체가 된 상태와 다름없다. 따라서 평생학습의 진정한 목적은 시민세력화의 핵심적 동력이다. 학습이 모든 공간에서 나름의 방식으로 전개될 수 있도록 돕는 것, 각 지역의 차이가 차별/소외로 연결되지 않도록 하는 것이 평생학습의 목표가 되어야 한다. 평생학습과 관련된 지역사회교육은 더욱 포용적 사회와 더 포용적 민주주의를 지향하는 방식으로 결정되어야 한다.[Tett, 2010: 27, 50]

여덟째, 학교와 마을의 만남, 민관학 거버넌스를 마련하여 제도적인 만남의 장을 만들고 협의와 합의를 통해 자신들의 일을 우리의 일로 만들어갈 필요가 있다. 이러한 문제의식에서 출발한 마을교육공동체운동은 학교를 지역사회의 중심에 두고, 지식사회에서 학생이 잘 살 수 있고 생산적으로 일할 수 있는 사회적 자본을 개발할 갖가지 네트워크를 구축하면서 사회적 관계망을 형성하는 활동이라고 할 수 있다. 위축된 민주주의를 복원하는 시도이면서 지역사회가 변화에 개입하고 참여하는 힘과 시민적 역량을 북돋게 하는 것이 민주주의의 필수 요소다. 개인 지향 학습을 무시하거나 버리자는 주장이 아니다. 공동체 지향 학습에는 자기주도적인 개인 지향 학습이 중요한 토대를 이룬다. 자기주도적 학습은 성인교육의 해방적 이념으로서 반헤게모니적 실천으로 나아가야 한다.[Brookfield, 2000: 129-143] 따라서 여기서 주요한 점은 양자의 균형을 이루어야 한다는 것이다. 개별학습을 유지하면서도 공동학습을 늘리면서 참여학습과 비판적 학습을 강화해야 한다.

아홉째, 평생학습은 학습의 연장life-long과 함께 학습의 확산life-wide,

---

110. '공동체'는 '가치 있는 무언가를 함께하는 것'을 뜻한다. 인간이 무리를 이루어 가치 있는 일을 함께하는 품이다.

곧 전 영역에 걸친 다양한 학습 경험을 필요로 한다. 학습자의 관심과 문제제기로 학습자가 몸담고 있는 삶의 터전이 변화하고, 이를 해결해가는 과정에서 학습자의 역량과 의식이 향상될 뿐 아니라 동료나 환경도 함께 진화하는 상호작용적 선순환이 이루어져야 할 것이다. 민주주의와 민주적 학습의 연결은 지역사회의 봉사학습을 통해 가능할 것이다. 지역사회 봉사학습은 공동체, 봉사, 성찰, 민주주의와 연관을 갖고 있다.[Sheffield, 2011] 지역사회 속에서의 적극적 학습, 적극적 시민성을 위한 지역사회 기반 학습은 전통적 자원봉사활동에 도전하고 있다.[Annette, 2008] 봉사학습의 시민교육적 성격은 소극적 봉사정신의 내면화를 위한 '약한 민주주의'가 아니라, 청소년들의 권한 강화, 집단적 문제해결 등의 '강한 민주주의strong democracy' 과정으로 발전되어야 한다.[Lisman, 1998: 89-115; 117-126] 이를 위해 소극적 시민을 위한 자원봉사가 아니라 적극적 시민을 기르는 봉사학습이 필요하다. 봉사학습은 기존의 자원봉사활동과 같이 소극적 시민을 양성하는 것이 아니라 능동적/비판적 시민으로 성장하도록 하는 '강한 민주주의'를 지향하고 있다. 봉사학습을 통한 민주시민교육은 학교의 외부에 있는 세계(지역사회의 봉사활동)와 내부에 있는 세계(교과교육) 사이에 교량을 놓는 일이기도 하다. 곧 학교gown와 지역사회town의 교량 역할을 하는 학교혁신의 효과적 방안이다. 구체적인 현실에 참여해 현실 세계에 접촉함으로써 박제화된 교과서 지식이 살아나도록 한다. 적극적 시민을 기르고자 하는 지역사회 봉사학습은 청소년들의 진로 탐색에도 도움이 된다.

4. 새로운 시민의 탄생을 위하여

민주시민교육의 마당은 학교이다. 학교에서는 교사와 학생이 날마다 만난다. 그런데 척박한 교육 현실에서 어떻게 해야 학생들을 미래의 시민으로 길러낼 수 있는가? 그 해결의 답은 민주주의를 더욱 공고화하기 위한 실천밖에 없다. 학교교육에서 민주주의를 공고화하는 일은 곧 민주시민교육을 적극적으로 구현하는 일이다. 민주주의를 일상에서 실천할 '살아 있는 민주주의doing democracy'가 요구된다. 행동하는 민주주의를 위해 아이들의 민주적 시민성은 어떻게 길러질 수 있는가? 아이들이 왜 시민으로 자라지 못했는가? 어떻게 해야 좋은 시민을 길러낼 수 있는가? 아이들은 어떤 순간에 어떤 경험을 통해 시민으로 성장하는가? 학생들이 학창 시절 민주주의 경험을 하지 못했는데 어떻게 성인이 되어 곧바로 민주적 삶을 살 수 있는가?

이러한 질문의 연장선에서 필자는 촛불시민혁명 이후, 곧 새로운 민주 대통령 취임 이후 '새로운 시민'의 탄생이 필요하다고 역설한다. 새로운 시민이 탄생되지 않으면 또다시 반동의 국면으로 돌아가고 만다. 의회 권력이 촛불 정신을 제대로 반영하면 광장의 민주주의 목소리는 계속될 것이다. 따라서 광장민주주의가 의회민주주의로 제도화되는 것과 함께 생활민주주의, 가정민주주의, 학교민주주의, 마을민주주의로 활성화되어야 한다. 최종 심판자로서 시민들의 각성과 경계가 일상화되어야 한다. 그래야 사회의 반동을 막아낼 수 있고 새로운 사회의 건설이 가능하다.

구체제가 사라진 빈자리는 새로운 교양시민으로 채워야 한다. 새 술은 새 부대에 담아야 한다. 촛불시민혁명 이후 새로운 교육질서/체제를 요청하는 시대에 그 질서/체제를 만들어가는 민주적 주체인 교양시민이 탄생되어야 한다. 새로운 사회의 출현을 위해서는 학교의 주체 형성과 함께 마을의 주체 형성이 동시에 요구된다. 민주주의를 준비하는 최상의 방식은 민주적 제도를 넘어 민주적 삶의 변화를 통해 유지되는 것이다. 민주적 삶의 양식을 내면화한 교양시민이 탄생되어야 한다. 이리저리 끌려다니는 대중이 아니라 교양 있는 공공성을 담지한 시민으로 성장·발전·확장해가야 한다. 박근혜·최순실의 국정농단에 대한 분노에 머물지 말고 새로운 교양

시민이 탄생되어 시민사회의 주체로 우뚝 서야 한다. 새로운 사회, 새로운 미래를 꿈꾸며 사회 참가를 서슴지 않는 모반하는 교양시민이 집단적으로 탄생되어야 한다. 정치·경제·사회·문화 전반에 걸쳐 우리의 일상과 민주주의를 일치시켜 시민생활에 '더 많은 민주주의'를 확산시키고 '더 좋은 민주주의'를 심화시키는 교양시민이 탄생되어야 한다. 궁극적으로 민주시민교육은 교육제도에서만 구현되는 게 아니라 구체적으로 지역사회의 주체인 주민의 민주적 삶의 양식을 변화시키는 데 그 목적이 있다.

학교 운영의 민주적 협치, 교과를 통한 민주적 수업, 학생의 민주적 자치활동은 민주시민교육의 핵심이다. 민주시민교육은 교육과정curriculum, 학교문화culture, 지역사회community가 잘 융합되어야 효과를 발휘한다. 말하자면 3C가 잘 융합되어야 아이들의 시민성이 잘 자란다. 그것도 단순히 교과로서의 민주시민교육에 머무는 것이 아니라, 학교교육 전반의 개혁을 위한 근본 프로젝트로서 학교를 민주화하는 실천을 요구하는 것이다. 학교 거버넌스/협치의 변화, 학교문화의 민주주의와 학생자치활동, 교과 간의 민주적 시민성 강화 등이 필수다. 아이들/학생들의 민주적 시민성은 어른들/교사/교장의 시민성 형성을 몸소 보여줌으로써 시작된다. 학생들은 교사의 민주적 삶을 보면서 배운다. 따라서 민주시민교육이 성공하려면 학교를 먼저 '민주주의 학교'로 만들어야 한다. 민주주의는 본래 일상생활 속에서 실현되는 삶의 방식이다. 우리 모두 직장에서, 가정에서, 그리고 지역사회에서 민주주의자가 되어야 한다. 민주시민교육은 이제 이념을 넘어, 영역을 넘어, 지역을 넘어, 연령을 넘어 이뤄져야 한다. 학교교육에서든 평생교육에서든 민주시민교육이 널리 꽃피기를!

21장
촛불혁명 이후 민주시민교육의 향방

민주주의는 단순히 정치의 형태만이 아니라, 근본적으로는 공동생활의 형식이요 경험을 전달하고 공유하는 방식이다. 동일한 관심사에 참여하는 개인들의 수가 점점 넓은 지역으로 확대되어 각 개인이 자신의 행동을 다른 사람들의 행동에 관련짓고, 다른 사람들의 행동을 고려하여 자신의 행동이나 방향을 결정한다는 것은 곧 계급, 인종, 국적 등 우리로 하여금 우리 자신의 행동의 완전한 의미를 파악하지 못하도록 가로막는 장애가 철폐된다는 뜻이다. 여러 사회집단 사이에 더욱 자유로운 상호작용이 있다는 것뿐만 아니라, 사회적 습관이 변화한다는 것을 의미한다. 이러한 특성은 바로 민주적인 방식으로 조직·운영되는 사회의 특징이다.존 듀이(1916), 『민주주의와 교육』

1. 학교민주시민교육의 걸림돌

교육민주화 담론이 오르내린 지 30여 년의 역사가 흘렀지만, 정치민주화가 퇴행적 국면을 맞이하면서 학교민주화는 큰 진척을 보이지 못하고 있다. 민주시민교육이 국민교육 차원에서 강조된 질서와 준법정신에 기초한 인성교육과 동일시되는 경우가 많았으며, 교사들도 민주시민교육의 필요성을 원론으로는 인정하지만 시민 관련 지식과 태도, 가치 등의 핵심 요소가 수업 위주로 이루어지고 있어 이를 학교교육 전반에 구현하기에는 쉽지 않았다. 공식적으로는 국가교육이 민주시민교육을 주창한다고 하더라도 현실에서는 순응적 시민 기르기 수준에 머물렀다. 학교에서 배운 민주시민과 관련된 내용은 머릿속에서 암기된 박제된 지식이었기에 실천적 힘을 갖지 못했다. 그래서 모든 교사가 교육법 제2조대로 민주시민교육을 해야 하는데도, 학생들은 민주시민으로 성장케 하는 수업을 받지 못해 사회적 문제해결에 미숙하다. 다음과 같은 현실이 민주시민교육을 하는 데 걸림돌이 되고 있다.

첫째, 학교교육이 대학입시라는 선발 기제에 압도되면서 도구적 지식을 암기하는 훈련장으로 변질돼서 '민주시민교육'은 한갓 구호 또는 문서로만 남게 되었다.

둘째, 학교의 비민주적인 학교체제는 학생들을 둘러싼 가정과 학교, 사회의 비민주적 시스템과 문화, 무한경쟁 입시구조 등에서 비롯된 필연적인 결과다. 권위주의적이고 관료적인 학교체제와 문화 속에서는 아이들을 민주시민으로 자라게 하는 것이 어렵다.

셋째, 대한민국 교육의 현실은 근본적으로 신자유주의 개혁의 과도한 추진으로 인해 교육의 양극화가 더욱 심화되면서 민주시민교육을 할 여지가 더욱 좁아지고 말았다.

넷째, 학교의 민주시민교육의 내용과 실천의 불일치가 생겼다. 학교의 비민주적 학교문화와 민주시민교육 내용의 불일치, 교수 학습에서 교육 내용과 방식의 불일치, 학생들이 받고 있는 민주시민교육의 이론과 실천, 인지와 정의 사이의 불일치가 생겼다.

다섯째, 민주시민교육을 위한 교사훈련이 미비하다. 교사의 전문성이 부족하고, 민주적 의식 또한 결여되어 있다. 사회과·도덕과의 교과 내용과 생활세계의 불일치, 지식과 태도의 불일치를 보이고 있다.

여섯째, 민주시민교육에 대해 보수 진영은 과거의 '의식화' 프로그램으로 오해하고 있고, 진보 진영은 '우민화'로 받아들이는 경향이 있다. 체제 유지의 도구화로 전락했던 역사적 경험이 기억으로 남아 있다.

일곱째, 민주시민교육의 목표, 내용 등에 대한 사회적 합의가 없다. 학교 구성원들(교장, 교사, 학생 등)은 물론이고, 기성세대의 저항과 학부모의 보수적 교육관 등은 민주적 시민을 양성하는 데 최대의 걸림돌이다.

여덟째, 교사의 정치적 자유가 부재하여 민주시민교육을 할 수 있는 표현의 자유를 누리지 못하고 있다. 파당적 정치로부터의 비교육적 지시를 방어하자는 의도에서 도입된 교육의 정치적 중립성 담론이 오히려 정치적 문맹자 교육을 초래하고 있다.

아홉째, 지역사회(마을)는 아이들의 교육을 위한 부수적·보조적·수단적 공간에 불과하다. 마을에 교사도 없고, 학생도 없고, 구청이나 교육청의 지원을 받는 마을 주민만 있는 현실이다. 그래서 아이들뿐만이 아니라 지역의 주민 모두가 민주시민으로 성장할 수 있는 학습의 기회가 결여되어 있다. 그리하여 순응적 시민과 비판적 시민 사이에 의식과 가치의 불일치가 상존하고 있다.

← 현행 2015개정교육과정의 범교과학습 주제 10가지 →   ← 기타 정치적·사회적·문화적 요구들 →

안전건강교육	인성교육	진로교육	민주시민교육	인권교육	다문화교육	통일교육	독도교육	경제금융교육	환경지속가능발전교육	학생자치교육	법교육	노동교육	양성평등교육	선거교육	민주주의교육	정치소양교육	언론매체교육	초점이 있는 시민교육(학습) 과목에 의한 민주시민교육

초점이 없는 앙상한 현재의 민주시민교육

이러한 사회적·교육적 현실 속에서 촛불혁명이 발발하였다. 2016년 말과 2017년 초에 걸쳐 진행되었던 대한민국 촛불집회는 국민주권의 신성하고, 평화로운 대축제였다. 4개월에 걸친 '촛불시민혁명'은 세계사에 유례가 없는 무혈혁명이었다. 촛불집회를 통한 민주시민의 의식 고양은 폭발적이었다. 촛불집회는 무소불위의 권력을 휘둘렀던 최고 권력자를 몰아낼 수 있는 힘을 보여줬다. 행정부가 자정 기능을 잃고, 의회는 감시 능력을 상실했을 때, 시민들의 직접민주주의가 최후의 보루가 된 것이다. 그 결과 2017년 5월 9일 새로운 민주적 대통령을 뽑았다. 그런데 이것이 혁명의 완결은 아니다. 불안정한 교두보를 마련하였을 뿐이다. 왜냐하면 정권교체를 넘어 새로운 사회의 건설을 위한 시대혁명을 완수해야 하는 과제가 남아 있기 때문이다.

이러한 비민주적 교육 현실을 극복하기 위해 최근 진보 교육감들은 몇 년간 민주시민교육과[111]를 신설하는 등 민주시민교육 활성화 지원 계획을 수립·실천하였다. 학생인권조례를 제정하고 체벌금지를 시행하는 등 종전의 권위주의 교육정책과 획기적으로 차별화되는 정책을 시행하였다. 최근 20대 국회에서 민주시민교육 제도화를 위한 법제화 시도를 하고 있다.[112] 그러는 동안 다양한 민주시민교육관련법이 분화, 발전, 제정되었다.[113] 일부 시도에서는 '학교민주시민교육진흥조례안'[114]을 제정하였다. 이 법안은 학교들에서 민주시민교육이 체계적이고 종합적으로 실시되도록 촉진하기 위

---

111. 일부 교육청의 경우 인성교육과 속에 민주시민교육을 포함시켜 시행되는 경우가 있다. 인성교육과 시민교육의 공통성과 차이점을 잘 구별하지 못하고 혼재하여 사용하는 경우도 보게 된다.

112. 국회의원 일부가 '민주시민교육지원법' 제정을 위한 입법 활동을 하기도 하지만, 국회 전체는 무관심한 편이다. 인성의 결여가 사회 문제에 원인이 있는데도 개인의 책임으로 돌리는 〈인성교육진흥법〉을 제정한 바 있다. 개인을 비인간화시키는 사회 문제에 대한 민주시민 의식을 고취하는 민주시민교육에 무관심한 것이 현실이다.

113. 2014년 서울시 의회는 민주시민으로서 요구되는 자질과 소양을 함양하고 행동으로 이어지도록 하는 교육으로서 민주주의의 기본원리와 정치제도 이해 및 역사와 시민의 권리와 의무, 합리적 의사결정, 갈등조정, 문제해결 등 여러 가지 교육 내용을 담은 '민주시민교육에 대한 조례'를 제정하였다.

한 법적·제도적 기반을 마련함으로써 학교민주시민교육이 효율적으로 이루어져 학생들이 〈대한민국 헌법〉에 따른 인간으로서의 존엄과 가치를 가지며 행복을 추구할 권리를 보장받을 수 있게 하여 그들이 민주공화국의 주인임을 깨닫고 국가사회의 발전에 이바지하게 하는 데 주안점을 두고 있다.

다른 한편 2014년 7월 21일부터 개인의 품성 함양에 초점을 둔 〈인성교육진흥법〉이 제정되어 시행되고 있다. 이 법은 4·16 세월호 사건 이후에 발의되었는데, 과연 학생들의 인성에 문제가 있었는지 의문이다. 〈인성교육진흥법〉 제정 당시 여당의 안에 만장일치로 합의를 해주었던 야당은 민주당이었다. 민주시민의식의 부재는 민주정부의 탄생 이후로도 별로 달라지지 않았다. 최근 박경미 의원이 인성과 시민성을 결합한 수정안을 국회에 제출하였지만, 효 단체의 강한 반발을 받으면서 엉거주춤 상태에 있다. 이를 함께 해결해야 하지만, 민주당에는 민주시민교육에 대한 의식이 뚜렷하게 보이지 않는다. 〈인성교육진흥법〉을 통과시켜준 것에 대한 원죄의식이 별로 없는 듯하다.

『민주주의와 교육』[1916]의 저자 존 듀이는 어른들의 인성교육이 더 중요하다고 역설한 바 있다. 어른들의 인성에 더 문제가 있는 것이 아닌지 되묻게 된다. 윗물이 맑아야 아랫물이 맑다는 말이다. 〈인성교육진흥법〉은 사실 아이들의 미성숙론에 바탕을 두고 있다. 너무 어른 중심적이며 권위주의적이다. 민주적 가치를 확고하게 받쳐주는 덕목들을 별로 발견할 수 없다. 그리하여 아이들을 길들이고 순치시키는 기제로 작용할 위험이 있다. 현 교육부가 인성교육의 주요 활동으로 학생교육원 내 예절원 등을 활

---

114. 지자체 중심의 민주시민교육조례가 제정되는 데 반해, 단위학교의 민주시민교육을 강화하는 데는 교육법밖에 없기에 이를 지원하기 위해 '학교민주시민교육진흥조례안'이 필요하다는 의견이 제기되고 있다. 추상적으로 교육 목표를 민주시민의 양성에 두고 있는 〈교육기본법〉만으로는 교육현장의 민주시민교육을 강제할 수 없기에 학교민주교육을 촉진하고자 하는 방안으로 제안되고 있다.

용하여 효행 및 예절교육을 강화하겠다는 것을 보면 권위주의 국가로 회귀하는 것이나 다름없어 보인다. 인성교육을 진흥한다고 하니 나쁠 것이 없다고 할지 모르나, 학생들에게 예의와 효를 제일 덕목으로 강조하고 있는 것은 아무래도 시대착오적이다. 〈인성교육진흥법〉이 예의, 효, 정직, 책임, 존중, 배려, 소통, 협동 등 8대 덕목 중에서 예, 효를 가장 앞에 두고 있는 데서 그것을 쉽게 발견할 수 있다.

더욱이 우리 사회의 보수와 진보 사이의 이념적 대립은 여전하다. 세월호 사태, 역사교과서 국정화 논란, 촛불세력과 태극기 세력으로 나누어지면서 그 갈등은 더욱 심화되고 있는데 양 진영 간의 대화 조짐은 전혀 보이지 않는다. 첨예한 이념적 대치는 상대를 더욱 적대시하는 소모적 논쟁으로 귀결돼 국가적 낭비까지 초래하고 있다. 이러한 이데올로기적 대치를 언제까지 방치할 것인가? 가치 이슈를 다루는 학교교육의 장에서 이 문제를 어떻게 처리할 것인가?

여기에서 독일과 영국 사례에서 시사를 얻고자 한다. 독일의 정치교육자 또는 시민교육자들 사이에 보수와 진보의 가치의 균형을 이룬 '보이텔스바흐 합의'와 영국의 인성교육과 시민교육을 공존시킨 '크릭 보고서' 사례에서 교훈을 얻고자 한다. 우리 사회의 이념적 양극화 현상을 극복하는 데 하나의 해결책이 될 수 있다. 두 나라의 보수 진영과 진보 진영의 사회적 합의 사례는 우리나라의 인성교육 진영과 민주시민교육 진영의 대화 모색에 소중한 함의를 갖는다. 새는 좌우의 날개가 있어야 날 수 있듯 보수와 진보의 가치가 아름답게 공존할 수 있어야 그 사회가 번영한다. 영원한 보수도 없고, 영원한 진보도 없다. 이 글은 첨예한 대립을 보이고 있는 진보와 보수의 사회적 타협을 이끌어내기 위한 작은 외침이다.

그런데 오늘날 우리의 학교 현실은 민주시민교육의 핵심 방법이라고 할 공론의 장이 취약하다. 현재 우리의 일반 학교에는 이러한 사회적 장이 거의 존재하지 않는다. 근대 정치의 핵심 공간인 공론의 장이 부재하다는 것은 교사들이 공동의 이익을 인식하고 이를 위해 집단행동에 나서는 게 아니라, 우선 자신을 보호하고 살아남기 위해 개별적이고 사적인 교환 관계만을 구축하게 만든다. 학교에 잘못된 문화가 있어도 스스로 바꾸려 하기보다 좋은 교장이 오기를 기다리는 수동적이며 소극적 자세를 갖게 되는 것이다. 교사들은 점점 교실에서 혼자 자신의 문제를 해결하게 되고, 학교 내의 여러 회의는 지식, 전달, 명령만 남게 된다. 그리고 다수결주의에 익숙해지고 대충대충 넘어가는 경향을 보인다. 이렇게 되면 문제를 진지하고 깊이 탐구하는 비판적 지성이 자랄 수 없다. 그것은 곧 교육 정신의 실종을 의미한다.

물론 논쟁적 이슈를 교실에서 논의하는 일이 쉬운 일은 아니다. 학교는 논쟁의 여지가 있는 문제를 토론하는 데에 많은 제약이 있다. 첫째, 통제할 수 없거나 제어할 수도 없는, 끝없는 자유로운 토론을 이어가는 역량을 갖지 못한 교사들은 이런 수업을 하는 것에 두려움을 품을 것이다. 둘째, 토론의 전통이 부족한 학교의 경우 모둠활동이나 능동적 학습 접근 방식에 도움을 주지 못하는 교실의 물리적 배치와 연결된 구조적 제약들이 가로막고 있다. 셋째, 학교에서의 평가 중심의 국가교육 의제로부터 시작하여 논란의 여지가 있는 토론이라고 여기는 학부모들의 우려, 대중 매체와 정치인의 영향력, 그리고 학생들에게 어떤 식으로든 영향을 미치는 것으로 인식될 수 있는 것에 이르기까지 적잖은 외부적 제약들이 가로놓여 있다.Cowan, & Maitles, 2012: 5-7

특히 우리 사회의 경우 그 제약은 더 심한 편이다. 여전히 지시와 통제, 획일적인 수업이 만연하고 있다. 학생/아동 중심의 교육관을 정립해야 하는 과제도 만만치 않다. 교육의 정치적 중립성을 훼손하고 교사들의 정치적 기본권을 제한하는 한국 교육의 후진성들도 해결해야 한다. 이런 과제와 더불어 진보와 보수의 소모적 이념 대립을 극복해야 하는 것이다. 이런 난제를 극복하는 일이 지난한 과제이기는 하지만, 강압성 금지, 논쟁성 재현, 학생 이해 상관성 고려를 내용으로 하는 독일의 보이텔스바흐 합의 정신을 통한 시민교육 접근은 대안적 민주시민교육 방법으로 시도해볼 만한 실험이라고 할 수 있다.

이와 관련하여 보수와 진보의 사회적 합의를 위해 '숙의적 교육학 deliberative pedagogy'Shaffer, 2017의 부상에 주목할 필요가 있다. 최근 신고리 원자력 건설을 두고 공론화 절차를 밟은 것은 숙의민주주의 실험의 대표적 사례이다.[115]

숙의민주주의는 상대적으로 새로운 범주의 민주주의다. 참여민주주의가 비합리적 대중의 감성적이고 무지몽매한 지배로 타락할 수 있다는 플라톤의 우려가 타당성을 갖는다는 것을 숙의민주주의는 인식하고 있다.Noddings, 2016: 75

숙의민주주의는 무작위 추첨으로 뽑힌 평범한 시민들이 '미니-공론장

---

115. 공론 조사(deliberative polling)는 전문가의 설득력과 관리 능력으로서 시민의 능력과 덕성을 북돋우는 숙의민주주의 실험이라고 할 수 있다. 공론화는 정부정책 등을 둘러싼 갈등을 사회적 합의를 통해 조율하기 위한 절차이다. 공론 조사의 다섯 가지 숙의 조건은 정보의 충실성, 주장의 균형성, 참여자 다양성, 토론의 평등성, 그리고 주장의 설득력이다. 공론화는 또한 시민대표가 참여해 그들로부터 숙성된 의견을 수렴하는 민주적 의사 형성의 절차를 거친다. 이 점에서 공론화는 국가권력의 민주적 행사라는 정치적 의미를 갖는다. '건설 재개'와 '건설 중단'을 주장하는 양측의 입장이 상호 숙의 속에 변경될 가능성에 주목하고, 이해와 공감이 만들어지며 문제해결을 도출하는 게 숙의민주주의의 장점이다. 비록 문재인 정부는 '탈원전 정책'을 발표했지만, 이를 정부 차원에서 밀어붙이거나 전문가의 영역에 두지 않고 시민참여단의 진지하고 깊이 있는 숙의와 토론을 통해 결정한 것이다. 이 점에서 숙의는 매우 합리적이고 효과 높은 의사소통의 과정이라고 할 수 있다. 공론화 위원회는 숙의 과정을 통해 지역-환경-세대 등의 이슈가 복합적으로 얽혀 있던 신고리 5·6호기 건설과 관련해 일단 건설을 재개하되(이미 30%의 공사가 진행된 상태임), 장기적으로는 원전을 축소해야 한다는 내용을 담은 권고안을 정부에 전달했다. 국회에서 원전 문제에 대한 결론을 좀처럼 내기 어려운 상황에서 대의민주주의의 한계를 극복하고자 하는 실천으로 숙의민주주의 실험은 의미가 있다. 정부도, 정치학자들도 공론 조사가 대의민주주의에 대한 '포기'가 아니라 '보완재'로 기능해야 한다는 데에는 이견이 없다. 다만 정부의 신고리 공론 조사 결정 전반의 '과정'에 대해서는 의견이 엇갈린다. 대표적인 것이 선거를 통해 선출된 국민의 대표자들에게 부여한 결정권을 다시 유권자에게 '외주화'한다는, 대의제적 비판이다.

mini-public'을 구성하여 국가나 지역공동체의 중대사를 숙고와 대화와 토론을 통해서 결정하는 방식이다. 이런 실험들을 교육계에서도 만들어내야 한다. 숙의적 교육의 가정은 첫째, 불명확한 문제는 본질적으로 만연되어 있고 해결할 수 없는 것들이며, 그것들을 해결하려고 하기보다, 오히려 긴장과 역설을 이해하면서 그것들을 관리하는 방법에 초점을 맞춘다. 둘째, 현존하는 지배적인 문제해결 모델—대결적이고 전문적인—은 종종 불명확한 문제에 직면하여 역효과를 야기하며 많은 장애물과 방해물을 유발한다. 셋째, 인간 본성은 명백한 결점과 강점을 가지고 있으며 불명확한 문제를 효과적으로 해결하기 위해 전자를 완화하고 후자를 활성화할 방법을 찾아야 한다. 넷째, 여러 가지 관점에서 협상할 수 있는 능력은 불명확한 문제를 해결하는 데 중요하며, 그로 인해 특정의 의사소통 기술이 필요하다. 다섯째, 결국 심의적 교육은 개인과 대중의 판단력과 지혜의 계발과 함양을 지원한다.Shaffer et al., 2017: 5

그리고 심의적 교육이 가능하려면 3C, 즉 교육과정curriculum, 문화culture 그리고 지역사회community의 융합을 잘 이루어야 한다. 3C가 잘 융합되어야 아이들의 시민성이 잘 형성될 수 있다. 깨어 있는 시민과 민주주의는 학교교실과 수업시간에 자라난다. 민주적 시민성을 위한 교육과정/지식교육은 민주적 학교문화/분위기의 조성 속에서 이루어져야 하는 것이다. 대학에서는 학생자치위원회를 통해 학생의 목소리를 북돋는다. 나아가 가정을 포함한 지역사회/마을공동체의 관여와 참여 속에서 이루어져야 시너지 효과를 발휘할 수 있다. 더 넓은 지역사회/공동체에서 학생들은 자원봉사활동을 하거나 공동체 집단을 위한 탐구를 수행할 수 있다. 민주시민교육은 교육제도에만 있는 게 아니고, 삶 자체에 있다. 시민성은 매일의 실천 속에서 시민성교육과정, 가르치는 원리를 통해 모델화된다. 따라서 학교시민교육은 생활세계와 밀접하게 연관 지어 사고하도록 해야 한다.

2. 촛불시민혁명 이후
   민주시민교육은 어디로 가야 하는가?

우리 사회는 1987년 이후 비로소 본격적으로 시민이라는 개념이 단순한 도시 거주민이라는 행정적-지리적 범주가 아닌, 민주주의의 주체라는 의미를 나타내기 시작했다.[장은주, 2017: 134] 그리고 우리는 최근 한국 사회의 발전과정에서 축적되고 잠복해 있던 사회적 모순과 병리적 현상들이 한꺼번에 노출된 사건을 경험하였다. 2014년 4월 16일 세월호가 침몰하면서 476명 중 약 304명이 사망한 세월호 사건과 2016년/17년 촛불혁명을 촉발한 최순실/박근혜에 의한 국정농단 사건이 그것이다. 많은 사람들이 한국 사회는 세월호 사건 이전과 이후로 나뉠 것이라고 주장할 정도로 세월호 사건과 최순실/박근혜 국정농단사건은 한국 사회의 온갖 모순을 표출하였을 뿐 아니라, 기형적으로 발전한 한국 시민사회를 성찰할 계기를 제공하였다. 두 사건의 원인과 연관성에 관해서는 다양한 논의가 있을 수 있지만, 한국 사회의 발전과정에서 누적된 적폐의 노출이라는 점에서는 공통적이다. 두 사건은 한편으로는 경제성장을 최우선 목표로 설정한 신자유주의의 온갖 문제점을 드러냈으며, 다른 한편으로는 과도한 국가중심주의에도 불구하고 위기의 상황에서 정작 국가가 부재하였다는 역설적 모순을 폭로하였다. 경제성장이라는 이름으로 지배적 독점자본과 가진 자들의 이익을 노골적으로 옹호하는 천박한 자본주의의 가장 극단적인 형태라고 할 수 있는 신자유주의는 최소한의 공공성과 공론 영역마저 해체하였다.

우리가 최순실/박근혜 국정농단 사건을 접하면서 내뱉은 "이게 국가인가?"라는 한탄 속에는 세월호 사건을 통해 겪은 '국가의 부재'의 경험이 짙게 배어 있다. 국가의 부재, 난파하는 대한민국, 멈춰진 국가, 국가의 실종과 같은 표현들은 예외 없이 '국가란 무엇인가?'를 성찰하게 하였다. 국가는 국민의 생명과 자유와 재산을 보호해야 할 의무를 가지고 있는데도 국가가 위기의 상황에서 국민을 구조하지 않은 세월호 사건과 국가의 의사결정을 담당하는 최고위 정치지도자들이 국가와 사회에 대한 책임감 없이 정치를 사유화한 최순실/박근혜 국정농단 사건은 이렇게 연결되어 있다.

압축적 근대화 과정에서 경시되거나 무시된 공공성과 사회적 책임은 효율성 향상과 이윤 극대화라는 신자유주의와 접목하면서 심화되고 가속화되었다. 국가는 오로지 경제성장을 통해서만 정당화되었기 때문에 경제성장은 국가 정당성의 도구였다. 이렇게 국가권력과 경제권력이 병적으로 결합하여 경제발전이라는 목표만을 향해 전력 질주하는 과정에서 국민은 언제나 동원의 대상이자 권력에 복종해야 하는 존재였기 때문에 권리의 주체인 시민으로 발전할 수 없었다. 근대화에 대한 맹목적 믿음과 경제성장 중독증은 결국 압축적 근대화의 여러 모순을 성찰할 수 있는 공론 영역의 발전을 저해하였다.

여기서 우리는 한국 사회의 압축 성장 과정에서 누적된 적폐가 한꺼번에 드러난 두 사건의 원인을 직시할 필요가 있다. 한편으로는 압축적 근대화와 민주화 과정에서 누적된 모순들과 문제점들을 일거에 드러내고, 다른 한편으로는 사회 전반에 관한 심각한 자기 성찰의 계기를 부여하였기 때문이다. 그렇다면 우리는 어떻게 무너진 공공성을 회복하고, 병적으로 비대해진 국가권력과 시장권력에 대항하여 사회를 성찰할 수 있는 공론 역역을 균형 있게 구성할 수 있는가? 촛불 너머에서는 성숙한 공화정이 우리를 기다린다. 촛불혁명은 국가중심주의 모델의 지양을 요구하면서 공정한 국가, 투명한 시장, 성찰적 시민사회가 함께 가는 정치공동체가 민주공화정의 탄생을 고대할 것이다. 민주공화국의 시장은 재벌의 힘을 사회가 통제하고 경제적 불평등을 줄이고, 민주공화정의 국가는 특권을 철폐하며 검찰과 대통령 권력을 법 아래에 두는 법치주의를 실천한다. 성찰적 시민사회는 일상 속의 국가지상주의를 넘어 시민윤리를 뿌리내려 사회통합을 가능하게 한다. 촛불의 시대정신은 시민이 주체이고 국가가 객체임을 선포한다. 촛불의 바다를 평화적 축제로 승화시켰던 시민적 주인의식이야말로 우리가 정체政體의 주인이라는 증거다. 하지만 21세기 시민정치의 불꽃인 촛불이 무한정 지속될 수는 없다. 불꽃축제가 무기한 계속되기 어려운 것과 같은 이치다. 경제발전과 국가안보를 시민정치의 열정으로 해결하는 데는 본질적 한계가 있는 것이다. 자유로운 상호비판과 자기성찰을 적대시하는 진리정치의 타성을 극복하고 생활세계에서 사람들이 삶을 구체적으로 살려내는 생명정치로서의 미시정치적 '삶의 정치'의 구현에 대한 통찰과 사유를 필요로 한다.윤평중, 2018

압축 성장의 국가중심주의가 야기한 한국 사회의 문제점이 '시민 없는 국민국가'와 '시민 없는 시민사회'로 압축된다면, 자신의 권리와 의무를 조화롭게 의식하고 공동체의 관심사에 적극 참여하는 '개인'의 양성이 중요하다. 성숙한 개인들만이 건강한 시민사회를 만든다. 광장은 시민들이 공동선과 공동체의 문제점에 관한 자신의 의견을 공개적으로 표명하고 또 이러한 담론을 통해 공공성을 강화한다는 점에서 민주주의의 전제조건이다. 그러므로 광장의 진정한 의미는 자유로운 의사 표현과 토의를 가능케 하는 공론 영역의 지속적인 재생산에 있다.이진우, 2018 우리 사회가 놀랄 만한 압축적 경제성장과 더불어 민주화를 이뤄냈는데도 아직 성숙한 시민사회를 발전시키지 못했다. 우리 사회가 당면한 여러 가지 정치적, 사회적 문제를 극복할 수 있는 가장 중요한 과제는 '시민민주주의'의 활성화를 통한 '시민성 배양'일 것이다.송호근, 2017 산업화 과정에서 시민이 형성될 수 있는 물질적 토대는 마련되었지만, 시민계층은 오직 경제적, 사회적 상승욕구에 가득 차 있고, 그 과정에서 사회를 이끌 행동양식과 정신적 자원을 만들어내지 못했다.

2016/17년의 촛불시위는 공론영역의 민주적 의미와 기능을 다시 한 번 성찰하게 만들었다. 공공의 문제를 논의할 수 있는 언로가 막히거나 권력

에 의해 왜곡되면, 광장은 언제든지 공론영역을 회복하고 활성화하려는 시민들에 의해 재구성되어야 한다. 광장은 시민의 자발성과 자생성에 기대어서는 지속 가능하지 않다. 광장은 그 안에서 시민의 열망과 자발적 노력이 정교하게 조직화되어 시민성이 충만한 극장이 되었을 때 민주주의에 궁극적으로 기여할 수 있다. 이제 광장에서 분출된 시민의 다양한 목소리를 담을 진짜 '시민사회'가 필요하다. 시민사회의 조직화를 기반으로 시민사회의 본연의 임무인 감시와 견제 기능이 활성화되고 제도화돼야 한다. 이를 위해 반드시 필요한 것이 '시민성'이다.김석호, 2018: 221-222

촛불시민혁명은 공과 사를 구별하고, 권리와 의무를 조화시키고, 시장과 광장을 균형 있게 발전시킴으로써 성숙한 시민사회를 실현하는 민주적 시민의식을 폭발적으로 확장할 것이다. 국가가 형성되고 시장이 활성화됨으로써 탄생하기 시작한 시민들이 공동체의 구성원으로서 자신의 권리와 의무에 눈을 뜰 때 비로소 책임 있는 개인으로 발전할 것이다. 고대 그리스의 아고라나 로마의 포럼처럼 다양한 사람들이 자신의 의견과 입장을 표명할 수 있는 곳이면 어디든 '광장'이 된다. 그곳은 시민단체의 토론장일 수도 있고, 인터넷의 사이버 공간일 수도 있다.

따라서 민주주의 마음의 핵심인 개인주의와 자유주의의 기본단위로서 '개인'을 주목하고, 한국 민주주의가 도입되고 성장하는 과정에서 생략되거나 배제되었던, 인간 존중과 자기 결정을 인격화한 '개인'의 탄생이 '시민'의 미성장도 넘어설 수 있는 길을 모색해야 한다. 한국의 민주주의와 관련하여 요컨대 문제는 '개인'이다. 자주적, 자강적, 자조적, 자립적 개인이 우리들 모두에게 마음의 습속이 되지 않는다면 한국의 민주주의는 앞으로도 주기적인 '민주주의 코스프레'나 간헐적인 '민주화 푸닥거리' 상태로부터 크게 벗어나지 못할 것이다.전상인, 2018 그리고 민주주의가 대한민국을 위해 존재하는 것이 아니라, 대한민국이 민주주의를 위해 존재하는 정치적 비효율을 앞으로도 운명처럼 안고 살아야 할 것이다. 한국 민주주의의 미래는 공동체주의를 신봉하는 데 있는 것이 아니라 개인주의를 강조하는 데 있다. 물론 극단적 개인주의가 아니라 공동체를 무너뜨리는 상황까지는 나아가지 말아야 할 것이다. 곧 공화주의/공동체주의와 자유주의/개인주의에 두루 있는 시민적 덕성을 가진 사람의 특징에 대한 이념형을 설정할 필요가 있다.

'시민권/시민성'은 시민들이 서로를 견제하지만 배려하고 관용하는 정치적 평등 관계에 필요한 실천이다. 따라서 시민권/시민성은 민주주의를 촉진시키는 가장 효과적인 수단이며, 갈등과 경쟁의 정치를 포용하고, 다원주의적 가치를 존중하며, 사적 영역과 공적 영역의 분리를 지향한다. 민주주의는 시민들의 활동, 개입, 헌신, 의무, 봉사에 의존하며, 공동의 이익을 달성하기 위한 시민적 자질, 태도, 실천 등을 추구한다. 바버Barber[1984]는 이를 두고 강한 민주주의로 명명하는데, 이는 시민들이 정책들을 두고 공적으로 숙의할 것을 요구한다. 그러나 공적 숙의는 필수적으로 어느 정도의 갈등을 수반하기 때문에, 이 과정은 시민권/시민성에 의해 규율되어야 한다. 시민권/시민성은 말하기뿐 아니라 듣기를 요구하며, 그 실천은 시민들로 하여금 갈등에 대응하고, 숙의 과정에 방해가 되는 권력의 실체를 알게 해준다. 민주적 대화는 시민성을 요구할 뿐 아니라 이를 생산하기도 하며, 또한 시민권/시민성은 시민들로 하여금 정치적 갈등에 대응할 수 있도록 도와주는 '관용'으로서 발현되기도 한다.[Barber, 1999: 40]

20세기 역사 과정에서 식민주의와 전쟁, 분단과 독재를 겪은 한국 사회의 고통스러운 기억들이 지구적 기억 공간 속에서 타자의 고통과 만나고 연대하면서 보편적 인권의 기억으로 진화할 때, 한국 사회는 이웃과 미래를 향해 열려 있는 기억구성체로 발전해나갈 수 있다.[임지현, 2018] 이념적 대립이 기억의 투쟁으로 전이되는 현상이 뚜렷해지는 21세기 지구적 상황에서 역사의 희생자의식이 국가적 프로젝트에 민중을 동원하는 민족주의적 권력논리를 정당화하는 '희생자의식' 민족주의의 세계사적인 위험 사례들을 탐사하고, 한국인의 고통스러운 기억들이 타자의 고통과 연대하면서 보편적 인권의 기억으로 진화해야만 이웃과 미래를 향해 열리는 한국 시민사회의 길을 모색할 수 있다.

한국인의 '시민성' 수준을 알려주고 민주사회의 존속과 진보에서 가장 핵심적인 문화적 속성인 '시민성'에 한국 민주주의의 미래가 달려 있다. 그 때문에 개인의 권리와 자율성에 대한 과도한 배타적 강조가 의무보다 권리에 치중해 있는 한국인의 왜곡된 '시민성'을 더 악화시킬 소지를 경계하면서, 특히 시민사회 본연의 감시와 견제의 기능을 활성화하기 위해 '시민'이 권력의 주체로서 사회적 결정에 영향력을 행사하는 다양한 유형의 행위에 참여할 필요가 있다.김석호, 2018 내부 고발자가 확실하게 보호되는 조직일수록 투명성과 공정성이 강화되어 공공의 이익이 향상되는 것처럼, 불편함을 무릅쓰고 무례한 문제제기를 하는 사람을 관용하고 그의 의견에 귀를 기울이는 문화가 조성된 사회일수록 민주주의의 질이 높아진다.

이제 광장민주주의는 정치민주주의와 함께 생활민주주의, 곧 가정민주주의, 학교민주주의, 마을민주주의 등으로 진화·발전되어야 한다. 새로운 사회의 출현을 위해 학교공동체의 민주적 주체 형성뿐 아니라 마을공동체의 민주적 주체 형성이 동시에 이루어져야 한다. 자기가 사는 가까운 마을을 중심으로 학습동아리 등 문화적 진지가 구축되어야 한다. 거시적인 민주적 교육체제의 수립과 함께 미시적 차원의 민주시민교육 기반을 튼튼하게 해야 한다. 민주적 교육체제를 지켜내는 주체적이고 자율적 정신과 문화를 갖추어야 한다. 이제 우리 어른부터, 교육자 자신부터 먼저 새로운 인간, 새로운 시민으로 다시 태어나야 한다. 우리 어른들이 새로운 사람 및 시민으로 재탄생되지 않는다면 아이들은 새로운 시대를 이끌 새로운 존재로 태어나지 못한다. 이제 국가를 감시·견제할 시민사회civil society를 공고화하여 저마다 서 있는 자리에서 '사람'으로서 그리고 '시민'으로서 제 모습을 온전히 구현하고 있는지를 깊이 숙고해보아야 한다.

지금 우리 사회는 새로운 사회체제를 향한 대이행으로 나아가는 전환에 직면해 있다. 촛불시민혁명은 새로운 사회의 형성을 위한 새로운 시민의 탄생을 기다리고 있다. 그런데 오늘날의 민주주의 위기는 민주적인 도전적 삶을 살겠다는 전복적 시민이 취약한 데 있다. 민주적 앎과 실천이 분리된 삶을 사는 대중도 많다. 정권교체가 되었기에 민주주의가 완성된 것처럼 생각하고 참여자가 아닌 관망자로 돌아선다면 시대와 세상의 교체는 불가능하다. 촛불혁명은 단순히 권력의 교체에 머물러서는 안 된다. 새로운 질서 만들기로 나아가야 한다.

우리는 종편 방송에 의해 이리저리 끌려다니는 대중이 아닌 교양 있는 공공성을 담지한 '공중'으로 변화되어야 한다. 공중이 대중화되면 개인적 삶에 매몰된 사람들, 곧 '우중愚衆'으로 변질되기에 우중은 낱개의 군중이나 다름없게 된다. 민주적 삶의 양식을 실천하는 시민이 부재하면, 곧 시민이 우중화되면 소크라테스의 죽음을 불러올 것이며 박근혜의 유령이 우리를 맴돌다가 다시 부활할 것이다. 이러한 유령의 부활을 저지하려면 분노로 발현된 촛불시민을 넘어선 '공중'으로 재탄생되어야 한다. 현실세계의 부정의를 폭로하고 미래를 선포하는, 담론하는 공중이 탄생되어야 한다. 최종 심판자로서 시민들의 각성과 경계가 일상화되어야 한다. 그래야 사회의 반동을 막을 수 있을 뿐 아니라 새로운 사회의 건설이 가능하다. 정치·경제·사회·문화 전반에 걸쳐 우리의 일상과 민주주의를 일치시켜 시민생활에 '더 많은 민주주의'를 확산시키고 '더 좋은 민주주의'를 심화시키는 초석을 놓아야 한다. 물론 공중의 중심에는 교양시민이 자리해야 한다. 공중의 폭을 날로 넓혀 책 읽는 문화적 공중이 되고, 나아가 정치적 공중으로 나아가자.

새로운 질서/체제를 요청하는 시대에 그 질서를 만들어가는 새로운 교양시민으로서 공중公衆, public이 탄생되어야 한다. 지금 우리에게 떠돌아다니는 군중이나 대중 또는 국민이 아니라 새로운 세계질서를 창도할 민주적 주체로서 비판적 교양시민인 '공중public'의 탄생이 절실하게 요구되고 있다. 듀이가 강조한 바 있듯 민주적 삶의 양식을 내면화한 교양시민인 공중이 탄생되어야 한다.Dewey, 1927 민주적 권력 교체는 되었지만 새로운 시민의 탄생이 없으면, 반동의 국면이 조성될 것이다. 이를 부추기는 권위주의적 유령은 늘 우리를 맴돈다. 이러한 유령에 홀리지 않으려면, 촛불혁명에 타올랐던 '공중公衆'이 '우중愚衆'으로 전락하지 말아야 한다.

교원정책을 하향식으로 통제해온 교육 행정가들은 민주주의자들로 바꿔야 한다. 초중등학교와 교육대학 및 사범대학이 민주주의 학교로 재탄생되어야 한다. 아이들은 부모를 비롯한 어른들 소유물이거나 어른이 되기 위해 어두운 땅 속에서 기다려야 하는 '애벌레'가 아니다. 그들도 어른과 똑같이 독립된 인간이다. 아이들의 해방은 곧 모든 세대와 모든 계급과 모든 성차별, 그리고 약자와 강자를 넘어 사회 구성원 모두가 자유롭고 평등하고 평화로운 민주공화국을 완성하는 길이다. 우리는 괴물이 되지 않으려면 '일상의 파시즘'을 극복해야 한다. 일상의 파시즘이란 일상 영역에서 억압하는 사람과 억압받는 사람 사이에 존재하는, 내면화된 굴종을 뜻한다. 우리들 한 사람 한 사람이 일상에서 남을 권력으로 억압하려 하지 않는 평등한 시민의식과 부당한 억압에 대해 분명하게 의사 표시할 용기를 가져야 한다. 철학자 김상봉은 다음과 같이 주장한다.

국가는 기성품으로 만들어져 주어지는 물건이 아니다. 그것은 3인칭의 대상이 아니라 1인칭의 주체이다. 그러므로 이것도 저것도 아니고 바로 네가 국가다. 네 속에 나라가 있다. 그러니 부디 이제 국가가 무엇이냐고 묻지 말고, 내가 누구인지, 우리가 누구인지 물어라! 오직 그렇게 대상으로서의 국가에서 주체로서의 자기에게로 물음의 방향을 돌릴 때, 비로소 우리에게 새로운 나라로 통하는 길이 열릴 것이다.김상봉, 2017: 16

국가가 우리를 호명하고 지배하는 주체가 아니라 너와 나, 바로 우리 자신이 국가를 이루는 주체임을 깨닫기 전에는 우리는 끝끝내 우리가 바라는 바람직한 나라에 도달하지 못한다. 이런 의미에서 이제 단순히 국가의 정의가 무엇이냐 같은 교과서적인 물음이 아니라, 정치적 주체로서 나는 누구인지, 우리가 어떤 길을 걸어 오늘에 이르게 되었는지 물을 때가 되었다. 시민과 국가의 주체성은 자기를 돌이켜 생각하고 자기를 아는 데서 시작될 것이다.

민주주의의 새 지평을 열어, 전 세계 역사상 유례없는 대사건으로 기록된 촛불시민혁명은 아직 현재진행형이다. 그러기에 민주주의는 일상에서 실천할 수 있는 '살아 있는 민주주의doing democracy'[116]를 요구한다.인디고 서원, 2017: 41-50 따라서 광장민주주의는 생활민주주의, 가정민주주의, 학교민주주의, 마을민주주의로 진화·발전되어야 한다. 마을의 민주적 주체로 거듭나야 한다. 민주시민교육은 교육제도에만 있는 게 아니고, 지역사회의 주체인 주민을 민주적 삶의 양식으로 변화시키는 데 있다. 촛불혁명 이후 새로운 사회의 출현을 위해서는 학교의 민주적 주체 형성과 함께 마을의 민주적 주체 형성이 동시에 요구된다. 자기가 사는 가까운 마을을 중심으로 학습동아리 등 문화적 진지가 구축되어야 한다. 거시적인 민주적 교육체제의 수립과 함께 미시적 차원의 민주시민교육 기반을 튼튼하게 해야 한다. 민주적 교육체제를 지켜내는 주체적이고 자율적 정신과 문화를 갖추어야 한다.

앞으로 민주시민교육의 '현장들fields'은 서로 얽혀 저마다 비축한 자생

---

116. 살아 있는 민주주의를 위해서는 깨어 있는 시민의 삶을 살고자 하는 뜻을 세우고 선택하기, 타인의 의견을 귀 기울여 듣기, 변화를 위해 다름과 불편을 받아들이고 창조적으로 논쟁하기, 다양한 의견들 사이에서 적절하게 중재하고 협상하기, 더 좋은 공동체의 모습을 함께 상상하기, 사소한 일상에서부터 공적 대화의 장에 참여하기, 공동체의 문제를 함께 결정하기, 결과와 상관없이 축하와 감사하기, 더 나은 실천을 위해 반성과 성찰하기, 주위 사람들과 용기를 나누기, 나의 삶을 바꾸는 것에서 시작하여 세계를 변화시키겠다는 원대한 꿈을 희망하기 등이 요구된다.

력과 활력을 주고받도록 '뿌리줄기rhizome'처럼 뻗어가야 한다. 그런데 우리는 지금 새로이 도래할 체제를 이끌어갈 새로운 교양시민을 양성할 준비 태세가 미약하다. 이제 촛불은 또 다른 상징으로 진화되어 확장되어야 한다. 새 술은 새 부대에 담아야 한다. 하지만 누가 새로 시작할 것인가? 새로운 사회, 새로운 미래를 꿈꾸며 사회 참가를 서슴지 않는 모반하는 교양시민이 집단적으로 탄생되어야 한다.이광주, 2009: 14 구체제가 사라진 빈자리에 새로운 민주적 주체인 교양시민, 즉 '공중'이 탄생되어야 한다. 존 듀이가 강조한대로 민주주의를 준비하는 최상의 방식은 민주적 제도를 넘어 민주적 삶의 변화를 통해 유지되는 것이라고 말할 수 있다. 지금 우리 사회는 새로운 사회를 향한 거대한 이행의 시대를 맞이하고 있다. 촛불 시민혁명 이후의 현상에서 보듯 선거만으로 이루어지는 단순한 정권교체가 아니라 아래로부터 대중의 힘에 의한 시대교체가 이루어져야 한다. 그리고 민주시민교육은 지역사회/마을공동체의 실천 속에서 이루어져야 시너지 효과가 나타난다. 자기가 사는 가까운 마을을 중심으로 학습동아리 등 문화적 진지가 구축되어야 한다. 학교공동체의 민주적 주체 형성뿐 아니라 마을공동체의 민주적 주체 형성이 중요한 이유가 여기 있다. 이제 우리 어른부터, 교육자 자신부터 먼저 새로운 인간, 새로운 시민으로 다시 태어나야 한다. 우리 어른들이 성숙한 시민으로 재탄생되지 않는다면 아이들은 새로운 시대를 짊어질 새로운 존재로 다시 태어나지 않을 것이다.

민주적 시민성을 위한 교육은 결코 쉬운 일이 아니지만, 갈등, 시민성, 민주주의 그리고 평등의 양립할 수 없는 관점의 맥락에서 볼 때 더욱 복잡한 현상임을 알 수 있다. 민주주의를 이론에서 실천으로 옮기는 일은 더더욱 어려운 과제이다. '촛불 너머'의 가야 할 길, 그 먼 길은 얽히고설킨 남북관계를 풀어내서 평화통일을 이룩해야 한다는 거대한 과제도 짊어져야 하는 여정이다. 이에 눈을 들어 앞길을 내다볼 때는 '시민성을 갖춘 개인'과 그들의 공동체로서 '성찰적 시민사회'와 '성숙한 민주주의'가 얼마나 중요한 시대적 요청인지 헤아릴 수 있다. 우리는 한국적 산업혁명과 민주혁명을 넘어 성찰적 시민사회가 이끄는 민주공화정으로 가는 출발점에 서 있다. 촛불혁명의 에너지를 성찰적 시민사회로 승화시킬 때 그 역사적 과업이 비로소 완수될 수 있을 것이다.

촛불시민혁명은 아직 현재진행형이다. 촛불시민혁명 이후 우리 사회는 어떻게 전개될 것인가? 촛불시민혁명 이후 우리의 삶은 어떻게 변화되어야 하는가? 권력 교체 이후 어떤 종류의 시민이 등장해야 하는가? 촛불시민은 어떤 종류의 민주시민교육을 원하는가? 비민주적인 교육 현실에서 학생들을 미래의 시민으로 길러낼 수 있는가? 행동하는 민주주의를 위해 아이들의 민주적 시민성은 어떻게 길러질 수 있는가? 아이들은 어떤 순간에 어떤 경험을 통해 민주시민으로 성장하는가?

민주주의를 공고하게 하는 '민주적 주체성democratic subjectivity'으로서 인격적 주체성과 사회적 주체성, 그리고 정치적 주체성이 융합되어야 한다.Biesta, 2006: 127-135 특히, 학교교육과 마을공동체교육을 통해 아이들이 민주적 인간의 세 가지 속성이 융합된 주체성을 경험하도록 해주어야 한다. 민주적 주체는 인격적 주체여야 하고, 공동체적 주체이어야 하고, 정치적 주체이어야 한다. 3자의 융합체가 민주적 주체이다. 학교의 민주적 주체 형성은 물론이고 지역사회의 민주적 주체도 형성되어야 한다. 혁신학교운동은 학교의 민주적 주체 형성에 기여했으며, 최근 싹트기 시작한 마을교육공동체운동은 지역의 민주적 주체 형성에 기여해야 한다. 민주시민교육은 단순히 교과교육에 한정하는 것이 아니라, 학교교육 전반의 개혁을 위한 근본적 프로젝트로서 학교를 민주화하는 기획이 되어야 한다. 교육부 전체가 민주적으로 운영되어야 한다. 나아가 학교가 민주적으로 운영되어야 한다. 학교가 민주적으로 운영되지 않는 민주시민교육은 삶(실천)이 없는 앎(지식)에 지나지 않는다. 교육부와 교육청이 민주적이지 않은데, 학교가 민주적일 수 없다. 학교장이 민주적이지 않은데 교사가 민주적일 수 없다. 교사가 민주적이지 않은데, 학생이 민주적일 수 없다. 부모가 민주적이지 않은데, 자녀가 민주적일 수 없다. 그러기에 어른이 먼저 민주시민이 되어야 한다.

이제 더 이상 '인간적 성숙'을 위한 '인성교육'과 '정치적 성숙'을 위한 '민주시민교육'이 대립해서는 안 된다. 인성교육이 보수의 전유물일 수도 없고, 민주시민교육이 진보의 전유물일 수 없다. 우리는 사람도 되어야 하고 시민도 되어야 한다. 우리는 때로는 정직해야 하고, 때로는 정의로워야 한다. 사람은 되었지만 시민이 되어 있지 않거나, 시민은 되었지만 사람이 되어 있지 않다면, 진정한 교육은 불가능하다. 우리에게는 지금 인간적 성숙과 정치적 성숙을 융합시킨 민주시민교육이 절실하다. 사람도 되고 시민도 되어야 온전한 나라가 탄생할 수 있다.

참고 문헌

강남순(2017). 『배움에 관하여: 비판적 성찰의 일상화』. 서울: 동녘.

강민정(2013). 「혁신학교 발전을 위한 제언: 서울형 혁신학교를 중심으로」, 『교육비평』 32, 111-130.

강민정·안선영·박동국((2018). 『혁신교육지구란 무엇인가?』. 서울: 맘에드림.

강영택(2017). 『마을을 품은 학교공동체』. 서울: 민들레.

강희룡(2014. 11. 17). 「공교육 정상화 담론을 넘어서서」. 〈공교육 정상화를 위한 학교 교육의 새로운 방향〉(한국교육연구네트워크 2014년도 추계 학술 세미나).

곽노현(2015. 9. 16). 「사람에서 시민으로: 제2의 탄생을 돕는 공교육」. 〈교육을 바꾸는 사람들〉.

곽삼근(2008). 『여성주의 교육학』. 서울: 이화여자대학교출판부.

곽준혁(2012). 「옮긴이 머리말」. 페팃(P. Pettit). 『신공화주의: 비지배 자유와 공화주의 정부』. 파주: 나남.

곽준혁(2013). 『지배와 비지배: 마키아벨리의 군주 읽기』. 파주: 민음사.

공병혜(2017). 『돌봄의 철학과 미학적 실천』. 서울: 서울대학교출판부.

권순정(2017). 「도덕교육 담론을 통한 시민성교육과 인성교육의 의미에 대한 연구」. 『학습자중심교과교육연구』 17(21), 665-686.

권인숙(2011). 『대한민국은 군대다: 여성학적 시각에서 본 평화, 군사주의, 남성성』. 서울: 청년사.

길현주(2014). 「수업혁신을 통해 본 '문화'로서의 교사들의 전문적 학습공동체」. 『혁신학교에 대한 교육학적 성찰』. 서울: 살림터.

김병로(2010). 「한반도 비평화와 분단폭력」. 김병로·서보혁. 『분단폭력』. 서울 : 아카넷.

김경희(2009). 『공화주의』. 서울: 책세상.

김규정(1999). 『행정학원론』. 서울: 법문사.

김근(2012). 『예란 무엇인가』. 서울: 서강대학교출판부.

김기영(2016). 「마을공동체운동에서 공동육아의 실천 사례: 안산 지역을 중심으로」. 『교육비평』 37(여름), 208-229.

김덕영(2014) 『환원근대: 한국 근대화와 근대성의 사회학적 보편사를 위하여』. 서울: 길.

김미란(2017). 「시민교육에 대한 접근 방식 및 사회적 합의」. 국무총리자문 시민사회발전위원회. 〈시민사회 발전 및 사회통합을 위한 대토론회〉.

김미영(2015). 「현대사회에 존재하는 공동체의 여러 형식」. 『사회와 이론』 27, 181-218.

김민호(2011). 「지역사회 기반 시민교육의 필요성과 개념적 조건」. 『평생교육학연구』 17(3), 193-221.

김병로·서보혁(2010). 『분단폭력』. 서울: 아카넷.

김병찬(2017). 『왜 핀란드 교육인가』. 서울: 박영스토리.

김부태(2017). 「신자유주의 교육 비판」. 김민남 외. 『프레이리의 사상과 실천』. 서울: 살림터.

김상봉(2017). 『네가 나라다: 세월호 세대를 위한 정치철학』. 서울: 길.

김석호(2018). 「한국인의 습속(習俗)과 시민성, 그리고 민주주의」. 윤평중 외. 『촛불 너머의 시민사회와 민주주의』. 서울: 아시아.

김수영 외(2014). 「마을공동체 형성의 인과구조 분석」. 『한국지역사회복지학』 49, 337-81.

김신일(1993/2013). 『교육사회학』. 서울: 교육과학사.

김신일(2016. 10. 7). 「2016 한국 사회, 평생학습에 길을 묻다」. 〈제1회 서울 평생학습 대토론회〉(서울특별시평생교육진흥원 개원1주년-한국평생교육학회창립 40주년).

김영철(2016). 『마을교육공동체 해외 사례 조사와 정책 방향 연구』. 경기도 교육연구원.

김영식 편(1982). 『교육제도의 이념과 현상』. 서울: 교육과학사.

김용련(2015). 「지역사회 기반 교육공동체 구축 원리에 대한 탐색적 접근: 복잡성 과학, 사회적 자본, 교육 거버넌스 원리 적용을 중심으로」. 『교육행정학연구』 33(2), 259-287.

김용련(2016). 〈세종시 교육혁신지구 도입을 위한 공동연구〉. 한국외국어대학교교육공동체연구센터.

김용휘(2017. 10. 12). 「방정환의 교육철학과 동학사상: 아동관과 '모심'의 교육을 중심으로」. 서울시의회. 〈방정환의 문학과 교육 유산의 계승〉(2017 가을 방정환 학술포럼).

김용휘(2018). 「방정환의 교육철학과 동학사상」. 방정환연구소 엮음. 『신성한 동화를 들려주시오: 방정환 문학과 사상의 재조명』. 서울: 소명.

김재웅(2013). 『미국 공교육의 역사 새로 보기』. 서울: 교육과학사.

김정수(2016). 「일상화된 군사문화에 대한 인문학적 성찰」. 김병로·서보혁. 『분단폭력』. 서울: 아카넷.

김정환(1983). 『전인교육론』. 서울: 세영사.

김정환(1988). 『현대의 비판적 교육이론』. 서울: 박영사.

김재만(1988). 『진보주의 교육과 생장이론』. 서울: 교육과학사.

김창환(2007). 『인본주의 교육사상』. 서울: 학지사.

김충열(2006). 『남명 조식의 학문과 선비정신』. 서울: 예문서원.

남궁상운 외(2017). 『학교혁신의 길, 아이들에게 묻다』. 서울: 살림터.

류성창(2016). 「미래교육의 방향은 지성교육인가 인성교육인가?」. 『교육철학연구』 38(3), 49-68.

마을교육연구소(2012). 『마을이 아이를 키운다』. 대구: 한티재.

문석윤(2013). 『동양적 마음의 탄생』. 서울: 글항아리.

박고운·김회용(2018). 「마페졸리의 감성적 이성 개념을 통해 본 포스트모던 시대 Bildung의 가능성 탐색」. 『교육사상연구』 제32권 2호, 33-54.

박명규(2009). 『국민, 인민, 시민: 개념사로 본 한국의 정치 주체』. 서울: 소화.

박성준(2014). 「현대적 서원을 함께하는 꿈」. 윤구병 외. 『나에게 품이란 무엇일까? 공동체에 대한 고민』. 서울: 철수와 영희.

박주희 외(2015). 『학교협동조합, 현장체험학습과 마을교육공동체를 잇다』. 서울: 살림터.

박찬국(2013). 『에리히 프롬 읽기』. 서울: 세창미디어.

박찬국(2018). 『에리히 프롬의 '소유냐 존재냐' 읽기』. 서울: 세창미디어.

박찬영(2017). 『페다고지를 위하여: 프레네의 '페다고지 불변요소' 읽기』. 서울: 살림터.

박혜민·서지은 외(2018). 『4차 산업혁명 2018』. 서울: 북오름.

박휴용(2012). 『비판적 다문화교육론』. 파주: 이담.

방정환(1931). 「딸 있어도 학교에 안 보내겠소」. 『별건곤』 38, 3.

배경내(2009). 「학생의 인권과 학교의 통제」. 이혜원 외. 『학생권리와 학교사회복지』. 서울: 한울.

배철현(2017). 『인간의 위대한 여정』. 서울: 21세기북스.

백병부 외(2015). 『혁신학교 지속가능성 제고 방안』, 경기도교육연구원.

백병부·성열관·하봉운(2014). 『경기도 혁신학교 중장기 발전 방안』, 경기도교육연구원.

백완기(2008). 「공공성 논의의 필요성」. 윤수재·이민호·채동현 엮음. 『새로운 시대의 공공성 연구』. 서울: 법문사.

백종현(2017). 『이성의 역사』. 서울: 아카넷.

빈민지역운동사 발간위원회. 『마을공동체운동의 원형을 찾아서』. 서울: 한울.

서경식(2007). 『교양, 모든 것의 시작』. 서울: 노마드북스.

서보혁(2016). 「군사주의 이론의 토대」. 김병로·서보혁, 『분단폭력』. 서울: 아카넷, 65-98.

서용선 외(2016). 『마을교육공동체란 무엇인가?』. 서울: 살림터.

서윤기(2017. 3. 25). 「민주시민교육조례 운영 현황과 과제」. 〈시민교육포럼〉. 흥사단 교육운동본부.

성기선(2014). 「혁신학교에 대한 비판적 성찰과 과제」. 『새길을 여는 교육비평』 33, 121-143.

성래운(1982/2015). 『인간 회복의 교육』. 서울: 살림터.

성래운(1984/2015). 『분단시대의 통일교육』. 서울: 살림터.

성명옥·오효근 엮음(2004). 『대학과 사회봉사』. 아산: 지혜의샘.

성열관(2014). 「글로벌 시민교육의 보편적 개념과 한국적 과제」. 고려대학교 교사사회학연구회. 『통합사회와 한국교육』. 서울: 교육과학사.

성열관·이윤미(2015. 6. 26). 「혁신학교의 성장과 현 단계에서의 과제」. 〈한국교육의 길을 열다: 진보교육의 성과와 과제〉(교육정책연구소네트워크 학술대회).

소영진(2008). 「공공성의 개념적 접근」. 윤수재·이민호·채동현 엮음. 『새로운 시대의 공공성 연구』. 서울: 법문사.

손승남(2011). 『인문교양교육의 원형과 변용』. 서울: 교육과학사.

손동빈(2018). 「이미 시작한 본보기 미래학교, 혁신학교」. 송순재 외. 『혁신학교, 한국교육의 미래를 열다』. 서울: 살림터.

손준종(2014). 「학교교육의 의미와 한계」. 고려대학교 교사사회학연구회. 『통합사회와 한국교육』. 서울: 교육과학사.

손준종(2017). 『한국 교육의 사회적 풍경: 교육사회학의 주요 쟁점』. 서울: 학지사.

송순재(2018). 「혁신학교의 발단·전개·특징」. 송순재 외. 『혁신학교, 한국 교육의 미래를 열다』. 서울: 살림터.

송호근(2010). 「공정사회, 합의가 중요하다」. 『공정과 정의사회』. 서울: 조선뉴스프레스.

송호근(2011). 『인민의 탄생』. 서울: 민음사.

송호근(2013). 『시민의 탄생: 조선의 근대와 공론장의 지각 변동』. 서울: 민음사.

송호근(2015). 『나는 시민인가』. 서울: 문학동네.

송호근(2017). 「시민민주주의의 미시적 기초: 시민성, 공민, 그리고 복지」. 김우창·송복·송호근·장덕진. 『한국 사회, 어디로』. 서울: 아시아.

신득렬(1993). 「파이데이아 제안의 연구」. 애들러(Adler, M. J.). 신득렬 옮김. 『파이데이아 제안: 하나의 교육적 제안』, 서울: 양서원.

신득렬(2003). 『현대교육철학』. 서울: 학지사.

신득렬(2016). 『교양교육』. 서울: 겨리.

심성보(2008). 『민주화 이후의 공동체 교육』. 서울: 살림터.

심성보(1998). 「노동과정론에서 본 가르치는 일의 이해」. 심성보. 『한국 교육의 새로운 모색』. 서울: 내일을여는책.

심성보(2008나). 『도덕교육의 새로운 지평』, 서울: 서현사.

심성보(2011). 『인간과 사회의 진보를 위한 민주시민교육』. 서울: 살림터.

심성보(2012가). 「공동체로서의 민주적 공동체 만들기」. 심성보 외 엮음. 『새로운 사회를 여는 교육혁명』. 살림터.

심성보(2012나). 「시민사회와 교양교육의 민주성 강화를 통한 비판적 교양교육의 구성」. 『교육철학연구』 34(1), 125-142.

심성보(2014가). 『민주시민을 위한 도덕교육』. 서울: 살림터.

심성보(2014나). 「더불어 사는 시민 역량 강화를 위한 민주시민교육」. 한국교육연구네트워크 엮음. 『새로운 사회를 여는 교육자치혁명』. 서울: 살림터.

심성보(2014다). 「미국 공교육의 개혁 모델과 진보적 학교 운동」. 한국교육연구네트워크. 『혁신학교에 대한 교육학적 성찰』. 서울: 살림터.

심성보(2014라). 「정중한 예의와 정치적 예의의 공존을 통한 시민적 예의 교육」. 『교육철학연구』 36(2), 101-19.

심성보(2015). 「인성교육에 대한 시민성 접근」. 『교육비평』 36. 서울: 한울.

심성보 외(2016). 「보이텔스바흐 합의 정신에 기반한 민주시민교육 정책 방안 연구」. 서울특별시교육연구정보원 교육정책연구소 위탁연구과제 보고서.

심성보(2017가). 「여성주의 교육이론의 발전 과정과 최근의 연구 동향」. 부산여성사회교육원. 『여성주의 교육, 시공을 묻다』. 서울: 신정.

심성보(2017나). 「사회를 하나의 거대한 학교로 여기는 쿠바 교육」. 김창진 옮김. 『쿠바: 춤추는 사회주의』. 고양: 가을의아침.

심성보 외(2018). 『보이텔스바흐 합의와 민주시민교육』. 서울: 북멘토.

심성보(2018). 「학교혁명과 교육개혁」. 『더 나은 세상을 위한 학교혁명』. 서울: 살림터.

심성보(2018). 「서구 진보주의 교육이론의 동향과 한국 혁신교육의 전망」. 한국교육연구네트워크 엮음. 『진보주의 교육의 세계적 동향』. 서울: 살림터.

심성보 외(2018). 『보이텔스바흐 합의와 민주시민교육』. 서울: 북멘토.

안경식(1999). 『소파 방정환의 아동교육운동과 사상』. 서울: 학지사.

양병찬(2016). 『세종형 마을교육공동체 실천 모델 개발』. 세종특별자치시교육청 연구보고서.

양병찬(2018. 4. 28). 「한국 마을교육공동체운동과 정책의 상호작용: 학교와 지역의 관계 재구축」. 『마을교육공동체운동의 세계적 동향과 과제』(한국교육연구네트워크 춘계학술대회 자료집).

양은아(2010). 『인문학과 평생학습』. 서울: 교육과학사.

여관현(2013). 「마을 만들기를 통한 공동체 성장과정 연구」. 『도시행정학보』 26(1), 53-87.

영국시민교육자문위원회. 민주화운동기념사업회 옮김(1998). 『크릭 보고서: 학교시민교육과 민주주의』. 서울: 민주화운동기념사업회.

염경미(2018). 『선생님, 민주시민교육이 뭐예요?』. 서울: 살림터.

오인탁(2001). 『파이데이아-고대 그리스의 교육사상』. 서울: 학지사.

오혁진(2014). 『지역공동체와 평생교육』. 서울: 집문당.

오혁진(2016). 『한국 사회교육사상사』. 서울: 학지사.

위성남(2013). 「도시 속에서 함께 살아남기」. 『황해문화』 80(가을). 61-78.

유창복(2014). 『도시에서 행복한 마을은 가능한가?』. 서울: 휴머니스트.

유현옥(2004). 『페미니즘 교육사상』. 서울: 학지사.

윤평중(2018). 「삶의 정치와 성찰적 시민사회—진리정치 비판」. 윤평중 외. 『촛불 너머의 시민사회와 민주주의』. 서울: 아시아.

이경숙(2017). 『시험국민의 탄생』. 서울: 푸른역사.

이경숙(2017). 「배움과 가르침의 변증법」. 김민남 외(2017). 『프레이리의 사상과 실천』. 서울: 살림터.

이광주(2009). 『교양의 탄생』. 파주: 한길사.

이규환(1987). 『비판적 교육사회학』. 서울: 한울.

이규환(1991). 「외국의 지역사회교육」. 한국교육연구소 엮음. 『교육비평』 2. 서울: 우리교육.

이규환(1993). 「공동체의 이상과 지역사회교육운동과의 상응성: 미국, 영국, 독일을 중심으로」.

이규환(1993). 『한국교육의 비판적 이해』. 서울: 한울아카데미.

이기범(2015). 『루소의 에밀 읽기』. 서울: 세창미디어.

이기훈(2004). 「청년, 근대의 표상: 1920년대 청년 담론의 형성과 변화」. 『문화과학』 37(봄). 207-227.

이기훈(2017). 「1920년대 '어린이'의 형성과 방정환의 소년운동」. 이기훈 외. 『방정환과 '어린이'의 시대』. 파주: 청동거울.

이병한(2018. 8. 15~8. 16). 「'성/속 합작': 지구적 근대의 여명, 토착적 근대의 환생」. 『근대 한국 종교의 토착적 근대화 운동』(제38회 원불교사상연구 (한일공동) 학술대회 〈한국의 '근대'를 다시 묻는다〉 자료집). 원광대학교 원불교사상연구원.

이성미(2014). 「장자를 통해 본 마음과 교육」. 『교육철학연구』 36(1). 73-98.

이승환(1998). 『유가사상과 사회철학적 재조명』. 서울: 고려대학교출판부.

이승환(2004). 『유교담론의 지형학』. 서울: 푸른숲.

이오덕(2015). 『이오덕 말꽃 모음』. 고양: 단비.

이오덕(1977). 『시정신과 유희정신: 아동문학의 제 문제』. 서울: 창작과비평사.

이오덕(2010). 『민주교육으로 가는 길: 이오덕 교육철학의 뿌리』. 서울: 고인돌.

이윤미(2012). 「한국 공교육의 역사적 성격: 사적 자유와 공적 가치를 중심으로」. 심성보·강순원·김언순·한만길 엮음. 『더 나은 세상을 위한 학교혁명』. 서울: 살림터.

이영석(2014). 『지식인과 사회: 스코틀랜드 계몽운동의 역사』. 서울: 아카넷.

이은미·진성미(2014). 「시민교육의 확장을 위한 평생교육의 의의: 지역사회 기반 시민교육을 중심으로」. 『시민교육연구』 46(3), 195-221.

이종수(2016). 『공동체: 유토피아에서 마을 만들기까지』. 서울: 박영사.

이주영(2017). 『어린이 해방』. 서울: 우리교육.

이주영(2018). 「1923년 천도교소년회 어린이선언이 갖는 세계아동문화사적 의미」. 방정환연구소 엮음. 『신성한 동화를 들려주시오: 방정환 문학과 사상의 재조명』. 서울: 소명.

이지헌·임배(2016). 『과로사회를 위한 존 화이트의 교육철학』. 서울: 학지사.

이지헌·임현정(2016. 12. 3). 「윤리학과 교육철학에서 '잚삶'의 의미와 역할」. 한국교육철학학회. 〈지능정보사회와 교육철학〉(연차학술대회).

이재경(2007/2013). 『여성학』. 서울: 미래인.

이진우(2018). 「우리는 어떻게 시민이 되는가?—성숙한 시민사회의 실천철학」. 윤평중 외. 『촛불 너머의 시민사회와 민주주의』. 서울: 아시아.

이찬승(2013가). 「공교육 정상화의 주요 장애 요인(1)과 해결 방안 모색 (http://21erick.org/bbs/board.php?bo_table=11_5&wr_id=100012)

이찬승(2013나). 「교육을 망치는 세균, 이를 박멸할 해독제는 무엇인가?」 (http://21erick.org/bbs/board.php?bo_table=11_5&wr_id=8)

이혁규(2012). 「교원양성체제는 어떤 교사를 길러내는가?」. 『오늘의 교육』 1·2. 서울: 벗.

이혜숙·이영주(2016). 『서울형 혁신교육지구 사업 운영실태와 개선과제』. 서울연구원.

인디고 서원 엮음(2017). 『Doing Democracy: 살아 있는 민주주의를 실천하기 위한 삶의 기술』. 서울: 궁리.

임지현(2018). 「기억: 21세기 한반도의 열려 있는 기억 문화를 위하여」. 윤평중 외. 『촛불 너머의 시민사회와 민주주의』. 서울: 아시아.

장은주((2017). 『시민교육이 희망이다』. 서울: 도서출판 피어나.

장준호(2011). 「공화주의와 도덕교육」. 한국초등도덕교육학회. 〈도덕과 교육의 질적 도약을 위한 탐구〉(2011년 하계 학술대회), 8/1-8/19.

전상인(2018). 「마음의 습관과 한국의 민주주의」. 윤평중 외. 『촛불 너머의 시민사회와 민주주의』. 서울: 아시아.

전성은(2011). 『왜 학교는 불행한가』. 서울: 메디치미디어.

정민승(2013). 「페미니스트 페다고지」. 정민승. 『성인학습의 이해』. 서울: 에피스테메.

정민승(2017. 2. 8). 「촛불집회를 어떻게 볼 것인가?」. 〈평생학습 타임즈〉.

정순우. 「남명 조식의 공부론에 나타난 초월과 관여의 두 흐름」. 남명학연구원 엮음. 『남명사상의 재조명』. 서울: 예문서원.

정영근(2004). 「교육학에 '도야(Bildung)' 개념이 필요한가?: 도야의 교육학적 의미와 한국적 논의」. 『교육철학』 32, 165-180.

정영철(2014. 12. 22). 「서울 민주시민교육의 현황과 과제」. 흥사단교육운동본부. 〈학교 민주시민교육의 현황과 과제〉.

정용주(2012). 「신규 교사는 어떻게 능숙한 경력 교사가 되는가?」. 『오늘의 교육』 1·2. 서울: 벗.

정원규(2016). 『공화민주주의』. 서울: 씨아이알.

정창우(2017. 11. 10). 「인성교육과 시민교육의 관계 정립 및 실천 방향 모색」. 한국윤리교육학회. 〈인성교육과 정의로운 시민〉(2017년 한국윤리교육학회 추계학술대회).

정혜정(2001). 『동학·천도교의 교육사상과 실천』. 서울: 혜안.

조무남(2013). 『교육으로 가는 철학의 길』. 서울: 이담.

조상식(2017). 「제4차 산업혁명과 교육: 적응이냐 종속이냐」. 『교육비평』 39(특집). 교비.

조성환(2018. 8. 15-8. 16). 「개벽과 개화: 근대 한국사상사를 어떻게 볼 것인가」. 『근대 한국 종교의 토착적 근대화 운동』(제38회 원불교사상연구 (한일공동) 학술대회 〈한국의 '근대'를 다시 묻는다〉 자료집). 원광대학교 원불교사상연구원.

조승래(2014). 『공공성 담론의 지적 계보: 자유주의를 넘어서』. 서울: 서강대학교출판부.

조용환(2001). 「문화와 교육의 갈등-상생 관계」. 『교육인류학연구』 4(2). 서울: 한국교육인류학회.

조한혜정(2007). 『다시 마을이다: 위험 사회에서 살아남기』. 서울: 또하나의문화.

조한혜정(2014). 『자공공: 우정과 환대의 마을살이』. 서울: 또하나의문화.

조한혜정(2000). 『학교를 찾는 아이, 아이를 찾는 사회』. 서울: 또하나의문화.

조한혜정(2002). 「청소년 문제에서 청소년 존재에 대한 질문으로」. 조한혜정·양선영·서동진 엮음, 『왜 지금 청소년?』. 서울: 또하나의문화. 82-109.

조한혜정(2007). 『다시 마을이다: 위험 사회에서 살아남기』. 서울: 또하나의문화.

조한혜정 외(2008). 『가족에서 학교로 학교에서 마을로』. 서울: 또하나의문화.

진교훈 외(2007). 『인격: 고대로부터 현대에 이르기까지의 인격의 의미』. 서울: 서울대학교출판부.

진숙경 외(2016). 『인성교육과 민주시민교육의 연계방안』. 수원: 경기도교육연구원.

최은지·이태동(2017). 「정치 이론으로 보는 마을공동체: 하버마스, 퍼트넘, 오스트롬을 통해」. 이태동 외. 『마을학개론』. 서울: 푸른길.

최재정(2008). 『개혁교육학』. 서울: 학지사.

최협 외(2001a). 『공동체론의 전개와 지향』. 서울: 선인.

최협 외(2001b). 『공동체의 현실과 전망』. 서울: 선인.

추병완(1999). 『도덕교육의 이해』. 서울: 백의.

천정환(2011). 「'교양' 개념의 유의어와 환유를 통해 본 한국 근대 지식문화사」. 한림과 학원·연세대학교언어정보연구원 공동학술대회(2012/1/13). 〈개념과 한국의 근대〉.

하승우(2014). 『공공성』. 서울: 책세상.

하정호(2016). 「마을교육공동체가 주의해야 할 몇 가지」. 『오늘의 교육』 32(5·6). 서울: 교육공동체벗.

허병섭(1987). 『스스로 말하게 하라: 한국 민중교육론에 관한 성찰』. 서울: 한길사.

허병섭·이정진(2001). 『넘치는 생명세상 이야기』. 서울: 함께읽는책.

허병식(2009). 「교양의 정치학」. 『민족문학사연구』. 서울: 소명출판사.

홍순명(2003). 『들풀들이 들려주는 위대한 백성이야기』. 서울: 부키.

홍순명(2006). 『풀무학교 이야기』. 서울: 부키.

황경식(2012). 『덕: 덕윤리의 현대적 의미』. 서울: 아카넷.

한국교육연구네트워크 엮음(2013). 『교장제도 혁명』. 서울: 살림터.

한국교육연구네트워크 엮음(2018). 『더 나은 세상을 위한 학교혁명』. 살림터.

한병철(2009). 김태환 옮김(2013). 『시간의 향기』. 서울: 문학과지성사.

한석희 외(2016). 『4차 산업혁명: 어떻게 시작할 것인가』. 서울: 페이퍼로드.

한준상 외(2017). 『배움의 사회학적 관점 전환론』. 서울: 공동체.

한자경(2008). 『한국철학의 맥』. 서울: 이화여자대학교출판부

堀尾輝久(1990). 現代教育の思想と構造. 日本: 岩波書店.

堀尾輝久(1991). 人權と教育. 日本: 岩波書店.

니시카와 나가오(2007). 한경구·이목 옮김(2006). 『국경을 넘는 방법』. 서울: 일조각.

니시카와 나가오(2010). 윤해동·방기헌 옮김(2009). 『국민을 그만두는 방법』. 서울: 역사비평사.

사이토 준이치. 윤대석·류수연·윤미란 옮김(2014). 『민주적 공공성: 하버마스와 아렌트를 넘어서』. 서울: 이음.

와다 슈우지. 박선영·노명희 옮김(1997). 『어린이의 인간학: 어린이에 대한 새로운 이해와 교육의 방향』. 아름다운세상.

요사다 다로. 위정훈 옮김(2008). 『교육천국, 쿠바를 가다』. 서울: 파피에.

오자와 유사쿠. 편집부 옮김(1985). 『민족해방과 교육운동』. 서울: 백산서당.

이치카와 쇼우고. 김용 옮김(2013). 『교육의 사사화와 공교육의 해체: 의무교육과 사학교육』. 파주: 교육과학사.

후쿠다 세이지, 박찬영·김영희 옮김(2009). 『핀란드 교실혁명』. 서울: 비아북.

후쿠타 세이지, 나성은·공영태 옮김(2008). 『핀란드 교육의 성공: 경쟁에서 벗어나 세계 최고의 학력으로』. 서울: 북스힐.

Abowitz, K. K.(2013). *Publics for Public Schools: Legitimacy, Democracy, and*

Leadership. New York: Routledge.

Acker, S.(1994). *Gendered Education: Sociological Reflections on Women, Teaching and Feminism*. Buckingham: Open University Press.

Adam, A.(2005). *Gender, Ethics and Information Technology*. New York: Palgrave Macmillan.

Adams, P.(2014). *Policy and Education*. Oxon: Routledge.

Adamson F. & Darling-Hammond, L. 심성보 외 옮김(2017). 「미국 교육의 결정적 선택: 사적 투자인가 공적 투자인가」. L. Darling-Hammond, F. Adaman, & B. Åstrand(Eds.). 『세계교육개혁: 민영화 우선인가 공적 투자 강화인가?』, 서울: 살림터.

Adler, M. J.(2004). The Paideia Proposal. D. J. Flinders & S. J. Thornton(Eds.). *The Curriculum Studies Reader*. New York & London: Routledge Falmer.

Agathangelou, A. M. & Killian, K. D.(2011). (Neo) Zones of Violence: Reconstructing Empire on the Bodies of Militarized Youth. J. M. Beier(Ed.). *The Militarization of Childhood*. Hampshire: Palgrave Macmillan. 17-42.

Alexander, H., Pinson, H., & Yonah(Eds.)(2011). *Citizenship, Education, and Social Conflict*. New York, London: Routledge.

Allen, G, & Martin, I.(Eds.)(1991). *Education and Community: The Politics of Practice*. London & New York: Cassell.

Allen, G., Bastiani, J., Martin, I, & Richards, J. J.(Eds.)(1987). *Community Education: An Agenda for Educational Reform*. Milton: Open University.

Althof, W. & Berkowitz, M. W.(2006). Moral Education and Character: Their Relationship and Roles in Citizenship Education. *Journal of Moral Education*. 35(4). 495-518.

Anderson, E. & Laginder, A. M.(2103). Dimensions of Power: The Influence of Study Circles. A. M. Laginder, H. Nordvall, & J. Crowther(Eds.). *Popular Education, Power and Democracy*. Leicester: Niace.

Andireotti, V. & SouZa, L.(Eds.)(2012). *Postcolonial Perspectives on Global Citizenship Education*. New York & London: Routledge.

Andreotti, V.(Ed.)(2014). *The Political Economy of Global Citizenship Education*. London & New York: Routledge.

Andreotti, V.(2014). (Towards) Decoloniality and Diversity in Global Citizenship. V. Andreotti(Ed.)(2014). *The Political Economy of Global Citizenship Education*. London & New York: Routledge.

Annette, J.(2008). Community Involvement, Civic Engagement and Service and Service Learning, J. Arthur, I. Davies, & C. Hahn(Eds.). *The Sage Handbook of Education for Citizenship and Democracy*. Los Angeles: Sage.

Apple, M. 김미숙 외 옮김(2004). 『문화정치학과 교육』. 서울: 우리교육.

Apple, M. 강희룡 외 옮김(2014). 『교육은 사회를 바꿀 수 있을까?』. 서울: 살림터.

Apple, M. W.(1995). *Education and Power*. New York: Routledge.

Apple, M. & Beane, J. A. 강희룡 옮김(2015). 『마이클 애플의 민주학교』. 서울: 살림터.

Archard, D.(1993). *Children: Rights and Childhood*. London: Routledge.

Arendt, H. 서유경 옮김(2005). 『과거와 미래 사이』. 서울: 푸른숲.

Arendt, H. 이진우·태정호 옮김(1996). 『인간의 조건』, 서울: 한길사.

Ariès, P. 문지영 옮김(2003). 『아동의 탄생』. 서울: 새물결.

Aristoteles. 김재홍 옮김(2017). 『정치학』. 길.

Arneil, B.(2002). Becoming versus Being: a Critical Analysis of The Child in Liberal Theory. D. Archard & C. M. Macleod. *The Moral and Political Status of Children*. Oxford: Oxford University Press.

Arnot, M. & Weiner, G.(Eds.)(1987). *Gender and the Politics of Schooling*. London: Hutchinson.

Arthur, J., Davies, I., & Hahn, C.(Eds.)(2008). *The Sage Handbook of Education fro Citizenship and Democracy*. Los Angeles: Sage.

Arthur, J.(2008). Traditional Approach to Character Education in Britain and America. L. P. Nucci & Narvaea(Eds.). *Handbook of Moral and Character Education*. N. Y. and London: Routledge. 80-98.

Arthur, J.(2012). Communitarianism. J. Arthur & A. Peterson(Eds.). *The Routledge Companion to Education*. New York & London: Routledge.

Åstrand, B. 심성보 외 옮김(2017). 「시민에서 소비자로: 학교 시장으로 변형된 스웨덴의 민주적 이상」. L. Darling-Hammond, F. Adaman, & B. Åstrand(Eds.). 『세계교육개혁: 민영화 우선인가 공적 투자 강화인가?』. 서울: 살림터.

Bailin, S. & Siegel, H.(2009). 「비판적 사고」. 강선보 외 옮김. 『현대 교육철학의 다양한 흐름』. 서울: 학지사.

Baker, D. & Letendre, G. K. 김안나 옮김(2016). 『세계문화와 학교교육의 미래』. 파주: 교육과학사.

Balibar, E. 최원·서관모 옮김(2007). 『대중들의 공포: 맑스 전과 후의 정치와 철학』. 서울: 도서출판 b.

Balibar, E. 진태원 옮김(2012). 『폭력과 시민다움: 반폭력의 정치를 위하여』. 서울: 난장.

Ballantine, H. & Hammack, F. M.(2012). *The Sociology of Education: A Systematic Analysis*. Boston: Pearson.

Bamber, P.(2014). Education for Citizenship: Different Dimensions, W. Bignold & L. Gayton(Eds.). *Global Issues and Comparative Education*. LA: Sage.

Barber, B. 박재주 옮김(1992). 『강한 민주주의』. 서울: 인간사랑.

Barber, B.(1992). *An Aristocracy of Everyone: The Politics of Education and the Future of America*. Ballantine Books.

Barber, B.(1995). The Future of Civil Scoiety. http://civnet.org/civitas/barber.html).

Barber, B. R.(1997). Public Schooling: Education for Democracy. J. L. Goodlad

& T. J. McMannon(Eds.). *The Public Purpose of Education and Schooling*. San Francisco: Jossey-Bass.

Barber, B.(1999). The Discourse of Civility. S. L. Elkin & K. E. Soltan(Eds.). *Citizen Competence and Democratic Institutions*. University Park: Pennsylvania State University.

Barber, B. 이선향 옮김(2006). 『강한 시민사회 강한 민주주의』. 서울: 일신사.

Barnett, R.(2011). *Being a University*. New York: Routledge.

Bascia, N. & Hargreaves, A.(2000). *The Sharp Edge of Educational Change*. London: Routledge/Falmer Press.

Battistoni, R. M. & Hudson, W. E.(Eds.)(1997). *Experiencing Citizenship: Concepts and Models for Service Learning in Political Science*. AAHE.

Baxter, J.(2016). *School Governance: Policy, Politics and Practices*. Bristol: Polity.

Beck, J.(2012). A Brief History of Citizenship Education in England and Wales. Arthur, J. & Cremin, H.(Eds.). *Debates in Citizenship Education*. Oxon: Routledge.

Beck, U. 홍성태 옮김(1996). 『위험사회: 새로운 근대(성)를 향하여』. 서울: 새물결.

Beier, J. M.(2011). War Stories: Militarized Pedagogies of Children's Everyday. J. M. Beier(Ed.). *The Militarization of Childhood*. Hampshire: Palgrave Macmillan. 95-110.

Beier, J. M.(2011). Introduction: Everyday Zones of Militarization. J. M. Beier(Ed.). *The Militarization of Childhood*. Hampshire: Palgrave Macmillan. 1-16

Bellamy, R.(2008). *Citizenship: A Very Short Introduction*. Oxford & New York: Oxford University Press.

Benhabib, S.(1988). Judgement and the Moral Foundation of Politics in Arendt's Thought. *Political Theory* 16(1), 31.

Benn, M. & Downs, J.(2016) *The Truth about Our Schools: Exposing the Myths, Exploring the Evidence*. Oxon: Routledge.

Benson, L., Harkavy, I., & Puckett, J.(2007). *Dewey's Dream: Universities and Democracies in an Age of Education Reform*. Philadelphia: Temple University Press.

Berns, R. M.(2004). *Child, Family, School, Community: Socialization and Support*. Au: Thomson Wadsworth.

Bickmore, K.(2006). Democratic Social Cohesion(Assimilation)? Representations of Social in Canadian Public School Curriculum. *Canadian Journal of Education* 29(2), 259-386.

Biesta, G.(2002). How General Can Bildung Be? Reflections on the Future of a Modern Educational Ideal. *Journal of Philosophy of Education* 36(3), 377-390.

Biesta, G.(2006). *Beyond Learning: Democratic Education for a Human Future*.

Boulder & London: Paradigm.

Biesta, G.(2010). *Good Education in an Age of Measurement: Ethics, Politics, Democracy.* Boulder: Paradigm.

Biesta, G.(2011a). *Learning Democracy in School and Society: Education, Lifelong and the Politics of Citizenship.* Rotterdam: Sense Publishers.

Biesta, G.(2011b). A School for Citizens: Civic Learning and Democratic Action in the Learning Democracy. B. Lingard, J. Nixon, & S. Ranson(Eds.). *Transforming Learning in Schools and Communities: The Remaking of Education for a Cosmopolitan Society.* London: Continuum.

Biesta, G.(2013a). Teacher Education for Educational Wisdom. W. Hare, & J. Portelli(Eds.). *Philosophy of Education: Introductory Reading.* Canada: Brush.

Biesta, G.(2013b). *The Beautiful Risk of Education.* Boulder: Paradigm Publishers.

Biesta, G.(2014a). Learning in Public Places: Civic Learning for the Twenty-First Century. G. Biesta, M. Bie, & D. Wildemeersch(Eds.). *Civic Learning, Democratic Citizenship and the Public Sphere.* Leuven: Springer.

Biesta, G.(2014b). Responsible Citizens: Citizenship Education between Social Inclusion and Democratic Politics. M. Priestley & G. Biesta(Eds.). *Reinventing the Curriculum: New Trends in Curriculum Policy and Practice.* London: Bloomsbury.

Biesta, G.(2015). How Does a Competent Teacher Become a Good Teacher?: On Judgement, Wisdom and Virtuosity in Teaching and Teacher Education. J. Dunne & O. Hogan(Eds.). *Education and Practice: Upholding the Integrity of Teaching and Learning.* Malden: Blackwell.

Billante, N. & Saunders, P.(2002). Why Civility Matters. *Policy* 18(3). 32-36.

Billig, S. H. & Wateman, A. S.(2003). *Studying Service-Learning.* London: LEA.

Bills, D. B. 장원섭 옮김(2017). 『교육과 일: 사회학적 접근』. 서울: 박영스토리.

Blackmore, J.(1999). *Troubling Women: Feminism, Leadership and Educational Change.* Buckingham/Philadelphia: Open University Press.

Bloom, A. 이원희 옮김(1997). 『미국정신의 종말』. 서울: 범양사.

Blum, D. F.(2011). *Cuban Youth and Revolutionary Values.* Austin: University of Texas Press.

Blundell, D.(2012). *Education and Constructions of Childhood.* London/New York: Continuum.

Bob, C.(2013). Civil and Uncivil Society. M. Edwards(Ed.). *Civil Society.* Oxford, New York: Oxford University Press.

Bottrell, D., Freebody, K., & Goodwin, S.(Eds.)(2011). School-community Engagement: Shifting Boundaries of Policy and Practices. Paper presented at the AARE Annual Conference.

Boyd, R.(2006). The Value of Civility? *Urban Studies* 43(5/6), 863-878.

Boyd, W. 이홍우 외 옮김(1994/2013). 『서양교육사』. 서울: 교육과학사.

Boyd, W. 김안중·박주병 옮김(2013). 『루소의 교육이론』. 파주: 교육과학사.

Boyte, H. C.(2003). Civic Education and the New American Patriotism Post 9/11. *Cambridge Journal of Education* 33(1), 101-122.

Boyte, H. C & Farr, J.(1997). The Work of Citizenship and The Problem of Service Learning, Battistoni, R. M. & Hudson, W. E.(Eds.). *Experiencing Citizenship: Concepts and Models for Service Learning in Political Science.* Washington, DC: AAHE.

Bracher, M.(2013). *Education for Cosmopolitanism.* New York: Palgrave/ Macmillan.

Brandal, N., Bratberg, O., & Thorsen, D. I. 홍기빈 옮김(2015). 『북유럽 사회민주주의 모델』. 서울: 책세상.

Braverman, H. 이한주·강남훈 옮김(1987). 『노동과 독점자본』. 서울: 까치사.

Brighouse, H.(2013). Civility, Citizenship, and the Limits of Schooling. D. S. Mower & W. L. Robinson(Eds.). *Civility in Politics and Education.* New York, London: Routledge.

Brighouse, H.(2002). What Rights (if any) Do Children. D. Archard & C. M. Macleod(Eds.). *The Moral and Political Status of Children* [Kindle Edition]. Oxford: Oxford University Press.

Brighouse, H. 이지헌 옮김(2011). 「아동은 어떤 권리를 갖는가?」. R. Bailey 엮음. 『철학이 있는 교육, 교육을 찾는 철학』. 학이당.

Brookfield, S.(2000). Education and Self-directed Learning. C. Matheson & D. Matheson(Eds.). *Educational Issues in the Learning Age.* London & New York: Continuum.

Buber, M. 남정길 옮김(1979). 『사람과 사람 사이』. 서울: 전망사.

Buckingham, D. & Tingstad, V.(2010). *Childhood and Consumer Culture.* New York: Palgrave Macmillan.

Burnett. J.(2010). *Contemporary Adulthood Calendars, Cartographies and Constructions.* Hampshire: Palgrave Macmillan.

Burns, M. T.(2003). The Battle for Civilized Behavior: Let's Begin with Manners. *Phi Delta Kappan* 84(7), 546-550.

Burtt, S.(1990). The Good Citizen's Psyche: On the Psychology of Civic Virtue. *Polity* 23, 23-38.

Butin, D. W.(2010). *Service-Learning in Theory and Practice.* PalgraveMacmillan.

Calhoun, C.(2000). The Virtue of Civility. *Philosophy and Public Affairs* 29(3), 251-275.

Callan, E.(1997). *Creating Citizens: Political Education and Liberal Democracy.* Oxford: Clarendon Press.

Carnie(2003). *Alternative Approaches to Education*. London: RoutledgeFalmer.

Carnoy, M. 심성보 옮김(2017). 「쿠바: 질 높은 공교육을 제공한 쿠바의 네 가지 비결」. L. Darling-Hammond, F. Adaman, & B. Åstrand(Eds.). 『세계교육개혁: 민영화 우선인가 공적 투자 강화인가?』. 서울: 살림터.

Carr, D. 김해성 옮김(1997). 『인성교육론』. 서울: 교육과학사.

Carr, W. & Hartnett, A.(1996). *Education and the Struggle for Democracy: The Politics of Educational Ideas*. Buckingham: Open University Press.

Carter, S.(1998). *Civility: Manners, Morals, Etiquette of Democracy*. New York: Basic Books.

Castro-Hildalgo & Gomez-Álvarez. 심성보 외 옮김(2017). 「칠레: 장기간의 신자유주의 실험이 교육의 질과 형평성에 미친 영향」. L. Darling-Hammond, F. Adaman, & B. Åstrand(Eds.). 『세계교육개혁: 민영화 우선인가 공적 투자 강화인가?』.

Chitty, C.(2002). *Understanding Schools and Schooling*. London & New York: RoutledgeFalmer.

Chodorow, N. 김민예숙·강문순 옮김(2008). 『모성의 재생산』. 서울: 한국심리치료연구소.

Christie, F. & Simpson, A.(Eds.)(2010). *Literacy and Social Responsibility: Multiple Perspectives*. London: Equinox.

Cicero, M. T. 김창선 옮김(2007). 『국가론』. 파주: 한길사.

Cicero, M. T. 안재원 옮김(2017). 『수사학』. 서울: 길.

Cipolle, S. B.(2010). *Service-Learning and Social Justice: Engaging Students in Social Change*. Maryland: Rowman & Littlefield.

Clark, D.(1987). The Concept of Community Education. G. Allen, Bastiani, J. I. Martin, & K. Richards(Eds.). *Community Education: an Agenda for Educational Reform*. Milton Keynes: Open University Press.

Clark, D.(1996). *School as Learning Communities*. Cassell.

Clark, P.(2010). Community Renaissance. M. Coates(Ed.). *Shaping a New Educational Landscape: Exploring Possibilities for Education in the 21st Century*. London: Continuum.

Cleverley, J. & Phillips, C. D. 김태오 옮김(1995). 『아동교육관의 철학적 조명』. 서울: 파이데이아.

Coate, M.(2010). Deckchairs on the Titanic, M. Coates(Ed.) *Shaping a New Educational Landscape*. London: Continuum.

Cockburn, T.(1998). Children and Citizenship in Britain. *Childhood* 5(1), 99-117.

Coffey, A. & Delamont, S.(2000). *Feminism and the Classroom Teacher*. London & New York: RoutledgeFalmer.

Cogan, J. & Derricott, R.(2000). *Citizenship for the 21st Century: An International on Education*. London: Kogan Page.

Cohen, J. L. & Arato, A.(1995). *Civil Society and Political Theory*. The MIT Press.

Colls, R. & Hörschelmann, K.(2010). *Contested Bodies of Childhood and Youth*. Hampshire: Palgrave Macmillan

Cook, D. T.(2002). *Symbolic Childhood*. New York: Peter Lang.

Cook, D. T.(2004). *The Commodification of Childhood*. Durham & London: Duke University.

Corson, D.(1998). *Changing Education For Diversity*. Buckingham·Philadelphia: Open University Press.

Counts, G.(1932). *Dare the School Build Order?* New York: John day Co.

Couto, R. A.(1996). Service Learning: Integrating Community Issues and The Curriculum. T. L. Becker & R. A. Couto(Eds.). *Teaching Democracy by Being Democratic*. Westport. USA: Praeger.

Covaleskie, J. F.(2011). Morality, Virtue, and Democratic Life. J. L. DeVitis & Ti. Yu(Eds.). *Character and Moral Education: A Reader*. New York: Peter Lang.

Cowan, P. & Maitles, H.(Eds.)(2012). *Teaching Controversial Issues in the Classroom: Key Issues and Debates*. London: Continuum.

Crain, W. 송길연·유봉현 옮김(2011). 『발달의 이론』. 서울: 시그마프레스.

Cremin, L. A.(1961). *The Transformation of the School: Progressivism in American Education*. New York: Alfred A. Knopf.

Cumberland, D., Bignold, W. & McGettrick, B.(2014). Teacher Education in a Changing Context. W. Bignold & L. Gayton(Eds.). *Global Issues and Comparative and Education*. Los Angeles: Sage.

Cupers, S. & Martin, C. 이병승 옮김(2017). 『피터스의 교육사상』. 파주: 서광사.

Curzer, H. Z.(2012). An Aristotelian Account of Civility. D. S. Mower & W. L. Robinson(Eds.). *Civility in Politics and Education*. New York, London: Routledge.

Dagger, R.(1997). *Civic Virtues: Rights, Citizenship, and Republican Liberalism*. Oxford: Oxford University Press.

Dagger, R. 곽준혁·조계원·홍승헌 옮김(2009). 「공화주의적 처벌」. C. Laborde & J. Mayor(Eds.). 『공화주의와 정치이론』. 서울: 까치.

Dale, R.(1979). From Endorsement to Disintegration: Progressive Education from the Golden Age to the Green Paper. *British Journal of Educational Studies* 16(3), 191-209.

Daly, M.(1978). *Gyn/Ecology: The Metaethics of Radical Feminism*. Boston: Beacon.

Daring, J.(1994). *Child-Centred Education and Its Critics*. London: P·CP.

Daring, J. & Nordenbo, S. E. 정훈 옮김(2009). 「진보주의」. 『현대 교육철학의 다양한 흐름 I』, 서울: 학지사.

Darling-Hammond, L., Adaman, F., & Åstrand, B. 심성보 외 옮김(2017). 『세계교육 개혁: 민영화 우선인가 공적 투자 강화인가?』. 서울: 살림터.

Darling-Hammond, L.(2010). Constructing 21st-Century Teacher Education. V. Hill-Jackson & C. W. Lewis(Eds.). *Transforming Teacher Education*. Virginia: Stylus.

Darling-Harmmond, L.(2010). *The Flat World and Education: How America's Commitment to Equality will Determine Our Future*. New York & London: Teachers College Press.

Davies, I.(2010). England Searching for Citizenship. A, Reid, J. Gill, & A. Sears(Eds.). *Globalization, the Nation-state, and the Citizen: Dilemmas and Directions for Civics and Citizenship Education*. London: Routledge.

Davies, I.(2011). *100+Ideas for Teaching Citizenship*. London & New York: Continuum.

Davies, I.(2012a). Citizenship Education. J. Arthur & A. Peterson(Eds.). *The Routledge Companion to Education*. New York & London: Routledge.

Davies, I.(2012b). Perspectives on Citizenship Education. J. Arthur & H. Cremin(Eds.). *Debates in Citizenship Education*. Oxon: Routledge.

Davies, I. et al.(2014). *Creating Citizenship Communities: Education, Young People and the Role of Schools*. Palgravemacmilan.

Davies, I.(Eds.)(2018). *The Palgrave Handbook of Global Citizenship and Education*. London: Palgrave.

Dearden, R. F. 박연호 옮김(1968). 『초등교육의 철학』. 서울: 교육과학사.

Dekker, P.(2009). Civicness: From Civil Society to Civic Services? *Voluntas* 20. 220-238.

DeMeis, D. & Sutton, C.(2009). The Evolution of a Service-Learning Course. C. A. Rimmerman(Ed.). *Service-Learning and the Liberal Arts*. Lexington Books.

Denicola, D.(2011). *Learning to Flourish: A Philosophical Exploration of Liberal Education*. London: Bloomsbury.

Densmore, K.(1987). Professionalism, Proletarianization, and Teacher. T. S. Popkewitz(Ed.). *Critical Studies in Teacher Education*. New York: Falmer.

Derry, J.(2013). *Vygotsky: Philosophy and Education*. West Sussex: Wiley/Blackwell.

DeVitis, J. L. & Yu, T.(Eds.)(2011). *Character and Moral Education*. New York: Peter Lang.

Dewey, J.(1916). 이홍우 옮김(1993). 『민주주의와 교육』. 서울: 교육과학사.

Dewey, J.(1927/1954). *The Public & Its Problems*. Athens: Swallow. 충남기 옮김(2010). 『현대 민주주의와 정치 주체의 문제: 듀이의 민주주의론』. 씨아이알.

Dewey, J.(1934). Education for a Changing Social Order. *NEA Addresses and Processings* 72, 754.

Dilthey, W. 손승남 옮김(2009). 『고대 그리스와 로마의 교육』. 서울: 지식을 만드는 지식.

Dimitrov, G. & Boyadjieva, P.(2009). Citizenship Education as an Instrument for Strengthening the State's Supremacy: An Apparent Paradox? *Citizenship Studies* 13/2, 155-169.

Doucet, A.(2018). Teach Me: The Learner Profile. A. Doucet & J. Evers(Eds.) (2018). *Teaching in the Fourth Industrial Revolution. Standing at the Precipice.* London/New York: Routledge.

Doucet, A. & Evers, J.(Eds.)(2018). *Teaching in the Fourth Industrial Revolution. Standing at the Precipice.* London/New York: Routledge.

Duczek, S. 고병헌 옮김(1993). 「성차별」. D. Hicks. 『평화교육의 이론과 실천』. 서울: 양서원.

Dunne, J. & Hogan, P.(2004). *Education and Practice: Upholding the Integrity of Teaching and Learning.* Malden: Blackwell.

Eaude, T.(2006). *Children's Spiritual, Moral, Social and Cultural Development: Primary and Early Years.* East Exeter: Learning Matters.

Ecclestone, K.(2012). Well-being and Education. J. Arthur & A. Peterson(Eds.). *The Routledge Companion to Education.* New York & London: Routledge.

Edwards, J. & Fogelman, K.(1993). *Developing Citizenship in the Curriculum.* New York: Routledge.

Egan, K. 김회용·곽덕주 옮김(2014). 『상상력 교육: 미래의 학교를 디자인하다』. 서울: 학지사.

Ehrenberg, J. 김유남 외 옮김(2002). 『시민사회, 사상과 역사』. 서울: 아르케.

Eiland, H. & Jennings, M. W. 김정아 옮김(2018). 『발터 벤야민 평전: 위기의 삶, 위기의 비평』. 파주: 글항아리.

Elias, N. 박미애 옮김(2009). 『문명화 과정 Ⅰ』. 서울: 한길사.

Elias, J. 한국교육연구네트워크 옮김(2014). 『프레이리와 교육』. 서울: 살림터.

Eliasoph, N.(2013). Civil Society and Civility. M. Edwards(Ed). *Civil Society.* Oxford, New York: Oxford University Press.

Elshtain, J. B.(1997). The Decline of Democratic Faith. R. M. Battistoni & W. E. Hudson(Eds.). *Experiencing Citizenship: Concepts and Models for Service Learning in Political Science.* AAHE.

Engle, S. & Ochoa, A. 정세구 옮김(1989). 『민주시민교육』. 서울: 교육과학사.

Enloe, C. 김엘리·오미영 옮김(2015). 『군사주의는 어떻게 패션이 되었을까』. 서울: 바다.

Enslin, P.(2006). Democracy, Social Justice and Education: Feminist Strategies in a Globalising World. *Educational Philosophy and Theory* 38(1), 57-67.

Entwistle, H.(1979). *Antonio Gramsci: Conservative Schooling for Radical Politics.* Routledge & Kegan Paul.

Erickson, J. & Anderson, J.(2005). *Learning with the Community. Concepts and Models for Service-Learning in Teacher Education.* Sterling: Stylus.

Erneling, C. E.(2010). *Towards Discursive Education, Philosophy, Technology, and Modern Education*. Cambridge: Cambridge University Press.

Etzioni, A.(1993). *The Sprit of Community: The Reinvention of American Society*. New York: Simon and Schuster.

Fabricant, M. & Fine, M.(2012). *Charter Schools and The Corporate Makeover of Public Education: What's at Stake?* New York & London: Teacher College Press.

Fabricant, M.(2010). *Organizing for Educational justice: The Campaign for Public School Reform in the South Bronx*. Minneapolis: University of Minnesota Press.

Fairfield, P.(2011). Education, Dialogue and Hermeneutics. P. Fairfield(Ed.). *Education, Dialogue and Hermeneutics*. London: Continuum.

Farahmandpur, R.(2010). Teaching against Consumer Capitalism in the Age of Commercialization and Corporatization of Public Education. J. Sandlin & P. McLaren(Eds.). *Critical Pedagogies of Consumption*. New York & London: Routledge.

Farmer, F.(2013). *After the Public Turn: Composition, Counterpublics, and the Citizen Bricoleur*. Logan: Utah University Press.

Faulks, K. 이병천 외 옮김(2000). 『시티즌십』. 서울: 아르케.

Ferguson, D.(2008). *Personal Wellbeing: What Teachers Need to Know about*. Camberwell: ACER Press.

Fielding, M. & Moss, P.(2011). *Radical Education and the Common School: Democratic Alternative*. London & New York: Routledge.

Field, N.(2009). 「전쟁과 교양」. 서경식 엮음. 『교양, 모든 것의 시작』. 서울: 노마드북스.

Field, J.(2011). Lifelong Education and Community. P. Jarvis(Ed). *The Routledge International Handbook of Lifelong Learning*. London & New York: Routledge.

Field, S. L.(2004). Citizens for a 'New World Order': A Historical Perspective of Citizenship Education in the United States. K. Kennedy(Ed.). *Citizenship Education and the Modern State*. London/New York: RoutledgeFalmer.

Fletcher, C.(1987). The Meanings of 'Community' in Community Education. G. Allen, J. Bastiani, I. Martin & K. Richards(Eds.). *Community Education: an Agenda for Educational Reform*. Milton Keynes: Open University Press.

Fogelman, K.(2004). Citizenship Education in England. K. Kennedy(Ed.). *Citizenship Education and the Modern State*. London/New York: RoutledgeFalmer.

Foreman-Peck, L.(2015). Towards a Theory of Welling-Being for Teachers. J. Dunne & O. Hogan(Eds.). *Education and Practice: Upholding the Integrity of Teaching and Learning*. Malden: Blackwell.

Fotopoulos, T.(2003). From (Mis)education to Paideia. *Democracy & Nature*

9(1). 15-50.

Foucault, M.(1975). 박홍규 옮김(1989). 『감시와 처벌』. 춘천: 강원대학교출판부.

Frazer, W.(2002). Citizenship Education: Anti-political Culture and Political Education in Britain. W. Parker(Ed.). *Education for Democracy: Contexts, Curricula, Assessments. Information Age*. Publishing Inc.

Friedman, M.(2009). 「페팃의 시민적 공화주의와 남성 지배」. C. Laborde & J. Mayor(Eds.). 곽준혁·조계원·홍승헌 옮김. 『공화주의와 정치이론』. 서울: 까치.

Friedman, L. 김비 옮김(2016). 『에리히 프롬 평전』. 파주: 글항아리.

Freire, P. 남경태 옮김(2009). 『페다고지』. 서울: 그린비.

Frønes, I.(1994). Dimensions of Childhood. J. Qvortup, M. Bardy, G. Sgritta, & H. Winterberger(Eds.). *Childhood Matters: Social Theory, Practice and Politics*. Aldershot: Avebury.

Fullan, M. 서동연·정효준 옮김(2017). 『학교를 개선하는 교장』. 서울: 살림터.

Fullan, M. 이찬승·은수진 옮김(2017). 『학교교육은 왜 실패하는가: 교육 변화의 새로운 의미와 성공 원리』. 서울: 21세기교육연구소.

Fullan, M. & Hargreaves, A. 최의창 옮김(2006). 『학교를 개선하는 교사』. 서울: 무지개사.

Fullan, M. & Rincon-Gallardo, S. 심성보 외 옮김(2017). 「캐나다의 수준 높은 공교육 발전: 온타리오주 사례」. L. Darling-Hammond, F. Adaman, & B. Åstrand(Eds.). 『세계교육개혁: 민영화 우선인가 공적 투자 강화인가?』. 서울: 살림터.

Furman, G.(2002). *School as Community: from Promise to Practice*. State University of New York Press.

Gabbard, D. & Ross, W.(Eds.)(2004). *Defending Public Schools Volume one: Education under the Security State*. Westport: Prager.

Gaffney, P.(2013). Competition, in the Classroom: An Ideal for Civility. D. S. Mower & W. L. Robinson(Eds.). *Civility in Politics and Education*. New York, London: Routledge.

Gagel, W.(1996/2009). 「역사적 사건으로서 보이텔스바흐 협약」. S. Schiele & H. Schneider. 전미혜 옮김(2009). 『보이텔스바흐 협약은 충분한가?』. 민주화운동기념사업회.

Gale, K.(2015). Feminisms, Philosophy and Education. J. Haynes, K. Gale & M. Parker, *Philosophy and Education: An Introduction to Key Question and Themes*. Oxon: Routledge.

Galston, W.(1989). Civic Education in the Liberal State. N. L. Rosenblum(Ed.). *Liberalism and Moral Life*. Cambridge: Harvard University Press.

Gardner, H.(2011). *The Unschooled Mind*. New York: Basic Books.

Gardner, H. 류숙희 옮김(2016). 『인간은 어떻게 배우는가?: 인지과학이 발견한 배움의 심리학』. 서울: 사회평론.

Garforth, F. W.(1985). *Aims, Values and Education*. Christygate Press.

Garratt, D. & Forrester, G.(2012). *Education Policy Unravelled*. London: Continuum.

Garrison, J., Neubert, S., & Reich, K.(2012). *John Dewey's Philosophy of Education: An Introduction and Recontextualization for Our Times*. New York: PalgraveMacmillan.

Gastil. J. & Levine, P. 정용찬·허광진 옮김(2018). 『시민의 이야기에 답이 있다』. 서울: 시그니처.

Gerrard, J.(2015). Counterpublics, Crisis and Critique: A Feministic Socio-Historical Approach to Researching Policy. N. Kalervo, M. Clarke, & E. B. Petersen(Eds.). *Education Policy and Contemporary Theory: Implications for Research*. London & New York: Routledge.

Giddens, A. 이윤희 외 옮김(1991). 『포스트모더니티』. 서울: 민음사.

Giddens, A.(2000). Citizenship Education in the Global Era. N. Pearce, & J. Hallgarten(Eds.). *Tommorrow's Citizens: Critical Debates in Citizenship and Education*. IPPR.

Giddens, A. Beck. U. & Lash, S. 임현진·정일준 옮김(1998). 『성찰적 근대화』. 서울: 한울.

Giddens, A. 김현옥 옮김(1998). 『좌파와 우파를 넘어서』. 서울: 한울.

Gilligan, C. 허란주 옮김(1994). 『심리이론과 여성의 발달』. 서울: 철학과현실사.

Giroux, H. 변종현 옮김(2009). 『신자유주의의 테러리즘』. 고양: 인간사랑.

Giroux, H. 심성보·윤석규 옮김(2016). 『일회용 청년: 누가 그들을 쓰레기로 만드는가』. 서울: 킹콩북.

Giroux, H.(1992). Liberal Arts Education and the Struggle for Public: Dreaming about Democracy. D. J. Gless & B. H. Smith. *The Politics of Liberal Education*. Duke.

Giroux, H.(2005). *Schooling and the Struggle for Public Life*. London & New York: Routledge.

Giroux, H.(2017). Foreword: Paulo Freire and the Courage to be Political. A. Darder. *Reinventing Paulo Freire: A Pedagogy of Love*. New York: Routledge.

Goodin, R.(2008). *Innovating Democracy: Democratic Theory and Practice After the Deliberative Turn*. Oxford : Oxford University Press.

Gordon, M. & Green, M.(Eds.)(2001). *Hannah Arendt and Education*. Colorado: Westview Press.

Gore, J. M.(1993). *The Struggle for Pedagogies: Critical and Feminist Discourses as Regimes of Truth*. New York/London: Routledge.

Grace, G.(2014). Professions, Sacred and Profane: Reflections upon the Changing Nature of Professionalism. M. Young & J. Muller(Eds.). *Knowledge, Expertise and the Professions*. Oxon: Routledge.

Green, A.(1997). *Education, Globalization, and the Nation State*. London:

Macmillan Press.

Green, A.(1990). *Education and State Formation*. New York: St. Martin Press.

Greene, M. & Griffiths, M. 심승환 옮김(2009). 「페미니즘, 철학 그리고 교육」. 강선보 외 옮김. 『현대교육철학의 다양한 흐름 Ⅱ』. 학지사.

Griffiths, M., & Ross, H.(2011). Public Space, Participation and Expressive Arts. B. Lingard, J. Nixon & S. Ranson(Eds.). *Transforming Learning in Schools and Communities: The Remaking of Education for a Cosmopolitan Society*. London: Continuum.

Groenke, S. & Hatch, J.(2014). *Critical Pedagogy and Teacher Education in the Neoliberal Era*. Knoxville: Springer.

Grondin, J.(2011). Gadamer's Experience and Theory of Education: Learning that the Other May Be Right. P. Fairfield(Ed.). *Education, Dialogue and Hermeneutics*. London: Continuum.

Guarasci, R. & Rimmerman, C. A.(1996). Applying Democratic Theory in Community Organizations. T. L. Becker & R. A. Couto(Eds.). *Teaching Democracy by Being Democratic*. Westport, USA: Praeger.

Guenewald, D. A. & Smith, G. A.(2010). *Place-Based Education in the Global Age: Local Diversity*. New York & London: Routledge.

Guile, D.(2014). Professional Knowledge and Professional Practice as Continuous Recontextualisation: A Social Practice Perspective. M. Young & J. Muller(Eds.). *Knowledge, Expertise and the Professions*. Oxon: Routledge.

Gulston, K. N.(2015). Relational Space and Educational Policy Analysis. K. N. Gulston, M. Clarke, & E. B. Petersen(Eds.). *Education Policy and Contemporary Theory: Implications for Research*. Oxon: Routledge.

Gur-Ze'ev, I.(2001). Philosophy of Peace Education in a Postmodern Era. *Educational Theory* 51(3), 315-336.

Gutek, G. L.(1984). *George S. Counts and American Civilization*. Savannah: Mercer.

Gutek, G. L.(2014). *Philosophical, Ideological, and Theoretical Perspectives on Education*. Boston: Pearson.

Gutman, A.(1987). *Democratic Education*. 민준기 옮김(1991). 『민주화와 교육: 민주 시민교육의 이상과 실제』. 서울: 을유문화사.

Haaften, W. V.(1997). The Concept of Development. W. V. Haaften, M. Korthla, & T. Wren(Eds.). *Philosophy of Development: Reconstructing the Foundations of Human Development and Education*. Dordrecht: Kauwer Academic Pub.

Habermas, J.(1987). *The Theory of Communicative Action: Life World and System: a Critique of Functional Reason*. Beacon Press.

Habermas, J. 한승완 옮김(2004). 『공론장의 구조변동』. 서울: 나남출판.

Hobsbawm, E. 차명수·정도영 옮김(2001). 『혁명의 시대: 시민혁명과 산업혁명』. 서

울: 한길사.

Hahn, C. L.(2008). Education for Citizenship and Democracy in the Unites States. J. Arthur, I. Davies, & C. Hahn(Eds.), *The Sage Handbook of Education for Citizenship and Democracy*. Los Angeles: Sage.

Hamm, C. M. 김기수 외 옮김(1995). 『교육철학탐구』. 서울: 교육과학사.

Hannay, A.(2005). *The public*. London & New York: Routledge.

Hannon, P.(2000). *Reflecting on Literacy in Education*. NY: Routledge.

Hansen, K. H.(2008). Rewriting Bildung for Postmodernity: Books on Educational Philosophy, Classroom Practice, and Reflective Teaching. *Curriculum Inquiry* 38(1). 93-115.

Hansen, D. T. & Laverty, M. J. 이지헌 옮김(2013). '가르침과 교수법', R. Baily(Ed.), 『교육철학 2: 가치와 실천』. 서울: 학지사.

Hardyment, C.(1990). Mum's the word no more. *The Guardian* 3(Nov), 8.

Hargreaves, A.(1984). *Changing Teacher and Changing Times: Teachers' Work and Culture in the Postmodern Age*. London: Cassell.

Hargreaves, A. 곽덕주 외 옮김(2011). 『지식사회와 학교교육: 불안정한 시대의 교육』. 서울: 학지사.

Hargreaves, D. H.(2012). *The Challenge for the Comprehensive School: Culture, Curriculum, and Community*. London: Routledge & Kegan Paul.

Hargreaves, A. & Fullan, M.(1998). *What's Worth Fighting for in Education?* Buckingham: Open University Press.

Hargreaves, A. & Fullan, M.(2012). *Professional Capital: Transforming Teaching in Every School*. 『교직과 교사의 전문적 자본: 학교를 바꾸는 힘』. 파주: 교육과학사.

Hargreaves, A. & Shirley, D.(2009). The Fourth Way: The Inspiring Future for Educational Change. Corwin Press. 이찬승 외 옮김(2015가). 『학교교육 제4의 길 1』. 서울: 21세기교육연구소; 이찬승 외 옮김(2015나). 『학교교육 제4의 길 2』. 서울: 21세기교육연구소.

Harris, I. M. & Morrison, M. L.(2013). *Peace Education*. Jefferson: McFarland & Company.

Harris, A.(2010). Future Leadership: Challenges and Implications. M. Coates(Ed.), *Shaping a New Educational Landscape: Exploring Possibilities for Education in the 21st Century*. London: Continuum.

Hartas, D.(2008). *The Right to Childhoods*. London: Continuum.

Hass, T.(1993). *Schools in Communities: New Ways to Work Together. G. Smith, Public Schools that Work*. New York: Creating Community. Routledge.

Hatcher, R.(2007). Yes, but, how do we get there?, Alternative Vision and the Problem of Strategy. *Journal of Critical Education Studies* 5(4).(www.jceps.com/?pageID=article&articleID98.)

Havigurst, R. J. & Meugarten, B. L.(1957). *Society and Education*. Boston: Allyne

& Bacon.

Hayes, W.(2006). *The Progressive Education Movement: Is it Still a Factor in Today's School?* Lanham: Rowman & Littlefield Education.

Heather, D. 김해성 옮김(2007). 『시민교육의 역사』. 서울: 한울아카데미.

Heather, D.(1990). *Citizenship: The Civic Ideal in World History, Politics and Education.* London & New York: Longman.

Hébert, Y.(2010). Politics, Citizenship Education Policy in Twelve Countries and Cosmopolitanism: A Commentary. A. Reid, J. Gill, & A. Sears(Eds.). *Globalization, the Nation-State and the Citizen: Dilemmas and Directions for Civics and Citizenship.* New York: Routledge.

Heck, S. F. & Williams, C. R. 황기우 옮김(1998). 『21세기 교사의 역할: 생태학적 관점』. 서울: 원미사.

Hendrick, H.(1990). Constructing and Reconstructing of British Childhood: an Interpretive Survey, 1800 to Present. A. James and A. Prout(Eds.). *Constructing and Reconstructing of Childhood.* Basingstoke: Falmer Press.

Hendrick, H.(1997). Children, Childhood and English Society 1880-1990. Cambridge: Cambridge University Press.

Hess, D. E.(2009). *Controversy in the Classroom. the Democratic Power of Discussion.* New York: Routledge.

Hinchliffe, G.(2015). *Liberty and Education: A Civic Republican Approach.* NY: Routledge.

Hinton, L.(2012). Making a Difference through Philosophy. T. Wrigly, P. Thomson, & B. Lingard(Eds.). *Changing Schools: Alternative Ways to World of Difference.* London & New York: Routledge.

Hirst, P. H.(1993). Education, Knowledge, and Practices. R. Barrow & P. White(Eds.). *Beyond Liberal Education.* London: Routledge.

Hogan, P.(2015). Cultivating Human Capabilities in Venturesome Learning Environments. R. Heilbronn & L. Foreman-Peck(Eds.). *Philosophical Perspectives on Teacher Education.* West Sussex: WileyBlackwell.

Hogan, P.(2004). Teaching and Learning as a Way of Life. J. Dunne & O. Hogan(Eds.). *Education and Practice: Upholding the Integrity of Teaching and Learning.* Malden: Blackwell.

Holzscheiter, A.(2010). *Children's Rights in International Politics: The Transformative Power of Discourse.* Hampshire: Palgrave Macmillan.

Honohan, I.(2002). *Civic Republicanism.* London & New York: Routledge.

Honohan, I.(2003). Up the Republic: Civic Republicanism. *Irish Times.* 25/Jan.

Honohan, I.(2006). Educating Citizens: National-building and Its Republican limits. I. Honohan & J. Jennings(Eds.). *Republicanism in Theory and Practice.* Abington: Routledge.

Hopkins, D.(2010). Achieving System-Wide School Transformation: the Argument in Brief. M. Coates(Ed.). *Shaping a New Educational Landscape: Exploring Possibilities for Education in the 21st Century*. London: Continuum.

Howe, R. B. & Covell, K.(2007). *Empowering Children: Rights Education as a Pathway to Citizenship*. Toronto: University of Toronto Press.

Howlett. K.(2013). *Progressive Education: A Critical Introduction*. London: Bloomsbury.

Hughes, A. S. & Sears, A.(2008). The Struggle for Citizenship Education in Canada: The Centre Cannot Hold. J. Arthur, I. Davies, & C. Hahn(Eds.). *The Sage Handbook of Education for Citizenship and Democracy*. Los Angeles: Sage.

Huges, B. 강경이 옮김(2014). 『아테네의 변명』. 옥당.

Hurn, C. J. 박동준·차갑부 옮김(1985). 『학교교육과 사회: 학교교육의 가능성과 한계성』. 서울: 한서출판.

Ignatieff, M.(1995). The Myth of Citizenship. R. Beiner(Ed.). *Theorizing Citizenship*. Albany: State University of New York Press.

Invernizzi, A. & Williams, J.(Eds.)(2012). *Children and Citizenship*. Los Angeles: Sage.

International Commission on Education for the Twenty-first Century, 김용주 외 옮김(1997). 『21세기 교육을 위한 새로운 관점과 전망: 유네스코 21세기 세계교육위원회 종합보고서』, 서울: 오름.

Jackson, J. B.(1994). *A Sense of Place, a Sense of Time*. New Haven: Yale University.

Jacoby, B. 조용하 옮김(2008). 『대학교육과 봉사학습』. 서울: 학지사.

Jaggar, A. M.(1991). Feminist Ethics, C. Card (Ed.). *Feminist Ethics*. Lawrence: University of Kansas Press.

Jaggar, A. M.(1992). Feminist Ethics. L. Becker & C. Becker(Eds.). *Encyclopedia of Ethics*. New York: Garland Press.

Jaggar, A. M. & Rothenberg, P. S.(1993). *Feminist Frameworks: Alternative Theoretical Accounts for the Relations between Women and Men*. McGrawhill.

James, M. E.(Ed.)(1995). *Social Reconstruction through Education: The Philosophy, History, and Curricula of a Radical Ideal*. Norwood: Ablex Pub.

James, A. A. & James, A. d.(2004). *Constructing Childhood: Theory, Policy and Social Practice*. New York: Palgrave.

James, A., Curtis, P., & Birch, J.(2012). Care and Control in the Construction of Children's Citizenship. A. Invernizzi & J. Williams(Eds.). *Children and Citizenship*. Los Angeles: Sage.

James, A., Jenks, C., & Prout, A.(1998). *Theorising Childhood*. Cambridge: Polity

Press.

Jans, M.(2004). Children as Citizens towards a Contemporary Notion of Child participation. *Childhood* 11(1), 27-44.

Jarvis, P.(2010). *Adult Education and Lifelong Education: Theory and Practice.* London & New York: Routledge.

Jarvis, P.(2011). Lifelong Learning: A Social Ambiguity. P. Jarvis(Ed.). *The Routledge International Handbook of Lifelong Learning.* London/New York: Routledge.

Jenks, C.(2009). Constructing Childhood Sociologically, M. J. Kehilu(Ed.). *An Introduction Childhood Studies.* Berkshire: Open University Press.

Jerome, L.(2014). *England's Citizenship Education Experiment: State, School, Student Perspectives.* London: Bloomsbury.

Jochum, V., Pratten, B., & Wilding, K.(2005). Civil Renewal and Active Citizenship: A Guide to the Debate. www.ncvo-vol.org.uk/publications/publication.asp?id=1512.

Johnston, R.(2014). Community Education and Lifelong Learning. J. Field & M. Leister(Eds.). *Lifelong Learning: Education across the Lifespan.* Oxon: Routledge.

Jones, P.(2015). Childhoods and Contemporary Practices. D. Wyse, R. Davis, P. Jones, & S. Rogers(Eds.). *Exploring Education and Childhood.* London & New York: Routledge.

Jörke, D.(2007). John Dewey's Post-traditional Notion of Community. J. Ryder & G-R Wegmarshaus(Eds.). *Education for a Democratic Society: Central European Pragmatist Form Volume Three.* Amsterdam: Rodopi.

Kallio, K. P. & Häkli, J.(2011). Are There Politics in Childhood? *Space and Polity* 15(1), 21-34.

Karpov, Y.(2006). *The Neo-Vygotskian Approach to Child Development.* New York: Cambridge University Press.

Katz, M. B.(2013). Public Education as Welfare. M. B. Katz & M. Rose(Eds.). *Public Education under Siege.* Philadelphia: Penn.

Katz, M., & Rose, M.(2013). What is Education Reform. M. B. Katz & M. Rose(Eds.). *Public Education under Siege.* Philadelphia: Penn.

Keane, J.(2003). *Global Civil Society?* New York: Cambridge Press.

Keeney, P.(2007). *Liberalism, Communitarianism and Education: Reclaiming Liberal Education.* Aldershot: Ashgate Publishing.

Keer, D.(2005). England's Teenagers Fail the Patriotic Test: the Lesson from England's Participation in the IEA Civic Education Study. S. Wilde(Ed.). *Political and Citizenship Education: International Perspectives.* Oxford: Symposium Books.

Kehilu, M. J.(2009). Understanding Childhood: An Introduction to Some Key Themes and Issues. M. J. Kehilu(Ed.). *An Introduction Childhood Studies.* Berkshire: Open University Press.

Kesson, K.(2004). Introduction: Teaching for a Democratic Society. K. Kesson & W. Ross(Eds.). *Defending Public Schools Volume Two: Teaching for a Democratic Society.* Westport: Prager.

Khoo, Su-ming(2014). Ethical Globalization or Privileged Internationalisation? Exploring Global Citizenship and Internationalisation in Irish and Canadian Universities. V. Andreotti(Ed.)(2014). *The Political Economy of Global Citizenship Education.* London & New York: Routledge.

Kitizinger, J.(1990). Who Are You Kidding? Children, Parents and the Struggle against Sexual Abuse. A. James & A. Prout(Eds.). *Constructing and Reconstructing of Childhood.* Basingstoke: Falmer Press.

Kimball, B. A.(1995). *Orators & Philosophers: A History of the Idea of Liberal Education.* the College Board.

Kingwell, M.(1995). *A Civil Tongue: Justice, Dialogue, and the Politics of Pluralism.* University Park: Pennsylvania University Press.

Kingwell, M.(2012). "Fuck You" and Other Salutations: Incivility as a Collective Action Problem. D. S. Mower & W. L. Robinson(Eds.). *Civility in Politics and Education.* New York, London: Routledge.

Kisby, B.(2014). Citizenship Education in England in an Era of Perceived Globalization: Recent Development and Future Prospects. E. Petrovic & A. M. Kuntz(2014). *Citizenship Education around the World: Local Contexts and Global Possibilities.* New York & London: Routledge.

Kitchen, W.(2014). *Authority and the Teacher.* London: Bloomsbury.

Kliebard, H.(1995). *The Struggle for the American Curriculum*(2nd ed.). New York: Routledge.

Kohan, W. O.(2012). Childhood, Education and Philosophy: Notes on Deterritorialisation. N. Vansieleghem & D. Kennedy(Eds.). *Philosophy for Children in Transition: Problems and Prospects.* West Sussex: Wiley-Blackwell.

Kohlberg, K. 김민남 옮김(1985). 『도덕발달의 철학』. 서울: 교육과학사.

Kohlberg, L., Levine, C., & Hewer, A. 문용린 옮김(2000). 『콜버그 도덕성 발달이론』. 서울: 아카넷.

Kohli, W. R. & Burbules, N. C.(2013). *Feminisms and Educational Research.* Lanham: Rowan & Littlefield Education.

Korthagen, F. 최의창 외 옮김(2007). 『반성적 교사교육 실제와 이론』. 서울: 학지사.

Kraftl, P.(2015). *Geographies Of Alternative Education: Diverse Learning Spaces for Children and Young People.* Bristol: Policy Press.

Kymlicka, W.(2002). *Contemporary Political Philosophy*. Oxford: Oxford University Press.

Kymlicka, W.(2003). Two Dilemmas of Citizenship Education in Pluralistic Societies. A. Locker, B. Crick, & J. Annette(Eds.). *Education for Democratic Citizenship: Issues of Theory and Practice*. Hamshire: Ashgate Pub.

Kymlicka, W. 장동진 외 옮김(2005). 『현대정치철학의 이해: 자유주의, 마르크스주의, 공동체주의, 시민권이론, 다문화주의, 페미니즘』. 서울: 동명사.

Labaree, D.(1997). *How to Succeed in School without Really Learning: The Credentials Race in American Education*. New Haven: Yale University Press.

Ladenson, R. F.(2012). Civility as Democratic Civic Virtue. D. S. Mower & W. L. Robinson(Eds.). *Civility in Politics and Education*. New York, London: Routledge.

Laird, K. R.(2004). Gender and the Construction of Teaching. K. R. Kesson & E. A. Ross(Eds.). *Defending Public Education*. Westport: Prager.

Lam, Chi-Ming.(2013). *Childhood, Philosophy and Open Society: Implications for Education in Confucian Heritage Cultures*. Hong Kong: Springer.

Lankshear, C. & Knobel, M.(2011). *New Literacy: Everyday Practices and Social Learning*. Berkshire: Open University Press.

Lancaster, I. Sanyal, A.(2013). Teaching 'Valores' in Cuba: A Conversation Among Teacher Educators. G. G. Tom & Z. Millei(Eds.). *Logics of Socialist Education: Engaging with Crisis, Insecurity and Uncertainty*. Heidelberg: Springer.

Langmann, E.(2014). Representational and Territorial Economies in Global Citizenship Education. V. Andreotti(Ed.). *The Political Economy of Global Citizenship Education*. London & New York: Routledge.

Larson, M. 김종철·강순원 옮김(1987). 「프롤레타리아화와 고학력 노동자」. 『미국의 대학과 노동계급』. 서울: 창작과비평사.

Lee, M.(2001). *Childhood and Society. Growing up in an Age Uncertainty*. Glasgow: Open University Press.

Lehman, D.(1993). Building Community in an Alternative Secondary School. G. Smith(Ed.). *Public Schools that Work*. New York: Creating Community. Routledge.

Levine, P.(2010). Teaching abd Learning Civility. N. Thomas(Eds.). *Educating for Deliberative Democracy*. San Francisco: Jossey-Bass.

Levinson, N.(2001). The Paradox of Natality. M. Gordon & M. Green(Eds.). *Hannah Arendt and Education*. Colorado: Westview Press.

Lewin, D.(2016). Technological Thinking in Education. D. Lewin, A. Guilherme, & M. Morgan(Eds.), *New Perspectives in Philosophy of Education*. London: Bloomsbury.

Lewis, H. R.(2007). *Excellence without a Soul*. New York: PublicAffairs.

Lickona, T.(1991). *Educating for Character: How Our Schools Can Teach Respect and Responsibility*. New York: Bantam.

Liebel, A.(2012). Citizenship from Below: Children's Rights and Social Movement. A. Invernizzi & J. Williams(Eds.). *Children and Citizenship*. Los Angeles: Sage.

Lingard, B., Nixon, J., & Ranson, S.(2011). Remaking Education for a Globalized World: Policy and Pedagogic Possibilities. B. Lingard, J. Nixon, & S. Ranson (Eds). *Transforming Learning in Schools and Communities: The Remaking of Education for a Cosmopolitan Society*. London: Continuum.

Lind, G. 박균열·정창우 옮김(2017). 『도덕적 민주적 역량 어떻게 기를 것인가』. 서울: 양서각.

Lind, M.(2006). Why the Liberal Arts still Matter. *Wilson Quarterly* 30(Autumn), 52-58.

Lingard, B., Nixon, J., & Ranson, S.(2011). Remaking Education for a Globalized World: Policy and Pedagogic Possibilities. B. Lingard, J. Nixon, & S. Ranson (Eds.). *Transforming Learning in Schools and Communities: The Remaking of Education for a Cosmopolitan Society*. London: Continuum.

Lipman, P.(2010). Politics by Other Means: Education Accountability and the Surveillance State. T. & R. Torres(Eds.). *Schools under Surveillance: Cultures of Control in Public Education*. New Brunswick: Rutgers University Press.

Lisman, C. D.(1998). *Toward a Civil Society: Civic Literacy and Service Learning*. Bergin & Garvey.

Lockyer, A.(2012). Education for Citizenship: Children as Citizens and Political Literacy, A. Invernizzi & J. Williams(Eds.). *Children and Citizenship*. Los Angeles: Sage.

Louis, K. S.(1994). Democratic Values, Democratic Schools. J. Macbeath & L. Moos. *Democratic Learning*. London & York: RoutledgeFalmer.

Lovlie, L. & Standish, P.(2002). Introduction: Bildung and the Idea of a Liberal Education. *Journal of Philosophy of Education* 36(3). 317-340.

Lowe, R.(2007). *The Death of Progressive Education: How Teachers Lost Control of the Classroom*. London & New York: Routledge,

Lubienski, C.(2003). Instrumentalist Perspectives on the 'Public' in Public Education: Incentives and Purposes. *Educational Policy* 17, 478-502.

Lubienski, C. & Lubienski, S.(2014). *The Public School Advantage: Why Public Schools Outperform Private Schools*. Chicago & London: The University of Chicago Press.

Luke, C. & Gore, J.(Eds.)(1992). *Feminisms and Critical Pedagogy*. New York: Routledge.

Luna, E.(2012). Service-Learning Experience for the Development of Inclusion: A Case Study from Spain. T. Murphy, & J. Tan(Eds.). *Service-Learning and Educating in Challenging Contexts*. London: Bloomsbury.

MacIntyre, A.(1984). 이진우 옮김(1997).『덕의 상실』. 서울: 문예출판사.

MacIntyre, A.(1987). The ideas of an educated public. G. Haydon(Ed.). *Education and Values*. London: Institute of Education Press.

Maihofer, A. 이지애 외 옮김(2005).「보살핌」. A. M. Jaggar & I. M. Young.『여성주의 철학』. 서울: 서광사.

Marquand, D.(2004). *The Decline of the Public*. Cambridge: Polite Press.

Marshall, J.(2011). *The Militarization of Childhood*. Hampshire: Palgrave Macmillan.

Marshall, H.(1991). The Social Construction of Motherhood: an Analysis of Childcare and Parenting Manuals. A. Phoenix, A. Woollett, & E. Lloyd(Eds.). *Motherhood: Meanings, Practices and Ideologies*. London: Sage.

Masschelein, J. & Ricken, N.(2003). Do We (Still) Need the Concept of Bildung? *Educational Philosophy & Theory* 35(2), 139-154.

Maynor, J. W.(2003). *Republicanism in the Modern World*. Cambridge: Polity Press.

Marquand, D.(2004). *Decline of the Public: the Hollowing-out of Citizenship*. Cambridge: Polity.

Martin, I.(1987). Community Education: towards a Theoretical Analysis. G. Allen, J. Bastiani, I. Martin, & K. Richards(Eds.). *Community Education: an Agenda for Educational Reform*. Milton Keynes: Open University Press.

Martin, J. R. 이지애 옮김(2005).「교육」. A. M. Jaggar & I. M. Young.『여성주의 철학』. 서울: 서광사.

Martin, J. R. 유현옥 옮김(2002).『교육적 인간상과 여성』. 서울: 학지사.

Matheson, C. & Matheson, D.(2000). Education Spaces and Discourses, Educational Issues in the Learning Age. Catherine Matheson & David Matheson(Eds.). *Educational Issues in the Learning Age*. London & New York: Continuum.

Mattessich, P. 장수찬 옮김(2017).『마을 만들기를 위해 알아야 할 28가지』. 충남: 그물코.

Mayer, S. J.(2012). *Classroom and Discourse Democracy: Making Meanings Together*. New York: Peter Lang.

May, M.(1973). Innocence and Experience: the Evolution of the Concept of Juvenile Delinquency in the Mid-19th Century. *Victorian Studies* 17. 7-19.

Mayo, C. & Stengel, B. 이지헌·이지애 외 옮김(2013). '페미니즘과 교육'.『교육철학1: 이론과 역사』. 서울: 학지사.

McCowan, T.(2009). *Rethinking Citizenship Education: A Curriculum for*

Participatory Democracy. London: Continuum.

McCowan, T. & Puggiann, C.(2010). Education, Citizenship and the Construction of a New Democracy in Brasil. A, Reid, A, J. Gill, & A. Sears(Eds.)(2010). *Globalization, the Nation-state, and the Citizen: Dilemmas and Directions for Civics and Citizenship Education*. London: Routledge.

McCowan, T. 이지헌 옮김(2011). 「학교는 좋은 시민을 만들 수 있는가」. R. Bailey (Ed.). 『철학이 있는 교육, 교육을 찾는 철학』. 서울: 학이당.

McCowan, T. & Unterhalter, E.(2013). Education, Citizenship and Deliberative Democracy: Sen's Capability Perspective. R. Hedtke & T. Zimenkova(Eds.). *Education for Civic and Political Participation: a Critical Approach*. New York: Routledge.

McLaughlin, T. & Halstead, J.(1999). Education in Character and Virtue. T. McLaughlin & J. Halstead(Eds.). *Education and Morality*. London: Routledge.

McLaren, P.(1998). *Life in Schools: Introduction to Critical Pedagogy on the Foundation of Education*. MA: Addison Wesley Longman.

McLeod, J.(2012). Feminism, J. Arthur & A. Peterson(Eds.). *The Routledge Companion to Education*. New York & London: Routledge.

McMillan, K. & Weyers, J.(2013). *How to Important Your Critical Thinking & Reflective Skill*. Harlow: Pearson.

Miller, A.(2007). Rhetoric, Paideia and the Old Idea of a Liberal Education. *Journal of Philosophy of Education* 41(2). 183-206.

Mignolo, W. D., 김영주 외 옮김(2018). 『서구 근대성의 어두운 측면: 전 지구적 미래들과 탈식민적 선택들』. 서울: 현암사.

Mitter, W.(2001). Education for Democratic Citizenship in Central and Eastern Europe in the Mirror of Globalization and Transformation. L. J. Limage(Ed.). *Democratization Education and Educating Democratic Citizens*. New York & London: RoutledgeFalmer.

Molnar, A. 심성보 외 옮김(1999). 『아동인격교육론』. 서울: 인간사랑.

Molnar, A.(2005). *School Commercialism: From Democratic Ideal to Market Commodity*. New York: Routledge.

Mondale, S. & Patton, S. B. 유성상 옮김(2014). 『스쿨: 미국 공교육의 역사 1770-2000』. 서울: 학이시습.

Moore, N.(2007). *Imagining Feminist Futures: The Third Wave, Postfeminism and Eco/feminism, Third Wave Feminism: A Critical Exploration*. New York: Palgrave Macmillan.

Moos, L.(2004). Introduction. J. Macbeath & L. Moos(Eds.). *Democratic Learning*. London & New York: RoutledgeFalmer.

Moos, L.(2008). School leadership for 'Democratic Bildung': Fundamentalist Beliefs or Critical Reflection? *School Leadership & Management* 28(3), 229

-246.

Morrill, R. L.(2009). Liberal Education, Leadership and Value. J. T. Wren et al. *Leadership and the Liberal Arts: Achieving the Promise of a Liberal Education*. New York: Palgrave-Macmillan.

Mower, D. S. & Robinson, W. L.(Eds.)(2012). *Civility in Politics and Education*. London & New York: Routledge.

Murphy, M. & Fleming, T.(Eds.)(2010). *Habermas, Critical Theory and Education*. Oxon: Routledge.

Murphy, T. & Tan, J.(Eds.)(2012). *Service-Learning and Educating in Challenging Contexts: International Perspectives*. London & New York: Bloomsbury.

Murris, K.(2016). *The Postmodern Child: Educational Transformation through Philosophy with Picturebooks*. London & New York: Routledge.

Nasio, J. 임말희 옮김(2015). 『위기의 청소년』. 서울: NUN.

Näsman, E.(1994). Individualization and Institutionization of Childhood in Todays's Europe. J. Qvorrup, M. Bardy, G. Sgritta & H. Wintersberger(Eds.). *Childhood Matters: Social Theory, Practice and Politics*. Aldershot: Avebury.

Neill, A. S.(1995). *Summerhill*. 김은산 옮김(1999). 『행복한 학교 서머힐』. 서울: 양서원.

Nicholson, L.(1980). Women and Schooling. *Educational Theory* 30(3). 225-233.

Niemi, N., Toom, A., & Kallioniemi, A. 장수명·심성보 외 옮김(2017). 『핀란드 교육의 기적』. 서울: 살림터.

Nixon, J.(2012). *Interpretive Pedagogies for Higher Education: Arendt, Berger, Said, Nussbaum and Their Legacies*. London: Bloomsbury.

Nixon, J.(2016). The Interpretive Tradition and Its Legacy. D. Lewin, A. Guilherme, & M. White(Eds.). *New Perspectives in Philosophy of Education: Ethics, Politics and Religion*. London: Bloomsbury.

Nixon, J. & Ranson, S.(Eds.)(2012). *Transforming Learning in Schools and Communities: The Remaking of Education for a Cosmopolitan Society*. London: Continuum.

Noddings, N. 심성보 외 옮김(1997). 「인격교육과 공동체」. 『아동인격교육론』. 서울: 인간사랑.

Noddings, N. 추병완 옮김(2002). 『돌봄 교육론』. 서울: 다른우리.

Noddings, N.(2004). The False Promise of the Paideia. D. J. Flinders & S. J. Thornton(Eds.). *The Curriculum Studies Reader*. New York & London: RoutledgeFalmer.

Noddings, N. 이지헌 외 옮김(2008). 『행복과 교육』. 서울: 학지사.

Noddings, N.(Eds.). 연세기독교교육학포럼(2009). 『세계시민의식과 글로벌 교육』. 서울: 학이당.

Noddings, N. 한평수 옮김(2009). 『배려: 윤리와 도덕교육에 대한 여성적 접근법』. 서

울: 천지.

Noddings, N. 곽덕주 외 옮김(2010). 「배려와 도덕교육」. W. Kohli(Ed.). 『다문화 시대 대화와 소통의 교육철학』. 서울: 학지사.

Noddings, N. 박찬영 옮김(2010). 『넬 나딩스의 교육철학』. 서울: 아카데미프레스.

Noddings, N. 심성보 옮김(2016). 『21세기 교육과 민주주의』. 서울: 살림터.

Noddings, N. & Brooks, L. 정창우 옮김(2018). 『논쟁수업으로 시작하는 민주시민교육』. 서울: 풀빛.

Norriss, N.(2004). *The Promise and Failure of Progressive Education*. Lanham: ScarecrowEducation.

Null, W. 강현석 외 옮김(2016). 『교육과정 이론에서 실천으로의 여행: 숙의적 교육과정의 부활』. 서울: 한국문화사.

Nussbaum, M.(2000). *Women and Human Development: The Capabilities Approach*. Cambridge: Cambridge University Press.

Nussbaum, M. C.(1997). Cultivating Humanity: A Classical Defence of Reform in Liberal Education. 정영목 옮김(2018). 『인간성 수업 : 새로운 전인교육을 위한 고전의 변론』. 서울: 문학동네.

Nusssbaum, M.(Ed.). 오인영 옮김(2003). 『나라를 사랑한다는 것』. 서울: 삼인.

Nussbaum, M.(2004). *Hiding from Humanity: Disgust, Shame and the Law*. Princeton: Princeton University Press.

Nussbaum, M. C.(2009). 「순화된 애국주의란 가능한가?: 세계적 정의의 논증」. 한국학술진흥재단. 〈석학과 함께하는 인문강좌 시리즈 제1강연〉.

Nussbaum, M. 우석영 옮김(2016). 『학교는 시장이 아니다: 공부를 넘어 교육으로』. 서울: 궁리.

Oakes, J., Renee, M., Rogers, J., & Lipton, M.(2008). Research and Community Organizing as Tools for Democratizing Educational Policymaking. C. Sugrue(Ed.). *The Future of Educational Change: International Perspectives*. New York: Routledge.

Oestereicher, E.(1991). The Depoliticization of the Liberal Arts. B. A. Scot(Ed.). *The Liberal Arts in a Time of Crisis*. New York. Praeger.

O'Hear, A. & Sidwell, M.(2009). *The School of Freedom: A Liberal Education Reader from to the Present Day*. Exeter: Imprint-Academic.

Oldfield, A.(1990). *Citizenship and Community: Civic Republicanism and the Modern World*. London & New York. Routledge.

Olssen, M., Codd, J., & O'neill, A-M. 김용 옮김(2015). 『신자유주의 교육정책, 계보와 그 너머: 세계화·시민성·민주주의』. 서울: 학이시습.

Olsen, E. & Olson, G. 김은우 옮김(1973). 『학교와 지역사회』. 서울: 현대사상사.

Ornstein, A., Levine, D., & Gutek, G.(2011). *Foundation of Education*. Belmont: Wadsworth.

Orr, D. W.(2002). Political Economy and the Ecology of Childhood. P. H. Kahn

& S. R. Kellert(Eds.). *Children and Nature*. Cambridge: The Mit Press.

Osler, A.(2010). Citizenship and the Nation-State: Affinity, Identity and Belonging. A. Reid, J. Gill & A. Sears(Eds.). *Globalization, the Nation-State and the Citizen: Dilemmas and Directions for Civics and Citizenship*. New York: Routledge.

Osler, A.(2012). Teaching for Inclusive Citizenship, Peace and Human Rights. P. Cowan & H. Maitles(Eds.). *Teaching Controversial Issues in the Classroom*. London & New York: Continuum.

Osler, A. & Starkey, H.(2005). *Changing Citizenship: Democracy and Inclusion in Education*. Berkshire: Open University Press.

Osler, A. & Starkey, H.(2006). Citizenship, Human Rights and Cultural Diversity. A. Osler & H. Starkey(Eds.). *Citizenship and Democracy in Schools: Diversity, Identity and Equality*. Stroke on Trent: Trentham Books.

Oxfam(1997/2006). *Education for Global Citizenship: A Guide fo School*. Oxfam: Oxford.

Parmenter, L.(2014). Power and Place in the Discourse of Global Citizenship Education. V. Andreotti(Ed.). *The Political Economy of Global Citizenship Education*. London & New York: Routledge.

Paterson, L.(2015). *Social Radicalism and Liberal Education*. Exeter: Imprint Academic.

Pearce, J.(2011). Civil Society and Peace. M. Edwards(Ed.). *Civil Society*. Oxford, New York: Oxford University Press.

Pearce, N. & Hallgarten, J.(2000). Citizenship Education: Framing the Debate. N. Pearce & J. Hallgarten(Eds.). *Tomorrow's citizens: Critical Debates in Citizenship and Education*. IPPR.

Peck, D. L.(2002). Civility: A Contemporary Context for a Meaningful Historical Concept. *Sociological Inquiry* 72(3). 358-375.

Peck, S. 박윤정 옮김(2012). 『마음을 어떻게 비울 것인가? 절망을 극복하는 유일한 길 마음 비우기: 평화공동체 만들기』. 서울: 율리시즈.

Peskett, T.(2000). Education and Governance. C. Matheson & D. Matheson (Eds.). *Education Issues in the Learning Age*. Lodon: Continuum.

Peters, R. S.(1966). *Ethics and Education*. London: George Allen & Unwin Ltd.

Peters, R. S.(Ed.)(1969). *Perspectives on Plowden*. London: Routledge & Kegan Paul.

Peters, R. S. & Hirst, P. H.(1970). *The Logic of Education*. London: George Allen & Unwin Ltd.

Peters, R. S.(1977). *John Dewey, Reconsidered*. London: Routledge & Kegan Paul.

Peterson, A.(2009). Civic Republicanism and Contestatory Deliberation: Framing

Pupil Discourse within Citizenship Education. *British Journal of Educational Studies* 57(1), 55-69.

Peterson, A.(2011). *Civic Republicanism and Civic Education*. Nerk York: Palgrave & Macmillan.

Peterson, A.(2012). Civic Republicanism. J. Arthur & A. Petersoin(Eds.). *The Routledge Companion to Education*. New York & London: Routledge.

Peterson, A. & Warwick, P.(2015). *Global Learning and Education*. London & New York: Routledge.

Petrovic, J. & Kuntz, A.(Eds.)(2014). *Citizenship Education around the World: Local Contexts and Global Possibilities*. New York/London: Routledge.

Pettit, P.(1999). *Republicanism: A Theory of Freedom and Government*. Oxford: Oxford University Press. 곽준혁 옮김(2011). 『신공화주의: 비지배 자유와 공화주의 정부』. 파주: 나남.

Pahl, K. & Rowsell, J.(2012). *Literacy and Education: Understanding the New Literacy Studies in the Classroom*. London: Sage.

Phoenix, A. & Woollett, A.(1991). Motherhood: Social Construction, Politics and Psychology. A. Phoenix, A. Woollett, & E. Lloyd(Eds.). *Motherhood: Meanings, Practices and Ideologies*. London: Sage.

Piper, C.(2012). Will Law Think about Children? Reflections on Youth Matter. A. Invernizzi & J. Williams(Eds.). *Children and Citizenship*. Los Angeles: Sage.

Ploszajska, T.(1994). Moral Landscapes and Space in Victorian Reformatory Schools. *Journal of Historical Geography* 20, 413-429.

Poeck, K. V., & Vandenabeele, J.(2014). Education and Sustainability Issues: An Analysis of Publics-in-the-making. G. Biesta, M. D. Bie, & D. Wildemeersch(Eds.). *Civic Learning, Democratic Citizenship and the Public Sphere*. Dordrecht: Springer.

Pohl, K.(2017. 2. 14). 「독일의 교사들: 정치적 참여의 자유와 정치적 중립성」. 징검다리교육공동체. 〈교사의 정치적 기본권 보장과 교육의 정치적 중립성: 독일과 한국〉.

Portelli, J. P. & Menashy, F. 이지헌 옮김(2010). 「교육의 목적: 개인과 공동체」. R. Bailey, R. Barrow, & C. M. Carthy. 『교육철학 2: 가치와 철학』. 서울: 학지사.

Poulakos, T. & Depew, D.(2004). *Isocrates and Civic Education*. University of Texas Press: Austin.

Power, F. C. Higgins, A. & Kohlberg, L.(1989). *Lawrence Kohlberg's Approach to Moral Education*. New York: Columbia University Press.

Pringle, K.(1998). *Children and Social Welfare in Europe*. Milton Keynes: Open University Press.

Print, M.(1999). *Civic Education for Civil Society*. London: Asean Academic Press.

Print, M.(2004). Phoenix or Shooting Star?: Citizenship Education in Australia. K.

Kennedy(Ed.). *Citizenship Education and the Modern State*. London & York: RoutledgeFalmer.

Print, M.(2008). Education for Democratic Citizenship in Australia. J. Arthur, I. Davies, & C. Hahn(Eds.). *Education for Citizenship and Democracy*. London: Sage.

Putnam, R. D.(1995). Bowling alone. *Journal of Democracy* 9, 65-78.

Quike, J.(1994). Individualism & Citizenship: Some Problems and Possibilities. *International Studies in Sociology of Education* 2(2).

Ranson, S.(2011). Re-constituting Education Governance for Cosmopolitan Society. B. Lingard, J. Nixon, & S. Ranson(Eds.). *Transforming Learning in Schools and Communities*. London: Continuum.

Rattani, A. & Reeder, D.(Eds.)(1992). *Rethinking Radical Education*. London: Lawrence & Wishart.

Ravitch, D.(2001). *Left Back: A Century of Battles over School Reform*. New York: Touchstone.

Ravitch, D. 윤재원 옮김(2011). 『미국의 공교육 개혁, 그 빛과 그림자』. 서울: 지식의 날개.

Reichenbach, R.(2010). Civility as Pedagogical Category. *The Korean Journal of Philosophy of Education* 50, 87-104.

Reid, A, Gill, J. & Sears, A.(Eds.)(2010). *Globalization, the Nation-state, and the Citizen: Dilemmas and Directions for Civics and Citizenship Education*. London: Routledge.

Rimmerman, C.(2009). *Service-Learning and the Liberal Arts*. Lanham: Lexington Books.

Rimmerman, C. A.(1997). Teaching American Politics through Service, Education for Citizenship. G. Reeher & J. Cammarano(Eds.). *Education for Citizenship*. Rowman & Littlefield.

Rinaldi, C. 이부연 외 옮김(2017). 『레지오 에밀아와의 대화: 대화와 소통의 교육학』. 서울: 한양대학교출판부.

Roberts, J. W.(2012). *Beyond Learning by Doing: Theoretical Currents in Experiential Education*. New York & London: Routledge.

Roets, G. & Roose, R.(2014). Theorising Understanding Notion of Citizenship in the Dynamics of Learning in Public Policy Units. G. Biesta, M. Bie, & D. Wildemeersch(Eds.). *Civic Learning, Democratic Citizenship and the Public Sphere*. Leuven: Springer.

Rogers, S. W.(2009). Promoting Better Childhoods: Construction of Child Concern. M. J. Kehily(Ed.). *An Introduction Childhood Studies*. Berkshire: Open University Press.

Rogers, S. R. & Rogers, S. W.(1992). *Stories of Childhood: Shifting Agendas of*

Childhood. Hemel Hempstead: Harvester Wheatsheaf.

Röhrs, H. & Lenhart, V.(Eds.)(1995). *Progressive Education and Across the Continents*. Frankfurt & Main: Peter Lang.

Rosa, H., Gertenbach, L., Laux, H., & Strecker, D. 곽노완·한상원 옮김(2017). 『공동체의 이론들』. 서울: 라움.

Rosenblum, N.(1987). *Another Liberalism: Romanticism and the Reconstruction of Liberal Thought*. Mass.: Harvard University Press.

Ross, W.(2004). General Editor's Introduction: Defending Public Schools, Defending Democracy. D. Gabbard & W. Ross(Eds.). *Defending Public Schools Volume One: Education under the Security State*. Westport: Prager.

Ross, A.(2012). The Citizenship Agenda. P. Cowan & H. Maitles(Eds.). *Teaching Controversial Issues in the Classroom*. London: Continuum.

Rotberg, I. C.(2010). *Balancing Change and Tradition in Global Education Reform*. Lanham: Rowman & Littlefield.

Roth, K. & Burbules, N.(Eds.)(2007). *Changing Notions of Citizenship Education in Contemporary Nation-States*. Sense Publishers.

Rousseau, J. J. 이환 옮김(2008). 『에밀』. 서울: 돋을새김.

Rowls, J.(2005). *Political Liberalism*. New York: Columbia University Press.

Rshaid, G.(2014). *21st-Century Classroom*. Englewood: LLP.

Rubin, B. C. & Silva, E. M.(2003). *Critical Voices in School Reform: Students Living through Change*. London & New York: RoutledgeFalmer.

Ruddick, S. 이혜정 옮김(2002). 『모성적 사유』. 서울: 철학과현실사.

Rury, J.(2013). *Education and Social Change: Contours in the History of American Schooling*. New York & London: Routledge.

Sadovnik, A. & Semel, S.(1998). Durkheim, Dewey and Progressive Education: The Tension between Individualism and Community. G. Walford & W. S. F. Pickering(Eds.). *Durkheim and Modern Education*. London & New York: Routledge.

Sahlberg, P.(2007). Education Policy for Raising Student Learning: The Finnish Approach , *Journal of Education Policy* 22(2), 173-197.

Sahlberg, P.(2015). *Finnish Lessons 2.0: What can the World Learn from Educational Change in Finland. Second Edition*. Teachers College Press.

Sahlberg, P. 이은진 옮김(2016). 『핀란드의 끝없는 도전: 그들은 왜 교육개혁을 멈추지 않는가』. 서울: 푸른숲.

Sahlberg, P. 심성보 외 옮김(2017). 「핀란드의 역설: 경쟁적 시장경제 안에서의 평등한 공교육 구현」. L. Darling-Hammond, F. Adaman, & B. Åstrand(Eds.). 『세계교육개혁: 민영화 우선인가 공적 투자 강화인가?』. 서울: 살림터.

Saltman, K. J.(2016). *Politics of Education: A Critical Introduction*. London & New York: Routledge.

Sandel, M. 안규남 옮김(2012). 『민주주의의 불만: 무엇이 민주주의를 흔들고 있는가』. 파주: 동녘.

Sander, W.(1996/2009). 전미혜 옮김(2009). 「보이텔스바흐 합의 후의 정치교육」. S. Schiele & H. Schneider. 민주화운동기념사업회. 『보이텔스바흐 협약은 충분한가?』. 민주화운동기념사업회.

Sanders, I. T.(1975). *The Community*. New York: Ronald Press.

Sant, E., Davies, I., & Shultz, L.(2018). *Global Citizenship Education: A Critical Introduction to Key Concepts and Debates*. London/New York: Bloomsbury.

Schnell, R.(1979). Childhood as Ideology: a interpretation of Common School. *British Journal of Educational Studies* xxvⅡ, 7-28.

Scheurel, H. 이종서 옮김(1993). 『교육학의 학문적 성격』. 서울: 양서원.

Scherb, A.(1996/2009). 전미혜 옮김(2009). 「가치지향적인 정치교육의 기반으로서 실용적-규범적인 최소협약의 근거지움」. S. Schiele & H. Schneider. 『보이텔스바흐 협약은 충분한가?』. 민주화운동기념사업회.

Schiele, S.(1996/2009). 전미혜 옮김(2009). 「보이텔스바흐 협약은 연륜이 쌓여간다」. S. Schiele & H. Schneider. 『보이텔스바흐 협약은 충분한가?』. 민주화운동기념사업회.

Schneider, H.(1987). 「보충이 필요한 합의? 정치교육에서의 정체성 및 동일성 문제에 대하여」. 슐레/슈나이더. 슈투트가르트: 멜루러 출판사.

Schneider, H.(1996/2009). 전미혜 옮김(2009). 「협동심, 시민사회와 학교: 시민에게 올바른 방향을 제시하는 정치교육을 위한 의견」. S. Schiele & H. Schneider. 『보이텔스바흐 협약은 충분한가?』. 민주화운동기념사업회.

Schniedewind, N. & Sapon-Shevin, M.(2012). *Educational Courage: Resisting the Ambush of Public Education*. Boston: Beacon Press.

Scott, D., Posner, C., Martin, C., & Guzman, E.(2015). *Interventions in Education Systems*. London: Bloomsbury.

Sears, A.(2010). Possibilities and Problems Citizenship Education in a Multinational State: The Case of Canadian. A, Reid, J. Gill, & A. Sears(Eds.) (2010). *Globalization, the Nation-state, and the Citizen: Dilemmas and Directions for Civics and Citizenship Education*. London: Routledge.

Seewha, Cho. 심성보 옮김(2014). 『비판적 페다고지는 세상을 변화시킬 수 있는가?』. 서울: 살림터.

Selwyn, N.(2015). *Education and Technology: Key Issues and Debates*. London: Bloomsbury.

Semel, S., & Sadovnik, A.(Eds.)(1999/2016). *Schools of Tomorrow, Schools of Today: What Happened to Progressive Education*. New York: Peter Lang.

Sergionvani, T. 주철안 옮김(2004). 『학교공동체 만들기』. 서울: 에듀케어.

Sergionvani, T.(1999). The Story of Community. J. Retallick, Cocklin, & B. K. Coombe(Eds.). *Learning Communities in Education: Issues, Strategies and Contexts*. London & New York: Routledge.

Shaffer, T. J. et al.(2017). *Deliberative Pedagogy: Teaching and Learning for Democratic Engagement*. Michigan: Michigan State University Press.

Sheffield, E. C.(2011). *Strong Community Service Learning: Philosophical Perspectives*. New York: Peter Lang.

Shields, C. M.(2014). A Critical Examination of Today's (Un)Democratic Reform Agenda for Teachers, Administrations, and Teacher Education. J. L. Teitebaum & K. DeVitis(Eds.). *School Reform Critics: The Struggle for Democratic Schooling*. New York: Peter Lang.

Shiell, T. C.(2012). Debunking Three Myths about Civility. D. S. Mower & W. L. Robinson(Eds.). *Civility in Politics and Education*. New York, London: Routledge.

Shils, E.(1997). *The Virtue of Civility*. Indianapolis: Liberty Fund.

Shirley, D.(1997). *Community Organizing for Urban School Reform*. Austin: University of Texas Press.

Shirley, D.(2008). Community Organizing for Educational Change. C. Sugrue(Ed.). *The Future of Educational Change: International Perspectives*. New York: Routledge.

Shorris, E. 고병헌·이병곤·임정아 옮김(2006). 『희망의 인문학: 클레멘트 코스, 기적을 만들다』. 서울: 이매진.

Sidorkin, A. M.(1999). *Beyond Discourse: Education, the Self, and Dialogue*. Albany: SUNY.

Silcock, P.(1999). *New Progressivism*. London: Falmer Press.

Simon, C. & Ward, S.(2010). *Does Every Child Matter?* Oxon: Routledge.

Simmons, L.(2010). The Docile Body in School Space. T. Monahan, R. Torres(Eds.)(2010). *Schools under Surveillance: Cultures of Control in Public Education*. New Brunswick: Rutgers University Press.

Simpson, D. P.(1982). *Cassell's Latin Dictionary*. London: Cambridge University Press.

Simpson, F.(2012). Global Citizenship. P. Cowan & H. Maitles(Eds.). *Teaching Controversial Issues in the Classroom: Key Issues and Debates*. London & New York: Continuum.

Singhal, N.(2012). Why I Quit Teach for America to Fight for Public Education. N. Schniedewind & M. Sapon-Shevin. *Educational Courage: Resisting the Ambush of Public Education*. Boston: Beacon Press.

Sizer, T. R.(1997). The Meaning of Public Education. J. L. Goodlad & T. J. MeMannon(Eds.). *The Public Purpose of Education and Schooling*. San Francisco: Jossey-Bass.

Sliwka, A. & Klopsch, B.(2012). Service-Learning and School Development in German Teacher Education. T. Murphy & J. Tan(Eds.). *Service-Learning and*

Educating in Challenging Contexts. London: Bloomsbury.

Slote, M.(2007). *The Ethics of Care and Empathy*. New York: Routledge.

Smidt, S.(2006). *The Developing Child in the 21st Century: A Global Perspective on Child Development*. London: Routledge.

Smith, G. A.(1993). *Public Schools That Work: Creating Community*. New York: Routledge.

Smith, G. A. & Sobel, D.(2010). *Place-And Community-Based Education in Schools*. New York & London: Routledge.

Smith, S.(2001). Education for Judgement? M. Gordon & M. Green(Eds.). *Hannah Arendt and Education*. Colorado: Westview Press.

Snarey, J. & Samuelson, P.(2008). Moral Education in the Cognitive Developmental Tradition: Lawrence Kohlberg's Revolutionary Ideas. L. P. Nucci & Narvaea(Eds.). *Handbook of Moral and Character Education*. N.Y and London: Routledge.

Snbders, M. G.(2006). Building School-Community Partnerships: Collaboration for Student Success. New York: Skyhorse.

Snook, I. A. 윤팔중 옮김(1977). 『교화와 교육』. 서울: 배영사.

Soskil, M.(2018). Education in a Time of Unprecedented Change. A. Doucet(Ed). *Teaching in the Fourth Industrial Revolution. Standing at the Precipice*. London/New York: Routledge.

Sommerville, J.(1982). *The Rise and Fall of Childhood*. London: Sage.

Soutphommasane, T.(2012). *The Virtuous Citizen Patriotism in a Multicultural Society*. Cambridge Books Online. http://ebooks.cambridge.org;http://dx.doi.org/10.1017/CBO9781139177740.004

Sörlin, S. & Vessuri, H.(2007). *Knowledge VS. Knowledge Economy. Knowledge, Power and Politics*. New York: Palgrave/Macmillan.

Speck, B. W. & Hoppe, S. L.(2004). *Service-Learning: History, Theory, and Issues*. Westport: Prager.

Spring, J. 심성보 옮김(2010). 『자율주의와 진보교육』. 서울: 살림터.

Spring, J.(2005). *The American School: 1642-2004*. New York: Mcgraw Hill.

Spring, J.(2010). *How Educational Ideologies Are Shaping Global Society*. New York/London: Routledge.

Stables, A.(2011). *Childhood and the Philosophy of Education: An Anti-Aristotelian Perspective*. London/New York: Continuum.

Stearns, P. 김한종 옮김(2017). 『인류는 아이들을 어떻게 대했는가?: 세계 속의 어린이』. 고양: 삼천리.

Steedman, C.(1990). *Children, Culture and Class in Britain*. London: Virgo.

Sterba, J.(2000). *Three Challenges to Ethics: Environmentalism, Feminism, and Multiculturalism*. Oxford: Oxford University Press.

Sungmoon, Kim(2007). A Post-Confucian Civil Society: Liberal Collectivism and Participatory Politics in South Korea. Dissertation Submitted to the Faculty of the Graduate School of the University of Maryland, College Park.

Sunstein, C.(1988). Beyond the Republican Revival. *Yale Law Journal* 97(8). 1539-1589.

Suransky, V. P. 윤종희·이재연 옮김(1994). 『아동기의 실종』. 교보문고.

Takanishi, R.(1978). Childhood as a Social Issue: Historical Roots of Contemporary Child Advocacy Movements. *Journal of Social Issues* 34, 8-27.

Tanner, D.(2015). *Crusade for Democracy: Progressive Education at the Crossroads*. Albany: Suny.

Taylor, C. 권기돈·하주영 옮김(2015). 『자아의 원천들: 현대적 정체성의 형성』. 서울: 새물결.

Taylor, C. 이상길 옮김(2010). 『근대의 사회적 상상』. 서울: 이름.

Teitebaum, J. L. & DeVitis, K. Introduction. J. L. Teitebaum & K. DeVitis(Eds.). *School Reform Critics: The Struggle for Democratic Schooling*. New York: Peter Lang.

Terjesen, A.(2011). Civility and Magnanimity. D. S. Mower & W. L. Robinson(Eds.). *Civility in Politics and Education*. New York, London: Routledge.

Tett, L.(2010). *Community Education, Learning and Development*. Edinburg: Dunedin.

Thayer-Bacon, B. J.(1993). *Relational (E)pistemologies*. New York: Peter Lang.

Thayer-Bacon, B. J.(1998). *Philosophy Applied to Education: Nurturing a Democratic Community in the Classroom*. New Jersey & Ohio: Merill.

Thayer-Bacon, B. J.(2011). Feminist Theory and Moral Education. J. L. DeVitis, & T. Yu(Eds.). *Character and Moral Education*. New York: Peter Lang.

Thayer-Bacon, B. J. 박병기 옮김(2013). 「배려적 추론」. W. Willis & D. Fasko. 『도덕철학과 도덕심리학』. 서울: 인간사랑.

Thayer-Bacon, B. J., Stone, L., & Sprecher, K. M.(Eds.)(2013). *Education Feminism: Classic and Contemporary Readings*. Albany: Suny.

Thomas, N. & Hartley, M.(2010). Higher Education's Democratic Imperative. N. Thomas(Ed.). *Educating for Deliberative Democracy*. San Francisco: Jossey-Bass.

Thomsen, K.(2006). *Service Learning in Grade K-8*. California: Corwin Press.

Thomson, P.(2011). School and Urban Regeneration: Challenges and Possibilities. B. Lingard, J. Nixon, & S. Ranson(Eds.). *Transforming Learning in Schools and Communities: The Remaking of Education for a Cosmopolitan Society*. London: Continuum.

Tillich, P. 차성구 옮김(2006). 『존재의 용기』. 예영커뮤니케이션.

Timimi, S.(2010). The McDonaldization of Childhood: Children' Mental Health in Neo-liberal Market Cultures. *Transcultural Psychiatry* 47(5), 686–06.

Tirri, K. 장수명·심성보 외 옮김(2017).「학교교육학의 핵심, 핀란드 교사들이 보는 가르침의 합목적성」. N. Niemi, A. Toom, & A. Kallioniemi, A.『핀란드 교육의 기적』. 서울: 살림터.

Tomlinson, S.(2005). *Education in a Post-Welfare Society*. Berkshire: Open University Press.

Tomhave, A.(2012). Civility as a Condition of Citizenship. D. S. Mower & W. L. Robinson(Eds.). *Civility in Politics and Education*. New York/London: Routledge. .

Toom, A. & Husu, J. 장수명·심성보 외 옮김(2017).「많은 것들을 만드는 사람, 핀란드 교사」. N. Niemi, A. Toom, & A. Kallioniemi.『핀란드 교육의 기적』. 서울: 살림터.

Torres, C. A.(2011). Education, Power, and the State: Dilemmas of Citizenship in Multicultural Societies. H. A. Alexander, H. Pinson & Y. Yonah(Eds.). *Citizenship, Education, and Social Conflict*. New York & London: Routledge.

Torres, C. A.(2017). *Theoretical and Empirical Foundations of Critical Global Citizenship Education*. New York: Routledge.

Tronto, J.(1993). *Moral Boundary: A Political Argument for an Ethics of Care*. New York: Routledge.

Tronto, J. 김희강·나상원 옮김.(2014).『돌봄 민주주의』. 서울: 아포리아.

Tong, R. 이소영 옮김(2000).『페미니즘 사상: 종합적 사상』. 서울: 한신문화사.

Tronto, J. 김희강·나상원 옮김(2014).『돌봄 민주주의: 시장, 평등, 정의』. 서울: 아포리아.

Tudball, L.(2009). The Shifting Sands of Civics and Citizenship Education in Australia. *Ethics*, Term 2, 9-13.

Tyack & Cuban, 권찬욱·박대권 옮김(2011).『학교 없는 교육개혁: 유토피아를 꿈꾼 미국 교육개혁 100년사』. 서울: 럭스미디어.

Tyack, D. 양성관·임경민 옮김(2017).『최선의 교육제도: 도시학교를 중심으로 한 미국 교육사』. 파주: 나남.

Valentine, G.(2007). *Public Space and the Culture of Childhood*. Hants: Ashgate.

Vallentyne, P.(2002). Equality and the Duties of Procreators. A. David and M. Colin Macleod(Eds.). *The Moral and Political Status of Children*. Oxford Scholarship Online: Nov-03, DOI: 10.1093/0199242682.001.0001.

Vandenbroeck, M. & Peeters, J.(2014). Democratic Experimentation in Early Childhood Education. G. Biesta, M. Bie & D. Wildemeersch(Eds.). *Civic Learning, Democratic Citizenship and the Public Sphere*. Leuven: Springer.

Verger, A., Fontdevila, C., & Zancajo, A.(2016). *The Privatization of Education: a Political Economy of Global Education Reform*. New York & London: Teachers College Press.

Veugelers, W.(2014). The Moral and the Political Citizenship: Appreciating Differences in Education. V. Andreotti(Ed.). *The Political Economy of Global Citizenship Education*. London & New York: Routledge.

Villa, L. A.(2012). Civility, Impartiality, and Cosmopolitanism. D. S. Mower & W. L. Robinson(Eds.). *Civility in Politics and Education*. New York & London: Routledge.

Villa, D.(2017). *Teachers of the People: Political Education in Rousseau, Hegel, Tocqueville, and Mill*. Chicago and London: The University of Chicago Press.

Violas, P. 심성보 옮김(1987). 『현대교육의 위기: 20세기 미국 교육사의 전개와 반성』. 서울: 한길사.

Viroli, M. 김경희·김동규 옮김(2006). 『공화주의』. 서울: 인간사랑.

Visscher, S. D.(2014). Mapping Children's Presence in the Neighbourhood. G. Biesta. M. Bie, & D. Wildemeersch(Eds.). *Civic Learning, Democratic Citizenship and the Public Sphere*. Leuven: Springer.

Walker, M.(2011). Capability Formation and Education. B. Lingard, J. Nixon, & S. Ranson(Eds) *Transforming Learning in Schools and Communities: The Remaking of Education for a Cosmopolitan Society*. London: Continuum.

Walker, M. & Unterhalter, E.(2007). *Amarta Sen's Capability Approach and Social Justice*. NY: PalgraveMacmillan.

Walkerdine, V.(1992). Progressive Pedagogy and Political Struggle. C. Luke, & J. Gore(Eds.). *Feminisms and Critical Pedagogy*. New York: Routledge.

Walkerdine, V.(2009). *Developmental Psychology and the Study of Childhood*. Berkshire: Open University Press.

Walkerdine, V. & Lucy, H.(1989). Democracy in the Shape of Our Cities. *Dissent* fall, 470-76.

Wall, J.(2011). Can Democracy Represent Children? Toward a Politics of Difference. *Childhood* 19(1), 86-100.

Warner, M.(2014). *Publics and Counter-Publics*. New York: Zonebooks.

Warwick, P.(2012). Climate Change and Sustainable Citizenship Education. J. Arthur & H. Cremin(Eds.). *Debates in Citizenship Education*. Oxon: Routledge.

Watkins, W. H.(Ed.)(2012). *The Assault on Public Education: Confronting the Politics of Corporate School Reform*. New York: Teachers College Press.

Watson. A.(2011). Guardians of the Peace?: The Significance of Children to Continued Militarism. J. M. Beier(Ed.). *The Militarization of Childhood*. Hampshire: Palgrave Macmillan.

Weeks, K. M.(2011). *In Search of Civility: Confronting Incivility on the College Campus*. New York: Morgan James Pub.

Wehr, H. 박규호 옮김(2003). 「학교 발전을 위한 생명 애호적 대안」. R. Funk, G.

Meyer, & H. Johach. 『에리히 프롬과 현대성』. 서울: 영림카디널.

Weiler, K.(1996). Freire and a Feminist Pedagogy of Difference. R. Edwards, A. Hanson, & P. Raggatti(Eds.). *Boundaries of Adult Learning*. London: Routledge.

Wells, G.(2011). Dialogue, Inquiry and the Construction of Learning Communities. B. Lingard, J. Nixon, & S. Ranson(Eds). *Transforming Learning in Schools and Communities: The Remaking of Education for a Cosmopolitan Society*. London: Continuum.

Wendel, S. 송안정 옮김(2008). 『여성주의 윤리학 입문』. 서울: 이화여자대학교출판부.

Wenger, E.(2000). Communities of Practice and Social Learning System. *Organisations* 7(2), 225-246.

Wenger, E. 손민호·배을규 옮김(2007). 『실천공동체』. 서울: 학지사.

West-Burnham, J. & Farrar, M.(2007). *Schools and Communities: Working Together to Transform Children's Lives*. London: Continuum.

Westheimer, J. & Kahne, J.(2004a). Educating the Good Citizen. *Political Science and Politics* 37(2), 241-269.

Westheimer, J. & Kahne, J.(2004b). What Kind of Citizen? *American Educational Research Journal* 41(2), 237-269.

White, J. 이지헌·김희봉 옮김(2002). 『교육목적론』. 서울: 학지사.

White, K. 이지헌·김희봉 옮김(2013). 『잘삶의 탐색: 학교교육의 새로운 모색』. 서울: 교육과학사.

White, M.(2006). An Ambivalent Civility. *Canadian Journal of Sociology* 31(4). 445-460.

White, M.(2016). University, Citizens and the Public. D. Lewin, A. Guiherme, M. White(Eds.). *New Perspectives in Philosophy of Education*. London: Bloomsbury.

White, P.(1996). *Civic Virtues and Public Schooling*. Teachers College Press.

Whitty, G.(2008). Changing Modes of Teacher Professionalism: Traditional, Managerial, Collaborative and Democratic. B. Cunningham(Ed.). *Exploring Professionalism*. London: IOE Press.

Whitty, G.(2012). Social Class and School Knowledge: Revisiting the Sociology and Politics of the Curriculum in the 21st Century. Lauder et al. *Educating for the Knowledge Economy: Critical Perspectives*. London & New York: Routledge.

Whitty, G. 김달효 옮김(2012). 『신자유주의 교육정책의 비판: 교육정치학과 교육사회학의 관점』. 서울: 학지사.

Wilkins, R.(2010). The Global Context of Local School Leadership. M. Coates(Ed.). *Shaping a New Educational Landscape: Exploring Possibilities for Education in the 21st Century*. London: Continuum.

Winch, C. 이병승·김우영, 옮김(2014). 『인간 학습의 철학』. 서울: 학지사.

Wilde, S.(2005). Papering over the Cracks? Extra-curricular and Cross-curricular Citizenship Learning in Secondary Schooling in Germany. S. Wilde(Ed.). *Political and Citizenship Education: International Perspectives*. Oxford: Symposium Books.

Wilde, S.(2017). *Care in Education: Teaching with Understanding and Compassion*. New York: Routledge.

Winch, C.(2000). Education and Training. C. Matheson & D. Matheson(Eds.). *Educational Issues in the Learning Age*. London & New York: Continuum.

Winch, C.(2000). *Education, Work and Social Capital*. Routledge.

Winter, M.(2014). Subjectificating Socialization for the Common Good: The Case for a Democratic Offensive in Upbringing and Education. G. Biesta, M. Bie, & D. Wildemeersch(Eds.). *Civic Learning, Democratic Citizenship and the Public Sphere*. Leuven: Springer.

Winton, S.(2007). Does Character Education Really Support Citizenship Education? *Canadian Journal of Educational Administration and Policy*. 665, 1-24.

Wrigley, T.(2003). *Schools of Hope: a New Agenda fo School Improvement*. Stoke-on-Tent: Trentham.

Wringe, C. A.(1988). *Understanding Educational Aims*. London: Unwin Hyman.

Wrigly, T., Thomson, P., & Lingard, B.(2012). *Changing Schools: Alternative Ways to World of Difference*. London & New York: Routledge.

Wrigly, T., Thomson, P., & Lingard, B.(2012). *Schools of Hope: a New Agenda for School Improvement*. Stoke-on-Tent: Trentham.

Wringe, C. 김정래 옮김(2013). 『교육목적론』. 서울: 학지사.

Wyness, M.(2000). *Contesting Childhood*. London and New York: Falmer Press.

Wyness, M.(2006). *Childhood and Society: An Introduction to the Sociology of Childhood*. New York: Palgrave.

Youdell, D.(2011). *School Trouble: Identity, Power, and Politics in Education*. New York: Routledge.

Young, M.(2008). *Bringing Knowledge back in: From Social Constructivism to Social Realism in the Sociology of Education*. London: Routledge.

Young, M.(2009). What are Schools for. H. Danials, H. Porter, & J. Porter(Eds.). *Knowledge, Values and Educational Policy*. London: Routledge.

Young, M. 한장상·박비주 옮김(2013). 『교육과정의 미래』. 서울: 공동체.

Yu, T.(2004). *In the Name of Morality: Character Education and Political Control*. New York: Peter Lang.

Zelitzer, V.(1985). *Pricing the Priceless Child: The Changing Value of Children*. New York: Basic Books.

Zhao, G.(2011). The Modern Construction of Childhood: What Does It Do to the Paradox of Modernity? *Stud Philos Educ* 30, 241-256.

Zimmerman, J. & Robertson, E.(2017). *The Case for Contention: Teaching Controversial issues In American Schools*. Chicago: The University of Chicago Press.

삶의 행복을 꿈꾸는 교육은 어디에서 오는가?

미래 100년을 향한 새로운 교육　혁신교육을 실천하는 교사들의 **필독서**

▶ 교육혁명을 앞당기는 배움책 이야기
혁신교육의 철학과 잉걸진 미래를 만나다!

한국교육연구네트워크 총서

 01 핀란드 교육혁명
한국교육연구네트워크 엮음 | 320쪽 | 값 15,000원

 02 일제고사를 넘어서
한국교육연구네트워크 엮음 | 284쪽 | 값 13,000원

 03 새로운 사회를 여는 교육혁명
한국교육연구네트워크 엮음 | 380쪽 | 값 17,000원

 04 교장제도 혁명
한국교육연구네트워크 엮음 | 268쪽 | 값 14,000원

 05 새로운 사회를 여는 교육자치 혁명
한국교육연구네트워크 엮음 | 312쪽 | 값 15,000원

 06 혁신학교에 대한 교육학적 성찰
한국교육연구네트워크 엮음 | 308쪽 | 값 15,000원

 07 진보주의 교육의 세계적 동향
한국교육연구네트워크 엮음 | 324쪽 | 값 17,000원

 08 더 나은 세상을 위한 학교혁명
한국교육연구네트워크 엮음 | 404쪽 | 값 21,000원

한국교육연구네트워크 번역 총서

 01 프레이리와 교육
존 엘리아스 지음 | 한국교육연구네트워크 옮김
276쪽 | 값 14,000원

 02 교육은 사회를 바꿀 수 있을까?
마이클 애플 지음 | 강희룡·김선우·박원순·이형빈 옮김
356쪽 | 값 16,000원

 **03 비판적 페다고지는
세상을 변화시킬 수 있는가?**
Seewha Cho 지음 | 심성보·조시화 옮김 | 280쪽 | 값 14,000원

 04 마이클 애플의 민주학교
마이클 애플·제임스 빈 엮음 | 강희룡 옮김 | 276쪽 | 값 14,000원

 05 21세기 교육과 민주주의
넬 나딩스 지음 | 심성보 옮김 | 392쪽 | 값 18,000원

 **06 세계교육개혁:
민영화 우선인가 공적 투자 강화인가?**
린다 달링-해먼드 외 지음 | 심성보 외 옮김 | 408쪽 | 값 21,000원

 혁신학교
성열관·이순철 지음 | 224쪽 | 값 12,000원

 행복한 혁신학교 만들기
초등교육과정연구모임 지음 | 264쪽 | 값 13,000원

 서울형 혁신학교 이야기
이부영 지음 | 320쪽 | 값 15,000원

 혁신교육, 철학을 만나다
브렌트 데이비스·데니스 수마라 지음
현인철·서용선 옮김 | 304쪽 | 값 15,000원

 혁신교육 존 듀이에게 묻다
서용선 지음 | 292쪽 | 값 14,000원

 다시 읽는 조선 교육사
이만규 지음 | 750쪽 | 값 33,000원

 대한민국 교육혁명
교육혁명공동행동 연구위원회 지음 | 224쪽 | 값 12,000원

 대한민국 교사, 어떻게 가르칠 것인가?
윤성관 지음 | 320쪽 | 값 15,000원

 아이들을 어떻게 가르칠 것인가
사토 마나부 지음 | 박찬영 옮김 | 232쪽 | 값 13,000원

 모두를 위한 국제이해교육
한국국제이해교육학회 지음 | 364쪽 | 값 16,000원

 경쟁을 넘어 발달 교육으로
현광일 지음 | 288쪽 | 값 14,000원

 독일 교육, 왜 강한가?
박성희 지음 | 324쪽 | 값 15,000원

 핀란드 교육의 기적
한넬레 니에미 외 엮음 | 장수명 외 옮김 | 456쪽 | 값 23,000원

 한국 교육의 현실과 전망
심성보 지음 | 724쪽 | 값 35,000원

▶ 비고츠키 선집 시리즈
발달과 협력의 교육학 어떻게 읽을 것인가?

 생각과 말
레프 세묘노비치 비고츠키 지음
배희철·김용호·D. 켈로그 옮김 | 690쪽 | 값 33,000원

 성장과 분화
L.S. 비고츠키 지음 | 비고츠키 연구회 옮김
308쪽 | 값 15,000원

 도구와 기호
비고츠키·루리야 지음 | 비고츠키 연구회 옮김
336쪽 | 값 16,000원

 의식과 숙달
L.S 비고츠키 | 비고츠키 연구회 옮김
348쪽 | 값 17,000원

 어린이 자기행동숙달의 역사와 발달 I
L.S. 비고츠키 지음 | 비고츠키 연구회 옮김
564쪽 | 값 28,000원

 분열과 사랑
L.S 비고츠키 지음 | 비고츠키연구회 옮김
260쪽 | 값 16,000

 어린이 자기행동숙달의 역사와 발달 II
L.S. 비고츠키 지음 | 비고츠키 연구회 옮김
552쪽 | 값 28,000원

 관계의 교육학, 비고츠키
진보교육연구소 비고츠키교육학실천연구모임 지음
300쪽 | 값 15,000원

 어린이의 상상과 창조
L.S. 비고츠키 지음 | 비고츠키 연구회 옮김
280쪽 | 값 15,000원

 비고츠키 생각과 말 쉽게 읽기
진보교육연구소 비고츠키교육학실천연구모임 지음
316쪽 | 값 15,000원

 연령과 위기
L.S. 비고츠키 지음 | 비고츠키 연구회 옮김
336쪽 | 값 17,000원

 비고츠키와 인지 발달의 비밀
A.R. 루리야 지음 | 배희철 옮김 | 280쪽 | 값 15,000원

 수업과 수업 사이
비고츠키 연구회 지음 | 196쪽 | 값 12,000원

 교사와 부모를 위한 비고츠키 교육학
카르포프 지음 | 실천교사번역팀 옮김 | 308쪽 | 값 15,000원

▶ 창의적인 협력수업을 지향하는 삶이 있는 국어 교실
우리말 글을 배우며 세상을 배운다

 중학교 국어 수업 어떻게 할 것인가?
김미경 지음 | 340쪽 | 값 15,000원

 이야기 꽃 1
박용성 엮어 지음 | 276쪽 | 값 9,800원

 토론의 숲에서 나를 만나다
명혜정 엮음 | 312쪽 | 값 15,000원

 이야기 꽃 2
박용성 엮어 지음 | 294쪽 | 값 13,000원

 토닥토닥 토론해요
명혜정·이명선·조선미 엮음 | 288쪽 | 값 15,000원

 인문학의 숲을 거니는 토론 수업
순천국어교사모임 엮음 | 308쪽 | 값 15,000원

 어린이와 시
오인태 지음 | 192쪽 | 값 12,000원

 수업, 슬로리딩과 함께
박경숙·강슬기·김정욱·장소현·강민정·전혜림·이혜민 지음
268쪽 | 값 15,000원

▶ 남북이 하나 되는 두물머리 평화교육
분단 극복을 위한 치열한 배움과 실천을 만나다

 10년 후 통일
정동영·지승호 지음 | 328쪽 | 값 15,000원

 선생님, 통일이 뭐예요?
정경호 지음 | 252쪽 | 값 13,000원

 분단시대의 통일교육
성래운 지음 | 428쪽 | 값 18,000원

 김창환 교수의 DMZ 지리 이야기
김창환 지음 | 264쪽 | 값 15,000원

▶ 4·16, 질문이 있는 교실 마주이야기
통합수업으로 혁신교육과정을 재구성하다!

 통하는 공부
김태호·김형우·이경석·심우근·허진만 지음
324쪽 | 값 15,000원

 내일 수업 어떻게 하지?
아이함께 지음 | 300쪽 | 값 15,000원
2015 세종도서 교양부문

 인간 회복의 교육
성래운 지음 | 260쪽 | 값 13,000원

 교과서 너머 교육과정 마주하기
이윤미 외 지음 | 368쪽 | 값 17,000원

 수업 고수들 수업·교육과정·평가를 말하다
박현숙 외 지음 | 368쪽 | 값 17,000원

 도덕 수업, 책으로 묻고 윤리로 답하다
울산도덕교사모임 지음 | 320쪽 | 값 15,000원

 체육 교사, 수업을 말하다
전용진 지음 | 304쪽 | 값 15,000원

 교실을 위한 프레이리
아이러 쇼어 엮음 | 사람대사람 옮김 | 412쪽 | 값 18,000원

 마을교육공동체란 무엇인가?
서용선 외 지음 | 360쪽 | 값 17,000원

 학교생활기록부를 디자인하라
박용성 지음 | 268쪽 | 값 14,000원

 교사, 학교를 바꾸다
정진화 지음 | 372쪽 | 값 17,000원

 함께 배움
학생 주도 배움 중심 수업 이렇게 한다
니시카와 준 지음 | 백경석 옮김 | 280쪽 | 값 15,000원

 공교육은 왜?
홍섭근 지음 | 352쪽 | 값 16,000원

 자기혁신과 공동의 성장을 위한
교사들의 필리버스터
윤양수·원종희·장군·조경삼 지음 | 280쪽 | 값 14,000원

 함께 배움 이렇게 시작한다
니시카와 준 지음 | 백경석 옮김 | 196쪽 | 값 12,000원

 함께 배움 교사의 말하기
니시카와 준 지음 | 백경석 옮김 | 188쪽 | 값 12,000원

 미래교육의 열쇠, 창의적 문화교육
심광현·노명우·강정석 지음 | 368쪽 | 값 16,000원

 주제통합수업, 아이들을 수업의 주인공으로!
이윤미 외 지음 | 392쪽 | 값 17,000원

 수업과 교육의 지평을 확장하는 수업 비평
윤양수 지음 | 316쪽 | 값 15,000원
2014 문화체육관광부 우수교양도서

 교사, 선생이 되다
김태은 외 지음 | 260쪽 | 값 13,000원

 교사의 전문성, 어떻게 만들어지나
국제교원노조연맹 보고서 | 김석규 옮김 392쪽 | 값 17,000원

 수업의 정치
윤양수·원종희·장군 지음 | 280쪽 | 값 14,000원

 학교협동조합,
현장체험학습과 마을교육공동체를 잇다
주수원 외 지음 | 296쪽 | 값 15,000원

 거꾸로교실,
잠자는 아이들을 깨우는 수업의 비밀
이민경 지음 | 280쪽 | 값 14,000원

 교사는 무엇으로 사는가
정은균 지음 | 292쪽 | 값 15,000원

 마음의 힘을 기르는 감성수업
조선미 외 지음 | 300쪽 | 값 15,000원

 작은 학교 아이들
지경준 엮음 | 376쪽 | 값 17,000원

 아이들의 배움은 어떻게 깊어지는가
이시이 준지 지음 | 방지현·이창희 옮김 | 200쪽 | 값 11,000원

 대한민국 입시혁명
참교육연구소 입시연구팀 지음 | 220쪽 | 값 12,000원

 교사를 세우는 교육과정
박승열 지음 | 312쪽 | 값 15,000원

 전국 17명 교육감들과 나눈
교육 대담
최창의 대담·기록 | 272쪽 | 값 15,000원

들뢰즈와 가타리를 통해
유아교육 읽기
리세롯 마리엣 올슨 지음 | 이연선 외 옮김 | 328쪽 | 값 17,000원

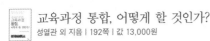

교육과정 통합, 어떻게 할 것인가?
성열관 외 지음 | 192쪽 | 값 13,000원

학교 민주주의의 불한당들
정은균 지음 | 276쪽 | 값 14,000원

동양사상에게 인공지능 시대를 묻다
홍승표 외 지음 | 260쪽 | 값 15,000원

교육과정, 수업, 평가의 일체화
리사 카터 지음 | 박승열 외 옮김 | 196쪽 | 값 13,000원

학교 혁신의 길, 아이들에게 묻다
남궁상운 외 지음 | 272쪽 | 값 15,000원

학교를 개선하는 교장
지속가능한 학교 혁신을 위한 실천 전략
마이클 풀란 지음 | 서동연·정효준 옮김 | 216쪽 | 값 13,000원

프레이리의 사상과 실천
사람대사람 지음 | 352쪽 | 값 18,000원

공자뎐, 논어는 이것이다
유문상 지음 | 392쪽 | 값 18,000원

혁신학교, 한국 교육의 미래를 열다
송순재 외 지음 | 608쪽 | 값 30,000원

교사와 부모를 위한
발달교육이란 무엇인가?
현광일 지음 | 380쪽 | 값 18,000원

페다고지를 위하여
프레네의『페다고지 불변요소』읽기
박찬영 지음 | 296쪽 | 값 15,000원

교사, 이오덕에게 길을 묻다
이무완 지음 | 328쪽 | 값 15,000원

노자와 탈현대 문명
홍승표 지음 | 284쪽 | 값 15,000원

낙오자 없는 스웨덴 교육
레이프 스트란드베리 지음 | 변광수 옮김 | 208쪽 | 값 13,000원

선생님, 민주시민교육이 뭐예요?
염경미 지음 | 244쪽 | 값 15,000원

끝나지 않은 마지막 수업
장석웅 지음 | 328쪽 | 값 20,000원

어쩌다 혁신학교
유우석 외 지음 | 380쪽 | 값 17,000원

대구, 박정희 패러다임을 넘다
세대열 엮음 | 292쪽 | 값 20,000원

미래, 교육을 묻다
정광필 지음 | 232쪽 | 값 15,000원

경기꿈의학교
진흥섭 외 지음 | 360쪽 | 값 17,000원

대학, 협동조합으로 교육하라
박주희 외 지음 | 252쪽 | 값 15,000원

학교를 말한다
이성우 지음 | 292쪽 | 값 15,000원

입시, 어떻게 바꿀 것인가?
노기원 지음 | 306쪽 | 값 15,000원

촛불시대, 혁신교육을 말하다
이용관 지음 | 240쪽 | 값 15,000원

▶ 교과서 밖에서 만나는 역사 교실
상식이 통하는 살아 있는 역사를 만나다

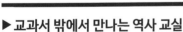

전봉준과 동학농민혁명
조광환 지음 | 336쪽 | 값 15,000원

교과서 밖에서 배우는 역사 공부
정은교 지음 | 292쪽 | 값 14,000원

남도의 기억을 걷다
노성태 지음 | 344쪽 | 값 14,000원

팔만대장경도 모르면 빨래판이다
전병철 지음 | 360쪽 | 값 16,000원

응답하라 한국사 1·2
김은석 지음 | 356쪽·368쪽 | 각권 값 15,000원

빨래판도 잘 보면 팔만대장경이다
전병철 지음 | 360쪽 | 값 16,000원

즐거운 국사수업 32강
김남선 지음 | 280쪽 | 값 11,000원

영화는 역사다
강성률 지음 | 288쪽 | 값 13,000원

즐거운 세계사 수업
김은석 지음 | 328쪽 | 값 13,000원

 강화도의 기억을 걷다
최보길 지음 | 276쪽 | 값 14,000원

 광주의 기억을 걷다
노성태 지음 | 348쪽 | 값 15,000원

 선생님도 궁금해하는
한국사의 비밀 20가지
김은석 지음 | 312쪽 | 값 15,000원

 걸림돌
키르스텐 세룹-빌펠트 지음 | 문봉애 옮김
248쪽 | 값 13,000원

 역사수업을 부탁해
열 사람의 한 걸음 지음 | 388쪽 | 값 18,000원

 진실과 거짓, 인물 한국사
하성환 지음 | 400쪽 | 값 18,000원

 친일 영화의 해부학
강성률 지음 | 264쪽 | 값 15,000원

 한국 고대사의 비밀
김은석 지음 | 304쪽 | 값 13,000원

 조선족 근현대 교육사
정미량 지음 | 320쪽 | 값 15,000원

 다시 읽는 조선근대교육의 사상과 운동
윤건차 지음 | 이명실·심성보 옮김 | 516쪽 | 값 25,000원

 음악과 함께 떠나는 세계의 혁명 이야기
조광환 지음 | 292쪽 | 값 15,000원

 논쟁으로 보는 일본 근대교육의 역사
이명실 지음 | 324쪽 | 값 17,000원

 다시, 독립의 기억을 걷다
노성태 지음 | 320쪽 | 값 16,000원

▶ 더불어 사는 정의로운 세상을 여는 인문사회과학
사람의 존엄과 평등의 가치를 배운다

 밥상혁명
강양구·강이현 지음 | 298쪽 | 값 13,800원

 도덕 교과서 무엇이 문제인가?
김대용 지음 | 272쪽 | 값 14,000원

 자율주의와 진보교육
조엘 스프링 지음 | 심성보 옮김 | 320쪽 | 값 15,000원

 민주화 이후의 공동체 교육
심성보 지음 | 392쪽 | 값 15,000원
2009 문화체육관광부 우수학술도서

 갈등을 넘어 협력 사회로
이창언·오수길·유문종·신윤관 지음 | 280쪽 | 값 15,000원

 동양사상과 마음교육
정재걸 외 지음 | 356쪽 | 값 16,000원
2015 세종도서 학술부문

 교과서 밖에서 배우는 철학 공부
정은교 지음 | 280쪽 | 값 14,000원

 교과서 밖에서 배우는 사회 공부
정은교 지음 | 304쪽 | 값 15,000원

 교과서 밖에서 배우는 윤리 공부
정은교 지음 | 292쪽 | 값 15,000원

 한글 혁명
김슬옹 지음 | 388쪽 | 값 18,000원

 좌우지간 인권이다
안경환 지음 | 288쪽 | 값 13,000원

 민주시민교육
심성보 지음 | 544쪽 | 값 25,000원

 민주시민을 위한 도덕교육
심성보 지음 | 500쪽 | 값 25,000원
2015 세종도서 학술부문

 교과서 밖에서 배우는 인문학 공부
정은교 지음 | 280쪽 | 값 13,000원

 오래된 미래교육
정재걸 지음 | 392쪽 | 값 18,000원

 대한민국 의료혁명
전국보건의료산업노동조합 엮음 | 548쪽 | 값 25,000원

 교과서 밖에서 배우는 고전 공부
정은교 지음 | 288쪽 | 값 14,000원

 전체 안의 전체 사고 속의 사고
김우창의 인문학을 읽다
현광일 지음 | 320쪽 | 값 15,000원

 카스트로, 종교를 말하다
피델 카스트로·프레이 베토 대담 | 조세종 옮김
420쪽 | 값 21,000원

▶ 평화샘 프로젝트 매뉴얼 시리즈
학교 폭력에 대한 근본적인 예방과 대책을 찾는다

 학교 폭력 어떻게 만들어지는가
문재현 외 지음 | 300쪽 | 값 14,000원

 아이들을 살리는 동네
문재현·신동명·김수동 지음 | 204쪽 | 값 10,000원

 학교 폭력, 멈춰!
문재현 외 지음 | 348쪽 | 값 15,000원

 평화! 행복한 학교의 시작
문재현 외 지음 | 252쪽 | 값 12,000원

 왕따, 이렇게 해결할 수 있다
문재현 외 지음 | 236쪽 | 값 12,000원

 마을에 배움의 길이 있다
문재현 지음 | 208쪽 | 값 10,000원

 젊은 부모를 위한 백만 년의 육아 슬기
문재현 지음 | 248쪽 | 값 13,000원

 별자리, 인류의 이야기 주머니
문재현·문한뫼 지음 | 444쪽 | 값 20,000원

 우리는 마을에 산다
유양우·신동명·김수동·문재현 지음 | 312쪽 | 값 15,000원

▶ 살림터 참교육 문예 시리즈
영혼이 있는 삶을 가르치는 온 선생님을 만나다!

 꽃보다 귀한 우리 아이는
조재도 지음 | 244쪽 | 값 12,000원

 선생님이 먼저 때렸는데요
강병철 지음 | 248쪽 | 값 12,000원

 성깔 있는 나무들
최은숙 지음 | 244쪽 | 값 12,000원

 서울 여자, 시골 선생님 되다
조경선 지음 | 252쪽 | 값 12,000원

 아이들에게 세상을 배웠네
명혜정 지음 | 240쪽 | 값 12,000원

 행복한 창의 교육
최창의 지음 | 328쪽 | 값 15,000원

 밥상에서 세상으로
김흥숙 지음 | 280쪽 | 값 13,000원

 북유럽 교육 기행
정애경 외 14인 지음 | 288쪽 | 값 14,000원

 우물쭈물하다 끝난 교사 이야기
유기창 지음 | 380쪽 | 값 17,000원

▶출간 예정

참된 삶과 교육에 관한 생각 줍기